HISTÓRIA
DA FADIGA

Dados Internacionais de Catalogação na Publicação (CIP)
(Câmara Brasileira do Livro, SP, Brasil)

Vigarello, Georges
　História da fadiga : da Idade Média aos nossos dias / Georges Vigarello ; tradução Guilherme João de Freitas Teixeira. – Petrópolis, RJ : Vozes, 2022.

Título original: Histoire de la fatigue
ISBN 978-65-5713-554-9

1. Fadiga – História 2. Fadiga mental 3. Fadiga mental – Aspectos sociais I. Título.

22-104611   CDD-306.461

Índices para catálogo sistemático:
1. Fadiga : História : Aspectos sociais : Sociologia 306.461

Aline Graziele Benitez – Bibliotecária – CRB-1/3129

GEORGES VIGARELLO

HISTÓRIA DA FADIGA

Da Idade Média aos nossos dias

Tradução de Guilherme João de Freitas Teixeira

EDITORA VOZES

Petrópolis

© Éditions du Seuil, 2020.

Tradução realizada a partir do original em francês intitulado *Histoire de la fatigue – Du Moyen Âge à nos jours*

Direitos de publicação em língua portuguesa – Brasil:
2022, Editora Vozes Ltda.
Rua Frei Luís, 100
25689-900 Petrópolis, RJ
www.vozes.com.br
Brasil

Todos os direitos reservados. Nenhuma parte desta obra poderá ser reproduzida ou transmitida por qualquer forma e/ou quaisquer meios (eletrônico ou mecânico, incluindo fotocópia e gravação) ou arquivada em qualquer sistema ou banco de dados sem permissão escrita da editora.

CONSELHO EDITORIAL

Diretor
Gilberto Gonçalves Garcia

Editores
Aline dos Santos Carneiro
Edrian Josué Pasini
Marilac Loraine Oleniki
Welder Lancieri Marchini

Conselheiros
Francisco Morás
Ludovico Garmus
Teobaldo Heidemann
Volney J. Berkenbrock

Secretário executivo
Leonardo A.R.T. dos Santos

Editoração: Maria da Conceição B. de Sousa
Diagramação: Raquel Nascimento
Revisão gráfica: Nilton Braz da Rocha / Fernando Sergio Olivetti da Rocha
Capa: Felipe Souza | Aspectos
Ilustração de capa: "Tired"; Mina Arndt; Circa 1908

ISBN 978-65-5713-554-9 (Brasil)
ISBN 978-2-02-129191-9 (França)

Este livro foi composto e impresso pela Editora Vozes Ltda.

Para Thierry Pillon.

Índice

Introdução, 13

Parte I – O universo medieval e as implicações dos critérios de aferição, 19

1 Imagem cristalina, critérios de aferição aleatórios, 21
   A perda e seus efeitos, 21
   Que tipo de palavras utilizar?, 23
   De que modo qualificar a intensidade?, 24
   Diferentes tipos de perda, 26

2 A fadiga enaltecida do combatente, 28
   O aspecto visível do corpo, 29
   O privilégio da persistência, 30
   A formação exige sofrer durante um longo período, 32

3 O sofrimento forçado do viajante, 34
   Uma visão do espaço, 34
   Que tipo de viajantes?, 37
   Os pés, o sintoma primordial, 41

4 A fadiga redentora, 43
   A viagem enquanto punição, 43
   A tarefa de redenção, 44
   Do sofrimento infligido à contemplação, 46

5 O trabalho cotidiano, um silêncio relativo?, 48
   A trivialidade do rural, 48
   As profissões e a invenção dos períodos de tempo, 53
   Conflitos em relação aos períodos de tempo, 54
   O tempo regulado pelo relógio, 57
   As profissões e a invenção dos esforços, 58

6 Entre a força oculta e a virtude do refrescar-se, 60
   Receitas para a caminhada, 60
   Refrescar-se, 61
   Talismãs e joias, 62
   Essências e especiarias, 64
   Seleção social, 66

Parte II – O universo da época moderna e o desafio das categorias, 69

7 Inventar diferentes graus, 71
   Classificar diferentes estados físicos, 71
   Classificar diferentes forças, 74
   Classificar diferentes funções sociais, 77

8 Inventar diferentes categorias, 80
   A fadiga-punição, 80
   A guerra, 82
   A cidade, 86
   A corte, 90
   O estado anímico, 93

9 A emergência da quantificação, 97
   A viagem e sua duração, 97
   O trabalho e a regra, 102
   O trabalho e o surgimento de uma mecânica, 106
   O trabalho e a emergência de uma avaliação quantificada, 108

10 Uma diversificação dos efeitos, 114
    Hábitos dolorosos, 114
    A exclusividade do patológico, 115
    Os transtornos do dessecamento, 118
    Os atos obscuros, 119

11 Uma diversificação dos recursos, 122
    Reinventar o refrescamento, 122
    Multiplicar as essências, 124

Do tabaco ao café, 126
Aliviar a existência, uma resposta popular?, 129

12 A indigência e o abatimento, 131
Estado de indigência, 131
Uma vulnerabilidade de massa, 133
Sobretaxas fiscais e enfraquecimento, 134

Parte III – O Século das Luzes e o desafio do sensível, 137

13 As implicações do sensível, 139
"Escutar-se a viver", 139
A fadiga narrativa, 141
Confortos e desconfortos, 144
Das dores musculares à perda dos sentidos, 146

14 O nervo, da agitação ao turbilhão, 149
Estímulos e correntes, 150
As excitações extenuantes, 152
Degenerar, 155

15 Expressar as forças, 159
Questionar os limites, 160
Iniciar diferentes investigações, 162
Calcular a quantidade da ação, 165
Calcular a quantidade de oxigênio, 170

16 A fadiga suportada, emergência da compaixão, 173
Surgimento de uma compaixão, 173
Evocar a longevidade, 177
A divisão do trabalho, 179

17 A fadiga procurada, pretexto de desafio, 182
O desafio da viagem, 183
O desafio dos períodos mais ou menos longos de tempo, 184
O desafio das descobertas, 186
O desafio dos cumes, 188

18 A introdução do treino, a revisão do tempo, 191

   Os revigorantes, 191

   O fortalecimento pelo frio, 193

   Etapas e avanços, 195

Parte IV – O século XIX e o desafio da quantificação, 199

19 O cidadão e a tenacidade, 201

   A serviço de todos?, 201

   O novo cidadão e a obstinação, 204

   A exigência da ambição, 207

   Intensificar o emprego do tempo, 209

   Os filhos do século, a fadiga da ilusão, 212

   Primeira busca elitista por calma, 214

20 Um universo quantificado: da mecânica à energia, 217

   Calcular a força, 218

   Inventar a mecânica industrial, 221

   Inventar a energia, 225

   Reinventar o alimento, 230

   Definir a constituição, 233

21 Um universo ameaçado: a vida miserável do trabalho penoso, 237

   A construção de uma experiência de vida operária, 238

   O físico inédito do pobre, 243

   As múltiplas facetas da fadiga resultante do trabalho industrial, 245

   A lógica de uma plus-valia, 251

   Trabalho infantil, figura do *dépérissement*, 254

   A obstrução duradoura em relação às horas da jornada de trabalho, 259

22 O universo do rendimento, 262

   A lógica industrial, 263

   A lógica fisiológica, 266

   A lógica gestual, 270

A lógica energética, 274

Entre gesto e energia, 278

23 O universo da fadiga mental, 284

Uma revolução literária, 286

A invenção da estafa, 288

A luta pela existência, 294

A estafa escolar, 297

A neurastenia, 302

Teorizar a fadiga mental, 306

24 Resistências e ampliações, 312

Reconsiderar a duração dos períodos de tempo, 312

Inventar o treino, 319

Elaborar diferentes tipologias, 324

Químicas protetoras, 326

Reavaliar o ambiente, 328

Consolidar a autoconfiança, 331

Parte V – Os séculos XX e XXI e o desafio do psicológico, 335

25 Revelar o psíquico, 339

As trincheiras, uma transposição de patamar, 339

As vias de uma globalização, 343

Designar a fadiga industrial, 345

Revisar os tempos e os lugares, 347

A invenção do relacional, 354

Uma depressão operária?, 357

26 Dos hormônios ao estresse, 363

Hormônio e temperamento, 364

Hormônio e vigor, 365

Dos hormônios às anfetaminas, 368

Dos hormônios ao estresse, 371

27 Do homem novo ao trágico, 375
   Que tipo de homem novo?, 376
   Propaganda totalitária e infatigabilidade, 378
   Esgotamento e aniquilação, 380
   O lazer entre totalitarismo e democracia, 383

28 As promessas do bem-estar?, 386
   Concretizar o desgaste, 386
   Inventar a ergonomia, 390
   Proceder ao cruzamento dos modelos físicos, 393
   Pensar em um objeto total, 396
   Denunciar o trabalho em migalhas, 400
   Afirmar a prosperidade, 403

29 Do *burnout* à identidade, 409
   A novidade dos distúrbios músculo-esqueléticos?, 410
   Designar a penosidade, 414
   Do estresse ao *burnout*, 421
   O desafio do gerenciamento, 427
   Por que a fadiga cotidiana?, 431
   Escapar às limitações ou tomar consciência delas?, 437

Posfácio, 443

30 Surpresas e ameaças virais, 445
   Os cuidadores e o esgotamento, 447
   Os trabalhos e os dias, 450
   Restrição de tempos e espaços, 454

Agradecimentos, 458

Referências, 459

Índice onomástico, 543

Introdução

"Estresse", "penosidade", "*burnout*" ou "sobrecarga mental": nos séculos XX e XXI assistiu-se a uma extensão irreprimível do campo da fadiga. As situações de esgotamento ocorrem tanto no local de trabalho quanto no lar, desde o lazer até os comportamentos cotidianos. Para qualificar o trabalho, quase oito em cada dez pessoas em atividade posicionam, em primeiro lugar, o termo estresse (CERCLE SÉSAME, 2011, p. 209); acima de um terço dos assalariados declaravam, em 2017, ter sofrido já situações de *burnout*[1]. Uma hipótese percorre este livro: o ganho de autonomia, real ou postulada, adquirido pelo indivíduo das sociedades ocidentais, a descoberta de um "eu" mais autônomo, o sonho crescentemente acentuado de emancipação e de liberdade tornaram cada vez mais difícil viver qualquer circunstância que venha a constituir alguma opressão e algum entrave; tanto mais que a essa percepção se acrescenta a lembrança – por conseguinte, possível – das fragilidades e vulnerabilidades. Disparidade dolorosa, maciça, fornecedora tanto de cansaço quanto de insatisfação. Neste caso, a fadiga só pode se intensificar e difundir de maneira imperceptível, comprometer os momentos banais ou inesperados, além de acentuar sua vertente interna. Ela se impõe no espaço público, no trabalho, no reduto privado, nas relações com os entes queridos, bem como nas relações de si consigo mesmo.

O que teria acontecido conosco?

Os termos latinos *fatigatio* ou *defatigatio* revelam a antiquíssima origem da palavra *fatigue* [fadiga]. Por sua vez, expressões que indicam uma filiação direta

---

1. Cf. Syndrome de burn out: c'est quoi? [Disponível em https://www.burnout-info.ch/fr/burnout_c_est_quoi.htm]. • Síndrome de burnout. *Revista Brasileira de Medicina do Trabalho* [Disponível em https://www.rbmt.org.br/details/46/pt-BR/sindrome-de-burnout] [N.T.].

entre ontem e hoje, além de uma etimologia quase mecânica suscetível de sugerir que nada, na visão dos tipos de cansaço e de esgotamento, seria capaz de se modificar com o fluir do tempo. É que a fadiga está no âmago do humano. Desgaste inelutável, ela incorpora seus "limites", em plano semelhante ao da doença, da velhice ou da morte, além de simbolizar sua fragilidade, sua carência, designando um obstáculo amplamente compartilhado tanto interno, oriundo das limitações de sua própria existência, quanto externo, em procedência do mundo, de suas condicionantes e de suas oposições. Em vez de uma patologia qualquer, a mais banal das insuficiências. A afirmação, absolutamente prosaica, do escritor Guy de Maupassant: "A enorme fadiga, finalmente, deixou-o arrasado; ele adormeceu"[2].

No entanto, tudo passa por mudanças. Tudo revela uma história, mais complexa do que parece e ainda pouco estudada, fecunda em metamorfoses que são o sinal de outras, mobilizando o investimento dos atores, das culturas e das sociedades. Com efeito, em nosso contexto – o da história do Ocidente –, a percepção da fadiga é variável de uma época para outra. Sua avaliação se desloca, seus sintomas se modificam, suas palavras passam por ajustes e há uma proliferação de explicações. Imenso percurso no decorrer do qual somos levados a cruzar várias histórias: a do corpo, de suas representações e das práticas de saúde; a dos modos de ser e de existir; a das estruturas sociais; a do trabalho, da guerra ou do esporte, além daquela relacionada a nossas construções psicológicas, incluindo nossa intimidade.

As formas privilegiadas de fadiga – aquelas que mobilizam os comentários, impondo-se prioritariamente a todos – evoluem ao longo do tempo. Elas se revelam enquanto categoriais, dando origem a ambientes e correspondendo a dispositivos sociais, além de sugerirem modos de ser coletivos. Na Idade Média, início de nossa investigação, a fadiga do combatente é central em uma civilização em que o militar encarna o valor primordial; ela é enaltecida, comentada, enquanto

---

2. MAUPASSANT, G. Un coq chanta. *Contes de la bécasse* [1883]. In: Monglond, 1988, t. I, p. 499. Ou ainda: "Sinto-me tão cansada que, meu amigo, vou para a cama". In: Ibid.

a do vilão[3] é menosprezada; inclusive, é calculada no confronto das disputas que, no século XV, incrementam o valor do vencedor de acordo com a quantidade de golpes anunciada pelos combatentes no momento da refrega.

Verifica-se uma mudança total na sociedade da época clássica na qual se impõe o magistrado e recrudesce o prestígio das atividades de administração e de escritório. O financeiro de La Fontaine, assim como o advogado de La Bruyère, sugerem novas descrições, dando testemunho de estados peculiares de cansaço e revelando áreas desconhecidas de preocupação. Tudo se altera ainda com as fadigas dos operários do século XIX, quando se impõe a produção, tanto seus sucessos quanto seus perigos: prevalece a presença de desfalecimentos, cuja intensidade é preocupante. Aliás, seu cálculo também se torna mais sutil, a fim de obter uma combinação mais propícia entre rendimentos, economia e eficácia; mas também, daí em diante, para denunciá-los, desde Villermé até Marx. Enquanto nossa sociedade do setor quaternário (SUE, 1997[4]) – a dos computadores e escritórios – se orienta para tipos de fadiga mais imperceptíveis e invisíveis, em que o acúmulo de informações tomou o lugar da sobrecarga física e em que surgem rupturas de natureza pessoal ou coletiva, algumas vezes, imprevisíveis, após longos percursos de sofrimentos dissimulados.

As representações do corpo e suas renovações também servem de guia para a percepção da fadiga. A mais antiga imagem associa o estado de fadiga com a perda de humores: o corpo cansado é o corpo dissecado. A exaustão é vazamento de substância, colapso de densidade. Imagem simples, sem dúvida, surgida com a Antiguidade, contendo em seu bojo uma certeza: os princípios preciosos do corpo são os fluidos, aqueles mesmos que escapam no momento dos ferimentos, inflamam com as febres e desaparecem com a morte. Drenagem e refrescamento cadenciam, então, os índices e as restaurações do corpo cansado. O exaurido estabelece tanto o limite quanto sua sensação.

---

3. No original, *vilain* – vocábulo utilizado, em geral, com conotação pejorativa –, cuja etimologia se refere a estes termos latinos: *villanus*, camponês, e *vilis*, desprezível [N.T.].

4. Na frase anterior, referência a Louis-René Villermé (1782-1863), médico e epidemiologista, que é considerado o criador da medicina do trabalho. Cf. Graça, 2002 [N.T.].

No universo do Iluminismo, em vez dos humores, são as fibras, as redes, as correntes e os nervos que dão sentido à fadiga. Surgem novos sintomas, outras características são levadas em conta: o esgotamento associado a uma excitação transbordante e precariamente superada, além da fraqueza oriunda de tensões repetidas ou mantidas durante um longo período de tempo. Em vez de estar relacionada à perda de substância, a carência está vinculada à falta de estímulo. Novas sensações se impõem a partir da sensação de vazio, da ausência de incentivo e do abandono de mola propulsora. Daí a busca por tônicas, por estímulos específicos, em vez de se limitar a compensações líquidas, à procura de exercícios peculiares de resistência.

A imagem se modifica novamente quando o princípio se focaliza nas energias, quando a combustão orgânica se torna trabalho de acordo com o modelo mecânico do século XIX; então, a perda é do ardor, de uma potencialidade projetada em rendimento e de um sentimento de robustez suprimida, enquanto se acrescenta a certeza de resíduos químicos invadindo a massa corpórea, além de lhe provocar sofrimento. Daí a procura de reconstituintes, a persecução de reservas energéticas e a busca por calorias, promovendo a eliminação das toxicidades e nocividades.

A fadiga de hoje é percebida na linguagem digital, privilegiando as mensagens internas, as sensações, a conexão e a desconexão. Daí o recurso acentuado a tipos de descontração e de relaxamento; daí ainda a focalização inédita no psicológico, no relacional, na busca tanto da interação e da mobilidade quanto da sensação, renovada lentamente.

Aprimoramentos e graus se tornam mais bem definidos ao longo do tempo. Nossa civilização inventa sensibilidades, cria matizes, faz surgir pouco a pouco tipos de fadiga, anteriormente, inexistentes, além de descobrir, com o decorrer da história, estados há muito tempo ignorados. Novas palavras emergem e sintomas são revelados: por exemplo, a de *langueur* [indolência], evocada pelos afortunados do século XVII ao se queixarem de fraquezas e vulnerabilidades, até então, desconhecidas; ou o termo *courbature* [dores musculares] mencionado pela cultura sensível do século XVIII para designar desconfortos discretos, anteriormente negligenciados, causados na sequência de um esforço intenso ou inabitual; ou, ainda, o de *dépérissement* [desfalecimento gradual], evocado no contexto do mundo operário do século XIX, sugerindo um enfraquecimento incoercível que afeta as gerações, consequência tanto da penúria quanto de tarefas excessivas. Os limites se deslocam; novas gradações são estabelecidas, debilitando almas e corpos.

O universo dos séculos XX e XXI – época de intensa psicologização dos comportamentos e das sensibilidades – introduz diferenças inéditas. A penosidade física, objeto de lutas pelo respectivo reconhecimento, certamente não desapareceu. Mas a atenção incide sobre múltiplos efeitos: inquietação, mal-estar, impossibilidade de autorrealização. A fadiga resultante da resistência das coisas é adicionada a um cansaço proveniente da resistência oriunda de si mesmo, processo interno, pessoal e, até mesmo, íntimo: é no interior de cada um que são descobertos também obstáculos e incapacidades; é no interior de cada um que se encontra igualmente a origem de fraquezas e abatimentos. Tudo enfatizado demais quando novas fórmulas de gerenciamento negligenciam, pelo contrário, os valores individuais em benefício dos lucros imediatos, gerando precariedade, diversas fragilizações e mobilidade profissional indesejada. Tudo isso levando a uma contradição bem atual: "Um consumidor que tem o poder de decidir, um empregado que o perde e um cidadão que o reivindica" (cf. CERCLE SÉSAME, 2011, p. 200). Frustrações íntimas, desde então, incessantemente questionadas.

Esse é precisamente o desafio desta abordagem histórica que também é genealógica: mostrar a maneira como o que, desde sempre, dá a impressão de estar enraizado no corpo se inscreve igualmente ao longo dos séculos, nas consciências, nas estruturas sociais e em suas representações, incluindo seu desdobramento até o ponto de atingir o que há de mais profundo em nós.

Parte I
O universo medieval e as implicações dos critérios de aferição

Estado imemorial que interfere com a existência, a fadiga acompanha em profundidade a vida cotidiana na Idade Média. Ela está configurada nas imagens de corpos abatidos ou quebrantados, além de ser comentada em textos descritivos: desde os tratados de saúde até as crônicas, os contos em verso e os romances. Perda de humores, *deficit* de preciosos fluidos corporais, essa fadiga age de acordo com os modelos tradicionais: privação de substâncias, vazamento do que constitui a riqueza da massa corpórea e eliminação da densidade. Trata-se também de um fenômeno obscuro: não há medida para circunscrevê-la nem palavra para defini-la claramente, mesmo que exista o de *fatigue* [fadiga], derivado do latim *fatigare*, *fatigatio*, *defatigatio*, ou inclusive a de lassitude, do latim *lassitudo*. Nenhuma pista específica indica, a seu respeito, o mais ou o menos, a não ser a avaliação intuitiva: a duração da jornada de trabalho, as particularidades mutáveis das atividades, além da distância aproximada dos locais. E não se trata de ignorar os dramas, os infortúnios, os estigmas físicos e os perigos que lhe são inerentes.

Prevalecem também os atores, associados aos perfis do universo medieval: segundo parece, viajantes e caminhantes são os primeiros a serem afetados. As farmacopeias são dirigidas, em primeiro lugar, àqueles "que desejam caminhar" ou "àqueles que estão exaustos da caminhada" (ALDEBRANDIN DE SIENNE

[Aldobrandino de Siena], 1911, p. 68[5]): peregrinos, comerciantes ou cavaleiros que enfrentam travessias a partir de suposições e espaços precariamente conhecidos. Em compensação, crônicas e romances reservam tempo para descrever a fadiga dos combatentes, aqueles cujos confrontos garantem o prestígio e a defesa das cidades; enquanto as hagiografias promovem os esgotamentos daqueles cujas vidas aspiram à redenção de todos, submissos à regra das clausuras e da vida religiosa. Cansaços pouco categorizados, mas implacavelmente sentidos, cuja evocação reflete, melhor do que outros aspectos, a articulação medieval entre o social, o espaço e o tempo.

Convém dizer, enfim, que eles se situam exclusivamente na oposição às coisas e na resistência do ambiente.

---

5. Cf. RIBEIRO, L.M.C. Medicina e dietética medieval: *le régime du corps* de Aldobrandino de Siena, p. 249-258. In: Barreira, 2016 [N.T.].

1
Imagem cristalina, critérios de aferição aleatórios

Uma imagem central orienta a visão da fadiga na Idade Média: a da perda. O enfraquecimento corresponde a uma carência, à falta de substâncias. Nada de mais material nem de mais visual: a transpiração, o amolecimento da massa corpórea e a ausência de respiração, aliás, fenômenos associados a uma representação do corpo que deixou de ser a nossa maneira de levá-lo em consideração. Tudo está apoiado em um vazamento incoercível, em uma lacuna resultante dos humores, fluidos que deveriam, supostamente, constituir o orgânico a ponto de torná-lo seu primeiro suporte. Enquanto materiais aquosos, ocupando e unificando as partes, eles aparecem na mais insignificante lesão ou no menor hematoma, no mais reduzido índice de transpiração, equiparando a existência com a seiva e com as potências fecundantes, além de confirmar o amálgama entre os fluidos e a vitalidade. A quintessência corporal reside nesses fluxos; sua presença intensifica o vigor, enquanto seu desaparecimento acarreta a debilidade, a magreza, o esgotamento e, até mesmo, a morte. A fadiga resulta do que se perde.

A perda e seus efeitos

O exercício ilustra tal imagem, compartilhada tanto por médicos quanto pela opinião pública. Tudo vem da agitação dos membros: os movimentos contínuos geram atritos, os quais engendram calor que, por sua vez, transforma os humores em exalações, as quais, finalmente, desencadeiam as evacuações e os suores. Daí as carências, a eliminação da massa corpórea, a propagação dos sofrimentos em um conjunto subitamente dessecado e, em breve, invadido pelo frio. Eis o que é demonstrado, de forma singular, pela longa perambulação de Tristão e Isolda no romance do século XII com seus corpos inexoravelmente "pálidos e emagrecidos" (*Tristan et Iseult*, 1988, p. 88). Isso é ilustrado também pelos comentários dos tratados de medicina ao fazerem referência a um vazamento, a um desmaio, instalando dores nas partes mais nobres do corpo:

> Mas evite fazer exercícios longos.
> Isso seria prejudicial para você.
> Diminuindo sua energia
> Ou causando-lhe alguma dor
> De cabeça, estômago ou peito,
> A qual lhe daria uma desagradável aparência[6].

O déficit se encontra precisamente no âmago da enfermidade, a substância desperdiçada constitui o cerne das fraquezas; o suor se torna sintomático, ruim (BERNARD DE GORDON, 1495, f. c IV). Na sequência, pode emergir a febre pelo excesso de fricções com seus acidentes, sobretudo se o exercício for executado em ambiente de grande calor (BERNARD DE GORDON, 1495, f. a IV).

Deste modo, a consequência presumida dos esforços torna-se motivo de preocupação para o médico, a ponto de deixá-lo assustado: para ele, uma perda demasiado importante é pouco recuperável; o vazamento é perigoso, ameaçando "aqueles que, por terem suado demais, acabam definhando"[7]. O cansaço torna "a pessoa rígida e árida relativamente à virtude, enquanto as mentes se degradam com esse esforço" (BARTHÉLÉMY L'ANGLAIS, 1556, p. 62[8]). O trabalhador, desde então, deve evitar "o suor em demasia" (ALDEBRANDIN DE SIENNE, 1911,

---

6. *Commentaire en vers français sur l'école de Salerne* [séculos X e XI], 1671, p. 461. • A Escola Médica Salernitana (Schola Medica Salernitana), na Itália, foi a primeira escola de medicina medieval e, em seu tempo, a mais importante fonte de conhecimento médico na Europa [N.T.].
7. Cf. *Commentaires de Pierre André Mattthiole sur les six livres de Dioscoride*, 1579, p. 720.
8. Trata-se de Bartolomeu da Inglaterra (antes de 1203-1272), frade franciscano. Seu compêndio *De proprietatibus rerum* [Sobre as propriedades das coisas] – composto de 19 livros –, precursor da enciclopédia, é considerado uma das primeiras obras de disseminação da vulgarização científica [N.T.].

p. 23), em um corpo em que ainda não se pensa em nenhum princípio de regulação interna. O limite permanece, aliás, obscuro; no caso concreto, as intensidades são empíricas, intuitivas. O mundo continua sendo o da impressão cotidiana, o da sensação imediata e ainda não o da verificação ou do cálculo (cf. KOYRÉ, 1961). A perda em si, representada desse modo, não é quantificável. Sua simples avaliação ainda não pode ser imaginada: a medição não é levada em conta para numerosas tarefas, assim como para um grande número de profissões, de jogos, de viagens e de combates. Eis o que é demonstrado, em particular, pelo transporte de algumas cargas – por exemplo, o do peixe fresco – desde o século XII: os almocreves que praticam tal tarefa entre o Canal da Mancha ou o Atlântico e o mercado de Paris. Além da velocidade exigida, a longa duração dessa viagem banaliza a morte de cavalos durante o trajeto, o esgotamento dos trabalhadores e a competição entre as carroças; de tal modo que, desde o século XIII, é criado um fundo especial para substituir "as bestas de carga mortas de fadiga" (LA MARE, 1719, t. III, p. 68) ou para compensar os peixes estragados ao longo do caminho. Assim, em 1500, tornou-se necessária uma portaria do preboste de Paris para definir com maior rigor a condição do trajeto e a regularização do mercado (LA MARE, 1719, t. III, p. 68).

Que tipo de palavras utilizar?

Sem contornos bem definidos, é precisamente a palavra *fatigue* [fadiga], de qualquer modo, que se impõe desde a Idade Média. Com uma linhagem banal – a do *fatigare* latino –, termo em que se inspiram os textos e os autores ao adotarem sua forma substantiva: a exemplo da evocação, como já vimos, das "bestas de carga mortas de fadiga" (LA MARE, 1719, t. III, p. 68), utilizadas no transporte de peixe fresco no século XIII; ou a menção de Galahad, "o melhor cavaleiro do mundo" que "nunca se sente cansado" (*La Quête du Graal* [século XIII], 1982, p. 94[9]); ou a de *Fierabras* [Ferrabrás] em seu combate contra o muçulmano, em breve, "arrasado de fadiga" (*Fierabras* [século XIII], 1857, p. 48).

---

9. Galahad, cavaleiro da Távola Redonda do Rei Artur, um dos três que conseguiram alcançar o Santo Graal [N.T.].

Existe ainda um grande número de outras palavras e expressões suscetíveis de substituí-la: "a fraqueza que toma conta de todos os membros" (DURMART LE GALLOIS [século XIII]. In: RÉGNIER-BOHLER, 2000, p. 620) sofrida por Durmart, o galês; "o aquecimento" (ALDEBRANDIN DE SIENNE, 1911, p. 24) dos membros evocado por Aldobrandino de Siena; a "desolação das mentes" (ARNAUD DE VILLENEUVE [século XIII], 1514, s.p.), parte aérea dos humores, mencionada por Arnaud de Villeneuve, no século XIII; ou ainda os "acidentes da alma" (ALDEBRANDIN DE SIENNE, 1911, p. 31); ou, até mesmo, "a paixão do cérebro" (BARTHÉLÉMY L'ANGLAIS, 1556, p. 64) evocada por Bartolomeu da Inglaterra ao denunciar as vigílias e o ressecamento orgânico subsequente. Outros tantos termos focalizados na carência, no desfalecimento do corpo e em seus inconvenientes.

Subsiste uma característica do uso medieval da palavra fadiga: trata-se da percepção. O cansaço pode se revelar de maneira tanto externa quanto interna: os "sete irmãos" atacados por Galahad estão "tão cansados que são incapazes de se defenderem" (*La Quête du Graal* [século XIII], 1982, p. 94), tal atitude exprimindo sua disposição física; em compensação, *Messire Gauvain* [Dom Galvão], em *Perlesvaus* [Perceval], "sente a fadiga das longas jornadas da viagem" (*Perlesvaus, le haut livre du Graal* [século XIII]. In: RÉGNIER-BOHLER, 1989, p. 193), de modo que sua sensação, desta vez, manifesta essa mesma disposição. Não quer dizer que as duas perspectivas sejam claramente distintas e aprofundadas: a evocação permanece intuitiva, evidente, entendida, escapando de qualquer observação particular, como poderia ter ocorrido com um sintoma ou uma doença. A fadiga não é um estado estudado, acompanhado e observado: trata-se de uma fase da vida, companheira de toda a existência, tão indiscutível quanto de imediato reconhecida e sub-repticiamente compartilhada; é uma lacuna, réplica imperceptível e inevitável da insuficiência humana.

De que modo qualificar a intensidade?

A mesma relativa indeterminação quando a medicina medieval tenta designar os critérios de aferição, avaliar os patamares, perscrutar o mais ou o menos na fadiga e no esforço. Bartolomeu da Inglaterra, no século XIII, recorre a adjetivos que se presume serem compreendidos por todos, sem deixarem de permanecer intuitivos: a começar pela intensidade, "o trabalho é triplo – garante ele –, um é forte, o outro é fraco e ainda outro é médio", sem que seja fornecido qualquer índice circunstanciado; a rapidez também, o apressado e o tardio (lento); ou, por fim, a quantidade grande ou pequena (BARTHÉLÉMY L'ANGLAIS, 1556, p. 62). Ainda, adjetivo subjetivo, o longo – com a Escola de Salerno – copiado regularmente, desde o século XII: "Não faça exercícios longos, isso seria prejudicial para você" (*Commentaire en vers français sur l'école de Salerne* [séculos X e XI], 1671, p. 461). Continua faltando um ponto fixo, na medida em que os objetos só existem em relação uns aos outros; nenhum princípio de velocidade, nenhum princípio de mecânica, nenhum ponto de referência estável, mesmo que a observação esteja claramente associada a um grau de intensidade maior ou menor. A ilustração mais notável disso é a "grande quantidade incoerente dos sistemas de medição, variáveis em cada cidade e em cada aldeia" (KOYRÉ, 1961, p. 319). O mundo continua sendo o da efervescência sensível, da impressão física, da convicção visual, o do mais ou menos evocado por Alexandre Koyré (KOYRÉ, 1961, p. 319), e não tanto o de alguma possível geometrização quantificada.

No século XIII, Aldobrandino de Siena orienta, aliás, para as formas ou as cores, sem acentuar sua precisão: o excesso faz a pele corar e, também, emagrecer; às vezes, até mesmo, engrossar, imagem arcaica focalizada nas efervescências e nos transbordamentos supostamente internos (cf. ALDEBRANDIN DE SIENNE, 1911, p. 24). A pausa do trabalho seria necessária desde a aparição de tais sintomas, aos quais se acrescenta a lentidão; ou seja, a sensação de um corpo que perde sua desenvoltura para se tornar pesado (ALDEBRANDIN DE SIENNE, 1911, p. 24). Vontade de temperança, sem dúvida alguma, de contenção, mas imprecisa, pouco seguida por todos, mesmo que tivesse sido um princípio preconizado pela medicina. Seu valor permanece teórico, distante, pouco realista no universo cotidiano das ações e das tarefas; tanto mais, que os esforços intensos são suscetíveis de se revelarem prestigiosos.

Diferentes tipos de perda

Convém referir-se ainda às iras, preocupações, amarguras e ilusões, cujos efeitos podem ser associados a fadigas e cuja medida é, de preferência, sugerida e não tanto especificada com precisão. Constantino o Africano, desde o século XI, chega a designar causas em grande número, distintas e, no entanto, pouco comentadas: "A reflexão excessiva [*nimia cogitatio*], a lembrança [*memoria*], a investigação a respeito de coisas incompreensíveis [*investigatio rerum incomprehensibilium*], a conjectura [*suspitio*], a esperança [*spes*] e a imaginação [*imaginatio*]" (KÖNIG-PRALONG, 2008, p. 539[10]). Perda aqui, ainda, por contenção mental, compressão interna e agitação do humor, cuja imagem, novamente, focaliza o ressecamento: "Esquivar-se e evitar as grandes sobrecargas e solicitudes, na medida em que uma solicitude demasiado grande resseca os corpos humanos ao deixar abatidos os ânimos, os quais ficam, por sua vez, amargurados e pesarosos, acabando por ressecar os ossos" (ARNAUD DE VILLENEUVE [século XIII], 1514, s.p.). O "apagamento" se deve à retração dos órgãos, ao "aperto no peito" (ARNAUD DE VILLENEUVE [século XIII], 1514, s.p.), entre outros aspectos, sob o efeito de alguma dor interna, reduzindo os humores mediante sua contração e, até mesmo, seu bloqueio; deve-se, ainda, ao esquentamento provocado pela contrição, por suas tensões sucessivas, lancinantes e repetidas, pelos "movimentos incoercíveis do cérebro" que agitam inutilmente as mentes. Daí o insistente conselho de Arnaud de Villeneuve: "O homem deve ter cuidado para não se enfurecer porque, de maneira semelhante, a raiva e a cólera ressecam o corpo, enquanto a primeira esquenta todos os membros excessivamente e o calor em demasia resseca o corpo, tornando-os macérrimos" (ARNAUD DE VILLENEUVE [século XIII], 1514, s.p.). A cólera, é claro, ou o desespero, acabam "queimando" como nunca havia ocorrido anteriormente; ou as vigílias excessivas, finalmente, com suas "ansiedades [...], secura do corpo, dificuldade digestiva, mutação de toda a natureza da pessoa" (BARTHÉLÉMY L'ANGLAIS, 1556, p. 64). Visão pré-psicológica em que

---

10. Em relação a Constantino o Africano, cf. https://ars-curandi.wikia.org/pt/wiki/Constantino_o_Africano [N.T.].

toda a excitação é, em primeiro lugar, agitação de partes físicas com seus choques e suas fricções.

Longe dessa relativa ausência de qualificação ou quantificação, há, no entanto, uma "paisagem" da fadiga na Idade Média: universo diversificado, múltiplo, também fecundo à sua maneira, no qual se manifestam diferenças, modos de existência e de confronto, formas de resistência e de sofrimento. A fadiga é então apreciada prioritariamente de acordo com fatos e lugares, objetos externos "apreensíveis", fragmentando e dispersando, em torno de algumas facetas bem caracterizadas, o que contribui para a perda e para o esgotamento.

2
A fadiga enaltecida do combatente

Para superar as descrições convencionais são impostas determinadas circunstâncias: a necessidade das situações, o enfrentamento das coisas e das pessoas. Tem de haver algo mais: a evocação de atividades valorizadas, precisamente as mesmas que focalizam o olhar, enquanto as outras são quase invisíveis ou ignoradas. Ou, dito por outras palavras, as fadigas são prioritariamente seletivas. Eis o que é demonstrado pelas descrições medievais, ampliando alguns esgotamentos e reduzindo outros, revelando assim uma cultura e determinado ambiente. Isso é ilustrado pelas cenas de combate, impostas aqui em prioridade, enquanto as cenas de trabalho são mais raras, sem dúvida, mais corriqueiras, consideradas muitas vezes sem mérito, nem relevo. O envolvimento do choque armado é tanto mais "observado" na medida em que ele é "extremo", e tanto mais central na medida em que condiciona carreiras, produz hierarquias, constrói paulatinamente distinções. A vida de Guilherme Marechal é um exemplo disso, cuja ascensão, entre os séculos XII e XIII – na sequência de batalhas e torneios vencidos a serviço de Patrício de Salisbúria e, em seguida, de Henrique II –, metamorfoseia seu *status*, levando-o do estado de cavaleiro obscuro ao de regente da Inglaterra (cf. DUBY, 1984[11]). Inevitavelmente, os episódios marciais se encontram no âmago das curiosidades, como é o caso da fidelidade aos compromissos; daí essa maneira de rastrear a fadiga, sublinhando a resistência e a insensibilidade.

---

11. Cf. Catani, 1988 [N.T.].

O aspecto visível do corpo

Bastante particulares também, e datadas, são as valorizações que privilegiam a aparência em relação ao íntimo, o visual sobre o sentimento, favorecendo a efervescência narrativa, a prolixidade, além de orientarem o olhar para os gestos, para a ferramenta e seu uso. O exterior se impõe prioritariamente neste universo antigo. A exemplo de Fierabras, exausto em seu combate contra um infiel, no romance do século XIII: "o punho inchado de tanto lutar [...]", deixando "escapar a espada de um comprimento de lança" (*Fierabras*, 1857, p. 48). Ou o conde da Normandia em *La Conquête de Jérusalem* e sua reação aparentemente diferente, mais imaginária do que realista, apesar de sua perfeita associação ao manuseio do instrumento: "Ele já não era capaz de soltar sua espada pelo fato de manter a mão presa ao punho e só conseguiu desvencilhá-la depois de regá-la com um pouco de água quente e de vinho para relaxar os músculos"[12]. Como vimos (cf. p. 24), existe a sensação íntima, mas esta é pouco evocada, pouco aprofundada, sem dúvida, demasiado subjetiva para ser detalhada. Visão bem especial do abatimento, conservando prioritariamente as relações com as coisas, mais do que a relação consigo mesmo, o exterior mais do que o interior.

Em seguida, as manifestações visíveis dos corpos, os distúrbios físicos, impondo a fadiga até a profusão dos indícios. A "saliva espumosa saindo da boca", a de francos extenuados no deserto[13], ou o desmaio dos invasores no momento da captura de Jerusalém, cujos uniformes estavam manchados, esfarrapados, em frangalhos: "Eles estavam completamente imundos e muitos desmaiaram de exaustão"[14]. Ou ainda os pés, ensanguentados após as marchas, "meias esburacadas, rasgadas, arrancadas desde o tornozelo até a ponta do pé"[15]. Todos esses sintomas quase "derradeiros" acabavam suscitando a estima e a emoção.

---

12. RICHARD LE PÈLERIN; GRAINDOR DE DOUAI. *La Conquête de Jérusalem* [século XII]. In: Régnier-Bohler, 2009, p. 188.
13. "Vários já estão espumando pela boca". Cf. Ibid., p. 188.
14. Cf. Ibid., p. 261.
15. Cf. Ibid., p. 193.

O privilégio da persistência

Mediante a luta, misturando o orgânico com o moral e a força com a determinação, acrescente-se; obviamente, o da batalha. Convém que esta seja "longa e encarniçada"[16] para que a vitória seja enaltecida; ou de uma "rara violência e que perdure bastante tempo" (*L'Âtre périlleux* [século XIII]. In: RÉGNIER-BOHLER, 1989, p. 642). E também o do combatente que deve ser tenaz, lutando contra qualquer tentação de abandono, a exemplo do conde de Saint-Paul, em Bouvines, em 1214, o qual, "durante muito tempo e com grande valentia, lutou e já estava bastante extenuado pela grande quantidade de golpes desferidos"[17]; ou resolutamente obstinado, tal como o herói de *Jehan et Blonde*, o romance do século XIII escrito em versos octossílabos, sabendo "recusar qualquer tipo de descanso durante o combate" (*Jehan et Blonde* [século XIII], 1971, p. 92). O tempo tanto valoriza o esforço denodado quanto sugere um mundo antigo em que prevalece não propriamente a precipitação, mas a paciência, e tampouco a rapidez, mas a lentidão. Um mundo em que são também enaltecidos especificamente "os valores viris de agressão e de resistência a todos os ataques", uma vez que o combatente encarna uma finalidade quase simbólica: impor, a todo custo, a robustez e "dissimular as fraquezas" (DUBY, 1990, p. 205).

Sob o enfoque da fadiga e do combate, dois tipos de elevação de sentimentos são, assim, suscetíveis de prevalecer: aquela que revela os mais capazes de enfrentar seus limites e aquela que revela os mais capazes de ignorá-los. Os primeiros se afirmam mostrando que sabem sofrer, enquanto a afirmação dos últimos é feita pela demonstração de que são insensíveis. A persistência está no cerne das qualidades, a obstinação por um período de longa duração. Jacques de Lalaing, personagem prestigioso na corte da Borgonha, demonstra essa postura cultivando uma competência bem específica: "De fato, mais do que qualquer homem, ele

---

16. RICHARD LE PÈLERIN; GRAINDOR DE DOUAI. *La Chanson d'Antioche*. In: Régnier-Bohler, 2009, p. 42-43.
17. *La Relation de Marchiennes* [século XIII], apud Duby, 1985, p. 79. • "A Batalha de Bouvines em 1214 foi um dos maiores conflitos do mundo feudal europeu" (PONTES et al., 2015, p. 96, nota 7) [N.T.].

era resistente, experiente, além de saber perfeitamente como inflamar o ardor de seu adversário"[18]. Galahad, "o melhor cavaleiro do mundo", manifesta essa atitude conservando uma frieza inalterável, "imutável, incansável" (*La Quête du Graal*, 1982, p. 94). Referência de tal modo importante que se espera o mesmo do cavalo: a exemplo do corcel de Balduíno, em *La Conquête de Jérusalem*, "Prinsault, o Aragonês, que nunca fica sem fôlego"[19]; ou o de Fabur, o árabe, cujo "galope de vinte léguas seria insuficiente para retardar a velocidade do trote ou para exauri-lo" (*La Quête du Graal*, 1982, p. 67).

Por fim, uma referência importante que foi acentuada durante a Idade Média, a ponto de se manifestar no âmago das disputas. Os assistentes, no século XV, gostam de contar o número de ataques e de golpes, apreciar sua rispidez, além de avaliar sua duração. Por exemplo, o desafio de 15/12/1445, em Gand, durante o qual Jacques de Lalaing luta contra um cavaleiro siciliano até o anoitecer: "Na verdade, todos os presentes disseram que nunca tinham visto desferir golpes tão violentos no decorrer de um tão grande número de ataques"[20]. O número de ataques a serem executados é anunciado antecipadamente pelo combatente, enquanto sinal de confiança, de resistência ou, melhor ainda, de valor. Com efeito, o regulamento de um confronto às margens do Rio Saône, em 02/10/1450, estipula o seguinte: "É obrigatório fixar o número de machadadas"[21]. Eis o que confirma também o número "eloquente" de golpes solicitados (63) por um desconhecido, Jean Pitois, contra Jacques de Lalaing, em 1510/1450 (p. 1.343); maneira indireta e inédita de recorrer ao número, em meados do século XV, para significar – e, acima de tudo, valorizar – a resistência dos combatentes.

---

18. *Le Livre des faits du bon chevalier, messire Jacques de Lalaing* [século XV]. In: Régnier-Bohler, 1995, p. 1.311.
19. RICHARD LE PÈLERIN; GRAINDOR DE DOUAI. *La Conquête de Jérusalem* [século XII]. Op. cit., p. 251.
20. *Le Livre des faits du bon chevalier, messire Jacques de Lalaing* [século XV]. Op. cit., p. 1.255.
21. Ibid. p. 1.334.

A formação exige sofrer durante um longo período

Outras tantas referências insistentes orientando, em última instância, a própria formação cavalheiresca. Jean de Bueil, companheiro de Joana d'Arc (cerca de 1412-1431), condiciona a aquisição de "honra e glória por meio da guerra" à necessidade de saber "suportar com paciência a grande dificuldade e as condições de rigor encontradas, no início, desse exercício" (JEAN DE BUEIL [século XV], t. I, 1887, p. 21). Jean le Meingre de Boucicaut, nomeado marechal da França por Carlos VI, em 1391, indica os detalhes dessa exigência ao evocar sua juventude batalhadora, repetindo o advérbio *longuement* [durante um longo período] a ponto de torná-lo um motivo recorrente: "Nenhum esforço era sério para ele", correndo e avançando "a pé durante um longo período", acostumando-se a "conservar o fôlego durante um longo período", suportando "durante um longo período" o trabalho, manejando "durante um longo período" o machado, enrijecendo os braços e as mãos ao "desferir golpes durante um longo período", além de multiplicar os "testes de guerra" sem "nunca parar"[22]. Uma única lógica: a reiteração. Uma única perspectiva: a continuidade. Repetição global, inteira, maciça, longe dos parâmetros "graduais" e "progressivos" que o universo moderno tentará traçar, revelando, por sinal, as antigas abordagens de habituação à fadiga e de resistência às vicissitudes do tempo. Aprender a dominar o cansaço: não se trata de abordá-lo mediante o escalonamento de esforços, mas de superá-lo encarando, de maneira cada vez mais abrangente, os diferentes aspectos de determinada situação, enfrentando-a de imediato e em sua totalidade.

Tal propósito está limitado aos cavaleiros, sendo diferente para o resto do exército. Os arqueiros não subscreveram tais exercícios quando o rei inglês, Eduardo III, em 1335, prevê o uso adequado do instrumento pelo futuro combatente: "É proibido, sob pena de morte, em todo o Reino da Inglaterra, divertir-se em um jogo diferente do arco e flecha" (STEIN, 1925, p. 66). Aqui, conta apenas o manejo da arma, e não a preparação para as marchas ou os esgotamentos que, no

---

22. *Le Livre des faits du bon messire Jean le Meingre, dit Boucicaut* [século XIV]. In: Michaud; Poujoulat, 1836, t. II, p. 219.

entanto, devem ser enfrentados pelos não cavaleiros. A mesma expectativa prevalece, em 28/04/1448, quando o rei francês, Carlos VII, ordena a manutenção, em cada paróquia, de arqueiros em vista dos combates vindouros (cf. STEIN, 1925, p. 82). Eis o que é confirmado por uma nítida partilha social: o treinamento para a persistência diz respeito apenas aos mais prestigiados, aqueles simbolizados pelo "cavaleiro robusto, o cavaleiro, no sentido simultaneamente técnico e social do termo, armado [...] com o grande escudo [...] com a cota de malhas, além de manipular a lança e a espada"[23], aquele capaz de carregar 25kg de ferro, aquele cuja nobreza de sentimentos reside na resistência à fadiga e aos golpes. Nada além de um importante índice cultural: "No final da Idade Média, a cavalaria ainda era considerada como o ponto nevrálgico dos exércitos"[24]. Enquanto a possível fadiga dos humildes não é, de modo algum, levada em consideração.

---

23. CONTAMINE, P. "La segmentation féodale, début X^e-milieu XIIe siècle". In: Corvisier, 1992, t. I, p. 71.
24. CARDINI, F. Le guerrier et le chevalier. In: Le Goff, 1989, p. 122.

3
O sofrimento forçado do viajante

A viagem, com seus sofrimentos e imprevistos, é o outro aspecto da fadiga comentado regularmente na Idade Média. O esforço penoso permanece, nessa época, mais insípido do que o do combate; é imposto mais do que valorizado. É inevitável; acima de tudo, temido, comentado. Em última instância, trata-se de uma cultura revelada pelas peregrinações laboriosas, misturando cansaços e insuficiências, descobertas e novidades.

Uma visão do espaço

O espaço medieval é a causa disso, orientando de imediato a ideia de fadiga. O desafio afeta o cosmos. O ambiente se torna permeável desde que a distância é instaurada; a penosidade surge desde que se imponha a obrigação de caminhar. O trajeto se opõe à segurança. Nenhuma visão acima da Terra em tal universo. Nenhuma superfície homogênea, tal como nossa modernidade, será suscetível de engendrá-la (CERTEAU, 2014, p. 186); mesmo assim, os mapas marcam sua presença, como é demonstrado pelas primeiras gravuras delimitando fronteiras e continentes. Mas, nesse caso, verifica-se o domínio das linhas, das travessias, dos trajetos; e, em menor grau, a visão que engloba a totalidade de um espaço a fim de dominá-lo em melhores condições. A extensão permanece "um entremeio: um vazio a ser preenchido"[25] com suas junções aleatórias e seus obstáculos continuamente renovados. Os lugares tidos em conta são unicamente aqueles evocados por Marco Polo, no século XIII,

---

25. Cf. CHEVALIER, B. Introduction. *Espace vécu, mesuré, imaginé*, 1997, p. 8.

em seu périplo – que não deixa de ser "fabuloso" –, traduzido em outras tantas *Maravilhas*, "extasiando-se apenas diante dos jardins" (ROGER, 2017, p. 68). Por conseguinte, os percursos prolongam tanto os avanços quanto os sofrimentos; além disso, o horizonte pode exercer fascínio, assim como desencadear pavor.

Os comentários são breves. O momento não é propício a introspecções, nem a registros escrupulosos das sensações percebidas. A fadiga – assim como acontece em relação ao combate – traduz-se, de preferência, pela evocação das coisas, pelos efeitos visíveis e contornos dos lugares: é o exterior geográfico que, de novo, exprime o interior corporal. As condições do percurso, os terrenos e os climas: a exemplo da força do vento empurrando Jean Plan de Carpin[26], o enviado do papa, a se jogar regularmente no chão, em 1246, por ocasião de sua travessia da Tartária; ou o solo desértico do Oriente, "às vezes, pedregoso e, outras vezes, arenoso" (JACQUES DE VÉRONE, 1335, s.p.), suscitando o desespero do frade agostiniano, Jacques de Vérone, no decorrer de seu longo périplo de 1335.

Está em jogo uma verdadeira galáxia material e mental, uma visão dos entornos, uma maneira de viver cada lugar como algo isolado e, deste modo, cada distância como um enfrentamento. Nada de surpreendente se, no século XIII, os habitantes da comuna nos Pirineus, Montaillou, valorizam, como nunca havia ocorrido anteriormente, Pierre Maury que atravessa, "a pé, um importante curso de água carregando em seus ombros, sucessivamente, Bélibaste e Arnaud Sicre" (LE ROY LADURIE, 1975, p. 176). As vicissitudes das distâncias, suas provações que não cessam de ser reiniciadas, constituem, assim, o primeiro desafio a ser enfrentado.

Essa ameaça do alhures, a inquietação suscitada diante do espaço, suas possíveis surpresas, transformam o longínquo em um dos primeiros objetos da literatura medieval. Brandão (cf. BOUET, 1986), monge irlandês que partiu em busca do

---

26. PLAN DE CARPIN. Voyage en Tartarie [século XIII]. In: Charton, 1861, t. II, p. 240. • João de Pian de Carpine ou Joannes de Plano, um dos companheiros e discípulos de São Francisco de Assis, foi um dos primeiros europeus a entrar na corte do grão-cã do Império Mongol, em 1264, além de ser o autor do mais antigo relato europeu sobre a Ásia do Norte e Central, além de outras regiões sob o domínio tártaro (mongol). Cf. Gonçalves, 2013 [N.T.].

paraíso terrestre com 12 companheiros, depara-se no decorrer de sua viagem com provações tão numerosas, tão curiosas, que seu périplo é o objeto de 120 manuscritos entre os séculos X e XV. Brandão acaba fazendo a experiência de todos os esgotamentos, de todos os pavores; aos esforços das travessias, acrescentam-se o enfrentamento de animais assustadores, a presença extenuante de monstros, diabos e demônios; outros tantos prodígios que continuam ocupando um grande número de romances, mobilizando o imaginário, além de conferirem nova vida aos relatos.

A prostração, para ser ainda mais preciso, encontra-se no cerne de alguns trajetos medievais significativos: os confins, o mar, a floresta, os desertos... Aqueles da Terra Santa, em particular, com seus riscos de extravio, as marchas intermináveis, os esgotamentos que se tornaram mortais. Eis o testemunho de Nompar de Caumont, em 1419: "Pus-me a caminho no meio da noite por causa do forte e terrível calor da região que já havia causado a morte de um grande número de pessoas"[27].

Montanhas e florestas ampliam igualmente os lugares simbólicos da estafa. A floresta, acima de tudo, com suas sombras, suas trilhas difusas e suas semelhanças indistintas. Os adjetivos se acumulam para qualificá-la: *felonesse* [pérfida], *aventurose* [temerária], *perdue* [maldita], *desvoiable* [extraviada][28]. Ela é tanto errância quanto ameaça, incrementando "as armadilhas, os lugares secretos, as possíveis emboscadas" aos quais são adicionadas "as dificuldades de se orientar e livrar dessas situações" (BECHMANN, 1984, p. 340). Em tais circunstâncias são multiplicados os episódios de esgotamento. O Rei Lot e seus filhos, ao chegarem à casa do habitante da floresta de Nortúmbria, dormem "profundamente por terem suportado árduos esforços e grandes borrascas" (*Le Livre du Graal* [século XII], 2001, t. I, p. 1.386[29]). Os amigos de Galvão – tendo cavalgado "até a noite"

---

27. CAUMONT DE CASTELNAU, N. Voyage d'outremer en Jérusalem [século XV]. In: Régnier--Bohler, 2009, p. 1.082.
28. Cf. COMBARIEU, M. Le nom du monde est forêt – Sur l'imaginaire de la forêt dans le Lancelot en prose. *Espace vécu, mesuré, imaginé*, 1997, p. 79-90.
29. O Rei Lot é um personagem lendário das obras literárias do Ciclo Arturiano; Nortúmbria [Northumberland] é um condado no litoral norte da Inglaterra. Na citação seguinte, Galvão é o filho de Lot e de Morgause, meio-irmã do Rei Artur [N.T.].

em alguma "imensa e sombria floresta" (*Le livre du Graal* [século XII], 2001, t. I, p. 1.411) – adormecem imediatamente; enquanto a floresta, na qual Guinebaut realiza suas aventuras, tem inclusive o nome de *Périlleuse* [perigosa] (cf. *Le livre du Graal* [século XII], 2001, t. I, p. 1.140) por causa dos sofrimentos, mas também das possíveis façanhas impostas por sua travessia. Fim trágico, finalmente, no romance do século XII, *La Dame invisible*, os gritos longínquos oriundos da floresta são os de um "infeliz perdido [...]; aliás, ninguém acalenta a esperança de reencontrá-lo" (*La Dame invisible* [século XII], 1971, p. 118).

O mar, por fim, completa as figuras do horror até os imaginários da ansiedade: chuvas de pedras e de chamas, ilhas intrigantes por seus ímãs de ferro, além de monstros assustadores por suas mandíbulas de latão. Perigos tão convincentes que, no século XII, os *Rôles d'Oléron* inauguraram um primeiro sistema de "proteção": "Se o marinheiro for ferido a serviço da nave, ele deve ser curado e enfaixado por conta da dita nave" (*Rôles d'Oléron*, 1900, art. 7[30]).

Que tipo de viajantes?

Cavaleiros errantes, comerciantes, homens de poder, príncipes ou bispos, outros tantos viajantes que enfrentam os riscos de itinerários acidentados: extremas dificuldades continuamente evocadas e enfatizadas.

A realidade cotidiana é tão temível quanto banal; é também plurifacetada. A viagem é incontornável, mais necessária do que nunca, sem deixar de ser extenuante. Em primeiro lugar, trata-se de uma busca por ganhos, os do comerciante ou do negociante, com seus lugares distantes, suas feiras espalhadas por toda a parte: "Região de Champagne, mas também Lyon, Colônia, Augsburgo, Mainz, Veneza, Mantua, Milão, Nápoles, Brindisi" (*La Dame invisible* [século XII], 1971, p. 106)[31]. O afresco – *Os efeitos do Bom Governo* –, que faz parte da pintura mural realizada, em 1339, por Ambrogio Lorenzetti nas paredes da Sala dei Nove, em

---

30. Esses *Rôles* são os regulamentos marítimos da Ilha de Oléron [N.T.].
31. Cf. tb. *Voyager au Moyen Âge*, 2014.

Siena, mostra uma descrição embelezada disso mesmo: cidades com periferias movimentadas, numerosos grupos de combatentes, animais carregados, comerciantes circulando a pé (cf. *La Dame invisible* [século XII], 1971, p. 107). O conjunto dá a impressão de algo, ao mesmo tempo, agitado e sereno. No entanto, a legenda exprime indiretamente o perigo: "Que todos os homens livres se desloquem sem medo" (*La Dame invisible* [século XII], 1971, p. 107). Os trajetos, com certeza, são vivenciados com viva apreensão. Aliás, no século XIII, a linguagem poética de Gilles Li Muisis se refere a tais ameaças:

> Comerciantes se aventuram por territórios, por regiões;
> Por mar e por terra, as mercadorias são transportadas;
> Para as festas e feiras são carregadas por terra.
> Em qualquer tempo, existe perigo; poucos sentem-se em segurança
> (LI MUISIS, 1882, t. I, p. 57).

Em maio de 1344, a linguagem administrativa dos escribas do duque da Borgonha, durante sua viagem à cidade dos papas, limita-se à elaboração da lista dos desfalecimentos ou das patologias. Doenças e óbitos, em particular, são os derradeiros episódios das dificuldades encontradas: entre esse mês e outubro, 54 pacientes (abandonados no próprio local em que tinham adoecido), quase um terço dos "que haviam iniciado a viagem", dos quais quatro morrem, de um número aproximado de cento e setenta pessoas[32]. O que é confirmado indiretamente pela carta de Luís VI endereçada, em 1387, ao rei de Castela: os "dois mil combatentes" enviados em sua ajuda devem ser encaminhados "ao custo mais baixo e com o menor número de danos que for possível"[33].

A enumeração fastidiosa elaborada a respeito da viagem por Eustache Deschamps, no século XV, é ainda uma ilustração disso, acumulando as estafas, mesmo quando é lembrado, *a contrario*, o interesse de enfrentar o mundo para apreciá-lo em melhores condições:

---

32. DUBOIS, H. Un voyage princier au XIVe siècle [1344]. *Voyages et voyageurs au Moyen Âge*, 1996, p. 88.
33. "Guillaume de Naillac e Gaucher de Passac, cavaleiros, camareiros do rei, comprometem-se, por uma soma de 100 mil francos, em liderar 2 mil combatentes que o rei envia para ajudar o rei de Castela contra o duque de Lorena" (Paris, 05/02/1387. In: DOUËT D'ARCQ, 1863, t. 1, p. 77).

> Aqueles que não saem da hospedaria
> Nem passam por diferentes regiões,
> Não têm conhecimento da dor mortal
> Que invade os viajantes
> As doenças, as dúvidas, os perigos
> Dos mares, rios e trajetos
> As línguas incompreensíveis
> O sofrimento e os esforços do corpo.
> No entanto, por mais que isso possa ser extenuante,
> Quem não sai, acaba ignorando tudo[34].

A este respeito, as regulamentações religiosas são simbólicas ao promoverem uma economia necessária dos percursos. O Arcebispo Raoul de Bourges, em plena Idade Média, protege seus sacerdotes de trajetos demasiado longos: aqueles que residem além de "seis ou sete milhas da cidade" são autorizados a "se associarem em grupos de dez para enviar um deles ao bispo na Quinta-feira Santa, a fim de coletar em três frascos diferentes o santo crisma para o batismo e os óleos sagrados para os catecúmenos e os doentes" (MAZEL, 2016, p. 113). As visitas do bispo são inclusive estritamente organizadas, sempre solenes, mas pouco frequentes (MAZEL, 2016, p. 113), mesmo antes dos séculos XI e XII.

Existem ainda as peregrinações, numerosas e heterogêneas, tão diversificadas que são reconhecidas como a causa mais frequente dos deslocamentos[35]. Uma maneira de caminhar nos passos do Cristo[36], no contexto de um universo religioso em que o Salvador – Ele próprio um pregador itinerante – continua sendo o arquétipo do viajante[37]. A particularidade das peregrinações é evidente, tanto mais que invertem completamente o sentido banal dos cansaços: em vez de um esgotamento suportado, trata-se de uma estafa intencional; em vez de um sofrimento acidental, trata-se de um sofrimento desejado e, sobretudo, a elevada dignidade adquirida

---

34. Cf. Une "invitation" au voyage en forme de balade par Eustache Deschamps [século XIV] [Disponível em https://www.moyenagepassion.com/index.php/2017/08/08/une-invitation-au-voyage-en-forme-de-ballade-par-eustache-deschamps/].
35. Cf. CHEVALIER, B. Introduction. *Espace vécu, mesuré, imaginé*, 1997, p. 15.
36. KESSLER, H.L. Marcher dans les pas du Christ. *Voyager au Moyen Âge*, 2014, p. 16.
37. Ibid.

uma vez que a pessoa chega a seu destino. O peregrino, com vara, alforje e pés descalços, representa não só a figura medieval da esperada redenção mediante a visitação das relíquias e dos lugares santos, mas também a figura da esperada redenção dos esgotamentos suportados durante o percurso. A fadiga faz parte da redenção: "Qualquer peregrinação medieval é, de certo modo, uma obra de penitência por causa das dificuldades práticas da viagem, ou seja, fadigas e perigos da estrada" (VOGEL, 1964, p. 113). Eis o que o historiador e fenomenólogo do sagrado, Alphonse Dupront, exprime de maneira concisa: "O peregrino será aprovado ao passar o teste do espaço" (DUPRONT, 1987, p. 374[38]). Os viajantes do Oriente, ao escalarem o Sinai em direção ao túmulo do Cristo, dizem isso enfaticamente, enquanto invocam a própria expiação. Nada além de suplício, e de seu último significado, a edificação:

> Subimos com dificuldade, à custa de enormes esforços, até seu cume, tendo voltado a encontrar trilhas tão difíceis e erodidas que seria difícil de acreditar em tal situação só pelo relato. Oh corpo exausto! Quantas fadigas e ansiedades tens de suportar para obter a graça divina! (MARTONI; D'ANGLURE, 2008, p. 104).

Paradoxo extremo do sofrimento e da redenção: alguns consentem inclusive em pagar para que alguém se canse em seu lugar. Guy de Dampierre – que se tornou conde da Flandres, em 1251, tendo falecido em 1305 – ofereceu, em seu testamento, "uma soma de oito mil libras para aquele que, no caso de não cumprimento de sua promessa de ir à Terra Santa, viesse a fazer tal peregrinação em seu lugar" (DERODE, 1848, t. I, p. 259). Soma considerável, enquanto o capelão de Guy recebe, "todos os dias, aveia para dois cavalos; 16 libras para sua roupa e 20 libras de pensão anual" (DERODE, 1848, t. I, p. 277). Essa troca confirma a prática das indulgências, compensação financeira pelos pecados, autorizadas desde o cânone do ano de 992 (verbete Indulgences. In: DURAND DE MAILLANE, 1761), ao mesmo tempo em que comprova, pela soma alocada, a árdua dificuldade dos enfrentamentos projetados.

---

38. Cf. Lima Vaz, 1995, p. 406-407 [N.T.].

Os pés, o sintoma primordial

Convém insistir sobre as particularidades dessas fadigas enfrentadas deliberadamente no decorrer dos séculos centrais da Idade Média. A imagem do sofrimento impõe aqui um estigma singular, revelando novamente a variedade dos cansaços suportados: a focalização em uma parte do corpo, a fixação nos ferimentos do caminhante, nas bolhas dos pés. Começando por atingir todos os aspectos de natureza mecânica: "Na Idade Média, não existe calçado apropriado para caminhar"[39]. Os sapatos, confeccionados geralmente com uma única costura[40], não resistem aos desníveis do terreno, nem à regularidade de passos bem espaçados; no entanto, tal prejuízo acaba também enobrecendo o projeto, adicionando nova dor aos sofrimentos aceitos. Daí os trajetos efetuados deliberadamente de pés descalços: São Guilherme de Vercelli [província italiana da região de Piemonte], no século XII, "tornou-se famoso por ter ido a Compostela nesse estado, aos 15 anos" (GIRAULT; GIRAULT, 2001, p. 261). As cenas de arrependimento ou de procissões realizadas nessas condições tornam-se comuns: por exemplo, os capiteis das igrejas dos séculos XII e XIII com seus peregrinos desfilando descalços (GIRAULT; GIRAULT, 2001, p. 24). "Mortificação corrente", afirma Karin Ueltschi, referindo-se às penitências de Perceval (UELTSCHI, 2011, p. 71). Eis o que ainda é confirmado por São Luís ao exigir – por ocasião da tomada de Damieta, no delta do Nilo, em 1249 – que a localidade fosse desobstruída "das carniças de homens e de animais, além de outras imundícies", antes de ordenar a travessia dessa cidade "descalços, tanto os barões quanto o povo, manifestando muita devoção"[41]. Uma elevada dignidade surge dessa aceitação do sofrimento, uma forma bem específica e datada de garantir o perdão.

Penitência, sem dúvida, mas ainda outra penitência mediante a atitude de ajudar os caminhantes, lavando-lhes os pés em ato de contrição. São Luís, todos os

---

39. Cf. *Voyager au Moyen Âge*, 2014, p. 51.
40. Cf. Ibid. • Cf. tb. Doucet, 1913, p. 12.
41. *Les Grandes chroniques de France*, 1836, t. IV, p. 311-312.

sábados, "estava acostumado a lavar os pés dos pobres em lugar secreto"[42]. Isabel, filha do rei da Hungria, em 1230 adquire santidade ao se dedicar à causa dos mais despojados:

> E quando os pobres chegavam na hora de vésperas para passarem a noite, ela observava aqueles que estavam precariamente calçados para lavar-lhes os pés; e na manhã seguinte, dava-lhes sapatos de acordo com a medida de seus pés; com efeito, ela dispunha sempre de sapatos de diferentes tamanhos, grandes e pequenos, para oferecer àqueles que tivessem necessidade disso; e ela mesma ajudava-os a enfiá-los nos pés. E então acompanhava-os até encontrarem o caminho de seus destinos[43]).

Os pés, lugares simbólicos de um sofrimento, de uma fadiga e de uma época.

---

42. Ibid., p. 354.
43. Ibid., p. 247. • Cf. Gomes, 2021 [N.T.].

4
A fadiga redentora

Numerosas atividades, numerosos compromissos são suscetíveis de constituir outra vertente dessa fadiga redentora, sofrimentos totalmente voluntários, torturantes, orientados exclusivamente para a redenção. O universo religioso define as respectivas condições, enquanto os gestos, devidamente selecionados, indicam suas intensidades. Em particular, entre os clérigos, para quem a salvação se encontra no âmago das contrições carnais; e ainda, na Idade Média, época em que o misticismo é acompanhado por sofrimentos cada vez mais rebuscados.

A viagem enquanto punição

Algumas peregrinações não dependem apenas de uma decisão pessoal. Trata-se de um tipo de abatimentos – inclusive simbólicos – de que a autoridade pode se servir – como outras tantas punições – em substituição de uma condenação: já não é uma redenção íntima, mas uma redenção social. O ato é metamorfoseado em uma "pena" pública, confirmada, quase quantificada. Percurso e destino, então, resvalam para o castigo, expiação devidamente codificada, vinculando a extensão do trajeto à gravidade dos fatos sancionados. Um clérigo fixa o itinerário, "abençoa o penitente, entrega-lhe chapéu, alforje e cajado, além de fornecer-lhe um salvo-conduto [...]. A chegada ao termo da peregrinação vale a absolvição da infração"[44]. Assim, o périplo torna-se jurisdicional, sentença desencadeada pela Igreja ou pelos magistrados, aliás, suficientemente grave para dizer respeito

---

44. *Les Grandes chroniques de France*, 1836, t. IV, p. 247. • Cf. Lambert, 2010.

também à criminalidade. Uma carta de 1387 concede o indulto a Jean Bigot de Saint-Maurice-des-Noues, culpado de homicídio, "com a condição de se dirigir ao santuário de Notre-Dame du Puy e de mandar celebrar uma centena de missas pela salvação da alma do defunto" (VERDON, 2003, p. 260). O perdão foi concedido, em 1393, a dois habitantes da paróquia de Azay-le-Brûlé – tendo participado, quatro anos antes, do assassinato de um saqueador, assim como do roubo dos bens de uma mulher – "com a condição de que o primeiro se dirija a Dame du Puy e o outro a Santiago da Galícia" (VERDON, 2003, p. 260-261). No cerne da punição existem, portanto, as tribulações e estafas das peregrinações que, segundo afirma Victor Derode, em 1848, são "acompanhadas por fadigas e perigos dos quais é impossível atualmente ter uma ideia" (DERODE, 1848).

Ainda falta definir os limites de tais decisões. O penitencial condena, mas "entrega" também os condenados à sua sorte; inflige punições, mas difunde igualmente outras circunstâncias de perdição. As estradas se tornam menos seguras ao serem utilizadas por criminosos inveterados, delinquentes e pessoas de moralidade duvidosa; desde então, aumenta a confusão, mesmo que o teólogo Gilles Charlier, no Concílio de Basileia, em 1433, não deixe de associar a peregrinação penitencial a uma expiação de pecados (DERODE, 1848). Seja como for, os fatos são impostos: a *perigrinatio* é, em breve, acusada por ser "uma oportunidade de escândalo, e não tanto um meio de santificação" (VOGEL, 1964, p. 121). Desde então, os julgamentos desse tipo tornam-se mais raros; tal prática vai desaparecendo no decorrer dos séculos XIV e XV, sendo substituída por flagelações e suplícios. Em compensação, sua existência – ainda que tivesse sido transitória – não deixa de ser marcante, impondo uma imagem importante: a de uma fadiga identificada, antes de mais nada, na Idade Média, com a aventura das travessias ou dos trajetos.

A tarefa de redenção

Esse trabalho pode ser também orientado – neste caso, enfoque especificamente religioso –, promovido no âmago das narrativas edificantes tanto mais que, na Idade Média, a *acedia* (a ociosidade, a sonolência) suscita inquietação no universo monástico, sendo designada como inimiga da alma (WENZEL, 1967, p. 36), indício de tédio, de distanciamento culposo e de ausência de fervor (cf. RABINBACH, 2004, p. 58[45]). O que deve prevalecer é apenas o sacrifício ou o compromisso total: por exemplo, os das moças do Hôtels Dieu [tipo de Santa Casa de Misericórdia], "dedicadas totalmente a prover aos infortúnios e às necessidades dos pobres" (HENRY, 1964, p. 29); ou os de Santa Douceline de Digne, fundadora das beguinas de Marselha, no século XIII, multiplicando os excessos de fadiga[46] para prestar um melhor serviço a seus protegidos; ou São Juliano, mediante a criação de um hospício em companhia de sua esposa, extenuando-se em acolher todos os pobres[47] nesse local. Trabalho múltiplo, fragmentado, com sintomas precariamente descritos, a macicez dos encargos prevalece em relação aos detalhes dos efeitos, e a extensão dos períodos de longa duração tem precedência relativamente à dispersão das ações. Portanto, estafa inevitável associada a uma exigência específica: nunca deixar, nem sequer um instante, o espírito de sacrifício, além de manter um compromisso ininterrupto. As regras do Hôtel Dieu de Paris estabelecem tarefas quase infinitas: da lavagem ao momento de levar o paciente para a cama, da calefação à secagem, da limpeza ao banho, dos cuidados de rotina aos cuidados com os moribundos; também sempre penosas (HENRY, 1964, p. 34), por serem ininterruptas, trocando "o dia pela noite e a noite pelo dia" (HENRY, 1964, p. 34). Finalmente se acrescenta a assimilação implícita de tal trabalho aos estigmas autoinfligidos, penitências abruptas, ferimentos deliberados, dominando os séculos centrais da Idade Média. Santa Douceline concebe uma implacável montagem técnica para incrementar suas vigílias e para servir sem tréguas, fixando uma corda acima do leito, enlaçada em sua cintura: "Puxada pela corda ao mais leve movimento, ela acordava"[48]. São Jerônimo, eremita do deserto a serviço

---

45. Cf. tb. LORIOL, M. Les moines et l'acédie: naissance de l'individu, 2000, p. 22.
46. Vie de sainte Douceline [relato em prosa, anônimo, final do século XIII]. In: Régnier-Bohler, 2006, p. 301, 315, 317.
47. Cf. DE VARAZZE, J. São Juliano. *Legenda áurea*, 2003, p. 217-218.
48. Vie de sainte Douceline. Op. cit., p. 302.

constante dos viajantes extraviados[49], espanca o próprio corpo para evitar, a qualquer custo, adormecer: "Se, por acaso, o sono viesse a superar minha resistência e tomasse conta de mim, eu me estatelaria no chão com meus ossos desencarnados que, inclusive, tinham dificuldade em se manter juntos"[50].

Do sofrimento infligido à contemplação

Ao levar em conta Santa Douceline e seus sucessivos compromissos, outra evidência se impõe: o objetivo final não é tanto o trabalho, mas a contemplação; nem a terra, mas o céu. O aspecto excessivo do sofrimento parece contribuir para isso: Douceline se afasta, ano após ano, dos afazeres cotidianos; busca "os lugares solitários"[51], organiza um "oratório bem secreto", deixa-se levar por um "alentado êxtase", chegando, às vezes, a "permanecer nesse estado durante um dia inteiro"[52], a ponto de levitar. Tal arrebatamento vai metamorfoseá-la, atraindo visitantes e crentes, intensificando as devoções, além de justificar a "grande tradição" da Igreja medieval: "A dignidade da vida contemplativa em relação à vida ativa"[53]. Sem dúvida, trata-se de uma hierarquia complexa: a importância de uma mística monástica unindo "a oração e os trabalhos manuais" (LE GOFF, 1964, p. 118) não poderia ser negada, ilustrada pelos cistercienses e por Bernardo de Clairvaux (cf. TROTTMANN, 2009). O esgotamento físico, sinalizando "a condição pecaminosa do homem"[54], não pode ser esquecido, mas é uma etapa: neste caso, é a contemplação que tende a prevalecer. É ela também que ilustra o percurso de

---

49. A respeito desses eremitas, cf. Jacques Le Goff: "pouco conhecidos, pululando por toda a Cristandade, desbravadores, escondidos nas florestas – ou seja, locais em que são assediados por visitantes – posicionados nos lugares adequados para ajudar os viajantes a encontrar seu caminho, para atravessar um vau ou uma ponte, modelos não corrompidos pela política do clero organizado [...]" (LE GOFF, 1964, p. 118).
50. DE VARAZZE, J. São Jerônimo. *Legenda áurea*, 2003, p. 827.
51. Vie de sainte Douceline. Op. cit., p. 319.
52. Ibid., p. 322-323.
53. PUTALLAZ, F.X. Thomas d'Aquin, Pierre Olivi, figures enseignantes de la vie contemplative. In: Trottmann, 2009, p. 372.
54. VIAL, M. La vie mixte, selon Jean Gerson, p. 385-400. In: Trottmann, 2009, p. 392.

Santa Douceline, consolidando a certeza de um Pierre de Jean Olivi, o místico do Languedoc, seu contemporâneo: "A vida ativa tem o objetivo de preparar para a contemplação"[55]. Tal fadiga redentora seria, assim, uma fase, um ato preparatório em direção a um alhures mais central; isso abre ainda para outra fadiga, o arrebatamento do êxtase, o desprendimento de si mesmo, exatamente aquele que a cultura do tempo, por falta de ferramentas mentais adequadas, evoca mediante características físicas e não tanto espirituais. O esgotamento interior deve se tornar visível, ser perceptível pelo fato da impossibilidade de ser descrito do ponto de vista psicológico: cansaço inédito, o dos grandes místicos, ele permanece "ostensível". Santa Douceline "entrega-se a Deus com um ardor tão grande, que seu corpo parecia quase desfalecer com esse grande fervor do espírito, provocando sua total dissolução"[56].

Mesmo perfil quando, no século XII, Guillaume de Tyr evoca, no palácio do novo rei de Jerusalém, Balduíno II, a imperiosa aspiração espiritual e as orações indefinidamente repetidas: "Ele era incansável para orar a tal ponto que suas mãos e seus joelhos estavam cobertos de calos, na sequência de suas frequentes genuflexões e das penitências que impunha a si mesmo"[57]. O corpo ainda e suas condicionantes, os gestos novamente e seus efeitos, enquanto se trata, sobretudo, de esforço íntimo e de contenção da mente. De qualquer forma, permanece essa fadiga redentora valorizada no âmago do universo medieval, impondo ao corpo os mais variados sofrimentos: a caminhada interminável do peregrino, o trabalho incessante do religioso e o abandono atormentado do místico. Nada além do espectro indefinido do cansaço enquanto indício insistente e sempre esperado da redenção.

---

55. PUTALLAZ, F.X. Thomas d'Aquin, Pierre Olivi, figures enseignantes de la vie contemplative. Op. cit., p. 372.
56. Vie de sainte Douceline. Op. cit., p. 324.
57. GUILLAUME DE TYR. Chronique [século XII]. In: Régnier-Bohler, 2009, p. 556 • Guillaume de Tyr [Guilherme de Tiro ou, em latim, Willelmus Tyrensis] arcebispo dessa cidade fenícia, foi um cronista das Cruzadas e da Idade Média [N.T.].

5
O trabalho cotidiano, um silêncio relativo?

É impossível, por fim, ignorar o trabalho cotidiano, o quarto aspecto de evocação da fadiga na Idade Média, após o combate, a viagem e a redenção. Nada mais discreto, porém, nada mais ocasional. A fadiga do trabalhador continua sendo um não valor, ao contrário do cansaço dos viajantes, dos combatentes ou dos santos, o qual não deixa de ser anunciado e elogiado. Seus gestos pertencem à mediocridade das jornadas de trabalho, quase esquecidas em sua pungência, dispersas em esforços sem brilho, acompanhando a sorte dos anônimos, os marginalizados na mais total obscuridade, sem qualquer proximidade possível com a elevação de sentimentos ou com a redenção.

A trivialidade do rural

Tal inexistência remete, em primeiro lugar, para o mais distante: o *status* do servente nos séculos X e XI, o de um ser "sujeito a pagar tributos e disponível para todo o serviço", ocupado dia e noite[58], entregue a tarefas indefinidas. A dependência de tal homem multiplica os possíveis encargos: "tudo" pode ser imposto a ele. Sua existência e legitimidade se devem, inclusive, à "ausência de limites ao serviço solicitado [...] expressando claramente uma situação de objeto" (DUBY, 1996, p. 31 e 34). O que, de imediato, impede promover a fadiga enquanto motivo de aten-

---

58. FOURQUIN, G. Le temps de la croissance. In: Duby; Wallon, 1975, t. 1, p. 545.

ção. Desde então, repete-se esta imagem: "Os serventes acabam sendo objeto de todas as privações, de todos os sofrimentos e desgostos" (MAYAUD, 1878, p. 6). Além de uma indiferença: o fato de não levar em conta nenhum tipo de estafa. No século XII, o trovador Bertran de Born, em seu *sirvente*, pode até mesmo justificar esta brutalidade: "Nunca se deve ter pena de um vilão que fratura o braço ou a perna, ou por sentir falta de algo necessário"[59]. Acrescente-se a isso a condição global do trabalhador condenado à impotência, entregue a uma lei que o excede: lei implacável oriunda do céu, cuja mera existência torna a fadiga tanto uma ocorrência obrigatória quanto um episódio ou estado sem interesse real.

No entanto, houve uma mudança de critérios entre os séculos XII e XIII. Não é que a fadiga seja, de imediato, comentada, mas apenas indiretamente. Em primeiro lugar, na abordagem técnica, mencionada pelos mais eruditos: a presença de moinhos nos cursos de água, a descoberta do eixo de comando de válvulas transformando movimentos rotativos em movimentos alternativos, a possibilidade mecânica de moer e de martelar sugerem comparações, o confronto entre gestos antigos e novos, além da sensação de emancipação das coações. Tal como a evocação, no século XIII, pelos monges das oficinas de Clervaux:

> O curso de água [...] levanta ou abaixa alternadamente essas pesadas baquetas, esses martelos ou, de preferência, esses pés de madeira [...]; e assim poupa os irmãos de enormes fadigas [...]. Quantos cavalos ficariam extenuados, quantos homens cansariam os braços neste trabalho elaborado em nosso lugar, gratuitamente, pelo curso de água ao qual ficamos devendo nossas roupas e alimentação. Ele combina seus esforços com os nossos[60].

A difusão medieval do termo *engin* [máquina] é outro exemplo, materializando um propósito: trapacear com a força, substituí-la, vir em seu socorro. A certeza do *Roman de Rou*: "O *engien* ajuda o *mestier* [profissão]"[61]. Isso impõe uma

---

59. Cf. BESSMERTNY, Y. Le paysan vu par le seigneur – La France des XIe et XIIe siècles. In: Mornet, 1995, p. 609. • A respeito de sirvente, cf. https://educalingo.com/pt/dic-fr/sirvente [N.T.].
60. Autor anônimo do século XIII. • Cf. Dimier, 1964, p. 177.
61. *Roman de Rou* [1160; Romance de Rolão], 3ª parte, apud Vérin, 1993, p. 25.

nova categoria de atores: "Os 'homens da máquina [*engin*]' afirmam-se com suas criações, ao lado dos artesãos, os quais são, por sua vez, 'homens da ferramenta [*outil*]'" (MOSCOVICI, 1968, p. 212). Máquinas modestas, sem dúvida, em que a mão do homem permanece ativa e, até mesmo, preponderante; no entanto, a sensação de um mundo novo construído sobre a superação dos cansaços torna possível evocá-las de maneira mais apropriada.

A relação com a área rural é, aliás, transformada com o fim da servidão, nos séculos XII e XIII. O rápido desenvolvimento econômico permite que numerosos serventes obtenham a respectiva liberdade, fazendo oscilar o trabalho de uma duração infinita para uma duração calculada. O contrato dos diaristas, a existência de tarefas penosas estimulam capacidades, sugerem cálculos, promovem tratados de agricultura ou de economia: "Os homens de 1250-1260 estão atentos à produtividade e à técnica"[62]. Eis o que discrimina as diferentes tarefas, transforma o salário em cálculo, além de orientar em direção a uma gestão[63] supervisionada. Aqui a estafa é evocada, embora indiretamente: nenhuma promoção, sem dúvida, nem valorização, a não ser a tentativa de evitar os obstáculos do cansaço na organização dos trabalhos. Sua avaliação, totalmente intuitiva, limita-se às eficácias presumidas. Os homens pelos quais mostra interesse são outros tantos trabalhadores desvalorizados, mas a atenção suscitada por ela incide claramente sobre a tarefa efetuada. No século XIII, Pietro de Crescenzi propõe dirigir-se, em primeiro lugar, ao vilão contratado para saber o que ele já havia feito e o que "faz de bom grado e com o menor cansaço" (CRESCENZI, 1805, p. 50). Objetivo: harmonizar a atividade, encurtar a lentidão, além de facilitar "tempos limitados" (CRESCENZI, 1805, p. 53). Outro questionamento aborda a mesma exigência, referindo-se apenas aos critérios de espaço e de tempo: "Observar o quanto cada homem pode semear em um acre"[64]. A fadiga, pela primeira vez, aparece assim no horizonte de um possível limite, expresso por

---

62. FOSSIER, R. Le temps de la faim. In: Delumeau; Lequin, 1987, p. 143.
63. FOSSIER, R.; NEVEUX, H. La fin d'une embellie. In: Delumeau; Lequin, 1987, p. 167.
64. *Traité inédit d'économie rurale composé en Angleterre au XIIIe siècle*, publié avec un glossaire par Louis Lacour. Paris: Mme. Vve Bouchard-Huzard, 1856, p. 16.

um patamar, aquele a partir do qual o homem é incapaz de prosseguir a tarefa exigida. Ainda a mesma pergunta para o lavrador e sua carroça, combinando desta vez distâncias e períodos de tempo:

> E dá a conhecer quantos acres podem ser lavrados, anualmente, por um arado e quantas léguas são percorridas, diariamente, pelos cavalos e pelos bois ao lavrarem um acre de terra. Alguns dizem que uma charrua não consegue lavrar 9 acres de terra, nem 8, o que pode ser demonstrado mediante duas razões evidentes[65].

A mesma questão é, por fim, formulada a respeito do obstáculo a vencer de acordo com os respectivos terrenos ou da relativa eficácia dos animais; por exemplo, presume-se que os cavalos se adaptam mais facilmente aos terrenos pedregosos, mas continuam sendo mais caros do que os bois[66]. O questionamento é pragmático, empírico, formulado para prever as jornadas, o número de homens a contratar, os tipos de tração e o respectivo custo. Respostas aproximadas – volto a insistir – sem deixarem de arriscar números, mesmo que estes sejam parciais:

> E você deve saber que cinco homens podem perfeitamente cortar e amarrar dois acres, diariamente, de cada tipo de trigo, um com mais e o outro com menos. E no caso em que cada um leva dois denários por dia, você tem que dar cinco denários por acre. E no caso em que cada um dos quatro leva um denário e meio por dia, enquanto o quinto, por ser o enfeixador, recebe dois denários, então você tem que dar quatro denários por acre[67].

Estas mesmas respostas se referem ao salário atribuído: "Se eles contavam a jornada acima do que é previsto nesse cálculo, você não deve remunerá-los"[68], a ponto de ser possível prever diferenças na retribuição de acordo com o suposto esforço. Por exemplo, o enfeixador – que, segundo se presume, deveria juntar, comprimir e amarrar – recebe dois denários em relação ao simples cortador

---

65. Ibid., p. 11.
66. Ibid.
67. Ibid., apud Duby, 1977, t. I, p. 312.
68. Ibid.

que recebe um denário e meio[69]. Ou, na Fazenda Carville, em 1308, a faina do arado, com seu manuseio da relha e a condução da carroça, é retribuída acima do que se paga pelo trabalho de rastelo para juntar a palha (cf. DELISLE, 1903, p. 623). São outras tantas indicações – ainda raras e, até mesmo, imprecisas –, mas que revelam a vontade de hierarquizar os esforços, assim como as respectivas retribuições.

Sem que ocorra qualquer mudança no menosprezo em que é mantido o *vilain*. Sua fadiga é inclusive transformada, às vezes, em motivo de chacota: eis o que é mostrado, no *fabliau* [conto em verso] do século XII, pelo vilão de Bailleul ao voltar para casa depois de ter "sofrido na lavra de seus terrenos e trigos"; esse cansaço serve como pretexto para a esposa levá-lo para a cama, antes de se dirigir ao encontro com seu amante. Esgotamento, sem dúvida, mas também mancada de um homem depreciado, aliás, julgado como tolo e repugnante (LORCIN; ALEXANDRE-BIDON, 2003, p. 173).

Ainda resta a iconografia, sua representação por gestos e sua encenação pelos atores, imagens concretas que se tornam outros tantos indícios reveladores. A fadiga vem então à tona no manuseio das ferramentas, suas figuras, seus destinos, emergindo do silêncio dos atos e de suas posições. O uso da pá ou da enxada, por exemplo, enquanto tarefa exclusivamente masculina, tal como a debulha ou o joeiramento, atividades consideradas inadequadas para a suposta fraqueza feminina à qual, por sua vez, está destinada ao manuseio da foice e do ancinho (cf. MANE, 2006). A imagem tende, pela primeira vez, a estabelecer a distinção entre homens e mulheres, além de suas respectivas fadigas. Segundo se presume, o esforço exigido deve ser exibido, às vezes, restituído na curvatura dos corpos e na amplitude das dinâmicas: por exemplo, a iluminura – o *Veil Rentier* de Oudenaarde [região da Flandres] – do final do século XIII, em que vários camponeses, curvados quase até o chão, membros tensos, servem-se de uma enxada para lavrar a terra[70]; ainda perfis físicos idênticos aos dos portadores de trigo do *Psautier de*

---

69. Ibid.
70. *Le Vieil Rentier d'Audenarde* [século XII]. Bruxelas: Bibliothèque royale, manusc. 1175, f. 156 v.

St. Louis, homens dobrados ao extremo para encher os celeiros com o conteúdo de suas sacolas[71]. Evocação bastante sugestiva, convém insistir, a qual mostra a vontade de ilustrar os gestos expressivos; sem dúvida, fadiga e esforço, mas em que fazem falta, de qualquer maneira, comentários, apreciações e explicações.

Finalmente, há um grande número de trabalhos remunerados por tarefa e não por sua duração: o ato de fazer, e não seu desdobramento ao longo do tempo. O que mantém uma obscuridade em qualquer avaliação da estafa ou do esforço. O arcebispo de Rouen, no século XIV, concede a seus vinhateiros uma retribuição global, levando em conta os atos e não sua repetição, seus aditamentos, sua dispersão ou seus possíveis efeitos. Thommas, le Cauchois, recebe 4 libras e 16 soldos "por ter arrancado, podado, capinado, aparado, mondado, cavado, estacado e bem desbastado e de maneira conveniente; além disso, por se ocupar de todos os trabalhos durante a temporada, recebe 30 ares de vinhedo no chamado Clos le Roy" (DELISLE, 1903, p. 454). Robien Cornilbout recebe 48 soldos "por ter lavrado a quarta parte do vinhedo no mencionado Clos" (DELISLE, 1903, p. 623).

Aqui o salário se baseia em uma estimativa global, uma indiferenciação geral em relação ao tempo dos serviços ou à fadiga suportada, apesar de uma enumeração bem definida das tarefas a executar: por exemplo, no início do século XIV, na propriedade da Cressonnière, o pagamento de dois mordomos, Jean de Valenciennes e Jokart, que "ceifam os trigos, consertam as cercas [...]. Um guardião dos trigos vigia os campos e as safras" (SIVERY, 1977, t. I, p. 397). Assim, a intensidade do trabalhador permaneceria não só pouco mensurável (FOSSIER, 1984, p. 115), mas também pouco reconhecida.

As profissões e a invenção dos períodos de tempo

As cidades são, de preferência, um fator de articulação ou, até mesmo, de conflitos, em relação ao investimento físico exigido. O desenvolvimento delas é

---

71. *Psautier de Saint Louis* [século XIII]. Paris: Bibliothèque Nationale de France, manusc. em latim 10.525, f. 23 v.

imposto nos séculos XII e XIII, vinculado ao fim das invasões, à intensificação do comércio e da alforria dos escravos. Verifica-se a instalação de profissões, a distinção entre bairros e a diversificação das atividades: "Aldeias adormecidas tornam-se mercados animados" (LANDES, 1987, p. 114). Estilos de vida se institucionalizam, há proliferação de regulamentos.

A norma incide, em primeiro lugar, sobre a duração, o que é fundamental e, implicitamente, sobre a fadiga que ela implica. Um critério é dominante: a luz do dia. Eis o que é testemunhado pelo *Livre des métiers*, desde sua criação, em 1268: "Os serventes virão todos os dias úteis na hora do sol nascente ao seu leal senhorio, e hão de cumprir sua jornada de trabalho até as vésperas. E as vésperas hão de durar até o poente"[72]. Tal período seria uniforme, desde a aurora até o crepúsculo. No entanto, com matizes, ou seja, os mesmos em que a fadiga é de maneira bastante excepcional evocada: os mestres e os serventes das fábricas de arame de latão "dispõem das vésperas para descansar"[73], assim como os "fabricantes de tiras de couro" não deveriam trabalhar à noite, uma vez que "as jornadas de trabalho são longas e a profissão demasiado penosa"[74]. Mesmo que o trabalho noturno seja admitido, relacionado sem dúvida ao tratamento dos objetos, por exemplo, os dos tintureiros – "Pode trabalhar à noite, se for necessário" (DEPPING, 1837, p. 112) – e os dos fabricantes de óleos: "E podem trabalhar de dia e de noite, sempre que lhes parecer conveniente" (DEPPING, 1837, p. 130).

Conflitos em relação aos períodos de tempo

Tal falta de enfoque não é sem efeito: orienta tensões, favorece a tendência dos mestres – sobretudo, antes da peste negra de 1348 e em tempos de abundância de mão de obra – para alongar o "dia de trabalho" (ROCH, 2014, p. 113). Daí a emergência das resistências, a dos conflitos relativamente ao próprio tempo, a trans-

---

72. BOILEAU, É. *Règlements sur les arts et métiers de Paris* [século XIII]. Cf. Depping, 1837, p. 399.
73. Ibid., p. 63.
74. "Baudraiers, faiseurs de courroies" [século XIII]. In: Boileau, 2005, p. 181.

formação da fadiga em um álibi implícito, divisa entre o tolerável e o intolerável. Os serventes das máquinas de pisoar reclamam, no Paris de 1277, por "serem retidos pelos mestres demasiado tarde em suas vésperas" (ROCH, 2013, p. 154). O preboste de Paris restabelece os períodos de tempo: "Os serventes hão de trabalhar até as vésperas, e as 'vésperas' vão durar até o poente" (ROCH, 2013, p. 154). Situação semelhante em Senlis, em 1346: 28 serventes das máquinas de pisoar se opõem a quatro mestres que pretendiam obrigá-los a trabalhar, no inverno, até a hora de Completas [a última oração cristã do dia, após o poente]; "o oficial de justiça decide que eles hão de trabalhar apenas até as Vésperas; portanto, antes da hora das Completas" (ROCH, 2013, p. 156). Sem dúvida, fadiga não declarada, mas presente no contexto da queixa e da reação dos serventes, levada em conta por eles, até mesmo, implicitamente reivindicada, mesmo que não seja nomeada.

A Grande Peste, após 1348, provoca outras mudanças quando a mão de obra mais rara e, portanto, mais valiosa, incrementa a exigência dos operários; diletantismo acentuado, sem dúvida, relaxamento, tolerância excessiva contestada, desta feita, pelos mestres e pretendida pelos operários. O que a portaria do preboste de Paris, em 1395, evoca em detalhes:

> Pelo que nos veio ao conhecimento, pessoas de várias profissões, tais como tecelões de roupa interior, de fraldas, pisoadores, calceteiros, pedreiros, carpinteiros e diversos outros operários, residentes em Paris, pretenderam e pretendem ir trabalhar e deixar o trabalho em horários como bem entenderem. Nesse caso, que seus dias de trabalho sejam pagos como se estivessem fazendo seu serviço durante um dia inteiro, o que é motivo de queixa, com danos e prejuízos tanto para os mestres que patrocinam fábricas de beneficência para operárias pobres, bem como para o bem da coisa pública. Que, daqui em diante, todas as pessoas dessas profissões, ganhando e trabalhando por dia, cumpram seu serviço a começar na hora do sol nascente até o poente, tomando suas refeições em horário conveniente[75].

---

75. "Ordonnance du prévôt des marchands" [1395]. Cf. Hauser, 1927, p. 78.

Tensões são, portanto, múltiplas, locais, fragmentadas, às quais ainda são adicionadas outras causas: as competições ou as comparações entre as próprias profissões. Os tecelões de Beauvais, em 1390, contestam os cardadores por chegarem mais tarde, habitualmente, ao local de trabalho, com a justificativa de uma maior fadiga em razão do próprio trabalho. Incrementa-se, assim, uma estratégia que é motivo, inclusive, de negociação: o cansaço oriundo da tarefa e de suas particularidades. Em compensação, o veredicto do tribunal se refere ao raciocínio dos tecelões e restabelece um período de tempo idêntico para todos (DOHRN-VAN ROSSUM, 1997, p. 315).

O grande número de conflitos, variando com as vicissitudes econômicas ou demográficas, acabou provocando, a partir de meados do século XIII, a criação de sinetas de trabalho em numerosas cidades europeias: a *campana laboris* no norte da Itália; a sineta das profissões na cidade de Douai; a *weverscloke* em Bruges; ou a *campana pro operarii* no Castelo de Windsor (cf. DOHRN-VAN ROSSUM, 1997, p. 310-311). Insensivelmente, o tempo de trabalho se autonomiza em relação às velhas referências da natureza ou dos campanários das igrejas: torna-se mais específico, particularizando-se. Isso limita as tensões, mas nem sempre consegue eliminá-las, como é demonstrado pelos acontecimentos da cidade de Provins, em 1282. Os operários do têxtil protestam contra uma decisão do prefeito – a de avançar, até a noite, o sinal da sineta, anunciando o fim do trabalho: "O prefeito foi morto e a sineta destruída" (DOHRN-VAN ROSSUM, 1997, p. 310). Para restaurar a calma foi necessária uma anistia decretada por Eduardo I, rei da Inglaterra e conde de Champagne. Por sua vez, na Comuna de Thérouanne, em 1367, o deão e o cabido chegaram ao ponto de prometer aos pisoadores e a outros operários que iam suspender "para sempre a sineta dos trabalhadores de modo que, por causa do toque de uma sineta desse tipo, não seja desencadeado nenhum escândalo nem conflito, na cidade e na igreja" (LANDES, 1987, p. 117). Tempo e fadiga se encontram imperceptivelmente misturados, sem que esta seja ainda designada de maneira nítida e explícita.

Com a instalação crescente das profissões, continuam sendo utilizadas táticas mais bem definidas para regulamentar pausas, para permitir descansos durante o dia e para tentar, acima de tudo, limitar os conflitos suscetíveis de resultar do emprego do tempo. De saída, ignorância duradoura, à imagem do regulamento régio, promovido em 1369, a pedido dos burgueses da cidade de Troyes que rejeitam as três portarias exigidas pelos companheiros tecelões: pausas para o almoço, jantar e lanche. O texto, inflexível, impõe-lhes "trabalhar o dia inteiro, continuamente, como pedreiros, carpinteiros, telhadores, vinhateiros e outros ofícios, assim como os outros operários independentemente de sua categoria"[76]. No entanto, a precisão foi acentuada – para não dizer, instalada – desde o início do século XIV. Em 1302, os vereadores da cidade de Tournai servem-se de um "toque para o almoço e outro para o retorno ao trabalho" (LEROUX, 2011, p. 82); em 1335, os escabinos da cidade de Amiens, por julgarem os regulamentos existentes demasiado aleatórios, obtiveram do rei a autorização de uma nova sineta que toca "quatro vezes por dia: manhã, final da tarde, antes e depois do intervalo para o almoço" (DOHRN-VAN ROSSUM, 1997, p. 332).

Assim, o tempo de uma jornada acaba por se dividir misturando descanso e trabalho, organizando fragmentações, articulando limites e períodos de tempo. Com consequências regulamentares: os atrasos dos trabalhadores são punidos, tal como em Pistoia, em 1356, ocasião em que o servente Capecchio é multado em dois soldos porque "stette troppo a tornare da merende"[77] (demora demasiadamente para voltar de seu almoço). Os interstícios se cadenciam: o repouso, ainda de maneira bastante modesta, imiscui-se na jornada de trabalho, tal como a vigilância e sua rigidez.

O tempo regulado pelo relógio

A precisão aumenta ainda mais com os relógios mecânicos, inventados no século XV. Horas iguais são, por conseguinte, delimitadas, enquanto variavam, até então, com as estações; em vez de se servir da natureza e de suas vicissitudes como referência, o critério passa a ser o das horas e de sua fixidez. Daí tais

---

[76]. Cf. Esp. Conflits autor des pauses. In: Maitte; Terrier, 2012.
[77]. PINTO, G. La rémunération des salariés du bâtiment (XIIIe-XVe siècle): les critères d'évaluation. In: Beck; Bernardi; Feller, 2014, p. 320.

marcadores compartilhados por todos, esses períodos de tempo que se tornam de imediato significativos, tal como na cidade de Bourges, em 1443, os quais deveriam, supostamente, atenuar os desacordos, mesmo que estes fossem suscetíveis de perdurar:

> Os pisoadores e os tecelões se dirigirão a seus locais de trabalho, no inverno, na aurora e, nos dias de verão, entre 4 e 5h da manhã; além disso, os pisoadores terão apenas 3h para o almoço, o jantar, o lanche, para beber e dormir, não podendo deixar seu lugar por qualquer que seja o revés; assim, todos irão trabalhar pelo valor que cada um vier a conseguir, e se não estiverem presentes ao tocarem as vésperas nada receberão pela jornada de trabalho (ARNOUX, 2009, p. 574).

Assim, os limites para a tarefa se instalam com o universo medieval, ritmando o curso dos dias e sua duração, além de estabelecer períodos de fadiga e de repouso. Nenhuma conexão com a descrição rutilante de combatentes exaustos, nenhuma relação com a descrição insistente de viajantes abatidos por dores, nenhuma efervescência particular. As apreciações, totalmente funcionais, não excedem aqui a intuição ou o subentendido; no entanto, elas ocupam os códigos, desencadeando conflitos, provocando a mobilização dos trabalhadores, mesmo que sua influência seja quase sempre da ordem do implícito (ARNOUX, 2009, p. 576). Cansaço manifestado de maneira imperceptível, tácita, mas lembrada pela primeira vez por aqueles que a vivem e tentam confiná-la.

As profissões e a invenção dos esforços

Derradeiras referências diferenciadoras: os esforços envolvidos e suas dificuldades. Na zona rural, como vimos, distingue-se o enfaixador – o qual, segundo se presume, junta, comprime e amarra, recebendo dois denários – em relação ao simples cortador, cuja ação é mais restrita, o qual recebe um denário e meio (cf. p. 51-52). Trabalhos penosos são hierarquizados também na cidade, verifica-se a diferenciação entre os salários, baseados em um cansaço postulado, tão imperceptível quanto pouco interpretado. Numerosas tarefas urbanas levam à mesma observação: "Para avaliar o salário, o que conta sobretudo é a força dos braços"[78]. Existe uma possível gradação, oscilando relativamente à amplitude dos gestos, à resistência dos materiais e ao tipo de atividade. O serrador de madeira do canteiro de obras da catedral de Milão, no final do século XIV, recebe entre 7 e 8 soldos, enquanto o artífice que esculpe a pedra recebe entre 9 e 10[79]. A jornada de trabalho de um *palheireiro* na região de Orleans, em meados do século XV, vale um pouco mais de 0,1 de libra tornesa, enquanto a do lenhador que serra *madeira de carvalho* recebe 0,5 libra tornesa (cf. MANTELLIER, 1862, p. 440); tudo tem a ver com a suposta adversidade do objeto trabalhado e com a imagem dos esforços e dos gestos envolvidos.

Da mesma forma, Capecchio, contratado em 1356 para a construção do batistério de Pistoia, recebe 6 soldos por dia quando se trata de remover o lixo e o entulho e 8 quando se trata de cortar mármore[80]. Assim, o dispêndio de esforço exigido pela pedra superaria qualquer outro dispêndio possível. O que, aliás, desvaloriza o trabalho das mulheres, as quais recebem menos de 2 soldos nos canteiros de obras, no território de Milão, no século XIV, enquanto o trabalhador de base, o *laborator*, recebe 3 (BRAUNSTEIN, 2003, p. 412). Nada, aqui, além de uma estimativa do possível, a visão das sobrecargas interpretada pelo empregador, ou seja, a fadiga conjeturada, avaliada indiretamente mais do que evocada de maneira concreta.

---

78. Ibid., p. 316.
79. Ibid., p. 317.
80. PINTO, G. La rémunération des salariés du bâtiment (XIIIe-XVe siècle): les critères d'évaluation. Op. cit., p. 316.

6
Entre a força oculta e a virtude do refrescar-se

Por fim, é impossível ignorar as salvaguardas, as tentativas empreendidas para uma resistência mais eficaz aos dispêndios físicos ou para uma melhor eliminação de seus efeitos, aliás, estratégias específicas, reveladoras de uma cultura e de uma época. A fadiga exprime-se ainda nas réplicas desencadeadas para contê-la ou suspendê-la. Existe uma luta, assim como algumas precauções. Procedimentos tão importantes que, às vezes, são evocados como evidentes, desde sempre convencionais, sem que a fadiga em causa tenha sido detalhada.

Receitas para a caminhada

Os médicos, em primeiro lugar, multiplicam as fórmulas em relação às quais, sem dúvida, não há evidências de que elas sejam aplicadas como deve ser; aquelas relacionadas à caminhada ou ao enfrentamento das grandes distâncias são as mencionadas, em primeiro lugar, em seus textos, revelando o desafio dos deslocamentos nos séculos centrais da Idade Média. Os conselhos de Aldobrandino de Siena, inaugurando o vernáculo no século XIII, dirigem-se com prioridade àqueles que desejam praticar longas caminhadas[81], a ponto de tornar tal atividade em um capítulo particular de sua obra, *Le Régime du corps*. Receitas aparentemente simples, numerosas, elas se referem, sem surpresa, aos fluidos corporais:

---

81. ALDEBRANDIN DE SIENNE. Comment on se doit garder qui cheminer veut, 1911, p. 68-70.

expurgar-se ou sangrar antes de sair de casa para higienizar e aliviar os humores; comer carnes leves; beber água pura ou água depurada com cebolas, vinagres ou maçãs ácidas, a fim de purificar esses mesmos humores; evitar frutas com polpas demasiado cruas, revulsando os órgãos, ou decompondo-se por sua acidez; evitar a conversa que impede a respiração; proteger a cabeça contra o sol; untar com unguento o rosto, evitando o calor ou o frio; e levar cristal na boca para resistir à sede. Proteções diversificadas que, segundo se presume, poupam diretamente as partes aquosas até salvaguardar a saliva para adiar, de maneira mais eficaz, qualquer ressecamento.

Refrescar-se

Em compensação, raros são os conselhos a respeito dos combates; neste aspecto, pouca insistência por parte dos médicos. Suas exigências moderadoras são demasiado alheias às batalhas e aos choques. É necessário recorrer às crônicas e a suas odisseias para conhecer os procedimentos utilizados pelos exércitos, às narrativas elogiosas e aos relatos lendários. É o período posterior aos combates que mobiliza os testemunhos. É ainda a respeito dos humores que as escolhas estão focalizadas: a absorção de líquidos enquanto garantia de renovação. Daí as cenas que ilustram as energias recuperadas. As mulheres ou os empregados domésticos encarregados de apoiar os cruzados, oferecendo-lhes água:

> Arregaçando as mangas e livrando-se de suas longas capas, elas levam canecos, tigelas e taças grandes douradas com água para os cavaleiros exaustos. O fato de terem bebido restitui aos barões todo o seu vigor. É então que chega a ajuda que eles esperavam há muito tempo[82].

Tal restauração se apoia, inclusive, em uma dupla exigência: dar de beber e depurar. Tema tão pregnante, que a palavra refrescar-se é retomada como uma evidência. Durmart e seus companheiros são refrescados e lavados (DURMART

---

82. RICHARD LE PÈLERIN; GRAINDOR DE DOUAI. *La Chanson d'Antioche*. In: Régnier-Bohler, 2009, p. 48.

LE GALLOIS, 2000, p. 589) após seus exaustivos combates. Diante de Jerusalém, os cruzados esperam renascer, ao beberem uma água que custa caro e é rara[83]. Esse termo foi ainda mais enriquecido no século XIII, adquirindo um significado mais global, fazendo com que o refrescamento se tornasse um equivalente ao descanso: refrescar-se equivale a repousar. Eis o que afirma Robert de Clari ao evocar a marcha dos cruzados em direção a Constantinopla: "Após o mar, chegaram a uma cidade, Poles [Pula, Croácia], na qual descansaram durante o tempo necessário para ficarem bem refrescados"[84]. No século XIV, Jean Froissart banaliza o termo ao descrever, na Ponte de Mauvoisin, em 1388, guerreiros que devolvem suas bacias e voltam à batalha depois de terem ficado bem refrescados[85]. Este autor chega inclusive a acentuar a polissemia do verbo, evocando a renovação das armas de dois combatentes: Nicolas Lam, o inglês, e Saint-Py, o francês, refrescados com novas espadas[86] em sua luta singular de Saint-Ingelberth. O tema da água se torna metáfora, transposição de sentido, orientando para a ressurreição: retorno de robustez, assim como reconforto.

Talismãs e joias

Isso não impede o recurso a outras tentativas, todas elas concordando com esse imaginário das depurações: a convicção de que o contato com materiais cristalinos ajudaria a prolongar os esforços, impregnando o corpo e difundindo suas virtudes. Crença que se impõe no universo dos combates. O Barão Thomas de Marne, por ocasião da conquista de Jerusalém, possui "um talismã de grande valor que o protege de todo o mal quando o carrega com ele"[87]. *Le Chevalier nu*, no relato do século XII,

---

83. RICHARD LE PÈLERIN; GRAINDOR DE DOUAI. *La Conquête de Jérusalem*. In: Régnier-Bohler, 2009, p. 97.
84. CLARI, R. *La Conquête de Constantinople* [1215]. In: Pauphilet, 1952, p. 15.
85. FROISSART, J. *Chroniques* [século XIV]. In: Pauphilet, 1952, p. 511. • Obra reconhecida como a principal expressão da cultura de cavalaria da Inglaterra e França no século XIV [N.T.].
86. Ibid., p. 708.
87. RICHARD LE PÈLERIN; GRAINDOR DE DOUAI. *La Conquête de Jérusalem*. Op. cit., p. 263.

"carrega em seu peito uma pedra que lhe dá força e rapidez"[88]; ele dispõe inclusive de várias joias em seu cinto para lhe servirem de garantia de que nunca será derrotado[89]. Gemas, pérolas ou diamantes favorecem em dobro a resistência, removendo as imundícies externas, além de impedirem o desenvolvimento das imundícies internas; acrescentem-se a isso referências mais ocultas, o fator de um sobrenatural, além da assistência proveniente de poderes ocultos. A exemplo da força encontrada por Galvão – na obra *L'Âtre périlleux* –, voltado para a cruz empunhada pela moça que o exorta: "Fixe com firmeza seu olhar nela, retome seu fôlego e ficará completamente aliviado de sua fadiga". O homem cumpre tal admoestação, recuperando "sua valentia e intrepidez" (*L'Âtre périlleux* [século XIII]. In: RÉGNIER-BOHLER, 1989, p. 628-630). Ou a referência a algum encantamento relacionado à luz, o conselho dado pela mesma moça para derrotar um adversário diabólico que, supostamente, deveria "ficar enfraquecido com o declínio do sol": "Nunca o enfrente antes de passar a hora nona [15h]" (*L'Âtre périlleux* [século XIII]. In: RÉGNIER-BOHLER, 1989, p. 628-633). O que é observado pelo herói, dominando assim um homem sem a mínima capacidade de reagir.

É impossível ignorar, aqui, o lugar reservado, há muito tempo, às influências ocultas, às fadigas oriundas dos enfeitiçamentos e à nocividade atribuída aos bruxos. É, com efeito, de uma vingança inconfessada que se queixam as vítimas de algum espírito maligno, de perda das forças, de fraqueza nas pernas e nas mãos e da necessidade de dormir. Nada além de obras de bruxaria que devem ser contrapostas por sortilégios e feitiços[90].

Ainda falta mencionar um uso mais cotidiano das substâncias preciosas, além de ser mais diversificado, sistematizado pela obra – *Traité des pierres* – de Hildegarda de Bingen, no século XII, sugerindo vários efeitos possíveis: "Se alguém está cansado pelos humores, que ele mande esquentar o cristal ao sol e colocá-lo

---

88. *Le Chevalier nu: contes de l'Allemagne médiévale (Le)* [século XII], 1988, p. 103.
89. Ibid.
90. Referências presentes em numerosos textos medievais e, ainda, no importante livro de Léonardo Vairo (VAIRO, 1583, p. 55-57).

no local em que sente dor: assim, o humor será rechaçado"[91]. A safira na boca "elimina as dores do reumatismo"; o uso da esmeralda conforta o coração ou o estômago; a respiração em contato com o sardônix "fortalece todos os sentidos do corpo"[92]; o carbúnculo "volta a dar vigor" (p. 257). Substâncias suficientemente ativas para enfrentar todas as fraquezas, misturando desde então fadigas e dores, esgotamentos e enfermidades, a ponto de apagar qualquer distinção entre cansaço e doença. A joia tolera uma margem de imprecisão na definição do sofrimento: seu uso de maneira permanente protege de qualquer perigo. Seus equivalentes mais modestos são outras tantas proteções genéricas: inúmeros dentes ou chifres, ossos colocados a tiracolo, dissimulados ou visíveis nas roupas dos mais humildes. A fadiga continua sendo, então, uma deficiência entre outras, pouco distinta, pouco objetivada, a não ser sob a forma de enfraquecimento difuso; enfim, imagem tanto mais sensível – explicitada nos ossos polidos e brilhantes, nos dentes ou chifres afiados e endurecidos – que dá testemunho de uma instância viva resistente à morte. Emanações obscuras do orgânico, tais substâncias estão, ao mesmo tempo, na vida e no além: afastadas de qualquer degradação e de qualquer dano. Oriundas do vivo, elas transpõem a massa corpórea fora do tempo.

Essências e especiarias

Acrescentem-se inevitavelmente, por fim, numerosas substâncias que, segundo se presume, deveriam impregnar a massa corpórea com a pureza delas: as especiarias, em particular, cujas essências quase voláteis compensariam as partes mais sutis, e espirituais, dos humores. Tudo se deve ao imaginário do corpo. A substância aérea dessas substâncias preencheria a perda dos espíritos, os materiais semelhantes às chamas, que dirigem gestos e sentimentos. O éter delas ajudaria os nervos, percorrendo os órgãos, compensando as evaporações impostas pela fadiga. Os herbários vão designá-las, desenvolvendo interminavelmente essa flora reconfortante, sugerindo também seus múltiplos efeitos, desde a terapia até o rela-

---

[91]. Cf. Hildegarde de Bingen, 1988, t. I, p. 268.
[92]. Ibid., p. 241.

xamento, desde os cuidados básicos de saúde até o fortalecimento, desde a doença até a sensação de conforto. Não há indicação precisa de sua contribuição para o trabalho, nem sequer para as atividades cotidianas, mas acabam sendo retomadas pelos anúncios propagandeados nas ruas de Paris, propondo, entre outras coisas, "o pão de especiarias para o coração" (HUSSON, 1882, p. 5). Os romances vão ilustrá-las, evocando o cavaleiro lendário, Holger Danske – ou Holger, o dinamarquês –, exausto que se restabelece mediante a pimenta adicionada à sua carne:

> Coelhos com pimenta moída.
> Que o vigor volte a seu corpo (GAUTIER, L., 1884, p. 634).

Outras tantas referências que sugerem, ainda mais, um duplo valor: o da depuração e o do choque. As especiarias são "impressivas", além de acrescentarem, ao efeito vaporoso das essências, a ardência na boca e o estremecimento do corpo, desencadeando uma sacudidela, uma emoção viva e súbita, uma intensidade de imediato sentida profundamente, convertida em uma sensação de fortalecimento físico; ou, dito por outras palavras, uma maneira de se servir da sensação e, ao mesmo tempo, transpor sua veemência em um sinal de robustez reencontrada. As especiarias impregnam o corpo, vivificando-o, favorecendo uma certeza totalmente subjetiva: a de um ganho de solidez íntima. Isso justifica um possível consumo em situações exigindo esforço. Recursos da Quaresma, também, como é demonstrado pelas contas do Rei João o Bom, prisioneiro em Londres, em meados do século XIV: a contabilidade dos merceeiros, fornecedores do rei, mostra uma duplicação mensal, às vezes, até mesmo uma triplicação, na compra de gengibre, canela, cravo da Índia, açúcar ou coentro, para a quaresma de fevereiro[93].

O recurso a essas mercadorias orientais pode subentender ainda um propósito sexual: as especiarias, pelo seu perfume e sabor sempre misturado com o calor ardente, seriam, praticamente todas, luxuriosas; a pimenta, em particular, que "fornece um bom conforto e ajuda os nervos na frieza"; o anis, "que provoca urina e irrita a luxúria" (LA CHESNAYE, 1507); ou a noz-moscada "grandemente adap-

---

93. Journal de la dépense du roi Jean le Bon en Angleterre (01/02/1359-08/02/1360). In: Douët d'Arcq, 1851, p. 195ss.

tada à nossa volúpia"[94]. Os amantes recorrem a esses ingredientes, a exemplo dos monges apaixonados por contos em verso, preparando um suprimento de "carne cozida na panela e de patê de pimenta"[95], antes de encontrarem suas amigas, em vista de multiplicar os prazeres. Ou Yolaine, esperando ansiosamente a saída de um marido enfadonho para enviar seu companheiro de coração procurar pimenta e cominho, que os dois amantes consomem amorosamente, antes de "irem para a cama transar e copular"[96].

Seleção social

Isso pressupõe também, pelo aspecto precioso e seletivo da maioria dessas substâncias oriundas do Oriente – canela, gengibre, cravo da Índia ou noz-moscada –, um consumo pouco compartilhado. A especiaria é um luxo cuja valorização imaginária parece tanto maior quanto mais raro continua sendo o produto. Seu elevado custo faz a diferença. Os recursos dos *vilains* não são os dos comerciantes ou dos burgueses. A libra de açafrão (489g) custa 64 soldos no final do século XIV (AVENEL, 1898, t. IV, p. 500) e a libra de noz-moscada, 50 (AVENEL, 1898, t. IV, p. 503); essas duas mercadorias têm um valor superior ao preço de uma vaca, a qual, por sua vez, é vendida por 42 soldos no condado de Beaubec, em 1396 (BEAUREPAIRE, 1865, p. 353). Quanto à libra de pimenta, limitada a uma dúzia de soldos (BEAUREPAIRE, 1865, p. 385), ela corresponde ao preço de um carneiro gordo, vendido por 10 soldos e 5 denários em Saint Martin-la-Corneille, por volta de 1400 (BEAUREPAIRE, 1865, p. 386).

Ainda assim convém introduzir alguns matizes: existem equivalências mais modestas. Verifica-se o consumo de produtos populares com vocação defensiva; substitutos são mencionados. O alho, menos caro, mas dotado de essências pode-

---

94. PLATINE. *De l'honnête volupté*, 1871, p. 176. • Trata-se do humanista e gastrônomo italiano Bartolomeo Sacchi (1421-1481) – cujo pseudônimo é Battista Platina ou Il Platina –, bibliotecário do papa SIXTO IV [N.T.].
95. Apud Barbazan, 1808, t. IV, p. 182.
96. Apud Montaiglon, 1872-1890, t. V, p. 222.

rosas, é chamado por Baptiste Platine, em seus conselhos do século XV, "a especiaria forte da arraia-miúda"[97], o ingrediente "bom para as pessoas que trabalham duro"[98], o produto destinado aos vilões. Difícil avaliar sua presença real; os livros de contabilidade não o mencionam. Difícil também apreciar seu uso específico: sua menção nos registros de navios e galés ibéricos, no final do século XIII, não visa necessariamente a fadiga, ilustrando, de preferência, uma distribuição aos marinheiros "de alhos e cebolas para salvaguardá-los da poluição do ar marítimo e das águas inquinadas"[99]. Outros tantos vegetais são recomendados, aliás, para os caminhantes por Aldobrandino de Siena (cf. p. 49), substâncias que, a exemplo das especiarias, têm uma vocação plurifacetada.

Assim, uma proteção explícita e diversificada em relação à fadiga se identifica, na Idade Média, no decorrer tanto do combate quanto da viagem; tal defesa é mais confusa no decorrer do trabalho ou da vida cotidiana, do mesmo modo que o esgotamento é descrito, nessas circunstâncias, de maneira mais rara. O que dá testemunho de uma cultura: algumas práticas, mais do que outras, permanecem valorizadas e, por isso mesmo, sob uma vigilância mais acentuada.

---

97. PLATINE. *De l'honnête volupté*. Op. cit., p. 181.
98. Ibid.
99. Cf. HEMARDINQUER, J.J. Sur les galères de Toscane au XVIe siècle. In: Hémardinquer, 1970, p. 88.

Parte II
O universo da época moderna e o desafio das categorias

Os emblemas de Cesare Ripa – no comentário deste autor italiano de iconologia, no final do século XVI, às figuras em que um pintor pode se inspirar – sublinham o quanto as referências orgânicas ao cansaço se mantêm inalteradas com a Modernidade. Uma "mulher bastante magra, sumariamente vestida e com o pescoço desnudo" (RIPA, 1698, t. I, p. 123) é apresentada enquanto símbolo de fadiga: é magra por ter perdido seus humores; sumariamente vestida por sentir muito calor. Movimentos e umidade combinam seus efeitos: um ressecamento resultante de "um exercício demasiado violento ou de uma estação demasiado quente" (RIPA, 1698, t. I, p. 123). O vazamento da substância permanece no centro da imagem; tal como um Cardeal Mazarin que, segundo se presume, estaria exaurindo o povo "ao sugar seu sangue até a medula"[100]. Ainda não há nenhum estudo específico sobre a fadiga enquanto situação global e genérica, além de estado suscetível de permear a totalidade do comportamento. Em compensação, a curiosidade ganha uma amplitude cada vez maior. Os objetos levados em conta se diversificam: multiplicidade dos atos e das manifestações. Expressões são forjadas, dispêndios de natureza heterogênea são explicitados, mobilizando a guerra, a cidade, a corte, a inten-

---

100. Lettre d'un religieux envoyée au prince de Condé, 18/01/1649. *Choix de mazarinades*, 1853, t. I, p. 94. • O Cardeal Mazarin (1602-1661) foi um estadista italiano radicado na França, país em que serviu como primeiro-ministro de 1642 até sua morte [N.T.].

dência, a viagem, o jogo... As áreas de fadiga se diversificam pelo fato de que o mundo moderno se tornou mais complexo: por exemplo, com a atenção prestada à possível variedade dos comportamentos. Por ter sido incrementado, o campo dos esgotamentos é também mais fragmentado.

7
Inventar diferentes graus

O mundo moderno – o dos séculos XVI e XVII – abre um novo espectro de cansaços, mesmo que as explicações tenham permanecido inalteradas. Enunciam-se matizes: patamares entre o suportável e o insuportável, além de diferentes graus entre o exercício da vontade própria e o excesso. Os testes se tornam cada vez mais sofisticados, enquanto as distinções são incrementadas: todas as novas escalas são variáveis, de acordo com os objetos de interesse.

Classificar diferentes estados físicos

Constata-se o desenvolvimento de uma curiosidade. Os casos extremos, por exemplo, são descritos de maneira mais atenta. Uma acentuação, entre outras, designada pelos termos *épuisement* [esgotamento] ou *épuiser* [levar à exaustão], desde o século XVI, que sugere determinado "abatimento completo"[101]. Ou, ainda, o limiar da morte, ilustrado pela prostração de Léon Bouthillier de Chavigny, em meados do século XVII, envolvido ardorosamente junto ao príncipe de Condé no decorrer da *fronde*[102], absorvido completamente por seus combates, perplexo pelas traições, ameaçado por Mazarin, exausto por um es-

---

101. Verbete Épuisement. In: Rey, 1994. Este termo não figura no *Dictionnaire Universel*, de Antoine Furetière, em 1690.

102. Literalmente, Fronda. O termo *fronde* significa "funda": apetrecho utilizado para atirar pedras que estilhaçam as janelas dos apoiadores do Cardeal Mazarin, caracterizando "a reação brutal da nobreza diante da política centralizadora do rei" (cf. BOXUS, 2010, p. 49, nota 2) [N.T.].

trito rigor de vida, alimentando-se muito pouco – particularmente, por medo de engordar –, antes de morrer na solidão e no desassossego:

> Havia muito tempo que a agitação da mente e os exercícios corporais que eram extraordinários, desde seu envolvimento no partido, tinham esquentado e ressecado de um modo estranho, além de que seu estilo de vida havia contribuído grandemente para isso[103].

Clássico ainda o esgotamento dos forçados às galés – importantes figuras das condenações infamantes desde o século XVI –, mencionados por Scépeaux Vieilleville no momento da fuga da enseada de Villefranche, em 1543. O Conde d'Anghien, comandante da frota, decide sair abruptamente desse porto, ameaçado por Doria, almirante italiano, que se aproximava da costa: o episódio é brutal, a ordem de comando tão expedita e a "mudança brusca de direção" tão imperativa que numerosos condenados "desmaiam"[104] sob o remo, substituídos imediatamente pelos marinheiros. Situação tão dolorosa que o comandante, estupefato, decide atribuir "dois mil ecus a serem distribuídos entre todos os forçados das onze galés, além de quinhentos ecus para todos os marinheiros"[105]. Situação cujo efeito trágico é, pela primeira vez, tão intensamente percebido que, na prática, ela é comemorada.

Outros centros de interesse ganham importância: em particular, a suposta diferença entre homens e mulheres. Estas – submersas pelos humores, embotadas pelas águas – seriam mais suscetíveis de ficarem "cansadas" do que aqueles. Importante diferença, constante, impregnando todos os comportamentos, a ponto de atingir o próprio período de gestação. As mulheres "portadoras" de um menino ficam menos "fatigadas" do que aquelas "portadoras" de uma menina: "Elas são mais atrevidas e afogueadas, tanto mais que nos machos há muito mais calor natural, o que constitui motivo de melindre para as mulheres" (DUPLEIX, 1623, p. 94).

---

103. CONRART, V. *Mémoires* [1652]. In: Michaud; Poujoulat, 1836, t. IV, p. 602.

104. VIEILLEVILLE, F.S. *Mémoires* [século XVI]. In: Michaud; Poujoulat, 1836, t. IX, p. 36.
105. Ibid.

No entanto, a principal novidade se encontra, incidindo sobre estados até então ignorados, promovendo um registro de referências inéditas; em particular, na elite. Os sentimentos se enriquecem: pistas discretas, desconfortos que precisam de ser definidos, distúrbios obscuros, provocando às vezes prazeres inexplicáveis, tal como as *douces langueurs*[106] com as quais se deleita o personagem de Antoine Furetière, no final do século XVII. Ou provocando sensações mais marcantes, dissabores, sobretudo, gradações, aquelas evocadas por Mme. de Maintenon, que veio de Fontainebleau para Versalhes, afirmando ter experimentado aí um cansaço particular: "Sinto uma grande indolência desde que deixei Fontainebleau, palácio em que eu disponha de períodos de maior repouso do que aqui; ora, é isso que contribui para minha saúde"[107]. O termo *langueur*, inédito, impõe-se nesta literatura de privilegiados, sugerindo uma fraqueza difusa, avassaladora e malcircunscrita. Aquela que o famoso pregador, Esprit Fléchier, pretende evocar, a qualquer custo, na descrição do estado de saúde da princesa da Baviera, esposa do delfim, nos anos que precederam sua morte, em 1690, ao mesmo tempo em que hesita a respeito das expressões a serem utilizadas:

> Uma indolência que, à primeira vista, parece mais incômoda do que perigosa: desconfortos que deveriam ser tanto mais lastimados, uma vez que não tendo sido suficientemente conhecidos, eles talvez não tivessem sido suficientemente motivo de queixa [...] as humilhações da mente adicionadas às do corpo, as forças da natureza desgastadas pelos próprios cuidados assumidos para apoiá-las (FLÉCHIER, 1690, p. 28).

Distúrbios mais precisos podem acompanhar tais percepções – entre outros, a insônia –, condenando Guez de Balzac a ter a "alma lânguida e o corpo abatido"[108]; os desgostos, as ocupações em excesso, condenando Mme. de Maintenon a ficar "abatida por corrimentos", "morta pela vida que se faz aqui

---

106. Literalmente: suaves indolências. Cf. Verbete Langueur. In: Furetière, 1690.
107. MME. DE MAINTENON. Lettre du 23 octobre 1713. In: *Lettres inédites de Mme. de Maintenon et de Mme. La princesse des Ursins*, 1826, t. III, p. 4.
108. BALZAC, J.-L.G. *Lettres familières...* 30/08/1639, p. 177.

[Versalhes]"[109]. Ou ainda as lágrimas, transformando inclusive a postura física de Mme. de Montmorency: "Seu pranto contínuo ressecou de tal modo o cérebro que os nervos se encolheram; além disso, ela está extremamente arqueada e respirando com dificuldade"[110].

Outras palavras deveriam, supostamente, exprimir tais fadigas relativas e novas, diversificando os termos: *vapeurs* [exalações], *incommodités* [desconfortos], *assoupissements* [entorpecimentos]. As palavras conhecidas por Guez de Balzac, em meados do século XVII, prometendo a atenuação de sua vigilância: "Embora eu quase nunca durma, estou quase sempre entorpecido"[111]. O termo *incommodité*, em particular, surge frequentemente em cartas, dicionários e romances, sinalizando várias intensidades: "É um grande desconforto viver no extremo da cidade"; é um "pequeno desconforto"[112] ser forçado a limitar essa ou aquela ação. Um espectro abriu-se, explicitando, pela primeira vez – nem que seja subjetivamente ou, até mesmo, de maneira obscura –, matizes e graus.

Classificar diferentes forças

Esta gradação inédita dos estados corresponde a uma gradação inédita das forças, o início de comparações entre recursos e potencialidades.

Desde o século XVI, os militares especificam as qualidades daqueles que consideram os mais aptos, aqueles que seriam mais resistentes às fadigas exigidas:

> Os sinais para conhecer os mais idôneos para esta profissão são os olhos brilhantes e despertos, a cabeça ereta, o estômago compacto, os ombros largos, os braços longos, os dedos fortes, a barriga pequena, as coxas grossas, as pernas delgadas e os pés magros; esses aspectos seriam convenientes para qualquer pessoa que viesse a dispor deles normalmente, de modo que o homem assim constituído

---

109. MME. DE MAINTENON. Lettre à Mme. La comtesse de Caylus, 15/05/1705. In: Lavallée, 1867, t. V, p. 339.
110. MLLE. MONTPENSIER. *Mémoires* [século XVIII]. In: Michaud; Poujoulat, 1836, t. IV, p. 322.
111. BALZAC, J.-L.G. *Lettres familières...* 06/07/1650, p. 25.
112. Verbete Incommodité. In: Furetière, 1690.

não poderia deixar de ser ágil e robusto, ou seja, duas qualidades grandemente exigidas em qualquer bom soldado; seja como for, não se deve rejeitar aqueles que não tiverem tudo o que está mencionado mais acima, com a condição de que estejam em boas condições de saúde e de atividade. Acima de tudo, convém tomar providências para que esses jovens tenham recebido uma boa formação no tocante à honestidade e não sejam daqueles que transformam o vício em virtude (FOURQUEVAUX, 1592, p. 18).

O agricultor do *Théâtre d'agriculture*, em 1600, é igualmente chamado a apreciar a robustez de seus empregados. Nova exigência tanto de organização quanto de eficácia: "Aos mais robustos de nossos serventes, serão atribuídas as obras mais toscas; e aos mais cultos, aquelas tarefas em que o talento é mais necessário do que a força" (SERRES, 1600, p. 59). O que as abadias medievais haviam colocado parcialmente em prática, distinguindo os irmãos destinados às obras do livro e aqueles destinados aos trabalhos do campo[113]. As classificações prosseguem, sistematizam-se, organizando diferentes graus, proporcionando as fadigas às capacidades de cada um, dividindo os homens entre aqueles de grande, pequena e média estatura, assimilando intuitivamente os de pequena estatura aos mais fracos e os de grande estatura aos mais fortes, instaurando uma preferência por aqueles de média estatura, os quais deveriam estar, supostamente, na encruzilhada dos dois anteriores. Acrescente-se a isso o refinamento das tarefas, das especialidades – sem dúvida, classificações sumárias e até mesmo precipitadas –, mas pretendendo se referir às categorias: os homens de grande estatura são bons para a lavoura, dominando o gado e carregando os fardos; os de pequena estatura são mais propensos para cuidar do vinhedo, plantar árvores, ocupar-se dos jardins, das abelhas e guardar gado; por sua vez, os de média estatura são quase sempre aptos para todas as tarefas (SERRES, 1600, p. 77). Os canteiros de obras e também as minas – como é demonstrado por uma portaria do imperador romano-germânico, Maximiliano, em 1517 – começam a distribuir os operários de acordo com "suas

---

113. Cf. Règle de Saint Benoît [século VI]: "Quanto aos irmãos enfermos ou fragilizados, eles receberão uma ocupação ou uma profissão que lhes faça evitar a ociosidade, sem sobrecarregá-los sob o excesso de trabalho" (LAPIERRE, 1982 p. 113).

idades, competências e forças físicas"[114]. Com certeza, não há números, nem ainda nenhum cálculo, mas uma vontade de apreciar de antemão, mesmo que globalmente, resistências e potencialidades.

Sugestões idênticas para os recrutamentos do exército. Eis o que é confirmado por Joseph Torrilhon, *sieur* de Prades, capitão no regimento do Piemonte, ao desafiar seu pai que, em 1686, contrata soldados "demasiado fracos" para o próprio filho: "Por mais que eu tivesse escrito para contratar apenas homens de grande estatura, isso não surtiu efeito; dos oito homens que o senhor me enviou, havia apenas Bayard, L'Éveillé e outro que meu servente contratou no caminho; os outros eram anões; era preferível que eles não tivessem sido contratados porque se trata de dinheiro jogado no ralo" (PRADES, 1980[115]). Os militares do Grand Siècle [século XVIII, na França] alimentaram discussões a respeito de tais escolhas. Várias unidades exigem um tamanho mínimo: 5 pés e 4 polegadas (1,626m) para contratar guardas franceses[116]. Mas continuam existindo matizes. Vauban preconiza os tamanhos, de preferência, de pequena estatura, mesmo que seja dominante a imagem da grande estatura: "O vigor, a força e a coragem se encontram mais comumente em homens de tamanho abaixo do medíocre"[117]. Assim, os corpos se distinguem mais facilmente, de acordo com a pujança pretendida, da resistência e da fadiga superada ou temida. Ainda, com dificuldades, os homens fazem falta no final do século, os efetivos dos exércitos estão diminuindo. O rei, nesse caso, recusa que "os soldados sejam medidos" (ROUSSET, 1863, t. III, p. 296-297). O marquês de Louvois (1641-1691), um dos principais ministros de Luís XIV, proíbe privar homens com "idade, força e tamanho para prestarem um bom serviço", cujo único defeito consista em "terem menos algumas polegadas de altura do que os outros" (ROUSSET, 1863, t. III, p. 296-297). A aparência não deixa, no entanto,

---

114. BRAUNSTEIN, P. Le travail minier au Moyen Âge d'après les sources réglementaires. In: Hamesse; Muraille-Samaran, 1990, p. 333.
115. Cf. Virol, 2007, p. 1.040, nota 1.
116. VAUBAN, S. Moyens d'améliorer nos troupes et de faire une infanterie perpétuelle et très excelente [1703]. In: Virol, 2007, p. 1.040.
117. Ibid.

de ser codificada, idealizada, a ponto de um modelo ter sido formulado desde o século XVI, em que prevalece um imaginário amplamente intuitivo: o da vivacidade, da solidez, da amplitude de braços e mãos, além de grandes estaturas.

O exemplo das galés é mais marcante: trata-se de uma questão de onda, de rapidez e da manobrabilidade da nave. Uma classificação mais elaborada foi estabelecida no século XVII, acentuada com o advento da frota moderna. Jean Marteilhe, huguenote forçado ao serviço das galés por causa da religião – e um dos raros ex--escravos a publicar suas memórias –, descreve tais procedimentos, desde o embarque: "Obrigaram-nos a tirar a roupa a fim de verificarem todas as partes do corpo. Fomos apalpados em todos os lugares, como se fôssemos, nem mais nem menos, um boi gordo que se compra no mercado. Concluída essa verificação, foram criadas categorias, dos mais fortes aos mais fracos" (MARTEILHE, 1982, p. 102). Os melhores ocupam a primeira fila, definindo o ritmo, ou a extremidade dos remos, compensando a alavanca. Hierarquias intermediárias são adicionadas, do *septerol* ao *aposti*, dependendo da distância da borda e da amplitude do movimento. Há o cruzamento de diferentes avaliações: a idade, a estatura, a compleição. As punições, por fim, são diferenciadas: em 1688, Jean-Baptiste Colbert Seignelay, secretário de Estado da Marinha, recomenda que os huguenotes sejam enviados para as "galés com destino a Argel"[118], nas quais a fadiga seria mais contundente.

Classificar diferentes funções sociais

O incremento verificado na atenção prestada à fadiga não poderia ser independente do social. Charles Loyseau, evocando as ordens e as dignidades no momento em que se afirma a sociedade na época clássica, mostra indiretamente o quanto o sofrimento da arraia-miúda seria incapaz de suscitar um interesse qualquer:

> Há profissões que jazem mais no sofrimento do corpo do que no tráfego de mercadorias, ou na sutileza da mente; ora, essas profissões são as mais abjetas. E, por maior força de razão, aqueles que não têm profissão, nem mercadoria, e ganham a vida com o trabalho de

---

118. COLBERT SEIGNELAY, J.-B.A. *Lettre du 18 avril 1688*. Cf. Tournier, 1984, t. I, p. 116.

seus braços, a quem atribuímos o nome de trabalhadores braçais, ou mercenários, tais como carregadores, ajudantes de pedreiros e outros tipos de diaristas, constituem os mais abjetos da arraia-miúda. Com efeito, a pior profissão é não ter um ofício (LOYSEAU, 1666, p. 52).

As particularidades de tais tarefas não adquirem importância nas descrições cotidianas: estão confinadas à invisibilidade; dizem respeito "à parte 'abjeta e mecanicista' do 'terceiro estado' [...] aquelas excluídas da riqueza do reino" (GOUBERT; ROCHE, t. I, 1991, p. 84). La Fontaine pode evocar um velho lenhador gemendo e alquebrado[119], mas também um remendão "Cantando noite e dia / Era um gosto escutá-lo!"[120]; ou um carreiro atolado a quem o primeiro conselho a dar continua sendo: "Ajuda-te que o céu te ajudará"[121]. Claude Fleury ignora os sofrimentos dos empregados domésticos, cujas regras são imperativas e meticulosamente citadas: "Um lacaio é obrigado a acompanhar seu mestre por toda a parte, sem ousar afastar-se dele, nem que seja por um instante" (FLEUR, 1688, p. 104). Antoine Furetière escarnece do homem sem fortuna nem influência, do empregado "insignificante e barbudo", tendo "aprendido a jejuar à base de água e castanha"[122]. A evocação por La Bruyère de camponeses cuja forma humana é tragicamente esquecida permanece, por conseguinte, excepcional (cf. LA BRUYÈRE, 1668[123]), enquanto o esgotamento dos operários ou vilões deixa, de maneira geral, pouco espaço para os comentários. Observadores ou viajantes da primeira metade do século não se debruçam sobre essas situações: nos "movimentos violentos" dos lavradores, Joseph du Chesne, médico de Henrique IV, limita-se a ver um "fortalecimento bastante sólido dos músculos e nervos" (DU CHESNE, 1618, p. 237); Léon Godefroy, ao cruzar as regiões de Gasconha e de Béarn em 1646, vê

---

119. LA FONTAINE, J. La mort et le bûcheron [O velho e a morte]. In: La Fontaine, 1668-1694.
120. Le savetier et le financier [O financeiro e o remendão]. La Fontaine, 1668-1694.
121. Le chartier embourbé [O carreiro atolado]. In: Chagall, 2004, p. 88.
122. FURETIERE, A. *Le Roman bourgeois* [1666]. In: Adam, 1958, p. 1.047.
123. "Vemos alguns animais ferozes, machos e fêmeas, espalhados pelo campo, negros, lívidos e todos queimados pelo sol, presos à terra que escavam e remexem com teimosia invencível [...]. Eles poupam aos outros o trabalho de semear, lavrar e coletar para viver; por conseguinte, merecem não carecer do pão que haviam semeado" (LA BRUYÈRE, 1954, p. 295).

no semblante dos camponeses encontrados apenas uma tez desvalida, lançando o descrédito sobre o povo de Armagnac, considerado "extremamente bronzeado, para não dizer completamente negro"[124]. Por sua vez, François de Grenaille, ao atravessar a Aquitânia em 1643, observa essa região como "uma planície dotada de uma maravilhosa fertilidade" (BERCÉ, 1978, p. 25), mas também ignora o menor indício de sofrimento ou de esforço.

Francis Bacon, mais uma vez – em sua vontade, enquanto médico, de comparar tipos de vida, desde o militar ao religioso, desde o escritor ao lavrador –, designa a vida campestre como se tratasse da mais humilde, sem deixar de proporcionar a melhor saúde: "Com efeito, além de desfrutarem livremente do ar puro, eles estão sempre em ação; inimigos da preguiça, livres de preocupações e desejos, a maioria deles se alimenta de carnes à sua disposição sem terem de comprá-las" (BACON, 1647, p. 184-185[125]). Sem dor, nem sofrimento para efetuar uma tarefa que continua sendo pouco comentada.

---

124. GODEFROY, L. *Voyages en Gascogne, Bigorre et Béarn* [1644-1646]. In: Goulement, Lidsky; Masseau, 1995, p. 369.
125. Cf. Zaterka; Baioni, 2013 [N.T.].

8
Inventar diferentes categorias

Além dessa relativa indiferença ao cansaço dos mais humildes – enquanto são anotadas, em outras situações, suas intensidades e seus graus –, o universo da época moderna continua descobrindo e comentando diferentes tipos de fadiga, modalidades e perfis, tudo isso se diversificando com a transformação das economias, das sobrecargas ou das sociabilidades: da cidade à corte, do comércio ao exército.

A fadiga-punição

O sofrimento não é esquecido quando se trata de castigo ou de repressão: o castigo dos condenados a remar nas galés já estabelece uma ligação cada vez mais nítida entre a punição formulada e a prostração pretendida. Em 22/01/1513 Luís XII indica tal suplício para "todas as condenações a castigos corporais proferidas no ducado da Bretanha"[126]. Esgotamento muito especial que se torna o âmago da sentença, do mesmo modo que a violência está no cerne da churma e da vida cotidiana de todos eles. O decreto de Carlos IX, em 1564, estende a decisão a todo o reino, antes que seja efetuada, no século XVII, uma gradação mais diferenciada do nexo entre a duração do castigo e a gravidade do crime, a distinção entre a condenação a remar nas galés e outras punições. Assim, as peregrinações penitenciais na Idade Média (cf. p. 43-44) se prolongam sob uma forma tão diferente

---

126. KERHERVE, J. Aux origines du bagne – Galères et galériens à Brest, au temps de Louis XII. In: Leguay, 2000, p. 243.

quanto implacável. Algumas testemunhas descrevem a tarefa a ser executada: "Levantar-se a fim de puxar o remo para trás, curvar-se para mergulhá-lo na água e cair de volta no banco a fim de empurrar de novo, com mais vigor, o remo para a frente" (BARRAS DE LA PENNE, 1998, apud MASSON, 1938, p. 72-73). Outros descrevem suas possíveis variações, suas condições, a transição brutal do impulso normal para o "impulso forçado" duplicando a cadência, a temível consciência dos "carcereiros": "Às vezes, o condenado rema 10, 12 e até mesmo 20h seguidas, sem a menor folga. Nesta ocasião, o comitre, ou outros marinheiros, enfiam um pedaço de pão, molhado no vinho, na boca dos pobres remadores para evitar seu desfalecimento" (MARTEILHE, 1757b, apud MASSON, 1938, p. 73-74). Isso não poderia excluir uma possível indiferença à manutenção do grupo de remadores, à sua integridade, evocada em detalhes pelo próprio Marteilhe: "Se um escravo desmaia em cima do remo (o que acontece com frequência), ele é chicoteado até morrer e, em seguida, é jogado no mar sem cerimônias" (MARTEILHE, 1757b, p. 74[127]). Ou, dito por outras palavras, estafa extrema tão comprovada que nem chega a ser explicitada pelo julgamento, sugerida no máximo pelas regulamentações do século XVII: os condenados a remar nas galés são acorrentados três a três, aparafusados ao respectivo banco, sem possibilidade de se deslocar, seja de dia ou de noite, alimentados de dois em dois dias, dormindo penosamente estendidos "no fedor, devorados por vermes" (BARRAS DE LA PENNE, 1998, apud MASSON, 1938, p. 75). A única voz discordante – para não dizer paradoxal –, a de Bernardino Ramazzini, evocando em 1700 as doenças das profissões e reconhecendo aos condenados a remar nas galés, ameaçados "por uma saraivada de golpes", a vantagem de executarem sentados uma parte do esforço: "Seus estômagos dispõem de um apoio, enquanto essa víscera fica dependurada nos operários que trabalham na posição de pé" (RAMAZZINI, 2016, p. 171). Ilusão mecanicista de um médico que não deixa de ser um clínico experiente.

Grande dispêndio físico, de qualquer forma, proporcional ao suposto vício do condenado. A dor febril, espasmódica, em punição ostensiva: o corpo como

---

127. Cf. Tournier, 1984, p. 139-149.

o primeiro destinatário dos castigos tradicionais, sofrimento visível, obrigatório. A referência é idêntica quando, na mesma ocasião, pensa-se no Hôpital Général "para o acolhimento de rapazes com menos de 25 anos e de moças confinadas aí para serem corrigidas", ou seja, indivíduos que, entre outras infrações, "maltratam seus pais ou suas mães" ou aquelas que "terão sido desencaminhadas". O imaginário de uma fadiga levada ao extremo subentende a punição: "Eles serão obrigados a trabalhar durante o maior período de tempo possível e em tarefas mais penosas que sua força e de acordo com os lugares em que estiverem"[128]. Portanto, fadiga especial, sem dúvida, pouco definida, mas cuja lógica consiste em visar o objetivo último de uma submissão e de uma punição mais eficazes.

A guerra

No universo da época moderna, a categorização das fadigas ocorre ainda em numerosos outros registros de comportamento, cada uma delas parecendo oferecer uma nova experiência e dando a impressão de estar vinculada a um mundo transformado. O combate é um desses registros, tanto mais que a mudança das práticas neste quesito está associada à alteração da sociedade militar: com o advento do século XVI, o exército se profissionaliza, além de ser prolongado o período de serviço militar. Uma profissão se instala, torna-se mais complexa e obriga a criação de hábitos, os adestramentos, as longas travessias, tais como as dos climas, das precariedades e das regiões: "Na Europa Ocidental, o século XVI marca uma importante virada no pensamento militar [...]. É então que as noções modernas de soldado, de exercício, de disciplina se sobrepõem às de cavalheirismo, de classe e de honra" (GAIER, 1995, p. 309). O exército acaba se tornando uma carreira; o recrutamento se prolonga indefinidamente. Primeiro princípio: "O soldado continua em serviço, a não ser que se torne incapaz de fazê-lo ou que deixe de haver necessidade dele" (CHAGNIOT, 2001, p. 116). O período de engajamento acaba sendo indeterminado (CHAGNIOT, 2001, p. 116). Isso mobiliza

---

128. Ordonnance du 20 avril 1648. Cf. La Mare, 1722, t. I, p. 528.

uma atividade efervescente, contínua, que se refere, para além das ofensivas, à vida em acampamentos, aos aterros, às caminhadas, aos deslocamentos, aos postos de sentinela e às rondas. O desafio: "evitar a dispersão das tropas, mantê-las em prontidão através de exercícios"[129]. O resultado, mencionado aqui por Joseph Sevin de Quincy: "Tivemos muita fadiga neste acampamento; não houve dia em que não estivéssemos de serviço" (QUINCY, 1898, t. I, p. 99). Seus exercícios se tornam espetáculos e seus espaços não cessam de se alargar; os movimentos se repetem e os combates acabam reproduzindo os mesmos gestos. A corte marca aí sua presença, a exemplo do que ocorre em Compiègne, na década de 1660, a ponto de criar um cansaço inesperado: "Havia a obrigação de passar todos os dias pelo acampamento, e a fadiga se tornou [para os cortesãos] maior do que o prazer" (SAINT-SIMON, 1829, t. II, p. 201[130]).

Portarias e regulamentos se multiplicam para indicar com precisão "a ordem e a disciplina que Sua Majestade pretende que, daqui em diante, sejam respeitadas por suas tropas de infantaria nas cidades e nos locais em que existirem guarnições" (DE LAMONT, 1693, p. 105); para especificar, também, os encargos e as funções dos oficiais (DE LAMONT, 1693, p. 7ss.). Os exercícios, por sua vez, permitem garantir as evoluções militares, as marchas, as filas, os passos (p. ex., o passo Louvois; DE LAMONT, 1693, p. 65ss.); as medidas necessárias para fortalecer as guarnições (DE LAMONT, 1693, p. 142), além das punições reservadas aos desertores (DE LAMONT, 1693, p. 120).

Deste modo, uma nova fórmula se estabiliza, longe da mera exaustão do combate: a de fadiga da guerra ou do serviço militar. Jean de Souvigny vai utilizá-la, em 1614, para mostrar a surpresa de seu tio quando o jovem manifesta-lhe sua vontade de se alistar no batalhão de Penthièvre, quando ele tem apenas 12 anos: "Ele me perguntou se eu tinha inclinação, além de coragem e energias suficientes, para suportar as fadigas da guerra" (SOUVIGNY, t. I, p. 11). Em 1672, a revista

---

129. CORVISIER, A. Louis XIV, la guerre et la naissance de l'armée moderne. In: Corvisier, 1992, t. 1, p. 407.
130. Cf. Pezé, 2016 [N.T.].

Le Mercure galant também se serviu dessa fórmula para mostrar a surpresa de um visitante ao entrar no quarto de um soldado e ao descobrir que se trata de uma mulher: "Ela era muito jovem, mesmo que fosse bastante alta e tivesse força suficiente para suportar as fadigas do serviço militar"[131]. Mesma expressão, por fim, quando Francis Bacon, no início do século XVII, questiona-se a respeito da vida de soldado, mostrando, de maneira bastante paradoxal, que ela consegue prolongar os dias: "O que acontece comumente com aqueles que, desde seus primeiros anos, transformam o trabalho em hábito. Daí se segue que tudo ocorrendo sucessivamente de maneira cada vez mais favorável, nos anos finais de sua vida, o aspecto mais amargo da fadiga se altera em algo agradável" (BACON, 1647, p. 185).

O motivo é que uma nova sensibilidade, reavaliando o ambiente, aplica-se também aos entornos, às condições de vida e às atividades cotidianas: a hora de dormir, o traje, a alimentação, o repouso, todos esses aspectos considerados fatores de desenvoltura ou de esgotamento, não tendo em conta exclusivamente o esforço físico ou o combate. François de Scépeaux foi um dos primeiros que, em 1552, designou o sono conturbado, a não troca de roupas, assim como a marcha forçada, enquanto causas de cansaço crescente: "Caminhamos, assim, doze dias experimentando uma extrema necessidade durante os quais as pessoas importantes e abastadas foram as únicas que dormiram em camas que tinham sido carregadas por sua ordem. O resto do exército nunca chegou a se despir"[132]. Na peça, *Otelo, o mouro de Veneza*, 1604 –, Shakespeare detalha as mesmas contrariedades, enquanto pretende superá-las na tentativa de ser mais convincente diante de seus recrutadores venezianos: "A tirania do hábito, severos senadores, da cama de aço e pedra da guerra fez-me um leito de penugem. Confesso que as operações fatigantes sempre me deixam álacre e disposto. Assim, aceito a direção da guerra contra esses otomanos" (SHAKESPEARE, ato 1, cena III). O espectro dessas possíveis fadigas é ainda incrementado no século XVII, a tal ponto que o duque do Maine, filho legitimado de Luís XIV, ao acompanhar o exército de Flandres em 1689,

---

131. Fille soldat. *Le Mercure galant*. Paris, 1672, p. 140-141.
132. VIEILLEVILLE, F.S. *Mémoires* [século XVI]. In: Michaud; Poujoulat, 1836, t. IX, p. 143.

limita a sensação de cansaço pela falta de troca de roupa, cuja experiência superada é apresentada triunfalmente pelo jovem duque à sua antiga tutora, Mme. de Maintenon: "Já comecei, Madame, a sentir o cansaço da guerra por ter ficado três dias e duas noites sem trocar de camisa"[133].

Uma nova, global e difusa infatigabilidade militar pode então prevalecer: não mais a resistência unicamente aos gestos das batalhas, tal como sugere o universo medieval, mas a resistência às sobrecargas de todos os tipos que venham a ser exigidas pela vida no campo, ou no acampamento. O oficial, mais do que qualquer outro indivíduo, representa essa recrudescência do investimento. Saint-Simon esboça, em um longo retrato de Louis-François de Boufflers, um testemunho decisivo sobre a maneira como o envolvimento na guerra desestabiliza, no século XVII, a visão das fadigas, tanto dos soldados quanto de seus comandantes:

> Acessível o tempo todo, alertando todos, atento para evitar, tanto quanto seja possível, a fadiga aos outros e os perigos desnecessários, ele se cansava no lugar de todos, estava em toda a parte; por sua iniciativa, não deixava, nem por um instante, de observar e organizar o que tivesse de ser efetuado, além de colocar continuamente sua vida em risco. Ele não tirava a roupa para dormir a fim de ripostar, de imediato, aos ataques e, durante três noites, não se deitou na cama, desde a abertura da trincheira até o toque de recolher. É impossível compreender como um homem de sua idade, e desgastado pela guerra, conseguiu aguentar semelhante trabalho de corpo e de mente, sem nunca deixar sua serenidade nem seu equilíbrio. Tendo sido criticado por ser demasiado temerário, ele tomava tal atitude para observar tudo por si mesmo e para estar em condições de garantir a devida assistência a tudo o que viesse a acontecer; e ele fazia isso também para dar exemplo e por sua própria preocupação de que tudo viesse a decorrer e fosse executado da melhor maneira possível (SAINT-SIMON, 1829, t. VI, p. 359).

Fadigas novas, ou mais bem percebidas e circunscritas, diante de tarefas que, por sua vez, eram mais árduas e transformadas.

---

133. BOURBON (Duque du Maine). Lettre à Mme. de Maintenon, mai./1689. In: Lavallée, 1867, t. III, p. 176.

Deste modo, um desgaste bem particular começa excepcionalmente a ser levado em conta. Inaugura-se uma visão a respeito da fadiga de algumas raras profissões. O legionário ferido ou doente "continua recebendo seu soldo"[134], enquanto os ex-militares ou ex-marinheiros recebem dois ecus por mês, desde a portaria de 1670[135]. O Hôtel des Invalides, construção ordenada por Luís XIV e inaugurada em 01/10/1674, foi projetado para acolher os soldados "desgastados ou mutilados que tivessem combatido pelo rei"[136]; na verdade, instituição complexa a respeito da qual se sabe que foi construída também para evitar a perambulação inquietante de militares empobrecidos nas praças, pontes ou ruas da cidade.

A cidade

A cidade se torna outro objeto proeminente de preocupação, marcado também por uma renovada sensibilidade. A polêmica tradicional sobre a agitação da área urbana e a tranquilidade das zonas rurais assume outro sentido, desde o final do século XVI, a partir de uma nova vertente: nesse contexto, esboça-se uma fadiga particular; impõem-se novos motivos de efervescência, novos sentimentos de excesso ou de tensão. A cidade [cité], enquanto sociedade organizada, cresceu de maneira brusca, acentuando-se as funções que lhe são inerentes. O incremento do poder comercial, civil e administrativo deslocou os polos, capturando "a elite das aldeolas vizinhas", os "coletores e juízes da nobreza"[137]. Constata-se a multiplicação de comerciantes, médicos, membros do tribunal, juristas ou escreventes, enquanto a racionalização progressiva da produção rural, excluindo os respigadores e os criadores marginais de gado, lança no espaço urbano um número sem precedentes de "vagabundos espalhados por todas as ruas"[138]. Ocorreu um amon-

---

134. DERUELLE, B. Le temps des expériences, 1450-1650. In: Drévillon; Wieviorka, 2018, t. I, p. 256.
135. TAURAN, T. Les premisses, p. 29. In: Tauran, 2015.
136. BELMAS, É. L'infirmerie royale de l'Hôtel des Invalides". In: Cosmacini; Vigarello, 2008, p. 54.
137. CHARTIER, R.; NEVEUX, H. La ville dominante et soumise. Op. cit.
138. Lettre de Sixte-Quint [1587]. In: Erlanger, 1969, p. 63.

toado, incursão turbulenta e variegada, em progresso constante[139], agravada pela manutenção de muralhas que petrificam a cerca espacial, provocando um "empilhamento extravagante do qual as últimas ilhotas da 'antiga cidade de Paris' continuam proporcionando, ainda hoje, um espetáculo impressionante" (GOUBERT; ROCHE, 1991, p. 152). Os depoimentos, em número crescente, insistem sobre a multidão, o acúmulo, o sufocamento em uma cidade de Paris que se tornou "um empilhamento de bairros", um lugar "tão povoado quanto uma colmeia de abelhas" (MARANA, 1710, t. V, p. 168).

Queixas e denúncias são articuladas, agastamentos e exasperações tornam-se mais contundentes. Leva-se em conta, sobretudo, o barulho, antes de qualquer outro estorvo, o ensurdecimento e o sono conturbado. O que é explicitado, em 1666, pela sátira do crítico e poeta Nicolas Boileau:

> Tudo conspira, ao mesmo tempo, para perturbar meu repouso.
> E aqui queixo-me do mais insignificante de meus desconfortos [...].
> Mas, no meu quarto, assim que apago a luz
> Já não consigo fechar as pálpebras[140].

Efervescência suficientemente nova para promover a caricatura em torno de alguma invasão sonora, fator de esgotamento: "Os cocheiros são tão brutais, além de terem a voz tão rouca e assustadora; quanto à batida contínua de seu chicote, ela aumenta o barulho de uma maneira tão sensível que, segundo parece, todos os acessos de furor violento se puseram em ação para transformar Paris em um inferno"[141]. A queixa se refere ao repouso ameaçado, à grande quantidade de sons e ao timbre incessante. Os raros versos que acompanham a gravura de Nicolas Guérard, *L'Embarras de Paris* [A bagunça de Paris], no final do século XVII, enfatizam demais a imagem de uma agitação oriunda tanto de esgotamento quanto de perigo:

---

139. CHARTIER, R.; NEVEUX, H. La ville dominante et soumise.
140. BOILEAU, N. Satire VI [1666]. In: Escale, 1966, p. 34-36.
141. SAINT-ÉVREMOND, C.M.S.-D. [1613-1703], apud Marcevaux, 1897, p. 229.

> De fato, se você não escutar entre a balbúrdia
> "Atenção, cuidado aí... atenção, afastem-se",
> Caso contrário, por cima ou por baixo, você será esmagado[142].

Afirma-se outra queixa, também, mais interiorizada e dissimulada, ainda difícil de nomear, mas evocando o impacto dos negócios, o dos escritórios, das decisões e das diversas correspondências. Cansaço que, até então, era pouco perceptível, sem deixar de ser crescente – o de juristas, de administradores, de escreventes, de comerciantes e de personalidades importantes que enfrentam uma incapacidade sem precedentes: o desfecho cada vez mais laborioso de um número crescente de problemas. Outros tantos indícios de um universo em que aumenta a presença da toga, da ordem dos advogados, da administração, do tribunal e a do trabalho de escritório. Tensões, durante muito tempo, negligenciadas e que se tornam abruptamente sensíveis, expressas aqui – pela facilidade da linguagem, mas também do pensamento – em termos mais físicos do que de natureza moral, tais como as palavras de Henrique IV dirigidas a seu braço direito, Maximilien de Béthune – mais conhecido como duque de Sully –, em 1591: "Todas as notícias que recebo de Mantes-la-Jolie indicam-me que o senhor está exausto e magro de tanto trabalhar" (SULLY, 1778, t. II, p. 31). Mesma referência, algumas décadas depois, quando o escritor Saint-Simon descreve o infortúnio de Michel Chamillart, exausto pelo exercício de seus ministérios. Prevalece a desordem dos humores e, acima de tudo, sua efervescência, seu ressecamento e vazamento, em vez de seus possíveis equivalentes psicológicos:

> Chamillart, sobrecarregado com o duplo trabalho da guerra e das finanças, não tinha tempo para comer nem para dormir [...]. Apesar de toda a sua boa vontade para superar o excesso de trabalho, no final, a máquina acabou sucumbindo: ele foi invadido pela elevação de temperatura, alucinações, tonturas e tudo o que se possa imaginar, já não conseguindo digerir e tendo perdido peso a olhos vistos. No entanto, impunha-se que a roda girasse sem parar e, nessas ocupações, ele era o único capaz de garantir esse funcionamento (SAINT-SIMON, 1829, t. V, p. 279-280).

---

142. GUERARD, N. *Le Pont-neuf ou l'embarras de Paris*, 1715. Paris: Bibliothèque Nationale de France, Département des Estampes.

É ainda em termos de corpo que Ezequiel Spanheim designa a "fadiga do cargo" e sua brusca vertigem de preocupações quando Luís XIV tem acesso à realeza: "Um exterior repleto de grandeza e majestade, e a constituição de um corpo apropriado para suportar as fadigas e a responsabilidade de um cargo tão importante" (SPANHEIM, 1882, p. 1). Foi também em termos de corpo, algumas décadas antes, que Richelieu pretendia resistir às enormes dificuldades em executar as funções administrativas recém-designadas com o século XVII. Aqui, procedimento curioso, dissimulado, eminentemente físico, inclusive, quase exótico, mas fielmente relatado por Gilles Ménage, qual seja o de "reanimar" os espíritos naturais, provocando dinamismo e movimento:

> Ele não deixava, às vezes, de encontrar tempo para se relaxar de suas enormes fadigas que acompanham sempre o ministério. Após as refeições, ele gostava especialmente de exercícios violentos, mas não queria ser surpreendido nessa atividade [...]. Na grande galeria do Palais Royal, divertia-se em dar, junto ao muro, o salto mais alto possível (MÉNAGE, 1713, t. II, p. 45-46).

Essa ameaça particular de esgotamento, instalada no universo da época clássica, não passa sem a ostentação de um possível prestígio, uma forma de exibir resistência e capacidade. La Bruyère elabora, a esse respeito, um retrato perspicaz, personagem novo, extraindo distinção de sua suposta estafa:

> O senhor diverte-se a sonhar na carruagem ou, talvez, de descansar aí? Pegue rapidamente em seu livro ou em seus papéis, leia, faça apenas menção de cumprimentar as pessoas que passam em suas caleches. Elas acham que o senhor anda verdadeiramente ocupado e dirão: "Esse homem é trabalhador, incansável; lê, trabalha inclusive no decorrer de seus trajetos". Com o mais insignificante advogado, aprenda que se deve manter a aparência de estar sobrecarregado com negócios, mostrar descontentamento e dar a impressão de um profundo sonho a respeito de nada; ser capaz, no momento apropriado, de perder a ocasião de beber e de comer [...] (LA BRUYÈRE, 1668, p. 183).

Assim, a cidade da época clássica inventa um número tão grande de fadigas quanto de infatigabilidades.

A corte

A corte é outro espaço em que se designa, no universo clássico, uma fadiga particular. A novidade reside, antes de tudo, em uma imensa desestabilização social: a centralização do poder, o fortalecimento do Estado, o desaparecimento dos feudos locais e das baronias medievais, longe de suas querelas bélicas. Com ela, constitui-se uma sociedade inédita, cujo centro é o soberano e cuja mola propulsora é o ritual. Com ela, articula-se uma ordem, decretada pela dinastia dos Valois desde o final do século XVI, aquela "que o rei pretende que seja respeitada em sua corte"[143]. A etiqueta fixa as classes, o cerimonial define o espaço e o tempo; daí a sensação de um dispositivo tão complexo quanto imposto, disciplina que abrange a integralidade da vida cotidiana, ditando gestos e espaços, além de impregnar cada comportamento. No entanto, ainda é necessário um nítido refinamento da sensibilidade para transformar em fadiga o que, sem dúvida, tivesse sido negligenciado até então.

Uma expressão se impõe no século XVII, retomada pelos próprios atores: A fadiga da corte. Mme. de Maintenon vai transformá-la em um motivo recorrente, evocando a Mlle. de Jarnac cujas pernas inchadas sugerem a "dificuldade de se acostumar com a fadiga da corte"[144]; ou Mme. de Montchevreuil, cuja vivacidade mostra que ela "suporta a fadiga às mil maravilhas"[145]; ou a esposa do marechal de Rochefort, cuja doença revela que ela "não está adaptada à fadiga"[146]. A própria marquesa se considera "sobrecarregada com cuidados, visitas e preparação de viagem"[147], a ponto de ver nessa azáfama "um verdadeiro martírio"[148]; ou, até mesmo, de achar fatigante o viveiro de pássaros de Fontainebleau, "mais animado,

---

143. Edito de Henrique III, em 1585, sobre "a ordem que o rei pretende que seja respeitada em sua corte, tanto no que se refere às horas quanto da maneira como ele deseja ser honrado e servido".
144. MME. DE MAINTENON. Lettre à M. d'Aubigné. Coignac, 08/05/1681. In: Lavallée, 1867, t. II, p. 168.
145. Ibid., 02/03/1681. In: Ibid., p. 156.
146. Ibid, 19/05/1681. In: Ibid., p. 173.
147. MME. DE MAINTENON. Lettre à Mme. de Brinon, 17/09/1682. In: Lavallée, 1867, t. II, p. 251.
148. MME. DE MAINTENON. Lettre à M. l'archevêque de Paris, 28/07/1698. In: Lavallée, 1867, t. IV, p. 241.

desde ontem, em relação ao que eu já havia escutado anteriormente"[149]. Tal aflição retorna com a inevitável referência às cerimônias ou às posturas e atitudes a serem mantidas durante um longo período de tempo, a busca pelo "apoio de um bufê" para "aliviar sua fadiga" (LEVRON, 1961, p. 57), ou seja, a "posição de pé" evocada por Jean-François Solnon enquanto "destino terrível do cortesão" (SOLNON, 2014, p. 427). Eis o que confina o cardeal de Coislin em uma total exaustão: "O pobre homem – que era muito gordo, revestido de murça e sobrepeliz – escorria de suor na antecâmara com tamanha abundância, que o assoalho, a seu redor, estava completamente encharcado" (SAINT-SIMON, 1829, t. V, p. 21).

No entanto, uma regra prevalece: "ser diligente" (REFUGE, 1649, p. 189), dar provas de paciência, mostrar-se "sempre indispensável" (GRACIÁN, 1972, p. 8), ou, dito por outras palavras, oferecer resistência a todo o tipo de tédio e indolência[150]. O exemplo do marquês de Antin, o filho legítimo de Mme. de Montespan, evocado profusamente por Saint-Simon, exprime por si só a percepção pelos atores de tal fadiga da corte, tão nova quanto peculiar:

> Um corpo robusto e que, sem dificuldade, se prestava a tudo tinha a ver com a genialidade. E apesar de se tornar, aos poucos, demasiado grande, ele não lhe recusava vigílias, nem fadigas. Brutal por temperamento, gentil, educado por julgamento, acolhedor, ansioso para agradar, ele sacrificou tudo à ambição e às riquezas [...]. O cortesão mais hábil e refinado de seu tempo, assim como o mais incompreensivelmente diligente. Prestativo sem tréguas, fadigas incríveis para se encontrar, ao mesmo tempo, em toda a parte, assiduidade prodigiosa em todos os lugares diferentes, inúmeros cuidados, tudo sob o controle de sua vista, além de centenas, em cada circunstância, de obséquios, complacências e bajulações sem medida, atenção contínua para a qual nada escapava, infinita falta de elevação de sentimentos, nada lhe custava, nem o desencorajava, durante vinte anos, sem qualquer sucesso além da familiaridade usurpada por sua insolência trocista com pessoas em relação às quais, a partir da persuasão advinda razoavelmente de tudo, deveria ser violada quando

---

149. MME. DE MAINTENON. Lettre à M. le duc de Noailles, 16/09/1704. In: Lavallée, 1867, t. V, p. 264.
150. SAINT-ÉVREMOND. Lettre du 2 mai 1701", 1725, t. V, p. 383.

tal alternativa estivesse a seu alcance.
Submeteu-se de maneira extrema em relação aos filhos de sua mãe, sua paciência foi infinita relativamente à escória. Em sua vida, ele recebeu inúmeras afrontas com uma incrível dissimulação (SAINT--SIMON, 1829, t. V, p. 414-416).

Estratégias de poder sutis, imperceptíveis, aparentemente ridículas sem deixarem de ser valorizadas são, neste caso, implantadas para criar privilégios, diferenças na economia dos esforços previsíveis. Jean-François Solnon multiplica, no universo da época clássica, os exemplos de tais situações: "O direito de entrar de carruagem [e não a pé] na residência do rei e o direito de ter um quadrado [almofada] na Igreja constituem as honras do Louvre" (SOLNON, 2014, p. 428). O acesso ao "banquinho", igualmente, e o direito de ficar sentado nas residências régias, constituem outra vantagem altamente distintiva. As duquesas têm esse privilégio a ponto de receberem "o epíteto de 'senhoras sentadas' ou, ainda laconicamente, o de 'banquinhos'" (SOLNON, 2014, p. 427). Até a qualidade do assento em si denuncia ainda as diferenças: os netos e netas [filhos e filhas do herdeiro legítimo] da França têm direito ao espaldar, enquanto os príncipes e princesas de sangue têm direito à poltrona (cf. LE ROY LADURIE; FITOU, 1997, p. 49). Existem contestações, além de equívocos, imediatamente anotados, aliás, mencionados por Mme. de Sévigné no decorrer de uma audiência com a rainha: "Em seguida, vieram muitas duquesas, incluindo a jovem Ventadour, exuberante e muito linda. Durante um momento, não lhe trouxeram esse divino banquinho. Virei-me, então, para o chefe do cerimonial e disse: 'Ah! Que lhe seja dado um banquinho; faz-lhe falta demais'. Ele concordou comigo"[151]. Outro incidente: a autorização proibida, e mesmo assim concedida. Esse é o caso quando a rainha permite que várias damas se sentem sem cerimônia quando, afinal, tal recusa deveria ter prevalecido. Príncipes e duques reagem, chegam a um acordo em grande número e exigem, "sob o nome da nobreza, a remoção desses banquinhos" (SAINT-SIMON, 1829, t. II, p. 168-169). Desde então, a fadiga exprime claramente as hierarquias, ao mesmo tempo em que acaba por fortalecê-las; define também novas particularidades.

---

151. MME. DE SEVIGNE. Lettre à Mme. de Grignan, 01/04/1771. In: Duchêne, 1973, t. I, p. 205.

O estado anímico

Nessa diversificação inteiramente moderna de fadigas e de lugares, esboça-se uma maior atenção à consciência, à designação de uma vertente mais íntima. Uma profundidade afirma-se aí, uma forma de sugerir um estado de espírito, um cansaço do pensamento. Descartes assinala uma fadiga mental[152]: a dos clérigos, dos meditativos, dos letrados e dos homens de escritório. Ele tenta objetivar uma tarefa circunscrita à alma: uma pista que desloca a atenção para vertentes de comportamento, até então, pouco designadas. Não o simples abatimento resultante dos negócios, nem unicamente o constrangimento das decisões ou da gestão, mas o da operação mental, do cálculo, do esforço reflexivo, do raciocínio intenso e contínuo. No século XV, Marsílio Ficino ou Christine de Pisan já haviam abordado tal esgotamento, evocando a escrita ou o trabalho do "entendimento", ao mesmo tempo em que privilegiavam os efeitos do corpo: "Ao elaborar *La Cité des dames* [...], eu ficava ociosa e aspirava ao repouso, enquanto pessoa exausta por ter chegado ao fim de um trabalho tão considerável, sentindo os membros e o corpo cansados por uma obra tão longa e exigente"[153]. Descartes se refere a um fato mais interno, reconhecendo que "somos incapazes de permanecer continuamente atentos à mesma coisa"[154], estigmatizando o perigo de "aplicar-se demais ao estudo"[155], sublinhando o quanto "as ocupações demasiado sérias enfraquecem o corpo, cansando a mente"[156]. Uma conclusão se impõe quando ele evoca os "princípios metafísicos" e os efeitos de uma excessiva atenção a seu respeito: "Acho que seria bastante prejudicial ocupar, com frequência, seu intelecto para meditar sobre eles"[157]. Assim, pela primeira vez, uma "fadiga mental" é designada, circunscrita, bem delimitada, focalizada; mesmo que sua descrição diga pouco

---

152. DESCARTES, R. Lettre à Élisabeth, jun./1645. In: Bridoux, 1953, p. 1.190.
153. PIZAN, C. Le Livre des trois vertus [século XV]. In: Régnier-Bohler, 2006, p. 560. • A respeito do livro *La Cité des dames* [A cidade das damas], cf. Kulkamp, 2020 [N.T.].
154. DESCARTES, R. Lettre à Élisabeth, 15/09/1645. In: Bridoux, 1953, p. 1.208.
155. Ibid.
156. Ibid., jun./1645. In: Ibid., p. 1.190.
157. Ibid., 28/06/1643. In: Ibid., p. 1.160.

mais do que a palavra, mesmo que seu conteúdo específico e suas características permaneçam na sombra. Os sintomas "interiores" são aqui mais entendidos do que evocados, mais sugeridos do que desenvolvidos; no entanto, eles se abrem para um sentimento, o de um colapso particular que afeta o poder mental e sua acuidade, aliás, certeza retomada no *Dictionnaire Universel*, de Antoine Furetière, em 1690, segundo a qual "a fatiga acaba atingindo tanto a mente quanto o corpo"[158]. Daí ainda esta condenação do jogo de xadrez por Jean-Baptiste Thiers, em seu *Traité des jeux*, em 1686: "Demasiado sério, [ele] é cansativo para a mente e para qualquer assunto importante" (THIERS, 1686, p. 353). Ou esta referência, ausente das regras promulgadas pelos monges medievais, mas, em compensação, sistemática nas regras das congregações clássicas: "As recreações instituídas para relaxar a mente"[159]. Sua explicação tão evidente quanto pouco desenvolvida: "A enfermidade humana não permite que a mente – assim como o corpo – esteja continuamente ocupada"[160].

O que, por conseguinte, sugere outra fadiga, por sua vez, semelhante e, igualmente, pouco comentada: a sensação de estar exausto ou fatigado de... Eis a emergência de um território psicológico tão novo quanto conquistado paulatinamente. A começar pela tristeza, a de Antônio em *O mercador de Veneza*, equiparada a alguma prostração interna, a alguma incapacidade oculta: "Não sei, realmente, por que estou tão triste. Ela me deixa cansado; e a vós também, dissestes. Mas [...] de que modo a adquiri [...]?"[161] Ou o estado de exasperação, o da saturação interior, ou seja, indicações inéditas cujo caráter quase psicológico revela um novo interesse, especialmente no século XVII, pelo que é experimentado no plano pessoal. Foi Luís XIV, ao aceitar por lassitude o retorno de Mme. des Ursins à corte, correndo o risco de um mal-entendido com a monarquia espanhola: "Fatigado das contradições que ele experimentava, preocupado com

---

158. Verbete Fatiguer. In: Furetière, 1690.
159. *Règlements des religieuses des Ursulines de la Congrégation de Paris*, 1705, t. II, p. 31.
160. *Institution des religieuses de l'hôpital de Notre-Dame de la Charité*, 1696, p. 76.
161. SHAKESPEARE. *O mercador de Veneza*, ato 1, cena I.

a perigosa desordem resultante de tal situação para os negócios [...]. Cansado diante das solicitações de que era objeto e das reflexões que lhe eram apresentadas" (SAINT-SIMON, 1829, t. IV, p. 322). Foi o marechal de Villeroy, no final de sua vida, "cansado dos dissabores de uma corte na qual ele havia adquirido tanto brilho" (SAINT-SIMON, 1829, t. IV, p. 84), demitindo-se de seu posto em favor de seu filho e sentindo, bruscamente, "com horror, seu total vazio" (SAINT-SIMON, 1829, t. IV, p. 86). É o que se passa, de forma mais banal, com o amigo de Joseph Sevin de Quincy – "apaixonado que se cansa e fica entediado por ser forçado a se comunicar com sua amante apenas por carta" (QUINCY, 1898, t. II, p. 107) porque se encontra a uma grande distância dela –, que acaba decidindo abandoná-la. E, de maneira ainda mais banal – para não dizer trivial –, o que protagoniza, na sátira de 1622, a parturiente com "a cabeça esquentada" pelos mexericos "ao lado de sua cama"[162].

As expressões *fatigado de...*, *entediado com...* são tomadas da linguagem clássica a ponto de se banalizarem; assim, elas estendem o espectro dos cansaços, que vai do físico ao mental, do corporal ao íntimo, dando existência a uma interioridade tão especificamente evocada quanto pouco detalhada em seus mecanismos como em suas sutilezas. De qualquer modo, elas revelam fontes mais dissimuladas da estafa, mais interiorizadas do que o mero aspecto físico da exaustão, mobilizando a forma de o indivíduo se perceber ou se escutar. Neste caso, os termos importunar[163], contrariar, cansar [*lasser*] se impõem com seu efeito quase moral, tal como se impõe a observação de Roger de Rabutin, conde de Bussy, dirigida a um correspondente, de quem espera um maior grau de serenidade: "O senhor deveria estar mais adaptado à fadiga desde o momento em que desferiu golpes desleais contra pessoas que se vingam disso"[164]. Essa é, na verdade, a análise totalmente pessoal, a vertente do sentimento, a da experiência de consciência, a qual, no caso concreto, acabou por se desenvolver. Emergência importante, assim como pouco

---

162. *Les Caquets de l'accouchée*, 1855, p. 242. • Literalmente, "os mexericos da parturiente" e, por extensão, "conversa de comadres" [N.T.].
163. Verbete Fatiguer. In: Richelet, 1680.
164. BUSSY-RABUTIN, *Lettres*, 1727. In: Richelet, 1680.

aprofundada, tanto mais que permanece dominante a metáfora física: a dos gases comprimidos e a dos esquentamentos excessivos.

Uma possível convergência entre as fadigas consideradas diferentes é inclusive evocada pela primeira vez; narrativas, ainda raras, mas notáveis, focalizando um tipo particular de jornada, aquele que leva a uma lassitude incoercível e idêntica, apesar da disparidade das sobrecargas enfrentadas. Dispêndio físico adicionado a conversações indefinidas, vigílias absorventes acrescentadas a uma grande quantidade de deslocamentos, eis outros tantos investimentos estranhos uns aos outros e, no entanto, unificados. Tal é a constatação da Princesa Palatina, anotando escrupulosamente, em um dia, cada uma de suas atividades:

> Hoje, escrevi uma longa carta para minha tia. Subi à casa da princesa de Conti (sua escadaria tem 56 degraus bastante altos); fui a pé, atravessando o jardim, visitar Mme. duquesa e, por fim, recebi a rainha da Inglaterra. Eis-me aqui totalmente extenuada[165].

No final do século XVII, apenas a atenção prestada aturadamente ao dispêndio físico, aos esforços, chegando ao ponto de contar o número de degraus ou de encontros registrados, teria condição de sugerir tal identidade.

---

165. Lettre de la Princesse Palatine à sa demi-sœur [fim do século XVII]. In: Maral, 2015, p. 561-562.
• *Princesa Palatina* era um dos apelidos de Isabel Carlota do Palatinado (1652-1722), princesa alemã e segunda esposa de Filipe I, duque de Orleãs, irmão caçula do Rei Luís XIV [N.T.].

9
A emergência da quantificação

Assim, o espectro das fadigas se estendeu com o advento da Modernidade, diversificando as formas e os espaços; por outro lado, abrem-se, para além da penosidade física, para cansaços mais internos, saturações secretas e exaustões de pensamento ainda pouco formuladas, mas recém-sugeridas. Outra extensão desse espectro se deve à introdução do cálculo: não por ter ocorrido a invenção de alguma dosagem bem determinada dos esforços ou de alguma verificação quantificada dos efeitos, mas procede-se à avaliação das distâncias e dos tempos, efetuam-se calibrações, são medidos os esforços despendidos para executar determinados trabalhos. Ora, tudo isso põe em questão a fadiga, tendo sido igualmente, até então, pouco anotado.

A viagem e sua duração

Eis o que é demonstrado, em primeiro lugar, pelas viagens. Os horizontes são alterados com a Modernidade, mesmo que o distante mantenha sua estranheza. Multiplicam-se rotas e percursos com indicações mais bem definidas. Perfis e superfícies se tornam mais acessíveis. As próprias geografias, em numerosos países, fazem questão de formar conjuntos homogêneos e contínuos: "O reino, cuja superfície de uma extremidade à outra é limitada a vinte e cinco dias a cavalo, pode se vangloriar de encontrar, no interior de seu território, tudo o que é necessário para a vida, sem ter necessidade de recorrer a seus vizinhos" (ALQUIÉ, 1670, p. 5). Os percursos se tornam objeto de um trabalho particular quando Sully é nomeado "Grand Voyer de France"[166], em 1599 (cf. ALONZO, 2018, p. 89). As distâncias se modificam: existe, desde então, um serviço de correios que utilizava os *Grands chemins*, iniciado com Luís XI e formado por relés, de quatro em quatro léguas, percorridos por cavalos – "apropriados para galopar sem interrupção de um relé ao outro"[167] –, serviço que acabou sendo ainda mais regulamentado em 1629, mediante uma superintendência que gerenciava todo o território (cf. CORVISIER, 1983, p. 223), tendo a obrigação de garantir que a correspondência, registrada com sua hora de partida, fosse transportada de maneira rápida e segura[168]. As trilhas se tornam paisagens, a fragmentação se torna unidade, mesmo que numerosas vias permaneçam ainda, como admitem os entendentes, impraticáveis e fora de uso[169]. Várias precauções são tomadas para garantir os percursos em melhores condições: as portarias da França na época clássica impõem, para as estradas régias, "vinte e quatro pés de passagem livre e cômoda, sem que a dita largura seja ocupada por cercas, valas ou árvores"[170]; proíbem "aos carroceiros e aos cocheiros de emparelharem acima de quatro cavalos" e de transportarem "cargas demasiado pesadas" a fim de evitar o "aluimento de grande parte das calçadas por seu peso"[171]; por fim, delegam essa vigilância "à diligência dos procuradores das sedes dos viscondados"[172]. Os pintores renascentistas multiplicam já, em outros tantos pontos de fuga, as representações de amplas *loggias* que abrem para horizontes trabalhados, conectados e infinitos[173].

Em compensação, a fadiga da viagem não poderia ser eliminada, ao mesmo tempo em que assume um sentido inédito, permanecendo um destino comum

---

166. Funcionário do escalão superior encarregado da conservação das estradas da França [N.T.].
167. Cf. De l'établissement des postes en France. In: La Mare, 1722, t. IV, p. 556. • *Grands chemins*: expressão para indicar as principais vias de comunicação do reino [N.T.].
168. *Ordonnance de janvier 1629*. In: La Mare, 1722, t. IV, p. 564.
169. LA BOURDONNAYE, Y.-M. Mémoire de la généralité de Rouen en 1697. In: Boulainvilliers, 1752, t. V, p. 10.
170. Arrêt pour la modification des chemins de la Normandie, 18/07/1670. In: La Mare, 1722, t. IV, p. 499.
171. Ibid.
172. Ibid.
173. Cf. ROGER, A. L'invention de la fenêtre. In: Roger, 2017, p. 83.

(REQUEMORA-GROS, 2012, p. 59), até os movimentos e solavancos que os coches ou as carruagens – inventados para a elite do final do século XVI – são incapazes de evitar. O deslocamento para Fontainebleau [60km a sudeste de Paris] torna-se uma provação para Mme. de Maintenon, enquanto "os habitantes das paróquias contíguas" (VACANT, 2001, p. 36), em 1687, haviam trabalhado, durante vários meses, para melhorar a pista: "Ainda não me recuperei da fadiga que tive no percurso até aqui"[174]. Ou o deslocamento de Marie Mancini para a abadia du Lys [50km a sudeste de Paris]: "Eu ainda não tinha recuperado totalmente do cansaço e da lassidão de nossa viagem" (MANCINI, 1965, p. 101). Sinal de sensibilidade apurada – sem dúvida, de maior atenção aos efeitos físicos e às tensões experimentadas –, a duração da viagem se transforma em desconforto, os movimentos em choques, o solavanco da carruagem em penoso desconforto: em vez das travessias medievais, com suas interferências materiais, suas incógnitas e obscuridades, registra-se o efeito recém-medido, em trajetos mais cômodos, dos choques e dos obstáculos. Tanto mais que se instala um novo saber, o qual deveria, supostamente, transformar a estrada em um objeto específico de estudo. A esse respeito, Henri Gautier assinou o primeiro ensaio – *Traité de la construction des chemins* (GAUTIER, 1693)[175] –, em 1693, traduzido de imediato para o italiano e o alemão, tendo sido redigido sob a perspectiva das artes de construção, sensível à eficácia dos materiais e à dos traçados, assim como à dos terrenos e à dos revestimentos ou dos alicerces.

Enfim, um desafio pode surgir tanto desses caminhos progressivamente mais bem equipados – e, de acordo com o termo utilizado por Montaigne, *accoutrés* [revestidos] (MONTAIGNE, 1974, p. 136) – quanto do recurso mais sistemático ao cavalo insensivelmente banalizado. Os deslocamentos mais planos implicam pretensões mais exigentes e calculadas, uma tentativa de transpor o máximo de espaço possível no menor tempo possível, a de compensar a sensação de fadiga

---

174. MME. DE MAINTENON. Lettre à Mme. des Ursins, 01/09/1714. In: *Lettres inédites de Mme. de Maintenon et de Mme. La princesse des Ursins*, 1826, t. III, p. 108.
175. Cf. tb. ALONZO, 2018, p. 65.

pela satisfação do terreno percorrido: tal como Joseph Sevin de Quincy ao confrontar distâncias e períodos de tempo – "assim, em menos de 10h, percorremos trinta milhas" (QUINCY, 1898, t. II, p. 140-141). Ou Jean Hérault de Gourville, em 1652, com maior rigor, queimando as etapas para transmitir uma mensagem de Paris a Bordeaux, enquanto anotava escrupulosamente as localidades, as pausas, as horas, tanto do dia quanto da noite, além de descrever os cansaços superados: "Partida, às 10h30 da noite, em Saint-Eustache; meia-noite, em Charenton; romper do dia, em Lieusaint; antes da noite seguinte, em Gien. Deslocava-me com tamanha rapidez que cheguei no dia seguinte em Saumur [...]" (HÉRAULT DE GOURVILLE, 1724, t. I, p. 56). Ou o retorno exigindo a passagem pelo departamento de Auvérnia, ainda para transmitir outras mensagens, além da travessia de cento e trinta localidades em sete dias. Hérault reconhece a fadiga – aliás, não deixa de insistir nesse aspecto – ao associá-la com seu desejo de "seguir em frente": "Consegui manter de tal modo meu estado de vigília, apesar do meu cansaço, que cheguei a Paris, no Hôtel de Chavigny, às 5h da manhã. Mas pedi desculpas pelo meu cansaço – na realidade, eu mal tinha dormido desde que havia deixado Agen [cidade a 700km de Paris] –, e fui embora" (HÉRAULT DE GOURVILLE, 1724, t. I, p. 71-72). Daí, finalmente, um novo tipo de infatigabilidade, o fato de aumentar os percursos encurtando os períodos de tempo para percorrê-los, aliás, façanha conseguida pelo *Grand Roi* [Luís XIV] diante de seus cortesãos: "O rei voltou para Fontainebleau quase tão rapidamente quanto tinha ido a Nantes. Ele era incansável; e poucos dias depois de sua chegada, ele foi a cavalo para Paris e voltou no mesmo dia, depois de ter visitado os novos edifícios de Vincennes e os do Louvre et das Tulherias. Ele fez tudo isso de manhã, tendo jantado em Saint-Cloud [cerca de 10km a oeste de Paris] em companhia de Monsieur [irmão do rei], e chegou bem cedo em Fontainebleau"[176]. Uma infatigabilidade inédita desafia, assim, espaço e período de tempo para percorrê-lo, levando de vencida a distância e, ao mesmo tempo, encurtando a duração da viagem.

---

176. CHOISY, F.-T. (Abbé). Est-ce que nous ne ferons pas rendre gorge à tous ces gens-là?" In: Maral, 2015, p. 255. • Na França, o qualificativo *abbé*, além de ser atribuído ao superior de uma abadia, aplica-se a determinados sacerdotes, motivo pelo qual será mantido nesta tradução [N.T.].

As corridas de cavalos na Inglaterra, iniciadas no final do século XVII, confirmam a emergência de tal sensibilidade. Exige a marcação dos terrenos, cavalos especificamente preparados, uma medida das distâncias e dos tempos: "Apreciadores do movimento, proprietários de espaços, os ingleses caçam muito, com rapidez e percorrendo longas distâncias. Eles gostam de apostar em quem irá mais longe e mais rapidamente" (BLOMAC, 1991, p. 19[177]). Acima de tudo, além das novas pistas, tem de ser feito um investimento particular no cavalo, seu "treino de resistência", sua adaptação progressiva às distâncias e aos longos períodos de tempo. O que Gaspard de Chavagnac diz controlar como um segredo, evocando a adaptação do freio, a da embocadura, além da prática de pré-corridas (CHAVAGNAC, 1699, p. 235). O que, em compensação, Jacques de Solleysel apresenta, em 1654, como uma ciência ao quantificar as expectativas: "Deve-se começar com jornadas mais curtas e, aos poucos, aumentá-las; por exemplo, no primeiro dia, pode-se percorrer 6 léguas da França; no segundo, 8; e depois, 10 ou 12 e, até mesmo, 14, se necessário" (SOLLEYSEL, 1675, p. 141). Nesse quadro preciso dos percursos, a infatigabilidade se torna, em última análise, um trabalho focalizado tanto – para não dizer ainda mais – na montaria quanto no cavaleiro. Finalmente, ela é obtida por fracionamento dos exercícios penosos, gradação das melhorias, concebidas para os percursos dos cavalos; ora, as práticas medievais tendiam a ignorar tal aspecto (cf. p. 32-33).

Uma precaução suplementar visa, de maneira bastante específica, as cargas transportadas pelos cavalos: sobretudo, aqueles utilizados para a entrega de correspondência, em relação aos quais existe a preocupação em prevenir seu desgaste, evitando sua exaustão. Um regulamento de março de 1697[178] limita a bagagem do cavaleiro a uma única maleta. Uma portaria de 03/07/1680[179] limita a carga das cadeiras transportadas em carroça de duas rodas a uma pessoa e a cem libras de mercadorias; outra portaria de 15/01/1698 limita a doze ou quatorze léguas, depen-

---

177. Esta observação se refere ao século XVII.
178. De l'établissement des relais de louage à la journée – Règlement de mars 1699. In: In: La Mare, 1722, t. IV, p. 599.
179. Arrêt du 3 juillet 1680. In: Ibid., p. 605.

dendo da região, a distância máxima permitida por dia[180]. Insistência em relação ao que está em jogo: "a conservação dos cavalos"[181], mas também sua possível fadiga.

O trabalho e a regra

Tal quantificação das distâncias, dos tempos ou dos gestos encontra mais paulatinamente um equivalente no universo do trabalho. Isso não significa a ausência de qualquer tipo de avaliação: há muito tempo, os tratados de agricultura indicam o que um ceifador ou um enfaixador podem cortar ou amarrar em uma jornada de trabalho (cf. p. 50-51). Trata-se, no entanto, de observações lacunares, e também parciais, em um universo em que predomina prioritariamente a sucessão das horas e dos dias.

Os enfrentamentos em relação ao tempo de trabalho e seu possível "excesso" começam por ser, segundo parece, ainda mais limitados no universo da época clássica: apesar de ter analisado 462 conflitos na França, entre 1661 e 1789, Jean Nicolas não detecta praticamente nenhum confronto (cf. NICOLAS, 2002). Uma imagem é dominante no comentário dos próprios médicos: a tarefa executada desde o sol nascente até o pôr do sol, sem estar fixada "qualquer hora exata", de modo que "lavradores e operários [...] trabalham sem nenhuma folga de manhã até a noite" (DU CHESNE, 1618, p. 335).

As exigências da lavoura revelam ainda mais a preocupação com o trabalho incessante na época moderna. Jean Liébault e Charles Estienne, referindo-se aos lavradores para aprimorar a instrução do fidalgo na zona rural do século XVI, sublinham a necessidade de "lavouras contínuas" (ESTIENNE; LIÉBAULT, 1582, p. 12). Uma severidade chega a permear inclusive suas afirmações: fazer com que "as pessoas não permaneçam ociosas, nem desperdicem 1 minuto de tempo sem aplicá-lo a alguma tarefa" (ESTIENNE; LIÉBAULT, 1582, p. 19). Melhor ainda, receitas minuciosas são citadas para evitar qualquer sonolência, transformando

---

180. Arrêt du 15 janvier 1698. In: Ibid., p. 599.
181. Des maîtres de poste, leur établissement. In: Ibid., p. 571.

em evidência a intervenção no próprio corpo: aproximar "das narinas do paciente um perfume com bastante vinagre, ou de sementes de arruda, [...] ou de chinelos velhos, ou de chifre de burro ou de pelos humanos" (ESTIENNE; LIÉBAULT, 1582, p. 23). Real ou imaginária, a exigência de uma luta contra "aqueles que são demasiado sonolentos" (ESTIENNE; LIÉBAULT, 1582, p. 23) torna-se uma normalidade consensual.

Verifica-se, todavia, a emergência de resistências, de reações dos camponeses, em particular, de reclamações relativamente a tarefas penosas, enquanto os senhores dão a impressão, durante muito tempo, de "disporem de um poder absoluto", subjugando os "enfiteutas sempre que quiserem"[182]. Regras foram estabelecidas com o final do século XV, tendo sido seguidas por constatações: em 1543, por decisão do tribunal de Paris, as doze taxas anuais cobradas aos habitantes de Chalmazel foram reduzidas a seis (cf. FRÉMINVILLE, 1748, t. II, p. 512). De qualquer modo, os ritmos permanecem demasiado exigentes sem a mínima possibilidade de dependerem "da vontade própria e serem indefinidos" (FRÉMINVILLE, 1748, t. II, p. 517). As tarefas penosas dos habitantes de Chaugy foram reduzidas a uma por mês mediante uma "sentença definitiva" em 13/08/1675 (cf. FRÉMINVILLE, 1748, t. II, p. 513) quando, afinal, elas eram uma por semana. Da mesma forma, aquelas exigidas pelo Senhor de Chalain foram reduzidas a doze por ano, após a sentença do tribunal de Montbrison, em 09/01/1699 (cf. FRÉMINVILLE, 1748, t. II). Uma expressão amplamente reveladora – mas rara, para não dizer excepcional – foi usada pelos camponeses de Gasconha, Périgord e Quercy quando eles se revoltaram contra as autoridades, em 1576, com o lema: "Estamos exaustos!" (MORICEAU, 2018, p. 288). Fadiga, é claro, mas indistinta, reveladora por ser genérica, na qual se misturam o efeito das tarefas penosas, o das depredações bélicas, o das intempéries, assim como o dos dízimos, gabelas, talhas e outros impostos.

Verifica-se uma ampla interiorização – ou, até mesmo, uma eliminação – das coações temporais exercidas sobre o trabalho das profissões; há também uma fo-

---

182. Cf. HENRYS, C. Des corvées, charrois et manœuvres. In: Henrys, 1708, t. I, p. 303.

calização prioritária sobre os salários. Tal como a sedição dos pedreiros parisienses, em junho de 1660, exigindo uma melhor compensação para suas jornadas de trabalho: "Mas eles acabaram sendo presos por ordem judicial e acredita-se que o perigo tenha passado"[183]. Reações desencadeadas, às vezes, devido à diminuição de um soldo na "jornada de trabalho"[184]. O que não escapa, aliás, às considerações a respeito da própria duração, "se – como é observado pela maioria dos pensadores 'mercantilistas' – convém pagar baixos salários para forçar os operários a trabalhar" (MAITTE; TERRIER, 2012). A obtenção de um salário mais elevado garantiria uma possível redução das horas despendidas no trabalho; é nesse sentido que, na época, se orientam 32% dos conflitos identificados por Jean Nicolas (apud MAITTE; TERRIER, 2012).

A Modernidade, em compensação, não pode deixar de conduzir a novas precisões, as quais incidem, em primeiro lugar, sobre o incremento das regras de trabalho pretendido. Vigilância mais aturada, verificações regulares, mesmo que fossem independentes de qualquer relação com a fadiga. Eis o que é confirmado pelas manufaturas do *Grand Siècle* [século XVIII na França], período em que tais instituições reúnem, pela primeira vez, "vários operários para trabalhar no mesmo tipo de atividade"[185]. Seus princípios são estritos, aplicados por "controladores-visitantes-marcadores" estabelecidos em 1629 (cf. VERGÉ--FRANCESCHI, 2003, p. 347). Seu objetivo: incrementar a produtividade. Sua preocupação: verificar o estado dos produtos, e não tanto o mal-estar ou o sofrimento do produtor. Eis o que revela, melhor do que qualquer outro aspecto, a regulamentação de 1669 sobre as manufaturas de tecidos, limitada aos "comprimentos, larguras e qualidade dos panos, das sarjas e de outros tecidos de lã e de fibras de matérias têxteis"[186]. Tecedura "descrita minuciosamente" (MARTIN, 1899, p. 164), número de fios, entrelaçamento de tramas e macieza dos tecidos:

---

183. PATIN, G. Lettre du 8 juin 1660. Cf. Mongrédien, 1948, p. 136.
184. Ibid.
185. Verbete Manufacture. In: Furetière, 1690.
186. Règlements et statuts généraux pour les longueurs, largeurs et qualités des draps, serges et autres étoffes de laine et de fil. Paris, ago./1668. *Recueil des règlements généraux et particuliers...*, 1730.

a expectativa continua sendo de natureza tecnológica. O papel dos inspetores ou "guardas sob juramento" consiste em apreciar o cumprimento ou o não cumprimento da "dita regulamentação" (MARTIN, 1899, p. 164). Assim, qualquer possível fadiga permanece na sombra. Eis o que confirma Pierre Goubert ao perscrutar os testemunhos sobre os tecelões de Beauvais: "Convém, sobretudo, sublinhar no trabalho dos operários da lã de Beauvais não tanto a duração de sua jornada, nem a extrema insalubridade das oficinas. Essas condições são encontradas, então, em quase todos os lugares e, segundo parece, não suscitaram queixas por parte daqueles que haviam sido submetidos a elas e, provavelmente, nem haviam concebido a possibilidade de outras condições" (GOUBERT, 1968, p. 334). Outros tantos dispêndios com gestos e, mais amplamente, com o corpo, cuja implicação beira a insignificância, esforços sem densidade, além de investimentos ignorados.

Indicação notável, no entanto, ainda que seja pouco comum: um "repouso" é concedido aos pisoeiros de Amiens, em 1666, ou seja, os operários que têm de pisotear, durante um longo período de tempo, os tecidos de lã mergulhados em uma mistura de urina e de água para desengordurá-los, amaciá-los e reduzir seu volume do modo mais eficaz possível. A tarefa deles torna-se quantitativamente regulamentada: "Os contramestres só poderão fazer quatro lavagens em um dia sem trocar os operários, a fim de deixá-los em repouso sob pena de uma multa de vinte soldos"[187]. Exemplo raro em que, pela primeira vez, a fadiga controla "de um ponto de vista regulamentar" o ritmo e a sucessão das ações, enquanto os inspetores – Mas, será que se deve insistir nesse aspecto? – se limitam a levar em conta maciçamente a qualidade exigida[188] do material produzido.

---

187. Statuts et règlements sayeteurs, haulissiers, houpiers, foulons et autres ouvriers faisant partie de la manufacture d'Amiens. Paris, 23/08/1666, art. 132. *Recueil des règlements généraux et particuliers...*, 1730, p. 247.

188. Attribution aux maires et échevins des villes [...] concernant les manufactures, ago./1669, art. 1. *Recueil des règlements généraux et particuliers...*, 1730, p. 1.

O trabalho e o surgimento de uma mecânica

A emergência bastante lenta de preocupações de natureza mecânica, no século XVI, acaba introduzindo, em compensação, questões de ordem teórica até então negligenciadas. O imaginário nem sempre está ausente, como mostra Scipion Dupleix, em 1623, ao comparar caminhada e corrida, atribuindo a fadiga resultante da segunda ao fato de que, ao contrário do passo em uma caminhada, "o corpo está quase sempre suspenso no ar sem a possibilidade de se aliviar ou de se apoiar" (DUPLEIX, 1623, 52). Constatação, certamente, menos física do que intuitiva e avaliada por determinados indícios, longe da realidade e de seus efeitos, negligenciando contrações musculares e impulsos.

De qualquer modo, um desejo de objetividade continua sendo incrementado. Jérôme Cardan, em 1550, foi um dos primeiros a tentar a quantificação de uma diferença entre a fadiga resultante do deslocamento efetuado em superfície plana e aquela decorrente do deslocamento realizado em uma subida: "O homem dispende mais esforço em quinhentos passos na subida do que em quatro mil ao deslocar-se em terreno plano" (CARDAN, 1566, p. 428[189]). Cálculo aparentemente preciso, avaliado em comparação quantificada, sem deixar de permanecer ainda pouco explicitado, mas Cardan insiste sobre o fato de que, "na superfície plana, o corpo não fica, de modo algum, suspenso no ar", enquanto na subida "ele deve ser levantado tão alto quanto é a altura dos degraus" (CARDAN, 1566, p. 428). Daí a atenção inédita prestada aos membros, às lentidões e aos passos; aliás, na esteira de Leonardo da Vinci[190], alguns pintores questionam as diferenças entre as situações de esforço, suas consequências sobre os apoios, as linhas corporais, as flexões e a apreensão de objetos. Observação importante, desde então, de André Félibien em seus conselhos, em meados do século XVII: "Quando alguém descreve esse tipo de ações, o esforço deve parecer tanto maior quanto mais afastada do centro

---

189. Trata-se de um importante tratado composto por 21 livros elaborados esotericamente a partir das 21 cartas do Tarô; documento sobre o estado da ciência no século. XVI, sem deixar de ser uma curiosa mistura de superstições medievais e de engenhosas antecipações [NT].

190. DA VINCI, L. Du mouvement de l'homme [1651]. In: Da Vinci, 1796, p. 152. • Cf. Barone, 1995/1996 [N.T.].

do equilíbrio estiver a parte do corpo que executa o ato de puxar ou empurrar" (FÉLIBIEN, 1725, t. II, p. 540[191]). Daí ainda o aprofundamento dos critérios de aferição quando a mecânica do século XVII instaura uma "ciência das máquinas", tirando partido das forças, das alavancas, dos eixos ou dos planos. O mundo antigo do "pouco mais ou menos" desliza para uma maior fixidez (cf. p. 25). A efervescência do universo daqui embaixo, em relação ao do firmamento, pode ser também colocada em ordem e calculada. Importante conversão em que os planetas deixam de ser o único exemplo da precisão. Vetores cotidianos são geometrizados; a desenvoltura física difere de acordo com os eixos escolhidos; leis acabam unificando coisas e lugares. Galileu sublinha a "fadiga" de uma descida de escadaria (não apenas da subida) associada exclusivamente à ação do músculo deslocando o peso do esqueleto (GALILEO GALILEI, 1811, t. 11, p. 564). Algumas décadas depois, Alfonso Borelli, ao definir o centro de gravidade do corpo, apoia-se – desta vez, servindo-se de medidas – no fato de que o transporte de um fardo a prumo de determinado centro é menos cansativo do que fora dele (BORELLI, 1680, p. 293). Daniel Tauvry, em 1680, ao proceder à distinção entre as categorias de alavancas, insiste sobre o fato de que, para segurar um objeto, é mais cansativo manter o braço estendido do que dobrá-lo (TAUVRY, 1698, p. 395). Ou, por fim, Philippe de La Hire, membro da Académie Royale des Sciences – avaliando a eficácia das manivelas e dos cabrestantes mediante o cálculo de suas circunferências ou de seus comprimentos –, demonstra a possível redução das forças corporais aplicadas ao se servir de tais dimensões. O desafio é precisamente a economia de esforço, ou seja, a do dispêndio associado ao músculo. As imagens de máquinas enormes sugerem que os homens poupam seus esforços ao movimentarem, unicamente pelo peso de seus corpos, rodas dentadas que, por sua vez, colocam roldanas em ação. Grandes manivelas sugerem homens empurrando em posição de pé para melhorar sua eficácia. Engrenagens com diâmetros sucessivos, eixos com espessuras adaptadas sugerem vantagens na potência física exigida: "Quanto

---

191. Este autor é um dos fundadores da crítica de arte na França, tendo lançado conceitos como a *hierarquia dos gêneros* [N.T.].

mais volumoso for o cabo e menor o giro ou o rolo, tanto maior será a força necessária para mover ou suportar a carga" (LA HIRE, 1729, p. 142). Essa é também a resposta, entre materiais menos ou mais espessos, proposta por La Hire às perguntas de Jaime II da Inglaterra no decorrer de sua visita ao Observatoire de Paris, em 1690, ao se questionar sobre a melhor aplicação de forças aos cabrestantes (DAFFOS-DIOGO, 1987). Abordagem marcante, suficientemente argumentada para ser considerada por Hélène Daffos-Diogo como o surgimento da ergonomia (DAFFOS-DIOGO, 1987). Assim, o corpo se mecaniza com o mundo moderno; ângulos e vetores são identificados; teorias emergem; esforços são hierarquizados; maneiras de transportar ou posturas são diferenciadas. Em compensação, é difícil avaliar o impacto de tudo isso no mundo do trabalho, mesmo que se assista a uma proliferação de gruas, guindastes e outras máquinas para deslocar cargas pesadas. As finas e numerosas pranchas dos gravadores configuram uma geometria quase abstrata, em vez de uma geometria das oficinas. Os homens e respectivos membros continuam passando despercebidos; eixos e motores se limitam a levar em conta os objetos deslocados, ignorando os músculos envolvidos. Em detrimento do "motor humano" – em si, pouco mencionado ou pouco ilustrado –, são as máquinas que, exclusivamente, chamam a atenção; no entanto, surge aqui uma cultura mais física, mais quantificada e mais projetada do que aplicada, cujo efeito conduz, em breve, a avaliações amplamente reconsideradas.

O trabalho e a emergência de uma avaliação quantificada

O contexto contribui para isso: a política produtivista do colbertismo, assim como a vontade de reduzir o montante das despesas régias. Ainda mais, os projetos com dimensões monumentais, empreendidos na segunda metade do século XVII, ilustram esse mesmo contexto, tal como a tentativa de desviar o curso do Rio Eure, nos arredores de Maintenon, em 1686, tendo em vista encaminhar essa água para Versalhes por meio de um "majestoso aqueduto"[192], deslocando enor-

---

192. VIROL, M. La recherche d'une norme de productivité. In: Virol, 2007, p. 1.634.

me quantidade de terra, remodelando vales e assegurando a base das pontes. A petição de Louvois a Vauban, a quem se reconhece autoridade por sua experiência, é bem definida, devidamente avaliada e quantificada: "Será necessário medir setecentos mil a oitocentos mil toesas cúbicas de terra; eu lhe ficaria grato se me enviasse uma estimativa relativamente à quantidade de tropas necessárias para remover essa terra em três anos, contando que o trabalho começaria no dia 1º de abril e terminaria em 15 de novembro de cada ano"[193].

Essa é a verdadeira diferença relativamente aos dispositivos medievais e também à petição de Richelieu, apresentada algumas décadas antes, em 1638, impondo a seus generais uma grande quantidade de trabalhos de fortalecimento das fortalezas de Casal e de Pignerol, sem exigir qualquer previsão de investimentos: "Faço questão de que os srs. mandem fortificar as muralhas das guarnições; aliás, não lhes será negado, nem reclamado, quaisquer fundos necessários para este fim"[194].

Para Louvois, é acrescentada a questão dos salários, sua estimativa prévia, de modo que os operários de terraplanagem sejam "pagos por toesa cúbica de terra transportada"[195]. Resposta quase impossível e, até mesmo, em grande parte aproximada, mas a intenção do ministro consiste em ter uma ideia das quantidades: o esforço dos operários e seu preço, o resultado do trabalho e sua duração. Ela consiste também em evitar desvios: despesas excessivas do Estado, esgotamentos físicos inoperantes. Daí seu insistente pedido relativamente à avaliação, sua exigência de relatórios regulares, "de inventários quinzenais"[196], sobre o número de operários contratados, sobre a quantidade de terra removida e sobre as despesas efetuadas. São iniciadas constatações e verificações, acumulando-se números e relatórios, comentados por Vauban. Uma evidência ganha destaque: os resultados são variáveis de acordo com os grupos e as oficinas. Os trabalhos realizados são irregulares, assim como seus custos. De maneira mais séria, o canteiro de obras do

---

193. LOUVOIS. Lettre à Vauban, 07/02/1685, apud Rousset, 1863, t. III, p. 389.
194. RICHELIEU. Lettre au cardinal de La Valette [1638]. In: Richelieu, 1696, t. I, p. 178.
195. VIROL, M. La recherche d'une norme de productivité. Op. cit.
196. Ibid.

Vale do Eure se desagrega por seu gigantismo, pelo desânimo e pela presença de epidemias: os trabalhos são interrompidos e, por fim, abandonados em 1688. Nessa suspensão, Saint-Simon vê o efeito de exalações pútridas emanando do solo, ao evocar "os mortos em consequência do trabalho penoso e ainda mais da exalação que emana da quantidade das terras removidas" (SAINT-SIMON, 1829, t. XIII, 88). Quanto a Vauban, ele atribui tal situação, de preferência, à necessidade de retomar os cálculos e de tentar experiências totalmente inéditas sobre a racionalização dos esforços e a distribuição das tarefas: instaurar, pela observação e pelo cálculo, uma abordagem de avaliação até então desconhecida.

Neste caso, perguntas são reformuladas: de que modo uniformizar as medidas? Como conseguir a repetição dos melhores resultados, excluindo a fadiga excessiva? Os canteiros de obras da Alsácia, em 1688, são uma oportunidade para reinventar competências: sua extensão é maciça, sua implicação importante e sua finalidade diretamente estratégica. A devastação do Palatinado, a vontade de expansão francesa e a ameaça da volta dos Impériaux[197] reforçam a importância militar das defesas do Leste, assim como a urgência de terminar tais obras: Mont-Royal, Fort-Louis, Belfort e Phalsburgo são outras tantas fortalezas recém-reformadas sob a responsabilidade de Vauban. Outras tantas oportunidades para aperfeiçoar o projeto iniciado em Maintenon: procurar "uma norma verossímil de produtividade [...]"; avaliar "a quantidade razoável de trabalho suscetível de ser fornecida por um homem em um dia"[198]. Isso uniformizaria as despesas, sem deixar de permitir a renovação das forças físicas. O empreendimento alsaciano favorece tal alvo, confinado às terraplanagens, à repetição dos gestos e à remoção das terras. Nenhuma referência mecânica de antemão, sem dúvida, nenhuma quantificação *a priori*, mas Vauban pretende obtê-las ao perscrutar a execução de obras de médio porte, ao mesmo tempo em que simplifica a contagem: anotar o número de vezes em que foram utilizados os carrinhos de mão e a quantidade

---

197. Exércitos a serviço do Sacro Império Romano-germânico: agrupamento político de territórios da Europa Ocidental e Central, durante a época moderna, suprimido no início do século XIX por Napoleão Bonaparte [N.T.].
198. VIROL, M. La recherche d'une norme de productivité. Op. cit., p. 1.633.

de terra escavada, tudo isso executado por um homem dotado de "força medíocre"[199], o qual, segundo se presume, mantém esse esforço com regularidade. O engenheiro Guy Creuzet de Richerand fornece dados a partir dos trabalhos de Sarrelouis, enquanto Vauban obtém tais informações a partir das obras do forte Saint-Louis, aliás, iniciativa cuja precisão laboriosa era desconhecida até então.

O futuro marechal da França, comparando todas as quantidades entre elas, pretende então que é preciso "entre 220 e 233 carrinhos de mão para transportar uma toesa cúbica de terra [7,39m³]"[200]. Confrontando esses resultados com sua execução em determinado período de tempo, ele afirma também que se deve contar 11h para um homem, ou seja, uma jornada, para escavar 2 toesas cúbicas de "terra macia", e 11h para empurrar um carrinho de mão (com idas e voltas) em uma distância correspondente a 30km em terreno plano e a 19,5km em aclive. Esboça-se, assim, uma norma quantificada, servindo a um duplo propósito: estabelecer os salários e calibrar os resultados. É pouco importante o aspecto minucioso e austero de tais medidas: a previsão das obras executadas e de seus desdobramentos seria, portanto, fixada. São acrescentadas distinções, igualmente calculadas de acordo com as resistências e a "consistência" da terra removida, ou a profundidade da escavação exigida, a ponto de mobilizar trabalhadores suplementares em caso de obstinação dos solos. Outras distinções, por fim, confrontam os tempos de repouso com a eficácia pretendida[201]. Vauban pretende estabelecer, pela primeira vez, os critérios uniformes para a terraplanagem, quantificar o melhor resultado possível obtido sem esgotamento dos operários: "Acredito que o trabalho ainda pode ser regulado como indicado mais abaixo. Por exemplo, começá-lo às 5h da manhã e trabalhar até as 8, interrompê-lo das 8 às 9 e retomá-lo desde as 9 até as 12, suspendê-lo até as 2, e depois retomá-lo de modo a continuá-lo até as 7 da

---

199. Ibid.
200. Ibid., p. 1.634.
201. VAUBAN, S.P. Règlement fait en Alsace pour le prix que les entrepreneurs doivent payer aux soldats employés aux transports et remuement des terres de la fortification des places de Sa Majesté [1690]. In: Virol, 2007, p. 1.642.

tarde, o que faz 10h de trabalho e 3h de folga por dia"[202]. Distribuição tanto mais importante na medida em que os decretos impõem, até então, uma presença "desde as 4h da madrugada até às 6h da tarde, ou seja, 14h"[203], sem indicar qualquer intervalo; ainda mais importante é a distinção estabelecida entre o trabalho de verão e o trabalho de inverno, levando a que este último venha a oscilar de 10h para 7h efetivas. Assim, tal abordagem promove medição e precisão nos aspectos em que eram predominantes a intuição e a aproximação. Ela é também pioneira, separando de maneira bastante explícita o que é considerado suportável do que é visto como excessivo:

> Para os quatro meses de inverno será possível cortar almoços e lanches, reduzindo o tempo de trabalho para 7h, durante as quais estou convencido de que os operários se limitarão a trabalhar uma meia jornada de verão por causa do frio e do mau tempo. Faço questão de que não seja imposto um período mais longo de trabalho ao soldado no desempenho de sua tarefa [...]. Exigir-lhes ainda maiores esforços acaba provocando sua revolta, correndo o risco de ficarem doentes e serem incapazes de suportar o trabalho durante muito tempo[204].

Resultado inédito, sugerindo o que é possível, seus limites, assim como sua legitimidade. Miragem de um cálculo que regulamenta as ações, sua duração e as fadigas evitadas. Ocorre que tal procedimento permanece limitado, focalizado em uma única prática, deixando na sombra as transposições para outras atividades. Ele é também empírico, deixando igualmente na sombra um grande número de diferenças entre os desníveis do terreno, os lugares, suas encostas e inclinações; omisso, por fim, em relação ao que é entendido como esforço médio. Ele revela, sem qualquer dúvida, a nova preocupação em quantificar o trabalho em seus diferentes aspectos, ao mesmo tempo em que a dificuldade de superar as inúmeras variáveis de que ele possa ser objeto. Daí a evidência de uma carência, o controle impossível dos dados: a presença inevitável de uma

---

202. VAUBAN, S.P. Instruction pour servir au règlement du transport et remuement des terres [1697]. In: Virol, 2007, p. 1.656.
203. Ibid.
204. Ibid.

hesitação; a fraqueza incoercível do cálculo, apesar da vontade de aplicá-lo. Vauban cria uma ruptura na exigência de precisão, sem deixar de manter a continuidade no recurso ao cálculo aproximado. A inovação não é menos histórica. O homem das fortalezas transformou os amplos espaços de terraplenagem em espaços de observação e de cadastramento. O trabalho nunca tinha sido estudado dessa forma.

10
Uma diversificação dos efeitos

Novos graus, novas categorias, tentativas em prol de uma quantificação, o universo da fadiga se modifica com o advento da Modernidade: torna-se mais observado e, até mesmo, mais categorizado, além de se transformar com a atenção prestada aos efeitos, aos indícios e às possíveis patologias. A novidade das abordagens clássicas deve-se ainda à observação das consequências; assim, incrementou-se, nessa mesma proporção, o conjunto dos distúrbios residuais, tendo-se ampliado tanto em importância quanto em intensidade.

Hábitos dolorosos

As marcas deixadas no corpo, em primeiro lugar, assumem um relevo inédito: aquelas que surgem após o exercício e, em particular, seus esgotamentos momentâneos. Alguns testemunhos do século XVII – ainda raros, mas dignos de nota – fazem referência mais aturada às tensões que afetam os membros após um esforço suportado durante um longo período, aos sofrimentos difusos e às contrações dolorosas não identificadas. Eles especificam, pela primeira vez, transtornos relacionados à falta de exercício regular, ao choque resultante da ausência de hábitos, referindo-se a eles como dores, desconforto e rigidez nas articulações. A esse respeito, a viagem parisiense de dois jovens holandeses, em meados do século XVII, oferece um exemplo circunstanciado. Ambos descrevem a visita às academias equestres, multiplicando os movimentos insólitos, antes de evocarem os efeitos inesperados, as dormências e os sofrimentos localizados:

Todos os dias, montamos em três cavalos, sem contar a corrida para apanhar as argolas suspensas. Este exercício é, no começo, de tal modo penoso que só é possível iniciar outro exercício depois de passar a dor de nossas coxas; esta é tão intensa que começamos sentindo uma grande dificuldade para andar. Ou, então, para nos consolar, um professor chega a dizer-nos que teríamos de suportar tal sofrimento durante uma quinzena, aliás, como acabou sendo, efetivamente, nossa experiência (VILLERS, 1899, p. 84).

Não existe ainda nenhum estudo particular ou acadêmico sobre esses sintomas, na verdade, pouco especificados, nenhum aprofundamento, mas uma sensibilidade inédita reserva-lhes um lugar que eles não tinham anteriormente. François de Rabutin chega, inclusive, a atribuir a morte de numerosos soldados entre Metz e Lunéville, em 1551, a um esforço brutal e imposto após uma longa inatividade: um "abandono demasiado longo ao ócio e a suas volúpias" não os havia predisposto a executarem uma marcha para a qual eles deveriam ter seguido uma "aturada preparação"[205]. Impõe-se, deste modo, uma alusão promissora aos efeitos concretos da falta de adaptação, às rupturas e fraquezas do corpo após esforços sem exercícios prévios.

A exclusividade do patológico

De forma mais ampla, as consequências de qualquer esgotamento parecem ser objeto de um questionamento mais estrito. Surgem ligações, ampliam-se explicações em grande número e heterogêneas. Em vez de se ter verificado, na Europa da época clássica, a mudança da imagem relativa a um corpo feito de fluidos, ou ter ocorrido uma alteração na imagem de um vazamento de humores decorrente da fadiga, o fato de prestar uma atenção mais sutil, nem que fosse subjetiva, diversifica seus efeitos.

Acontecimentos múltiplos e díspares são então apreciados: a morte da rainha de Navarra, aos 44 anos, em 1572, explicada pelos esforços despendidos em "um

---

205. RABUTIN, F. Commentaires des dernières guerres en la Gaule Belgique, 1574. In: Michaud; Poujoulat, 1836, t. VII, p. 412.

trabalho extraordinário", ou seja, a preparação das núpcias do filho[206]. A brusca dor de ouvido de Henrique III, em 1580, resultaria de excessos físicos desconexos: "Ele havia passado noites inteiras fazendo histrionices e participando de cenas com personagens mascarados, além de outros exercícios pouco convenientes para sua saúde"[207]. Ainda o sangramento do nariz do duque de Berry, em 1698, deve-se a um excesso de calor que ocorreu "na caça de perdizes" (QUINCY, 1898, t. I, p. 83). Sintomas eloquentes e inesperados, cuja lógica permanece associada à representação de alguma efervescência dos humores; em compensação, a vigilância é exercida com maior sutileza a respeito desses transbordamentos de humores, seus possíveis acidentes, tão graves quanto inopinados, entre outros, o "lumbago"; ou seja, uma ilustração quase simbólica que, para Giorgio Baglivi, não passa de um fluxo de "sangue espalhado entre os músculos" (BAGLIVI, 1710, p. 116[208]). Na sequência de algum esforço excessivo. Um perigo suplementar surge de tais equiparações: o da bebida gelada ingerida por ocasião dos humores ditos "em fúria". Verifica-se a multiplicação de relatos de "pneumonias" ou de "sangue coagulado e, subitamente, engrossado" naqueles que, "após algum exercício violento, bebem, de imediato, água fria" (ETTMÜLLER, 1691, p. 292). A longa lista de Lazare Rivière, em 1646, exprime por si só a relativa desorientação dos médicos diante da diversidade de possíveis transtornos e, ao mesmo tempo, este questionamento:

> O Sr. Petit, cidadão de Montpellier, de 50 anos, dotado de temperamento atrabiliário – como ele estava prostrado em razão de negócios e preocupações, em seguida, de vários sintomas que revelavam uma melancolia hipocondríaca – acabou tendo um tumor sob a clavícula direita do tamanho de meio ovo, mole e de uma cor semelhante à do resto da pele, no qual se verificava uma grande pulsação; segundo o diagnóstico, tratava-se de um aneurisma incurável (RIVIÈRE, 1688, p. 448).

Há também uma focalização, em particular, sobre vários órgãos: o coração "é mais afetado pelo exercício imoderado, pelo calor, pelos banhos e pelos atos

---

206. L'ESTOILE, P. *Mémoires Journal* [1574-1611]. In: Michaud; Poujoulat, 1836, t. I, p. 24.
207. Ibid., p. 119.
208. Cf. tb. Tourtelle, t. II, p. 306.

venéreos, pela vida devassa, pelo uso de vinhos demasiado fortes e pela irritação" (FERNEL, 1661, p. 389); o tórax, sujeito a fluxões, "em decorrência de banhos, exercícios e raiva" (FERNEL, 1661, p. 378); o cérebro, ameaçado "pelo ardor do sol, pelo exercício imoderado, por tudo aquilo que possa agitar ou esquentar os humores" (FERNEL, 1661, p. 320). Assim, prevalece uma mistura de causas: além de desaconselhar o calor, a mesma preocupação procede ao cruzamento de banho, fadiga e excesso da atividade sexual.

Existem ainda os esforços dos operários e suas consequências, raramente citados, ainda pouco valorizados, mas anotados em uma literatura que, na verdade, é prioritariamente de natureza médica. Georgius Agricola, médico de Joachimsthal, na Boêmia, observador atento das minas da região, descreve, em meados do século XVI, os danos e sofrimentos dos mineiros, "pessoas rudimentares, acostumadas a trabalhar desde a infância" (AGRICOLA, 1556; apud ANGEL, 1989, p. 50[209]). As doenças evocadas são predominantes, nesse momento, em relação à fadiga: asma, desgaste pulmonar, úlceras, irritações oculares, afogamentos, quedas, inclusive a presença de demônios destruidores que frequentam as galerias mais distantes. A atenção permaneceu inalterada quando, algumas décadas depois, François Ranchin se debruçou sobre os anos e sofrimentos [...] daqueles que transportam as correspondências a cavalo". A patologia se resume a "escoriações indesejáveis das nádegas", "ardor de urina", "esquentamento do sangue", "dissipação da mente" ou, até mesmo, distúrbios incoercíveis da visão provocados pelo acúmulo de solavancos, e não tanto o possível desgaste resultante de algum esforço prolongado (RANCHIN, 1640, p. 656-658). Mesma focalização, por fim, mesma escolha, quando Bernardino Ramazzini reúne os transtornos causados pelas profissões em uma síntese importante, inclusive, imponente, no final da era clássica (cf. RAMAZZINI, 2016). O olhar é orientado, a seleção deliberada, buscando as doenças ostensivas, exuberantes e chamativas. Os trabalhadores "na posição de pé" – carpinteiros, pedreiros, ferreiros ou escultores – estão sujeitos a "varizes e úlceras" que vêm de uma desace-

---

209. Georgius Agricola é o pseudônimo de George Bauer, cientista alemão considerado o pai da mineralogia e da metalurgia [N.T.].

leração do "movimento sanguíneo arterial e venoso" (RAMAZZINI, 2016, p. 186). Os "operários das minas" estão sujeitos a uma perversão "da economia natural de todo o organismo" resultante da absorção de "exalações metálicas" (RAMAZZINI, 2016, p. 37). Os corredores – aqueles homens que, ainda no século XVII, precedem as carruagens ou os cavalos da nobreza – estão sujeitos a uma degradação dos "órgãos respiratórios" oriunda do "esquentamento da corrida" (RAMAZZINI, 2016, p. 181ss.). Por fim, os horticultores são propensos a "caquexia e hidropisia" (RAMAZZINI, 2016, p. 207) resultantes da umidade constante de suas hortas. As doenças se encadeiam – acima de tudo, as mais visíveis, aquelas associadas diretamente a uma profissão e a suas particularidades, prestando-se menos atenção aos estados de fraqueza genérica – ao esmorecimento das energias e às forças exauridas. Cegueira aparente a respeito tanto dos modos de designação da própria fadiga quanto do esforço genérico provocado pela própria situação de trabalho.

Os transtornos do dessecamento

Ainda resta mencionar o papel acentuado, sistematizado, cada vez mais sublinhado, reconhecido aos humores do corpo, às perdas e aos dessecamentos. A exemplo de François Bernier no decorrer de sua travessia do território mogol na década de 1650: "Na sequência desses oito ou nove dias de caminhada, o suor tem dissipado efetivamente todos os humores. Meu corpo se tornou uma real peneira, ressequido e árido, e tendo ingerido uma pinta de água (esse é o mínimo que se possa absorver); eis que, ao mesmo tempo, eu a observo saindo de todos os meus membros como se fosse um orvalho até a ponta dos dedos. Acho que, hoje, bebi acima de dez pintas" (BERNIER, 2008, p. 400). Imagem extrema de algum vazamento inexorável de humores. Ou Robert Challe, escritor que embarcou em L'Écueil, no final do século XVII, com destino às Índias Orientais: "O calor impede a respiração e esta, por sua vez, queima as entranhas" (CHALLE, 1979, p. 165), enquanto "o dinheiro serve para comprar bebidas refrescantes na primeira escala do barco" (CHALLE, 1979, p. 192).

O que é demonstrado ainda pelas preocupações de Mme. de Sévigné, ao multiplicar as causas do aquecimento e, por conseguinte, o efeito da falta e de abatimento, sinais dessa sensibilidade acentuada, especialmente, na elite, aquela da qual a marquesa continua sendo uma testemunha privilegiada: o sol da Provença que transforma "em forno"[210] o quarto de Mme. de Grignan; os jogos de xadrez que "fazem mal sem deixar de ser uma distração"[211]; as bebidas quentes e os alimentos insuficientes; a posição inclinada para escrever que "esmaga o peito"[212]; o ar de Avignon que "inflama a garganta"[213]; a brisa de Grignan que "tira o sono"[214] e a banalíssima "agitação dos dias"[215]. Exemplo importante do crescente número de circunstâncias, de atos e de posições que, segundo se presume, deveriam desencadear aridez e dessecação internas, embora não haja nenhum indício objetivo para confirmar tal sintoma, embora também as testemunhas populares não insistam a esse respeito e exista apenas uma referência física que privilegia fluidos e calores. Imagem sintética, em última instância, em que se cruzam queimadura, dispêndio e apagamento: "Parece-me que estou a observá-la sem dormir nem comer, esquentando seu sangue, consumindo a si mesma, sobrecarregando seus olhos e sua mente"[216].

Os atos obscuros

Por fim, acrescente-se a confissão do erótico, citada mais frequentemente com o advento da Modernidade: a forte fadiga do corpo é considerada geralmente como percursora da impotência. A exemplo do esforço extremo de Agrippa d'Aubigné quando encontra a amante, em 1572, ferido, exausto após uma "traves-

---

210. MME. DE SEVIGNE. Lettre du 18 juin 1677. In: Duchêne, 1973, t. II, p. 470.
211. MME. DE SEVIGNE. Lettre du 23 avril 1690. In: Ibid., t. III, p. 869.
212. MME. DE SEVIGNE. Lettre du 5 novembre 1684. In: Ibid., p. 152.
213. MME. DE SEVIGNE. Lettre du 13 juillet 1689. In: Ibid., p. 640.
214. MME. DE SEVIGNE. Lettre du 19 avril 1689. In: Ibid., p. 580.
215. MME. DE SEVIGNE. Lettre du 30 octobre 1689. In: Ibid., p. 740.
216. MME. DE SEVIGNE. Lettre du 6 octobre 1680. In: Ibid., p. 33.

sia de 22 léguas", chegando "sem sentimento nem visão e tampouco energia"[217], abandonando-se nos braços dela.

De forma mais ampla, os efeitos do dispêndio sexual é que são evocados: relatos de esgotamento laboriosamente superado, "caldo e par de ovos frescos" (TALLEMANT DES RÉAUX, 1960, t. I, p. 215) servidos após os esforços despendidos durante a noite. Sobretudo, alvos diversificados: da alimentação ao repouso, do perfume ao bom vinho, das geleias às drágeas; supostamente, tudo isso se destinaria a restaurar um corpo "enregelado"[218]. Pouco especificada e pouco detalhada, essa fadiga não deixa de parecer temível. Tallemant des Réaux descreve uma Mme. de Champré conduzindo o marido às portas da morte: "Ela era linda e voraz; diz-se que protegia sempre as mãos nas mangas, de modo que ele não teve nenhuma possibilidade de sobreviver" (TALLEMANT DES RÉAUX, 1960, t. I, p. 273). Explicação idêntica para o óbito de Luís XII, em jan./1515: aos 52 anos, ele casa-se em segundas núpcias, em 09/10/1514, em Abbeville, com Maria da Inglaterra, a irmã muito jovem do rei Henrique VIII. O encadeamento subsequente parece irreversível: "Ele pretendeu se comportar como o companheiro gentil da esposa; mas estava equivocado pelo fato de não ser um homem apto a tal atitude [...]. E os médicos diziam-lhe que se continuasse, acabaria morrendo nessa diversão"[219]. A visão da idade, sem dúvida, a de uma misoginia amplamente aceita e também a de um esgotamento obscuro constituem aqui a explicação. No século XVI, os tratados ou diversas lições de letrados ou de cientistas multiplicam os exemplos de personagens que haviam perdido – mediante a luxúria – a força e a vida (VERDIER, 1592, p. 340), entre os quais Salomão para quem o amor das mulheres levou-o a passar de muito sensato a grande devasso (VERDIER, 1592, p. 340). Aliás, a extrema brevidade da vida de alguns animais é explicada exclusivamente pela excessiva lascívia: os pardais, entre outros, e sua existência limitada a um ano porque se trata, segundo Scipion Dupleix, de pássaros que acasalam aci-

---

217. AGRIPPA D'AUBIGNE, T. *Sa vie à ses enfants* [século XVI]. In: Weber, 1969, p. 396.
218. NAVARRE, M. *L'Heptaméron* [1559]. In: Jourda, 1965, p. 961.
219. FLEURANGES, R. *Mémoires*. In: Michaud; Poujoulat, 1836, t. V, p. 45.

ma de vinte vezes diariamente com a fêmea (DUPLEIX, 1623, p. 186). Conclusão sem surpresa: "Por esta causa, os homens lascivos e luxuriosos vivem menos do que os outros" (DUPLEIX, 1623, p. 186).

Daí a sensação, igualmente compartilhada, de um vigor mantido pela abstinência, a do Conde Louis Diacette, evocado com admiração por Jacques-Auguste de Thou no final do século XVI:

> Ele tinha acima de sessenta anos quando foi morto; no entanto, por ter evitado, desde sua juventude, o prazer dos jovens, ele ainda usufruía de uma saúde tão vigorosa que, na sua idade, dormia no inverno em um quarto bastante exposto às intempéries, cuja cama não tinha dossel, nem cortinas; não experimentava nenhum desconforto em razão do frio, do sereno ou dos nevoeiros, como se Deus tivesse conservado suas forças (como ele dizia) em tempos tão difíceis[220].

Prática demoníaca, suspeita sempre de devassidão e luxúria, a vida sexual – assim como o prazer – continua sendo uma ameaça.

---

220. THOU, J.-A. *Mémoires*, 1711. In: Michaud; Poujoulat, 1836, t. XI, p. 346.

11
Uma diversificação dos recursos

O princípio das defesas não poderia, aliás, variar com o advento da Modernidade, enquanto nenhuma mudança ocorre no princípio relativo às representações ou ao funcionamento do corpo. Os procedimentos antigos são prolongados. O ideal persiste: preservar os fluidos e restaurar os humores. Em compensação, os efeitos do cansaço se multiplicam, assim como ocorre a multiplicação das categorias de fadiga, das apreciações e das intensidades. O que exerce forçosamente influência sobre as resistências e as estratégias de evitamento; daí a panóplia acentuada de produtos, a atenção acurada aos indícios discretos, aos diferentes tipos de mal-estar, inclusive, uma lenta defesa popular, até então, ignorada.

Reinventar o refrescamento

À imagem marcante do esquentamento corresponde ainda a imagem igualmente marcante do refrescamento. Nos intermináveis conselhos prodigalizados à filha por Mme. de Sévigné, esta retoma tal aspecto insistindo sobre os fluidos, sua renovação e seu fortalecimento: "Minha filha, quando se tem realmente apreço por alguém, não é ridículo desejar que um sangue pelo qual manifestamos tanto interesse se mantenha tranquilizado e refrescado"[221]. Daí a ordem para "tomar leite de vaca a fim de que você se refresque e obtenha um sangue razoável"[222]. Robert Challe, em sua viagem oceânica, insiste também sobre o assunto com suas com-

---

221. MME. DE SEVIGNE. Lettre du 9 juillet 1677. In: Duchêne, 1973, t. II, p. 485.
222. MME. DE SEVIGNE. Lettre du 14 juillet 1677. In: Ibid., p. 485.

pras regulares de "refrescos por ocasião da primeira escala do navio" (CHALLE, 1979, p. 192). Os militares retomam igualmente essa prática, mediante a evocação das fortalezas conquistadas, aquelas sobretudo que permitem "refrescar-nos de todas as fadigas que tínhamos acabado de suportar" (QUINCY, 1898, t. II, 56). Tal compensação do elemento aquoso continua sendo indispensável.

Paradoxalmente, o banho quente é considerado outro recurso possível: os poros abertos por sua temperatura deixam penetrar água para substituir os líquidos eliminados pelo esforço. Alguns adeptos das termas ficam encantados com tais imagens: "Qualquer forma de cansaço encontra sua cura no banho, [pelo fato de] umedecer e afrouxar as partes rígidas e ressequidas, resolvendo e discutindo a superfluidade dos humores; assim, deve-se acreditar que ele é benéfico para o cansaço" (COMBE, 1645, p. 50-51). O tema é efetivamente o de uma água que, infiltrando-se tão bem na pele, acaba por substituir os líquidos dissolvidos. Palavras notáveis, mas palavras de médico das termas[223], mais do que de médico generalista da cidade, não indicando de maneira nenhuma a presença de tal prática no cotidiano da sociedade na época clássica. Aí, a água é escassa, seu encanamento é difícil, seu efeito suscita inquietação, invadindo o corpo, desestabilizando-o, além de deixá-lo aberto (VIGARELLO, 1996) e vulnerável ao veneno do ar. Nenhuma evocação de jogadores da péla, nem de caçadores, recorrendo ao banho para esquecer seus esforços[224]; nenhuma menção a uma banheira no "ambiente cotidiano dos médicos parisienses, nos séculos XVI e XVII" (LEHOUX, 1976); nenhum banho mencionado após as viagens de Mme. de Sévigné, da princesa des Ursins ou da Princesa Palatina. Até que Charles Perrault venha a confessar tal ausência, confrontando-a com as termas antigas, ao mesmo tempo em que sublinha o papel cada vez mais importante desempenhado pela roupa interior: "A nós, unicamente, compete fazer grandes banhos, mas a limpeza de nossa roupa íntima e o grande

---

223. Jean de Combe escreve, em particular, sobre as "águas de Greaux", de modo que seu texto incide prioritariamente sobre as termas. • Referência a Gréoux-les-Bains, aldeia tipicamente provençal, dominada por uma fortaleza do século XII e banhada pelas águas cristalinas do Rio Verdon [N.T.].

224. Para Rabelais, os jogadores da péla, em vez de usarem água após o jogo, aproveitam o calor da lareira para secar suas camisas e seus humores. Cf. RABELAIS, F. *Gargantua* (RABELAIS, 1540). In: Boulenger, 1955, p. 55. • Cf. Júnior, 2006 [N.T.].

número de peças à nossa disposição são preferíveis a todos os banhos do mundo" (PERRAULT, 1688, t. I, p. 80[225]). Ao absorver os humores, a roupa interior ainda pode ser refrescante por seu acetinado ou seu asseio. Tal é a convicção de Laurent Joubert, procurando corrigir os equívocos populares: "De tal modo que se tomarmos cuidado com isso, veremos que estamos totalmente recriados, aconchegantes e fortalecidos por termos trocado de roupa interior e de outras peças, como se isso renovasse nossas mentes e o calor natural" (JOUBERT, 1587, p. 18). Ou, dito por outras palavras, a roupa íntima participa, pela primeira vez, com o mundo moderno, das práticas de restauração.

Multiplicar as essências

Ainda temos que levar em conta os produtos, sua novidade em relação às águas, às roupas ou às especiarias tradicionais, limitadas a seu aspecto refrescante ou ao ardume das pimentas. A atenção se orienta para os espíritos, as partes mais aéreas e sutis dos humores, para seus efeitos de estímulo quase nervoso e para a transformação material dos fluidos internos. As fragrâncias mostram isso, enorme reservatório de essências moduladas e novas, chamadas confortativas, com suas partes voláteis que, segundo se presume, devem impregnar os nervos: a exemplo das "águas de cheiro", as de bergamota, manjerona, mil-flores e patchuli; as de alambique, temidas ainda na Idade Média pelo fato de misturarem água e chamas, mas sem deixarem de se impor definitivamente; além daquelas utilizadas pela amiga de Benvenuto Cellini, Mme. d'Étampes, no século XVI, para evitar as fadigas e manter o frescor da pele (CELLINI, 1908, t. II, p. 48[226]). Ou a "água de alecrim", recomendada pelo Dr. Harlequin em sua obra, *Nouveau jardin des vertus et propriétés des herbes communes*, em 1624, multiplicando os efeitos contra as palpitações cardíacas, a paralisia, o estremecimento dos membros, o relaxamento dos nervos e o próprio veneno, de modo que tudo isso é "conveniente para manter a pessoa, durante muito tempo, em sua força, beleza e juventude" (HARLEQUIN,

---

225. Cf. Mateus, 2018 [N.T.].
226. Cf. Freitas de Souza, 2010 [N.T.].

1624, p. 12). Nada além da visão tradicional das doenças, sem dúvida, o regime de humores entregue às mais diversas equiparações, mas revigoradas aqui pela multiplicação exponencial de essências destiladas.

Além disso, visão inédita a respeito do vinho. O recurso a esse ingrediente é teorizado: a flor representa a parte espirituosa, enquanto o líquido representa o sangue (PARÉ, 1840, t. I, p. 41). Sua fermentação é laboriosa, as variedades de vinha são aprimoradas e seu efeito medicinal ganha amplitude. O néctar resultante do sol já estaria metamorfoseando a luz: Jean de Thou – exausto por sua viagem entre Antibes e Mônaco, em 1589, tolhido por violentas náuseas – afirma estar totalmente restaurado por um vinho da Córsega do qual ele tira "força e vigor suficientes para acompanhar Gaspard de Schomberg e alcançar com ele a cidade de Gênova"[227]. Descobertas são adicionadas nessa área. O vinho de Champagne, introduzindo sua fórmula borbulhante e sua coloração cristalina, associa, como nunca ocorrera anteriormente, delicadeza e pureza, tanto mais que suas *flûtes* [taças esguias], misturando o ouro e a prata, transformam "as borbulhas que sobem" em garantia de perfeição total. Saint-Simon atribui a longevidade de Du Chesne, o médico das filhas do rei, "ao fato de que, em seu jantar, todas as noites, havia sempre uma salada e bebia apenas vinho de Champagne" (SAINT-SIMON, 1829, t. XXVII, 183).

Por fim, a valorização da *eau-de-vie* [aguardente] – e, portanto, do alambique que se tornou mais comum com o advento da Modernidade – aumenta sua alcoometria. Eis o que, em 1698, Martin Lister vai constatar no decorrer de sua viagem parisiense: "Sua absorção tem a ver com os longos períodos das guerras. Os senhores e os fidalgos que sofriam muito com essas campanhas intermináveis recorriam a esses licores para suportar as fadigas do tempo e das vigílias; assim, ao voltarem a Paris, vão utilizá-los em suas mesas" (LISTER, 1873, p. 151). Constatação feita ainda por Robert Challe, em sua fragata a caminho das Índias, ao se referir à distribuição de licor aos marinheiros "depois de algum trabalho mais

---

227. THOU, J.-A. *Mémoires*, 1711. In: Michaud; Poujoulat, 1836, t. XI, p. 341.

penoso": a "aguardente para segurar o mastro de mezena" (CHALLE, 1979, p. 82). Outros tantos recursos que se intensificam, embora os esforços envolvidos diretamente – sem dúvida, demasiado banais – nem sempre sejam descritos.

Do tabaco ao café

As plantas oriundas do Novo Mundo, no século XVI, assim como aquelas coletadas no decorrer das viagens ao Oriente, confirmam o mesmo objetivo. Seu primeiro símbolo é constituído pelo tabaco e sua erva ressequida por imitação dos índios: exalação leve e aérea, sustentando o corpo e contribuindo para o controle físico, além de prolongar os gestos ao consolidá-los. Os visitantes das regiões longínquas insistem nisso, evocando as finas partículas flamejantes que percorrem os nervos, difundindo seu calor. Os índios da América, aspirando as brasas "por meio de tubinhos", suportariam em melhores condições as corridas, os longos trajetos, os fardos pesados, até experimentarem, de maneira furtiva, algum êxtase: "Eles absorvem a fumaça do tabaco e, de repente, desabam como se estivessem privados de sentidos; em seguida, estando despertos, encontram alívio nesse sono e na restauração de suas energias" (MONARDES, 1619, p. 41). Os observadores ocidentais começam por projetar nesse ingrediente o mesmo recurso, a garantia de ardor e um apoio ao esforço. Assim, Le Royer de Prade faz reagir os soldados do rei: "Suportando as fadigas da guerra, sem beber nem comer, limitando-se a ingerir meia onça de tabaco em 24h" (PRADE, 1677, p. 127). Aqui ainda, virtude eclética em que predomina a luta contra qualquer desfalecimento, "fluxão de cabeça, gota, reumatismo, depósito de humores viscosos..." (POMET, 1735, t. I, p. 178), ou seja, outras tantas doenças que se acrescentam às sucessivas edições da obra, *Histoire générale des drogues*, da autoria de Pierre Pomet, o comerciante de mercearia parisiense do final do século XVII[228].

---

228. Os efeitos contra o dartro e a sarna, ou contra a fome e a sede, citados na primeira edição de 1694, estendem-se a várias dezenas na edição de 1735, multiplicando exponencialmente o aspecto "cefálico", além da distinção entre diversas espécies da mesma planta.

O tabaco dispõe, no entanto, de uma maior amplitude: esboça outros usos, além de sugerir outras expectativas; diz respeito ainda às novas fadigas, surgidas com o advento da Modernidade. Ele mantém as vigilâncias e resistências mentais: La Garenne é taxativo ao assegurar que ele "fortalece o cérebro" (LA GARENNE, 1657, p. 58) e, de acordo com a afirmação de Corneille Bontekoe, "ilumina o entendimento" (BONTEKOE, 1698, vol. 2, p. 112). De forma mais ampla, ele estanca os excessos, os fluidos transbordantes e conturbados. Eis o que o conde de Brienne sugere ao evocar a vida de Boileau e sua boa disposição aos oitenta anos: "O tabaco utilizado por ele o tempo todo, dia e noite, sob o modo de mastigação, desseca os humores supérfluos e fornece-lhe um vigor constante que poucas pessoas têm a certeza de dispor na idade dele" (BRIENNE, 1719, t. II, p. 104). O objeto incide sobre a lucidez mental, a maneira como apoiar a atenção, intensificar a reflexão, o investimento em negócios, a administração e o trabalho de escritório; réplica estrita do que o século XVII começa a designar como fadiga mental (cf. p. 93).

Mesmo objeto, cada vez mais bem especificado, para as plantas do Levante – café, chá, chocolate, folhas ou sementes adotadas rapidamente pelo Ocidente da época clássica –, além de vegetais ressecados, queimados ou torrados, a respeito dos quais o naturalista e linguista, J. Thévenot, foi um dos primeiros a ter constatado os respectivos efeitos no decorrer de suas viagens à Arábia, em meados do século XVII: "Quando nossos comerciantes franceses têm muitas cartas para escrever e pretendem trabalhar durante toda a noite, eles servem-se de uma ou duas xícaras de café" (THÉVENOT, 1727, t. I, p. 103). Desafio particular e central: as plantas do Oriente confirmam, mais do que nunca, o novo regime de cansaço, os esgotamentos inéditos – impostos pela cidade, pela corte, pelo traje, pelo comércio e pelos escritórios – evocados indiretamente por Nicolas de Blégny, exigindo aos produtos para "restaurar as mentes dissipadas, desbloquear os nervos obstruídos e, mediante esses dois efeitos, ampliar a memória, garantir o exercício do julgamento, além de fornecer energia e boa disposição" (BLÉGNY, 1688, t. I, p. 685).

A esse respeito, o destino do café se torna algo relevante: importado para Paris, em 1669, por Suleiman Aga, um gênio mistificador que se passava por embaixador do Império Otomano, essa bebida é percebida rapidamente como estimulante, revelando-se como algo propício a despertar, renovando as maneiras habituais de agir, a ponto de sugerir que seu uso acabe adotando formas quase ritualizadas. A exemplo desses serviços de café, descritos por Saint-Simon nos aposentos de Mme. de Maintenon, no final do século XVII, grupos que, após o jantar, circulavam em torno de tabuleiros acessíveis que haviam sido projetados para o serviço das novas bebidas: "Estávamos perto de várias bandejas para serviço de chá e de café, de modo que essas bebidas estavam à disposição de todos" (SAINT-SIMON, 1829, t. XV, 242). Melhor ainda, são criados espaços totalmente novos, servindo-se do nome do próprio produto, focalizados na acolhida, no intercâmbio social e na conversação animada. As cafeterias se instalam após 1670, oferecendo o novo aroma, em Londres e em Paris, tirando partido do grão do Levante, de acordo com um duplo propósito: dar prazer e servir de estimulante.

Mudança simultaneamente cultural e social, as cafeterias, oferecendo o amargo adoçado da planta, opõem-se às tabernas e aos cabarés, oferecendo as exalações estonteantes dos álcoois. Nesses espaços, tudo é diferente, desde as decorações cujos ornamentos incluem espelhos e madeiras envernizadas até o público composto por comerciantes, escritores e burgueses. De acordo com a afirmação de Louis de Mailly, "nesses locais se encontram pessoas eruditas que vêm relaxar a mente do trabalho de escritório" (MAILLY, 1702, p. 2). Os preços são divergentes: o *Procope* vende o novo aroma por 2,5 soldos, em 1672 (cf. CHABOUIS, 1988, p. 31[229]), enquanto um diarista ganha apenas entre 3 e 6 soldos (cf. AVENEL, 1898, t. III, p. 522). Por fim, o efeito pretendido se relaciona cada vez menos ao choque provocado pela especiaria ou pela empolgação causada pelo vinho, limitando-se à constatação mental, ao esforço aparentemente reforçado de consciência e de lucidez. A contribuição do grão oriental junta-se ao que o tabaco já havia esboçado: dissipador de fadigas, o café seria também dissipador de nuvens, de obscuridades quase interiores. O impacto é orgânico e, ao mesmo tempo, cerebral: resistência

---

229. Procope foi o primeiro café de Paris, aberto por Francesco Procopio, em 1686, no bairro de Saint-Germain-des-Près, e ainda em funcionamento [N.T.].

subjacente, além de consolidação da mente. Jules Michelet detecta no produto uma missão quase histórica (cf. SCHIVELBUSCH, 1991, p. 28): o licor negro contra o licor vermelho, a vigilância contra a ebriedade. O que é afirmado, à sua maneira, pelos puritanos ingleses:

> Enquanto o doce veneno do cacho traiçoeiro
> Havia encantado o universo inteiro.
> O café chega, qual licor sério e saudável
> Que cura o estômago, torna o gênio mais vigilante
> E reanima as mentes sem efeito alucinante[230].

Sinal de um deslizamento cultural decisivo: os valores de ordem e de razão assumem um espaço que não tinham anteriormente; o estímulo mobiliza terrenos que ainda não haviam sido impregnados por ele. Ou, dito por outras palavras, a ascensão do racionalismo define, com o advento da Modernidade, seus cansaços, assim como suas farmacologias.

Aliviar a existência, uma resposta popular?

Existe ainda uma salvaguarda, sem dúvida, mais dissimulada, pouco explícita e também pouco comentada, sem deixar de ser impressionante, assim como diretamente material: a tentativa silenciosa de aliviar as sobrecargas mediante o recuo da idade do casamento, a diminuição de gravidezes, da criação e do número de filhos, tudo isso associado à redução da fertilidade. Ela se refere ao povo e a seu cotidiano, revelando um deslocamento de cultura, envolvendo os mais humildes, apesar de seu silêncio e de sua aparente discrição. Ela desloca os efeitos de corpo: alguns anos de defasagem na união conjugal são sensíveis, atingindo a fecundidade, limitando os investimentos de longo prazo e, até mesmo, as prostrações. Tal movimento começa na Inglaterra, no século XVI, antes de se espalhar, um século depois, para a Europa Central e do Norte. Tomada de consciência lenta, mas com consequências notáveis. Vários anos estão em jogo, a ponto de se tornar "a chave

---

230. Poema anônimo de 1674, apud SCHIVELBUSCH, 1991, p. 28.

para o antigo sistema demográfico"[231]: nesse século, a idade mediana do casamento passa de menos de 20 para acima de 24 anos em relação às moças da bacia de Paris[232]; de 19,1 para 23,4 anos, entre os períodos de 1578-1599 e de 1655-1670, para as moças de Athis (MORICEAU, 1978); e de 18,9 para 22,3 anos, entre os períodos de 1560-1569 e de 1610-1619, para as moças de Bourg-en-Bresse (TURREL, 1986, p. 203). Por fim, nas cidades – espaços em que a sensibilidade é mais acentuada – as coações são menos suportadas, revelando uma idade mediana do casamento ainda mais tardia do que ocorre nas zonas rurais: acima dos 27 anos que, por volta de 1700, casam-se as moças de Saint-Malo ou de Lyon[233]. Ao longo do século, o recuo dessa idade pode se acercar, dependendo das localidades, de 8 anos. A "taxa de natalidade dos ricos e poderosos" – aquela preservada pelo desafogo de recursos materiais e pela assistência de empregadas domésticas – continua sendo "mais generosa do que a dos pobres" (CHAUNU, 1966, p. 190). Entre estes últimos, nada, então, além da primeira revolução malthusiana (CHAUNU, 1966, p. 190), ou seja, a primeira ação sobre uma fadiga global e pouco formulada. Nesse novo dispositivo do casamento, nenhuma vitória sobre a doença e, menos ainda, sobre a morte; uma atenuação, no entanto, nem que seja ínfima, das provações e dos inconvenientes e, em última instância, um comportamento preventivo de um gênero inédito no que diz respeito ao cansaço e ao peso da vida.

Nesse acesso à Modernidade, as novas representações do corpo e as novas descobertas não teriam contribuído para transformar a compreensão da fadiga; no entanto, esta se diversificou consideravelmente. A curiosidade, a seu respeito, aprofundou-se: algo, antigamente, suportável torna-se menos suportado. Uma normalidade foi deslocada: evidente conquista cultural, embora não tenha ocorrido nenhuma mudança em relação aos critérios de aferição e às explicações.

---

231. LEBRUN, F. Le mariage et la famille. In: Dupâquier, 1988, t. II, p. 305.
232. Ibid.
233. Ibid.

12
A indigência e o abatimento

Assim, uma panóplia de fadigas se desenvolveu nos séculos XVI e XVII, tendo-se traduzido, por sua vez, em uma variedade de recursos. No entanto, numerosas fragilidades, pouco evocadas até então, obscurecem o horizonte da Europa na época clássica: elas se referem aos mais humildes, afetando as zonas rurais, os ermos, além de atingirem uma população que, geralmente, é ignorada. A visão permanece maciça, designando uma penúria genérica, pouco especificada, mas sugerindo uma preocupação inédita. Foi necessário esperar o final do século XVII para a revelação dessa nova faceta da pobreza e para a emergência de carências, durante muito tempo, dissimuladas, para não dizer menosprezadas.

Estado de indigência

É necessário, sobretudo, um contexto: a importância acentuada atribuída à eficácia dos trabalhadores, as potencialidades mais bem reconhecidas dos braços e do solo, tais como chegaram a ser pensadas por Colbert ou Louvois, na expectativa de que viessem a constituir algum enriquecimento nacional (cf. p. 109). Então, um novo campo de carências pode se impor, muito além dos cansaços sutis inventados pela elite na época clássica, ou daqueles mais comuns rechaçados ou negligenciados parcialmente pelo povo. Ele tem a ver com a consideração de ameaças mais imperceptíveis: penúria, anemias, escassez de víveres, aliás, todas essas situações constituem obstáculos contrários à rentabilidade e todas elas são feitas de fraqueza visível que sugere uma fadiga inicial quase coletiva. Não é que tenha sido incrementado, com esse final do século XVII, o *status* concedido às pessoas desprezíveis; nem mesmo que tenha crescido a importância reconhecida às condições difíceis das profissões. O desafio está em outro lugar. Ele deve-se ao olhar projetado em alguma indigência primitiva, a de uma incapacidade vital, deficiência quase orgânica resultante de geografias, de guerras, de climas ou, até mesmo, de previsões inconsistentes, ameaçando a vida cotidiana, assim como a eficácia do trabalho. No final do século, La Bruyère introduz essa visão trágica, evocando o infortúnio camponês: "Animais ariscos, machos e fêmeas, espalhados pelo campo, negros, lívidos e queimados totalmente pelo sol, presos à terra que eles cavam e remexem com uma obstinação invencível" (LA BRUYÈRE, 1668, p. 295). Determinadas circunstâncias contribuem para essa situação sombria: seu símbolo é a escassez de víveres nos anos do final do século, comprovada pela correspondência dos entendentes e pelos testemunhos das personalidades importantes, tudo isso ilustrado mediante descrições preocupantes e, até mesmo, com registros quantificados. Em Limoges, em 1692: "A maioria é forçada a arrancar raízes de samambaia, secá-las no forno e socá-las para seu alimento. O que lhes dá uma grande fraqueza, chegando a morrer por causa disso, e o que, em pouco tempo, pode desencadear uma peste"[234]. Em Reims, em 1694: "O estado atual da cidade é miserável e calamitoso [...]. Os cuidados de saúde recebidos até agora não impediram que, nos últimos seis meses, a escassez de víveres e a indolência tivessem provocado acima de 4 mil mortos"[235]. Mecânica implacável em uma economia na qual as reservas e os estoques nem sempre são garantidos. As safras ruins do biênio 1693-1694, entre outros fatores, reduziram a zero a produção da terra, a qual, por sua vez, esvaziou os mercados, causando a ruína, com o passar do tempo, de artesãos e merceeiros: "Direta ou indiretamente, a escassez de víveres provoca hecatombes"[236].

---

234. BOUVILLE, M.-A.J [entendente de Limoges]. Lettre au contrôleur général, 12/01/1692. In: MICHEL DE BOISLISLE, 1874, t. I, n. 1.038.

235. Les lieutenants, gens du conseil et échevins de Reims, au contrôleur général, 13/01/1694". In: Ibid., t. I, n. 1.272.

236. PILLORGET, R. L'âge classique, 1661-1715. In: Duby, 1971, t. II, p. 200.

Uma vulnerabilidade de massa

A constatação de tais catástrofes não surge, evidentemente, com o final do século XVII: desânimos e "infortúnios do tempo" (DELUMEAU; LEQUIN, 1987) acompanham as sociedades antigas; tal situação é evocada, de maneira eloquente, no poema épico, *Les Tragiques*, de Agrippa d'Aubigné, no início do século, ao estigmatizar os alimentos compostos, para alguns, por "ervas, carniças e carnes deterioradas"[237]. A visão a esse respeito não deixou de se transformar: suas consequências são apreciadas de maneira diferente, tornando-se mais econômicas e totais, estigmatizadas por um poder central mais compacto. A própria indigência, segundo parece, é pensada de outra forma: "O novo elemento, a partir do final do século XVII, parece residir na tomada de consciência de uma vulnerabilidade de massa, diferente da consciência secular de uma pobreza de massa" (CASTEL, 1995, p. 166). Fragilidade inédita concebida no âmago do poder coletivo, essa falta absoluta das coisas necessárias considerada mais trágica acaba avivando, sem dúvida, os medos tradicionais, as ameaças de vagabundos suscetíveis de propagar violências e doenças. Ela engendra também temores até então desconhecidos: as realizações mediante a atividade operária suspendidas pelo esgotamento, as produções frustradas pela indigência. Tal informação consta das cartas endereçadas ao controlador das finanças; por exemplo, o entendente de Rouen "surpreendido por constatar a fraqueza"[238] dos estivadores do porto de Honfleur, que acabam atrasando inexoravelmente as operações; ou o bispo de Mende verificando "o esgotamento geral da população e dos lavradores", a tal ponto que uma "parcela das terras permanece baldia e as doenças começam a se manifestar com grande violência"[239]; ou, por fim, o entendente de Limoges, acreditando que sua "circunscrição fiscal ficou tão prostrada pela in-

---

237. D'AUBIGNE, T.A. *Les Tragiques* [1615]. In: Weber, 1983, p. 28, verso 313.
238. MARILLAC, R. [entendente de Rouen]. Lettre au contrôleur général, 29/05/1685. In: Michel de Boislisle, 1874, t. I, n. 182.
239. SERRONI, H. (bispo de Mende). Lettre au contrôleur general, 04/05/1699. In: Michel de Boislisle, 1874, t. I, n. 1.859.

digência dos últimos anos que ela continua desprovida de dinheiro e, inclusive, carece de lavradores"[240].

Sobretaxas fiscais e enfraquecimento

O memorando de Vauban sobre a eleição de Vezelay, em 1696, é, neste aspecto, um dos mais eloquentes, confrontando os recursos e as possibilidades, visando uma rigorosa avaliação dos rendimentos, além da "qualidade e dos costumes dos habitantes", ao mesmo tempo em que acalenta a ambição de "uma taxa de natalidade mais elevada e o crescimento do número das cabeças de gado"[241]. A primeira constatação poderia parecer anódina, a qual, por sua vez, é tradicional, para não dizer moral: "Terrenos malcultivados [...] habitantes covardes e preguiçosos", regiões praticamente abandonadas, "silvados e arbustos daninhos" tomando conta das zonas rurais, pedras e cascalho invadindo os solos. A preguiça considerada uma moléstia oriunda dos tempos mais recuados. De maneira bastante rápida, no entanto, essa constatação passa por uma mudança de sentido. Vauban denuncia causas, evocando desafios a enfrentar: tal situação deplorável "provém aparentemente do alimento ingerido por eles, porque tudo o que se designa como arraia-miúda se alimenta apenas de pão, além da mistura de cevada com aveia [...]. Não deve, portanto, ser motivo de surpresa o fato de que essa gente tão desnutrida tenha tão pouca força"[242]. As roupas feitas com "pano putrefato e esfarrapado", assim como os tamancos "em que enfiam os pés desnudos durante o ano inteiro"[243], são outros aspectos a adicionar ao enfraquecimento. Daí esses homens aparentemente "preguiçosos, desanimados"[244], essa fadiga subjacente, não nomeada diretamente, mas que acompanha um cotidiano cujo horizonte é cada vez mais limitado.

---

240. BERNAGE, L. [entendente de Limoges]. Lettre au contrôleur général, 15/06/1700. In: Ibid., 1883, t. II, n. 146.
241. VAUBAN, S.P. Description géographique de l'élection de Vézelay [1696]. In: Virol, 2007, p. 435.
242. Ibid., p. 442.
243. Ibid.
244. Ibid., p. 443.

Não há dúvida de que a origem disso é a indigência. Sua eliminação, por outro lado, torna-se o objetivo de um Vauban que se apoia em um argumento tradicionalmente desqualificado: limitar os impostos, esses "abusos e delitos que ocorrem na tributação e na cobrança das talhas"[245], impedindo a "verdadeira tranquilidade do reino"[246]. As fadigas poderiam então ser invertidas, de modo que as forças tomem o lugar das fraquezas e o trabalho se sobreponha ao desânimo. O vigor seria cada vez maior:

> Com efeito, quando os povos deixarem de ser tão oprimidos, as pessoas hão de se casar com maior ousadia, suas roupas e alimentação serão de melhor qualidade; seus filhos serão mais robustos e mais bem-criados; eles cuidarão mais afincadamente de seus negócios e, por fim, hão de trabalhar com maior energia e coragem quando vierem a auferir a parte principal do lucro obtido por eles[247].

Trata-se, na realidade, de um enfraquecimento global que é levado em conta aqui, como seu exato oposto que, segundo se presume, deveria restaurar o vigor para o trabalho, a robustez para as gerações, além de uma vida longa. Essa é a constatação segundo a qual: "Uma das marcas mais fidedignas da abundância de um país é uma elevada taxa de natalidade, assim como, pelo contrário, uma taxa reduzida de natalidade é uma prova constante de sua escassez de víveres"[248].

---

245. VAUBAN, S.P. Projet de dîme royale [1694]. In: Virol, 2007, p. 752.
246. Ibid., p. 795.
247. Ibid., p. 762
248. Mémoire sur la misère des peuples et les moyens d'y remédier [1687]. In: Michel de Boislisle, t. I, 1881, apêndice, p. 782.

Parte III
O Século das Luzes e o desafio do sensível

O século XVII ampliou o espectro tanto das possíveis fadigas quanto dos recursos para superá-las. Verifica-se a diversificação das causas, além da reinvenção das resistências. A paisagem do cansaço se expandiu amplamente, tendo passado, até mesmo, por uma redefinição. Em compensação, permanecem idênticas, desde sempre, as imagens de perdas de humores, sem permitir a objetivação dos mesmos; aliás, as avaliações do trabalho, apesar de sua novidade, continuam sendo relativas, inclusive, aleatórias, sem permitir sua real precisão.

No século XVIII, o aprofundamento é diferente: deslocamento da apreciação e, também, da maneira de exprimir suas sensações até a forma de experimentá-las. O homem sensível do Iluminismo – aquele que está mais entregue a si mesmo pelo recuo da influência divina, aquele que é obrigado a se redefinir em decorrência de uma nova autonomia – metamorfoseia o cansaço em um fenômeno mais imediato e íntimo: sensação mais sutil dos obstáculos opostos às iniciativas e às liberdades, distúrbios que refluem sobre o sentimento profundo de cada pessoa. Daí ainda a busca mais original pela afirmação, diligência totalmente nova – e já moderna, até mesmo, psicológica –, tentando superar, de forma deliberadamente arreligiosa, uma fadiga que se havia tornado desafio: viajar, descobrir, enfrentar os cumes, percorrer o mundo para conseguir uma autoconfiança e um autoconhecimento mais bem-consolidados.

Tanto mais que se verifica uma mudança da representação do corpo, atribuindo, na mesma dinâmica de individualização, um novo lugar aos nervos e aos estímulos, além de reconhecer à massa corpórea e à sua efervescência uma importância cada vez mais acentuada e cada vez mais questionada até as lacunas, as fraquezas e, inclusive, os fracassos. Acrescente-se que tal sensibilidade é acompanhada igualmente pelo pragmatismo, enfatizando o olhar sobre as maneiras de viver, assim como sobre as dificuldades encontradas, valorizando o conhecimento das artes e dos ofícios, o das manufaturas e dos artesanatos. Enquanto aumentam, por fim, inevitavelmente as expectativas de eficácia e, até mesmo, de progresso, em um mundo em que o oportunismo e a perfectibilidade se encontram em expansão.

13
As implicações do sensível

A certeza cada vez mais consolidada em uma autonomia individual desempenha, neste contexto, um papel importante, instalando o limite interno ao próprio princípio da ação, renovando os alertas e as curiosidades, enriquecendo as fontes de fraqueza, além de sugerir sua possível personalização. A vida interior ganha maior consistência. Imenso deslocamento mediante o qual o indivíduo tem a oportunidade de se mostrar com maior frequência, além de proceder ao estudo de si mesmo. A fadiga começa instalando mal-estar mais cotidiano, incoerência obscura e, logo, provocação, afetando os projetos, os modos de viver e de existir; daí sua nova presença tanto em testemunhos quanto na literatura ou nas narrativas.

"Escutar-se a viver"

Impõe-se – em particular, nas elites – tal princípio de emancipação[249], ou seja, a afirmação de um gosto pela vida livre (STAROBINSKI, 1964, p. 12), colocando em dúvida antigos poderes para que sejam reformuladas as fragilidades, transformando totalmente a imagem da fraqueza, além de humanizar a vulnerabilidade ao torná-la mais pessoal e singular. Esta já não designa a distância infinita em relação ao céu, o inevitável abismo entre a natureza e o sobrenatural, condenando essa "impotência" ao desinteresse mediante sua própria evidência (cf. p. 49). Ela se infiltra na consciência de si mesmo, torna-se cada vez mais presente, flui de volta

---

249. Cf. VOLTAIRE, F.-M.A. O homem nasceu para a ação, tal como o fogo tende para cima e a pedra para baixo. In: Voltaire, 25ᵉ lettre, 1734, p. 339-340.

para o indivíduo, pertence à sua identidade, permeia sua consciência, além de acarretar a inflexão de suas percepções; tanto mais que um ser reduzido a si mesmo, e unicamente a si mesmo – o qual deveria, supostamente, explicar-se como objeto da natureza –, busca com maior afinco seus estados anímicos, limita-se às próprias experiências, analisando-se a partir das mesmas e não a partir de algum "alhures" do qual ele seria o efeito.

O presente se torna mais denso, do mesmo modo que o risco de debilidade acaba sendo mais perceptível. Uma noção revela essa atenção, imposta com o Século das Luzes, evocada como primeira experiência: o "sentimento da existência" (SPINK, 1978). O que Victor de Sèze – médico formado na escola de Montpellier e futuro membro da Convenção [um dos períodos da Revolução Francesa] –, em um livro dedicado exclusivamente ao sensível, designa, em 1786, como se tratasse de uma sensação situada "na base de todas as outras" (SÈZE, 1786, p. 156): aquela que, propriamente falando, manifesta nosso "ser genuíno"[250]; aquela que provoca a passagem do princípio estritamente cartesiano "penso, logo existo"[251] para a noção retintamente empírica "sinto, logo existo"[252]. O deslocamento é central: o indivíduo experimenta "seu corpo se manifesta incessantemente a ele"[253], existir enquanto testemunho de ser, "melodia obsessiva"[254]. Novidade importante: "A pessoa aprecia escutar-se a viver" (GOYARD-FABRE, 1972, p. 205). O que transforma também o *status* do próprio cansaço: em vez de simples acidente oriundo de fora, em vez de ofensiva, multifacetada, vinculada às circunstâncias, aos lugares e, até mesmo, às manifestações divinas, trata-se de possível vertente da vida íntima, incoercível acompanhamento do desenrolar dos dias. Tal como o testemunho de Mme. du Deffand, ao constatar seu próprio abatimento, emergência irreprimível que acompanha seu cotidiano: "Sinto-me bastante enfraquecida;

---

250. Verbete Existence. In: D'ALEMBERT, J.; DIDEROT, D. *Encyclopédie*, 1751-1780.
251. DESCARTES, R. Cogito ergo sum. *Discours de la méthode*, 1637, parte 4.
252. SAINT-PIERRE, J.-H.B. *Études de la nature*, 1784, apud Goyard-Fabre, 1972, p. 217.
253. BUREL, C. Le corps sensible dans le roman du XVIIIe siècle. In: Delon; Abramovici, 1997, p. 105.
254. Ibid., p. 110.

parece-me impossível executar o mais singelo exercício. Levanto-me muito tarde da minha cama"[255]. Ou a exasperação de Julie de Lespinasse em seu impossível relacionamento com Jacques-Antoine de Guibert: "Sinto-me prostrada com menos energia"[256]. Ou a observação de Mme. d'Épinay, no início do século XIX, ao perscrutar uma carência, cuja origem é inexplicável para ela: "Sinto, de dia para dia, o enfraquecimento de minhas forças" (MME. D'ÉPINAY, 1989, p. 1.207). Às vezes, a fadiga se instala de improviso, acompanhando os modos de ser, transformando cada instante em contrariedade, frustrando as decisões, além de dificultar as ações. Algo tão familiar, finalmente, que Margarida Staal de Launay pode iniciar a mais trivial descrição, desde a década de 1730, dizendo a si mesma, "em um final do dia, mais cansada do que o normal [...]" (STAAL DE LAUNAY, 1853, p. 127). Nada além de uma constância, até então, negligenciada, em que a própria figura feminina se torna mais presente.

A fadiga narrativa

Essas formas inéditas de atenção podem se metamorfosear em relatos de um novo gênero. O sofrimento se espalha ao longo do tempo, verifica-se uma sequência de incidentes e a articulação entre as etapas, incidindo exclusivamente sobre o cansaço que se torna quase uma condição de vida. Em particular, as relações da corte engendram tais narrativas: eis o que é mostrado pela baronesa de Oberkirch, ao visitar Versalhes em três oportunidades na década de 1780, na comitiva "do conde e da condessa do Norte". Os episódios reforçam um sentimento geral: "A vida de corte deixava-me bastante cansada, era extenuante" (OBERKIRCH, 1982, p. 158). As causas experimentadas são também mais numerosas, mais preocupantes e mais contínuas tanto quanto a tradicional "fadiga da corte" (cf. p. 90): a recepção de "várias visitas" (OBERKIRCH, 1982, p. 89); o fato de "deitar-se tarde", o de "levantar-se cedo" (OBERKIRCH, 1982, p. 151), de "não ter a honra do ban-

---

255. MME. DU DEFFAND. Lettre à Horace Walpole. *Lettres* (1742-1780), 2002, p. 421.
256. LESPINASSE, J. Lettre à Jacques-Antoine de Guibert. *Lettres de Mlle. de Lespinasse*, 1903, p. 14.

quinho" (OBERKIRCH, 1982, p. 339); o fato de ter de "vestir" e "despir" (OBERKIRCH, 1982, p. 246) as saias-balão "bastante pesadas" (OBERKIRCH, 1982, p. 336); as "representações de etiqueta", sempre "penosas e cansativas" (OBERKIRCH, 1982, p. 155); o "grande deboche de uma noite passada em uma festa" (OBERKIRCH, 1982, p. 199); as caminhadas em Chantilly "até uma hora avançada da noite" suscetíveis de "causar uma terrível fadiga" (OBERKIRCH, 1982, p. 206); os trajetos "bastante cansativos" (OBERKIRCH, 1982, p. 215) entre Versalhes, Paris, a ópera... As "longas ceias" misturando "fadiga e prazer" (OBERKIRCH, 1982, p. 272). O retorno a Versalhes, em 08/06/1780, fornece informações sobre a sensibilidade e até mesmo a mentalidade da baronesa: verificou-se o encadeamento de ceia, dança e contradança, uma multidão curiosa se comprimiu, a festa se prolongou, a saída do castelo ocorreu às 4h da madrugada; a baronesa confessa que está exausta (OBERKIRCH, 1982, p. 199). Ela compara então os rostos serenos e satisfeitos dos camponeses encontrados a caminho de seus trabalhos, ao nascer do dia, com as caras cansadas (OBERKIRCH, 1982, p. 199) dos cortesãos sonolentos, amontoados em suas carruagens. A referência aristocrática vai hierarquizar os fatos: aqui, a perspicácia na sensibilidade de uma casta junta-se à cegueira em relação à fadiga dos mais humildes.

André Grétry, o prolífico compositor de *opéras-bouffes* [operetas] do final do século XVIII, transforma igualmente suas trágicas impressões de esgotamento em uma interminável relação. Os sintomas surgiram com uma "melodia cantada em tom bastante alto" (GRÉTRY, 1829, t. I, p. 39), durante sua juventude. O fenômeno é reproduzido durante 25 anos, de forma estritamente idêntica após cada uma de suas criações: escarros de sangue, estafa extrema, necessidade urgente de repouso. Seguem-se os tratamentos suportados em Roma, Liège, Genebra ou Paris; as tentativas de atenuar tais manifestações; os conselhos dados por Théodore Tronchin, o colaborador da *Encyclopédie*, médico de Voltaire ou do duque de Orleães. De qualquer modo, as descrições permanecem idênticas: "Após o último acesso, fico duas vezes 24h deitado de costas, sem falar nem fazer qualquer movimento; em seguida, tenho de passar uns oito dias para recuperar minhas forças" (GRÉTRY, 1829, t. I, p. 41). Uma escuta bastante particular surge aqui – em particular, entre a elite – no que diz respeito diretamente à fadiga, transformando a sensação do corpo em algo que não cessa de acompanhar a pessoa.

Essas formas narrativas dizem respeito também aos militares e aos marinheiros, entre aqueles que sabem escrever, é claro, aqueles que descrevem, pela primeira vez, a fadiga como um estado anímico, uma forma duradoura de existir: a exemplo do testemunho dos oficiais do *Centurion*, em 1742, um dos navios que participavam da volta ao mundo fretado pela marinha inglesa, em 1740, com o objetivo de conter as possessões espanholas. O episódio se desenrola durante 19 dias, entre o momento em que o navio quebra suas amarras – arrastado por um "terrível vendaval" (ANSON, 1750, t. IV, p. 104), na noite de 22/09/1742, quando estava ancorado na Ilha de Tinian, localizada no meio do Oceano Pacífico – e o retorno a seu ancoradouro após uma dolorosa e inútil deriva. Estafas intermináveis vão impor as primeiras palavras do capítulo: "Fadigas e sofrimentos sofridos a bordo do navio" (ANSON, 1750, t. IV, p. 104). Daí essa penosidade prolongada: em primeiro lugar, o bombeamento contínuo da água; em seguida, as 3h horas inúteis de esforços para içar a vela principal, enquanto as adriças rebentam, deixando os corpos tão abatidos, que os homens se encontram em sério "risco de perecer" (ANSON, 1750, t. IV, p. 107); as 12h, em 26 de setembro, "dia de fadiga cruel", para retirar "com todas as nossas forças" (ANSON, 1750, t. IV, p. 108) a âncora cuja corrente corria o risco de quebrar; por fim, o içar bem-sucedido da vela principal, e então, após o dia 26, os intermináveis "virar de bordo" com uma "tripulação tão enfraquecida" que "era incapaz de fazer qualquer esforço"; e, finalmente, em 11 de outubro, diante da Ilha Tinian, a derradeira fase dessa "terrível fadiga" (ANSON, 1750, t. IV, p. 111). Outros tantos momentos escrupulosamente contados, anotados, sem que correspondessem a qualquer progresso no percurso, a qualquer ganho no projeto, simples interlúdio, suspensão no imenso périplo.

A originalidade da narrativa se deve a uma mudança decisiva de sensibilidade – ou seja, a transformação da fadiga em um fenômeno em si –, experiência específica desdobrando seu tempo, tornando-se, por si só, objeto de um diário repercutido em um quase folhetim. Eis o que é ilustrado tanto pelo longo capítulo quanto por sua conclusão: uma "fadiga terrível" (ANSON, 1750, t. IV, p. 111).

Nada ainda, longe disso, dos distúrbios psicológicos e de sua complexidade – os sonhos, as ilusões, os abatimentos e, até mesmo, os autoesquecimentos –, prospectados incessantemente por nossa modernidade, mas já uma atenção inédita, e crucial, voltada para a experiência de cada um.

Confortos e desconfortos

Mais modesta, sem deixar de ser constante, a nova insistência – especialmente, na elite – sobre inconvenientes que se tornaram estados duradouros ou transitórios, contrariedades, indisposições e fadigas, até então, negligenciadas. Em um livro que obteve grande sucesso no início do século seguinte, James Beresford – escritor e eclesiástico inglês – apresenta uma enumeração minuciosa e multicolorida de tais situações: a falta de sono com "os olhos coçando, a cabeça estonteada, dentes rangendo, membros entorpecidos" (BERESFORD, 1809, t. II, p. 254), enquanto o excesso de sono, pelo contrário, provoca abatimentos irreprimíveis e enfraquecimentos (BERESFORD, 1809, t. II, p. 163); a poltrona desconjuntada, a posição sentada desconfortável, a cama muito curta ou muito estreita, provocando cãibras e tensões (BERESFORD, 1809, t. II, p. 180); a ocupação que obriga a ficar "horas inteiras perto de uma chaminé fumacenta" (BERESFORD, 1809, t. II, p. 105), com sufocação e asfixia; a necessidade de falar com "uma boca seca" (BERESFORD, 1809, t. II, p. 258); a impossibilidade de "chamar a atenção para suas fadigas" (BERESFORD, 1809, t. I, p. 66) durante uma noite prolongada entre "convidados desconhecidos". Outras tantas tribulações (BERESFORD, 1809, t. II, 232) incontáveis, reinventando as indisposições e renovando as precauções.

No mesmo espírito, e na mesma época, as cartas de Napoleão endereçadas a Maria Luísa repercutem de maneira fidedigna o estado de fadiga do imperador: "Minha amiga, cheguei ontem à noite, bastante cansado, em Breskens"[257]; "Minha amiga, chego em Posen, um pouco cansado da poeira"[258]; "Minha estimada amiga,

---

257. Lettre du 14 septembre 1811. In: Napoléon I, 1935.
258. Lettre du 30 mai 1812. In: Ibid.

estou muito cansado"[259]; "Minha estimada amiga, são 11h da noite, estou bastante cansado"[260]; "Minha amiga, conquistei a cidade de Bautzen [...]. Foi um lindo dia. Estou um pouco cansado"[261]. Situação julgada, desde então, suficientemente importante para aparecer em cada mensagem, dando testemunho de um objeto que se tornou mais "precioso" do que anteriormente: aquele experimentado pelo remetente, no dia a dia, para tranquilizar, suscitar a preocupação ou, simplesmente, dar informações.

"Sentimentos profundos" também operantes a ponto de implicar a inflexão do espaço íntimo, de novo, o da elite. Um vocábulo vai exprimir tal sensação – *commodités* [confortos], "a facilidade de viver sem cansaço"[262] –, citado e valorizado sistematicamente, remetendo mais do que nunca a procedimentos inéditos, utensílios ou técnicas, dos quais o arquiteto Jacques-François Blondel, em 1752, pretende ter "se tornado idólatra", enquanto seus "predecessores os haviam praticamente ignorado" (BLONDEL, 1752, t. I, p. 239). O universo doméstico é repensado: móveis são inventados, dispositivos são ajustados, superfícies são reformuladas, projetadas para reduzir os movimentos, limitar os percursos, aproximar os objetos. As cômodas se diversificam (circulares, meia-lua, elipsoides, de apoio, aparadores), facilitando as arrumações, encurtando as idas e vindas (cf. JANNEAU, 1974). As chaminés se tornam mais complexas, restringindo a estagnação da fumaça (GAUGER, 1713), a tal ponto que um inventor propõe, em 1765, uma máquina "para impedir que as chaminés produzam fumaça" (NEWTON, 2008, p. 108) Mecanismos são desenvolvidos a fim de integrarem alavancas e molas, flexibilizando os móveis, desdobrando peças ocultas, convertendo as verticais em horizontais ou as horizontais em verticais, metamorfoseando as linhas, além de diversificarem as finalidades. Daí essas mesas de costura que articulam gavetas e tampos, dispondo de maneira diferente lãs, fios, alfinetes, agulhas e tesouras;

---

259. Lettre du 6 septembre 1812. In: Ibid.
260. Lettre du 2 mai 1813. In: Ibid.
261. Lettre du 10 mai 1813. In: Ibid.
262. Verbete Commodité. *Dictionnaire de Trévoux*, 1743.

ou aquelas mesas desdobráveis com tampo móvel revelando um espaço para arrumações (JANNEAU, 1974, p. 74), transformado em escritório com caixas para arquivo e gavetas, ou aquelas escrivaninhas em cilindro contendo o estojo com utensílios para escrever e prateleiras retráteis (JANNEAU, 1974, p. 136); ou a mesa de banheiro com múltiplas aberturas, corrediças, incluindo espelho, depósitos, gavetas dianteiras e laterais, além da sobreposição de vários níveis (cf. JANNEAU, 1974, p. 173). Assim, um imaginário de economia leva a transformar – pelo menos, entre os mais abastados – os gestos cotidianos. Ainda com outras diferenças ao considerar as invenções inglesas mais avançadas do que as dos outros países; os viajantes afirmam achar a arte mecânica mais desenvolvida na Inglaterra, a tal ponto que, "nessa ilha, tudo é mais cômodo, mais simples e mais bem acabado" (CAMBRY, 1791, p. 44).

Das dores musculares à perda dos sentidos

Tais atenções têm sua correspondência com o olhar médico. A acentuação da sensibilidade desestabiliza também os modos de descrição, promovendo sua multiplicação, além das modulações já iniciadas na época clássica[263]. Trata-se de sintomas que tornam diferente a cultura do Iluminismo, de estados de saúde com seus nomes, suas causas e seus efeitos. A ambição incide sobre as nosologias, a designação mais apurada das patologias. Mudança significativa: o abandono da denominação unívoca tradicional da doença pela parte do corpo em que ocorre – "doenças da cabeça, do peito, do estômago, das pernas" (SAINT-HILAIRE, 1680) – a fim de apreender, em melhores condições, suas diferenças, suas formas e sua evolução, de acordo com "um método etiológico" (SAUVAGES, 1771, t. I, p. VII).

A dor muscular aparece então como o estágio inicial de fadiga, nomeado com toda a clareza, aliás, referência inédita da qual William Buchan, em sua obra – *Domestic Medicine*, publicada várias vezes após 1770 –, fornece uma definição canônica: "dores surdas em todos os membros, nas costas, nos rins, no estômago

---

263. Cf. p. 80: Inventar diferentes categorias.

[...]; calor na cabeça, no abdômen [...]; distúrbio estimulado em todo o organismo por algum excesso" (BUCHAN, 1792, t. IV, p. 487-489). A descoberta desse fenômeno, no entanto, não data da segunda metade do século XVIII já que alguns relatos o haviam evocado no século anterior (cf. p. 114-115), tendo sido marcado por uma percepção obscura. Aqui, em compensação, esta é dotada de um vocábulo, de uma descrição e de uma explicação: "obstrução muscular, vasos distendidos, exaustão do fluido nervoso" (SAUVAGES, 1771, t. II, p. 418). É também objeto de uma vigilância que até agora havia sido ignorada. De acordo com a afirmação desse médico escocês, "ninguém tinha falado disso" (BUCHAN, 1792, t. IV, p. 487); aliás, no mesmo momento, Joseph Lieutaud acrescenta que "ela havia passado sob silêncio" (LIEUTAUD, 1761, p. 67). Ambos vão aprofundar o estudo dos contornos da "doença", desses sofrimentos opacos, dessas impressões difusas, desses efeitos subjacentes, tudo isso revelando um espaço interno tradicionalmente pouco questionado[264]. As noções se acumulam para esses médicos classificadores que procuram identificar fases e intensidades. Em 1770, o *Dictionnaire Portatif de Santé* evoca, além da dor muscular, a fraqueza, enquanto "diminuição das forças tão considerável que acaba perturbando as funções" (VANDERMONDE, 1760, t. I, p. 368); o esgotamento no qual a fraqueza "mal consegue manter o indivíduo de pé" (VANDERMONDE, 1760, t. I, p. 300); o desfalecimento em que as "forças vitais tendem a se extinguir" (VANDERMONDE, 1760, t. I, p. 216); e a "perda dos sentidos" mediante a qual, de repente, colapsam "todas as forças, além das funções naturais e vitais" (VANDERMONDE, 1760, t. II, p. 495). Progressão aproximada, sem dúvida – inclusive, totalmente convencional e empírica –, mas sinal de um inegável incremento da atenção. Com o *Dictionnaire de Trévoux*, em 1743, multiplicam-se as distinções, designando o esgotamento seja dos humores, da paciência ou das ideias[265]. Ou a obra – *Nosologie méthodique* – de François Boissier de Sauvages, em 1770-1771, a qual sugere até a justaposição extrema das doenças: dezessete formas de esgotamento, oito formas de cansaço, várias formas de estafa,

---

264. Cf. VIGARELLO, G. A sensação inédita de um "de dentro". In: Vigarello, 2016, p. 27.
265. Verbetes Épuisable, Épuisement e Épuiser. *Dictionnaire de Trévoux*, 1743.
Verbete Commodité. *Dictionnaire de Trévoux*, 1743.

de desfalecimento e de entorpecimento, todas elas classificadas como fraquezas (SAUVAGES, 1771, t. II, p. 290-364). Tais denominações se desdobram a ponto de beirarem a vertigem, em decorrência da obsessão de proceder a distinções, estabelecendo o confronto entre as fadigas resultantes de patologias e as outras, as quais deveriam designar, supostamente, o "que é importante para um médico" (SAUVAGES, 1771, t. II, p. 391) e, ao mesmo tempo, lembra o que está relacionado ao esforço, ao dispêndio e ao excesso. Daí a insistência do nosologista:

> O esgotamento difere da febre maligna e da paraplexia pelos sintomas específicos desses dois gêneros, cuja distinção não havia sido estabelecida, até agora, com suficiente nitidez; ele não será confundido, de modo algum, com o cansaço, quando este vier a ser considerado como uma sensação incômoda, a qual acaba se complicando com o esgotamento (SAUVAGES, 1771, t. II).

É, de fato, a sensação íntima que, no entanto, continua sendo mencionada prioritariamente na cultura da elite, a forma impressiva, as diversas modulações de enfraquecimento e sua presença nos momentos mais difusos da vida. Tais como as precauções de Buffon: "Escrevo muito raramente para não cansar meus olhos, cuja visão se tornou bastante fraca desde há um ano"[266]. Ou as sutilezas, quase sofisticadas, de Beaumarchais: "Por que será que uma peça que me encantava no clavecino, ao ser transferida de uma apresentação individual para uma orquestra, tornava-se quase cansativa para não dizer que começava a me entendiar?" (BEAUMARCHAIS, 1865, p. 206). Ou a atenção do príncipe de Ligne projetando a fadiga inclusive na ilusão de seus sonhos noturnos: "Passo uma parte das minhas noites a cavalo, eu que cavalgo tão raramente [...]. Estou subindo uma montanha tão alta quanto um muro [...]"[267].

---

266. BUFON, G.-L.L. Lettre du 21 novembre 1759. In: Buffon, 1869, t. I, p. 75.
267. LIGNE, C.J. De moi pendant le jour, de moi pendant la nuit [1783]. In: Vercruysse, 2010, p. 393.

14
O nervo, da agitação ao turbilhão

A mudança na vigilância é decisiva, mais profunda do que possa parecer, em particular, entre os mais afortunados. A nova atenção focaliza, de maneira diferente, a sensibilidade. Quando Baculard d'Arnaud leva Volsan a confessar: "Ao nascer, eu era sensível: eis, Senhor, a principal fonte de meus infortúnios e desgostos"[268]. Quando o *Abbé* Prévost induz Grieux a confessar: "As pessoas mais nobres [...] têm acima de cinco sentidos" e são permeadas por "ideias e sensações que passam além dos limites da natureza"[269]. Ou quando, em 1789, uma das pacientes do neurologista suíço, Samuel Tissot, faz esta confissão – "Eu tinha, como dizem na minha terra, o *sensorium* muito delicado e os sentidos excessivamente requintados [...]" (HANAFI, 2017, p. 57) –, o olhar se desloca, orientado para a tensão íntima, a mobilização nervosa, o estímulo; tudo isso tem, enquanto consequência possível e derradeira, o desfalecimento, a prostração e a perda de excitação. O que faz com que existam também outras causas, implicando outros mecanismos e outras explicações; renova os locais de alerta, de distúrbio e de insatisfação. A fadiga é sentida, de outra forma, pelo fato de ser explicada de maneira diferente.

---

268. BACULARD D'ARNAUD, F.-T.-M. Les Épreuves du sentiment [1770-1772]. *Sidney et Volsan, histoire anglaise*. In: Coulet, 2002, p. 859.
269. PREVOST, A.-F. *Histoire du Chevalier Des Grieux et de Manon Lescaut* [1733]. In: Étiemble, 1960, t. I, p. 1.276.

Estímulos e correntes

Aqui um novo universo físico se desenrola, favorecendo o impressivo, o excitável, modulando os impulsos e as reações, oscilando das vivacidades às tensões, dos ardores às irritações, fazendo com que o corpo seja um prolongamento da consciência com suas vibrações, seus elãs e suas agitações. Insistência inédita que desloca o horizonte interno, no mesmo momento em que se converte a visão da massa corpórea. É a representação do orgânico que, desta vez, acaba por se transformar. A fadiga é diversificada ao se abrir para outras vertentes. Reordenam-se os critérios de aferição: em vez dos humores, de seu volume e de seus trajetos, trata-se agora das correntes, de seus impactos e de suas intensidades. Em vez do fluido orgânico e de sua eliminação, leva-se em conta a substância carnal e sua flacidez. Reinventam-se imagens, orientando para outras referências e sensações. A afirmação de Diderot – "A fibra [no corpo] corresponde ao que a linha é em matemática" – constitui o "princípio de qualquer máquina" (DIDEROT, 1964, p. 63-66). Ou a do médico escocês, George Cheyne, desde a década de 1720: "Há pessoas que têm fibras bastante sensíveis, prontas para vibrar e tão elásticas que estremecem violentamente ao menor movimento" (CHEYNE, 2002, p. 131-132). Possíveis resistências são repensadas, levando em conta as partes corporais, valorizando sua consistência e tonicidade, impondo força ou fraqueza de acordo com o estado dos filamentos e dos nervos. Experimentos são também engendrados, visando irritações e tensões. Daniel Delaroche, em 1778, estimula o coração de uma rã, impelindo-o a contrações violentas, antes de constatar que, por "fadiga", ele se torna "de imediato insensível a qualquer tipo de estímulo" (DELAROCHE, 1778, t. II, p. 180). Conclusão previsível: o exercício e o cansaço provocados por ele tendem a diminuir "a atividade do fluido nervoso" (DELAROCHE, 1778, t. II, p. 180). Nada igualmente além de um começo de objetivação do esgotamento por perda de reação muscular.

Um contexto quase técnico consolida ainda mais tal mudança: a descoberta da eletricidade que – segundo garante o teólogo, filósofo natural e político britânico, Joseph Priestley, em 1767 – é um campo recentemente aberto (PRIESTLEY,

1771, t. I, p. XVIII) e a certeza de que "o fluido elétrico está presente e atuante em toda a parte" (PRIESTLEY, 1771, t. I, p. XX), além de ser capaz igualmente de estimular e de se opor "aos desfalecimentos e às indolências", ou até mesmo à paralisia (BERTHOLON, 1780, p. 263). Numerosos experimentadores pretendem aqui redesenhar as forças. Várias testemunhas afirmam experimentar uma sensação extraordinária em todo o corpo depois de terem "sido carregados eletricamente durante um longo período de tempo" (PRIESTLEY, 1771, t. I, p. 253). Os choques elétricos podem ser comunicados, manipulados, comentados (cf. BRUNET, 1926); de maneira mais ampla, a Société Royale de Médecine – referindo-se ao "temporal com chuva e vento intensos", além de relâmpagos – pretende que ele provoque "uma espécie de fraqueza nos seres humanos e nos animais" (MAUDUYT, 1776, p. 509). Explicação que se tornou evidência: o fenômeno nebuloso, capturando a eletricidade da atmosfera, removendo-a dos corpos, transforma em cada organismo a perda de fluido em perda de força. Isso é confirmado pelo *Journal de Médecine*: "Eu sentia que o tempo chuvoso deixava meu corpo pesado"[270], ou, pelo contrário, "a eletricidade aumenta o ritmo do pulso"[271]. A moda se refere às "eletrizações", antídoto para as fraquezas surdas dos corpos. O clérigo e físico, Pierre Bertholon, chega inclusive a evocar, em 1780, uma técnica que liga a mais curiosa das engenhosidades à mais trivial das crenças: a de um casal que diz ter recuperado sua fertilidade isolando sua cama antes de conectá-la a uma máquina elétrica (cf. BERTHOLON, 1780, p. 303).

Correntes, estímulos, circuitos nervosos fazem, então, paulatinamente, surgir outras relações com a fadiga: a de um esgotamento por excesso de excitação ou de nervosismo. Tal como o desfalecimento de Miss Harlove, no romance do escritor e editor inglês, Samuel Richardson, procurando avaliar com ansiedade as consequências de seu sequestro por Lovelace: "Mortalmente cansada e o psíquico ainda mais abatido do que o corpo" (RICHARDSON, 1999, t. I, p. 553). Ou o

---

270. Recherche sur les causes des affections hypocondriaques. *Journal de Médecine*, mar./1780, p. 196.
271. L'électricité augmente-t-elle la vitesse du pouls?" *Journal de Médecine*, mar./1782, p. 263.

de Manon Lescaut, banida na América, tendo de enfrentar ameaças, decepções e sofrimentos malsuperados: "languescente e enfraquecida", conseguindo, em um último esforço, "levantar-se, apesar de sua fraqueza" (ÉTIEMBLE, 1960, t. I, p. 1.353 e 1.365). Ou ainda Mlle. de Lespinasse, admitindo que ela experimenta "um maior número de sensações do que há palavras para falar a seu respeito" antes de concluir: "Em vez de desejar minha cura, eu gostaria de ficar calma"[272]. Tanto o excesso de vibração quanto sua falta provocam fadiga: déficit por excesso ou por perda de ânimo. Louis-Sébastien Mercier evoca, em 1782, as *vaporeuses* do Iluminismo cuja "flacidez corporal [...] remove a elasticidade necessária para que as secreções possam ocorrer com regularidade"[273]. Enfraquecimento seguido por uma lassitude que se torna tormento: "O ser sente que existe enquanto seus órgãos são obliterados e os nervos já não conseguem transmitir as sensações de que são os veículos"[274]. Correntes e estímulos estão no centro dos novos critérios de aferição; atonia e reatividade enfraquecida tornam-se referência para os indícios revisados do esgotamento. As metáforas físicas continuam sendo predominantes, mas são abordadas de maneira diferente para evocar o ser cansado.

As excitações extenuantes

Daí o fato de que as próprias fontes sejam evocadas e analisadas de maneira diferente; por exemplo, a cidade é percebida, como ocorria outrora, enquanto lugar de tumulto ou de ruídos, mas também se revela, recentemente, como lugar de empolgação, de efervescência, resvalando para a vertigem e para o esgotamento sensível: "movimento de turbilhão" que "provoca sofrimento"[275], diz Buffon, ou turbilhão barulhento do qual o viajante procura, às vezes, isolar-se (*Journal d'un Provincial à Paris*, 1784, p. 133), ou ainda "turbilhão barulhento e rápido"

---

272. Cf. LESPINASSE, J. *Lettres de Mlle. de Lespinasse*, 1903, p. 75.
273. MERCIER, L.-S. Les vapeurs [1780]. In: Mercier, 1994, t. I, p. 633. Em relação às "vaporeuses", cf. Foucault, 1978, p. 225-226.
274. Ibid.
275. BUFFON, G.-L.L. Lettre du 12 août 178. In: Buffon, 1869, t. II, p. 104.

do qual Louis-Sébastien Mercier realça a exigência constante de mobilidade e rapidez, a roda-viva das viaturas, dos portadores, dos estribeiros, dos litigantes ou, até mesmo, dos fabricantes de perucas[276], efervescência totalmente nervosa ou simplesmente espaço de "fadiga pela mobilidade perpétua de seu espetáculo" (MARMONTEL, 1968, t. I, p. 85); rapidez imposta, inclusive, frenesi, que se tornou cansaço inevitável; ou ainda formigueiro evocado por Rousseau, em 1761 (ROUSSEAU, 1995, p. 38). Do mesmo modo, a corte permanece, como anteriormente, um lugar de ocupações obrigatórias, de visitas penosas, mas é também, recentemente, "agitação dos sentidos" (MERCIER, 1770, p. 4); momento de "crise assustadora dos nervos" (RÉTIF DE LA BRETONNE, 1787, p. 27); presença perturbadora de "grupos variados cuja multiplicação é ilimitada que se decompõem de maneira incessante para se recomporem mutuamente" (RÉTIF DE LA BRETONNE, 1787, p. 55), exacerbando a atenção e alterando a vivacidade. Nada além da guerra cuja exaustão consegue acompanhar a mesma empolgação, adicionando aos esforços do corpo a emoção surgida do tumulto, das explosões e do medo. Ulrich Bräker, camponês suíço alistado a força pelos austríacos em meados do século XVIII, afirma estar "literalmente aparvalhado" (BRÄKER, 1978, p. 156) na Batalha de Lowositz, em 1756, privado de movimento no calor do combate, antes de ser capaz de se evadir penosamente através de vinhedos e bosques; enquanto Frédéric Hoffman, consultado por um "destemido coronel", na década de 1750, vai considerá-lo vítima de um "considerável enfraquecimento do gênero nervoso", extenuado por uma agitação excessiva "do psíquico e do corpo" (HOFFMAN, 1754, t. I, p. 165).

O que Samuel Tissot, em 1760, transpõe em testemunhos inquietantes, aqueles provenientes de masturbadores exaustos, abatidos definitivamente por sucessivas crises, acmes intensos seguidos de desfalecimentos igualmente intensos, cuja confissão é algo difícil: "Ao afeto e à extraordinária sensibilidade do gênero nervoso e aos acidentes provocados por ela, acrescenta-se uma fraqueza, um mal-estar, um tédio e uma angústia que me deixam aflito à exaustão" (TISSOT, 1991,

---

276. MERCIER, L.-S. Les heures du jour. In: Mercier, 1994, p. 873.

p. 48[277]). Ou esta alusão direta ao abatimento de natureza nervosa: "Meus nervos estão extremamente fracos, minhas mãos estão sem força, tremendo e suando continuamente" (TISSOT, 1991, p. 48, p. 50-51). O onanismo torna-se o próprio tipo de enfraquecimento pelo espasmo, o símbolo da "perda total de força" (TISSOT, 1991, p. 45), ou ainda o do "relaxamento total do gênero nervoso" (TISSOT, 1991, p. 47).

Impõe-se acompanhar as intermináveis observações de Hoffman – convulsões, contrações dolorosas, ardores, paralisias, tensões sentidas profundamente – a respeito de um homem que havia "sofrido um grande número de fadigas" e abusado das "relações com as mulheres" para avaliar a renovação extrema de atenção aos sintomas em causa, além das equiparações renovadas incessantemente com alguma "doença dos nervos":

> Depois das refeições, ele sente na pele uma coceira e um ardor violento, sobretudo, nos braços e nas juntas dos dedos; em seguida, uma dor específica em determinado lugar apenas do ombro esquerdo. Experimenta espasmos, contrações dolorosas nos ombros, no pescoço e de uma extremidade até a outra da espinha dorsal, de modo que, ao mínimo movimento, ouve-se um estalido nessas partes; acima de tudo, é importunado por um ardor incômodo na palma das mãos, o qual cessa assim que estas fiquem úmidas. Ocasionalmente, sente dores difusas nos músculos intercostais; seu estômago só consegue desempenhar as respectivas funções mediante lavagens ou pílulas balsâmicas de Hoffman. É incomodado, principalmente à noite, pelas flatulências, além de experimentar por altura dos dois hipocôndrios, abaixo das costelas falsas, certa tensão que é, no entanto, menor do que ela era anteriormente. Sua saliva tem sempre um odor azedo e não se sabe se esse fedor vem do tabaco, por ser um fumante inveterado, levando-o a escarrar com frequência, ou melhor, da má digestão e do suco pancreático daí resultante. Ele começa a ter apetite e suas forças não estão assim tão enfraquecidas uma vez que consegue montar a cavalo e passear durante um longo período de tempo sem ficar cansado. Deixou de ter suores durante a noite, seu sono e pulso estão em um estado natural; no entanto, seu corpo não chega,

---

277. Cf. tb. Hunt, 2009, p. 52 [N.T.].

de modo algum, a se beneficiar disso. A urina matinal é abundante e esbranquiçada, parecendo-se com a cor do limão, mas aquela que ele faz em torno de 10h da manhã é em quantidade menor e de tonalidade mais avermelhada; e depois de ter descansado durante 2h, ela deposita um sedimento abundante, semelhante à areia vermelha, ficando bem grudada às paredes do mictório. Recentemente, além do ardor nos braços e nas mãos, surgiu nas articulações uma vermelhidão e uma dor latejante que se estende até as coxas; e, às vezes, é invadido, especialmente à noite, por uma intensa rigidez no pescoço, a qual cessa com o suor. De maneira bastante frequente, ele sente uma tensão dolorosa na bochecha e no olho do lado direito do rosto, acompanhada de vermelhidão. Não tem sede, nem tosse incômoda, exceto quando expectora catarro salgado. Às vezes, suas fezes são esbranquiçadas e tem muita disposição para suar. Sua respiração se torna difícil ao andar, mas tem relações que o deixam aliviado; ocasionalmente, expele também um muco tenaz e coagulado para fora do peito (HOFFMAN, 1754, t. VII, p. 328-330).

Testemunho interminável tão novo quanto aprofundado.

Degenerar

Essa focalização na sensibilidade redesenha, também inevitavelmente, o campo das fraquezas coletivas: amplia as fragilidades, generaliza as vulnerabilidades e torna a modernidade do Iluminismo em uma acentuação das excitações e das febrilidades. Isso é ilustrado pela pergunta formulada por ocasião do concurso organizado pela Faculdade de Medicina da Universidade de Copenhague, em 1777: saber "se as doenças espasmódicas ou as convulsões têm sido mais frequentes nos últimos dez ou vinte anos do que anteriormente e quais são os remédios mais adequados para curá-las?"[278] Ou a constatação de Samuel Tissot referindo-se ao crescimento do "gênero nervoso", portador inevitável de abatimento, em um "pequeno cantão" dos Alpes Suíços, após a década de 1760, e a transição das atividades florestais para atividades sedentárias: em vez do corte de madeiras ou

---

278. Prix. *Journal de Médecine, Chirurgie, Pharmacie*, 1777, p. 92.

do transporte de charretas, o corte de pedras finas, o do cristal das montanhas, ou a fabricação de joias; em vez dos gestos amplos e soltos, os gestos contidos e confinados. Ruptura inexorável: "Há mais de vinte anos, é a região em que tem ocorrido o maior número de doenças relacionadas à indolência" (TISSOT, 1861, p. 60). Prevaleceram as fraquezas de natureza nervosa; o enfraquecimento se tornou comum; verificou-se a metamorfose da sensibilidade[279].

Na segunda metade do século XVIII, um vocábulo se impõe aos cientistas, assim como aos letrados – o de degeneração por falta de estímulo –, termo inspirado em Buffon e em sua análise da domesticação: retrocesso, de imediato, visível em alguns animais. A transformação do carneiro rústico em "ovelha raquítica" por domesticação, a ausência de movimento, a existência amenizada é o exemplo disso citado continuamente: forças mais frágeis, além de formas mais difusas. A cidade com seu luxo, suas agitações e sua bagunça, teria, na mesma proporção, "alterado os corpos"[280], aparências distorcidas e elãs exauridos; ela teria criado um "populacho covarde" (GUIBERT, 1773, p. 15). O "vício mais comum nesta época" é o das "constituições insípidas, fracas e alquebradas" (VERDIER, 1772, p. 9-10), tendo como implacável consequência a "real degeneração das constituições" (TISSOT, 1861, p. 159). A causa: "Uma fibra menos consistente e, portanto, nervos mais móveis" (TISSOT, 1861, p. 159). Exemplos considerados cada vez mais manifestos: Jean-Baptiste Moheau avalia, em 1778, as armaduras dos antigos cavaleiros afirmando que seus contemporâneos já não conseguiriam carregá-las (MOHEAU, 1778, p. 122). O *Abbé* Ferdinando Galiani avalia as viagens dos primeiros "conquistadores" dizendo que seus contemporâneos já não conseguiriam enfrentá-las: "Vejam o quanto nos custa ir a países desconhecidos [...] em comparação com a intrepidez de nossos antepassados. Vejam o quanto estamos irritados, apáticos, degradados"[281]. O humano está no centro do processo: "Parece ser algo constante que a espécie humana esteja degenerando insensivelmente na Eu-

---

279. Cf. BREWER, J. The Pleasures of the Imagination. In: Brewer, 1997, p. 56.
280. COUVRAY, J.-B.L. *La fin des amours du chevalier de Faublas* [1790]. In: Etiemble, 1965, t. II, p. 907.
281. GALIANI, F. Lettre à Diderot, 05/09/1772. In: Diderot, 1971, t. 10, p. 951.

ropa" (BALLEXSERD, 1762, p. 25). A *Encyclopédie* concentra-se em algum "abastardamento das raças"[282]. Laurence Sterne, autor de uma viagem fictícia à cidade de Paris, em 1767, exprime tal ideia, servindo-se inclusive da caricatura. Tudo aí é debilidade: rostos com "narizes compridos, dentes estragados, mandíbulas distorcidas", corpos "raquíticos, enfezados, corcundas"[283]. Tudo aí é retrocesso: queda da taxa de natalidade, proliferação das fraquezas, indivíduos que se tornaram "insignificâncias inaptas a transpor a altura de uma perna"[284]. A explicação torna-se insistentemente recorrente: a cidade, seu confinamento e sua frívola agitação.

Crença, é claro, no momento em que as catástrofes sanitárias recuam insensivelmente com o advento do Iluminismo[285] e a exigência inédita de progresso[286] produz, em imagem invertida, o receio de uma degradação. Daí tais ponderações que, possivelmente, manifestam um maior grau de preocupação e de focalização. As enfermidades, os corpos desconjuntados, as deformidades no caminhar, durante muito tempo negligenciadas ou ignoradas nas estradas ou nas cidades, são objeto de um questionamento diferente. Sua presença é menos aceita e sua visão torna-se motivo de preocupação, sugerindo novas perguntas: e se fosse eliminada a marcha para a frente? E se viesse a instalar-se uma deterioração? Daí ainda o sentimento do número crescente de deficientes, o novo olhar lançado em direção às populações, aquelas que, bruscamente, se tornaram preciosas com o início ainda incipiente da indústria, ou as iniciativas igualmente balbuciantes de uma burguesia denunciando o esgotamento (DESESSARTZ, 1760, p. VI) do mundo antigo. O conflito permeia as elites: investimento inovador no futuro ou ancoragem aristocrática no passado? Nada tão caricatural, sem dúvida, mas as expectativas de um mundo em gestação valorizaram subitamente as forças coletivas, sugerindo uma restauração em larga escala dos nervos. De acordo com a insistência de Charles Vandermonde, redator-chefe do *Journal de Médecine* na segunda

---

282. Verbete Proportions. D'ALEMBERT, J.; DIDEROT, D. *Encyclopédie*, t. XXV, p. 604.
283. Sterne, 1768. In: *Voyages imaginaires*, 1789, t. 28, p. 104.
284. Ibid, p. 105.
285. A respeito do "recuo da taxa de mortalidade", cf. Bourdelais, 2003, p. 59.
286. Sobre "a legibilidade do progresso" no século XVIII, cf. QUEVAL, 2004, p. 125.

metade do século XVIII: "Os homens são a verdadeira riqueza do Estado; ora, esta é precisamente o que é mais negligenciado" (VANDERMONDE, 1756, t. II, p. 31). E, acrescenta ele, "impõe-se remoldar nossos órgãos" (VANDERMONDE, 1756, t. II, p. VII), ansioso pela criação de um programa e de uma regeneração, dando sentido à expressão totalmente nova de higiene pública[287], a qual deveria, supostamente, exigir do Estado uma garantia inédita de bem-estar e de saúde. Mesma preocupação quando Léopold de Genneté manifesta-se inquieto, em 1767, com os eflúvios deletérios reinando nos hospitais, suscetíveis de encurtar a vida de doentes que, no entanto, seriam curáveis, os quais, por sua vez, não passavam de "simples trabalhadores braçais, pobres operários [...] tão úteis e necessários para o Estado" (GENNETÉ, 1767, p. 3). Pela primeira vez, a população torna-se força anônima, recurso maciço e surdo, a qual, segundo se presume, deveria dar sua contribuição mediante o uso de seus braços: promessa de poder e exigência de proteção. Daí a estigmatização de qualquer fadiga coletiva enquanto objeto assustador.

---

287. Cf. BOURDELAIS, P. Les logiques de développement de l'hygiène publique. In: Bourdelais, 2001.

15
Expressar as forças

Visão bastante teórica, sem dúvida, tanto mais que os empreendimentos concretos ainda são raros, além de continuarem sendo pouco formuladas, nessa década de 1760, as responsabilidades do Estado sobre a saúde de todos; e tanto mais que, para este, em vez de ajudar ou de prestar assistência, permanece dominante o objetivo "de governar, controlar e sobrecarregar de impostos" (ROSANVALLON, 1990, p. 45). Em compensação, ainda ficam por abordar novas questões, estimativas provocadas por essa preocupação com a degeneração, assim como pelo interesse manifestado em relação ao universo sensível, sua materialidade e funcionalidade: cálculos inéditos sobre as forças do homem, indagações sobre suas resistências, assim como sobre seus patamares de fadiga e de fraqueza.

Além de um importante deslocamento em direção à interioridade e de um aprofundamento ainda incipiente do sensível, opera-se, com o advento do Iluminismo, outro deslocamento, também importante, aquele em direção à exterioridade: a análise aprofundada igualmente incipiente das forças, o cálculo das mesmas, assim como seu confronto com a fadiga e com os limites que esta é suscetível de impor. Buffon foi um dos primeiros a enunciar tais questões, desde 1749, com a maior clareza: "O homem civilizado desconhece suas forças, além de não saber o quanto perde por sua indolência e o quanto poderia adquirir pela prática regular de um exercício aturado", tanto mais que vive em "uma sociedade em que o intelecto é mais exigido do que o corpo e em que o trabalho braçal é executado apenas pelos homens do mais baixo escalão da sociedade"[288]. Observação fundamental,

---

288. BUFFON, G.-L.L. *De l'homme* [1749]. In: Buffon, 1836, t. IV, p. 100.

mostrando a expectativa de uma avaliação mais rigorosa em relação às forças físicas, à sua melhoria previsível e também a seus limites; deploração, igualmente, pela falta de avaliação das tarefas de natureza mais braçal, aquelas do "mais baixo escalão" da sociedade, ao mesmo tempo em que negligencia, certamente, os antigos valores propostos por Vauban, demasiado confinados às práticas de remoção das terras nos canteiros de obras na Alsácia (cf. p. 109-110).

Questão tanto mais aberta, finalmente, que o Século das Luzes consagra o triunfo da nova temporalidade – a do progresso, a promessa no futuro, a particularidade especificamente humana definida por Rousseau, em sua obra de 1755: "a capacidade de aperfeiçoar-se" (ROUSSEAU, 1931, p. 93). Daí a legitimidade amplamente inédita conferida ao mais, ao melhor, à virtude da superação e da liberalidade: a curiosidade cada vez mais atualizada questionando "até onde o homem pode chegar" (QUEVAL, 2004, p. 125). O que modifica o olhar projetado sobre as coisas, assim como sobre as ações de cada um.

O fato é que são esboçados dois universos, os quais nunca deixarão de se cruzar e, até mesmo, às vezes, de se ignorar: a fadiga vivenciada pelos atores e a fadiga avaliada pelos observadores, a primeira experimentada, enquanto a outra é examinada; duas facetas do mesmo limite e indefinidamente analisadas.

Questionar os limites

Uma preocupação inédita impõe-se, então, buscando o maior resultado possível, as potencialidades desconhecidas. Novas expectativas e constatações, mas também novas fontes que ampliam tal curiosidade: viagens de descoberta, aberturas repetidas em relação ao alhures, aos outros e às geografias[289]. O que é ilustrado claramente no tratado *De l'homme*, de Buffon, em meados do século XVIII, referindo-se aos carregadores de Constantinopla enquanto referências extremas do transporte com esta indicação, mais do que improvável, do "peso de 900 libras"

---

[289]. Cf. as primeiras pesquisas de tipo antropológico: "O gênero humano oferecerá, daqui em diante, um espetáculo monótono" (DÉMEUNIER, 1776, t. I, p. V).

[450kg]²⁹⁰ levantadas e deslocadas pelos homens do lugar; aos *chaters* [caminhantes] de Isfahan enquanto referências extremas de corrida, os quais efetuam "trinta e seis léguas em 14 ou 15h"; e aos hotentotes enquanto referências extremas para longos percursos:

> Esses homens efetuam, diz-se, longas viagens, trajetos de mil e 1.200 léguas, em menos de seis semanas ou dois meses, a pé subindo as montanhas mais íngremes, nas regiões mais difíceis onde não há caminhos, nem sequer veredas. Existirá algum animal, exceto as aves, que disponha efetivamente de músculos mais fortes em proporção do que todos os outros animais? Existirá, insisto, algum animal que possa aguentar essa longa fadiga?²⁹¹

A limitação das resistências está no centro desse questionamento, enquanto a busca do cálculo no cerne da prospecção. Até a atenção prestada às crenças: por exemplo, as dos negros de Loango, convencidos de que as relíquias transportadas em suas bolsas atenuam sua fadiga, fazendo com que se tornem mais leves (DÉMEUNIER, 1776, t. III, p. 66).

Jean Désaguliers, mecânico huguenote imigrado em Londres, foi um dos primeiros a ter tentado, no início do século XVIII, equiparar os pesos levantados, as distâncias percorridas, as velocidades e os períodos de tempo para executá-las. A partir das observações efetuadas, os cálculos eram anotados: "Um moço de fretes pode carregar 200 libras e andar cerca de três milhas 1h; um carregador de carvão ou um moço de fretes que carrega carvão de pedra pode transportar 250 libras, mas então é incapaz de ir muito longe para descarregar seu fardo, mas acontece, por outro lado, que é capaz de subir, muitas vezes, degraus com esse peso" (DÉSAGULIERS, 1751, t. I, p. 259). Sem dúvida, comparação totalmente empírica, no entanto, inédita, sistematizando os relatórios de Vauban (cf. p. 110-111): aqueles que integram, na mesma atividade, as cargas transportadas. Não é que, evidentemente, a fadiga seja aqui claramente quantificada, nem mesmo que os percursos estejam claramente escalonados;

---

290. BUFFON, G.-L.L. *De l'homme*. Op. cit.
291. Ibid.

em compensação, o patamar do suportável é pensado de acordo com critérios mais diversificados, associando a força, a celeridade e o tempo despendido. O raciocínio instala-se por um longo período de tempo, servindo-se de múltiplas vertentes da mesma ação, assim como de várias qualidades corporais, desde a velocidade até a robustez, desde a resistência até a habilidade.

Iniciar diferentes investigações

Aos poucos, tais questões revelam uma ambição mais ampla. A sensibilidade presta maior atenção aos entornos, às obras e aos fatos. O trabalho sugere outras prospecções. Sua análise torna-se mais exigente, impulsionada pela preocupação das degenerações, resultante dos artifícios e, até mesmo, das desnaturações, apoiada também na nova valorização do utilitarismo[292] e da energia (DELON, 1988); tal como "a imagem do inglês [...], protótipo do homem enérgico, desde Voltaire até Mme. de Staël" (DELON, 1988, p. 237). O mundo do trabalho penoso, durante muito tempo negligenciado, pode existir de maneira diferente, a ponto de mudar de *status*. Os economistas tendem a considerar tal situação como um fator de riqueza na medida em que a força dos braços, para além dos efeitos relativos exclusivamente à terra ou ao comércio, torna-se uma força social, um recurso coletivo: "Tudo acontece como se o trabalho fosse algo que tivesse sido inventado de maneira abstrata e instrumental" (MÉDA, 2013, p. 49). Nele reside, bruscamente, uma reserva de poder que, segundo se presume, deveria transformar o mundo, incrementando o realismo e assumindo o pragmatismo. Não mais o saber exclusivo dos clássicos, mas o fazer dos empiristas e de sua eficácia previsível.

A fadiga, por conseguinte, introduz-se inevitavelmente nas descrições, associada às habilidades, aos obstáculos de natureza material e às resistências físicas, mesmo que os inspetores das manufaturas, detentores da autoridade, continuem privilegiando amplamente a atenção prestada aos resultados obtidos e não tanto às dificuldades vivenciadas: "A existência penosa de todo esse povo [...] não atrai,

---

292. Cf. ROCHE, D. L'Encyclopédie et les pratiques du savoir au XVIIIe siècle. In: Schaer, 1996.

de modo algum, a compaixão deles" (MINARD, 1998, p. 188). É alhures, no entanto, que ocorre a mudança; alhures também que as antigas imagens de Bernardino Ramazzini (cf. p. 117-118), confinadas às patologias de cada profissão, são renovadas para imagens mais bem definidas, estendendo-se a estafas de natureza familiar; alhures, por fim, que é corrigida a certeza da baronesa de Oberkirch, aristocrata demasiado facilmente convencida da felicidade estampada no rosto dos camponeses (cf. p. 142). Esse "alhures" é o dos letrados, médicos, enciclopedistas, cientistas ansiosos pela prática concreta (cf. VÉRIN, 1993). Um território inédito desvela-se com eles, afetando os costumes, as profissões e o desgaste dos corpos, longe da atenção exclusiva que Vauban prestava aos carregadores ou aos operários de terraplanagem (cf. p. 110). Sem dúvida, o empirismo permanece central, assim como a equiparação; em compensação, as atitudes do operário, "decompostas como os passos do dançarino" (PROUST, 2001, p. 14), são avaliadas de maneira diferente por uma elite que pretende desempenhar o papel, ainda desconhecido, de engenheiro ou de teórico do trabalho, vocação em grande parte especulativa, ao mesmo tempo em que revela uma real renovação de interesse. A *Encyclopédie* torna o estudo das artes em um acesso indispensável aos saberes da época: "É entre os artesãos que se deve buscar as provas mais admiráveis da sagacidade do intelecto"[293]. A Académie Royale des Sciences torna a "Description des arts et métiers" um importante objeto de suas missões[294]. O *Dictionnaire Raisonné Universel des Arts et Métiers* transforma a análise das artes mecânicas em uma renovação da cultura: "Todos os nossos escritos sobre as artes mecânicas constituem algo insignificante comparados com a extensão e a fecundidade do assunto" (JAUBERT, 1773, t. I, p. XIV). Verifica-se o começo de análises aprofundadas e o cruzamento de constatações; esboçam-se conclusões, tanto mais modestas na medida em que ainda resultam, em grande parte, de considerações teóricas de eruditos.

---

293. D'ALEMBERT, J. Discours préliminaire. In: D'ALEMBERT, J.; DIDEROT, D. *Encyclopédie*, t. I, p. XIII. • Cf. tb. o texto enviado aos subscritores [1751]: "Há muitas coisas que são aprendidas somente nas oficinas" (Ibid., p. 2).

294. Cf. os 113 volumes publicados a respeito desse objeto pela Académie Royale des Sciences, entre 1761 e 1788.

Comparações de gestos, em primeiro lugar, de ferramentas e de procedimentos para evocar aqueles que aliviam as forças, limitam a fadiga e favorecem a eficácia; situações diversas, heterogêneas, relativas aos trabalhos cotidianos. Abordagem incipiente e, no entanto, metamorfoseada. A ambição é prática como ela nunca havia sido anteriormente. Os exemplos multiplicam-se. Duhamel du Monceau constata que, para cortar as espigas de trigo, o recurso a foices compridas e pesadas, utilizadas habitualmente para cortar a aveia, cria uma "inversão bastante penosa do corpo" (DUHAMEL DU MONCEAU, 1762, t. I, p. 376); daí as recomendações para especificar o uso das mesmas em sua obra, *Éléments d'agriculture*. Suas observações incidem, em outros lugares, sobre uma negligência prejudicial, ou seja, a ignorância de criar, no mesmo nível da empena do telhado, uma superfície plana para o telhador, com prancha e escada, indispensável para a adoção da "atitude mais cômoda" (DUHAMEL DU MONCEAU, 1766, p. 34); daí suas recomendações em seu livro, *Art du couvreur*. Ainda em outro lugar, Hulot procede à comparação entre diferentes pedais do torneiro para tirar a conclusão a respeito daquele que parece ser "mais cômodo" (HULOT, 1775, p. 271): resistência reduzida e movimento facilitado, graças a um dispositivo semelhante aos braços de balança. A *Encyclopédie* compara as remadas insistindo sobre a necessidade, sob pena de fadiga inútil, de evitar "a rotação do remo em torno de seu eixo"[295]. O engenheiro mecânico, Charles Coulomb, compara as pazadas insistindo sobre a necessidade, pela mesma razão, de não "elevar a ferramenta mais alto do que é indispensável" (COULOMB, 1798, p. 423). A própria marcha militar é objeto de um interesse que se torna cada vez mais perspicaz com o decorrer do século: análise do deslocamento, atenção à sua economia além de sua descrição minuciosa. O movimento fica mais rigoroso: "Se os soldados levantassem as pernas mais do que o necessário, perderiam tempo e sentiriam um cansaço inútil". Ou ainda: "Se alguém der uma batida enquanto coloca o pé no chão, este último movimento teria ainda a desvantagem de cansar desnecessariamente os

---

295. Verbete Rame. In: D'ALEMBERT, J.; DIDEROT, D. *Encyclopédie*, 1751-1780.

soldados"²⁹⁶. Aliás, Jacques-Antoine de Guibert, em sua obra – *Essai général de tactique*, publicada várias vezes no final do século XVIII –, transforma a marcha em um teste de meticulosidade, totalmente ignorada até então, símbolo do olhar redimensionado sobre a técnica, seu cálculo e suas articulações: "Quando o pé esquerdo tiver avançado doze polegadas, ele se apoiará no chão; o corpo deslocado para a frente estará quase inteiramente apoiado nesse pé, de modo que o pé direito ficará ligeiramente apoiado em sua ponta e o calcanhar estará levantado e pronto para iniciar o segundo passo" (GUIBERT, 1773, p. 30). Sem dúvida, meticulosidade e também exigência laboriosa, mas intuito bem definido: a certeza de que a marcha há de se tornar "mais cômoda e menos penosa" (GUIBERT, 1773, p. 31). Não há nenhuma dúvida de que é a partir desses gestos elementares que se inicia uma renovação.

Calcular a quantidade da ação

Numerosas avaliações concretas ganham uma maior precisão em meados do século para comparar resultados e períodos de tempo. O relógio, pela primeira vez, age enquanto fonte de comprovação. As constatações repetem-se para garantir os dados. Cálculos são fornecidos, fixando, entre outras coisas, as tarefas penosas; aliás, eles são estabelecidos por engenheiros que comunicam tal informação aos entendentes e administradores. Sem dúvida, a menção à fadiga continua sendo limitada, mas, de novo, verifica-se o estabelecimento de limites e de possibilidades, a busca por normas transponíveis para os carregamentos, a quebra de rocha, os desentulhos e os trajetos. A exemplo do estabelecimento de percursos quase cronometrados:

> Para obter esse efeito, adotou-se o comprimento da légua média; foi avaliado, com o relógio na mão, o tempo que uma viatura leva para percorrê-la; a operação foi repetida várias vezes, e o resultado da combinação dos tempos obtidos elevou-se a cerca de 1:20h de caminhada. Uma vez estabelecidas essas noções, pensava-se que

---

296. *Règlement concernant l'exercice et les manœuvres de l'infanterie*, 1792, p. 28-29.

seria possível considerar tal resultado como uma medida constante e invariável, servindo de referência para todas as outras; e, por conseguinte, foi elaborada uma tabela de proporção, a qual pode ser utilizada pelo ajudante de engenheiro, sem o mínimo receio de erro, para todas as distâncias possíveis, em trabalhos correntes[297].

Existem também tentativas, mais circunstanciadas, a partir de meados do século, para calcular mediante a quantificação os investimentos mais eficazes, para comparar esforços e para hierarquizar resultados ou, dito por outras palavras, para fornecer à avaliação do trabalho uma precisão ainda desconhecida. O projeto, totalmente novo, faz questão de postular diferenças ou equivalências, no âmbito de diversos dispêndios de natureza física: especificar, assim, fadigas iguais para trabalhos diferentes, tornar a fadiga um objeto flexível e controlado, conhecer seu custo para situações heterogêneas; em última análise, intuito focalizado na eficácia das tarefas.

Daniel Bernoulli foi o primeiro a sugerir, em 1753, paridades matemáticas, perseguindo as intuições de Désaguliers, já evocadas (cf. p. 161). Ele inaugura um confronto entre proporções mecânicas, além de questionar possíveis identidades, postulando, por exemplo, que a variação do peso carregado, para fadiga igual, implica uma estrita variação na distância percorrida: o menos de carga pode ser levado mais longe, de acordo com uma proporção que seja sempre a mesma. A mudança de um desses termos envolve, correlativamente, a mudança do outro: o fardo reduzido permite, inversamente, um deslocamento mais longo, mediante um esforço inalterado. A originalidade decisiva reside na referência numérica, assim como na tentativa de "abordar a fadiga"[298], de mantê-la igual, apesar da ação transformada: levantar "20 libras à altura de 3 pés a cada segundo" teria como equivalente, no mesmo tempo, o fato de "levantar 60 libras na altura de 1 pé" (BERNOULLI, t. 7, 1769, p. 10), proporção constante e quantifi-

---

297. *Mémoire concernant la manutention des corvées dans la généralité de Caen*, 1762, art. 4. Apud Conchon, 2016, p. 61.
298. FONTENEAU, Y. "'Les ouvriers [...] sont des espèces d'automates montés pour une certaine suite de mouvements': fondations d'une représentation mécanique du temps laborieux (1700-1750)". In: MAITTE; TERRIER, 2014, p. 321.

cada. Daí a invenção de "unidades de trabalho" (DURRIVE, 2017, p. 57) – aqui, 60 libras na altura de 1 pé – e suas possíveis correspondências; daí, ainda mais, a ligação estrita entre duas ações com vertentes proporcionais e, portanto, o esgotamento envolvido. A combinação seria constante: haveria acordo entre força e trajeto, além de que peso e distância estariam intricados. Possibilidade inédita de cálculo: "Desse modo, o trabalho é suscetível de ser adicionado, subtraído, dividido, em suma, de constituir o objeto de uma álgebra econômica" (VATIN, 2009, p. 9). Tal é, de fato, o avanço decisivo em relação aos cálculos de Vauban (cf. p. 110): a constatação de forças e de deslocamentos sempre proporcionais entre si. Isso legitima a ambição de tornar a fadiga uma unidade de custo: fixar dispêndios de natureza física imutáveis para trabalhos, no entanto, diferentes, além de manter identidades de esforço em uma variedade de ações; em última análise, único objetivo "que deva ser levado em consideração" (BERNOULLI, t. 7, 1769, p. 4). Escopo central, cruzando mais do que nunca resistência e eficácia. Com a diferença deste detalhe que não deixa de ser decisivo: a definição de tais fadigas permanece limitada à estimativa. O dispêndio físico em si continua sendo obscuro, a fisiologia de meados do século XVIII não chega a objetivá-lo, a perda orgânica, em 1753, ainda não é quantificada. Bernoulli procede ao cálculo da ação, mas limita-se a apreciar o cansaço, interpretando-o e avaliando-o quase subjetivamente. O que é afirmado, de maneira implícita, por ele: "Julgo que um homem dotado de força e de tamanho médios, em seu trabalho cotidiano, é capaz de levantar 172.800 libras na altura de 1 pé, por dia, sem prejudicar sua saúde, e baseio tal estimativa em um grande número de observações" (BERNOULLI, t. 7, 1769, p. 7). Pela primeira vez, uma unidade de trabalho quantificada, com valor universal, é proposta; em compensação, o cálculo da fadiga ainda não é estabelecido, mesmo que tenha sido objeto de empiria. Procede-se unicamente à alegação de sua importância o que é, por outro lado, tão novo quanto marcante. Ainda convirá sublinhar outros limites: assim é que Bernoulli busca não tanto "o bem-estar dos atores, mas a otimização inconsiderada dos meios mecânicos" (MAITTE; TERRIER, 2014, p. 321), abstendo-se de qualquer descrição das forças musculares envolvidas.

Charles Coulomb, mecânico formado em engenharia militar, dá continuidade ao raciocínio na década de 1780, acrescentando uma nova noção: a "quantidade da ação" ou "a quantidade resultante da pressão exercida por um homem, multiplicada pela velocidade e pelo tempo necessário para a execução dessa ação" (COULOMB, 1798, p. 382). O objeto, caracterizado deste modo, sugere mais claramente a ideia de dispêndio do corpo e, até mesmo, a de consumo de si mesmo. A atenção ao "motor" humano cresce assim com o decorrer do século, enquanto a finalidade central permanece inalterada, decisiva na história do esgotamento do trabalhador, mesmo que tenha sido sempre tão formal quanto a de Bernoulli (cf. p. 135): estabelecer "a fadiga suscetível de ser suportada pelo homem, por dia, sem prejuízo para sua resistência física" (COULOMB, 1798, p. 382). O desafio pretende ser simples, acessível: "Para aproveitar ao máximo a força dos homens, deve-se aumentar o efeito sem aumentar a fadiga" (COULOMB, 1798, p. 381). O que corresponde efetivamente à vontade, no próprio âmago do Iluminismo, de sistematizar a eficácia e, ao mesmo tempo, respeitar um patamar físico. Isso é seguido por exemplos concretos, os quais são objeto de observações e constatações. Tal a subida do Monte Tenerife pelos companheiros do cidadão Jean-Charles Borda, um amigo de Coulomb, fornecendo cálculos e comparações possíveis: os 2.923m de altitude escalados em uma jornada por homens pesando, em média, 70kg fornecem uma "quantidade equivalente a 204.610kg levantados a 1m" ou "205kg carregados em 1km" (COULOMB, 1798, p. 388). Outra situação, outra experiência, a de uma subida de escadaria com uma carga de 68kg, efetuada em condições totalmente diferentes: a altura de 12m, composta assim de degraus sucessivos, percorrida várias vezes. Apenas 66 trajetos são possíveis durante o dia, segundo o depoimento dos operários em questão que exprimem seu esgotamento, assim como seus limites subjetivos. Segue o cálculo da quantidade da ação, mediante o cruzamento entre distância, peso e período de tempo para executar tal tarefa:

> Adicionemos a essa carga [de 68kg] o peso do corpo do homem que, de acordo com nossa suposição, é de 70kg: teremos para a quantidade da ação, fornecida em cada trajeto, 138kg levantados a 12m; e como o carregador efetuava 66 trajetos na jornada de trabalho, teremos, para a quantidade da ação fornecida nessa jornada, os três

números 138, 66 e 12 multiplicados juntos, ou, o que dá na mesma, 109kg carregados em 1km (COULOMB, 1798, p. 390).

Constatação inevitável: o resultado, com carga, o de 109kg carregados em 1km, é muito menor do que o obtido pelos escaladores de Tenerife, os quais suportam, sem carga, 205kg carregados em 1km. Conclusão: a subida com peso é não somente penalizante, mas seu déficit pode ser quantificado. A questão amplia-se: qual pode ser o mais de peso carregado, permitindo, sem fadiga, o melhor resultado entre distância e período de tempo para executar tal tarefa? A regra totalmente abstrata "de maxima e de minima"[299] fornece o resultado. Sua fórmula algébrica compara uma pluralidade de carregamentos possíveis, fixando um deles como se fosse o mais equilibrado: aquele que permite mais carga para o mesmo tempo e a mesma fadiga; ou, dito por outras palavras, ideal médio e teórico em que seria evitada a fadiga insuperável. Coulomb estabelece esse fardo-tipo em 56kg, ou seja, 12kg a menos que o primeiro peso. Observação indispensável a acrescentar aqui, além do resultado obtido: a abordagem limita-se à altura transposta, negligenciando as diferenças suscetíveis de existir entre a subida de uma encosta vulcânica e a de uma escadaria na cidade.

O mesmo cálculo, ainda, em manivelas nas quais as cargas são impulsionadas mediante pressão sobre as alças. Distâncias e pesos são comparados, número de voltas e períodos de tempo são avaliados. Nova constatação: "A manivela apresenta-se como preferível à campainha" (COULOMB, 1798, p. 417). Nenhuma dessas ações, no entanto, permite alcançar os 205kg carregados em 1km correspondentes à subida sem carga. Ainda outra constatação: a eficácia do recurso à gravidade do corpo enquanto motor, uma vez que deveria, supostamente, produzir o máximo em "quantidade da ação"; esse privilégio conferido ao dispositivo em que o homem escalaria uma distância sem carga, antes de "deixar-se cair por um meio qualquer ao arrastar e levantar um peso cujo volume é aproximadamente igual ao peso de seu corpo" (COULOMB, 1798, p. 423). O cálculo pretende, assim, compa-

---

299. Cf. a apresentação do empreendimento de Coulomb no início do século XX. In: Amar, 1914, p. 236.

rar fadigas a partir de um modelo mais experimental do que o procedimento adotado por Bernoulli, garantindo, além disso, legitimar o uso útil do peso corporal.

Resta, para além do cálculo e também das "observações únicas"[300] e não repetidas, impedindo qualquer valor médio obtido por comparações sucessivas, a presença inevitável das apreciações pessoais, limites idênticos aos do raciocínio de Bernoulli (cf. p. 166): a avaliação totalmente subjetiva da fadiga, sua estimativa circunstancial, constatação limitada de acordo com a afirmação exclusiva dos atores. O olhar, nesse caso, incide sobre a ação, e não tanto sobre o que a dirige ou permite nem sobre o organismo que fornece um dispêndio físico e acaba por desmoronar-se. Nada é afirmado sobre o estado, seja dos companheiros de J.-C. Borda na subida do pico de Tenerife ou dos carregadores subindo as escadarias. Resta a quantidade mecânica, não a quantidade de degradação corporal, revelando de passagem toda a dificuldade de apreender a depreciação específica e interna do corpo; a isso acrescente-se que, por fim, todo o trabalho e qualquer unidade produzida, tanto na variedade dos gestos quanto na extrema dispersão das situações, não poderiam limitar-se à "experiência fundamental de levantar um peso a determinada altura" (MAITTE; TERRIER, 2014, p. 312).

Projeto eminentemente moderno, de qualquer modo, a abordagem de Charles Coulomb tentou circunscrever a fadiga mínima para uma eficácia máxima, ou seja, principal intuito. Seus resultados continuarão sendo uma base de cálculo para os mecânicos no início do século seguinte. Exigência refinada, renovada, mas prometida e anunciada e não tanto claramente concretizada.

Calcular a quantidade de oxigênio

A mesma ambição encontra-se na abordagem de Antoine-Laurent Lavoisier, em 1777, a qual não chega a ser levada em consideração por Coulomb. A originalidade consiste em procurar o cálculo não mais no resultado mecânico, mas no

---

[300]. As experiências "de Coulomb – extraídas sempre de uma única observação e, às vezes, tomadas de empréstimo a observadores pouco confiáveis – carecem de uma verdadeira comprovação, apesar da autoridade excepcional do célebre físico" (AMAR, 1914, p. 237).

dispêndio orgânico. Foi necessária a descoberta do oxigênio para desestabilizar os cálculos, renovando os dados a ponto de deslocar as representações do corpo; por fim, uma perda orgânica, pela primeira vez, pode ser objetivada, calculada. Revolução capital. Lavoisier avalia o consumo desse "gás vital" de acordo com a atividade efetuada. Assim, a carga fisiológica é, pela primeira vez, tanto focalizada quanto materializada: o interior do corpo torna-se um exterior mensurável (cf. DAGOGNET, 1973, p. 87 e 89). Isso é possível mediante um dispositivo inédito: as câmaras herméticas captando entradas e saídas de indivíduos em ação, indicando o fluido que passa por seus pulmões. Essas câmaras e suas estruturas favorecem uma constatação tanto nova quanto central: a absorção de oxigênio varia de acordo com o esforço realizado, exatamente como existem equivalências para atividades heterogêneas. Eis o que afirma Lavoisier em uma evocação detalhada, cuja extensão não dissimula, de modo algum, a precisão:

> Esse tipo de observação leva a comparar usos da força entre os quais não haveria aparentemente nenhuma relação. É possível saber, por exemplo, a quantas libras de peso correspondem os esforços de um homem que recita um discurso ou de um músico que toca um instrumento. Seria possível inclusive avaliar o que há de mecânico no trabalho do filósofo que reflete, do letrado que escreve ou do músico que compõe. Esses efeitos de natureza puramente moral têm algo físico e material que, sob este aspecto, permite compará-los com os do trabalhador braçal (LAVOISIER, 1777; apud VATIN, 2009, p. 45).

Pela primeira vez, a atividade é assimilada a um dispêndio fisiológico calculável, do mesmo modo que uma chama absorve uma quantidade de oxigênio dependendo da quantidade de combustão produzida. O corpo é um queimador do qual é possível quantificar o consumo. Pela primeira vez, o trabalho enuncia-se em termos de perda escalonada: custo previsível, custo quantificado. Qualquer trabalho suplementar acarreta um suplemento consumido. Qualquer acentuação de esforço resultará em um aumento do calor. Constatação decisiva. Melhor ainda, a câmara de Lavoisier fornece seus cálculos. Isso desestabiliza completamente as avaliações e seus objetos, o que já esboça, sem realmente nomeá-la, a noção inédita de rendimento, comparando entradas e saídas: a eficácia da atividade relacionada ao oxigênio absorvido, sua exploração e sua quantidade, a utilização mínima, aqui ainda, para obter o maior resultado possível. Essa descoberta, no entanto, ainda não leva a descortinar tais disparidades possíveis, aquelas que indicam que a taxa de fadiga pode revelar-se puramente individual, referência vinculada às qualidades orgânicas, às circunstâncias, aos hábitos anteriores, assim como às formas mais ou menos eficazes de uma mobilização do oxigênio. Daí a ausência ainda desse cálculo nas mais variadas situações de trabalho quando, afinal, o princípio desvelado revela-se central.

Tal descoberta, no entanto, está longe de ser ineficaz: vários experimentos vão ampliá-la. Joseph Priestley, rival de Lavoisier, isola laboriosamente o gás em um sifão de vidro, vai respirá-lo em abundância e declará-lo elixir da vida, alegando ter encontrado aí uma força desconhecida: "Deu-me a impressão de que meu peito estava singularmente desimpedido e à vontade durante algum tempo" (PRIESTLEY, t. I, 1777, p. 126). *La Gazette de Santé* descreveu, no início da década de 1780, máquinas inéditas destinadas a projetar o fluxo em pacientes exaustos. Nada simples, porém: é difícil manusear o fluido; seu uso permanece frágil, malcontrolado. No decorrer do século, as tentativas são interrompidas, assim como as análises aprofundadas a respeito do trabalho e de seus consumos. Ainda não havia chegado a hora de uma visão que viesse a combinar a mecânica orgânica com o calor, focalizando a energia em todas as potencialidades combustivas do corpo, além de procurar claramente no pulmão um recurso físico insuspeito; nem havia chegado a hora em que o rendimento fosse chamado a revelar tanto sua eficácia quanto sua complexidade.

16
A fadiga suportada, emergência da compaixão

Essa nova atenção prestada às práticas e aos gestos, com o advento do Iluminismo, acabou deixando, no entanto, ainda mais vestígios. Essa curiosidade desencadeou um maior número de efeitos: o olhar direcionado para os movimentos e suas manobras suscitou outros objetos, diversificando os questionamentos, criando um possível espanto, uma surpresa e, às vezes, emoção. A nova focalização na indústria pode ter transformado a visão do próprio observador. Uma compaixão desconhecida teve oportunidade de emergir – longe da mera indigência (cf. p. 131-132) –, valorizando, no próprio trabalho, o que era tradicionalmente negligenciado. O olhar projetado sobre a fadiga impõe-se, então, de acordo com outra vertente: em vez da sensação interna produzida por ela e em vez do cálculo indiferente de seu controle ou evitamento, a emoção despertada no observador por seu efeito de deterioração. Momento importante na maneira de levar em consideração o trabalho.

Surgimento de uma compaixão

Esforços durante muito tempo, indiferentes, ganham acuidade; sofrimentos durante muito tempo, irreconhecidos, tornam-se visíveis. Os testemunhos concentram-se nesses aspectos, provocando um inédito campo de interesse: o de atos aparentemente marginais que, de repente, se impõem ao olhar. O mundo obscuro dos anônimos ganha destaque, abre-se para os sofrimentos, além de revelar dores.

A atividade dos carregadores, por exemplo, evocada por Louis-Sébastien Mercier em sua obra, *Tableau de Paris*, em 1781: "Curvados ligeiramente, apoiados em um cajado adaptado à marcha, eles carregam fardos que matariam um cavalo"[301]. A dos "portadores de liteira": "Mercenários robustos, encharcados pelo suor e apoiados em seus grandes sapatos de ferro"[302]. A das mulheres que carregam pesados fardos: "Não se vê, de modo algum, o esforço de seus músculos – por ser mais dissimulado – como ocorre nos homens; mas é possível adivinhá-lo em seus pescoços retesados, na dificuldade para respirar; e a compaixão penetra em você até o fundo da alma"[303]. Ou ainda as tarefas penosas, denunciadas como abusivas, desde meados desse século, por alguns autores em busca de equidade: "A requisição em vista da construção das estradas principais é, até agora, o mais horrível imposto a pagar. O trabalho árduo e a subsistência são exigidos aos diaristas para além de todas as suas forças"[304].

Isso ainda implica inflexão do argumento que justifica a multiplicação das máquinas. Não, evidentemente, pelo fato que tal projeto seja puramente compassivo. A renovação econômica, o aprofundamento do gesto de fabricação, assim como a não dependência exclusiva dos recursos rurais são favoráveis à mecanização. As invenções permeiam a sociedade do Século das Luzes. No entanto, permanece o objetivo explícito – notável, entre alguns "defensores da mecânica" – no sentido de aliviar a penosidade do trabalho. Eis o que afirma Claude-François Berthelot quando se refere, em 1782, a seu guindaste "apropriado para carregar e descarregar os barcos":

> O autor, ao levar em consideração os perigos a que estão constantemente expostos os infelizes ocupados nessa espécie de trabalho pela triste necessidade de ganhar a vida, decidiu aplicar o motor dos moinhos descritos anteriormente, além dos pedais que os co-

---

301. MERCIER, L.S. Portefaix. In: Mercier, 1994, t. I, p. 789.
302. MERCIER, L.S. Chaises à porteurs". In: Ibid., p. 1.312.
303. MERCIER, L.S. Portefaix (Femmes). In: Ibid., p. 791.
304. PAULMY, A.-R.V.d'A. Lettre d'octobre 1749, apud Cadilhon, 2002, p. 396. • CERTEAU, M. Política e mística. René de Voyer de Paulmy, conde d'Argenson (1596-1651), p. 324-371, apud Certeau, 2021 [N.T.].

locavam em movimento, a todo o tipo de guindastes (BERTHE-
LOT, 1782, t. I, p. 19).

De imediato, tais compromissos não acarretam, de modo algum, transformações no núcleo de práticas; inclusive, seu impacto é reduzido ou nulo sobre as condições da vida operária. O que ocorrerá mais tarde, no final do século XVIII e no século seguinte: sem dúvida, com a mecanização, embora lenta e sem desestabilizar ainda o conjunto dos gestos, eles dão testemunho aqui de um aperfeiçoamento da sensibilidade na cultura do século XVIII, e não tanto de uma reviravolta das profissões; uma mudança de afeto, seu refinamento, detectável em muitos outros "lugares". Aquele mesmo que renova também a imagem da infância, a atenção às suas fraquezas e fragilidades, das quais a obra, *Émile*, de Jean-Jacques Rousseau, em 1761, constitui uma de suas demonstrações[305]; aquele mesmo que renova igualmente a imagem da violência, o questionamento da tortura, a respeito do qual o texto – *Dei delitti e delle pene* – de Cesare Beccaria é uma das testemunhas, em 1764[306]; e, ainda, aquele que renova a imagem da escravidão, a respeito da qual o texto do *Abbé* Guillaume Raynal é uma de suas manifestações, em 1770, ao lançar o alarme em relação a esses seres "condenados a uma condição terrível [...], ao trabalho contínuo em todo o arquipélago americano [...], sob o chicote agitado continuamente por um capataz cruel" (RAYNAL, 1780, t. IV, p. 150). Lento deslocamento do patamar de tolerância nos costumes e comportamentos, defasagem do aceitável e acentuação do insuportável; isso não exclui, evidentemente, vários julgamentos denunciados, mais tarde, como outras tantas indiferenças. Gabriel Jars, observador detalhista das minas europeias, em 1774, combinando a travessia das jazidas em exploração, curioso em relação a cada procedimento favorável a economizar dispêndio de energia e esforços, considera, no entanto, útil – para não dizer, necessário – a presença de crianças ainda pequenas nos poços: o tamanho delas é mais adequado do que outros para penetrar nas galerias demasiado bai-

---

305. "Que pensar então dessa educação bárbara [...], que cumula a criança de cadeias de toda a espécie [...]?" (ROUSSEAU, 1995, p. 60).
306. "Quem, ao ler a história, não se horripila diante dos bárbaros e inúteis tormentos criados e executados insensivelmente por homens que pretendiam ser sensatos?" (BECCARIA, 1999, p. 89).

xas, assim como nas passagens "ainda sem trilhos em perfeitas condições" (JARS, 1774, t. I, p. 268). Tão normal quanto banal seria o trabalho delas à noite nas galerias estreitas; invisível seria também seu possível sofrimento. O afeto bastante real de numerosos observadores sobre o trabalho penoso dos humildes mistura-se, assim, com o que aparecerá, mais tarde, como se tratasse de possíveis insensibilidades em relação a alguns deles.

No entanto, predomina uma compaixão inédita, à qual são adicionadas contestações cada vez mais numerosas contra as "tarefas penosas", enquanto os "antigos registros de propriedade" obrigavam os "submetidos a tais tarefas a empurrarem as charretas e a executarem as manobras de acordo com a vontade do senhor" (HENRYS, 1708, t. I, p. 303). Desencadeia-se um questionamento, intensificado na segunda metade do século XVIII, a exemplo da prolongada ação dos habitantes da antiga Província de Angoumois promovida, em 1765, para acabar com os direitos do Conde Charles-François de Broglie sobre mais de trinta paróquias e rejeitada pelo tribunal de Angoulême em 18/12/1768, mas dando testemunho de uma determinação deliberadamente coletiva. A mesma ação obteve algum resultado contra os direitos dos senhorios da Alsácia, severamente afetados por um decreto de 24/12/1783[307]. Por fim, Charles-Alexandre Calonne, controlador-geral das finanças de Luís XVI, reduz o imposto e, em 1787, substitui as tarefas penosas por uma taxa em dinheiro, aliás, decisão saudada no mesmo momento pelo Conde Louis-Philippe de Ségur como se marcasse o "fim de séculos de barbárie" (SÉGUR, 1827, t. I, p. 230).

Contestações mais numerosas também no mundo operário: sem dúvida, a reivindicação, por si só, em vista de melhores salários consegue seu objetivo por ocasião dos motins de Lyon, em 1786, "desencadeados pelos operários da seda aos quais se juntam os chapeleiros" (GOUBERT; ROCHE, 1991, t. II, p. 338); mas são visados também o despotismo e a escravidão a que eles são submetidos pelos comerciantes. Tal situação é repercutida na canção irônica dos tecelões in-

---

307. Verbete Corvées. Cf. Denisart, 1775.

gleses, na mesma época, denunciando o recurso à redução dos salários quando esses mesmos comerciantes obrigam os operários a pagar os fios comprados aos acionistas. Daí o alongamento das horas de trabalho para compensar as perdas. É o "deleite do comerciante de tecidos de lã", achincalhado pelos ingleses: "Deixar exaustos os fiandeiros por um salário irrisório" (MANTOUX, 1906, p. 57). Em compensação, um duplo objetivo – aquele relativo "à melhoria dos salários e [o outro] dizendo respeito à redução das horas de trabalho" (GOUBERT; ROCHE, 1991, t. II, p. 338) – é efetivamente, desta vez, objeto de movimentos nas fábricas de telas pintadas de Beauvais (acima de mil operários), em 1778. Mesmo objeto, ainda, com a associação geral das fábricas de papel que se estende do departamento da Auvérnia até o Sudoeste, em 1780 (cf. GOUBERT; ROCHE, 1991, t. II, p. 338).

Evocar a longevidade

Ainda é impossível ignorar uma referência bastante particular nesta segunda metade do século, presente entre numerosas personalidades importantes, enciclopedistas e cientistas: a evocação do desgaste físico, a estimativa praticamente fixada da longevidade, ligação circunstanciada entre a brevidade dos dias e a estafa das profissões. Eis a certeza de Diderot: "Existem muitos estados na sociedade que excedem a fadiga, esgotando rapidamente as forças e encurtando a vida"[308]. Mesma conclusão, ainda mais bem definida, por parte da Société Royale de Médecine, em 1778, ao aprofundar o estudo sobre Marselha e seus arredores, mediante a descrição dos camponeses provençais "extenuados por um trabalho árduo e imoderado [...], tendo envelhecido antes dos 45 anos e, assim, destinados a uma vida mais curta" (RAYMOND, 1777-1778, p. 127[309]); ou Buffon ao comparar Paris e suas zonas rurais, descrevendo, nas aldeias, "pessoas mais cansadas, mais desnutridas, perecendo muito mais cedo do que os citadinos"[310]. Daí as amplas tabelas

---

308. DIDEROT, D. La réfutation d'Helvétius [manusc. 1783]. In: Diderot, 1971, t. 11, p. 458.
309. Cf. Chasles, 2016 [N.T.].
310. BUFFON, G.-L.L. *De l'homme*. In: Buffon, 1836, p. 353.

numéricas deste naturalista, confrontando, pela primeira vez, em 1749, diferentes condições, profissões ou ambientes, com as expectativas de vida. Verificações que adicionam o rigor à novidade: duas vezes mais numerosas são, em Paris e relativamente a uma população comparável, as pessoas com idade acima dos 80 anos e quatro vezes mais numerosas aquelas com mais de 90 anos[311]. Ainda o mesmo tipo de referência com a evocação das minas, em alguns relatórios do final deste século, modulando a aparente indiferença de Gabriel Jars em seus relatórios de 1774 (cf. p. 175-176). As provações vivenciadas nos subsolos já não se limitam a substâncias absorvidas, a possíveis catástrofes, aos miasmas, aos ares, às águas, mas aos deslocamentos, às posições, aos movimentos forçados e, portanto, aos esgotamentos vitais: "Em várias galerias só é possível andar apoiado nos joelhos e com as mãos no chão. Em geral, você tem que ficar continuamente curvado e, até mesmo, agachado [...]. Como essa posição forçada só pode prejudicar o esforço físico e encurtar a vida dos operários, tal galeria deveria ser um pouco mais alta" (AUBUISSON, 1805).

Os próprios atores podem elaborar tais constatações, o que é mais marcante. Vincent-Marie Vaublanc menciona, no final do século, os camponeses do Grand--Saint-Bernard – desfiladeiro alpino a 2.469m de altitude – reconhecendo que eles "têm uma vida mais curta" por causa da "fadiga frequente de subir e descer a montanha" (VAUBLANC, 1857, p. 353). Os ferreiros, longe desse mundo rural – mas diante do progresso do novo método da pudlagem, ou seja, "descarbonização manual do ferro fundido para depurá-lo", inventado em 1780 na Grã-Bretanha –, ainda detectam nessa operação um tão grande dispêndio muscular que "os operários, depois dos quarenta anos, já não se encontram em condições de ocupar seu posto"[312]; ou os aparadores de tecidos, tendo de empunhar as mais pesadas tesouras, forçados a exercer, segundo Duhamel Du Monceau, a "mais árdua profissão [...]" (DUHAMEL DU MONCEAU, 1765, p. 111), sentem também "já não serem

---

311. Ibid., p. 293ss.
312. Cf. MAITTE, C.; WORONOFF, D. Les mondes ouvriers, p. 249-262. In: Maitte; Minard; Oliveira, 2012, p. 253.

capazes de aparar em boas condições para além de cinquenta anos, de tal modo o trabalho requer força, habilidade manual e acuidade visual"[313].

Com o decorrer do século recrudesceu a consciência em relação tanto à expectativa de vida quanto ao efeito das profissões sobre um possível encurtamento do tempo para viver.

A divisão do trabalho

Em compensação, no final do século XVIII, impõe-se a emergência de outra organização para deslocar ainda mais os tipos de fadiga: o da divisão do trabalho. Adam Smith foi o primeiro a elaborar tal teoria, em 1776. O exemplo permanece canônico: a confecção de alfinetes, dividida em dezoito operações diferentes. O trabalhador solitário, "por mais habilidoso que seja", é incapaz de produzir, por dia, mais de um alfinete, enquanto a distribuição em "um grande número de tarefas – a maioria das quais constituem outras tantas profissões específicas", especializando os operários, simplificando os gestos, além de coordená-los entre si – permite multiplicar exponencialmente o resultado: "Vi uma pequena manufatura desse tipo", na qual 10 operários conseguiam fabricar "48 mil alfinetes em uma jornada de trabalho" (SMITH, 1996, p. 66). Comparação extrema: tal quantidade não pode equiparar-se, de modo algum, ao resultado obtido pelo trabalhador solitário. Adam Smith pode inclusive evocar furtivamente a fadiga, remetendo a simplificação gestual à de um raciocínio infantil:

> Um desses meninos, que gostava de brincar com os colegas, observou que, colocando um barbante na alça da válvula que abria essa comunicação [entre a caldeira e o cilindro de uma máquina a vapor] e amarrando esse cabo a outra parte da máquina, essa válvula abriria e fecharia sem sua intervenção, proporcionando-lhe a liberdade de brincar à vontade. Assim, uma das descobertas que mais contribuiu para aperfeiçoar esse tipo de máquinas desde que estas haviam sido inventadas, deve-se a uma criança que estava apenas tentando livrar-se dessa tarefa (SMITH, 1996, p. 69-70).

---

313. GAYOT, g. Les "ouvriers les plus nécessaires" sur le marché du travail des manufactures de draps aux XVIIe-XVIIIe siècles, p. 209-237. In: Minard; Gayot, 2001.

A originalidade dessa abordagem está, no entanto, em outro lugar: a eliminação dos tempos de inatividade, a mecanização das tarefas e a intensificação da produção. No entanto, o possível oposto de tal "economia de esforço" (SÉRIS, 1994, p. 55) permanece, de fato, na sombra: "Supressão do sentimento e da razão", colapso das "habilidades de natureza intelectual e manual" (SÉRIS, 1994, p. 91). Consequência inesperada: a emergência de uma fadiga totalmente nova que já não se limitava ao estrito dispêndio muscular, mas à atenção aturada, à fixação do posto e à monotonia prolongada. Isso transforma a velha atividade individual da oficina em disciplina coletiva, uniformizada, monitorada com extremo rigor; transformando igualmente a iniciativa possível em uma coação padronizada. Tal dispositivo aparece assim, na Inglaterra, no final do século, antes de se espalhar na Europa no início do século seguinte.

A tarefa "torna-se mais rígida", "com limites estritos e sempre a mesma" (MANTOUX, 1906, p. 392), conscientemente confinada e procurada pelo industrial, a tal ponto que Matthew Boulton – um dos principais atores da primeira revolução industrial –, em sua Soho Manufactory, na década de 1780, pretende reconhecer, ao som das rodas e dos martelos, o menor incidente ou paralização (SMILES, 1865, p. 482). A estafa resultante dessa "mecânica sem alma" (MANTOUX, 1906, p. 426) e de sua duração cotidiana ainda carece de nome; aliás, ocupa pouco espaço – para não dizer que está ausente – nos textos dos engenheiros[314]. No entanto, produz resistências, recusas, a quebra de máquinas, a violência, nem que fosse pelo fato de estar associada ao infortúnio de artesãos privados de emprego. Assiste-se à proliferação de ajuntamentos e agressões. Tais circunstâncias são evocadas, em 1779, por Josiah Wedgwood, o industrial de Lancastre: "Eles são, no mínimo, uns quinhentos e disseram-me que vinham destruir algumas máquinas, tendo a pretensão de fazer o mesmo em todo o país"[315]. Havia vários milhares deles, perto de Chorley, em 1780, com cartazes e tambores ou ainda, em 1796, em Yorkshire. A repressão é

---

314. No entanto, cf. a inquietação manifestada por Jean-Rodolphe Perronet, perante "a fadiga resultante da repetição dos mesmos gestos em um ritmo constante" (PERRONET, 1765, p. 52).
315. SMILES, S. Cenário de 1779. In: Mantoux, 1906, p. 418.

brutal: envio de tropas, prisões, condenação à morte dos líderes. E também ameaças: perda de trabalho, contratação de mulheres e crianças. Ou renovação da lei, tal como a de 1799 que proíbe "as coalizões de operários para obter aumento de salários, redução de horas de trabalho ou qualquer outra melhora no emprego" (BEAUD, 2010, p. 105). Surgimento de um número crescente de coações, nas quais o filósofo e historiador, Jules Michelet, detecta uma "maldição pesando consideravelmente sobre a Inglaterra" (MICHELET, 1846, p. 45).

Ou, dito por outras palavras, a fábrica inventa uma nova penosidade, o que é a manifestação de um paradoxo no século da sensibilidade: "A filantropia estava na moda; no entanto, para numerosos proprietários de manufatura, ela não passava o limiar da fábrica. A compaixão deles pelos negros das colônias – que, aliás, lhes custava pouco – esgotava seu suprimento de humanidade" (MANTOUX, 1906, p. 398). É inaugurado e construído um modelo, cuja expansão crescente e inédita, no século XIX, irá instaurar um regime – tão específico quanto generalizável – de esgotamento.

17
A fadiga procurada, pretexto de desafio

Da apatia das *vaporeuses*[316] ao abatimento dos operários, a vertente social das fadigas fica, assim, cada vez mais aberta no século XVIII: expande-se, revelando a atenção prestada às sensações quase eufemísticas dos abastados e aos sofrimentos recém-evocados dos deserdados. Inclui também formas laboriosas, no final do século, vinculadas ao ritmo das fábricas e à vigilância reforçada. Desse modo, o espectro dos cansaços acentuou conjuntamente seus dois polos, cruzando a sensibilidade com as condições penosas do trabalho.

Nas franjas mais afortunadas da sociedade ou da opinião esclarecida, continuam presentes novas tomadas de consciência, criando no decorrer do século outros espaços de cansaço e outros tipos de comportamento, apoiando-se no desenvolvimento do individualismo – o de uma vontade de autonomia –, e na visão nova tanto do corpo quanto do tempo: experimentar de maneira diferente o orgânico, aprimorar as próprias criações, renovar os horizontes do possível, além de ampliar as iniciativas pessoais de afirmação. Isso transforma, pela primeira vez, a fadiga em espaço de aventura deliberadamente enfrentado, consentido, procurado, enquanto oportunidade de descoberta, assim como tema de prospecção sobre o mundo e sobre si mesmo. Não mais a fadiga redenção e seus aspectos obsoletos (cf. p. 44), mas a fadiga desafio e suas perspectivas de futuro.

---

316. Em relação às "vaporeuses", cf. FOUCAULT, 1978, p. 225-226 [N.T.]

O desafio da viagem

Numerosas práticas tendem aqui a inverter seu sentido ao enriquecê-lo. A viagem, entre outros aspectos: não pelo fato de perder *a priori* sua vertente assustadora, mencionada regularmente nas cartas – por exemplo, as de Mme. du Deffand, ao tornar "a fadiga da viagem"[317] em repetição de receios –, mas ela pode também, pela primeira vez, revelar uma vertente regeneradora, restaurar as forças, além de provocar emoções intensas. Diderot chega inclusive a manifestar-se surpreendido ao evocar, em 1773, seu longo périplo a caminho da Rússia:

> Em um passeio a pé no Bois de Boulogne eu teria ficado muito mais cansado do que no percurso de 800 léguas em carruagem por estradas intransitáveis. O movimento é mais agradável para mim, enquanto a vida sedentária, e por demais ocupada, talvez seja a verdadeira causa das minhas indisposições. Em Paris, eu já me deitava extenuado e levantava-me, habitualmente, mais exausto do que ao deitar-me. Não experimentei nada semelhante, mesmo depois de 48h de um trajeto ininterrupto pelo fato de termos viajado, várias vezes, durante o dia e à noite[318].

Imagem central: as sacudidelas, os solavancos é que restituíram o vigor pretendido. As oscilações das berlindas é que voltaram a fornecer a tonicidade perdida às fibras, enquanto tais movimentos engendravam anteriormente inexoráveis fraquezas. O solavanco, considerado outrora cansativo (cf. p. 99) por reprimir os humores, passa a ser julgado como fortificante por enrijecer as fibras, além de estimular sua resistência e seu potencial. A sensação relativamente a uma mola propulsora íntima e a uma nova liberdade é aqui predominante, acentuando o sentimento de resistência e de confronto. Melhor ainda, a fadiga em si, identificada tradicionalmente com uma perda – sem dúvida, para além do aspecto demasiado circunscrito da redenção religiosa (cf. p. 45) –, torna-se aqui vantagem, lucro, autotransformação. Daí esta afirmação que inverte os depoimentos tradicionais

---

317. MME. DU DEFFAND. Lettre du 26 juin 1771. In: *Lettres...* 1903, p. 441.
318. DIDEROT, D. Lettre à Mme. Diderot, 08/10/1773. In: Diderot, 1971, t. 10, p. 1.079. Bois de Boulogne [Bosque de Bolonha] é um parque florestal na periferia oeste de Paris.

dos viajantes: "Meu trabalho nunca é tão rentável e nunca me sinto tão bem a não ser durante meus longos trajetos"[319]. Ou este episódio – considerado exemplar, em 1785, por Jean-Baptiste Pressavin, cirurgião na cidade de Lyon e futuro membro da Convenção [um dos períodos da Revolução Francesa]: a história de uma *vaporeuse* parisiense, em estado de prostração, ao ficar sabendo que terá de resolver, com urgência, um caso de herança em Bordeaux. A mensagem é impositiva, a partida abrupta e a aventura forçada, a tal ponto que a futura viajante vê-se obrigada a recorrer a uma carruagem alugada de imediato, desconfortável, com molas estragadas. A chegada cria uma surpresa: a fadiga desapareceu, tendo recuperado a firmeza. A explicação continua sendo a mesma: sem dúvida, a viagem é cansativa, mas o corpo balançado de um lado para o outro, sacudido, aos encontrões com as paredes do veículo encontra também em tais circunstâncias algum endurecimento. A mudança revela-se como revigorante. A flacidez transforma-se em solidez, o desânimo em empolgação (cf. PRESSAVIN, 1786, p. 154). Máquinas são, deste modo, inventadas, fornecendo oscilações e choques, os quais deveriam, supostamente, inverter as indolências: por exemplo, a "poltrona mecânica", o "cavalo mecânico" e o "banquinho de equitação", outras tantas máquinas inéditas evocadas pela *Encyclopédie* ou por *Affiches, annonces et avis divers*[320], cujas básculas, alavancas e engrenagens, manipuladas devidamente por algum empregado diligente, instalam o usuário em um movimento tão regenerador quanto contínuo, inclusive no interior de seu apartamento[321].

O desafio dos períodos mais ou menos longos de tempo

As limitações são também procuradas de maneira diferente: distâncias e períodos de tempo transformados em rendimentos e desafios, além de insistência sobre a iniciativa, a afirmação arriscada. Em vez da atenção prestada somente à rapidez e em vez do registro quase mecânico da velocidade entre dois lugares – a exemplo

---

319. DIDEROT. Lettre du 15 octobre 1773. In: Ibid., p. 1.085).
320. Cf. Tabouret d'équitation. *Affiches, annonces et avis divers*, 1761, p. 185.
321. Verbete Équitation. In: D'ALEMBERT, J.; DIDEROT, D. *Encyclopédie*, 1751-1780.

dos detalhes fornecidos pelas correspondências do século XVII (cf. p. 100-101) –, aposta-se nessa mesma rapidez, no estímulo provocado por esta, na busca por um cruzamento, cada vez mais aprimorado, entre o percurso e o tempo para percorrê-lo. Afirmação totalmente individual, convém insistir neste aspecto: a certeza de ser capaz de enfrentar o impossível, de alcançar o extremo, sob a forma de desempenho ou de proeza avaliada. Tal desafio – o primeiro, na França – ocorreu, em 1694, ano em que o duque Henri d'Elbeuf aposta que "seus cocheiros são capazes de percorrer a distância Paris-Versailles e retorno em menos de 2h" (LEE, 1914, p. 89); afinal de contas, acabou conseguindo um ganho de 7min, o que corresponde também, evidentemente, a um cálculo cada vez mais rigoroso do próprio tempo. As tentativas prosseguem no decorrer do século XVIII, sobretudo após meados do século, a ponto de adquirir alguma atribuição oficial quando o desafio de Milord Poscool, em novembro de 1754 – o de percorrer a distância entre Fontainebleau e Paris em menos de 2h –, provoca esta decisão do rei: é ordenado "aos encarregados da segurança pública para removerem da estrada todos os obstáculos que viessem a causar o menor estorvo ao competidor"[322]. Outra novidade: Poscool galopa "com um relógio costurado no braço esquerdo para ser capaz de verificar ininterruptamente a hora durante sua corrida" (CHEVERNY, 1990, p. 165), ajustar sua progressão e transformar o tempo em "obsessão", antes de conseguir um ganho de 12min em relação à sua aposta. O que torna simplesmente esse teste em um acontecimento, descrito devidamente como tal por Louis-Sébastien Mercier ou Dufort de Cheverny: "Eis o que foi comentado durante seis meses, de tal modo as pessoas começavam a se entusiasmar com as corridas" (CHEVERNY, 1990, p. 165).

A fadiga e seu desafio estão bem presentes em tais tentativas. Determinadas mudanças são pensadas, lugares preparados e cavalos distribuídos para o revezamento. Uma cama foi inclusive instalada "no estabelecimento de um limonadeiro", no ponto de chegada, quando o Marquês Charles-Noël du Saillant, em 06/08/1722, aposta em "percorrer duas vezes a distância da porta de Saint-Denis [em Paris] ao Château de Chantilly, ou seja, trinta e seis léguas, em menos de

---

322. MERCIER, L.-S. Jockeys. In: Mercier, 1994, t. II, p. 272.

6h". O cavaleiro monta sucessivamente dezesseis cavalos, consegue o ganho de 25min em relação à aposta e descansa durante 1:30h no lugar combinado; aliás, "demasiado pouco" no entender das testemunhas (cf. BARBIER, t. I, 1718-1726, p. 230). O diário de Edmond-Jean-François Barbier insiste sobre as qualidades assim demonstradas: "Trata-se de uma corrida não de cavalos, mas de homem". Aqueles que pretendiam acompanhá-lo "tinham perdido o fôlego" (BARBIER, t. I, 1718-1726, p. 230). Experiência inédita, com certeza, em que a resistência à fadiga torna-se, pela primeira vez, tanto uma oportunidade de apostas quanto um lugar de façanha quantificada.

Após meados desse século é que os exemplos são sistematizados. O duque de Croÿ dedica-se afincadamente a *performances* que provocam claramente a resistência respiratória. As corridas de patinação em canais congelados: "Aprendi aí que bons patinadores percorriam o dobro do comprimento do canal, com 800 toises, em 6min". Tais números são relacionados por ele a unidades do tempo: "O que se elevaria, com a continuação, a seis léguas e um terço em 1h" (CROY-SOLRE, 1906, t. I, p. 154). Ele fica extasiado com alguns resultados: "Em sua corrida na Flandres, servindo-se da berlinda, a velocidade de cinco a seis léguas por hora é algo prodigioso" (CROY-SOLRE, 1906, t. II, p. 212). Novidade absolutamente importante em que a distância percorrida é relacionada, pela primeira vez, a uma unidade de tempo. Nada além da invenção de uma constância. Abandono definitivo do mundo do mais ou menos (cf. p. 25): trata-se não mais da duração relativa para chegar a um lugar, mas do período de tempo padronizado para percorrer determinada distância. A velocidade já não é apresentada mediante vicissitudes quase anedóticas do percurso, mas através de uma tabela abstrata que procede ao cruzamento das unidades: a do espaço e a do tempo. Desde então, as velocidades – assim como as resistências – estariam em condições de ser comparadas.

O desafio das descobertas

No Século das Luzes há ainda outro modo de confronto voluntário com a exaustão e a dor, além de outra viagem, diferente da agitação reforçadora já mencionada (cf. p. 183): a da grande travessia, o risco em enfrentar os mares, o desafio da aventura no desconhecido e dos perigos. Trata-se já não das tempestades, dos furacões e de suas vicissitudes para obter algum perdão ou alguma redenção – tal como havia acontecido, durante muito tempo, com a peregrinação à Terra Santa e suas incertezas –, ou para conseguir um maior controle das terras ou para incrementar o comércio dos produtos, como havia sido o caso, também durante muito tempo, dos périplos de conquista. Mas desses mesmos alarmes para um projeto mais prosaico e igualmente mais moderno: conhecer o mundo e explorar o desconhecido, em melhores condições, além de ter acesso a regiões ainda ignoradas. Outorgar a gratuidade ao desafio para um maior crescimento de si mesmo, experimentar o perigo para se afirmar com maior consistência. O desafio das grandes aventuras metamorfoseou-se e seu objetivo deslocou-se: viajar para ampliar sua compreensão, desafiar para informar de maneira mais fidedigna, suportar provações para aprimorar seu saber, senão para existir de maneira mais plena. Desde então, o sofrimento aparece, nesse contexto, mais generoso e apreciado:

> Com o Século das Luzes verificou-se uma total mudança. O esforço excepcional para esclarecer e sistematizar as ciências da natureza, da terra e da matéria, como havia sido a *Encyclopédie*, conferiu às viagens um conteúdo científico quase sistemático[323].

A segunda viagem de James Cook, entre 1772 e 1775, tem o objetivo de "fazer descobertas no Hemisfério Sul"[324]. A viagem de Bougainville, entre 1766 e 1769, efetua a volta ao mundo, passando um período mais longo de tempo nos arquipélagos da Oceania (cf. BOUGAINVILLE, 1771[325]). A de La Pérouse, de 1785 a 1788, visa tanto a exploração do Pacífico em seu conjunto quanto "a resolução de problemas científicos formulados pelas últimas navegações mais famosas"[326]. O

---

323. BEAUSOLEIL, J. Introduction, p. 11-12. • LESOURD, M. L'appropriation du monde, p. 17. Cf. Beausoleil, 1993.
324. COOK, J. Introduction. In: Cook, 1778, p. VI.
325. Cf. a mensagem de Bougainville enviada ao rei: "Sob os auspícios de Vossa Majestade, prosseguimos este empreendimento; em cada circunstância, temos enfrentado provações de todo o tipo, mas não carecemos de paciência e de zelo".
326. CHARTON, É. La Pérouse, navigateur français. In: Charton, 1861, t. IV, p. 440.

conhecimento encontra-se no centro do empreendimento temerário; seu aprofundamento valoriza-se mediante os esforços despendidos. O que acaba incrementando também as descrições dos esgotamentos. Yves-Joseph de Kerguelen de Trémarec fornece o melhor exemplo de semelhante atitude, recordando os estorvos e respectivos desafios encontrados durante seu longo périplo nos mares do Norte, em 1768-1769:

> As dificuldades que encontrei em uma navegação na qual você tem que lutar contra as correntes, suportar frequentes tempestades, manobrar no meio do gelo, onde as variações da bússola – diferentes, por assim dizer, em cada circunstância –, suscitam incertezas contínuas sobre a estimativa das rotas; em poucas palavras, os obstáculos que tive de superar acalentam minha expectativa no sentido de que este diário – que, no cumprimento de ordem recebida, estou publicando – terá alguma utilidade (KERGUELEN DE TRÉMAREC, 1771, p. V).

Uma insistência particular sublinha regularmente esse ponto na segunda metade do século XVIII, realçando "o empreendimento arrojado e perigoso", realizado com o único propósito de "reconhecer mares que nunca haviam sido cruzados" (WILSON, 1793, p. 2). Anders Sparrman, naturalista sueco e companheiro episódico de James Cook, além de aventureiro solitário, resume, em poucas palavras, a dupla valorização do conhecimento adquirido e da provação vivenciada: "Não foi, portanto, pelo dinheiro que acumulei minhas coleções e ampliei a esfera de meus conhecimentos; mas, como se diz, com o suor do meu rosto e com o risco de minha vida" (SPARRMAN, 1787, t. I, p. XXXV).

O desafio dos cumes

Existe ainda outro desafio, por fim, cujo objeto renova o horizonte dos esgotamentos: o da montanha, triunfante com o Século das Luzes, e a fadiga bem particular provocada por ela, afrontada para uma melhor apreciação dos percursos e trajetos. Aqui, ainda, produziu-se uma reviravolta: a neve, os contrafortes, as saliências, os desfiladeiros, reprovados tradicionalmente, condenados ao inútil ou ao risco sem objeto, mobilizam a atenção, a vontade de conhecer, a sensibilidade estética e a bravata quase pessoal. Tais circunstâncias desencadeiam, sobretudo, a vontade de se aproximar desses lugares, de percorrê-los e de enfrentá-los, como outras tantas vitórias íntimas, especialmente, "entre as camadas abastadas da população" (LORIOL, 2000, p. 60), dispondo de tempo e de possibilidades de deslocamento. A maneira de observar metamorfoseia-se: barrancos e geleiras mudam de aparência. Tal como, em 1741, a confissão de William Windham, fidalgo inglês que inicia a exploração das geleiras apesar de diversas advertências e, até mesmo, de desaprovações: "Nossa curiosidade prevaleceu, tendo depositado confiança em nossas forças e nossa coragem"[327]. Ou a afirmação de Théodore Bourrit, antes de sua ascensão do Mont Blanc, em 1784: "É surpreendente que nem tudo tenha sido tentado [anteriormente] para esse empreendimento" (BOURRIT, 1785, p. 158). Tal experiência simboliza a nova cultura: a importância da decisão pessoal, a atenção prestada às mensagens dos sentidos, o desafio a enfrentar no contato com as coisas e com o mundo, além da descrença nas forças ocultas e nas ameaças dissimuladas. Uma nova cultura também do cálculo: Horace-Bénédict de Saussure, um dos primeiros ascensionistas do Mont Blanc, descobre que nos Alpes e no Jura 1h de caminhada corresponde a uma subida vertical de 400m. Isso leva de imediato ao cruzamento da fadiga com semelhantes cálculos, condição inevitável do sucesso pretendido: "Finalmente, depois de 4h e três quartos de uma caminhada bastante penosa, chegamos ao cume da montanha de onde usufruímos da visão dos mais extraordinários objetos" (FERRAND, 1912, p. 41-42). Cansaço que se torna recompensa, a qual nada tem a ver com a da redenção, mas, pelo contrário, com a da fruição sensível e do prazer profano: "Eu não acreditava no que estava vendo; parecia-me que era um sonho" (SAUSSURE, 1787, t. III, p. 147). A tal ponto que o próprio abatimento pôde transformar-se em bem-estar, situação suficientemente original para levar a "apreciar as maiores fadigas" (BOURRIT, 1785, p. 154). Sem dúvida, essa atitude é fundamental, buscando o prazer em pleno esforço, ao mesmo tempo em que o transforma em objeto de estudo e de curiosi-

---

327. Lettre de William Windham, 1741. In: Ferrand, 1912, p. 17.

dade. Saussure fornece o detalhe desse aprofundamento, misturando o cálculo com suas observações: "Para esses homens robustos – para quem as 7 ou 8h de caminhada que tínhamos acabado de fazer não haviam constituído nenhum problema –, bastou o esforço despendido em cinco ou seis pazadas de neve para se tornarem incapazes de continuar a tarefa" (FERRAND, 1912, p. 144). A explicação ainda ignora o oxigênio para se ater à falta de ar e à sua menor pressão, ao mesmo tempo em que se focaliza na respiração e em sua dificuldade – "É compreensível que haja necessidade de complementar a densidade pela frequência das inspirações" (FERRAND, 1912, p. 147) –, chegando à tentativa, ainda aqui, de aproximar-se da avaliação quantificada: "Eu não conseguia dar acima de quinze ou dezesseis passos sem recuperar o fôlego" (FERRAND, 1912, p. 146). Uma fadiga bastante particular é, assim, recém-estudada, acompanhando uma iniciativa, igualmente particular, considerada anteriormente insensata. Por fim, estimativa mais objetiva, para não dizer, mais assegurada, do que havia permanecido durante muito tempo uma ameaça preocupante e, desde então, rejeitada.

O homem desloca sua posição diante do cosmos: enfrentá-lo à custa de sofrimentos faz parte de sua própria afirmação.

18
A introdução do treino, a revisão do tempo

A essas curiosidades amplamente renovadas correspondem salvaguardas, por sua vez, renovadas. O princípio das resistências deixa de ser o mesmo quando é alterada a visão do corpo, a das fibras e a das tonicidades. O princípio das resistências acaba sendo diferente quando é modificada a visão do tempo, a do progresso e a de seus avanços. Sem dúvida, perspectivas de abastados, aqueles que dominam conhecimentos e decisões, mas perspectivas cujo efeito incide, em última análise e inevitavelmente, sobre a cultura e as práticas da vida cotidiana: novos ingredientes propostos, novos hábitos e também novas ambições sociais.

Os revigorantes

A imagem da fibra e de sua firmeza começa por sugerir uma renovação dos recursos, mesmo que a obsoleta referência aos humores ainda não tenha sido abandonada. Um princípio é predominante: fortalecer fibras consideradas enfraquecidas, e já não, como anteriormente, substituir fluidos considerados evaporados. O recurso à eletricidade, como vimos (cf. p. 150-151) – mesmo que tivesse sido algo raro ou, até mesmo, limitado –, já corresponde à atuação de tal imagem. As farmacopias mais frequentes e mais corriqueiras sistematizam também o fortalecimento: tais como os "medicamentos apropriados para fornecer aos mais robustos a tonicidade que devem ter para desempenharem suas funções" (ROCHEFORT, 1789, t. II, p. 27), ou aqueles apropriados para "fortificar os nervos e fornecer tonicidade às fibras da pele" (BAUMÉ, 1770, p. 812). Verifica-se a multiplicação das substâncias adstringentes ou fortificantes. Louis Desbois de Rochefort – professor de Jean-Nicolas Corvisart, médico pessoal de Napoleão – recomenda as "drágeas de hortelã à venda nas lojas" (ROCHEFORT, 1789, t. II, p. 35); Joseph Lieutaud, médico-chefe de Luís XV, os ferruginosos e a limalha de ferro, "pelo fato de devolverem a elasticidade e a tonicidade que os vasos tinham perdido" (LIEUTAUD, 1766, p. 173); *L'Avant-Coureur*, o periódico erudito de 1760, os "brotos de abeto da Rússia" para lutar "contra a atonia das fibras"[328].

A *Encyclopédie*, por sua vez, diversifica as escolhas: a laranja amarga, "digestiva e revigorante"; a hortelã da Inglaterra, "fortificante e aliada dos nervos"; o tártaro purificado, "revigorante geral do organismo"; o licor dos carmelitas, "para as palpitações e as fraquezas"; a água mineral de Balaruc, a qual revigora "a tonicidade do estômago e dos intestinos"[329]. Um motivo recorrente retorna, sublinhado claramente pelo *Dictionnaire portatif de santé*, em 1760: "dar maior consistência a todas as fibras"[330].

Existem ainda fórmulas individuais, em grande parte empíricas, mas sempre revigorantes. O duque de Luynes elogia a rosa cujo "suco reanima as forças" (LUYNES, 1860, t. I, p. 137); James Boswell, advogado inglês apaixonado pelo continente, o "caldo de vitela" que, segundo se presume, deveria "fornecer mais vigor e acalmar os nervos" (BOSWELL, 1986, p. 116); e ainda o duque de Croÿ recomenda o chocolate, ingerido com regularidade em sua laboriosa viagem até a cidade de Arras para alegar no julgamento de Damiens a respeito dos pais do regicida (CROY-SOLRE, 1906, t. II, p. 369).

Reveladoras, por fim, são as referências à fadiga sexual e sua possível superação mediante uma mobilização das fibras e dos nervos; nas *Memórias* de Casanova chegam a prometer "elixires de vida que produzem efeitos maravilhosos"

---

328. *L'Avant-coureur*, 18/02/1760.
329. Cf. D'ALEMBERT, J.; DIDEROT, D. *Encyclopédie*, 1751-1780, relativamente a cada um dos verbetes citados: Orange, Menthe, Tartre, Eau de carme, Eau de Balaruc etc.
330. Verbete Épuisement. In: Vandermonde, 1760.

(CASANOVA DE SEINGALT, 1860, t. VI, p. 10). Taça de ponche e café deveriam, supostamente, excitar (CASANOVA DE SEINGALT, 1860, t. V, p. 60 e 84). Os corpos, assim como vinhos finos e drágeas, deveriam prolongar a noite. Inúmeros ainda são os recursos a tais "estimulantes" pelos personagens do marquês de Sade. As palavras exprimem a referência nervosa. "Fluidos estimulantes com cheiro de jasmim" (DUEHREN, 1977, p. 270-271) irrigam as pessoas que participam de orgias. Poções particulares facilitam ataques de nervos ou convulsões (SADE, 1797, t. 7-8, p. 512-513), enquanto a "mais envelhecida das aguardentes" (SADE, 1797, t. 7-8, p. 508) deveria servir, supostamente, para a preparação do rebolado amoroso durante a noite. Referências, desde então, repetidas – tais como os "pós de alegria", animando "os farristas enfraquecidos e irritados" (DUEHREN, 1977) –, ilustradas pelo marquês. Sem dúvida, recursos antigos, mas menções muito mais frequentes, por um lado, e, por outro, ações mais específicas, focalizadas deliberadamente nas redes nervosas. Por fim, é a respeito de estimulantes, em particular, de que fala o *espion anglais*, relatando as relações íntimas entre Luís XV e Jeanne Bécu, a condessa du Barry: "Esse apego do rei [por ela] surgiu dos esforços prodigiosos que a amante o havia obrigado a fazer por meio de um batismo [lavagem] ambreado com o qual ela se perfumava intimamente todos os dias. Acrescente-se que ela juntou a tal operação um segredo que ainda não é usado na boa sociedade" (DAVENPORT, 1869, p. 94). Não há, aqui, nenhuma indicação sobre a essência ou o produto em causa; daí o segredo. Em compensação, uma insistência sobre o efeito que combina a excitação e os nervos em vista de uma volúpia, por sua vez, mais evocada, assim como mais afirmada.

O fortalecimento pelo frio

Existe também o ar fresco, ou o frio, cujo efeito consiste em consolidar todo o organismo, contribuindo para incrementar sua resistência. O que Mme. d'Épinay afirma andar à procura em sua viagem à Suíça: "O frio intenso que faz aqui fortalece-me e é mais conveniente para mim do que o clima ameno que faz na França" (MME. D'ÉPINAY, 1989, p. 1.282). Ou o cirurgião Larrey, durante a campanha do Egito, imerso na água gelada do Nilo: "Esses banhos relaxavam-nos e fortaleciam nossos músculos" (LARREY, 1803, p. 11), ao contrário dos banhos com água quente considerados relaxantes no século XVII (cf. p. 123). Ou ainda Pierre Pomme, imergindo durante várias horas seus pacientes sofrendo de sensibilidade excessiva, partindo do pressuposto de que o frio combate sua flacidez e "restabelece o vigor de suas partes sólidas" (POMME, 1763, p. 18). O calor, pelo contrário, "estira as fibras, relaxando-as, além de produzir o abatimento e a fraqueza" (VANDERMONDE, 1756, t. I, p. 189), contribuindo para que a massa corpórea se torne mais flácida, debilitando os costumes, ou seja, temperatura de imediato "oposta às pessoas com nervos delicados"[331]. A nova prática garante o contrário: restaura e fortalece. Dispõe também de outras vantagens. Louis-Sébastien Mercier sublinha seu papel enquanto oposição a um mundo considerado obsoleto e, até mesmo, a uma aristocracia considerada decadente, ao confrontá-la com a da moça ociosa sob o efeito da exalação de seus humores, arrastando-se "de sua banheira para sua privada e desta para aquela"[332], enfraquecida pela displicência e pela umidade.

É o frio, por conseguinte, que se torna a principal referência para os higienistas e para os educadores da segunda metade do século, correspondendo aos temores das degradações orgânicas e de seu infortúnio social. Ele proporciona uma proteção duradoura, garantia de resistência e de fortalecimento, além de preservar das fadigas vindouras. Discípulo zeloso de Rousseau, Jean-Louis de Fourcroy, obscuro conselheiro do rei na jurisdição de Clermont, explica detalhadamente como os banhos com água fria, aplicados regularmente desde os primeiros meses da vida, aumentaram consideravelmente a robustez de seus filhos: "Efeito revigorante sobre a pele", "calor natural mais ativo", "armadura à prova de ar" (FOURCROY, 1783, p. 96). Esse autor chega inclusive a efetuar comparações; considerando um de seus filhos mais resistente pelo fato de ter beneficiado da experiência do pai, ele havia sido mergulhado com maior frequência na água fria.

---

331. BUFFON, J.-L.L. Lettre du 14 juillet 1783. In: Buffon, 1869, p. 167.
332. MERCIER, L.-S. Les vapeurs, 1780. In: Mercier, 1994, t. I., p. 634.

Recurso idêntico utilizado por Mme. de Maraise, leitora assídua dos médicos do Iluminismo e colaboradora de Oberkampf, o fabricante de telas pintadas. Burguesa ativa, empreendedora, ela mantém uma longa correspondência em que, para além de múltiplas considerações de natureza industrial, ela condena os costumes dissolutos de seu tempo, descrevendo com insistência as práticas educativas sobre seus filhos e sobrinhos: alimentação natural, exercícios, banhos com água fria, lamentando inclusive que a cabeça não esteja submersa (cf. CHASSAGNE, 1981, p. 74). William Buchan leva tais considerações a um ponto extremo, indicando, pela primeira vez, o recurso ao frio durante um período longo de tempo, instalando diferentes graus, visando várias fases, além de buscar progressos: em vez da água do córrego aplicada de imediato em um corpo frágil, é preferível uma temperatura insensivelmente reduzida, um trabalho visando o menos para facilitar a criação de um hábito e ser mais bem-sucedido. Nada além da nova visão do progresso aplicada a uma abordagem modesta – a do banho – que se tornou um método educacional. Princípio duplamente importante:

> Embora a água fria seja muito útil para fortalecer um temperamento fraco e relaxado, no entanto, se alguém tentar usá-lo demasiado cedo, sua ação sobre a superfície do corpo pode ser demasiado intensa, enquanto o poder reativo do interior será demasiado fraco; daí é possível que resultem as mais deploráveis consequências (BUCHAN, 1804, p. 109).

À atenção inédita prestada a um progresso instalado paulatinamente, acrescente-se a atenção igualmente inédita voltada para uma resistência "interna" reforçada.

Etapas e avanços

A visão dos exercícios, por fim, modifica-se mediante essas preservações renovadas. A própria prática é mais privilegiada, gratificada, fortalecedora de fibras, fornecedora de maior consistência muscular; até mesmo as autoridades religiosas acabam sendo mais tolerantes em relação à dança e suas seduções – durante muito tempo, reprovadas –, a ponto de enxergarem nessa atividade algum relaxamento regenerativo. Tal como o conselho de Jean Pontas, doutor em direito canônico, endereçado aos confessores em meados do século:

> Se considerarmos a dança como um relaxamento de natureza espiritual, além de um entretenimento, que impede alguém de ficar abatido em decorrência de uma ocupação demasiado intensa ou de uma demasiada regularidade nas ações cotidianas, podemos dizer que ela está isenta de qualquer pecado na condição de que seja acompanhada de todas as condições ou circunstâncias necessárias para torná-la inocente[333].

Mais importante, a abordagem do exercício em si é concebida de maneira diferente, estabelecendo patamares, prevendo gradações e visando melhorias regulares. Os antigos métodos do marechal de Boucicaut (cf. p. 32), repetindo incansavelmente os mesmos movimentos, passam por profundas alterações. De maneira bastante paulatina, começam a ser pensados avanços nas aprendizagens físicas, além de etapas nas mais variadas preparações. A visão de um tempo cada vez mais orientado para o futuro permite a visão de uma construção gradual, esforços despendidos a partir de sucessivas progressões, focalizadas no futuro. As perspectivas sugerem algo a mais e de melhor para os tempos vindouros; as evoluções são objeto de estudo e preveem-se determinados momentos. Principal mudança: os percursos são preparados, enquanto os períodos de tempo articulam-se entre si. Desde já, carruagens e acessórios, assim como mensageiros, são levados em consideração de maneira diferente. O cavalo deve "ser treinado para suportar esforços prolongados". Sequências são calculadas antes de ser empreendida uma viagem: "Começa-se por jornadas mais curtas, ou seja, no primeiro dia, seis léguas; no dia seguinte, o número de léguas será maior e assim, aos poucos, até quatorze léguas diárias" (GARSAULT, 1755, p. 114). Um novo vocábulo aparece na Inglaterra – o *training* –, sugerindo um escalonamento calculado dos hábitos e dos efeitos: os primeiros exemplos dessa metodologia são os boxeadores profissionais e seus desafios no final do século XVIII. Um texto de 1789 propõe-lhes a repetição de corridas e de lançamentos que devem cessar quando "se experimenta uma sensação

---

333. Verbete Danse. In: Pontas, 1743.

de fadiga"[334], aliás, única garantia de aperfeiçoamento e de progresso. Alguns textos focalizados nos exercícios e jogos do final do século XVIII ainda são a ilustração disso – por exemplo, *La Gymnastique de la jeunesse*: qualquer início de preparação deve ser fraco e os primeiros saltos muito baixos (AMAR DU RIVIER; JAUFFRET, 1803, p. 72). Na década de 1780, Mme. de Genlis apresenta, a esse respeito, o quadro mais completo: os exercícios corporais propostos por ela aos filhos do duque de Chartres, de quem havia sido nomeada governanta, em 1773, baseiam-se todos no cálculo/método sistema, que corresponde a um novo ideal de aperfeiçoamento. A condessa calibra gradual e escrupulosamente as corridas, os passos, os saltos, o transporte de moringas, de halteres ou de roldana; adaptando cada exercício para levar a progressões, de acordo com as energias de cada um de seus alunos. Ela anota as resistências, as etapas e os avanços, buscando constantemente uma bonificação. O exercício consistindo em transportar moringas de água, proposto a seus alunos, torna-se então característico. O percurso é bem delimitado: 190 passos aos quais se acrescenta a subida de 40 degraus. Os 22 percursos efetuados em um dia de 1788, com desperdício de água, levam ao uso de moringas menores (MME. DE GENLIS, 1782). Alguns dias depois são anotados 25 trajetos. Ainda mais tarde, um peso suplementar é adicionado às moringas do irmão caçula, nascido em 1775; por fim, um ano depois, o mais velho, nascido em 1773, o futuro Luís-Filipe, pode transportar moringas de 56 libras (28kg) quando, afinal, elas pesavam até então 40 libras (20kg). O melhor é avaliado a partir de exercícios mais rudimentares, esse melhor ainda pode ser incrementado, uma vez que este último exercício é julgado por ter sido executado sem retidão nem graça (MME. DE GENLIS, 1782). Sem dúvida, trata-se de cálculos insignificantes e, até mesmo, anedóticos, mas toda a sua importância deve-se a um novo imaginário das progressões, assim como a uma nova visão de fadigas continuamente repelidas.

No final do século XVIII, o exército converte-se a tais exercícios que incluem progressões escalonadas. Procede-se à avaliação dos percursos a pé, assim como

---

334. The Art of Manual Defence, or System of Boxing, 1789. In: Sinclair, 1807, t. II, apêndice IV, p. 163. • Cf. tb. Rauch, 1980.

de suas repetições, de seus tempos de repouso e de suas durações. Um princípio prevalece entre os novos higienistas dos acampamentos e das guarnições: a atenção prestada às fadigas evitáveis e evitadas. Daí estes conselhos em via de banalização:

> É possível dar ordem para efetuar percursos de curta distância antes do calor do dia e mandar as tropas suspenderem os exercícios de tempos em tempos. Semelhante conduta, longe de cansá-las, contribui infinitamente para mantê-las saudáveis [...]. É mais vantajoso repetir, muitas vezes, esse exercício no início da manhã, antes que o sol tenha adquirido certo grau de calor, do que fazê-lo raramente e, em cada vez, durante um período mais longo [...]. Deve-se evitar qualquer fadiga desnecessária (PRINGLE, 1771, t. I, p. 212-213[335]).

O desafio consiste, de fato, em "endurecer insensivelmente" (LECOINTE, 1793, p. 339), em exercitar para o confronto de cansaços suportáveis e programados. O desafio consiste, sobretudo, em calcular esses exercícios a fim de torná-los "mais úteis para as tropas" (GUIBERT, 1773, p. 39).

Com o tema do progresso e da quantificação das ações, o Século das Luzes inventou um condicionamento totalmente inédito à fadiga e a seus efeitos. Conclusão decisiva: "A perfectibilidade do homem continua sendo ilimitada" (BOISSAT, 1800, p. 5).

---

335. John Pringle foi um médico escocês, conhecido como "pai da medicina militar" [N.T.].

Parte IV
O século XIX e o desafio da quantificação

Para além das invenções adquiridas ao longo do Século das Luzes, desestabilizando as visões precedentes, para além da insistência sobre uma dupla vertente da fadiga – a das observações tanto internas quanto externas, ambas focalizadas nos limites do agir e do sentimento de si –, para além ainda de uma fadiga desafio promovendo iniciativas até então desconhecidas, o século XIX renovou totalmente os objetos levados em conta, as categorias e as explicações, inclusive, os cálculos que tentam circunscrever de maneira sistemática o que ainda não havia sido submetido a tal operação: desde os dispêndios físicos até o desgaste mental, desde os princípios mecânicos até os princípios energéticos, desde os efeitos do cálculo até os efeitos do sonho e das ideias. O século do positivismo transformou a fadiga em um novo objeto, cultivando uma busca deliberada por provas, enquanto acrescentava-se a isso a afirmação cada vez mais acentuada do indivíduo, com a exigência igualmente cada vez mais consistente de medir seus recursos, assim como seus déficits.

Uma fadiga claramente valorizada começou por impor-se no início do século: a das profissões que deveriam, supostamente, contribuir para a felicidade social, impulsionada por uma ambição de igualdade, transformando qualquer cansaço em um gesto útil, instalando o esforço a serviço de cada um e não a serviço de senhores, os quais haviam sido, durante muito tempo, abusivos. Fadiga, de alguma maneira, ideológica, semelhante e diferente da antiga fadiga redenção, orientando o fervor coletivo para novos caminhos. O que Balzac evoca em 1842, a partir do Prefácio à *Comédia humana*: "[...] a existência de um novo mundo moral [...]" (BALZAC, 2012, p. 81).

A essa fadiga especificamente valorizada opõe-se, de maneira duradoura, uma fadiga infeliz, destrutiva, aquela engendrada pela primeira sociedade industrial, deixando os corpos extenuados, suscitando a inquietação dos observadores, pressionados a reinventar medidas e constatações; visão mais atenta também em relação à indigência, cujos efeitos de abatimento não tinham poupado, no passado, um grande número de aldeias abandonadas (cf. p. 131-132). As resistências mais diversas e, inclusive, mais obstinadas, procuraram responder a essa situação, assim como as investigações: em breve, dispêndios físicos bem mais limitados, horários mais bem controlados e prevenções mais bem aplicadas. Isso aliviou os sofrimentos, mas nem sempre conseguiu eliminá-los, o que acabou por deslocá--los, levando-os às vezes a existir de maneira diferente.

Abordagens de natureza mais pessoal, por fim, foram inventadas no final do século, opostas aos sentimentos de possíveis fraquezas: promessas improváveis e diversificadas, inclusive, simplesmente postuladas, para "se tornar mais forte", "fazer seu caminho na vida", incrementar a "autoconfiança" até a elaboração e o aprofundamento de alguma "ginástica psíquica", a qual deveria, supostamente, fortalecer a confiança de cada um. Tudo isso constituía sinal de uma cultura renovada: confissão de uma assombração inédita em relação a uma fadiga que se tornou mais difusa; crença inédita também em relação a uma vontade que se tornou mais inquieta, mais exigente, para não dizer, mais assertiva.

19
O cidadão e a tenacidade

Os exemplos de perseverança e, até mesmo, de abnegação, impõem-se de maneira prioritária. Um modelo desconhecido foi inventado, no início do século XIX, e seu projeto democrático: o do novo cidadão, ou seja, figura genérica dotada de um destino necessariamente empreendedor, esforçada, além de ser sensível ao progresso. Cada uma de suas iniciativas é útil, cada uma merece atenção, de modo que sua fadiga – resultante de investimento físico, assim como de determinação interna – está a serviço da causa de todos. Um mundo, com ele, está despertando. Seu trabalho, sobretudo, é percebido de maneira diferente: legitimidade social mais do que religiosa, obrigação política mais do que moral, "daí em diante, reconhecido como uma base da República, cujo objetivo final é a prosperidade econômica" (PROCACCI, 1993, p. 233). A Revolução Francesa tem seus efeitos culturais: a implicação de cada um – mesmo que seja penosa do ponto de vista físico – relativamente à comunidade torna-se algo tão evidente quanto valorizado.

A serviço de todos?

A eficácia seria obrigatória, a infatigabilidade inevitável. Acabou impondo-se uma dinâmica. A sociedade trocou de eixo, visando o bem-estar coletivo, além de exigir o comprometimento de cada um. As profissões reinventam fadigas úteis e os compromissos, ao serem compartilhados, ficam fortalecidos. A obra, *Les Français peints par eux-mêmes*, que pretende ser – a partir do vol. 4 – "a enciclopédia moral do século XIX" (CURMER, 1840-1842), vai afirmá-lo como nunca anteriormente: o advogado está de pé "às 7h da manhã, seus dossiês preparados [...];

e às 9, ele está no tribunal [...]. Não recusa nenhuma causa, não tem repugnância por nenhuma jurisdição"[336]. O médico, por sua vez, "levanta-se às 5h"; a partir das 7, "o hospital vai retirá-lo do consultório"; às 11, ele "ainda não deixou seu jaleco", antes de encontrar, para uma tarde interminável, sua clientela privada[337]. Ou o farmacêutico, "manipulador honesto e incansável, prisioneiro voluntário em seu laboratório"[338]. Outros atores, aqueles que são chamados para monitorar as violências ou os tumultos, encontram-se ainda mais no centro das atenções. O delegado "cansaria o nomenclador mais intrépido" apenas com a "enumeração de suas atribuições"[339]; o policial que haveria de suportar a "mais penosa das situações"[340] tornou-se o primeiro fiador de uma lei renovada; o fiscal do comércio não conseguiria dormir à noite tal é sua preocupação em acuar os infratores financeiros, ao mesmo tempo em que dedica seus dias a meditar sobre seus planos de fiscalização[341]. Todas as atividades, inclusive as menos visíveis ou as mais modestas, confirmam uma nova intensidade. O ervanário está mais ocupado do que um ministro[342]. O horticultor sabe como levantar-se de madrugada; então, seria necessário "chegar muito cedo para encontrar um barracão cuja porta não tivesse sido invadida por algumas de suas carroças"[343]. Do mesmo modo, o merceeiro deve "ser o primeiro a levantar-se e o último a deitar-se"[344]. O trapeiro é bem-sucedido graças a uma "vigilância de formiga"[345]. O *faz-tudo* demonstra uma "disponibilidade indefinida"[346]. A beata, por sua vez, considera "criminoso [...] perder 1h" de seu tempo[347]. A simples atenção prestada ao tipógrafo revela ainda

---

336. L'avocat. In: Curmer, 1840-1842, t. II, p. 67-68.
337. La journée d'un médecin. In: Curmer, 1840-1842, t. II, p. 179.
338. Le pharmacien. In: Curmer, 1840-1842, t. III, p. 319.
339. Le commissaire de police. In: Curmer, 1840-1842, t. III, p. 349.
340. Le gendarme. In: Curmer, 1840-1842, t. II, p. 50.
341. Le garde du commerce. Curmer, 1840-1842, t. III, p. 262.
342. L'herboriste. In: Curmer, 1840-1842, t. II, p. 232.
343. Les maraîchers. In: Curmer, 1840-1842, t. V, p. 325.
344. L'épicier (por H. de Balzac). In: Curmer, 1840-1842, t. I, p. 3.
345. Le chiffonnier". In: Curmer, 1840-1842, t. III, p. 335.
346. L'homme à tout faire. In: Curmer, 1840-1842, t. II, p. 257
347. La dévote. In: Curmer, 1840-1842, t. IV, p. 133.

a força da avaliação quantificada, totalmente teórica e, até mesmo, mítica: "Um calculador paciente descobriu que a mão de um tipógrafo, carregando as letras da caixa tipográfica para seu componedor, percorria anualmente uma distância equivalente a não sei quantas vezes a volta ao mundo"[348].

Ainda resta, é claro, a aprendizagem, instalando a tenacidade no âmago da ambição. O que seria revelado pelo jovem carpinteiro, em outro grande texto – *Les Enfants peints par eux-mêmes* – com um objetivo tanto social quanto moral: "Essa tábua que me teria extenuado desde os primeiros dias deixou de constituir um problema para mim porque já manipulei a serra e o cinzel" (SAILLET, 1841, p. 69).

Visão idealizada e, até mesmo, evidentemente, abstrata, mas essa opção pela efervescência leva a instalar o tema de uma presença difusa da fadiga e, ainda mais, o de uma resistência resoluta a seu respeito. Um espectro cada vez mais amplo de ocupações é confrontado com esforços cada vez mais distintos; trata-se ainda de visão puramente descritiva, evocada de acordo com o modelo da grandeza necessária e resignada.

O mesmo é dizer que tal visão das solidariedades já está presente na visão das lutas da Revolução Francesa ou, até mesmo, do Império [na época de Napoleão]. Um mito enaltece as fadigas sempre superadas, úteis e que se tornam objeto de admiração:

> Atravessando torrentes e montanhas
> Sem descanso, nem sono, cotovelos esfolados, sem alimentos
> Eles avançavam orgulhosos, alegres e soprando nos instrumentos de metal
> Como se fossem demônios (HUGO, 1853, p. 82).

A antiga fadiga narrativa (cf. p. 141ss.) ganha aqui em profundidade, fica beirando o momento derradeiro, a morte, ao mesmo tempo em que esnoba do sacrifício e do abandono consentidos. Nesse contexto, a retirada da Rússia acaba tornando-se canônica: em vez de humilhação, heroísmo; em vez de vexame, grande-

---

348. Le compositeur typographe. In: Curmer, 1840-1842, t. II, p. 272.

za. O Sargento Bourgogne, cujo testemunho tem valor simbólico, focaliza-se nas fadigas com valor coletivo, tanto mais reveladoras pelo fato de serem derradeiras, aquelas que o combatente coloca a serviço de todos: os cantoneiros de Berezina, "trabalhando à noite imersos na água até os ombros, sacrificando suas vidas para salvar o exército"[349]; os amigos exaustos, mas apoiando um Bourgogne "que já não consegue andar" (COTTIN, 1909, p. 205); os soldados abatidos, mas oferecendo suas reservas de energia, "levantando ainda a cabeça para dizer 'lutem pelo Imperador'" (COTTIN, 1909, p. 213). No cerne da narrativa reside a nova fadiga, não mais aquela que se tornou mais bem definida e, até mesmo, mais dolorosa, mediante uma consciência mais bem afirmada (cf. p. 137), mas aquela que se tornou mais coletiva e, inclusive, mais federativa, mediante uma vertente social mais bem pensada. A bravura e a constância que a acompanham, neste caso, desempenham um papel inédito suscetível de servir de inspiração para o civil.

O novo cidadão e a obstinação

Tais investimentos privilegiam uma imagem: o possível sucesso, a abnegação eficaz, a do cidadão zeloso, aquele que nunca desiste e, ao mesmo tempo, pretende progredir, abrir seu horizonte, renovar-se. Deslocamento mais profundo: a condição de cada um já não é aceita como um dado, situação designada por Deus, mas como um encargo evolutivo, suscetível de conquista, objeto de iniciativa e de decisão. A igualdade modifica tudo, justificando tanto a mobilidade quanto a ambição. Trata-se efetivamente de uma figura nova, longe daquela do cortesão clássico que fica extenuado ao seguir, passo a passo, cada movimento ou cada exigência de seu rei (cf. p. 91); longe também do burguês do Iluminismo inventando sua própria afirmação, transformando em narrativa as provações que atravessa ou criando para si mesmo desafios a fim de sentir mais plenamente sua existência (cf. p. 182ss.). A mudança decisiva diz respeito, aqui, tanto à paridade – equivalência até então desconhecida, identidade de *status* para todos, favorecendo o es-

---

[349]. BOURGOGNE, S. *Mémoires*, 1812-1813. Texto publicado com base no manuscrito original de Cottin, 1909, p. 206.

forço – quanto à alegação de um ideal comum, o de uma nação recém-inventada. Principais consequências: a emergência de um cruzamento entre o compromisso individual e o compromisso coletivo, a valorização do combate útil ou, dito por outras palavras, a valorização de uma fadiga que suscita reconhecimento e, até mesmo, admiração.

Daí ainda a importância inédita atribuída à concorrência, à cultura da perseverança, àquela da ascensão social, de seus dispêndios físicos e de seus combates. Monsieur Beaudoin é o símbolo disso, em 1840, exemplo obscuro em um conjunto de narrativas com este título evocativo: *Vertu et travail* (ESSARDS, 1840). Modesto empregado de uma loja comercial, o homem luta em breve para subir patamares e níveis. Seus sofrimentos são designados como um romance: ele "conseguiu – unicamente pelo poder de uma vontade enérgica, à força de trabalho, de fadigas e de vigílias – elevar-se acima da condição social em que, por obra do céu, havia nascido" (ESSARDS, 1840, p. 116). Seu sucesso implica um esgotamento particular, feito de austeridade e de estrita disciplina, misturando, à "recusa de descanso", os estudos realizados no decorrer "de noites inteiras" (ESSARDS, 1840, p. 116). O desfecho é penoso, mas previsível: Monsieur Beaudoin assume o lugar do patrão, funda uma nova empresa, dá seu próprio nome ao que se torna agência bancária (ESSARDS, 1840, p. 117). Acaba por impor sua resistência a qualquer tipo de fadiga, a qual é a resultante de um investimento físico e mental, além de esforço muscular e tormento moral. Uma globalização do dispêndio de energia individual é evocada e, até mesmo, esboçada aqui, destinada a inevitáveis evoluções.

Ainda outro exemplo, na mesma série de narrativas, sem dúvida, mais apagado, mas tão ostensivo: aquele da criança quase abandonada que acaba alcançando uma dignidade e exercendo uma profissão graças a um trabalho sem tréguas, uma privação de "todos os pequenos prazeres", além de uma "recusa inclusive do necessário" (ESSARDS, 1840, p. 229). O que está em jogo tem a ver com a obstinação, com os obstáculos transpostos, com as dificuldades que não cessam de renascer e são sempre superadas.

O periódico da década de 1840 – *Le Fabricant, Journal du Maître et de l'Ouvrier* – multiplica os exemplos de tais sucessos, a ponto de propor uma rubrica regular intitulada "Les hommes du jour"[350]. Lado a lado, são apresentadas imagens heterogêneas de inventores, de engenheiros ou de empresários, cuja única convergência seria alguma tenacidade incansável em vista de promover o progresso: Antoine Pauwels, criador de fábricas de iluminação e de barcos a vapor, tendo sido capaz de "resistir a todo o tipo de estorvos" e de liderar uma "luta longa e penosa" para impor seus estabelecimentos em Rouen e em Paris; ou o químico, Gustave-Augustin Quesneville, o qual multiplica à exaustão as atividades de diretor de fábrica, de pesquisador, de descobridor e de escritor. Por fim, tema idêntico na longa série – publicada sob a Monarquia de Julho[351] – com o título evocativo: *Portraits et histoire des hommes utiles*. Antoine-Jean Beauvisage, exemplo entre muitos outros, ilustra nessa obra, mais uma vez, o trabalhador modesto que sonha com "melhorias e aperfeiçoamentos"[352]. O homem começa por ser tintureiro; seu futuro parece limitado. Sua impetuosidade, em compensação, leva-o a encontrar empregadores que, segundo se presume, lhe teriam dado boas orientações. Segue-se um período de intensa atividade durante o qual Antoine-Jean Beauvisage "interrompe frequentemente seu sono para tomar notas"[353], supera ciúmes e obstáculos "que não cessam de renascer"[354], antes de fazer uma descoberta decisiva: um procedimento químico capaz de "substituir a cochinilha". O futuro abre-se; no entanto, sofrimentos e fadigas prolongam-se a ponto de provocar uma "gravíssima inflamação no estômago". Seguem-se, desde então, esforços constantes e inauditos[355] para levar a bom termo o tratamento médico proposto, além de criar a fábrica e a empresa que, há muito tempo, havia planejado. Uma palavra de ordem percorre esses textos como um motivo recorrente: "O único segredo consiste em estar ocupado"[356].

---

350. Cf. *Le Fabricant, journal du maître et de l'ouvrier*, 19/03/1842 e 11/06/1842.
351. Período histórico, na França, entre 1830 e 1848 [N.T.].
352. Antoine-Jean Beauvisage. *Portraits et histoire des hommes utiles*, 1837-1838, p. 369.
353. Ibid., p. 370.
354. Ibid., p. 368.
355. Ibid., p. 370.
356. Ibid.

A exigência da ambição

Assim, a vantagem reconhecida ao investimento contínuo e, até mesmo, à obstinação, promove uma fadiga social, uma tenacidade definida de forma mais indireta. Ela existe por contraste à constância: abrigada na determinação, presente na análise aprofundada de cada momento. Ela impõe-se ao mesmo tempo em que se nega; intensifica-se ao mesmo tempo em que se esquece. Eis o que mostram as grandes figuras do universo balzaquiano com sua coação interna implícita, imperceptível e, no entanto, determinada. Benassis, em *Le Médecin de campagne*, comprometido totalmente na mudança de seu vilarejo, empenha-se em uma atividade ininterrupta, multiplica as empresas, acumula os trajetos, solicita as iniciativas e acompanha os projetos. Deste modo, o resultado, por si só, sugere a soma das solicitudes suportadas: o espaço rural transforma-se, as estradas são renovadas, as relações expandem-se, verifica-se o cruzamento de intercâmbios, a aproximação da cidade e a diversificação dos mercados. Tudo está na efervescência dos atos. Benassis não diz nada sobre sua resistência, nem sobre suas dificuldades. Ele reconhece apenas uma atividade "incessante"[357], admitindo "cansar dois cavalos por dia"[358]. Ou o solicitador Desroches da Casa Nucingen, tendo "trabalhado arduamente de 1818 a 1822"[359], símbolo da obstinação constante, ao ponto de ser, uma vez que obteve o poder, "o terror para seus empregados", submetidos, por sua vez, a uma obrigação incessantemente repetida: "não perder tempo"[360]. Ou ainda Albert Savarus, candidato a deputado provincial após seus fracassos parisienses, advogado meticuloso, insaciável, acumulando a defesa de processos judiciais, buscando a todo custo o prestígio obrigatório, "levantando-se todas as noites entre 1 e 2h da madrugada, trabalhando até as oito, almoçando e, em seguida, dando continuidade a seu trabalho"[361]. A suposta fadiga exprime-se no cálculo das horas, em seu ritmo e em sua intensidade.

---

357. BALZAC, H. *Le Médecin de campagne* [1833]. *La Comédie humaine*, 1969, t. VIII, p. 352.
358. Ibid., p. 359.
359. BALZAC, H. A casa Nucingen [1837]. *La Comédie humaine*, 2013, vol. 8, p. 501.
360. Ibid., p. 502.
361. BALZAC, H. Albert Savarus [1842]. *La Comédie humaine*, 2012, vol. 2, p. 161.

É suscetível de manifestar-se também mediante as confissões que se tornaram mais subjetivas e pessoais de um Albert Savarus investido de maneira exaustiva: "[...] minha luta já se prolonga há quase dez anos. Esse combate contra os homens e as coisas, no qual empreguei incessantemente minhas forças e energias, em que acabei gastando o estímulo do desejo, esgotou-me, por assim dizer, interiormente. Com as aparências da força e da saúde, sinto-me liquidado. Cada dia que passa leva um fragmento de minha vida íntima. A cada novo esforço, sinto que não seria capaz de repeti-lo" (CURMER, 1840-1842, t. II, p. 202-203). O objeto da fadiga revela-se, então, difuso, relacionado à coação sentida e à impotência vivenciada, mais do que ao projeto realizado. Ele torna-se sensação global, mobilização de uma profundidade orgânica pouco mencionada até então: "[...] nos ouvidos o zumbido eterno, nas mãos o suor nervoso, na cabeça a agitação febril, no corpo os tremores internos, que experimento todos os dias ao jogar minha última partida no jogo da ambição" (CURMER, 1840-1842, t. II, p. 202). Exemplo importante de uma febrilidade percebida pelo ator, e apenas por ele, vinculada, sem nenhuma dúvida, a uma escuta mais apurada da sensação interna e, até mesmo, a um refinamento inédito da autoconsciência, mas também relacionada a uma nova luta social, totalmente original, aquela que se tornou possível pelo imaginário democrático. Eis o que é mais bem explicitado por Savarus em uma carta endereçada à mulher desejada, relatando o cansaço no enfrentamento das concorrências, na acentuação das ganâncias: "O que fatiga e envelhece, querido anjo, são essas angústias da vaidade ludibriada, essas perpétuas irritações da vida parisiense e essas lutas de ambições rivais" (CURMER, 1840-1842, t. II, p. 206).

Emerge, então, uma figura inédita, para além da penosidade totalmente física das profissões (cf. p. 173). Ela encarna-se nos desejos e nas ambições; está dissimulada, camuflada nas vontades mais do que nos gestos. Refere-se a uma maneira de se atormentar: cansaço especificamente resultante de uma tensão relativa à ascensão, a vontade opaca de progredir. Aquela que, segundo Balzac, pode dizer respeito, inclusive, aos operários cujos únicos recursos limitam-se, no entanto, a seus corpos: "Então, esses quadrúmanos puseram-se a velar, a sofrer, a trabalhar, a praguejar, a jejuar e a andar; excederam-se todos para ganhar o ouro que os deixa fascinados"[362]. Excesso desconhecido, até então, em sua explicação e sua extensão, assim como em sua intensidade.

Mesmo que, no início do século XIX, permaneça marginalizado o *status* do empregado doméstico, grudado à tradição, identificado com o "dever" e permeado pela obrigação: homem ou mulher de serviço, um ser humano que ainda não se encontra, de modo algum, desarticulado de seu patrão, uma existência que ainda não acalenta nenhuma expectativa em relação à autonomia. Espaço familiar e íntimo em que a cultura hierárquica permanece preservada (cf. p. 78), a tal ponto que a ambição do criado obedece a um único objeto: a do patrão. Eis o que repetem, de maneira pedante, os tratados que deveriam, supostamente, regular os comportamentos da servidão: "Todos os momentos da vida [do empregado doméstico] devem ser dedicados em benefício dos empregadores" (BUSSON, 1842, p. 168). Isso é ainda confirmado pelos testemunhos interminavelmente repetidos: "O empregado doméstico deve ser totalmente dedicação, dom de si mesmo, sem hesitação nem segundas intenções" (GUIRAL; THUILLIER, 1978, p. 27).

Não há dúvida, porém, que se expandiu a paisagem das fadigas, detectada de maneira mais atenta com o advento da sociedade democrática no início do século XIX, multicolorida com a diversidade das profissões, mas também permeada por uma tensão inédita, difusa, subjacente, feita de um tempo em grande parte repensado, tão calculado quanto orientado.

Intensificar o emprego do tempo

Nada, então, além de uma mudança de cultura, a presença de um ponto de referência que se tornou importante: o emprego do tempo, a atenção à sucessão das horas e a economia dos instantes. Fadiga que, de repente, emerge em um horizonte positivo dessa preocupação claramente orientada, sugerindo uma visão panorâmica quase ritual das profissões: por exemplo, a jornada de trabalho do médico com sua divisão do tempo, seus deslocamentos do consultório para o hos-

---

362. BALZAC, H. A menina dos olhos de ouro [1835]. *La Comédie humaine*, 2013, vol. 8, p. 209.

pital e, em seguida, para a clientela privada (cf. p. 202); ou a do advogado e as reuniões com os clientes, seus momentos diferenciados; ou a do jornalista, iniciando suas leituras "a partir do meio-dia", continuando-as até o final da tarde, antes de comentar os espetáculos da noite, sempre ocupado no momento do "repouso para todos"[363] (PLANCHE, 1832, t. 6, p. 145). Generaliza-se a prática das divisões do emprego do tempo. As do horticultor: "É apenas 2h quando ele se levanta", dirige-se ao mercado para se transformar em um comerciante "até as 7h da manhã"; volta para casa e "desaba em cima de um catre" que, aliás, deixa muito rapidamente "para plantar, colher e, sobretudo, irrigar"[364]. As do jornalista, correndo para as Tuileries desde às 7h, antes de passar 1 ou 2h no Carroussel para espreitar a chegada das correspondências e, em seguida, dirigir-se à Bolsa de Valores para "se informar sobre as taxas de juro e das ações"[365]. Ou, até mesmo, as do empregado, o qual não se sente oprimido, certamente, pela simples jornada de trabalho, "começando às 10h e terminando às 16"; no entanto, o casamento, as expectativas da família e a chegada dos filhos acabam criando mais coações do que nunca; daí sua busca por atividades remuneradas, sua luta contra a vida miserável, esse "trabalho constante de 17h por dia"[366].

Apresentação anódina e, no entanto, decisiva: a atividade é dividida em etapas, o trabalho é concebido em gradações. Não é que o simples escalonamento seja algo novo: há muito tempo que uma campainha divide o tempo; o sinal sonoro, também há muito tempo, marca o ritmo dos dias e dos períodos de tempo. As abadias, pela primeira vez, souberam dividir cada momento para colocá-lo, em melhores condições, a serviço de Deus. A novidade está em outro lugar, orientada para uma possível melhoria, uma eficácia indefinida, que se deve a um pensamento cumulativo, a uma versão particular da meticulosidade, ou seja, aquela de fazer com que todos os instantes se tornem preciosos, de transformá-los em uma

---

363. PLANCHE, G. La journée d'un journaliste. *Paris ou Le Livre des cent-et-un*, t. 6, 1832.
364. BEDOLLIERE, É. Le maraîcher. In: LA Bédollière, 1842, p. 19-20.
365. JOUY, É. Les nouvellistes. In: Jouy, 1816, t. 5, p. 156ss.
366. L'employé. In: Curmer, 1840-1842, t. I, p. 306.

operação lucrativa, de adicioná-los a outros para obter uma maior capacidade a fim de superá-los, o que orienta as sucessões em progressões. Isso confirma a oposição entre um *Ancien Régime* – cujo tempo é considerado imóvel, congelado em uma estrutura imutável – e um novo mundo cujo tempo é considerado móvel, deslocando sua própria estrutura, além de favorecer qualquer tipo de progresso. O presente, por conseguinte, intensifica-se ao trocar de sentido, tornando-se fragmento de uma dinâmica mais ampla e claramente orientada. A tal ponto, que o tempo inscreve-se de maneira mais bem definida – para o fabricante, o artesão e o comerciante – na previsão minuciosa e ordenada das horas do dia seguinte: "Ele procede a cálculos e nunca consegue adormecer à noite, antes de ter organizado sua próxima jornada de trabalho"[367]. Em 1808, Marc-Antoine Jullien fornece um modelo com sua obra, *Essai sur une méthode qui a pour objet de bien régler l'emploi du temps, premier moyen d'être heureux*. O desafio apoia-se em algumas palavras decisivas: conhecer "o valor do tempo e [ser capaz de] usar todos os instantes para seu benefício e seu aperfeiçoamento" (JULLIEN, 1808, p. 28[368]). No cerne do tema: a vontade confusa de "tirar partido" do possível, a insistência sobre o mais insignificante dos períodos de tempo e a expectativa de perfectibilidade. Uma forma de sugerir, ainda mais, a verdadeira mudança de cultura: tornar o progresso em um desafio de consciência. Esse livro de Marc-Antoine Jullien foi um sucesso, publicado várias vezes entre 1808 e 1830. Suas exigências expandem-se, repercutidas pela sensibilidade cotidiana, de tal modo que, em 1823, Julien-Joseph Virey – em um texto com o título evocativo: *De la puissance vitale* – pode afirmar: "Quantas jornadas perdidas em decorrência das ilusões dos sentidos!" (VIREY, 1823, p. 423). Melhor ainda, tais regras impositivas têm sua vertente diretamente pedagógica, de acordo com a afirmação de um texto endereçado à juventude, em 1812: "Sejamos zelosos do tempo; evitemos dar algum de nossos momentos sem cobrar o seu valor; não deixemos que as horas escapem de nossas mãos sem ganhar algum lucro, algum fruto" (LE TELLIER, 1812, p. 392). Uma marcante e

---

367. Philosophie du peuple, *Le Fabricant, journal du maître et de l'ouvrier*, 18/06/1842.
368. Cf. Camara Bastos, 2011 [N.T.].

nova tensão existe, de fato, nessas observações aparentemente banais: a vontade de sugerir a ascensão social, a possível transposição de estratos, até então, confinados, além de esboçar tenacidades, persistências e também fadigas, em grande parte, deliberadas.

Os filhos do século, a fadiga da ilusão

Renovação da ambição, metamorfose do emprego do tempo, tensão orientada para um progresso que se pretende que seja indefinido, mas também possível ambiguidade de promessas incumpridas, de bloqueios e de sonhos irrealizáveis ou irrealizados. A sociedade do início do século XIX é igualmente a das decepções, das expectativas insatisfeitas e dos ideais fracassados; para muitos, ela é a das "ilusões perdidas"[369] com as fadigas bastante particulares que estas são suscetíveis de engendrar. Corrupção e dominação podem ter pervertido as esperanças. Materialismo, dispersão e diferentes tipos de empobrecimento[370] foram capazes de frustrar os projetos. O "futuro parecia pertencer aos homens", mas o "poder dos homens novos"[371] revela-se tão exclusivo quanto o dos "antigos". O que foi considerado pelo poeta, novelista e dramaturgo A. de Musset como um infortúnio:

> [...] Eu vi o tempo em que minha juventude
> Nos meus lábios estava sem cessar
> Pronta a cantar como uma ave:
> Mas eu sofri um árduo martírio [...][372].

Aliás, tema adotado por Balzac como um interminável objeto de romances; nesses textos, a desilusão é, até mesmo, quase física, ainda mais dolorosa do que as fadigas vivenciadas. O Raphaël do romance, *La Peau de chagrin*, afoga-se em uma "bebida ligeiramente opiácea", mantendo "uma sonolência contínua"[373], de-

---

369. BALZAC, H. Ilusões perdidas [1837-1843]. *La Comédie humaine*, 2013, vol. 7.
370. Cf. KEYSER, E. La souveraineté de l'argent alourdit la marche des hommes. In: Keyser, 1965, p. 9.
371. Ibid.
372. MUSSET, A. La nuit de mai [1835]. In: Musset, 1911. Cf. Fernandes, 2012, p. 171.
373. BALZAC, H. La Peau de chagrin [1831]. *La Comédie humaine*, 1969, t. IX, p. 243.

pois de um "trabalho de noite e dia, sem tréguas"[374] tão frívolo quanto ignorado. O Luciano do texto intitulado – "Os sofrimentos do inventor" – experimenta um sentimento vital de aniquilação quando uma catástrofe acaba cancelando toda a esperança, corpo e alma já alquebrados por uma longa e dolorosa luta. Única saída: suplicar a seu anfitrião para "ajudá-lo a enfiar-se na cama, pedindo-lhe perdão por lhe causar o constrangimento de sua morte"[375]. Situação considerada pelo poeta romântico, A. de Vigny, com amargura, como um princípio recorrente de perda e de abatimento: "O devaneio improdutivo provoca enfraquecimento"[376]. Déficit que o vasto empreendimento refletido na obra – *Français peints par eux-mêmes* –, em 1840, não sem paradoxo[377], pretende direta e, até mesmo, trivialmente, circunscrever: "Vários diziam a si mesmos: Considerando que soldados chegaram a ser reis, uma vez que um tenente de artilharia conseguiu tornar-se o dominador da Europa, por que não hei de ser general, ministro ou cônsul?"[378]

A sátira, inclusive, torna-se aqui reveladora: as 101 profissões investidas, em 1838, por Robert Macaire de Honoré Daumier, apresentadas como uma odisseia fenomenal com seus dramas e seus aspectos inesperados, limitam-se a ser naufrágios droláticos e fracassos inexoráveis, ilusões ou contratempos semelhantes aos de um Dom Quixote evocado claramente por esse caricaturista. Uma maneira de esnobar de uma ambição coletiva inédita, a vontade obstinada de ascensão social, a de mudar de *status*, de aventurar-se, de correr riscos, além de buscar a todo custo "distinguir-se do vulgo obstruindo todas as estradas que levam à fortuna"[379]. Ainda a mesma busca ansiosa, o mesmo encadeamento de mal-entendidos, em 1842, com o romance – *Jérôme Paturot à la recherche d'une position sociale* – de Louis Reybaud (REYBAUD, 1846). A ironia chega a seu termo com escadarias que descem em vez

---

374. Ibid., p. 91.
375. BALZAC, H. Os sofrimentos do inventor [1843]. *Ilusões perdidas*, p. 385.
376. VIGNY, A. Journal. In: Baldensperger, 1955, t. II, p. 990.
377. Obra que apoiava também o "novo cidadão" e seus esforços incansáveis colocados a serviço de todos (cf. p. 201).
378. TISSOT, P.-F. La jeunesse depuis cinquante ans. In: Curmer, 1840-1842, t. II, p. XVII.
379. ALHOY, M. et al. Robert Macaire et ses élèves. In: Alhoy; Huart; Philipon, 1839. • Cf. Angotti-Salgueiro, 2013; Nery, 2014 [N.T.].

de subirem e com a resignação do herói, "desiludido com sua mania das grandezas" (REYBAUD, 184, p. 453). Em ambos os casos, o desafio reside efetivamente em uma tensão inédita: preocupação afetada, contrariada, atormentada que percorre a maioria dos ambientes, fadiga inútil e desencantada. Seu descrédito tem valor de confirmação: a de sua presença lesiva, assim como de sua novidade.

Primeira busca elitista por calma

O que orienta ainda para outros imaginários e suscita outras defesas: as da pausa e da suspensão temporária, de qualquer modo, na elite; empreendimento deliberado para inverter as fadigas. Tanto mais que os tumultos políticos na virada do século, os conflitos coletivos adicionam seus transtornos, suas paixões, efeitos suficientemente profundos para serem objetos de teses de medicina, tirando partido das doenças nervosas (BOYER-NIOCHE, 1818, p. 8) provocadas por algum obscuro recrudescimento de desconfortos e de tensões.

A cidade, prioritariamente, pretende inventar de maneira bastante específica lugares de repouso, espaços de esquecimento, de recuo. Primeira grande iniciativa, inevitavelmente seletiva, promovendo a calma e o relaxamento. Alguns estabelecimentos de banho, social e culturalmente visados, seriam o símbolo dessa diligência: jardins de recreação, estrutura elegante, cabine silenciosa, isolada, com os apetrechos apropriados; a maciez do líquido enquanto promessa de calma, e o sossego do lugar enquanto promessa de abandono. Um controle acentuado da água, uma quase industrialização das bombas e as canalizações de chumbo soterradas para não chamar a atenção permitem instalar, no início do século XIX, algumas dessas instituições na margem de rios, sem dúvida, ainda em número reduzido, mas designando um papel bem definido. Já não somente a fuga do tumulto, o distanciamento do turbilhão, mas a das contrações nervosas, das preocupações excessivas e das contrariedades malcontroladas: a suspensão momentânea das pressões. Os banhos parisienses Tivoli, perto de Chaussée-d'Antin, apenas a dois quarteirões do Rio Sena, são indicados como luta contra "doenças nervosas, espasmos, zumbidos e nebulosidades cerebrais" (CUISIN, 1822, p. 94). Nesse espaço, tudo seria caprichado: "passeios aprazíveis e sombras refrescantes" (MARIE DE SAINT-URSIN, 1804, p. 136), perfumes sutis, líquidos aromatizados, lanches balanceados, de natureza fortificante, com "vinho que é bom para o peito" e "xarope de caldo de vitelo" (MARIE DE SAINT-URSIN, 1804, t. I, p. 95). Os banhos Vigier, perto de Pont-Royal, construídos sobre uma fragata alteada, trabalhada com todo o esmero, cercada por alamedas de areia e arborizadas, alinhando "caixas de laranjeiras, roseiras, acácias, chorões, seringueiras e ramagens espessas de lilás" (MARIE DE SAINT-URSIN, 1804, p. 49), têm uma finalidade idêntica, focalizada na eliminação de qualquer cansaço interior, abordagem indefinidamente especificada e comentada:

> Sua alma fica tranquila ao entrar neste brilhante recanto; você sorri para uma nova ordem de coisas e o barulho cansativo de Paris, seu burburinho insuportável já está bem longe de suas memórias. Seus pés, cansados do pavimento das ruas, sentem com prazer um gramado verde, um chão firme que lhe dá a sensação de um espaço repousante. O odor dos arbustos e das flores, o murmúrio das águas, tudo convida você aos mais agradáveis passatempos; as cenas da vida, outrora tão tumultuadas, para seus ouvidos atordoados no meio da capital, aqui, tornam-se calmas, aprazíveis e apaziguantes [...]. Os atores, os objetos ao seu redor, contribuem para a nova calma de sua alma (MARIE DE SAINT-URSIN, 1804, p. 50-51).

As termas – especialmente, aquelas situadas na proximidade das cidades – são pensadas como refúgios; tal como em Enghien, localidade em que "os nervos relaxam, o cérebro expande-se, o sangue revigora-se" (RÉVEILLÉ-PARISE, 1842, p. 99), anulando "as doenças do tipo nervoso" (DAMIEN, 1821, p. 55); em Passy, as doenças "provocadas pelo fato de habitar nas grandes cidades" são esquecidas (CHENU, 1841, p. 2); em Mont-Doré, as forças vitais são simplesmente reconstituídas (BERTRAND, 1823, p. XXIV).

A viagem, por fim, descobre outro possível destino, para além dos habituais enfrentamentos de trajetos. Stendhal foi um dos primeiros a considerá-la como um princípio de distanciamento das contrariedades[380]. Jules Janin sugere, com

---

380. Je suis de plus en plus content des voyages. Cf. Stendhal, 1973, p. XXXV.

maior insistência, um objetivo totalmente inédito: em vez da agitação com seus prazeres, sua efervescência ou seus inconvenientes, o oposto, ou seja, a busca por um tempo sem coações, um pertencimento a si mesmo sem obrigações. Daí a sensação de um renascimento, descrita como uma vacuidade voluntária e deliberada: "sentindo a cabeça cansada"[381], extenuado pelas tarefas e pela repetição dos serviços, Janin decide abandonar a atividade durante algum tempo. Tudo, então, pode mudar: "Entregando-se ao movimento displicente do fiacre [...]. E, em seguida, não fazer nada, nem ouvir, nem julgar nada [...]"[382]. A novidade reside em um total deslocamento de horizonte: o prestígio, até então inconcebível, atribuído ao cancelamento de qualquer ocupação, assim como de qualquer aborrecimento. Esta apropriação bastante particular: "Guardar para si, sozinho, seus sonhos, suas meditações e seus pensamentos"[383]. Esse si mesmo suficientemente afirmado, com a lenta emergência da sociedade contemporânea, para suportar o vazio interior, para torná-lo uma defesa contra os sofrimentos, por sua vez, considerados inéditos: os da ambição, das concorrências entre iguais e dos conflitos. Nada além de uma visão, em grande parte, original de ficar à toa voluntariamente, à altura de um sentimento também original de uma acentuação das tensões.

---

381. JANIN, J. Mon voyage à Brindes. In: Janin, 1839, t. II, p. 90.
382. Ibid., p. 91.
383. Ibid.

20
Um universo quantificado: da mecânica à energia

As esperanças perdidas, os tumultos e, até mesmo, as decepções sociais não poderiam eliminar, no início deste século, a ambição econômica, a confiança na tecnologia e a expectativa em relação à prosperidade. Tal certeza foi inclusive fortalecida, privilegiando os inventivos e os empreendedores: a ideia de progresso tornou-se mais sofisticada e a vontade de desenvolver as ciências e as artes foi reforçada. Um universo com um número crescente de oficinas, de máquinas, de instrumentos e de objetos orienta o olhar com maior atenção para os efeitos materiais, as possibilidades orgânicas, as adaptações gestuais e sua eficácia. Renovação incontestável, feita de ciência e de tecnicidade, revelando, desde então, como os avanços do Iluminismo haviam sido inconsistentes ou limitados (cf. p. 163 e 174-175), ao mesmo tempo em que promovia uma maior especialização dos peritos em cálculo e dos engenheiros. Isso é confirmado pelas instituições surgidas da Revolução Francesa. O *Journal de l'École Polytechnique* tem como objetivo "difundir conhecimentos bastante úteis" e contribuir para as "aplicações exitosas"[384]. Por sua vez, a École Centrale des Arts et Manufactures, criada em 1829, visa o desenvolvimento de um "saber empírico" (MAYEUR, 1981, t. III, p. 442). Os projetos sobrepõem-se: "aprimorar as condições da vida da humanidade"[385] e favorecer a econo-

---

384. *Journal de l'École polytechnique*, Premier cahier, 1794, p. III.
385. TATON, R. Les conditions du progrès en Europe occidentale. In: Taton, 1961, t. III, vol. I, p. 617.

mia das forças, tirando melhor partido de sua utilização. Tal desafio é também o das sociedades tecnológicas. A fadiga, por sua vez, é a do trabalho físico. Mesmo objetivo preconizado pela Gesellschaft Deutscher Naturforscher und Ärzte, fundada em Berlim em 1822, ou pela British Association for the Advancement of Science, criada em Londres em 1831[386]. Nessas instituições, a atenção prestada ao trabalho é inevitavelmente renovada: a vigilância sobre o esforço e a avaliação dos resultados. Melhores condições são reservadas à oficina e ao canteiro de obras, objeto de um tratamento diferenciado: a ciência deveria, segundo se presume, dar sua contribuição nesse sentido. Desde então, o foco dos estudos sobre a fadiga é orientado efetivamente para o dispêndio físico, assim como para o universo dos trabalhos que se servem das mãos, dos músculos e dos braços: toda a sua existência manifesta-se, aqui, pelo esforço; todo o seu ser apoia-se no orgânico.

De forma mais ampla, a acentuação da presença maquínica – a da racionalização econômica e manufatureira – incentiva, no início do século XIX, o confronto entre os cálculos e a dinâmica do corpo. Verifica-se a difusão de máquinas, às quais os gestos se adaptam, misturando-se as forças musculares com as forças dos instrumentos. Os questionamentos multiplicam-se a respeito das atitudes de trabalho, de sua eficácia e, em última instância, a respeito da possível atenuação dos movimentos aplicados. Continua sendo, sem dúvida, um universo de engenheiros no qual a teoria pretende multiplicar seus efeitos, mas em que uma fadiga mais bem-controlada participaria, em última análise, da felicidade de cada um. Gestos e esforços suscitam, como nunca anteriormente, as preocupações, enquanto forças e operacionalidades ocupam, como nunca anteriormente, os cálculos. Nova curiosidade, por fim, no imaginário industrial: a fadiga dos operários.

Calcular a força

Um instrumento totalmente inovador, em primeiro lugar, conduz já a revolucionar os objetos de cálculo. Buffon esperava a concretização desse projeto desde

---

386. Ibid., p. 618.

a década de 1760, encomendando-o a Edme Regnier, um "serralheiro experiente" com habilidades reconhecidas. O desafio consistia em diversificar os tipos de forças previstas: já não apenas o ato de carregar – até então, o único praticamente a ser estudado –, mas o de puxar, empurrar, pressionar, endireitar-se e resistir; nem apenas as costas, mas os quadris, os braços, as pernas e as mãos. Ou, dito por outras palavras, multiplicar as possibilidades de avaliar os recursos envolvidos. Após várias vicissitudes, Regnier propõe, no final do século, a ferramenta inédita: uma "mola elíptica que não perde sua elasticidade pelo uso" (*Journal de l'École polytechnique*, 1798, VI, p. 163), ao mesmo tempo em que desvela, mediante cursor, a quantidade de força mobilizada. Avalia-se alongamento, pressão e forças opostas com a possibilidade de enunciar cálculos e constatações. Regnier especifica as observações, acumulando dados a serviço da vida cotidiana: mão direita e mão esquerda revelam serem dotadas de força desigual; ferreiro e cabeleireiro têm um vigor manual totalmente distinto, cuja resistência varia de um a dois; homem e cavalo, na ação de puxar, têm uma eficácia que vai de um a sete; potência global, entre mulher e homem, varia de dois a três (*Journal de l'École Polytechnique*, 1798, ano VI, p. 166). Aqui, não há certamente indicação clara a respeito da fadiga, mas avaliações que, segundo se presume, deveriam prevê-la e, até mesmo, preveni-la, antecipar potencialidades e categorizar eficácias. O dinamômetro e seu uso generalizam-se no início do século XIX: instrumento, para muitos, de jogo ou de aposta, introduz-se em feiras e festas, participa do espetáculo dos saltimbancos e dos prestidigitadores, medindo suas batidas sobre molas ou efígies de madeira. Ele provoca a ironia de La Bédollière ou de Daumier: as ilustrações zombeteiras de ambos repercutem os modestos mostradores em que se inscreve "a força de seus punhos"[387]. Mas é também instrumento de prospecção, valorizando de maneira diferente a potência dos membros, suas particularidades, além de categorizar dinâmicas até então ignoradas.

Observações modestas e perseverantes que, em breve, graças a seu cálculo e a sua repetição, alimentam um arsenal de critérios de aferição e de informações.

---

387. Cf. Les banquistes. In: Curmer, 1840-1842, t. V, p. 133.

Adolphe Quetelet tira partido disso na década de 1820, especificando os perfis do homem médio, cujas qualidades deveriam, supostamente, ser reveladas pelas estatísticas, cada vez mais importantes em uma sociedade chamada democrática. Ele limita-se às forças, acumulando as constatações: as diferenças segundo as profissões – aliás, observação já sublinhada por Regnier – de modo que pedreiros e carpinteiros (QUETELET, 1835, p. 72[388]) revelam-se aqui como os mais ágeis com as mãos e os braços. As diferenças de acordo com as condições de vida, verificadas sempre com o aparelho: "A abundância de alimentos e de exercícios moderados contribuem para um maior desenvolvimento das qualidades físicas; enquanto a penúria e o excesso de trabalho produzem um efeito oposto" (QUETELET, 1835, p. 79). O que tende a invalidar e, até mesmo, negar, critérios que, durante muito tempo, haviam sido decisivos, tais como o tamanho ou o peso. Outras tantas informações novas para quem pretenda desenhar o universo das resistências e das estabilidades.

Não é que – convém chamar a atenção para esse aspecto – a fadiga seja aqui claramente definida, mas verifica-se a imposição de um culto do cálculo e de um possível princípio de adaptação, para não dizer, de economia das forças utilizadas; por fim, um cálculo de aperfeiçoamentos previsíveis. O que demonstram, por si sós, os ginastas no início do século, avaliando os ganhos de força de acordo com a multiplicidade de exercícios, ampliando e diversificando os primeiros cálculos pedagógicos de Mme. de Genlis efetuados no século anterior (cf. p. 197). Peter Clias confirma isso em sua academia de Berna, utilizando o dinamômetro como comprovação, descrevendo o renascimento realizado, em 1815, em relação a um jovem frágil de 17 anos que aplicou os mais diversos movimentos em uma série de máquinas e de aparelhos: extensão dos quadris, tração de braços, pressão de mãos, todas essas forças teriam duplicado em alguns meses (CLIAS, 1819; apud BUCHEZ; TRÉLAT, 1825, p. 306[389]). Francisco Amoros confirma também esses resultados em sua academia de Paris, em 1820, submetendo seus alunos a uma

---

388. Cf. Pich, 2013 [N.T.].
389. Cf. Vigarello, 2003 [N.T.].

ficha fisiológica prévia em que, graças ainda ao dinamômetro, se verifica a devida quantificação da "pressão das mãos", da "força dos quadris", da "força de tração", do "impulso vertical" seja "do punho direito" ou "do punho esquerdo", da "pressão contra o peito", da "força para segurar determinado peso" (AMOROS, 1834, t. I, p. 67). As antigas avaliações, baseadas unicamente na observação das atitudes ou conformações – aquelas que, durante muito tempo, haviam sido referência para separar os militares dos condenados às galés –, são aqui abandonadas em razão de seu cálculo aproximado, superadas pela exigência da quantificação.

Inventar a mecânica industrial

O universo das máquinas e seu desafio cada vez mais impositivo em relação à atividade humana suscitam, assim, uma nova ciência no início do século XIX: a "mecânica industrial" que reorienta a observação das profissões, conhecimento inédito, além de visar o cotidiano das oficinas. Ela confronta-se com os corpos, os motores, as correias de transmissão e os aços; pretende também fazer economias e promover a eficácia. Em 1822, Gérard-Joseph Christian, diretor do *Conservatoire royal des arts et métiers*, vai defini-la assim:

> A ciência da mecânica tem o objetivo de conhecer e de buscar os meios de substituir a força e a destreza físicas do homem, além de economizar seu tempo na execução dos trabalhos que lhe são exigidos por suas necessidades e por seus gostos. A essa ciência atribuímos o nome de mecânica industrial para distingui-la da mecânica racional cujo objeto parece ser, para nós, totalmente diferente (CHRISTIAN, 1822, t. I, p. 1).

O projeto, longe de se limitar à contribuição das máquinas, estende-se à réplica dos membros confrontados com os instrumentos; um ensino é inclusive inventado para transformar as práticas dos operários. Charles Dupin estuda as evoluções de tal abordagem na Inglaterra[390], antes de transpô-la para este mesmo *Conser-*

---

390. "Observei que os eruditos e os poderosos estavam juntando seus esforços para fornecer aos operários ingleses, escoceses e irlandeses uma nova instrução mediante a qual os homens se tornam mais hábeis, mais desenvoltos e mais inteligentes" (DUPIN, 1825, t. I, p. V).

vatoire a partir de 1819, confirmado por uma portaria de Luís XVIII mediante a qual são instalados cursos públicos e gratuitos em favor da "aplicação das ciências às artes industriais"[391]. Iniciativas semelhantes surgem em Lille, Versalhes e Estrasburgo, iniciadas por "cidadãos generosos" (DUPIN, 1825, t. I, p. V). Em 1829, Claude-Lucien Bergery publica seus *Cours industriels* (BERGERY, 1829-1831), ministrados aos operários de Metz. A perspectiva é voluntarista: "Abandonar a rotina", "sistematizar todas as circunstâncias do trabalho" (BERGERY, 1829-1831, t. I, p. 2). A expectativa é focalizada: "Além de experimentar uma fadiga muito menos intensa, você terá uma remuneração mais elevada" (BERGERY, 1829-1831, t. I, p. 4). Menos cansaço e maior eficácia. Numerosas situações são reformuladas. Em particular, o espectro gestual: "de pé com os braços", "de pé com as pernas", "sentado com os braços", "sentado com as pernas", "sentado com os braços e as pernas" (CHRISTIAN, 1822, t. I, p. 112-113). A posição ereta pressupõe direções definidas, enquanto a posição sentada, mais complexa, pressupõe pontos fixos para apoiar as pernas e os pés (CHRISTIAN, 1822, t. I). Alguns "loucos literários" (QUENEAU, 2002) pretendem inclusive multiplicar os meios para "evitar o cansaço a quem utiliza a serra, ou tem de bater, carregar, preparar as peles, aplainar, empurrar, puxar [...]" (LUTTERBACH, 1850, p. 520ss.), sugestões muitas vezes irrisórias, mas confirmando uma vontade cada vez mais determinada no sentido de teorizar – e, mais ainda, de economizar – os movimentos.

Verifica-se a profusão de gravuras que revelam, mais do que nunca, homens caprichosamente desenhados, bem posicionados, de pé, pressionando as manivelas dos cabrestantes; outros segurando, arqueados, barris amarrados em planos inclinados; ainda outros empunhando macacos e guinchos; por fim, outros otimizando os transportes por deslizamento, rolamento, tração ou rotação[392]. Alguns gravadores chegam inclusive a especializar-se: tal como Jean Duplessi-Bertaux, cujo álbum indica os milhares de movimentos dos ferreiros ou dos tanoeiros, dos

---

391. A portaria de criação do Conservatoire National des Arts et Métiers, em 1819, confere-lhe a tarefa de promover "um ensino público e gratuito para a aplicação das ciências às artes industriais" (Verbete Conservatoire National des Arts et Métiers. In: LAMI, 1883, t. 3, p. 779-780).
392. Cf. as primorosas ilustrações em Delaunay, 1851.

amoladores ou dos carpinteiros (DUPLESSI-BERTAUX, 1820). Forças e períodos de tempo tornam-se cada vez mais precisos, cálculos e dispositivos diversificam-se de acordo com exemplos cada vez mais específicos:

> Em geral, para um trabalho contínuo, exigindo um esforço de 8 a 10kg e de 8 a 9h de duração, é necessário levar o homem a agir em pé e apenas com os braços; é raro que seja possível encontrar mais vantajosa a escolha de outras posições (CHRISTIAN, 1822, t. I, p. 111).

Os relatórios de Coulomb (cf. p. 168-170) são retomados para atos, desta vez, não isolados, mas repetidos. Multiplicidade do cálculo, multiplicidade dos objetos. Os terrenos expandem-se, as situações são codificadas. A ação dos prisioneiros ingleses sobre as rodas que arrastam medas ou ativam máquinas é calibrada: "A tarefa diária de cada preso consiste, em média, em subir 50 degraus de 0,2m por minuto ou 3 mil por hora, e em repetir esse trabalho durante 7h" (PONCELET, 1841, p. 239). Os gestos da pá dos engenheiros militares franceses na área da construção, em 1837, são medidos em sua amplitude, seu ângulo e sua repetição: "Um homem é capaz de remover com uma pá e carregar em um carrinho de mão, cerca de 12 a 15m^3 cúbicos por dia. Quando essa terra é lançada, no mínimo, a 2m e, no máximo, a 4m, ou levantada a 1,60m, ou carregada em uma carroça, deve-se reduzir o número de metros cúbicos a 10" (LAISNÉ, 1837, p. 42). Distâncias e tempos dos carregadores são definidos: 30m para os relés com carrinhos de mão, 72s para as idas e voltas (LAISNÉ, 1837, p. 42). Ainda a caminhada, objeto de intermináveis experiências, sugere normas e patamares:

> Em estrada, um pedestre é capaz de percorrer 6km/h, o que corresponde a 100m por minuto. Estima-se em 8 decímetros o comprimento do passo; assim, o pedestre dá 125 passos em 1min e 7.500 em 1h. Deste modo, ele é capaz de andar durante 8:30h por dia, e continuar andando o tempo que quiser, sem alterar sua saúde, nem diminuir suas forças. Daí 51km é a distância média que um pedestre é capaz de percorrer sem alterar suas forças (DUPIN, 1825, t. I, p. 75).

As recomendações, por conseguinte, multiplicam-se para obter médias, para superar as singularidades e para favorecer confrontos. Importante empreendimento de racionalização em que é levado em conta o próprio mundo rural, especificando o que um homem é capaz de "descarregar de estrume em 10h de trabalho"; da mesma forma, semear trigo, ceifar um campo, transplantar nabos, carregar feixes nas carroças e armazenar em um celeiro. No entanto, tais períodos de tempo têm ainda de ser revisados "quando os prados se encontram em lugares mais afastados" (BAILLY DE MERLIEUX, 1836, t. IV, p. 510-512). O empirismo, em compensação, o sentimento ou a estimativa são sempre prevalecentes para designar os limites, ou seja, a intuição mais do que o cálculo:

> Nada além da experiência pode tornar conhecida a quantidade de trabalho – ou, se quisermos, de fadiga –, que cada tipo de motor ou, até mesmo, cada motor em particular, é capaz de suportar diariamente, assim como o tempo necessário para adquirir tal fadiga, de acordo com o tipo de trabalho (GUENYVEAU, 1810, p. 256).

É certamente impossível ignorar as vantagens propostas pela mecânica industrial das décadas de 1820-1830. Elas levam-nos a esquecer as proposições de Coulomb sobre atos individuais ou as sugestões dos enciclopedistas sobre a descrição atenta, mas laboriosa, das artes (cf. p. 163 e p. 168). Cada força visa a economia, enquanto cada conselho promove a eficácia. De novo, Gérard-Joseph Christian fornece o exemplo disso em seu tratado de 1822: "O homem suportará o trabalho durante um período de tempo mais longo e com menos fadiga, no caso em que as variantes sejam comparáveis, quando sua ação for regular, uniforme, tanto no esforço de pressão quanto na velocidade" (CURMER, 1840-1842, t. IV, p. 67). As recomendações sugerem evitar o recurso simultâneo a todos os músculos do corpo, favorecer por graus potência e habilidade, além de "usufruir de intervalos frequentes de repouso para reanimar as forças" (CURMER, 1840-1842, t. IV, p. 64). A parcimônia gestual e seu efeito de resistência encontram-se no centro da observação. A fadiga, em compensação, permanece aproximada, constatada subjetivamente mais do que designada objetivamente. Estimativa sempre prática, certeza resultante do costume e da convicção: "O trabalho que convém exigir de cada espécie de ser animado, o número de vezes e o período de tempo dos repousos etc. só podem ser determinados por uma longa experiência" (GUENYVEAU, 1810, p. 254).

Ou, dito por outras palavras, a mecânica tornou-se mais consolidada; em compensação, a fisiologia continua sendo objeto de uma estimativa e não tanto de uma quantificação.

Inventar a energia

É para a fisiologia, no entanto, que se projeta insensivelmente o olhar dos mecânicos no segundo terço do século XIX: o interesse incide sobre o motor, na origem das energias, e já não apenas sobre a gestual ou a sua coreografia. A pesquisa orienta-se para as instâncias obscuras, aquelas que Coulomb ignorava ao limitar-se unicamente aos resultados observados (cf. p. 168-170). O exemplo de Lavoisier – descartado, durante muito tempo, por ser dificilmente mensurável e "avaliado por intermédio de aparelhos" – é retomado, questionado e aprofundado. Todos concordam que "a respiração é a função mais essencial para o corpo do ser animado" (BAILLY DE MERLIEUX, 1836, t. IV, p. 389): ela produz calor, condiciona o trabalho, além de fornecer o combustível aos músculos, aos elãs e aos esforços. Gabriel Andral e Jules Gavarret, avaliando inspiração e expiração com tubos e válvulas, comparam em 1843 o consumo de oxigênio e as emissões de dióxido de carbono segundo os indivíduos, registram seus ritmos, suas misturas, suas taxas e tiram a conclusão de que "a quantidade de ácido carbônico exalada pelo pulmão é tanto maior à medida que a constituição física é mais forte e o sistema muscular mais desenvolvido" (ANDRAL; GAVARRET, 1843, p. 119). Da mesma forma, esses pesquisadores constatam um declínio a partir dos 50 anos" e "à medida que o sujeito envelhece" (GAVARRET, 1855, p. 349). Enquanto os melhores sabem, além disso, como queimar de maneira mais correta o oxigênio absorvido e, portanto, tirar partido do mesmo. Victor Regnault e Jules Reiset diferenciam, em 1849, tal consumo em animais de acordo com as espécies, o peso, a idade ou a atividade, concluindo com a mesma constatação (REGNAULT; REISET, 1849, p. 514). Gustave Hirn, por fim, dá continuidade a tal projeto na década de 1850, até proceder a experiências diretamente sobre o próprio trabalho: o ar respirado nesse contexto é confrontado com seu efeito concreto do ponto de vista mecânico e produtivo. Ele concentra seu estudo sobretudo nas diferenças consideradas esclarecedoras. Esse mecânico da cidade de Colmar compara seu próprio consumo com o de uma jovem que é mais exercitada em tais esforços. O que orienta para a qualidade do queimador e também para uma fadiga reduzida, medidas a partir da falta de ar, assim como das trocas de gás:

> Enquanto no estado de repouso eu respirava quase 18 vezes por minuto, a moça precedente respirava apenas cerca de 12 vezes; enquanto no meu caso entrava, em cada respiração, mais de um litro de ar nos pulmões, ela limitava-se a inspirar meio litro. A potência absorvente dos vasos aéreos era, portanto, muito mais poderosa na moça do que no meu caso. Assim, os 350 litros de ar que passavam por seus pulmões em 1h estavam mais carregados com ácido carbônico proporcionalmente aos 700 litros que passavam pelos meus (HIRN, 1868, p. 40).

A subida de uma montanha amplia a comparação. Hirn consome, no decorrer dessa caminhada, quatro vezes mais oxigênio do que em repouso; ora, uma grande parte desse consumo não está relacionada ao trabalho, mas a um inútil dispêndio calórico, a movimentos desnecessários, a reflexos excessivos e a diversas tensões. Essa relação inverte-se na moça: pouco calor externo e muito trabalho. Daí a distinção inédita, obrigatória, entre o oxigênio eficaz – aquele cuja combustão engendra a ação –, e aquele que se escapa no suor ou na temperatura corporal, cuja combustão perturba a ação: o primeiro é absorvido pelos pulmões, convertido em degradação positiva, enquanto o segundo extravasa-se, convertido em efervescência factícia. Eis a verdadeira diferença entre "o calor absorvido e o calor produzido" (HIRN, 1868, p. 35): o primeiro transforma-se em dinâmica "útil" ativando o motor, enquanto o outro vira aquecimento "inútil" reduzindo a potência do motor. A real diferença também em relação às observações de Lavoisier, limitadas ao aumento do consumo de oxigênio com o trabalho. Enquanto dois tipos de dispêndio distinguem-se aqui, de acordo com seu papel e sua operacionalidade: "Pela magnitude do excesso de calor inútil desenvolvido deste modo é que se verifica a maior diferença dos diversos indivíduos entre si" (HIRN, 1868, p. 41). Distinção confirmada pelas novas teorias – seja de Sadi Carnot ou de James

Joule nas décadas de 1820-1840 – sobre o equivalente mecânico do calor, aplicadas às máquinas a vapor, as quais "colocam constantemente à nossa frente e introduzem na prática de nosso cotidiano o espetáculo do trabalho criado mediante a energia calórica" (SAVENAY, 1863, p. 40). As máquinas mais eficazes reduzem perdas e radiações oriundas dos tubos, dos atritos e das aberturas malcontroladas, para transformar o máximo de calor possível em trabalho. Isso estimula os paralelismos com o motor humano, experimentado ainda com um pesado dispositivo de Gustave Hirn, em 1858: uma câmara hermética, com "tábuas de abeto calafetadas", na qual procede-se ao monitoramento da temperatura, da respiração, das trocas e de um trabalho medido em uma "roda de pás e escada móvel" (HIRN, 1858, p. 67). A constatação aprofunda-se: o aumento do consumo de oxigênio pode ser ilusório e o trabalho ser reduzido quando a respiração é obstruída, a agitação é desordenada e a sudorese é acentuada. A fadiga surge de tal deficiência: calor excessivo, respiração forçada, além de sensação de perda e de excesso. De novo, as próprias máquinas estão em condições de sugerir tal distúrbio:

> O indivíduo que fica sem fôlego e encharcado de suor enquanto sobe uma montanha imita exatamente os foguistas desajeitados que carregam excessivamente seu fogareiro e, em seguida, são obrigados a liberar o vapor sem nenhum proveito, enquanto o foguista experiente desenvolve, em cada instante, apenas o calor necessário para o efeito dinâmico que ele deve fornecer (HIRN, 1868, p. 42).

Desse modo, verificou-se uma oscilação dos modelos: ruptura decisiva, revolução importante, para não dizer, total. O esgotamento já não depende de algum enfraquecimento das fibras como era preconizado no século XVIII (cf. p. 150-151), nem do relaxamento dos elementos constitutivos do corpo, do afrouxamento dos nervos, mas de algum desequilíbrio na própria troca de gás: por um lado, excesso de calor e, por outro, falta de adaptação; por um lado, profusão de efervescência e, por outro, déficit de combustão, seguidos de esforços infrutíferos para superar a falta de energia. As observações incidem sobre outros objetos. As perdas mudam de forma e de lugar. A fadiga surge de uma carência específica – a da sensação de calor – e das tensões inúteis, inclusive, das dores, que a acompanham. A explicação é contestada, enquanto o olhar é deslocado de um lugar para outro. Uma força genérica e eminentemente material está no cerne do processo:

> Se o século XIX estava obcecado pela fadiga, tal fato não era apenas o sinal de um "verdadeiro" cansaço dos indivíduos na sociedade industrial, mas também o aspecto subjacente do corpo concebido como uma máquina termodinâmica capaz de conservar e de desenvolver energia (RABINBACH, 2004, p. 91).

Não é que as médias sejam obtidas facilmente ou que a totalidade do trabalho corresponda a uma taxa previsível de troca de gás. As constatações sublinham inevitavelmente "a diferença de um indivíduo para outro quanto à capacidade absorvente dos pulmões" (HIRN, 1868, p. 40).

O importante, em compensação, está em outro lugar, reorientando a imagem do próprio cansaço do trabalhador, suas explicações e suas prevenções: evitar qualquer dispêndio inútil e qualquer tensão, além de favorecer os hábitos do queimador e, até mesmo, sua educação. Conclusão *a priori* familiar, semelhante aparentemente ao que sugeria a mecânica industrial com a adaptação dos gestos, seu aperfeiçoamento e sua economia. E, no entanto, bastante diferente: o cálculo já não visa simplesmente a flexibilidade ou a coordenação gestuais, mas o consumo e suas modalidades, além da combustão e sua eficácia.

O modo de observar deslocou-se de maneira definitiva. Um novo objeto impôs-se: o tórax, que se tornou foco, elemento decisivo do motor, armadura metamorfoseada, em vez de medida e de cálculo. Suas formas são avaliadas, enquanto seus recursos são planejados. Higiene e fisiologia evocam-no enquanto capital orgânico. Gabriel Andral inicia seus cursos de clínica médica, em 1823, pela enumeração de "doenças que causam dor no tórax"[393]; ou seus cursos de higiene, em 1828, pelo aprofundamento "do ar atmosférico e da respiração" (ANDRAL, 1828). O objetivo é inédito. A forma do tórax impõe-se enquanto garantia de solidez, sobretudo, de sua amplitude. A tal ponto que Marshall, médico inglês de recruta-

---

393. ANDRAL, G. Maladies de la poitrine. In: Andral, 1823, t. I, p. 1ss.

mento na década de 1840, pretende manter afastados dos executivos do exército britânico "os indivíduos cujo tórax não atinja 31 polegadas [ou 75cm] de circunferência" (LÉVY, 1844, t. I, p. 236). A tal ponto também que Woillez procura no tórax sinais de tísica (WOILLEZ, 1838). Ou a tal ponto que Louis-Théodore Laveran tenta estabelecer uma escala quantificada entre os fortes e os fracos: para os primeiros, 83cm de circunferência e, para os outros, 77cm (LAVERAN, 1846, p. 82). Assim, a preocupação relativamente aos números médios volta a encontrar-se no interesse pelas aparências e pelos perfis.

Ainda existe o ato respiratório, questionado mais do que nunca. Alguns chegam a estudá-lo até a obsessão, tal como Lutterbach, professor de Medicina Natural Espontânea, juntando-se ao entusiasmo dos "loucos literários" mediante a tentativa de distinguir, em um ensaio de 1852, cerca de trinta maneiras de respirar (LUTTERBACH, 1852): a *ondulée* [ondulada] feita para aliviar as fadigas mentais; a *cadencée* [cadenciada] para aliviar as fadigas da caminhada; a *progressive* [progressiva] para aliviar as fadigas da corrida. E ainda um grande número de outras modalidades, visando finalidades improváveis: da *saccadée* [sacolejada] à *rebondie* [intervalada]; da *vacillante* [vacilante] à *flottante* [flutuante]; da *purgative* [purgativa] à *salivaire* [salivar]; da *nourricière* [nutriente] à *isochrome* [isocrômica]. Testemunho prolixo, falsamente erudito, em grande parte ilusório, mas revelando, por si só, o desafio do qual a respiração pode vir a ser o objeto nesse início do século XIX.

Mais original e eficaz, por fim, a descoberta do espirômetro por John Hutchinson, em 1845, aparelho que permite calcular o volume quantificado do fôlego por expiração forçada, a quantidade de ar suscetível de ser utilizado pelos pulmões (HUTCHINSON, 1844). Uma campainha móvel, flutuando sobre líquido contido em recipiente, registra e quantifica o ar assim expirado. Desse modo, uma referência de robustez é adicionada às precedentes; uma capacidade até então obscura é colocada, a partir daí, em uma tabela. Um de dentro impõe-se ao de fora. Os indivíduos mais resistentes seriam aqueles com maior capacidade, aqueles cuja aspiração garante a maior combustão disponível. Daí a certeza inédita de obter assim "indicações valiosas para a medição da força dos indivíduos e para a profilaxia de seus modos de iminência mórbida" (LÉVY, 1850, t. I, p. 241).

Reinventar o alimento

A abordagem de Gustave Hirn permanece focalizada na respiração, o queimador e o seu papel, o oxigênio consumido, enquanto a visão energética continua renovando inevitavelmente o papel do alimento, o material queimado, o aporte que contribui para a combustão e, por conseguinte, para o trabalho, orientando assim uma proposição quantificada, cuja descrição foi arriscada pelo agrônomo alemão, Albrecht Thaër, em 1830:

> A força, a atividade e a habilidade do homem são infinitamente variadas e dependem muito da alimentação e do bem-estar proporcional em que ele vive. Um operário a quem dou, diariamente, doze porções é capaz de executar, com frequência, em quantidade e em qualidade mais do que o dobro do trabalho que obtenho de outro que recebe, diariamente, seis (THAËR, 1830, § 150, p. 144-145).

Raciocínio aparentemente banal, de tal modo o déficit alimentar parece intuitivamente implicar cansaço e exaustão. No caso concreto, Michel Lévy apoiar-se-ia na mais simples tradição higiênica, afirmando, em 1844, que "o limite do excesso é marcado pela sensação de fadiga, mais rápida em pessoas fracas e desnutridas do que em pessoas que usufruem de condições opostas" (LÉVY, 1844, t. II, p. 408); afirmação original, no entanto, pelo fato de se referir diretamente ao oxigênio e à sensação de calor excessivo em alguma parte do corpo. Aliás, essa dupla vertente da efervescência orgânica é mais bem definida pelos químicos do segundo terço do século: o gás queimador e seu material, a chama e sua substância. Sem dúvida, triunfo da imagem, mas deliberadamente concreta: "Os alimentos são para o corpo do animal o que o combustível é para a lareira" (LIEBIG, 1842, p. 24[394]). Na década de 1830, Justus von Liebig chega inclusive a distribuir esses alimentos em duas categorias: aqueles que contribuem para a renovação de órgãos,

---

394. Cf. Derossi; Freitas-Reis, 2018; *Seminário comemorativo – Liebig 200 anos*, 2003 [N.T.].

os "alimentos plásticos/estruturais", e aqueles que contribuem para a manutenção da energia corporal, os alimentos respiratórios; ora, estes últimos carregam carbono e energia calórica, "gordura, amido, goma, açúcar, pectina, bassorina, vinho, aguardente [...]" (LÉVY, 1857, t. I, p. 700). Análise tanto mais decisiva e, até mesmo, inaugural, pelo fato de desvelar, pela primeira vez, a degradação orgânica provocada pela combustão: a presença de ácido láctico no sangue, acentuada pelo exercício. Explicação pioneira do sofrimento e da dor, resultantes de uma fadiga esclarecida pela química.

A energia instala-se assim definitivamente no núcleo do processo, a ativação da máquina e seu rendimento, ambos reforçados pela contribuição nutritiva. Nada mais do que a nova referência mobilizada pelos geógrafos e pelos especialistas da estatística no início do século XIX a fim de estabelecer a oposição entre regiões pobres e regiões ricas, entre populações fracas e populações fortes, estigmatizando os departamentos do Centro, "região da França em que se consome uma maior quantidade de castanhas: com efeito, dos 2.700 milhões de hectolitros consumidos na França, esses cinco departamentos consomem 1.436 milhão" (ANGEVILLE, 1836, p. 49). Essa é ainda a referência utilizada por Balzac para qualificar a ação de Benassis, seu *médecin de campagne* [médico rural], empreendendo a metamorfose de seu vilarejo, aldeia selvagem e isolada, mediante uma revisão total das culturas e dos gêneros alimentícios, o abandono "das batatas e dos lacticínios"[395], recorrendo com maior frequência a carnes brancas e vermelhas, garantia tanto de contribuições orgânicas quanto de resistências restauradas: "Eu curava as doenças dos camponeses tão fáceis de curar: trata-se sempre, efetivamente, de devolver-lhes suas forças mediante uma alimentação substancial"[396]. Ou, por fim, a referência utilizada por John Sinclair em seus conselhos aos agricultores ingleses: o feno, considerado mais energético, preferido à palha para os cavalos de tiro, a certeza de que "com este alimento e duas refeições de grãos, diariamente, os cavalos não só estão

---

395. BALZAC, 1833. In: *La Comédie humaine*, 1969, t. VIII, p. 7.
396. Ibid., p. 12.

em condições de arar três quartos de um acre [30 ares] por dia, mas estão habitualmente cheios de vigor e de saúde no início da estação de semeadura" (SINCLAIR, 1825, p. 208).

Nessa década de 1850, existe ainda um limite: o desafio de uma abordagem que é de imediato subjetiva, ou simplesmente sugestiva, prevalece ainda em relação à referência erudita. A convicção predomina em relação à verificação, a certeza relativamente à experimentação. Em particular, a carne – "alimento que produz os tecidos orgânicos", mas não é "combustivo", de acordo com as expressões utilizadas por Liebig – impõe-se sem restrição nas proposições de uma dieta; ela chama a atenção, torna-se cúmplice da massa corpórea, idealiza os músculos e sugere o sangue, sem que seja fornecida a prova de seu papel concreto. É apenas ela, sobretudo, que Pierre-Honoré Bérard evoca em seu relatório – *Rapport sur le régime alimentaire des lycées de Paris* –, em 1852, avançando tão longe a ponto de especificar níveis e quantidades:

> Para o ensino médio, 65g por aluno e por refeição;
> Para as últimas classes do ensino fundamental, 55g;
> Para as classes iniciais do ensino fundamental, 45g[397].

Tal ingrediente é ainda predominante em uma *Instruction du conseil de santé des armées*, em 05/03/1850, com a obrigação de assumir de maneira bastante específica "o primeiro lugar no regime do soldado"[398]. Por fim, ela é enaltecida pelos grandes textos focalizados na "higiene alimentar" em meados do século: "Ela restaura energicamente as forças sem impor ao estômago uma digestão demasiado laboriosa" (FONSSAGRIVES, 1867, p. 94).

Obstáculo, sem dúvida, e ainda insuficiência de apreciação, o que não tira nada, de qualquer modo, à renovação das preocupações surgidas no decorrer do século, à sua diversidade e ao seu enriquecimento: a imagem das resistências à

---

397. BERARD, P.-H.-M. *Rapport sur le régime alimentaire des lycées de Paris* [1852]. Cf. verbete Lycées. In: Tardieu, 1852.
398. *Instruction du conseil de santé des armées*, 05/03/1850. Cf. verbete Militaire (hygiène). In: Tardieu, 1852-1854.

fadiga – da respiração ao alimento, dos músculos ao movimento – transformou-se definitivamente, tornando-se objeto de estudo e de prospecção.

Definir a constituição

O que torna ainda mais premente o desafio em vista de especificar os critérios de infatigabilidade, os das possíveis estabilidades, a partilha entre os seres robustos e aqueles que não o são; neste caso, verifica-se a pouca fiabilidade dos recursos clássicos. A atenção prestada aos invólucros globais, à tez, às cabeças eretas, aos "olhos brilhantes e despertos" (cf. p. 74) ou, até mesmo, à palpação dos membros como ocorria com os condenados às galés do Grand Roi [Luís XIV], perdeu sua pertinência. A fisiologia e a energia fizeram com que as medidas se tornassem mais complicadas. As funções orgânicas ganharam interioridade. A exploração do ar e da alimentação, assim como a química das forças transformaram a observação. No decorrer do século, impôs-se acima de tudo o vocábulo *constitution* [constituição], procedendo ao cruzamento de qualidades múltiplas, furtivas, além de mobilizar dados mais íntimos e intricados. Os dicionários de medicina das décadas de 1820-1830 focalizam-se nesse termo com insistência, designando-o como o "conjunto da organização particular de cada indivíduo"[399]. Por volta de 1840, os higienistas fornecem desse termo uma definição mais elaborada, relacionando-o "ao grau de força física, à regularidade mais ou menos perfeita com que as funções são desempenhadas, à soma da resistência contra as causas das doenças, à proporção de vitalidade e, por conseguinte, às chances de maior longevidade" (LÉVY, 1844, t. I, p. 232). As potencialidades de cada um encontram aí uma maior sistematização, assim como um maior grau de singularidade. Definição, portanto, complexa, em que as marcas de aparência são menos evidentes: "É de tal maneira verdade que os homens de compleição atlética não chamam, de modo nenhum, a atenção pela estabilidade e pela regularidade da saúde" (LÉVY, 1850, t. I, p. 241). A aparência muscular

---

399. Verbete Constitution. *Dictionnaire de Médecine et de Chirurgie Pratique*, 1830, t. 5).

pode enganar a observação. A "proporção de vitalidade" (LÉVY, 1850, t. I, p. 232) não poderia manifestar-se de imediato.

Existem ainda as ferramentas inventadas no início do século XIX: o dinamômetro, o espirômetro, a química da respiração e a do sangue. Além da hematologia, entre outras disciplinas, nova ciência que sugere indicações de resistência e de deficiência orgânicas: "Sabe-se que são os glóbulos que, pela elevação ou redução de seu número, marcam no sangue a fraqueza ou a força da constituição" (ANDRAL, 1843, p. 183). O recurso a essas ferramentas resultantes de experimentos e aos aparelhos de laboratório permanece limitado na vida cotidiana; daí a busca por critérios realistas, "suscetíveis de serem aprofundados", correspondendo a novas representações do corpo, dominadas pelo rendimento, pela energia e pela potência calórica.

Eis o que é demonstrado pela avaliação dos militares que se tornou mais sistemática com os conselhos de revisão e a extensão da conscrição durante as primeiras décadas do século XIX. Nesse contexto, utiliza-se também o vocábulo *constitution* – má, débil, fraca, forte –, ao mesmo tempo em que se presta atenção para "membros perfeitamente desenvolvidos, ou seja, livres e isentos de qualquer defeito de conformação, massa corpórea firme, músculos bem desenhados, sem serem volumosos nem salientes, a não ser de maneira moderada" (COCHE, 1829, p. 62). Observação bem-orientada, seja como for, começando por concentrar-se no que garantiria a harmonia das próprias funções, focalizando acima de tudo o aspecto de partes consideradas dominantes – em particular, o tórax – o qual deve ser "quadrado, amplo, abobadado, sonoro, móvel e dilatando-se com facilidade" (MORICHEAU-BEAUPRÉ, 1820, p. 13). Uma certeza é prevalecente: o privilégio atribuído à respiração, a qual se tornou o principal critério, em sua aparência, seus movimentos e sua liberdade, a ponto de qualificar praticamente a constituição. Eis o que afirma, à sua maneira, um relatório sobre "o contingente da classe de 1840" endereçado ao administrador da circunscrição territorial do Nord: "Convencido de que a constituição geral deveria ser examinada cuidadosamente, julguei que as decisões do conselho deveriam prestar maior atenção à capacidade do tórax e ao estado da nutrição do que a deformidades sem gravidade" (CAZENEUVE, 1842, p. 17). As qualificações – má constituição, fraca compleição, tórax deformado, encurvamento da coluna vertebral, gibosidade – se sobrepõem nas tabelas dos conselhos de revisão, as quais incluem desde a extrema magreza até a extrema flacidez do tronco, com sua suposta consequência energética, afetando quase um terço das causas da dispensa de serviço (1.188 em 3.851 no caso do departamento do Nord, em 1841; CAZENEUVE, 1842, p. 20-23); todas elas deveriam, supostamente, comprometer o enfrentamento das "fadigas da guerra" (CAZENEUVE, 1842, p. 18). A aparência retoma, sub-repticiamente, seu ascendente, mas totalmente reformulada.

Tais critérios aplicam-se também na vida cotidiana. As silhuetas são apreciadas de maneira diferente. As linhas reordenam-se. A atitude redefine-se. Os pulmões seriam seus primeiros protetores. Eis o que é revelado pelos limpadores de latrinas, confrontados ao esforço e ao fedor, defendidos por um amplo tórax, sinal de um vigor[400] bem-consolidado. Ou as pessoas da montanha, subindo as encostas com rarefação do oxigênio, confiantes em "um tórax excessivamente volumoso, muito abaulado e mais longo do que o habitual" (PRICHARD, 1845, t. II, p. 180[401]).

A moda romântica valoriza essas mesmas formas. O colete, em particular, seu uso ostensivo, colorido, tornou-se "peça mestra" (MAIGRON, 1911, p. 69), fazendo sobressair o tórax e seu perfil "forçado", a ponto de assumir valor de identidade: "Mostre-me o colete de um homem e lhe direi quem ele é"[402]. As lapelas também ao esticarem a largura dos ombros cada vez mais ampliada. O tratado do alfaiate repercute essas imagens inconsistentes e, ao mesmo tempo, bem construídas: "Um terno feito de acordo com as regras da arte, em 1828, deve ampliar o tórax e os ombros, conferindo à cintura uma forma cônica, e essa forma deve ser também a dos quadris" (COMPAING, 1828, s. p.). A obra de J. Coutts – *Le Gui-*

---

400. Les vidangeurs. In: Curmer, 1840-1842, t. III, p. 194.
401. Na obra indicada este médico e etnólogo britânico evoca os andinos da América do Sul, descrevendo-os como modelo de montanhista.
402. *Paris et les Parisiens au XIXe siècle*, 1856, p. 439.

de pratique du tailleur, publicada, em Paris, em 1848 – transforma assim a parte superior do traje em um trapézio grandemente alargado e arqueado. Dois perfis são, a partir daí, cada vez mais opostos: o do burguês com a cintura flácida e um abdômen preponderante; e o do dândi com a cintura apertada e o busto avantajado. A imagem canônica de ambos é fornecida por Jean-Jacques Grandville em sua obra *Cent Proverbes*, em 1845: "Nem tudo o que brilha é ouro" (GRANDVILLE, 1845, p. 225). Nesse trecho, um rapaz que não cabia em si de presunção, com o peito entufado, dando o braço a uma jovem elegante, zomba de um pretendente rico, mais velho, com um abdômen protuberante e gordura flácida.

21
Um universo ameaçado: a vida miserável do trabalho penoso

A observação dos corpos é, com toda a certeza, diferente: os órgãos da respiração exprimem as energias; aliás, isso ocorre também com as dietas, ao procederem à separação entre o que é fraco e o que é robusto. Tal atitude renova as atenções, ao mesmo tempo em que estigmatiza fatos que a tradição tendia a negligenciar: a exiguidade das moradias, a falta de ar, a umidade, o frio, além da precariedade do consumo e dos orçamentos.

Ainda é necessário constatar o quanto tal observação é confrontada, no início do século, com um mundo aparentemente inesperado, para não dizer desestabilizado, que havia surgido na Inglaterra com o final do século XVIII (cf. p. 179-181) e, em breve, amplamente expandido: o das fábricas multiplicando a bateria de máquinas, esgotando os atores, restringindo os movimentos, aumentando as horas de trabalho, além de introduzir a ansiedade nas oficinas. Novidade radical que transtorna as referências habituais. Nada além do surgimento de uma fadiga calamitosa, sem horizonte, desvelando obstáculos mais resistentes do que as perspectivas prometidas pelos contornos aprazíveis da mecânica industrial. Nada igualmente além de uma "mão de obra excedente, subempregada, indefesa" (THOMPSON, 2012, p. 368[403]), metamorfoseada pela mecanização. Daí curiosidades amplamente revisadas e, desde então, bem conhecidas: "De todos os problemas encontrados atualmente, nada há mais importante do que aqueles relacionados à organização

---

403. Cf. Fortes, 2016 [N.T.].

do trabalho e à sorte dos trabalhadores"[404]. Daí também as fadigas aparentemente inéditas quando, afinal, nem sempre sejam assim; e os lugares em que a incoercível privação do necessário por parte dos operários contribui, ainda mais, para seu próprio esgotamento. Com elas, surgiu um novo objeto de preocupações sociais, mobilizando a imprensa, suscitando investigações, sugerindo questões submetidas a concurso, redesenhando perigos (cf. MARCHAND, 1845), além de impor uma vigilância "ansiosa por parte das classes dominantes sobre a realidade social que elas produzem e que, ao mesmo tempo, as ameaça" (PERROT, 1972, p. 10).

Outra inovação, por fim, decorre de uma fala, até então, desconhecida: a de alguns desses trabalhadores, a quem um ensino embrionário, uma incipiente consciência política e também uma nova cultura insuflam uma voz inexistente anteriormente. Daí as mesmas fadigas, mas evocadas e sugeridas de maneira diferente, experimentadas até mesmo na própria carne por aqueles que, até esse momento, por convenção atávica, não tinham conseguido exprimir-se.

A construção de uma experiência de vida operária

As classificações sociais tendem, antes de mais nada, a uma maior globalidade no início do século XIX, assim como a uma maior amálgama e identidade entre os desprovidos; tanto mais que haviam desaparecido, com a Revolução Francesa, as antigas corporações que confinavam e separavam as profissões. Operários, serventes, trabalhadores de fábrica ou de canteiro de obras, aqueles que nada têm além dos braços para ganhar a vida tornam-se massa confusa, conjunto uniforme, população obscura com recursos escassos e ameaçada por possíveis perigos. Balzac vê aí "o homem que move os pés, as mãos, a língua, as costas, o braço único e os cinco dedos para viver", o mesmo que "ultrapassa as próprias forças [...], excedendo-se para ganhar o ouro que o fascina"[405]. A opinião burguesa, cultivando o distanciamento, resvalando em direção à inquietude, cancelando qualquer di-

---

404. DUCPETIAUX, É. Introduction. In: Ducpétiaux, 1843a, p. I.
405. BALZAC, H. A menina dos olhos de ouro [1835]. *La Comédie humaine*, 2013, vol. 8, p. 209.

ferença entre "o operário e o pobre, o indigente e o delinquente" (FOUILLERON, 2012, p. 716[406]), considera essa gente, de preferência, como uma "classe perigosa" (CHEVALIER, L., 1958). Confusão persistente favorecida, sem dúvida, pela indústria. O desenvolvimento, em larga escala, de fábricas e de estabelecimentos impulsionados pelas máquinas a vapor, concentrando a produção e fabricando a baixo custo, promoveu a queda dos preços, empobreceu determinadas profissões, aprofundou paradoxalmente desânimos e disparidades, além de conduzir os "perdedores" aos limites da sobrevivência. Uma carência insidiosa e comunicativa ganhou visibilidade. Eis o que é mostrado pelo tecelão tradicional com seu trabalho e sua fadiga, incapaz de evitar a privação do necessário, a penúria e a queda irremediável de seus ganhos, diante das máquinas de uma indústria avassaladora, fabricando produtos mais baratos do que os seus:

> Essa classe de operários é certamente a mais infeliz; com efeito, ao trabalharem diariamente de 15 ou 16h e, muitas vezes, ainda acima disso, eles têm dificuldade em sobreviver, já que em decorrência da competição entre os fabricantes, esses tecelões veem diminuir, dia a dia, seus salários (LESGUILLIEZ, 1835, p. 324).

Os operários de fábrica de seda, em Lyon, mostram também tal situação, isolados em sua tecelagem familiar, impotentes para resistir aos teares a vapor de algumas cidades francesas ou daqueles "instalados em Zurique, Berna, Colônia e na Inglaterra" (BLANC, 1850, t. III, p. 44). Isso é confirmado pelos chefes de oficina de Croix-Rousse, em Lyon, em 1832, medindo o esgotamento pelo número cada vez maior de horas "impostas" para compensar o menor valor dos objetos produzidos: "A partir daí, a miséria tornou-se generalizada e, por sua vez, o operário, ao mesmo tempo em que se entregava a um trabalho assíduo de 18h por dia, já não conseguia prover às exigências da vida"[407]. Verifica-se a busca por vocábulos para designar tais mudanças: em primeiro lugar, o de *prolétariat* [proletariado], "produzido diretamente pela revolução industrial" (FOHLEN, 1971, p. 177), agrupando homens e mulheres identificados pela fábrica, "massa considerável de

---

406. Cf. Interpréter le paupérisme, p. 708ss.
407. *Rapport fait et présenté au président du Conseil des Ministres...* Lyon, 1832, p. 2.

pessoas sem qualificação profissional" (THOMAS, 1954, p. 158), reduzidas à sua força de trabalho; e também o de *paupérisme*[408] [pauperismo], adotado na década de 1820, oriundo da Inglaterra, distinto do termo miséria ou pobreza, designando "um estado permanente de indigência" (PERROT, 1972, p. 10), uma privação do necessário "que passa para o estado crônico" (DUCPETIAUX, 1843a, p. 4), mas prolongando, de qualquer modo, a imagem englobante do pobre herdada do *Ancien Régime*. Tragédias emergem, por fim, justificando esses termos. Em primeiro lugar, a revolta contra as máquinas deveria, supostamente, limitar a fadiga quando, afinal, elas são simplesmente "acusadas de deixar o povo com fome" (JARRIGE, 2018, p. 48[409]). Em Lodève, Saint-Pons ou Carcassonne, centenas de operários, por volta de 1820, "reúnem-se na chegada das máquinas para bloquear sua utilização" (JARRIGE, 2018, p. 48). Quebra e destruição de motores, de engrenagens ou de rodas dentadas acompanha um contexto quase revolucionário em que tipógrafos, tecelões e, até mesmo, camponeses, diante das primeiras debulhadoras a vapor, têm a sensação de que as próprias profissões são diretamente ameaçadas. A insurreição dos *canuts* [operários de fábricas de seda] de Lyon é seu exemplo extremo, em novembro de 1831, uma das mais dramáticas com seu lema – "Vivre en travaillant ou mourir en combattant" [Viver trabalhando ou morrer lutando] (cf. BLANC, 1850, t. III, p. 54) –, esmagada no sangue pelas tropas enviadas de Paris. O efeito é preponderante, reforçando o sentimento de uma oposição entre "os possuidores de bens e os desprovidos de tudo" (RUDE, 1977, p. 194), além de fortalecer sobretudo o sentimento de pertença à mesma classe entre os mais desprovidos: "Observou-se uma maior agitação nas mentes sobretudo entre a classe operária"[410].

Elevam-se novas declarações oriundas, sobretudo, daqueles que pretendem nada possuir[411], sem dúvida, operários já amadurecidos que sabem escrever, sensíveis a reivindicações ou elãs revolucionários, incluindo o de 1830, na França;

---

408. Vocábulo assinalado em 1823 por Alain Rey. Verbete Paupérisme. In: Rey, 1994.
409. Cf. Jarrige, 2009.
410. Afirmação de um deputado, apud Rude, 1977, p. 222.
411. Charles Béranger: proletário, operário de relojoaria (BÉRANGER, 1831).

elite da classe operária que se exprime assim, pela primeira vez, sobre seu trabalho penoso e suas condições de vida. O aumento dos salários encontra-se no âmago das expectativas, assim como a redução das horas de trabalho ou a diminuição das fadigas consideradas excessivas. Grignon, empregado de alfaiataria, falando em nome de sua profissão, resume tais apelos em 1833:

> Trabalhamos de 14 a 18h por dia na atitude mais penosa possível; nosso corpo deforma-se e fica alquebrado; nossos membros ficam entorpecidos e perdem sua agilidade e seu vigor; nossa saúde está totalmente debilitada e não saímos da oficina a não ser para entrar no hospital. Neste caso, como seria possível dedicar algumas horas da vida à nossa instrução? Como exercitar nossa inteligência, iluminar nossa mente e amenizar nossos costumes? Todos concordam com a necessidade de instrução; afinal, eles procuram nos embrutecer mediante um trabalho que absorve, simultaneamente, nosso tempo, nossas forças e nossas faculdades. Da mesma forma, eles estão de acordo com a necessidade do trabalho, sem deixarem de levar uma vida ociosa, empanturrando-se com coisas supérfluas (GRIGNON, 1833, p. 2).

As horas e os longos períodos de tempo de trabalho deixam de ser meros sofrimentos, tornando-se também obstáculos para uma afirmação de si mais consistente: adquirir um maior grau de autonomia e sonhar com uma independência mais consolidada. A redução das horas de trabalho é pensada em termos de liberdade, a fadiga resultante dessa sobrecarga é atenuada em termos de obtenção de uma possível cultura, a ponto de sugerir uma abordagem do conjunto das condições mediante um esgotamento mais bem-controlado. Ambição inédita, explicitada como nunca havia sido anteriormente, a emancipação projeta-se enquanto busca de igualdade. Essa é a reivindicação de Jean-Louis Ferrien, aprendiz de alfaiate, que denuncia os abastados, no início da década de 1830, em uma *Épître aux parisiens*: "Qual o motivo pelo qual esta [a paridade] ficaria confinada em vocês?" (FERRIEN, p. 8).

A demanda é, sem dúvida, limitada, oriunda de uma camada operária que é, por sua vez, restrita, mas sua presença não deixa de revelar uma acentuação de sensibilidade. Panfletos, cartas endereçadas à Câmara, declarações fabricadas com poucos recursos, súplicas publicadas nos jornais diários, mesmo que sejam em número reduzido, todo esse material exprime o mesmo objetivo: "Aprimorar nossa calamitosa condição" (FERRIEN, p. 1). Todo esse material focaliza também uma expectativa de instrução, até então, desconhecida:

> Se, portanto, os pobres, os artesãos e os agricultores, em vez de serem esmagados sob o peso de 15h de um trabalho excessivo, sem deixarem suas tarefas, tivessem a oportunidade de reservar, diariamente, algum tempo para se dedicarem à cultura, ao desenvolvimento de sua inteligência [...]. Vejam só que desgraça! (BÉRANGER, 1831).

Enfim, a evocação do tempo de trabalho é nova, sugerida do próprio interior da tarefa penosa, misturando os sonhos e as dores vivenciadas. Gabriel Gauny, carpinteiro filósofo, é um dos que evocam com mais acuidade a jornada de trabalho, suas etapas e sua duração: um investimento mobilizado antes mesmo dos primeiros gestos a serem efetuados, envolvendo suas "faculdades de artesão já funcionando" (RANCIÈRE, 2017, p. 53) a caminho da oficina; em seguida, as tarefas "provocando a fadiga de seu corpo, perturbando seu pensamento com incessantes preocupações" (RANCIÈRE, 2017, p. 53); e sobretudo as horas, contadas meticulosamente, "devorando sua alma" (RANCIÈRE, 2017, p. 54), medidas como se elas não avançassem. Gauny transforma essa sequência em obsessão: sua "frágil musculatura, um pouco repousada pelo sono, obstinando-se na tarefa penosa" (RANCIÈRE, 2017, p. 54); seu "desgosto diante das 10h que não têm fim" (RANCIÈRE, 2017, p. 53); sua impaciência antes da primeira refeição "em que o estômago do operário, espicaçado pelo apetite desencadeado por um trabalho tumultuado, não se alimenta, de modo nenhum, de acordo com as regras de higiene, mas é empanturrado com alimentos mais ou menos adulterados por um fornecedor pouco confiável" (RANCIÈRE, 2017, p. 55); e sua aversão por uma "campainha detestável que anuncia o começo de outra hora de trabalho" (RANCIÈRE, 2017, p. 55). Relação excepcional, sem dúvida, a primeira restituição da tarefa do operário em que a fadiga mistura a sensação física e a exasperação, a tensão muscular e a irritação, as forças mobilizadas, além do desejo menosprezado. O testemunho de Gauny revela, de qualquer modo, uma mudança na cultura da classe operária, no início do século XIX: a dos trabalhadores mais educados. Uma maneira ainda aqui (cf. p. 190) de tornar a fadiga muscular em uma fadiga igualmente mental, vinculando, desde então, o dispêndio a um sofrimento menos aceito e malsuportado. Acentuação da atenção a si mesmo, sem nenhuma dúvida, sua intensificação no próprio interior do ato imposto ou realizado. Daí essa ofensiva diretamente interior e íntima; cruzamento, ainda embrionário, entre a queixa de natureza física e o desassossego moral, convergência que irá forçosamente aprofundar-se no decorrer do tempo com a afirmação cada vez mais consistente do indivíduo.

O físico inédito do pobre

Para além desses raros testemunhos vivenciados, o olhar dos observadores tornou-se também mais perspicaz: em vez da sensação interior do trabalhador, trata-se da atenção que lhe é prestada. O pauperismo invade as consciências; a privação do necessário convence a opinião pública. Uma imagem identificável acabou por se impor. As marcas da identidade do operário seriam reconhecíveis, seus excessos seriam incorporados, indícios que permeiam os corpos, emagrecendo os membros, deixando flácido o tórax, além de multiplicar as assimetrias; todos esses sinais relacionados a uma fadiga particular, assim como a um intransponível déficit de energia. Novas descrições também, provenientes da renovação das fisiologias. La Mayeux, fabricante de camisas, apresentada por Eugène Sue em sua obra, *Le Juif errant*, em 1844, procederia a essa revelação atingindo inclusive a banalidade, cruelmente disforme com "sua cintura bastante distorcida, seu dorso arqueado, seu tórax encovado e sua cabeça soterrada profundamente entre os ombros" (SUE, 1845, p. 118[412]), limitada tanto em sua respiração quanto em seus movimentos. Ou os operários de Glasgow, examinados por Friedrich Engels, em 1845: "Os pulmões dos habitantes não recebem sua cota total de oxigênio: a consequência disso é um entorpecimento físico e intelectual, além de uma diminui-

---

412. Cf. Oliveira, 2020 [N.T.].

ção da energia vital" (ENGELS, 2011, p. 145). Ou os tecelões de Spitalfields, em Londres, metamorfoseados pela *New Monthly Magazine* em indivíduos de etnias estranhas com aparências irremediavelmente deformadas:

> Tive vontade de viajar nessas terras desconhecidas do Sul. Foi um dia de festa. Certamente, se eu tivesse caído das nuvens, eu já não teria assunto para ficar surpreendido [...]. O que me impressionou, no início, foram as proporções diminutas das pessoas ao meu redor. Eu via apenas homens de pequena estatura, raquíticos, pálidos, doentes, disformes, tão pouco semelhantes aos londrinos do outro lado da cidade quanto o lapão de 4 pés de altura se assemelha ao americano gigante. O excesso de trabalho e da miséria esmaga, sob uma velhice prematura, o jovem de vinte anos com a aparência de quarenta [...] (VILLENEUVE-BARGEMONT, 1834, t. I, p. 318).

Perfis inclinados, bustos de dimensões reduzidas e falta de resistência são outros tantos critérios primários. Daí o desencadeamento de pesquisas inovadoras, provocadas por um Estado que admite ser mais responsável do que outrora pela saúde coletiva e pela constituição física das populações. Após uma série de iniciativas inglesas, a Académie des Sciences Morales et Politiques encomenda, em 1835, uma prospecção "exaustiva" a Benoîston de Châteauneuf e a Louis-René Villermé, dois fundadores da revista *Annales d'Hygiène Publique*: percorrer os departamentos [divisões administrativas] da França "a fim de verificar, da forma mais exata possível, o estado físico e moral das classes operárias" (VILLERMÉ, 1840, t. I, p. V). O périplo de Villermé esboça um quadro abarcando todas as regiões, listando cidades e zonas rurais, fábricas e oficinas, além de repetir constatações idênticas: pele enrugada, magreza, perda de força (VILLERMÉ, 1840, t. I, p. 30) entre os operários das manufaturas de Mulhouse; colunas vertebrais encurvadas (VILLERMÉ, 1840, t. I, p. 87) entre as crianças operárias de Lille; deformidade e fraca compleição (VILLERMÉ, 1840, t. I, p. 312), entre os operários das fábricas de Amiens. Não é que, por toda a parte, prevaleça unicamente alguma fraqueza uniforme; sem dúvida, várias regiões escapam a tal veredicto, mas impôs-se de fato uma avaliação inédita das forças e uma apreciação especificando a morfologia. Tal como se impôs uma vontade inédita de descrever e, até mesmo, de explicar. E ainda, não é que tais debilidades fossem desconhecidas até então, na medida em que numerosos estados físicos e orgânicos, sob o *Ancien Régime*, eram certamente também deteriorados. Impossível ignorar "as condições alimentares da humanidade antes de 1730" (FOURASTIÉ, 1962, p. 59), impossível ignorar a presença lancinante da fome, a precariedade da moradia e a fragilidade das constituições físicas. Outros tantos fatos que beiram a banalidade e, no entanto, menos observados. Aqui, a leitura da realidade deve impedir qualquer má interpretação (FOURASTIÉ, 1962, p. 59)[413]. Em compensação, a indiscutível originalidade, nessas décadas de 1830-1840, reside na localização de tais fraquezas ao redor da fábrica, mas também na forma de transformá-las em insuficiências e carências, de repertoriá-las e situá-las, assim como de comentá-las. A tal ponto que a própria fadiga é considerada, por alguns, como uma possível fonte do cólera que assola Paris, em 1832, na ignorância do papel da bactéria *Vibrio choleræ* e na crescente atenção prestada aos "trabalhos suportados para além das forças naturais" ou às "vigílias demasiado prolongadas" (FOY, 1849, p. 45).

As múltiplas facetas da fadiga resultante do trabalho industrial

Tais observações levam a descobrir, sobretudo, esgotamentos de diversas origens, especificados pela primeira vez. Os antigos enfraquecimentos são mais bem qualificados, enquanto se evidencia a particularidade dos gestos. A nova fisiologia, focalizada nas grandes funções orgânicas, exige uma precisão reformulada, cada vez mais distante da antiga análise clássica que percorre o corpo – uma parte após a outra e de cima para baixo – para avaliar, de preferência, os grandes mecanismos biológicos, desde a respiração até a digestão e desde o arcabouço muscular até o sistema nervoso[414].

---

413. Cf. p. 116-117.
414. Os textos clássicos focalizados nas doenças dos "lugares" – cabeça, pescoço, tórax, estômago, pernas etc. (cf. SAINT-HILAIRE, 1680) – são substituídos, no século XVIII, por livros focalizados em doenças categorizadas enquanto "tipos": febres, doenças inflamatórias, convulsivas, dispneicas etc. (cf. SAUVAGES, 1771).

Em primeiro lugar, os esforços deixam definitivamente de ser identificados apenas a doenças dos artesãos, tais como haviam sido classificadas, em 1700, por Bernardino Ramazzini, ao limitar-se aos lugares orgânicos implicados em cada profissão (cf. p. 116-117), para reconhecer efeitos mais genéricos. Os padeiros, ameaçados – segundo o antigo médico de Modena – pela "farinha volatilizada recebida pela boca" (RAMAZZINI, 2016, p. 140), de sofrerem desde então de asma e de perda de fôlego, encontram-se, afinal, em pior situação – segundo Émile-Auguste Bégin, um século depois, em 1835 –, em razão da "posição de pé", do "trabalho das mãos e dos braços" e do "suor excessivo", todos esses inconvenientes comprometendo a resistência deles, a tal ponto que esses homens "morrem quase todos exaustos aos 45 anos" (BÉGIN, 1839). As profissões que lidam com o ferro e a forja – nas quais Ramazzini havia detectado prioritariamente a deterioração das "membranas oculares" pelas "emanações sulforosas expelidas pelo ferro incandescente" (RAMAZZINI, 2016, p. 69) –, ficam ainda mais prejudicadas, segundo Bégin, acrescentando os sofrimentos provocados pela "força contrátil nos músculos das extremidades superiores", pela brutalidade das batidas na bigorna, pela manutenção penosa das chamas, assim como pela preensão igualmente penosa dos objetos (cf. BÉGIN, 1839, p. 320). Os trabalhadores da pedra, ameaçados, segundo Ramazzini, pela absorção de exalações minerais, encontram-se ainda em pior situação, segundo Bégin, por suas manobras difusas, pelas pancadas repetidas e pelas posições forçadas, a tal ponto que esses operários "tornam-se corcundas com a aproximação do termo de suas vidas" (BÉGIN, 1839, p. 320). A fadiga deixa de ser uma companheira sem brilho, infortúnio obrigatório e inaudível da tarefa penosa, como ela havia sido considerada durante muito tempo, a ponto de não ser praticamente mencionada. Ela começa sendo designada e, sobretudo, mais do que anteriormente, estudada em seus efeitos físicos globais, modelando ainda mais os corpos, moldando-os a ponto de metamorfoseá-los: tal como a permanente "flexão do dorso, no vinhateiro" (BÉGIN, 1839, p. 321) e seus efeitos deformantes; a repetição do "movimento do pé direito pressionando a pá" (BÉGIN, 1839, p. 321) no horticultor, favorecendo inúmeras torções; e as contrações contínuas das extremidades superiores nos lenhadores, provocando inúmeras dores. Ou ainda o trabalho do operário das minas, evocado por Édouard Ducpétiaux, em 1843, penoso, cansativo, repugnante: o operário, sem espaço necessário, é forçado, para arrancar a hulha, a ficar deitado, estendido em um chão pedregoso, com a cabeça apoiada em uma tabuinha (DUCPÉTIAUX, 1843b, t. XXIX, p. 147). A força é especificada de acordo com suas mobilizações, enquanto o esgotamento o é de acordo com a invasão e difusão no corpo. Ainda mudança inevitável: o entusiasmo social, a esperança de solidariedade surgidos com o século, assim como a aceitação de uma fadiga aprazível, são substituídos por um realismo em que a fadiga deixa de ser degradação e, até mesmo, amputação. Outra consequência, por fim, mais especificamente estudada, a dos excessos físicos sobre a aparência do coração, dos pulmões e da fisiologia desses dois órgãos: "irritação mórbida [...], vinculada aos exercícios cansativos, às profissões que exigem grandes esforços e às afecções de natureza moral que estimulam intensas palpitações" (BOUILLAUD, 1841, t. II, p. 584[415]).

Ainda resta dizer que tais distinções favoreceram aquelas instituídas nas prisões de trabalhos forçados da década de 1830; nesse contexto, o regulamento estabelece que "todos os condenados, qualquer que seja sua posição na sociedade, sejam submetidos aos trabalhos mais penosos, conhecidos pela designação de grande fadiga" (ALHOY, 1845, p. 92). Hubert Lauvergne, médico da prisão de Toulon, vai descrevê-los detalhadamente, em 1841: manobrar cabrestantes, exercício das rodas, acoplamento às carroças, transporte no ombro de peças pesadas... (LAUVERGNE, 1992, p. 260). Em primeiro lugar, o foco é projetado no esforço e na força, assim como no esgotamento, do qual o prisioneiro "não teria ideia" (ALHOY, 1845, p. 93), tarefas descritas frequentemente como "adequadas para inspirar pavor" (ALHOY, 1845, p. 101). Ao passo que a "pequena fadiga" permanece uma promessa, dizendo respeito àqueles cuja reabilitação se deve à sua boa conduta. O cenário modifica-se: trabalhos de oficina ou industriais, gestos

---

415. Jean-Nicolas Corvisart, em sua obra de 1806, foi o primeiro a chamar a atenção para esse tipo de consequência, evocando "os esforços de toda a espécie" (CORVISART, 1806, p. 355). • Cf. Pereira da Cunha [s.d.] [N.T.].

efetuados no interior dos estabelecimentos, os quais são menos favoráveis à força do que à habilidade.

Deve-se então voltar à fábrica, por sua vez, suscetível também de deslocar as forças: impõem-se outras vertentes, totalmente novas, mais dissimuladas e inesperadas, igualmente detectadas mediante descrições mais bem definidas. Máquinas em número crescente vêm substituir o vigor dos corpos. Nenhuma agitação excessiva, nem dispêndio de imediato maciço, por exemplo, mas posturas indefinidamente mantidas, posições de pé, vigilâncias e atenções ininterruptas. Nenhuma falta de ar, nem abatimento brusco, mas anquiloses, abandonos insensíveis e desânimos obscuros. O enfraquecimento impõe-se pela imobilidade, pela fixidez prolongada (VILLERMÉ, 1840, t. II, p. 91), inclusive, pelo calor, levando à "ausência de energia para limpar o suor escorrendo de todos os lados" (TRISTAN, 1840, p. 103):

> Desde a introdução e a propagação da máquina a vapor, os trabalhos muito cansativos haviam desaparecido quase completamente das manufaturas [...]. A falta de exercício muscular, a imobilidade, a posição de pé ou sentada durante 12h, poderiam, de preferência, ser invocados para explicar esse não desenvolvimento dos músculos e de toda a constituição física (CAZENEUVE, 1842, p. 37).

Um gesto limitado, restrito e repetido durante muito tempo, pode provocar também danos: "Operação puramente mecânica, fastidiosa e embrutecedora" (BURET, 1842, t. II, p. 108). Villermé descreve tal situação misturando, pela primeira vez, o efeito psicológico com o efeito corporal: "Trabalho limitado a alguns movimentos repetidos com uma desalentadora uniformidade no recinto acanhado da mesma sala. Mostraram-me pessoas infelizes cujo estado de desânimo não havia sido atribuído a nenhuma outra causa" (VILLERMÉ, 1840, t. II, p. 222). Conclusão inédita: "A única doença engendrada pelas manufaturas é a hipocondria" (BURET, 1842, t. II, p. 117), longe das primeiras imagens voltadas para o dispêndio físico e sua intensidade. É então de maneira alusiva, sem deixar de ser nítida, que é sugerido o acompanhamento possivelmente mental do universo do trabalho. O aspecto lancinante do gesto não é apenas físico, mas também moral.

Por fim, outras fadigas – aquelas decorrentes do ambiente, da promiscuidade, de locais de vida, além de entornos – foram, pela primeira vez, identificadas: confinamentos, temperaturas, mobiliário com suas possíveis restrições e seus efeitos específicos de esgotamento. O espaço, sobretudo, mais bem perscrutado, a ponto de desencadear uma sensação de desconforto e de sufocamento no visitante-observador:

> É necessário descer para esses corredores em que o ar é úmido e frio como se tratasse de um subsolo. É necessário ter sentido seu pé escorregar no chão imundo, além do receio de cair nessa lama, para ter uma ideia da sensação penosa que se experimenta ao entrar nas casas desses operários miseráveis (GUÉPIN; BONAMY, 1835, p. 485).

Ao proceder a investigações sobre a Inglaterra na década de 1830, Eugène Buret concentra-se na dimensão dos cômodos, no estado do chão, na presença ou ausência de armário, de mesa e de cama. Ele chama a atenção, no distrito de Bethnal Green, em Londres, para um reduto habitado por dez pessoas, não atingindo "dez pés de comprimento e sete pés de altura" (BURET, 1842, t. II, p. 239); em Manchester, para um cômodo ocupado por um casal e três filhos, com um ambiente "tão esvaziado quanto estavam desnudos aqueles que o habitam" (BURET, 1842, t. II, p. 243); na Escócia, para "o quarto ocupado por dois casais, sem cama para nenhum deles" (BURET, 1842, t. II, p. 248). Mesma constatação é relatada por Villermé, no leste e norte da França, com "esses alojamentos miseráveis em que duas famílias dormiam em um canto, deitadas em cima de palha jogada no chão e contida por duas tábuas" (VILLERMÉ, 1840, t. I, p. 27). Outras tantas maneiras de avaliar, até então, desconhecidas. O que exprimem ainda – às vezes, de maneira mais cruel – os testemunhos diretos, tais como os relatos excepcionais de operários, durante o período da Monarquia de Julho (1830-1848):

> Eu estava trabalhando na construção da ferrovia de Loyasse por um salário diário de três francos. Nós nos revezávamos das 6h da tarde à 0h, e das 6h às 11h. Debaixo dessa abóbada, a água escorria pela rocha e nos encharcava até os ossos. Cometi a imprudência de comprar grandes tamancos em que eu introduzia chinelos forrados. À noite voltava todo encharcado para um alojamento de operários de

terraplanagem, situado a 2km do túnel, no planalto de Saint-Just. E que acomodação! Um quarto gelado no qual nunca havia fogo na lareira; sua mobília contava com doze camas, cada uma composta por um enxergão e por lençóis de pano grosso que eram lavados apenas duas vezes por ano. Não havia outro remédio além de se deitar assim completamente encharcado nesse catre fedorento, ao lado de um companheiro de cama, também fedendo (TRUQUIN, 1977, p. 128-129).

Ao trabalho, são adicionadas assim outras causas de fadiga do operário: a falta de sono, o enfrentamento do frio, a falta de roupa, os longos trajetos do alojamento até o local de trabalho, a precariedade de recursos, por sua vez, evocada com uma crescente precisão nas décadas de 1830-1840; ou seja, aqui, todas as indicações são de natureza física, embora mais numerosas do que anteriormente. Tais como os cálculos de La Mayeux, cujas despesas inevitáveis "com pão, vela, batatas e legumes secos" deixam apenas 91 cêntimos, por semana, para "alojamento, roupa e calefação" (SUE, 1845, p. 119). Ou aqueles dos operários de Nantes, em uma pesquisa de 1835, cujas despesas anuais com pão, luz, combustível e aluguel permitem apenas "uma existência horrível [...] e 46 francos para comprar sal, manteiga, couve e batatas" (GUÉPIN; BONAMY, 1835, p. 489).

De uma fadiga para outra, de uma impotência para outra, uma visão é forjada no próprio discurso dos observadores: a de um desgaste não compensado pelo repouso, nem pela renovação das forças. Os sintomas instalam-se a longo prazo, afetando a resistência e a saúde; eles acabam virando *dépérissement*[416] [desfalecimento gradual], ameaça cumulativa incidindo sobre os recursos físicos, invadindo a comunidade, viciando os descendentes, além de alterar as gerações. Eis a constatação de F. Morton Eden na Inglaterra do final do século XVIII: "Atribuo a aparição de uma nova classe de homens – designados, de agora em diante, sob o nome de pobres na legislatura – à introdução das manufaturas e à emancipação daí resul-

---

416. Palavra utilizada especificamente por Eugène Schneider d'Autun em seu "Relatório apresentado em nome da comissão encarregada de examinar a lei de 22/03/1841 sobre o trabalho infantil nas manufaturas" (SCHNEIDER D'AUTUN, 1846, p. 15).

tante" (EDEN, 1798[417]). O limite é o da subsistência: a impossível manutenção das potencialidades físicas e sua perda inexorável. Ainda aqui referência energética: a de um corpo cujo desequilíbrio afeta as entradas e as saídas; a de um corpo incapaz de alimentar seu motor, predestinado, desde então, a um inelutável declínio.

A lógica de uma plus-valia

Essa privação de um tipo desconhecido engendra, também inevitavelmente, novas oposições e novas críticas. O pauperismo favorece as identificações genéricas, as exasperações e os confrontos. A unificação do *status* serve de incentivo, entre os mais desprovidos, para a revolta e, por parte dos abastados, para a oposição. Eis o que mostra a placidez de Mimerel, deputado francês de meados do século XIX: "A sorte dos operários não é ruim: o trabalho deles não é excessivo porque não excede 13h [...]. Deve-se deplorar é a situação do proprietário de manufatura, cujos lucros são reduzidos"[418]. O que mostra, ainda mais, a empolgação do Marechal Bugeaud, após as violências de 1848, em uma carta endereçada a Thiers, em 07/04/1849: "Que bestas brutas e ferozes! Como é que Deus permite que as mães façam coisas semelhantes! Ah, esses é que são os verdadeiros inimigos, e não os russos nem os austríacos" (Thomas-Robert Bugeaud, apud BEAUD, 2010, p. 156[419]).

O face a face fica mais tenso, tornando-se oposição de classes, multiplicando interpretações e teorias, além de alternar resistências e represálias. Um pensamento socialista toma forma – de Bakunin a Engels e de Proudhon a Blanqui –, o qual deveria, supostamente, iluminar a extrema indigência dos proletários. Para essa situação, Karl Marx oferece a leitura mais sugestiva, assim como a mais exaustiva, a partir de meados do século – difundida, às vezes, sob a forma de caricatura –, em que a referência à fadiga é mais presente do que possa parecer. Um merca-

---

417. Cf. Buret, 1842, p. 48.
418. Pierre-Auguste-Rémi Mimerel, industrial e deputado, apud Beaud, 2010, p. 155.
419. Adolphe Thiers foi um influente estadista e historiador francês [N.T.].

do, em sua opinião, encontra-se no cerne do processo: o compromisso entre o empresário e o operário. O segundo, ator subjugado, vende não só seu trabalho, mas também sua força de trabalho[420], esboçando sua própria subserviência como o lucro esperado pelo comprador. Nenhum ganho, por exemplo, nenhum verdadeiro produto, se o valor dessa força deve corresponder apenas às "despesas para a manutenção do operário e de sua família" (BEAUD, 2010, p. 167). Nesse contexto, o capitalista seria quase um perdedor, limitando-se a criar como único valor a salvaguarda de seu devedor. Ele deve conseguir um maior rendimento, obter lucro, desestabilizar essa força, extrair uma vantagem desse mercado que ele domina. Consequência necessária: forçar o trabalhador a "produzir mais do que o valor de sua própria força de trabalho" (BEAUD, 2010, p. 167); não se limitar unicamente à sua subsistência; ou, dito por outras palavras, prolongar o trabalho ou intensificá-lo, a fim de permitir uma mais-valia (MARX, 1996, vol. I, t. 1, p. 305). O capital "tem apenas uma inclinação natural, um único mobil: absorver [...] a maior parte possível de mais-trabalho" (MARX, 1934, p. 309). O que instala, enquanto princípio, a acentuação da fadiga, oscilando entre o suportável e o insuportável, o realizável e o demasiado, além de criar uma lógica implacável que estica a jornada de trabalho:

> Mas em seu impulso obcecado, desmedido, em sua voracidade por mais-trabalho, o capital atropela não apenas os limites máximos de natureza moral, mas também os puramente físicos da jornada de trabalho. Usurpa o tempo para o crescimento, o desenvolvimento e a manutenção sadia do corpo. Rouba o tempo necessário para o consumo de ar puro e luz solar. Escamoteia tempo destinado às refeições [...]. Reduz o sono saudável para a concentração, renovação e restauração da força vital a tantas horas de torpor quanto a reanimação de um organismo absolutamente esgotado torna indispensáveis[421].

Assim, uma fadiga procurada, trabalhada e intensificada faz parte do contrato, um suplemento no investimento do corpo.

---

420. A produção da mais-valia absoluta; "O uso da força de trabalho, seção III. In: Marx, 1996, vol. I, t. 1, p. 295. • Cf. tb. p. 112-113 [N.T.].
421. A produção da mais-valia absoluta. Ibid. p. 378-379.

Acrescente-se ainda outra exigência, um desvio adicional, levando a uma análise original da fadiga uma vez considerada a fábrica, sua máquina, além dos gestos articulados por elas. Imagem cada vez mais categórica: o ferro industrial atravessa, segundo se presume, o orgânico, animando com um só e único movimento toda a oficina, resvalando de seus dispositivos mecânicos para réplicas corporais, transformando em equivalência as estruturas de aço e os membros de carne. Isso artificializa o movimento até o ponto de desnaturalizá-lo, afetando "o indivíduo em suas raízes vitais [...]"[422]. Visão deliberadamente radical em que a fadiga é de imediato vinculada ao contexto tecnológico, empecilho estranho à lógica dos órgãos, dinâmica que "aleija o trabalhador convertendo-o em uma anomalia, ao fomentar artificialmente sua habilidade em determinado detalhe mediante a repressão de um grande número de impulsos e de capacidades produtivas [...]"[423]. O cansaço já não resulta apenas do dispêndio, do desgaste físico, mas de uma maneira de ser, imposição obscura em que os operários tornam-se ausentes a si mesmos, inadequados às diligências exigidas, "incorporados em um mecanismo morto que existe independentemente deles [...]"[424]. Nada além de uma "força demoníaca", levando a um "turbilhão febril de seus inúmeros órgãos de trabalho"[425].

Outro fator determinante, por fim, levando a prolongar a jornada de trabalho: o efeito decorrente do desgaste da própria máquina, a obrigação de intensificar seu funcionamento durante os primeiros tempos de sua existência, a fim de obter um maior lucro, enquanto a erosão da engrenagem reduz seu valor: "[...] por isso, em seu primeiro período de vida, o alongamento da jornada de trabalho atua de modo mais agudo"[426].

Marx insiste, por conseguinte, sobre os exemplos extremos, sobre as "mortes por simples sobretrabalho": trata-se da morte da modista Mary Anne Walkley, de

---

422. Ibid., p. 477.
423. Ibid, p. 474.
424. Ibid., t. 2, p. 55.
425. Ibid., p. 16-17.
426. Ibid., p. 38.

20 anos, que "tinha trabalhado 26:30h sem interrupção, juntamente com outras 60 jovens" [...][427]; ou os ferreiros de Marylebone "[...] que morrem aos 37 anos e não aos 50"[428]. Todos "[...] os abusos desmesurados não ultrapassados [...] pelas crueldades dos espanhóis contra os índios na América [...][429].

Trabalho infantil, figura do *dépérissement*[430]

Continuam sendo promovidas negociações, resistências e constatações cada vez mais sofisticadas, além de pressões acentuadas para alterar tal situação; e, sobretudo, um fim não inexorável e sempre modificado. O debate em torno do trabalho infantil é o principal exemplo disso na primeira metade do século XIX com suas referências específicas às fadigas "prematuras".

É antes de tudo a própria transformação do dispositivo manufatureiro mediante a simplificação de gestos, a atenuação do esforço, que levou ao recrutamento de meninos e meninas muito jovens – até mesmo, com menos de 5 anos –, desde a instalação das primeiras fábricas. As justificativas são *a priori* "banais", sugerindo a exigência das concorrências, as "qualidades" particulares do corpo infantil, além de seus possíveis retornos financeiros:

> O trabalho infantil é necessário nas manufaturas: a flexibilidade dos membros das crianças, a presteza de seus movimentos e a exiguidade de seu tamanho não permitiriam sua substituição por adultos em todas as operações de fabricação sem uma desvantagem significativa. Esse trabalho dá pão às famílias, protege as crianças da ociosidade e da vadiagem, inspira-lhes o hábito da ordem, além de ensinar-lhes desde cedo que cada um é capaz de viver de seu ganha-pão[431].

---

427. MARX, K. A jornada de trabalho; 3) Ramos da indústria inglesa sem limite legal da exploração. In: Op. cit., vol. I, t. 1, p. 368.

428. Ibid., t. 1, p. 370.

429. Ibid., p. 357.

430. Desfalecimento gradual [N.T.].

431. *Recueil général des lois et ordonnances*, t. 11, année 1841. Lei relativa ao trabalho infantil. Relatório lido na Câmara dos Deputados por Augustin-Charles Renouard, deputado do departamento de Somme, em 25/05/1840. Discussão nos dias 21, 22, 23 24, 26, 28 e 29/12/1840.

Não é que tenha sido inventado algum princípio, até então, desconhecido a respeito do trabalho precoce; a originalidade consiste, de preferência, em removê-lo da família, do espaço doméstico e de sua vertente quase íntima, criando um lugar e uma regulamentação separados, com gestos e horários quase quantificados. O "desaparecimento da tecelagem domiciliar" (BOURDELAIS, 2005, p. 95) é uma de suas causas, provocado pelo número cada vez maior de fábricas – as de linho, de lã e de algodão –, assim como pelo interesse tanto de empresários que pensam em reduzir seus custos quanto de pais que pensam em aumentar seus ganhos. Algumas décadas depois, o filósofo e historiador, J. Michelet, evoca a origem dessa situação, de forma glacial:

> Na violência do grande duelo entre a Inglaterra e a França, quando os proprietários ingleses de manufaturas disseram a Pitt que os altos salários do operário fariam com que eles não tivessem condição de pagar impostos, ele replicou com esta terrível frase: "Peguem as crianças" (MICHELET, J., apud BOURDELAIS, 2005, p. 91).

Jean de Sismondi foi um dos primeiros a perceber a possível perversidade econômica dessa proposta: a remuneração dos filhos implica a redução do salário dos pais mediante um aumento global de trabalho[432]. O que Marx irá sublinhar com uma frase curta: "Assim, a maquinaria amplia o material humano de exploração [...] e, ao mesmo tempo, o grau de exploração"[433].

A originalidade está ainda em considerar essa mudança como uma ameaça geracional: "dépérissement" progressivo, lenta exaustão das energias. Indícios em via de acentuação: "feições lívidas e emagrecidas, sintomas de um fim prematuro" (HAUSSEZ, 1834, t. II, p. 92). Moral em via de regressão, a exemplo da "moça de manufatura" evocada por Balzac: "[...] entrou aos sete anos para uma fiação [...]. Corrompida aos doze anos, mãe aos treze, viu-se grudada a gente da pior espécie"[434].

---

432. "A partir do momento em que as crianças começaram a receber alguma remuneração, o salário dos pais acabou sendo reduzido [levando a] um aumento de trabalho (SISMONDI, 1819, t. I, p. 353).

433. MARX, K. Maquinaria e grande indústria; 3) Efeitos imediatos da produção mecanizada sobre o trabalhador. In: Marx, 1996, vol. I, seção IV, cap. XIII, p. 29.

434. BALZAC, H. Esplendores e misérias das cortesãs [1838]. *La Comédie humaine*, 2015, vol. 9, p. 199.

É o fato em si mesmo, a partir de então, sua precocidade e intensidade que suscitaram resistências, marcando um patamar na visão de fadigas bastante particulares. A "indignação pública" (TOUREN, 1931, p. 21) surge na Inglaterra desde 1802, levando à votação de nove *bills* [projetos de lei] a favor da "proteção", antes de 1833. A crítica deve-se tanto à cultura quanto à saúde pública. Isso mostra a emergência de uma literatura social no decorrer do século XIX, o aprofundamento da referência familiar provocando a compaixão pelos "infortúnios" infantis[435]: os de *La Petite Fadette* (cf. SAND, 1849); os de David Copperfield (DICKENS, 1849-1850); e os de jovens trabalhadores obrigados a carregar "grandes botas de metal" (TOUREN, 1931, p. 14) para evitar que seus joelhos se dobrem de fadiga. O grande ciclo dos *Français peints par eux-mêmes*, em 1840 – obra autodesignada, como vimos, "enciclopédia moral do século XIX" –, acalenta a expectativa de que, mediante uma legislação protetora, essa "barbárie" seja abolida: "Sabemos que uma lei visando a abolir o odioso trabalho infantil nas manufaturas foi apresentada, na última sessão da legislatura, à Assembleia"[436].

O que não significa que tenham cessado, na época, as oposições a qualquer projeto de lei nesse sentido: Théodore Barrois, na mesma data, em um *Mémoire sur l'état physique et moral des ouvriers employés dans les filatures et particulièrement sur l'état des enfants*, equipara o mais insignificante questionamento de tais fatos com "uma maçante tiraniazinha" (TOUREN, 1931, p. 51). Por sua vez, o ministro do Comércio, Pierre Laurent Barthélemy de Saint-Cricq, em 1828, assimila a menor proposta de proteção com um mal-entendido social: o esquecimento das urgências "produtivas" (HORDERN, 1980, p. 4).

O desafio para os defensores da lei, em compensação, consiste em especificar os tipos de esgotamento, a fim de denunciá-los de maneira mais fundamentada; aliás, procedimento adotado pioneiramente pelas pesquisas inglesas, ao entrevistarem os proprietários de manufaturas, assim como os contramestres ou as crianças. Perguntas e respostas sucedem-se com seu conteúdo de precisão e de novidade:

---

435. Cf. esp. Mayeur, 1981, p. 105.
436. FREMY, A. L'enfant de fabrique, p. 257-280. Curmer, 1840-1842, t. X, p. 258.

– Você sente-se cansado após o seu trabalho?
– Exausto, especialmente durante os meses de inverno [...]. Sem saber o que fazer, ao chegar em casa, deito-me no chão, abatido pela fadiga [...]. Sinto-me exausto e sofro muito por ser obrigado a ficar de pé durante tanto tempo [...]. Às vezes, acontece que nem sei como manter meu equilíbrio; sinto-me tão cansado de manhã como se eu não tivesse dormido[437].

Os lugares do corpo retornam em tais testemunhos: os pés inchados "que te fazem chorar", a dor no flanco "que não me larga", a enxaqueca "que me impede de fechar os olhos durante a noite" (DUCPÉTIAUX, 1843a, p. 62); as "dores nos músculos da coxa, nas costas, nos quadris" (DUCPÉTIAUX, 1843a, p. 61) que limitam o movimento, todas essas referências confirmando a acentuação da atenção prestada às "localizações" físicas, a suas doenças e a seus inconvenientes. Mais ainda, o excesso de horas de trabalho é questionado e estigmatizado pelos próprios supervisores: "Nunca conheci uma única criança empregada na fábrica que não se queixasse da jornada de trabalho demasiado longa" (DUCPÉTIAUX, 1843a, p. 59). Daí as queixas citadas de maneira sistemática: "É demasiado longo, não podemos suportar essa situação" (DUCPÉTIAUX, 1843a, p. 59). Daí também o discurso de Villermé, dedicado especificamente ao mesmo assunto, na sessão pública das cinco Academias, em 02/05/1837:

> Para fazer sentir de maneira mais exata o quanto é demasiado longa a jornada de trabalho infantil nas oficinas, faço questão de lembrar, neste momento, que o uso e os regulamentos fixam para todas as tarefas, até mesmo para aquelas impostas aos condenados, a jornada a 12h, reduzida a 10h pelo tempo destinado às refeições, enquanto para os operários de nossa pesquisa a duração de sua labuta é de 15:30h, das quais 13h correspondem a um trabalho efetivo (VILLERMÉ, 1837, p. 168).

Até os próprios trabalhadores que, na década de 1830, podem reclamar "a respeito da separação das crianças, da lonjura das moradias, do desapare-

---

437. *Factories inquiry* – First report from commissioners, ordered, by the house of Commons, to be printed, 28/06/1833 (430 p.); apud DUCPÉTIAUX, 1843a, t. I, p. 56, 57 nota 1 e p. 58. • Cf. Graça, 2000; 2005 [N.T.].

cimento de todos os laços que ligam o coração do homem [...]" (GASKELL, 1833, p. 7).

Decisões importantes são então tomadas, no início do segundo terço do século, sobre a idade e a duração do tempo de trabalho, cada uma revelando tanto sua novidade total quanto sua evidente distância em relação à sensibilidade atual. Em 29/08/1833, a lei inglesa fixa, por um lado, nove anos como idade mínima para o acesso às "manufaturas de algodão, de lã, de linho, de estopa, de cânhamo ou de seda, utilizando máquinas a vapor ou a rodas hidráulicas"; e, por outro, em 8h ou, no máximo, 9h por dia, o trabalho de crianças menores de 11 anos[438]. Em 22/03/1841, a lei francesa estabelece 8 anos como idade mínima para a entrada nas "manufaturas, fábricas ou oficinas", e 8h como duração máxima da jornada de trabalho, por dia, para crianças menores de 12 anos (cf. HORDERN, 1980, p. 16). Em ambos os casos, exige-se a obrigação de ensino, além de um exame médico.

Seja como for, legislações pioneiras: "Primeiro exemplo de intervencionismo estatal em matéria social" (cf. HORDERN, 1980) ou, até mesmo, "certidão de nascimento do direito do trabalho" (cf. HORDERN, 1980, p. 16). A lei opõe-se inicialmente à decisão tanto dos pais que buscam ganhos adicionais quanto dos empresários que procuram economizar nos salários. Ela acaba impregnando os espaços familiar e privado, além de visar a fadiga, a duração das tarefas e a idade adequada para executá-las. Ao mesmo tempo, permanece "transitória" e, até mesmo, "limitada", segundo os critérios por vir, focalizando a atenção sobre as manufaturas e ignorando outros lugares de esgotamento: por exemplo, os da mina, evocados por um relatório inglês em 1840, retomado por Villermé em 1843. Nesse âmbito, numerosas contratações ocorreram com crianças de quatro anos, reservando para os mais jovens a tarefa, na passagem das vagonetes pelas galerias estreitas, de abrir ou de fechar as portas de ventilação feitas para prevenir "as perigosas correntes de ar" e suas consequências possíveis de "terríveis acidentes" (VILLERMÉ, 1843, p. 5). Esses *trappers*, de acordo com a palavra em inglês, ocu-

---

438. Cf. "Nouvelle loi rendue par le Parlement britannique, le 29 août 1833, pour régler le travail des enfants [...]. *Bulletin de la Société Industrielle de Mulhouse*, t. VIII, 1835, p. 53.

pam uma "espécie de nicho, no qual cada um permanece sozinho, muitas vezes, na escuridão" (VILLERMÉ, 1843, p. 5). Outros, mais velhos, são confrontados com esforços prolongados, descritos escrupulosamente pelos relatores:

> Uns aqui andam curvados sob o peso das enormes cargas que carregam nas costas [...]. Aqueles lá, em parte ou, até mesmo, completamente nus e atrelados, como animais de carga, a pesadas vagonetes com rodinhas e repletas de hulha que eles puxam em galerias, muitas vezes, tão baixas que eles seriam incapazes de ficar de pé; além disso, para avançarem, eles devem servir-se das mãos e, ao mesmo tempo, dos pés, ou, para utilizar uma expressão categórica e vulgar, andar de quatro (VILLERMÉ, 1843, p. 3).

Leis transitórias, datadas, convém repetir, esses textos das décadas de 1830-1840, na Inglaterra e na França, são destinados a serem revistos, de tal modo hão de aparecer, em breve, parciais. No entanto, eles trouxeram à tona um debate que, em meados do século, se tornou sensível: o das fadigas no trabalho, das horas e dos períodos mais ou menos longos de tempo para executar as tarefas.

A obstrução duradoura em relação às horas da jornada de trabalho

De maneira mais ampla, com a consolidação da sociedade industrial, as horas da jornada de trabalho tornam-se um combate simbólico, sinal de uma promessa relativamente à possível atenuação das fadigas e das tarefas, inclusive, a um possível desprendimento das exigências dos proprietários de manufaturas. Imenso processo em que o deslocamento de sensibilidade poderia prevalecer, mesmo que a tradição permaneça aqui, e durante muito tempo, inalterada de maneira duradoura.

Um número – 10h –, foi aprovado na Inglaterra com a lei de 1847, "após três décadas de intensa agitação e diante de uma oposição igualmente importante" (THOMPSON, 2012, p. 395). Duração "compacta", unidade "plena", Marx vê aí a confirmação segundo a qual, "pela primeira vez [...] a céu aberto, a economia política da burguesia recuava diante da economia política da classe operária" (MARX, 1942, t. II, p. 439). Indício igualmente importante: a duração de trabalho depende, então, da autoridade do Estado, e não da vontade dos empresários, instalando o poder público das sociedades "modernas" enquanto instância responsável pela saúde dos cidadãos.

Progressão mais lenta na França, mas claramente elucidativa de um trabalho gradual sobre as consciências. Começam por ser sugeridas 10h, mediante a *Aide-mémoire portatif a l'usage des officiers du génie*, na França de 1837: "A jornada de trabalho e a do cavalo são fixadas por experiência em 10h de serviço" (THOMPSON, 2012, p. 41). Impostas mesmo quando, em 06/04/1848, o jovem comissário local do governo provisório, Émile Ollivier, decreta a jornada de 10h no Departamento de Bouches-du-Rhône (cf. DUVEAU, 1946, p. 93). Decisão precedida por incidentes sangrentos em Rouen, em março, antes que o comissário do governo provisório, Frédéric Deschamps, venha a reduzir as horas de trabalho nas manufaturas (cf. DUVEAU, 1946, p. 80). Seguida por outros incidentes em maio e junho, em Marselha, quando o decreto de Émile Ollivier é ameaçado de abolição. Barricadas são levantadas, cento e cinquenta operários são conduzidos aos tribunais, enquanto os líderes são condenados (cf. DUVEAU, 1946, p. 93). Uma "impressão de grande mal-estar" (cf. DUVEAU, 1946, p. 93) permanece no próprio local, tal como em Paris. A duração de 10h é, no entanto, "fixada" pelas decisões iniciais da Revolução de 1848, exigida por duzentos "delegados operários", confirmada pela declaração de Louis Blanc, membro do governo provisório: "Um trabalho manual demasiado prolongado não só debilita a saúde do trabalhador, mas também, impedindo-o de cultivar sua inteligência, prejudica a dignidade humana" (SAMUEL, 1981, p. 11).

Impossível, em compensação, limitar-se a tais acordos em um clima de constante antagonismo entre empregadores e operários, ou de algum tipo de inquietação produtivista ou, ainda, de alguma insensibilidade às fadigas do trabalho penoso. Única constatação: "A questão operária ocupa o mundo inteiro"[439], sem que tenha sido estabelecido um consenso sobre as horas de trabalho. Única evidência: uma controvérsia interminável permeia as décadas. Em 09/09/1848, os decretos

---

439. *La Réforme Sociale*, 1889, t. 17, p. 81.

anteriores são revogados, por 617 votos a 57, pela Assembleia Constituinte parisiense que estabelece em 12h a duração máxima da jornada de trabalho nas manufaturas, sem aplicá-la às oficinas, nas quais os operários continuam trabalhando acima de 12h por dia. Mais marcante, um decreto de 17/05/1851 retira qualquer garantia de duração, provocando uma consequência reiterada: os operários "exaustos por jornadas de trabalho demasiado longas, denunciando este ou aquele patrão perante os tribunais, ficam surpreendidos ao constatarem que não dispõem de nenhuma proteção legal" (cf. DUVEAU, 1946, p. 237). Ainda durante algumas décadas, os períodos longos de tempo de trabalho permanecem inalterados.

As "atenuações" só ocorrerão no final do século, permitindo aqui ou ali, de acordo com os dispositivos locais, períodos de tempo de trabalho que variam entre 8 e 10h, embora a lei ainda não tenha sido estabelecida.

22
O universo do rendimento

A tensão industrial que atravessa o século, a "moda" das máquinas e do incremento da produção explicam também a tensão a respeito das horas de trabalho. Verifica-se uma recrudescência em relação às expectativas de eficácia, intensificando-se, por conseguinte, as reações dos operários, o que torna cada vez mais preocupante uma situação inexorável de confronto.

O *Dictionnaire Encyclopédique de l'Industrie* banaliza, em 1887, uma palavra para a qual as práticas industriais deram seu pleno significado na segunda metade do século XIX – a de "rendimento" –, empenhando-se em atribuir-lhe uma definição bem precisa: "A relação entre a quantidade do trabalho útil efetuado por uma máquina, ou um receptor qualquer, e a quantidade de energia absorvida por ele para efetuar esse trabalho"[440]. Sucesso crescente do cálculo para um sucesso crescente dos efeitos. A noção está no âmago do projeto enciclopédico de Julien Turgan, o qual explora, entre 1863 e 1884, o conjunto das grandes fábricas ao mesmo tempo em que sublinha a eficácia, os "custos mais baixos" e os progressos. A insistência, entre outros aspectos, sobre a valorização dos estabelecimentos Dollfus-Mieg que haviam conseguido restringir o consumo de vapor[441] obtendo uma melhor produção, ou sobre a valorização da empresa dos ônibus de Paris que tinha conseguido reduzir o investimento na utilização dos veículos em vista de uma maior eficácia: "As viaturas ficaram menos pesadas, ao mesmo tempo em que

---

440. Verbete Rendement. In: Lami, 1887.
441. TURGAN, J. Établissements Dollfus-Mieg et Cie. In: Turgan, 1860, t. IV, p. 8.

ofereciam um maior número de assentos. A tração poderia ser feita com apenas dois cavalos. O percurso das linhas foi prolongado"[442].

Para além dessa vontade de equilíbrio entre entradas e saídas, é geralmente o suplemento que se impõe, relançamento interminável da busca pelo melhor, bem evocada pelo médico, anatomista e fisiologista Léon Poincaré em um dos primeiros tratados sobre "higiene industrial": "Os progressos da sociedade industrial exigem uma produção mais rápida, em grande quantidade e barata" (POINCARÉ, 1886, p. 240-241). O que, além das resistências dos operários, tem a consequência de multiplicar as pesquisas sobre a fadiga e sua gestão; ora, ambas tornam-se paradoxalmente objetos de primeira importância.

É também porque ainda se impõe o papel do arcabouço muscular. Numerosas carretas que cruzam as pontes do Rio Sena, no final do século XIX, são impulsionadas pela força dos braços; na mesma época, as embalagens de tijolos destinados à construção das casas parisienses são divididas em volumes de 40kg para homens robustos, e de 27 a 31kg para homens de segunda categoria (AMAR, 1914, p. 575). A técnica física pressupõe o vigor, enquanto os resultados exigem o esforço. O corpo, no âmago da indústria, continua sendo a principal ferramenta.

A lógica industrial

Os trabalhadores de mina do romance de Zola, *Germinal* (1884), ilustram, aliás, um inevitável excesso. A exemplo do ritmo desenfreado na mina Jean-Bart, ou seja, carregar o máximo de hulha possível durante o menor tempo possível a fim de obter um pagamento vinculado à quantidade:

> Deitados de lado, golpeavam mais forte, com a ideia fixa de completar um número elevado de vagonetes. Tudo desaparecia nessa fúria de ganho tão duramente disputado, nem mesmo sentiam mais a água que escorria e lhes inchava os membros, as cãibras resultantes das posições forçadas, as trevas sufocantes onde eles descoravam como plantas encerradas em porão (ZOLA, 2006, p. 34).

---

442. TURGAN, J. Les omnibus de Paris. In: Turgan, 1860, t. III, p. 51.

Émile Zola encena uma prioridade: a de escavar cada vez mais, de "render mais", além de ignorar o perigo a fim de arrancar um salário mesquinhamente calculado. A negligência em relação às vigas de madeira sustentando as galerias, a fim de escavar ainda mais, é que irá provocar as tragédias da mina Jean-Bart: conflito com a empresa para garantir os lucros quando a nova regulamentação estabelece um tempo quase não remunerado para colocar as vigas de madeira; greves violentas, intervenção da tropa, retomada do trabalho, desabamentos inevitáveis de galerias, suplícios renovados.

A fúria produtiva pode levar, aqui, tanto a tragédias quanto a esgotamentos negligenciados. Como pode conduzir à aflição do próprio industrial: Hennebeau, o gerente de Jean-Bart, desesperado diante das dificuldades encontradas, "sentia-se humilhado, comprometido, forçado a imaginar algo brilhante, se pretendia voltar às boas graças dos administradores" (ZOLA, 2006, p. 218). Ou Deneulin, o concorrente que ficou mais vulnerável com a greve de sua própria mina: "[...] ele preferia morrer primeiro com todo o sangue na cabeça, o pescoço estrangulado de apoplexia" (ZOLA, 2006, p. 243). Os industriais insistem, aliás, especificamente sobre a própria fadiga, luta sempre renovada, que eles consideram ainda mais penosa, mesmo que seja diferente, do que a dos operários: "Ser empresário de pequena ou grande indústria é dedicar-se a um trabalho incessante e que, em mais de um aspecto, é infinitamente mais desgastante do que a jornada de trabalho manual, objeto atualmente de tanta solicitude"[443]. Esse é o empecilho evocado sistematicamente – aliás, não sem algum exagero – para qualquer empreendimento de envergadura, incluindo o do Canal de Suez, concluído em 1869 após uma excepcional captação de recursos e uma diplomacia extenuante por parte de seu projetista. O sentido social ou pessoal relativo ao esgotamento do "promotor" ainda não poderia ser semelhante ao do operário, mesmo que ambos fiquem empolgados pelo excesso:

> Todos conhecem e se lembram das terríveis lutas que Ferdinand de Lesseps teve de enfrentar quando concebeu o projeto da abertura do

---

443. Le travail national et la réglementation. *La Réforme sociale*, 1890, t. 19, p. 754.

istmo do Suez. Sabemos também como ele foi capaz, após esforços sobre-humanos, de levar a bom termo esse gigantesco empreendimento (VIRMAÎTRE, 1888, p. 97).

O romance de Zola inspira-se, por sua vez, nos conflitos de sua época: crônica das violências em torno da duração do trabalho e da taxa salarial (cf. PERROT, 1973, t. I, p. 260ss.). Um exemplo dessa situação é, entre outros, o caso de Mulhouse poucos dias antes da guerra de 1870: um grupo de duzentos a trezentos grevistas invadiu o Vale de Masevaux, exigindo um aumento salarial e a redução de horas de trabalho, impondo pela força a cessação de todas as atividades. Duas companhias de infantaria foram enviadas de Belfort para restabelecer a ordem, enquanto a declaração de guerra, naquela mesma noite, "teve sobre os grevistas o efeito de uma ducha fria. Eles dispersam-se e nossos soldados pegam suas mochilas para dirigirem-se a Soultz-sous-Forêts, localidade em que hão de encontrar a morte"[444]. Os casos de Anzin ou de Decazeville constituem ainda outros exemplos disso. Em particular, Decazeville, em jan./1886, localidade em que uma dupla reivindicação por parte dos homens do fundo – a demanda não só por um salário fixo para os mineiros, marceneiros e britadores de 5 francos por dia e, para os serventes, de 3,75 francos, mas também por uma duração reduzida para 8h diárias "por causa do ar ruim e dos incêndios da mina" – provocou uma greve acompanhada por agressões: diante da reiterada recusa das autoridades, dois mil grevistas invadem os locais e defenestram o subdiretor Jules Watrin, o qual é estraçalhado pela multidão ao cair no chão (cf. LEVASSEUR, 1907, p. 650-651). O comentário da revista *Le Socialiste* ilustra a exaltação da revolta destituída de qualquer tipo de sensibilidade: "Vitória, o sangue fluiu e, ao contrário de todos os precedentes da mineração, trata-se de sangue do patrão, de sangue capitalista" (apud LEVASSEUR, 1907, p. 651).

Lógica implacável do rendimento cuja força acaba por banalizar-se na segunda metade do século XIX, misturando febre produtiva, revoltas e esgotamentos.

---

444. Cf. BECHAMP, D. Un groupe d'usines de la vallée de Masevaux (Alsace-Lorraine). *La Réforme sociale*, 1883, t. 6, p. 114. • A menção à "guerra de 1870" – cujo desfecho foi desfavorável ao exército francês – refere-se ao conflito militar entre o reino da Prússia (atual Alemanha) e a França.

A lógica fisiológica

O recurso às pesquisas e às avaliações em número crescente não pode, no entanto, ser ignorado; ao avanço marcado pela indiferença relativamente a um suplemento cada vez mais elevado na produção, opõe-se igualmente, para além das reações dos operários, um esforço acentuado de controle e de objetivação.

Instrumentos de cálculo são inventados, dispositivos experimentais articulam-se entre si e resultados quantificados multiplicam-se, transformando a fadiga em um novo território da ciência aplicada, imenso campo de investigação – neste caso, exclusivamente orgânico – para promover verificações e precisões mais bem fundamentadas, mobilizando mecânicos e médicos. Ela torna-se um objeto em si, espaço de experiências e de constatações. Deslocamento importante em que sua existência e suas manifestações são especificamente estudadas com os recursos do laboratório científico, confirmando a crescente atenção prestada a seu respeito, assim como a afirmação de seu *status* cultural e social no final do século XIX. Em vez do estudo exclusivo das economias gestuais – tal como a mecânica industrial havia sido capaz de inventá-lo (cf. p. 221-222) –, ou do estudo das economias combustivas, tal como os cientistas da energia haviam sido capazes de quantificá--las (cf. p. 225-226), trata-se de proceder ao estudo dos indícios diretos de fadiga e de seu modo de objetivação; ou, dito por outras palavras, a criação do que Anson Rabinbach designa como "uma ciência da fadiga" (RABINBACH, 2004, p. 121).

Na década de 1890, o "ergógrafo" inventado pelo fisiologista italiano Angelo Mosso, é o melhor exemplo disso. O instrumento avaliador é novo, embora seja o prolongamento dos estudos efetuados no século anterior sobre um músculo de rã previamente separado e estimulado, a fim de apreciar resistências e reações (cf. p. 150-151). Esse aparelho é mais complexo, mais próximo da vida, relacionado de maneira mais direta com o comportamento humano, ao mesmo tempo em que se trata de um único músculo – o de um dedo –, ou seja, o flexor do dedo médio. O objetivo consiste em gravar em cilindro de carbono, de acordo com uma montagem bem sofisticada, a atividade desse músculo quando ele levanta regularmente um peso. As curvas obtidas exprimem as forças, além de indicarem a evolução das mesmas, as etapas da tarefa, sua comprovação – fadiga progressiva com a sucessiva inflexão dos traçados, e fadiga definitiva com o desaparecimento total desses traçados: "Quando alguém está cansado, já não consegue, apesar de todos os seus esforços, levantar o peso" (MAGGIORA, 1890, p. 129). O experimento é canônico ao quantificar, pela primeira vez, a fadiga de acordo com um gráfico e suas sinuosidades.

O pesquisador A. Mosso, confirmando a novidade do objeto, multiplica as observações a ponto de pretender elaborar as "leis do esgotamento" (MOSSO, 1894, p. 91) – expressão, na verdade, tão inaugural quanto central. Começando pelo perfil sempre individual das curvas de queda de nível:

> Alguns caem bruscamente, outros por graus, ainda outros resistem após terem perdido rapidamente a força [...]. O ergógrafo fornece-nos, assim, a inscrição de um dos fatos mais íntimos e mais característicos do nosso indivíduo: a forma como nos cansamos; ora, essa caraterística, em particular, permanece constante (MOSSO, 1894, p. 61).

A vertente pessoal diz respeito, desde então, à progressão quase material da fadiga e a seu modo de invasão; o que é próprio do indivíduo acaba impregnando músculos e massa corpórea.

Uma vez constatadas essas diferenças, ainda existem, em compensação, balanços de âmbito mais geral. Em primeiro lugar, o efeito das repetições. O uso regular do ergógrafo aprimora inevitavelmente a resistência do músculo, ilustrada pela verticalidade prolongada dos traçados: o Professor Aducco, colega de Mosso, realiza, "após um mês, o dobro do trabalho daquele produzido no início" (MOSSO, 1894, p. 63). Acrescente-se a relação sempre proporcional entre o peso da carga e a frequência dos impulsos: "No caso da mesma potência, o organismo fica tanto mais garantido contra a fadiga na medida em que tal operação for executada com uma carga mais fraca e com uma velocidade maior"[445]. A celeridade estabelece suas condições, assim como o patamar de esgotamento. Acrescentem-se ainda variações acidentais: as curvas alteram-se de acordo com as estações, os momentos

---

445. Cf. comentários em Lefèvre, 1911, p. 773.

do dia, a alimentação, as emoções, as doenças, a opção pela mão direita ou pela mão esquerda, e o estado geral da saúde (cf. MAGGIORA, 1890, p. 187ss.). Isso deixa uma evidente margem de variabilidade, na verdade, mais sugerida do que estudada. Soma-se, por fim, o efeito do repouso, em particular, a escolha de seus momentos. A primeira avaliação mostra a necessidade da interrupção de 2h após um trabalho exaustivo para que as curvas retornem a seu traçado anterior[446]. Na segunda avaliação, observa-se a necessidade de uma parada momentânea antes de qualquer inflexão muito acentuada das forças, para que seu efeito útil seja mais bem protegido. Ou, dito por outras palavras, o trabalho fracionado é a melhor forma de evitar o esgotamento:

> Suponhamos que trinta contrações sejam suficientes para esgotar um músculo, se fizermos apenas quinze contrações, o tempo de repouso para permitir o restabelecimento do músculo poderá ser diminuído (bem menos de 2h) [...]. Repetindo os experimentos o dia todo, quinze contrações seguidas de 30min de repouso, é possível obter traçados todos iguais entre si, desde que a altura do peso levantado permaneça constante. Observamos que a quantidade de trabalho produzido é muito maior se nunca chegarmos à exaustão (MOSSO, 1894, p. 91-92).

Assim, A. Mosso junta-se – de maneira, desta vez, "calculada" – à pretensão clássica no sentido de conseguir uma formulação ideal: aquela que promete ajustar a medida do trabalho mais eficaz, perseguido de maneira regular e duradoura, sem que a fadiga envolvida venha a tornar-se preocupante. As vias de um equilíbrio alcançável seriam, neste caso, "demonstradas".

Derradeira indicação, a contestação da estrita analogia entre o organismo e a máquina a vapor: "A locomotiva queima uma quantidade de carvão para cada quilogrâmetro de funcionamento. Em relação ao nosso organismo, uma pequena quantidade de trabalho produz, em um corpo cansado, efeitos desastrosos" (MOSSO, 1894, p. 92). A "recarga" necessária não é, de modo algum, idêntica em

---

446. "Duas horas de repouso são necessárias para observar o desaparecimento de todos os sinais da fadiga nos músculos flexores dos dedos" (MOSSO, 1894, p. 91).

ambos os casos; daí o desafio decisivo de uma atenção meticulosa à fadiga, à sua previsão e prevenção.

Melhor ainda, a situação de laboratório permite experimentar algumas influências, até então, mais pressentidas do que analisadas. Quem está cansado torna-se uma cobaia. Charles Féré multiplica as intervenções de estímulos externos para quantificar o possível efeito deles nas curvas. Cores, sons, odores acometem o sujeito em situação de experiência, no exato momento em que diminuem suas contrações, para proceder a uma melhor avaliação do eventual "restabelecimento de atividade". Objetos amplamente multicoloridos, esticados, diversificados, embora na verdade de natureza mais material do que psicológica ou moral: "essência de canela de Ceilão", "valerianato de amônio", "vidro vermelho", "*Asa fœtida*", "interrupção urgente". Constatações, desde então, numerosas, devidamente avaliadas: a substância estimulante restaura parcialmente ritmos e intensidade, enquanto o recurso demasiado frequente a essa substância faz com que já não seja possível "trabalhar sem estimulante" (FÉRÉ, 1901, p. 69). Matizes também, diferenciando os momentos: "O odor é percebido como estimulante antes de ser percebido como [simples] sensação" (FÉRÉ, 1901, p. 78). Ou diferenciando os estímulos: "A sensação dolorosa coincide com uma depressão considerável do trabalho" (FÉRÉ, 1901, p. 83). Deste modo, o "ambiente" é, pela primeira vez, avaliado diretamente em relação à fadiga e suas possíveis derivas. Projetam-se, então, insensivelmente os futuros questionamentos sobre os "ambientes de trabalho", sobre o possível papel da luz, da cor, do som, dos odores, sobre os entornos, os quais deveriam, supostamente, aprimorar ou restringir a eficácia.

Sem dúvida, a abordagem pode parecer abstrata, o recurso ao laboratório pode sugerir o artifício, o foco projetado em um único gesto pode sugerir a exceção. Sem dúvida ainda, a situação cotidiana de trabalho é mais complexa do que a mera mobilização de um músculo; os patamares de fadiga são mais difusos e também mais variados do que a simples perda da contração. Abordagem tão positivista, no entanto, que Mosso – como mostrou Marco Saraceno – "propõe a própria fisiologia enquanto fundamento da reforma social" (SARACENO, 2013, p. 171). Aliás, certeza quase política do cientista italiano:

> Em vez de uma questão de opinião preconcebida, de um meio de agitação, trata-se de uma convicção profunda, de um sentimento sagrado de elevada moralidade que leva a estudar os meios de distribuição equitativa da propriedade, sem violência, nem sangue derramado, para que o trabalho esteja relacionado às leis que regem a humanidade, para que o operário não se torne um escravo e para que, desgastada pela fadiga, a raça humana não venha a degenerar-se (MOSSO, 1894, p. 180; apud SARACENO, 2013).

Apesar de suas limitações, a abordagem de A. Mosso multiplicou as ambições, além de sua crença nas virtudes quase sociais do laboratório, renovando cálculos e reinventando critérios de aferição: a individualização dos perfis; os efeitos quantificados tanto de uma prática regular e repetida quanto do repouso; o efeito quantificado dos estímulos intempestivos[447]; assim como a relação, também quantificada, entre a velocidade adotada e a carga mobilizada. Acima de tudo, ela mostrou a importância cultural e social definitivamente atribuída à fadiga, estabelecendo-a enquanto objeto específico de avaliação. O que é decisivo aqui: índices enaltecidos por estarem submetidos à experiência do cientista. A *officine* [laboratório] e seus aparelhos pretendem servir de lição e orientar o uso dos ateliês. Sem deixar na surdina determinados aspectos, aliás, todos eles fazendo apelo em vista de um maior aprofundamento e de uma maior complexidade: aqueles relativos às situações de trabalho cotidiano e de sua diversidade; aqueles relativos à fonte das forças e de sua manutenção; e aqueles relativos aos desafios psicológicos já percebidos por constatações anteriores (cf. p. 249).

A lógica gestual

Isso também leva, aliás, a outro modo de objetivação e, até mesmo, de frenesi quantificado: escolha das situações cotidianas e plurifacetadas, fora do laboratório; fixação em gestos complexos; imersão em canteiros de obras e em ateliês; além da certeza de que o rendimento pode ser escalonado pelo relógio, pela distância e

---

447. Cf. as análises de Charles Féré, p. 220.

pelo peso. Frederick Winslow Taylor dá, a esse respeito, um exemplo célebre, no início do século XX, focalizado também na materialidade concreta e, até mesmo, orgânica do trabalho. Esse engenheiro de Filadélfia propõe, no âmago do universo industrial norte-americano, "princípios de organização científica" do trabalho, expressão que serve de título a seu livro: em primeiro lugar, focalização nos operários e em seus gestos, destinados a um nítido incremento de rendimento sem aumentar "sua fadiga"[448]; em seguida, focalização nos industriais e em seus modos de prescrição, destinados a uma visão estritamente metódica sem aumentar sua tensão. Ambição expandida: garantir "o máximo de prosperidade ao empregador e a cada empregado" (TAYLOR, 1995, p. 24), ao mesmo tempo em que exclui desgaste e esgotamento.

Taylor, ex-operário promovido a engenheiro, diz que procede ao escalonamento de cada situação até os mínimos detalhes e deslocamentos. Sua exigência é dupla: perscrutar minuciosamente os movimentos e sua duração para reduzi-los nas melhores condições; em seguida, focalizar-se nos melhores desempenhos garantidos sem fadiga a fim de exemplificá-los o melhor possível. Suas investigações multiplicam-se: transporte de ferro fundido, trabalho de alvenaria, manuseio de pás, verificação de bolas de aço. Em cada caso, a comprovação verifica-se através de um cronômetro regulado aos décimos de segundo e também através de uma quantidade menor de gestos e de sua economia; desde então, abordagem nitidamente mais meticulosa e instrumentada do que havia sido a "mecânica industrial" e sua "aplicação das ciências às artes industriais" (cf. p. 182-183), além de estar de tal modo focalizada e reduzida aos limites de cada ato que se torna indiferente aos "quilogrâmetros" de Coulomb (cf. p. 133-135). Resta unicamente um estudo interminável da eficácia: resultados direcionados em quantidade produzida e em celeridade incrementada. Impõe-se apenas o cálculo: o dos efeitos operacionais, o dos progressos obtidos. Daí os resultados e os avanços devidamente sublinhados, ao cabo de longos experimentos: na jornada de trabalho, o mesmo homem é capaz de transportar 47t de ferro fundido

---

448. LE CHATELIER, H. Préface. In: Taylor, 1927, p. 2.

percorrendo os 20m que o separam do vagão, em vez de 12t no início do experimento; os movimentos do pedreiro ao colocar tijolos, com fadiga igual, são reduzidos de 18 para 5. As pazadas, por sua vez, são redimensionadas e calibradas como nunca havia ocorrido anteriormente:

> Escolhendo dois ou três escavadores, pagando-lhes um bônus para que trabalhem conscienciosamente, variando gradualmente a carga da pá e levando experimentadores treinados a observar, durante várias semanas, todas as condições acessórias do trabalho, descobriu-se que o bom escavador obtém seu máximo rendimento com uma carga de cerca de 10.250kg. Essa carga não é evidentemente a mesma para todos eles, mas varia em cerca de 1 ou 2kg [...] (TAYLOR, 1995, p. 56).

Acrescente-se a isso a criação de uma instância social composta por "homens especiais" (TAYLOR, 1995, p. 38), recém-treinados, os quais deveriam, supostamente, efetuar os estudos preliminares e definir os modelos pretendidos. Taylor insiste sobre essa camada inédita de "projetistas", cujas investigações exigem perseverança, estendendo-se, às vezes, ao longo de vários anos, afinadas de maneira insensível: "É preciso um homem ocupado unicamente em preparar o trabalho e outro encarregado de executá-lo" (TAYLOR, 1995, p. 38). Inovação importante com futuro garantido: a instauração de "executivos", administradores e "calculadores", todos eles responsáveis por estudar as melhores fórmulas de gestos, de ferramentas, de comportamentos e de dispositivos, cujos papéis convergem para aprimorar o trabalho com o menor custo. Cria-se uma "ciência" inédita: "A organização científica" (TAYLOR, 1995, p. 42), com ênfase na palavra organização, ordenamento ajustado entre pessoas e ambiente, para além da antiga "mecânica industrial" (cf. p. 221-222), confinada às forças e alavancas.

Com limitações evidentes também, confirmando o quanto o objeto complexo que é o trabalho resiste a qualquer estudo com o intuito de circunscrevê-lo em sua globalidade. Taylor deixa na sombra o patamar da fadiga tolerada, tomando como única referência os depoimentos dos atores, além do necessário dispêndio energético, ou a reação psicológica de cada um, precisamente, aquela que a literatura já havia mencionado. Da mesma forma, ele teria ignorado "a função apaziguante do movimento inútil"[449]. Voltam a encontrar-se numerosas antigas lacunas, apesar do aporte de evidentes precisões. Outras tantas ausências notáveis detectadas pelos próprios contemporâneos:

> W. Taylor refere-se à opinião do trabalhador como algo destituído de valor científico. Ora, o operário é capaz de enganar não só o observador, mas – aspecto mais sério, em decorrência das consequências remotas da fadiga – ele mesmo é suscetível de autoengano (LAHY, 1921, p. 62).

Ausências tanto mais prejudiciais à precisão que Taylor "descarta ou despromove" sem cerimônia "os mais obstinados [dos operários] que se recusavam a fazer qualquer esforço" (TAYLOR, 1995, p. 44), com uma indiferença a qualquer vertente emocional. Uma forma de ignorar a pessoa do operário quando, afinal, questionamentos já haviam sido explicitados sobre o assunto (cf. p. 267-268). Resistiriam apenas os mais sólidos e determinados; serviriam de exemplo unicamente os mais adaptados. Por fim, lacuna tanto mais sublinhada que numerosos críticos permanecem implacáveis, mais do que anteriormente sensíveis às referências psicológicas, designando operários transformados em autômatos cretinizados, descritos ainda pela revista, *La Vie Ouvrière*, em 1913, como "extensões exatas e inconscientes da máquina" (MERRHEIM, 1913, p. 214-215 e 224).

Desde a década de 1910, Henry Ford leva cada vez mais longe esse tipo de mecanização em suas fábricas de Detroit. Desencarnação no extremo de cada movimento, limitação no extremo de cada deslocamento: "Nenhum homem terá de dar mais de um passo [...]. O homem que coloca o parafuso não encaixa a porca. Ao colocar a porca, esse homem não vai aparafusá-la" (FORD, 1930, p. 90-93). A cadeia de montagem inaugura um dispositivo de simplificação, encaminhando peças "para a frente do operário" (FORD, 1930, p. 94), carregadas por "transportadores mecânicos" (FORD, 1930, p. 100), permitindo um maior rendimento pela associação de gestos sucessivos, cada vez mais reduzidos, abreviados e efetuados por atores diferentes e contíguos. A fadiga não é, aliás, o

---

449. CORBIN, A. La fatigue, le repos et la conquête du temps. In: Corbin, 1995, p. 280.

horizonte imediato do inventor de Detroit, no momento em que se impõem, de preferência, e somente, o aumento da produção, a redução do tempo para executar cada tarefa, a passagem de "9:54h para montar um motor", em outubro de 1913, para "5:56h, seis meses depois" (FORD, 1930, p. 93-94). Isso leva a um crescente "sucesso", misturado com a resistência em surdina de operários aos quais parece ser negado "o direito de pensar" (PILLON, 2009, p. 330); resistência que se manifesta mediante abandonos individuais, rejeições da tarefa e rotatividade constante, a tal ponto que determinados setores da fábrica devem contratar, anualmente, trezentas pessoas para preencher cem postos de trabalho[450]. Por fim, indiferença, igualmente impávida, em relação à garantia do trabalho: "Não vá bancar o valente diante dele porque fazendo isso você será posto na rua e substituído também na hora" (CÉLINE, 1932[451]) A resposta de Henry Ford, em 1914, traduz-se por um aumento dos salários e uma redução da jornada de trabalho de 9 para 8h; uma maneira de exercer maior atração, servindo-se da remuneração e dos períodos de tempo de trabalho.

No início do século XX, os estudos sobre a fadiga no trabalho permanecem, portanto, parciais, para não dizer "compartimentados", cada um trazendo o que falta no anterior, cada um acatando uma discrição sobre a complexidade gestual ou sobre o dispêndio orgânico ou, ainda, sobre o cansaço e seu patamar ou, para quase todos eles, sobre a intimidade, seus distúrbios e suas vicissitudes, embora alguns críticos tenham começado a evocar estes últimos aspectos (cf. p. 238-239).

A lógica energética

Outra mudança ocorreu, no entanto, desde o final do século XIX, levando a incrementar radicalmente os estudos tanto de Hirn quanto de Taylor, de Ford ou de Mosso, sem deixar de permanecer no estrito campo da fisiologia.

---

450. Disponível em https://fr.wikipedia.org/wiki/Henry_Ford
451. Cf. CÉLINE, L.-F. Voyage aux usines Ford. *Le Un*, n. 60, 10/06/2015, p. 3: Le travail nuit grave, p. 3.

Sua origem deve-se a uma visão, repensada de maneira abrangente, da energia. Cientistas e engenheiros reinvestem os dispêndios orgânicos, perscrutando mais do que anteriormente as vicissitudes do motor animado, seu consumo e seus efeitos, atribuindo aos alimentos uma parcela decisiva na obtenção dos resultados. O desafio continua sendo, evidentemente, o do funcionamento da máquina corporal; no entanto, este é cada vez mais bem especificado. O papel da alimentação e da energia calórica é reformulado. Rendimento e dissipações são recalculados – sobretudo, os gêneros alimentícios – até o menor detalhe. Os laboratórios da década de 1890 são metamorfoseados, focalizados deliberadamente nas perdas orgânicas e em suas origens, nos recursos e em suas condições. Os novos dispositivos são, à primeira vista, um prolongamento das antigas câmaras fechadas do final do século XVIII; no entanto, além das trocas respiratórias estudadas por Lavoisier (cf. p. 170-172), além das perdas de calor pesquisadas por Gustave Hirn (cf. p. 226), eles visam a totalidade das entradas e das saídas do corpo (*ingesta* e *excreta*), o conjunto das emissões calóricas e das forças exercidas. Nada mais, então, além da focalização sobre a totalidade das substâncias colocadas a serviço da máquina. Os instrumentos são transformados, os objetos são diversificados, assim como as expectativas, misturando física e química, análise das mecânicas e análise dos fluxos. Instalado em Middletown (Connecticut), em 1898, por Wilbur Atwater e Edward Rosa, o "calorímetro respiratório" (ATWATER; ROSA, 1899) é o exemplo mais simbólico disso, vasto maquinário com espaços fechados sobrepostos e controlados, associando filtros e sensores, painéis impermeáveis e passagens minúsculas para gravar "o trabalho mecânico, o calor irradiado, o calor latente de vaporização através da pele e dos pulmões" (LEFÈVRE, 1911, p. 165), as trocas de gás, assim como as substâncias tanto ingeridas quanto recusadas. As observações estendem-se ao longo de vários dias, os participantes, devidamente confinados, acompanhados em todos os seus mínimos gestos, alternam as atividades, escrevendo, lendo, movimentando uma bicicleta ergonômica, dedicando-se às lides cotidianas e descansando. Por fim, princípio decisivo: identificar a ausência de fadiga, a longo prazo, por um índice inédito, ou seja, o fato de que "o sujeito em experiência não altera seu peso, nem sua natureza" (GAUTIER, A., 1904, p. 83), avaliação certamente favorecida pela nova prática de pesagem corporal, seu uso funcional, suas fórmulas simplificadas e suas repetidas comprovações[452]. A antiga expectativa, fundamental e sempre aproximada, do *sem-fadiga* encontra aqui, pela primeira vez, uma resposta quantificada: a manutenção do peso corporal, índice mais decisivo do que possa parecer.

O aparelho reformula as tabelas de Gustave Hirn adicionando-lhes o alimento, comparando sobretudo a energia consumida em repouso com a energia utilizada em situação de trabalho; tanto mais que esta última pode ser "traduzida" em termos de calorias desde os cálculos do físico romeno Constantin Miculescu (cf. MICULESCU, 1892), estabelecendo o equivalente mecânico de uma caloria a uma força de 425 quilogrâmetros, além de sugerir, desde então, o número de calorias a ingerir para compensar a tarefa efetuada.

A verdadeira originalidade diz respeito à avaliação dos alimentos consumidos e de sua distribuição: os 107g de albuminoides, os 64,5g de gordura e os 407,5g de carboidratos, correspondendo a uma ração de repouso de 2.602 calorias. A albumina representa os "alimentos plásticos/estruturais" de Liebig (cf. p. 231), os quais deveriam, supostamente, substituir as "partes" destruídas pelo funcionamento orgânico, enquanto a gordura e os carboidratos representam os alimentos respiratórios que, segundo se presume, materializam os combustíveis. Acrescente-se outra constatação, ainda mais original, em uma situação de trabalho: o aumento do consumo de albumina pelo corpo limitado a 1g, de 107 para 108g, enquanto os outros dispêndios crescem grandemente uma vez efetuados os 192.000 quilogrâmetros na bicicleta; "fato capital, mostrando que o trabalho muscular não aumenta o dispêndio de azoto" (LEFÈVRE, 1904, p. 5), tanto mais capital na medida em que essa baixa desassimilação celular durante o esforço confina o papel atribuído tradicionalmente às proteínas e à carne (ou seja, a albumina; cf. p. 232), valorizando, em compensação, o papel das substâncias carbonáceas e seu poder comburente durante o esforço. As rações de trabalho são rediscutidas, visão inédita dos materiais que deveriam, supostamente, resistir à fadiga, afastamento das

---

452. Cf. VIGARELLO, G. A difusão da pesagem. In: Vigarello, 2012, p. 246.

fórmulas do médico rural de Balzac, enaltecidas em 1833, com sua focalização nas carnes brancas e vermelhas, enquanto primeiro recurso defensivo (cf. p. 231), em benefício de outros ingredientes, em particular, os açúcares e os amidos.

As confirmações multiplicam-se no início do século XX, reivindicando o reequilíbrio dos gêneros alimentícios. A exemplo da constatação de Pierre Fauvel a respeito de um homem de 67,5kg, cujo peso não sofre nenhuma alteração durante cinco anos enquanto ele efetua "sem fadiga, corridas de 100 a 150km por dia de bicicleta", ao mesmo tempo em que limita seu consumo de albumina a 60 a 70g por dia (apud LABBÉ, 1910, p. 11). Mesma observação relativamente aos numerosos casos estudados, durante vários meses, por Russell Chittenden:

> Esses indivíduos reduziram gradualmente sua dieta total e, sobretudo, sua dieta em albumina, deixando de ser carnívoros para se tornarem vegetarianos. Além de não terem qualquer sofrimento, verificou-se o desenvolvimento de suas forças; vários aumentaram não só o peso, mas também sua massa muscular (CHITTENDEN, apud LABBÉ, 1910, p. 12).

Eis o que provoca a investigação empreendida, em 1907 – pela fisiologista e pesquisadora polonesa, Jozefa Ioteyko, e pela cientista georgiana, Varia Kipiani –, sobre as diferenças de resistência física segundo as dietas adotadas: medição das forças no dinamômetro, da fadiga no ergógrafo e do volume de ar inspirado e expirado no espirômetro. E a conclusão que privilegia a dieta vegetariana: "O trabalho mecânico aumenta [com ela] em 50%" (IOTEYKO; KIPIANI, 1907, p. 50). Resultado com certeza aproximado, de tal modo está ausente aqui, além de ser difícil, uma pesquisa em larga escala, mas que revela uma atenção mais acurada: aquela prestada à dieta, à carne e ao efeito energético dos alimentos consumidos. O relato de Jules Lefèvre, em 1904, é mais circunstanciado. Enquanto membro da Académie de médecine, ele descreve detalhadamente um de seus esforços:

> No final de uma exigente excursão na montanha [Pireneus] entre 4:30h e 6:30 da tarde, efetuei a descida do Pic de Bigorre até a comuna de Luz. São mais de 20km de caminhada e 2.200m de descida, correspondendo a 250.000 quilogrâmetros em 2h; ou uma potência de 125 mil quilogrâmetros por hora, durante 2h (LEFÈVRE, 1904, p. 20).

Ele afirma "não ter sentido cansaço", ao mesmo tempo em que permanece na ordem fisiológica, enquanto seus companheiros, apesar de sua robustez, declaram-se exaustos, a tal ponto que alguns não conseguiram acompanhá-lo. Testemunho insuperável dos atores. Mas Jules Lefèvre evoca também seu próprio peso e sua estabilidade em longo período de tempo, indício global e novo, como vimos, de não fadiga, mediante uma dieta cotidiana, aplicada com firmeza durante treze anos: "ração de repouso e de trabalho levemente azotada, não excedendo em geral 60g de proteína em 24h", rica, em compensação, "de carboidrato e, sobretudo, de açúcar" (LEFÈVRE, 1904, p. 21). A diferença qualitativa das rações faz a diferença quantitativa das resistências; além da diferença entre as constatações de Gustave Hirn, em meados do século XIX (cf. p. 226), limitadas às "capacidades respiratórias"[453], e as de Jules Lefèvre, algumas décadas depois, ampliadas a potências especificamente combustíveis. Deslocamento notável das observações, em que se impõe daí em diante o cálculo da "substância" fornecida ao motor.

Entre gesto e energia

A meticulosidade dos gestos estudada por Frederick W. Taylor, assim como as medidas ergográficas analisadas por Angelo Mosso podem ser reconsideradas, adicionando as medidas energéticas. Tal síntese, totalmente nova, é concebida por Jules Amar ao inaugurar, em 1912, a cátedra do "trabalho profissional" no Conservatoire National des Arts et Métiers. Ele considera também que os critérios e as medidas são variáveis de acordo com as atividades e, por conseguinte, torna-se indispensável adotar uma calibração meticulosa dos movimentos e dos tempos, assim como uma expectativa igualmente minuciosa de seu aperfeiçoamento obrigatório; em compensação, ele acrescenta uma avaliação tanto dos dispêndios calóricos, a fim de otimizar sua economia quanto das rações alimentares, a fim de

---

453. G. Hirn limita-se à respiração: "Com efeito, para pensar em medir no ser humano o equivalente mecânico do calor – quando, afinal, a medição direta dos aportes nutricionais do indivíduo é inacessível –, convém estar convencido de que, nessa operação, tudo irá ocorrer como se tratasse de uma máquina a vapor" (DURRIVE, 2017, p. 65).

incrementar seu rendimento. As experiências são deliberadamente diversificadas e, até mesmo, heterogêneas, na medida em que cada trabalho possui suas próprias particularidades: "O carregamento de fardos, a manipulação da lima, do martelo ou da serra, o trabalho com o podão, com madeira, com o polimento de espelhos ou com pá, a datilografia, o trabalho do orador [...]" (AMAR, 1914, p. 469[454]). Os números, por outro lado, pretendem tornar-se não apenas objeto de estudo, mas também sugestivos.

A "manipulação da lima" é um dos exemplos mais aprofundados, enquanto o objetivo haveria de permanecer idêntico: "[...] procurar a máxima produção do trabalho cotidiano [...] com fadiga constante" (AMAR, 1914, p. 491). Ou, dito por outras palavras, duas exigências acentuadas pela "pressão" industrial: a estabilidade dos dispêndios de energia e o incremento dos resultados. Ainda aqui, as medições multiplicam-se. Nunca antes os dados físicos haviam sido tão precisos: o peso e o comprimento da ferramenta são calibrados; seu "mordente" é especificado; a limalha produzida é pesada; cada movimento e seu efeito são repercutidos em um transcritor semelhante ao ergógrafo de Mosso; um cilindro grava o ritmo respiratório, enquanto outro grava o do pulso, semelhantes aos aparelhos de Marey (cf. MAREY, 1878[455]); o oxigênio e o gás carbônico passam por uma "válvula dupla" (AMAR, 1914, p. 531) conectada a uma máscara. Vários índices permitem, então, exprimir a fadiga: o enfraquecimento tanto da frequência dos movimentos quanto de sua gravidade, fornecido pelo ergógrafo; a aceleração tanto do funcionamento dos pulmões quanto da circulação sanguínea, fornecida pelos cilindros de gravação; o crescimento sensível do dispêndio energético, fornecido pela quantificação dos fluxos; os déficits da atitude geral, fornecidos pela quantificação das posições; o testemunho, por fim, do próprio limador, designando suas possíveis dores, sua intensidade e sua localização, mediante a associação de objetividade com subjetividade.

---

454. Cf. Le travail professionnel, p. 439ss.
455. Na década de 1870, a invenção de aparelhos de gravação inéditos permitiu transformar os fenômenos fisiológicos e suas ações em curvas, diagramas, tabelas ou esquemas; a interioridade traduzida em exterioridade. Cf. tb. Pociello, 1999.

As experiências repetem-se e as médias são esboçadas. Daí esta sequência de testes, empreendidos durante um longo período, levando a esta importante constatação, ou seja, o número de 70 batidas por minuto efetuadas pelo limador deveria, supostamente, garantir os mais elevados resultados e as fadigas mais bem-controladas:

> A manutenção ideal de 70 batidas requer o repouso de 1min após 5min de trabalho. Em geral, a relação de períodos de descanso e de atividade é de um a cinco. Então, certificamo-nos de que, após 1h de trabalho, o homem encontra-se em um estado normal bastante semelhante ao de repouso: o número de inspirações sobe apenas de 20 para 25% e o das pulsações é de 20% em média. Aliás, não há nenhuma perturbação nas funções fisiológicas do organismo (AMAR, 1914, p. 546).

O trabalho pode continuar sem mudanças significativas, enquanto o peso do corpo permanece idêntico, ao longo de vários dias. Isso não impede que os resultados sejam modificados de acordo com as ferramentas, sua forma, sua consistência e seu peso. O simples caso das limas mais curtas é sugestivo, exigindo uma média de 150 movimentos (AMAR, 1914, p. 552), deslocando de imediato todos os dados, além de confirmar o quanto cada situação de trabalho impõe suas próprias especificidades[456].

Fica por abordar a manipulação da primeira lima estudada por Jules Amar, levando à insistência sobre a energia: as calorias despendidas em repouso e por hora elevam-se a 85,911; as calorias consumidas durante o trabalho e por hora elevam-se a 218,621, indicando um dispêndio resultante do esforço de 218,621 - 85,911 = 132,71 (cf. AMAR, 1914, p. 536). As calorias despendidas em repouso, em 24h, elevam-se, desde então, a 85,911 x 24 = 2.061,864. As calorias consumidas, em 24h, para um trabalho de 8:30h (com 1:30h de descanso) elevam-se, assim, a 2.061,864 + (132,71 x 7), daí 2.061,864 + 928,97 = 2.990,834.

---

[456]. "Nas pesquisas de J. Amar é importante que o trabalho quantificável – avaliado em quilogrâmetros – corresponda da forma mais exata possível à tarefa específica de uma profissão bem determinada" (DURRIVE, 2017, p. 74).

Somam-se a isso as experiências igualmente reveladoras com um aprendiz, homem que ainda é desajeitado e cujos movimentos são "rápidos, irregulares", cuja "fadiga intervém rapidamente" e cujo "trabalho é considerável" (AMAR, 1914, p. 547) para um resultado cada vez menos eficaz. Seu dispêndio calórico pode atingir o dobro daquele que se verifica no operário experiente (cerca de 2 mil acima da ração de repouso para o seu caso, e menos de 1 mil para o mais hábil), revelando outras tantas condições contrariantes. Isso é, desde então, "desfavorável, seja para saúde dos trabalhadores ou para o progresso da indústria que lhes fornece emprego" (AMAR, 1914, p. 551).

As diferenças entre o aprendiz e o operário experiente exprimem-se, inicialmente, em termos de habilidade e de energia; em seguida, em termos de rações alimentares necessárias, tornando-se, por conseguinte, ainda mais novas. Jules Amar recorre aos trabalhos mais recentes efetuados sobre os "combustíveis", retomando as "sete classes de dietas para operários, do ponto de vista de seu valor energético" (AMAR, 1914, p. 594[457]), propostas, no início do século, pelo médico e fisiologista finlandês, R. Tigerstedt:

> De 2.000 a 2.500 calorias;
> De 2.500 a 3.000 calorias;
> De 3.000 a 3.500 calorias;
> De 3.500 a 4.000 calorias;
> De 4.000 a 4.500 calorias;
> De 4.500 a 5.000 calorias;
> E acima de 5.000 calorias.

Assim, a ração do operário experiente corresponde à classe dois, enquanto a do aprendiz corresponde à classe quatro: o primeiro deve consumir 464g de carboidrato e 104g de proteína, enquanto o segundo, 556g de carboidrato e 136g de proteína, segundo a tabela de Atwater (cf. AMAR, 1914, p. 595). Deste modo, o primeiro gasta menos para conseguir uma produção maior, enquanto o segundo despende mais e acaba obtendo um resultado menor. Assim, Jules Amar constitui, pela primeira vez, uma cadeia de causas e de efeitos, desde a descrição mais

---

457. Cf. Tigerstedt, 1913.

precisa de uma tarefa até a fadiga que esta implica e até a ração alimentar que ela requer; esse pesquisador acrescenta ainda as diferenças entre os "aprendizes" e os "tarimbados", as vias de aprimoramento, além dos custos envolvidos.

Sem dúvida, além das inevitáveis diferenças de acordo com as tarefas, continuam existindo aqui inevitáveis "lacunas", já detectadas pelo próprio J. Amar quando se refere ao dispêndio nervoso e à sua avaliação sempre precariamente objetivada: a de vários transtornos, apreciações ou tensões individuais cuja "possibilidade não está descartada" (AMAR, 1914, p. 583). Armand Imbert, membro da Académie des Sciences, um dos primeiros promotores de uma fisiologia do trabalho, mostra aliás, no início do século XX, que gestos e práticas nem sempre são de natureza mecânica, variando com o sentimento de facilidade, a impressão de economia pessoal e a subjetividade. O que é revelado pelas escolhas de percurso na montanha, pelas lógicas totalmente intuitivas nos indivíduos observados: cada um prefere "uma trilha mais longa, mas com uma inclinação menor, a um caminho mais direto, mas com uma subida mais íngreme" (IMBERT, 1902, p. 13). A decisão depende das sensações, das avaliações obscuras e da dificuldade vivenciada. De forma mais ampla, o "território" psicológico cresceu com o final do século XIX com a descrição de possíveis desconfortos, de sintomas íntimos e de comportamentos inadaptados, durante muito tempo, ignorados (CARROY, OHAYON; PLAS, 2006). O que o fisiologista e sociólogo, Jean-Maurice Lahy, designa no mesmo momento, ao concebê-lo como terreno de um programa por vir, ainda difuso, mas fazendo apelo a pesquisas destinadas a aprofundarem-se, assim como a prolongarem-se:

> Estamos convencidos de que as condições extrínsecas do trabalho, a pressa, as emoções que o acompanham, o tédio, o ritmo imposto, a coação moral são causas que escapam às pesquisas de laboratório, além de determinarem os acidentes mais graves para o trabalhador. Entre esses acidentes, devem ser incluídas, na minha opinião, as doenças mentais (LAHY, 1921, p. 210).

A insistência sobre o "mental", a fraqueza nervosa e a neurastenia ocupam, na transição para o século XX, um papel importante na cultura, sem alcançar ainda o universo do trabalho. Uma psicologização está em andamento, seja como for, a respeito da qual tudo mostra que ela ainda deve ser bem definida. Tanto mais que se esboça já a certeza de sua especificidade: Alfred Binet mostra que "é impossível vincular o aumento do esforço fornecido pelos alunos no período de exame ao consumo de pão" (BINET; HENRI, 1898; apud LORIOL, 2000, p. 74[458]) na medida em que a fadiga mental possui suas particularidades.

---

458. Pedagogo e psicólogo, Alfred Binet ficou conhecido por sua contribuição no campo da psicometria [N.T.].

23
O universo da fadiga mental

A busca sistemática da quantificação não deixa de ter consequências, focalizando o olhar na mecânica e na fisiologia, além de assimilar o corpo aos dispositivos acionados por máquinas. Numerosas constatações levaram ao surgimento, no final do século XIX, de objetividades até então ausentes: sobre os gestos e o consumo, sobre as forças e as energias, sobre os ritmos e os períodos mais ou menos longos de tempo e, por fim, sobre a manutenção do peso corporal. Impôs-se um método de avaliação.

Em compensação, recorre-se pouco à psicologia, assim como à sensibilidade. Ora, a vertente íntima revelou-se também enquanto dimensão obrigatória, comentada de maneira lenta, mas inegável, a partir da Modernidade, amplo universo mental cuja existência, no século XIX, tende a manifestar-se cada vez mais. Eis o que, aliás, evoca Angelo Mosso ao sublinhar o quanto, ao escapar de uma avaliação quantificada, tal "território" acabou conseguindo substrair-se ao cálculo dos especialistas em mecânica e em energia, ao mesmo tempo em que continuava sendo levado em consideração:

> Ao estudar as diferentes manifestações da fadiga, dois fenômenos acima de tudo chamam nossa atenção: o primeiro é a diminuição da força muscular, enquanto o segundo é a sensação interna da fadiga [...]. Temos, portanto, um fato físico que pode ser medido e comparado, além de um fato psíquico que escapa das medições (MOSSO, 1894, p. 93).

Este último é, de fato, evocado inevitavelmente com o final do século, chegando, inclusive, a ser aprofundado, circunscrito, até a definição dada por alguns cientistas, avançando para além do campo do trabalho para se limitarem, em melhores condições, às experiências cotidianas: "A fadiga apresenta-se para nós, à primeira vista, como uma manifestação de nossa capacidade de sentir, como uma sensação especial" (DUPUY, 1869, p. 3). Ela pode tornar-se, então, sinal, alerta e defesa do organismo contra uma situação que se revela preocupante, aquela em que um novo interesse pelos mecanismos de consciência é capaz de explicitar, adicionando um papel igualmente novo ao cansaço e a suas implicações.

Um contexto acentua a necessidade de tal evocação, a ponto de provocar uma revolução mental, atravessando o universo das décadas de 1870-1880, além de revelar um mundo considerado mais exaustivo e, de maneira mais intensa, posto à prova: mutação dos transportes, dos gases, da eletricidade, dos telégrafos, das informações e das publicidades, sensibilidade submetida a teste e que, às vezes, acaba ficando submersa. A antiga agitação dos togados ou dos comerciantes da época clássica (cf. p. 88-89), acúmulo de negócios ou de preocupações, assume aqui um rumo inédito, visa um público mais amplo, mobiliza uma tensão também mais difusa e, até mesmo, inesperada, bastante particular, oriunda dos entornos e do ambiente.

Duas origens possíveis da fadiga são, portanto, mais bem especificadas e comentadas: a que afeta seja o músculo ou o pensamento. Dois sistemas de descrição, sobretudo, evocados há muito tempo, mas abordados cada vez mais profundamente: a fadiga vista tanto de "fora" quanto de "dentro"; esta última torna-se, em breve, mais importante do que parece, confirmando um crescente senso de autonomia em um indivíduo cada vez mais atento a si mesmo, buscando suas lacunas, seus desconfortos e suas impossibilidades. Tanto mais que os dois campos podem também cruzar-se, esforço físico e esforço psicológico, ambos suscetíveis de se prolongarem em intermináveis derivas interiores. Isso leva a uma visão cada vez mais global da fadiga, solicitando os aspectos íntimos de cada um.

Por fim, alternativa central pelo fato de mobilizar, cada vez menos, as metáforas corporais para evocar a fadiga: humores, correntes nervosas e fluido calórico. Um campo é criado, servindo-se de mecanismos internos em grande parte dissimulados.

Uma revolução literária

Nesse contexto, a literatura encontra, em primeiro lugar, um novo espaço prospectado de maneira deliberada. À antiga fadiga narrativa (p. 141-143), inventada no século XVIII, unificando os episódios de prostração focalizados em atos e situações, sucede outra referência, mais diretamente individual e também mais pessoal, vasculhando menos as circunstâncias do que as impressões, menos a deriva dos sentidos do que a deriva da imaginação, das emoções, das crenças e das ilusões: aquelas de testemunhas vivas cuja voz pode ser retransmitida pela literatura, assim como aquelas já manifestadas por alguns operários na década de 1830 (cf. p. 238-240).

Nada mais além de um contraponto completamente diferente e, no entanto, contemporâneo, do que é evocado pelos especialistas em mecânica ou em energia. A confirmação de uma impossibilidade: a de limitar-se apenas à fisiologia. A exemplo do cansaço de Ramuntcho, sugerido por Pierre Loti em seu romance epônimo, o que o contrabandista sente profundamente, misturando realidade e sonho, após suas investidas e seus desafios contra os policiais espanhóis, estado global, fazendo resvalar o cenestésico no imaginário, prolongando a deriva muscular pela deriva mental:

> Um bem-estar de todos os seus sentidos [...]. Uma espécie de modorra, benfazeja sob as brisas da manhã virgem, entorpecia seu corpo jovem, deixando-o em estado de meio sonho. Ele estava bem ciente dessas impressões e sensações [...] após as incursões de contrabando (LOTI, 1897, p. 25-26).

Tal como ainda a estafa vivenciada por Catherine, a encarregada de empurrar as vagonetes no *Germinal* de Zola, em 1884, impregnada de imaginário, fugindo às pressas pelas escadas da mina Jean-Bart, cujos cabos tinham sido cortados. Começa por ter a sensação de que "suas pernas e seus braços se enrijeciam" (ZOLA, 2006, p. 202) após ter subido vários degraus; em seguida, um calor, "um formigamento na pele", além de percepções confusas, progressivamente indistintas, ao contato repetido "com o ferro e a madeira, sob os pés e nas mãos"; acima de tudo, "uma dor que se foi tornando cada vez mais aguda"; e depois o "aturdimento", a consciência evasiva, a invasão por imagens bruscas e preocupantes, o retorno lancinante de velhas histórias de crianças que despencam no fosso por terem perdido o apoio do pé nas grades. Por fim, o colapso irreprimível, a perda de si mesma: "Ela já não tinha consciência de seus movimentos. Ao levantar os olhos, as lâmpadas redemoinhavam em espiral. Seu sangue escorria, tinha a sensação de que estava morrendo, ao menor sopro seria precipitada escadas abaixo. [...] Em seu desmaio, ela sonhou [...]"; e, alguns instantes depois, finalmente, "o deslumbramento do sol", o topo do poço alcançado graças aos ombros de outros fugitivos, anônimos e furiosos, aquela luz que ela não consegue entender de imediato pelo fato de sentir que sua existência escapava (ZOLA, 2006, p. 203). Nenhuma relação, aparentemente, com os discursos dos especialistas em mecânica, mas imenso enriquecimento do universo do esforço.

Sem dúvida, enquanto descrição decisiva, o texto de Zola aventura-se, pela primeira vez, nas dobras mais subjetivas da fadiga, perscrutando sua vertente inevitavelmente pessoal, até o ponto de pânico, de ansiedade, as derivas de pensamento, o colapso, além de sublinhar, como nunca anteriormente, a oposição entre a insondável ressonância interior e a busca impassível por números e por cálculo.

Mesmo aprofundamento ainda, em outra vertente, relativamente à fadiga do romance, *Os trabalhadores do mar*, evocada por Victor Hugo, em 1866: a constante ampliação da esfera psicológica, a emoção, a surpresa, além de seu efeito sobre a resistência voluntária. Isso leva Gilliatt, o marinheiro, a reparar peça por peça seu barco infortunadamente encalhado; a inscrever, quase apesar de si mesmo, seu gesto em um universo mental que o excede. Sua determinação é alimentada por desforra em relação ao que havia destruído o casco, suas tábuas e seu mastro. Sua raiva espalha-se, seu movimento beira o cosmos e seu esforço promove algo de "universal". Daí essa maneira insistente de adiar o esgotamento, ao ignorá-lo, além da maneira de ganhar confiança ao deslocar o horizonte: "Ordinariamente, o cansaço material é um fio que puxa para a terra; mas a própria singularidade do trabalho empreendido por Gilliatt mantinha-o em uma espécie de região ideal e crepuscular. Parecia-lhe, às vezes, estar dando marteladas nas nuvens" (HUGO, 2004, p. 185). Seus gestos tocam o infinito. Seu cansaço inventa algo de grandioso, buscando forças insuspeitas, subterrâneas, misturando uma implacável vontade laboriosa com a fúria implacável do mar, a mesma a que pretende juntar-se, imitando-a. Ao fazer a experiência de si mesmo em seus movimentos, como nunca anteriormente, é que Gilliatt gasta-se a si mesmo, explorando o que o esgotamento tem de incomunicável e, no entanto, também de compartilhado.

A abordagem de outras evocações subjetivas é amplamente aprofundada: por exemplo, a da corrida, em um texto de natureza fisiológica, sobre a fadiga dos ciclistas, em 1897, sugerida instante após instante, percepção após percepção, imagem após imagem, durante um percurso de 12h. Monitoramento das "impressões", designação de suas mudanças e derivas: na sétima hora, "ele não vê ninguém além de ouvir a voz de uma criança que chama por ele"; na oitava hora, "ideia delirante. Ele acredita que está em outro planeta cuja pista é a órbita. O treinador é o sol, o gramado, o plano da eclíptica [...]". Mais tarde, crença na "instalação de um aerômetro no dorso" (TISSIÉ, 1897, p. 44-46). Assim, a visão do interior justapõe as ilusões e o esforço, como também as evasões de consciência e o esgotamento; novo terreno em que os fatos internos predominam tanto em sua certeza quanto em sua aproximação.

A invenção da estafa

Outra novidade mental, igualmente profunda, é descoberta nesse final de século, residindo em um sentimento inédito de pressão, o equivalente no plano íntimo do que o rendimento parece ser no plano físico: uma efervescência particular provocada pelo contexto urbano, industrial e econômico do final do século; a fadiga decorrente de um ambiente considerado subitamente novo. Fonte inédita de "sofrimento", vinculado à maneira de ocupar o espaço e o tempo.

O que é demonstrado por um testemunho: o de Baptiste Sandre, na década de 1880, cujo diário foi descoberto pela historiadora Mona Ozouf, em 1979. Professor primário de um novo tipo, o homem evoca não só o lugar marcante desse docente no seio da comunidade rural ou urbana da Terceira República[459] – seu reconhecimento enquanto autoridade local, suas responsabilidades plurifacetadas, seu papel como secretário da prefeitura, sua animação de conferências populares, além de sua contribuição no que se refere à medição dos terrenos agrícolas, ao alinhamento de estradas, aos trabalhos da academia local, às correspondências privadas etc. –, mas também recorre a uma palavra até então quase desconhecida: ele admite um *surmenage* [estafa] (OZOUF, 1979, p. 414-415), revelando a sensação de uma sobrecarga crescente, a adição de tarefas em um prazo restrito ou, dito por outras palavras, um *superaquecimento* de expectativa, de ação e de comportamento. Nada surpreendente, à primeira vista, nessa constatação de excesso, mesmo que esteja vinculado, aqui, ao *status* inédito do professor na escola pública obrigatória. Matizes, no entanto, não desprezíveis, além de novidades. O professor primário insiste sobre uma percepção inédita do tempo, a necessidade de agir de maneira intensa e rápida, a de dominar urgências e coações, a de ter capacidade para assumir tarefas fragmentadas; nesse aspecto é que se encontra efetivamente a originalidade, para além da própria palavra, traduzindo a ligação entre o acúmulo, a ausência de pausa e a celeridade. Sandre não passa, neste caso, de uma importante testemunha da profunda mudança de cultura na segunda metade do século XIX.

Com as corridas de cavalos, nas décadas de 1860-1870, é que, pela primeira vez, tal termo se impõe, aplicando-se "a um jóquei que, durante a primeira parte da corrida, incita seu cavalo a um galope demasiado rápido em relação a distância que deve percorrer"[460]. O lexicógrafo Émile Littré vai confirmar essa acepção de maneira mais banal, em 1870: "Impor uma fadiga excessiva a um animal de carga ou outro, levando-o a correr demasiadamente rápido ou durante um tempo demasiado longo"[461]. O que, no caso da massa corpórea, cria um acréscimo de substâncias nocivas pelo fato de não serem degradadas. O demasiado

---

459. Regime que vigorou na França entre 1870 e 1940 [N.T.].
460. Verbete Surmener. In: Pearson, 1872.
461. Verbete Surmener. In: Littré, t. IV, 1874.

rápido é, aliás, central, vinculado diretamente a uma dinâmica cada vez mais presente de *performances* e de recordes, exigência que se tornou símbolo de um mundo e de uma época. Os hipódromos constituem o primeiro exemplo disso, objetos de trabalhos consideráveis (LEE, 1914, p. 270), tal como o *Longchamp* parisiense, criado em 1854, atraindo tanto os apostadores quanto os entusiastas por façanhas. A velocidade exerce fascínio na segunda metade do século: os resultados obtidos são comparados e comentados. O *Dictionnaire Universel d'Histoire Naturelle*, de Charles d'Orbigny, enaltece os puros-sangue cada vez mais espantosos, superando 80 pés em 1s, "o que pressupõe uma velocidade de cerca de 9 micrômetros ou 23 léguas por hora"[462]. Constatação certamente idealizada, na medida em que 9 miriâmetros correspondem a 90km/h[463]. O *Almanach du Magasin Pittoresque* assimila o *derby* de Epsom a uma festa nacional e o galope dos cavaleiros a uma tempestade[464]; o verdadeiro corcel deve voar[465], tão esguio quanto desenvolto.

Os exemplos expandem-se e convergem, respondendo à sensação de um ambiente bruscamente inédito. A "pressa [...] generaliza-se" (MANACÉÏNE, 1890, p. 134), abrangendo o encurtamento das distâncias, o enriquecimento das técnicas, a proliferação dos motores, a instantaneidade do telégrafo e a ubiquidade do telefone; ela sugere uma "nova sociedade material" (BELTRAN; CARRÉ, 1991, p. 64), modificando o espaço e o tempo, ao mesmo tempo em que institui uma "afobação da vida" (MANACÉÏNE, 1890, p. 134), a de pessoas que, repentina e deliberadamente, estão apressadas (CLARETIE, 1906, p. 368). Em 1888, o *Dictionnaire Encyclopédique de l'Industrie* inova, inclusive, ao comparar 72 velocidades diferentes a fim de conseguir uma melhor apreciação da importância e das particularidades de cada uma dessas situações: da caminhada à corrida, do trote ao galope, do trem ao bonde, do vento ao furacão, da bola à bala,

---

462. Verbete Cheval. In: Orbigny, 1861.
463. Um miriâmetro equivale a 1km.
464. Le derby d'Epsom. *Almanach du Magasin Pittoresque*, 1883.
465. Verbete Voler: "A ação quase imperceptível leva-o a assemelhar-se a um pássaro que levanta voo". In: Pearson, 1874.

do veleiro ao torpedeiro, da luz ao som e do mecânico à eletricidade[466]. Listagem interminável confirmando o cerne de uma preocupação: a de uma aceleração inelutável que afeta a vida cotidiana.

O *surmenage* emerge de tais convicções, assim como de preocupações mais sombrias: a inversão dos benefícios da prontidão, seus *excessos* difusos, obscuros e invasivos. Albert Mathieu, higienista, especialista em doenças do estômago, pedagogo em seu tempo livre, propõe uma fadiga particular e recém-nascida do urbano, ou seja, a cidade desproporcionalmente expandida do século XIX, multiplicando as fontes de estímulos e de fluxos: "A vida social nas grandes cidades, tal como ela é induzida pela civilização, acumula as causas de estafa nervosa" (MATHIEU, 1892, p. 17). Não mais a antiga agitação, a do Iluminismo (cf. p. 152-153), o congestionamento ou o *turbilhão*, a *vertigem* provocada pelo crescimento das sociabilidades, não mais o simples *estímulo* para agir, a ressonância dos obstáculos e dos ruídos (cf. p. 87), mas o aumento exponencial das mensagens, a exposição repetida a sistemas de iluminação, aos movimentos e aos sinais, a superabundância de informações e de solicitações, a sensação de submersão e a perplexidade quase mental: "Qualquer estímulo sensorial prolongado ou violento é suscetível de provocar a fadiga" (TISSIÉ, 1897, p. 108). É de fato a sensação oriunda de um mundo tumultuado que comanda aqui essa fadiga e é efetivamente a manifestação interior que lhe confere a particularidade. Assim, a estafa viria de tal transbordamento, exaustão das forças por excesso de exortações, de publicidades, de comunicações e de chamadas. O que Maurice du Seigneur especifica com obstinação, na época da Exposição Universal de 1889:

> A exposição, o desfile, o cartaz, o prospecto, a publicidade sob todas as suas formas carregada nas costas de um homem, circulando em uma viatura, gritada a plenos pulmões, acendendo o gás dos lampiões, transformando os quiosques em arlequins luminosos, além de servir-se da irradiação da eletricidade, eis a grande mola propulsora moderna que leva a mover-se esse formigueiro de pessoas apressadas, que se cruzam, esbarram umas nas outras, caminham lado a

---

466. Verbete Vitesse. In: Lami, 1888.

lado, se cumprimentam, se insultam, pechincham, compram, pagam e, acima de tudo, contraem dívidas (SEIGNEUR, 1889, p. 1-2).

A eletricidade, entre outras coisas, "fada e serva" (BELTRAN; CARRÉ, 1991), torna-se o principal exemplo de tal invasão lancinante, intercalando as cascatas de sinais, de cartazes, de convites e de deslumbramentos: o bazar de Émile Zola, em 1883, com "seu clarão de fornalha [...] brilhando como um farol, aparentando por si só a luz e a vida da cidade" (ZOLA, 1883, p. 65). Ou o do poeta belga Émile Verhaeren, em 1895, com suas torres e rampas luminosas, além de sua aparência de "besta de fogo e de ruído" (VERHAEREN, 1999, p. 88-89). São adicionadas outras circunstâncias, assim como outras práticas: em particular, a imprensa que deveria, supostamente, desestabilizar o mundo íntimo, espalhando a urgência, as informações cotidianas, os efeitos de alerta, além de acentuar surpresas e emoções; tudo isso acumulado no mais restrito período de tempo. Pressão sobre o escritor com um trabalho "imposto a curto prazo pela sociedade" (RIANT, 1883, p. 116). Pressão sobre o leitor com textos desafiando qualquer assimilação controlada: "As pessoas que leem muito acostumam-se com uma rápida sucessão de sentimentos, de emoções e de pensamentos bastante diferentes; em seguida, elas acalentam a expectativa de encontrar a mesma situação na vida real" (MANACÉÏNE, 1890, p. 157). Outras tantas novidades prometidas, algumas décadas depois, na mais entediante e insípida das banalizações, mas vivenciadas, de imediato, como uma insuportável afobação, um novo amplexo, comprometendo qualquer serenidade. Marie de Manacéïne – erudita russa que se questiona, em 1890, sobre a "civilização moderna" – concentra-se no estudo do crescimento constante e quantificado dos jornais: de 780, em 1833, na Alemanha, para 2.500, em 1855; e de 132, em 1827, na França, para 1.637, em 1866 (MANACÉÏNE, 1890, p. 145). Com inevitáveis danos sensíveis: "distúrbios da visão, vertigens, rápida sucessão de ideias, além de confusão entre elas" (MANACÉÏNE, 1890, p. 170). Daí essa estafa intelectual vinculada à repetida mistura de "inúmeros problemas de todos os tipos" (CONELLI, 1895, p. 34), informações maciças, invasivas, desordenadas, denunciadas também por Émile Zola: "Seria tão aprazível não carregar no crânio toda a balbúrdia do mundo, a cabeça de um homem hoje está tão pesada com o assustador amontoado das coisas que o jornalismo deposita diariamente nela"[467].

Numerosos gestos seriam visados, além de um grande número de profissões, incluindo atividades liberais e intelectuais, assim como práticas tanto comerciais quanto administrativas: "Já não há possibilidade de repousar-se; você tem que pegar a caneta o tempo todo para responder. Nesta vida sem tréguas já não há um momento de descanso, já não há 1h para relaxar [...]" (RIANT, 1889). Os exemplos norte-americanos são predominantes, confirmando a crescente preponderância do Novo Mundo, modelo da vida moderna, descritos, desde então, com insistência na década de 1890: "Quinze pessoas lidam com quinze casos diferentes" (ROUSIERS, 1892, p. 380) ao mesmo tempo e no mesmo prédio; "três ou quatro ônibus simultaneamente" (SIMONIN, L.-L., 1876, p. 36) passam em cada minuto e no mesmo lugar. Theodore Roosevelt, em 1903, serve-se dessa constatação como título de um livro: *La Vie intense* [*strenuous*] (ROOSEVELT, 1903). Uma imagem impõe-se: a do industrial alegando já não ter um momento para ele próprio, entregue interminavelmente a uma preocupação sem o mínimo descanso. A essa situação acrescentem-se, mais do que anteriormente, considerações psicológicas, a evocação de obsessões, de perseveranças e de fixação de pensamentos:

> Fico trabalhando, com afinco, de 8h da manhã até 10h da noite. Quase nem me sobra tempo para comer; na maioria das vezes, minhas refeições, de pé, incluem alimentos esfriados e insípidos. À noite, às 10h, estou tão exausto, que me custa demais atualizar minhas leituras. Durante a noite, os negócios do dia trotam na minha cabeça de tal modo que é apenas de manhã que tenho a oportunidade de encontrar algum descanso. Ao levantar-me, estou extenuado e tenho de ingerir uns goles de conhaque para estar em condições de voltar ao trabalho (WICHMANN, 1899, p. 5).

A estafa não se limita a ser um simples dano aos sentidos, nem uma sobrecarga nervosa, mas é também uma incursão psicológica, manutenção incoercível de ideias repetidas e que suscitam a inquietação. Daí essa possível sequência que

---

467. ZOLA, É. Préface. In: Chincholle, 1889.

pode afetar a fadiga tanto física quanto mental: desconforto pessoal, sentimentos desordenados, sofrimento íntimo; cruzamento acentuado pelo aprofundamento da interioridade. Inclusive as compradoras do romance *Au Bonheur des dames*, a nova "catedral" mercantil evocada por Émile Zola, acabam sendo confrontadas com um estímulo extenuante: escolha sempre possível, mas transbordante; cálculo sempre obrigatório, mas tenso. As frequentadoras de *Grand Magasin* ficam então extenuadas diante do crescente atrativo, assim como do inevitável limite de suas despesas: "Ao satisfazerem seu desejo, este desfrutava dessa abordagem penosa que espicaçava ainda mais sua curiosidade" (ZOLA, 1883, p. 264). Aqui estão elas, no final do dia, "sentadas sem nenhum vigor" (ZOLA, 1883, p. 269), prostradas, incapazes de sair desse lugar.

A luta pela existência

Ao cerne de tais condicionantes, acrescente-se o novo papel atribuído à luta pela vida; aquela banalizada, sem dúvida, por uma leitura superficial de Charles Darwin, no final do século. E ainda aquela que a dinâmica democrática, e sua promessa de igualdade, acabou consolidando: "As competições são bastante animadas, a concorrência bastante acirrada em todas as carreiras, sejam elas liberais, comerciais ou industriais. Pretende-se subir mais alto, sempre mais alto" (MATHIEU, 1892, p. 17). Referência contestável, com certeza, Darwin nunca havia afirmado que uma evolução por adaptação ecológica conduziria a um aperfeiçoamento (CONRY, 1974, p. 39 e 310), mas referência suficientemente compartilhada para instalar-se de maneira duradoura na consciência comum. Essa expressão retorna tanto para focalizar tensões que permeiam as esferas sociais, as expectativas e os comportamentos quanto para fornecer uma justificação mais bem fundamentada a um senso de urgência, a uma solicitude a ser manifestada e a uma vivacidade até então desconhecida, acentuada pela generalização de um capitalismo competitivo: "Cada atraso, cada demora pode levá-lo a perder a partida na luta em que todos os seres estão continuamente envolvidos" (MANACÉÏNE, 1890, p. 134).

Assim, a *struggle for life*[468] reforça a legitimidade do termo *surmenage*; ou seja, a certeza dos psiquiatras do final do século XIX, visando a ameaça do esgotamento nervoso:

> Infelizmente, a atual organização social, baseada na mais desenfreada concorrência econômica, só pode contribuir singularmente para manter o indivíduo em um estado de contínua superatividade nervosa, a qual constitui uma fonte inesgotável de neurose e degenerescência (CONELLI, 1895, p. 34).

A implantação das escalas sociais, com a segunda metade do século, a hierarquização das tecnicidades, a das competências e das responsabilidades, organizam esse novo campo de apetência e de rivalidade. Basta o exemplo das qualificações e graduações profissionais existentes na Compagnie des Chemins de Fer du Nord, no final do século XIX, para ilustrar isso: 14 para a administração, 28 para as obras e trilhos, 43 para equipamentos e tração, além de 64 para a prospecção (cf. LEQUIN, 1983, t. II, p. 329). O percurso da profissão é composto por etapas lentas, laboriosas e obrigatórias. Como é ilustrado pela descrição das "categorias" que separam e mobilizam os empregados em *Au Bonheur des Dames*, de Émile Zola:

> Todos, aliás, no departamento – desde o novato que sonha em tornar-se vendedor até o primeiro que cobiça a situação do interessado –, tinham apenas uma ideia fixa: remover o colega que está acima deles para subir um escalão, para descartá-lo se viesse a ser um obstáculo. E essa luta de apetites, esse empurrão de uns nos outros, era como o bom funcionamento da máquina, o que desencadeava as vendas e inflamava essa onda de sucesso que suscitava o espanto de Paris (ZOLA, 1883, p. 190).

Ainda escalas – a exemplo da primeira democratização do século XIX (cf. p. 170) –, embora diferentes, mais complexas e menos solidárias. Cada um parece livrar-se ainda mais do bem comum para imaginar, em melhores condições, a própria trajetória e as vantagens individuais. Concorrência inédita ou, dito por outras palavras, mais personalizada – para não dizer, egoísta –, indício de afirma-

---

468. Cf. COUBERTIN, P. *Lettre aux électeurs de l'arrondissement du Havre*, em 1898. Nela o autor evoca *struggle for life* e declara torná-la mais segura e eficaz mediante o esporte.

ções crescentes com a sociedade democrática, também mais arriscada, perscrutada de maneira aprofundada por Adrien Proust e Gilbert Ballet ao se questionarem, no final do século, sobre a neurastenia:

> Outrora, as classes eram como que confinadas atrás de barreiras intransponíveis e, entre os mais robustos, raros buscavam deixar o ambiente no qual o acaso os havia posicionado. Hoje, cada um esforça-se para subir mais alto do que seus antepassados; a concorrência cresceu, os conflitos de interesse e de pessoas multiplicaram-se em todas as categorias [...]. Numerosos indivíduos impõem a seus cérebros um trabalho acima das respectivas forças [...]. O sistema nervoso, sob a pressão de um estímulo incessante, acaba por exaurir-se (PROUST; BALLET, 1900, p. 10).

Esses efeitos criam ainda novas partilhas, estigmatizando os mais fracos, favorecendo um imaginário de força e de solidez, para não dizer, de virilidade. Daí essa tentação de minimizar a resistência das mulheres, consideradas "mais expostas a esse tipo de esgotamento nervoso" (BOUVERET, 1890, p. 14); ou descritas como "seres cujo sistema nervoso fraco e instável" promove o abatimento "na luta contra inúmeros concorrentes" (MANACÉÏNE, 1890, p. IX). Assim, algumas vítimas são visadas mais do que outras. A estafa ou, dito por outras palavras, a principal preocupação de um mundo em via de aceleração, acaba misturando, não sem alguma confusão, enfezados e displicentes, frágeis e imprudentes.

Uma forma, enfim, de reencontrar oposições mais tradicionais, a crítica insidiosa daqueles que pretendem subir, distinguir-se, além de recorrer ao conhecimento para se afirmarem; por exemplo, os soldados de origem popular, estudados por Angelo Mosso na década de 1890, todos eles robustos, mas fracassando nos exames e "fazendo escorrer sobre o papel grossas gotas de suor" (MOSSO, 1894, p. 77); ou aquele marinheiro, "com instrução abaixo da escola primária", encontrado por Philippe Tissié – tendo a ambição de passar "os exames de capitão de longo curso", mas extenuado, excedido pelas dificuldades de aprendizagem, impotente, "emagrecido, pálido, moribundo", tossindo até a exaustão, antes de "ficar pouco a pouco congestionado" e de "morrer tísico em um leito hospitalar" –, não havia deixado de ser "o bretão dotado de corpo tão bem-constituído" (TISSIÉ, 1897, p. 122).

Ou o camareiro de 40 anos, evocado por Francisque Sarcey, em 1895, obscuro empregado doméstico que deseja aprender a ler, mas logo é vítima de seus esforços, incapaz de dominar as dificuldades de tal tarefa, apesar de sua força de vontade:

> Ele me escutava com uma prodigiosa intensidade de atenção; eu podia ver, em razão do esforço, as veias de suas têmporas inchando e o suor escorrendo em sua testa. A aula durava 1h por dia. Após a sessão, esse infeliz permanecia estúpido, não tendo coragem para nada; já nem sabia o que estava fazendo. Oito dias depois, ele foi afetado por uma febre cerebral (SARCEY, 1895).

A estafa seria, de fato, a ameaça de uma sociedade de concorrência e de perfectibilidade. A afirmação de Émile Zola: "Estamos doentes, com toda a certeza, doentes do progresso. Há hipertrofia do cérebro, os nervos se desenvolvem às custas do músculo"[469]. O fato é que os dois esgotamentos, físico e mental, estão se aproximando ao compartilharem preocupações e sofrimentos. Certeza central evocada por muitos, no final do século XIX: a estigmatização de uma "geração fatigada" (TISSIÉ, 1897, p. 34-35).

A estafa escolar

Segundo se presume, a escola deveria inevitavelmente passar por semelhante perigo: sua avassaladora difusão no século XIX, seus saberes em número crescente, sua fabricação de programas, de exames e de punições fortalecem, igualmente, tal imagem de suposto excesso. Sua inovação é fonte de preocupação devido à sua ambição, além de que seu ensino suscita inquietude por sua expansão.

Em primeiro lugar, os saberes: sua repentina progressão, a partir do início do século, atinge as testemunhas. Os textos com vocação "exaustiva" multiplicam-se: *Encyclopédie des Gens du Monde* (1833-1843)[470], *Encyclopédie moderne* (1823-1833), *Encyclopédie des Connaissances Utiles* (1832-1837), *Encyclopédie Domestique* (1822), *Encyclopédie Catholique* (1839), *Petite Encyclopédie des Enfants*

---

469. ZOLA, É. La littérature et la gymnastique [1866]. In: Zola, 1879, p. 57.
470. A citação completa desta referência e das seguintes se encontra em Referências.

(1825), *Nouvelle Encyclopédie de la Jeunesse* (1822), em relação somente às décadas de 1820-1830. Suas referências tornam-se cada vez mais volumosas, enquanto verifica-se a diversificação de seus aditamentos. A *Encyclopédie Moderne*, em 1846, chama a atenção para seu "volume quase duplicado" (RENIER, 1846-1862) relativamente à edição de 1823; Pierre Larousse, em 1866, garante que "nunca o pensamento, superestimulado constantemente por novas descobertas, havia abordado um conjunto tão extenso de questões e de problemas bem difíceis"[471]. Daí a mobilização do imaginário, o receio relativamente a aquisições eruditas pouco dominadas, a certeza de ameaças sobre o estudo, além da instrução forçada: "Pretende-se introduzir um número demasiado grande de conhecimentos na cabeça de nossas crianças", queixa-se Adolphe Thiers à Câmara dos Deputados, em 13/07/1844; alguns anos depois, o historiador e político, Victor Duruy acrescenta, sem indicar suas fontes, que "nossas crianças têm uma jornada de trabalho mais longa do que a do operário adulto" (apud LAGNEAU, 1886, p. 6).

Em seguida, a urgência: numerosas aulas, sem a devida preparação, trabalho precoce ou prematuro. O poeta e político, Victor de Laprade, estigmatizando tais procedimentos, recorre pela primeira vez, em 1868, ao verbo canônico recém--usado para os cavalos: o trabalho escolar levaria "à exaustão suas mentes e a debilitar seus corpos" (LAPRADE, 1868, p. 65). A esse respeito, o filósofo e poeta, Jean-Marie Guyau, fornece uma versão fisiológica, alguns anos depois, ao denunciar qualquer tipo de afobação na área pedagógica:

> O cérebro – relativamente volumoso, durante a infância, mas imperfeito como organização – irá articular-se, se for obrigado a desempenhar suas funções com demasiada atividade, de forma mais rápida do que convém a essa idade; no entanto, mais tarde, suas dimensões e sua energia hão de ficar aquém do que ele deveria ter alcançado (GUYAU, 1889, p. 96).

Tal inquietação mobiliza as sociedades ocidentais no final do século XIX, simbolizada pela expressão inglesa *overpressure in schools*[472], suscitando um debate na

---

471. LAROUSSE, P. Préface. In: Larousse, 1866, t. I, p. LXIV.
472. Cf. *The Medical Times and Gazette*, 21/07/1883, p. 74 e 94.

Câmara dos Lordes, em 21/07/1883. Investigações e pesquisas são empreendidas. A exemplo daquelas de Hertel, na Dinamarca, examinando 28.114 alunos em 1885, "tendo detectado que 29% dos meninos e 41% das meninas sofrem de anemia, escrófulas ou doenças nervosas" (HERTEL, 1885); daquelas de Rudolf Finkelnburg, na Alemanha, afirmando que os jovens, "tendo adquirido alguma instrução superior são, em 80% dos casos, inadequados para o serviço militar"[473]; daquelas de Jean-Baptiste Fonssagrives, na França, prometendo uma inevitável queda do número dos "Pico della Mirandola que, aos dez anos, suscitam a admiração por seu conhecimento enciclopédico" (FONSSAGRIVES, 1870, p. 144)[474]; enquanto a Académie de Médecine dedica, ao mesmo assunto, dois anos de debates em 1886 e 1887.

Os concursos acadêmicos e universitários são ainda mais visados. A seu respeito, a exigência é impressionante e a seletividade suscita a inquietação e decepciona; apesar disso, tal procedimento é imposto pela "nação democrática e igualitária" (apud LAGNEAU, 1886, p. 39). O jornal *Le Parisien* vai criticá-lo, em 1881, por criar "inteligências superesquentadas em corpos deteriorados e enfraquecidos que só conseguem manter-se de pé graças à sua juventude"[475]. Eugène Dally contesta o concurso da École de Saint-Cyr, o qual deveria, supostamente, provocar uma "redução do perímetro torácico" (DALLY, 1881, p. 20[476]). mediante um número excessivo de vigílias e de privações. Por sua vez, o médico e higienista Georges Dujardin-Beaumetz critica o concurso da École Normale d'Institutrices de la Seine, limitado a vinte e cinco vagas para quinhentas candidatas, o qual deveria, segundo se presume, multiplicar os efeitos mórbidos: "É sobretudo no momento da entrada e após as emoções e as fadigas resultantes do concurso que se torna possível observar as deploráveis consequências da estafa intelectual"[477].

---

473. Cf. *Rapport sur les écoles publiques supérieures d'Alsace-Lorraine*, 1884, p. 11.
474. Cf. Gondra, 2003 [N.T.].
475. *Le Parisien*, 21/12/1881.
476. Eugène Dally (1833-1887), fisioterapeuta, divulgou na França os benefícios da ginástica. • A École Spéciale Militaire de Saint-Cyr [Escola Militar Especial de Saint-Cyr], fundada em 1802, é a principal academia militar francesa [N.T.].
477. DUJARDIN-BEAUMETZ, G. *Compte rendu de la session de l'Académie de Médecine*, 14/09/1886.

Os riscos para as moças seriam ainda maiores, de acordo com a visão cultural dominante do século XIX. Para Robertson de Manchester, tal circunstância é considerada como uma causa de "mortes no decorrer do parto"[478] e, para Alphonse de Candolle, de doenças mentais; aliás, este fica surpreendido com "a proporção de moças destinadas à profissão de professoras primárias que se encontram em estabelecimentos para alienados" (CANDOLLE, 1873, p. 392). O conde de Shaftesbury chega inclusive a propor um número, opondo as 145 mulheres aos 38 homens que haviam entrado em asilos entre os professores do condado de Gales, em 1882[479]. Um correspondente de *The Medical Times* descreve "um grande número dessas moças alquebradas [*broken down*] no segundo ou terceiro ano de seus estudos especiais"[480]. Explicação imutável: O sistema nervoso feminino é considerado muito mais impressionável (apud LAGNEAU, 1886, p. 760).

Ocorre, de forma mais geral, uma patologia difusa, correspondente à fisiologia da época: a começar pelo fluxo de sangue para o cérebro, enquanto resultado dos esforços intelectuais e suas incoercíveis enxaquecas, dores de dente por hiperemia (fluxo sanguíneo), sangramentos nasais, escrófulas, meningite, congestão e oftalmias. Maurice de Fleury, médico parisiense focalizado sobre as "encefalalgias", reivindica esta constatação alarmante: "Um garoto de oito anos que recebi em consulta inventou, por conta própria, deitar-se no tapete para descongestionar sua cabeça debilitada" (FLEURY, 1899, p. 196).

Em seguida, o enfraquecimento orgânico, déficit que favorece as infecções, de acordo com as vicissitudes do universo microbiano descoberto com o final do século: febre tifoide, tísica, múltiplas cronicidades e diversas contaminações. Por fim, o esgotamento nervoso, resultante da impotência e do abandono, ilustrado de maneira aprofundada pelos psiquiatras do final do século:

> Um estudioso prolonga sua vigília avançando pela noite. Durante longas horas, ele fixa a atenção no objeto de seu estudo. Vai para a

---

478. Cf. *Compte rendu de l'Académie des sciences morales*, 1864, p. 11.
479. Cf. *The Medical Times and Gazette*, 21/07/1883. Op. cit., p. 74 e 94.
480. Ibid., 21/06/1884.

cama por volta das 3 ou 4h da madrugada, sem conseguir adormecer. Sua vontade é impotente para moderar a atividade desregulada das funções cerebrais. Além de não dormir, ele experimenta sensações dolorosas de frio nas extremidades, de constrição na cabeça, de enfraquecimento nos membros e de contração no epigástrio. Na maioria das vezes, uma noite de sono consegue restaurar as forças exauridas. Mas se o ataque de fadiga cerebral se repetir, esses sintomas podem repetir-se e o paciente pode estar sofrendo de cerebrastenia, de esgotamento nervoso sob a forma cerebral [...]. O exemplo mostra como, sob a influência exclusiva da estafa cerebral, podem desenvolver-se distúrbios de todas as funções e, em particular, da digestão e da circulação (BOUVERET, 1890, p. 13).

Quadro pessimista e, até mesmo, alarmista, que traduz uma escuta cada vez mais apurada dos sintomas físicos, de sua surpresa e de sua diversidade, necessidade de repouso, fraquezas de todos os tipos, acentuação de desconforto, "parestesias, formigamentos e dormências" (HIRT, 1894, p. 184): o esboço do indivíduo contemporâneo, afastado das transcendências, considerando-se mais limitado a si mesmo, encontrando no corpo e em suas mensagens o primeiro testemunho da unidade de si. Daí a tentativa cada vez mais sistemática de identificar o que perturba, o que ataca, atormenta, dificulta, essa forma de visar a fadiga nos indícios mais discretos, para não dizer, mais diversificados. Ainda quadro pessimista que, em uma vertente mais coletiva, traduz o quanto a sensação do progresso, no final do século XIX, com a profusão e a aceleração de suas máquinas, em seus ritmos e em sua dominação, pode acarretar seu oposto: a emergência de fragilidades, o sentimento de prostração, o de uma inadaptação que é tão prejudicial quanto descontrolada. A estafa e suas consequências específicas surgem, neste caso, com a dificuldade de adaptar-se às metamorfoses de um mundo: o de um ambiente em que a "extrema" rapidez haveria de tornar-se um princípio tão excessivo quanto imposto. O que, pela primeira vez, transforma a fadiga em um modo de vida, condição inevitável de existência e de destino.

A neurastenia

Uma doença genérica, e também uma nova denominação, resume todos esses distúrbios: a de neurastenia[481], etapa derradeira da estafa, fraqueza invadindo o núcleo da resistência nervosa, além de impotência atingindo qualquer iniciativa e qualquer reação. As descrições acumulam-se com a década de 1880. A exemplo do coronel do exército inglês, descrito por Virgile Borel em 1898, vítima de um "grande abatimento físico", incapaz de "fixar sua atenção", tão extenuado que ele "acaba duvidando de sua própria existência", tudo isso depois de seu envolvimento não só em "trabalhos intelectuais exagerados e mantidos durante um longo período de tempo", mas também em "fadigas consideráveis de natureza material", permeados por "violentos desgostos" (BOREL, 1894, p. 98-100). A imagem torna-se consenso[482], espalha-se, fixa inquietações e receios, é utilizada para denúncias, mobiliza ódios, serve de suporte a ansiedades de degenerescência mediante "falência do sistema nervoso"; aliás, ela pode ser aproximativa e, até mesmo, grosseira. Em 1894, Charles Féré vai utilizá-la para ilustrar suas "famílias neuropáticas" de forma deliberadamente sarcástica e maledicente: "A história patológica da raça judaica é particularmente favorável à observação desses fatos [...]. De acordo com Henry Meige, a lenda do judeu errante é apenas sua tradução popular" (FÉRÉ, 1894, p. 105[483]). Uma forma aqui de aglutinar, em torno da fraqueza, os pensamentos mais sombrios e assustadores.

A imagem resvala também para o literário, sugerindo evocações mais exigentes e profundas, confirmando seu desafio central na cultura do final do século. A esse respeito, Joris-Karl Huysmans fornece uma versão meticulosa e quase simbólica com Des Esseintes, seu herói cuja crescente fraqueza haveria de ameaçá-lo com um déficit definitivo, ou seja, a obrigação de ficar acamado:

> Os excessos de sua vida de rapaz, as tensões exageradas de seu cérebro, tinham agravado singularmente sua neurose original, dimi-

---

481. Vocábulo utilizado pela primeira vez em 1869. Cf. Beard, 1869.
482. No final da década de 1880 o *Journal de Médecine et de Chirurgie Pratiques: à l'Usage des Médecins Praticiens* havia dedicado, no decorrer do ano, vários artigos a esse tema.
483. Cf. Meige, 1893.

nuindo o sangue já desgastado de sua raça; em Paris, ele teve de submeter-se a tratamentos de hidroterapia em razão de tremores dos dedos, de dores terríveis, de nevralgias que lhe dividiam o rosto ao meio, desferiam pancadas contínuas na têmpora e espicaçavam as pálpebras, além de provocarem náuseas que só podiam ser evitadas ao deitar-se de costas, na sombra (HUYSMANS, 2012, p. 166[484]).

A evocação é depurada, aprofundada, serve-se da carência e da debilidade, sugere um sofrimento que mistura paradoxalmente o vazio e o esforço, a deficiência e a dor, uma forma singular de "deixar de existir" e, ao mesmo tempo, "sentir-se mais vivo da vida que se esquiva" (CASTEL, 2017, p. 227). Guy de Maupassant evoca, com o máximo realismo, essa vacuidade composta de impotência e de esgotamento, além de evanescência que não deixa de ser difícil de suportar:

> O dia me cansa e me entedia. É brutal e barulhento. Levanto-me com dificuldade, visto-me com cansaço, saio de casa com desgosto e cada passo, cada movimento, cada gesto, cada palavra, cada pensamento, deixa-me exausto como se eu levantasse um fardo exercendo uma pressão insuportável[485].

Doença de determinado mundo, doença da "trepidação moderna" (COUBERTIN, 1992, p. 183), sinal de uma reviravolta dos estímulos, das cortesias, de um excesso de solicitações, a neurastenia tornar-se-ia o principal sintoma de uma época que generaliza sintomas e modos de ser: "anemia e fraqueza do sistema nervoso, marca de nosso tempo" (KRAFFT-EBING, R. Préface. In: KRAFFT-EBING, 1884). Sinal ainda de uma inquietação inédita que visava a volúpia, o crescimento com o século de uma aceitação insensivelmente mais livre da fruição e do prazer, além de sua impossibilidade. Esse acesso intenso e pessoal, visto por Octave Mirbeau em 1894 "como um dos direitos humanos mais impreteríveis, mas sobretudo como um de seus deveres mais nobres e sagrados"[486]. A consequência disso

---

484. Cf. Catharina, 2011 [N.T.].
485. MAUPASSANT, G. La Nuit [1887]. In: Monglond, 1988, t. I, p. 600.
486. MIRBEAU, O. Mémoires pour un avocat [1894]. In: Mirbeau, 1990, t. I, p. 112. • Octave Mirbeau (1848-1917) foi jornalista, crítico de arte e entusiasta do anarquismo, uma das personalidades mais originais da literatura francesa da chamada *Belle Époque* [N.T.].

pode ser a neurastenia, assim como a incapacidade. Daí a possível angústia: nova frustração, sofrimento doloroso e íntimo, em que a impotência é adicionada ao sentimento de aniquilação. Tanto mais que os próprios médicos, desde meados do século, acompanhando uma libertação lenta e denunciando as antigas proibições, não deixam de repetir esta fórmula categórica: "não usar a função genital é uma forma de desrespeitar a natureza" (CORBIN, 2008, p. 117).

Principal distúrbio, de qualquer modo, no final deste século. George Beard é um dos primeiros que, desde 1869 (cf. BEARD, 1869[487]), esboça o quadro da neurastenia ao propor, sobretudo, um mecanismo original, em grande parte inspirado pelas técnicas da época: o organismo comparado a um condensador elétrico cuja capacidade é inevitavelmente limitada, ou a uma caldeira a vapor cujo volume é, por sua vez, igualmente limitado[488]. A neurastenia ocorre quando o "excesso" de fluxo provoca uma ruptura, anulando toda a energia e bloqueando qualquer reação, cujo resumo se encontra nesta expressão: *épuisement nerveux*[489] [esgotamento nervoso]. A própria imagem de estafa, com suas mobilizações superabundantes, seus patamares superados, além de suas variações individuais, de acordo com as resistências e as fragilidades de cada um; mal-estar intimamente associado à vida moderna – será necessário repetir? –, aquela mesma que George Beard pretende especificar designando a vida norte-americana, qualificada aqui como *american nervousness*[490]. Os autores europeus estão de acordo com essa constatação, ao mesmo tempo em que ampliam o contexto, tal como Ludwig Hirt, professor da Universidade de Breslau, assimilando a neurastenia, e sua fonte norte-americana, a uma criação da Modernidade:

> A neurastenia foi inventada, efetivamente, pela vida moderna, pela pressa em conseguir a riqueza o mais rápido possível. Assim, há a possibilidade de encontrá-la naquela parte do mundo em que se

---

487. Cf. Beard, 1881, p. 98.
488. "Like the steam engine, its force is limited, although it cannot be mathematically measured" (BEARD, 1881, p. 99).
489. Cf. o título do livro de Léon Bouveret: *La Neurasthénie: épuisement nerveux*.
490. Aliás, título de um de seus livros. Cf. Beard, 1881.

trabalha, se vive e se envelhece o mais rápido possível, na qual o nervosismo atinge também seu mais elevado grau: estamos citando a América (HIRT, 1894, p. 483).

Ocorre ainda um contexto psicológico, cada vez mais amplamente evocado, composto de irritabilidade, de sono conturbado, de astenia psíquica, de indecisão, de obsessão, de pavor lancinante, de preocupações prolongadas e de ansiedade com apreensão infundada (LEVILLAIN, 1896, p. 10); universo interior progressivamente detalhado, diferenciado, aprofundado, colocado no cerne da exaustão e de seu acompanhamento. Uma análise mais apurada multiplica as figuras, presta maior atenção às emoções, à sensibilidade e aos distúrbios pessoais, tornando a esfera interna em um universo insensivelmente supervalorizado.

Assim, instalou-se uma figura inédita – mais social e, ao mesmo tempo, mais íntima – da fadiga: "Tudo começa com o sentimento profundo do próprio corpo" (CASTEL, 2017, p. 228), tudo assume sentido com a tonalidade pessoal e, até mesmo, "moral". A fadiga abre-se para uma nova história: a de uma imensa vertente interna em que a incapacidade para agir provoca hesitação e falta de confiança, obsessão, mal-estar e, até mesmo, pânico. A antiga fadiga mental (cf. p. 93) – a dos pensadores ou togados do Grand Siècle [século XVIII na França] – é em grande parte repensada, ampliando seu público como nunca havia ocorrido anteriormente, renovando o lugar do sensível e, ao mesmo tempo, criando o das angústias e das ansiedades. Isso é ilustrado pelo personagem de Jules Dejerine e Emmanuel Gauckler, em 1911, superado subitamente em seu trabalho como contador, sobrecarregado pelas expectativas, consternado por suas mancadas, vítima de um sentimento de incapacidade ou de inutilidade, tanto mais que esse mesmo emprego foi explicitamente ameaçado: "Seu sono é menos bom, muitas vezes, agitado, permeado por pesadelos que traduzem, à noite, as preocupações da jornada de trabalho". Em seguida, deriva insuperável: "Qualquer trabalho intelectual torna-se uma fadiga e, rapidamente, qualquer trabalho torna-se impossível" (DEJERINE; GAUCKLER, 1911, p. 370-372). Nenhuma dúvida, para além do testemunho individual, que está em jogo, efetivamente, um abatimento específico, uma trepidação (COUBERTIN, 1992, p. 183) obscura, latente, a qual deveria, supostamente, pela primeira vez, qualificar a Modernidade: "Doença nova advinda de circunstâncias novas" (ANGELVIN, 1905, p. 20). Nenhuma dúvida também, que ela se manifesta mediante uma incapacidade para agir, uma fraqueza global, às quais se somam preocupação e pânico. Por fim, círculo vicioso: "A fadiga engendra a ansiedade, a qual, por sua vez, exagera a fadiga" (FIESSINGER, 1909, p. 284). O próprio progresso, tanto em seu avanço quanto em sua rapidez, acaba nutrindo a inquietação com seu oposto possível e com sua fragilidade. Eis a expressão de Friedrich Nietzsche: "[...] são os princípios *desorganizadores* que dão seu caráter à nossa época" (NIETZSCHE, 2017, p. 176[491]).

Em última análise, presta-se uma atenção aturada a determinados sintomas psicológicos, abatimentos cuja gravidade nunca havia sido descrita anteriormente. O que, no início do século XX, o psiquiatra e neurologista Pierre Janet designa como psicastenias: patologias resultantes de distúrbios íntimos e unicamente destes. Assim, descrições inéditas, novas observações emergem dos "fenômenos bastante curiosos e pouco conhecidos" evocados em "verdadeiras crises de esgotamento" (RAYMOND; JANET, 1903, t. II, p. 352). A exemplo da mulher de 46 anos confessando "um manto de fadiga que cai sobre mim", ou aquele homem declarando "uma sensação horrível de dor muscular" (RAYMOND; JANET, 1903, t. II, p. 353) após um simples cálculo mental. Nada além de uma patologia específica, recém-designada, adicionada ao quadro crescente de errâncias e distúrbios pessoais; uniformizando também, pela primeira vez, uma fadiga culturalmente bem caracterizada.

Teorizar a fadiga mental

A consequência de tais investimentos, a instalação da fadiga mental no centro das preocupações e dos comportamentos, consiste ainda em torná-la um novo objeto de estudo, uma oportunidade para experimentos, um campo em que proliferam reflexões, interpretações, aparelhos e instrumentos. Isso transforma o senti-

---

[491]. Cf. Fiessinger, 1909.

mento obscuro de cansaço interno em desafio de conhecimento, proporcional tanto à sua crescente importância na cultura comum quanto às questões renovadas sobre a consciência e sua interioridade. Não mais apenas o aprofundamento quase literário do sensível, não mais apenas a prospecção dos sentimentos profundos mentais, a invasão da consciência, seu invólucro e suas exasperações (cf. p. 286-287), mas a análise bastante particular de seu possível papel, de seu conteúdo e de seus efeitos, a vontade mais assertiva de compreendê-la e de circunscrevê-la.

Uma das primeiras consequências consiste em reservar um lugar cada vez maior à sensação, a ponto de redefinir, prospectando-a, seu impacto sobre o comportamento. Assim, o fisiologista Fernand Lagrange, um dos primeiros a sistematizar o estudo sobre tais objetos, declara incisivamente em 1888: "O resultado da sensação de fadiga é o de nos advertir contra um perigo" (LAGRANGE, 1888, p. 55). Não mais uma simples tomada de consciência interna, não mais uma simples ressonância íntima, mesmo que seja sutil ou matizada, mas fenômeno de defesa, instância de proteção, mediante o próprio avivamento das percepções. Daí a emergência de um novo sentido: o abandono dos valores exclusivamente negativos – os de obstáculo ou de redução –, em favor de valores mais positivos, os de alerta ou de apoio. O que explica não só a presença da fadiga "tanto nos centros nervosos quanto nos músculos" (LAGRANGE, 1888, p. 55), mas sobretudo o quanto o aprofundamento de um questionamento sobre a sensação enriquece o olhar sobre o cansaço, sua aparição e seu desenvolvimento.

Outra consequência consiste em especificar cada vez mais a fadiga mental, aquela percebida a partir do interior até suas possíveis repercussões orgânicas e funcionais. A partir da década de 1880, multiplicam-se as publicações sobre a "psicologia da atenção" (RIBOT, 1889[492]), a "fadiga intelectual" (BINET; HENRI, 1898), a "higiene do cérebro e das funções intelectuais" (GUYOT-DAUBÈS, 1890). O inventor do ergógrafo, Angelo Mosso, sabe também utilizar o instrumento em tal perspectiva, confrontando a inflexão das curvas e o esgotamento

---

492. Cf. Frezzatti Jr., 2018 [N.T.].

nervoso: "Considerando que até agora, até onde eu sei, ninguém escreveu uma publicação completa sobre a fadiga cerebral, pareceu-me que seria útil coletar e classificar as observações" (MOSSO, 1894, p. 82). Ou, dito por outras palavras, estudo paciente e deliberado.

A experiência de um esgotamento resultante da leitura, do cálculo, da atenção ou da reflexão é cada mais vez teorizada. As percepções são analisadas e os efeitos são quantificados. Os índices, por sua vez, diversificam-se. Em primeiro lugar, os de natureza mais material: a temperatura física, o ritmo cardíaco, a pressão arterial, a frequência respiratória e o ar expelido; o corpo torna-se objeto primordial, assim como, sem dúvida, o mais fácil de apreender. Dinamômetros, cilindros de gravação e diversos cursores exibem os respectivos números, enquanto dispositivos e verificações indicam suas constatações, como se os índices físicos devessem permanecer dominantes: o coração acelera-se, a temperatura sobe e a respiração amplifica-se quando os exercícios solicitados se tornam mais complicados. Enquanto o "trabalho exagerado pode inclusive levar a irregularidades cardíacas, à taquicardia" e, até mesmo, a "uma contração torácica com tendência ao desmaio" (MOSSO, 1894, p. 123). O esforço psíquico mobiliza a economia física, a tal ponto que Théodule Ribot transforma a atenção em um poder motor (RIBOT, 1889, p. 161), silêncio imposto aos movimentos, a exemplo de Santa Catarina, retratada em Siena, por Giovanni Sodoma no século XVI, comentada detalhadamente aqui em sua imobilidade quase petrificada. Observações e números, certamente, pouco exploráveis e também pouco generalizáveis pelo fato de serem diferentes de acordo com os indivíduos, mas confirmando o quanto "o trabalho intelectual não pode ser feito sem repercutir sobre o organismo" (GUYOT-DAUBÈS, 1890, p. 328) e o quanto sobretudo "se expande a concepção relativamente à fadiga [...]. Processo cada vez mais complicado à medida que o examinamos" (MOSSO, 1894, p. 74).

O recurso aos testemunhos torna-se também cada vez mais importante, de modo que são mais solicitados e comentados. O pesquisador A. Mosso questiona seus colegas, coletando suas impressões e experiências íntimas, além de gravar as reações deles antes de um curso professoral, antes da aplicação de um exame e antes de um trabalho escrito. A ideia, ainda tradicional, de um fluxo de sangue no cérebro pela mobilização da mente leva a imaginar enxaquecas e tonturas, vertigens, desequilíbrios, "olhos injetados" (MOSSO, 1894, p. 122), além de "incerteza nos movimentos" (MOSSO, 1894, p. 126), sem garantir qualquer objetividade. As tensões, de qualquer forma, tornam-se cada vez mais profundas e os efeitos cada vez mais diversificados.

Preocupações e emoções acabam, assim, obscurecendo a mera noção de esforço. Deste modo, o transtorno provocado pelas mesmas adiciona à fadiga sua nota subjetiva e seu distintivo pessoal:

> Lembro-me das noites de insônia em decorrência da apreensão resultante da obrigação de fazer um discurso ou uma conferência. Sei o quanto tal agitação leva a experimentar desconforto. Na primeira ou na última aula de meu curso experimento sintomas de excitação, sinto o calor invadir meu rosto, minha voz titubeia ou, então, tenho enxaquecas (MOSSO, 1894, p. 140).

Assim, a fadiga mental se tornou mais bem definida e, ao mesmo tempo, algo mais complicado, a ponto de conferir à emoção um lugar insuspeito, seguido por uma série de observações que deveriam, supostamente, acentuar seu desafio. O médico e cientista Jean-Martin Charcot foi um dos primeiros a questionar-se sobre o trauma, suas possíveis consequências e sua série de oscilações duradouras, acabando inclusive por torná-lo em um sistema de explicação tão original quanto pioneiro. Em seus cursos – com o título *Leçons sur les maladies du système nerveux* – ministrados no Hospital la Salpêtrière, entre as décadas de 1860 e 1880, ele multiplicou os exemplos dessas emoções tão expressivas e de seus efeitos. Um temor intenso, uma convulsão súbita "impossibilitam as vítimas de se dirigirem ao trabalho ou de se ocuparem de suas tarefas durante períodos de vários meses ou anos" (CHARCOT, 1887, t. III, p. 251[493]). Nenhum traço físico detectável, mas uma fraqueza tão evasiva quanto prolongada, fadiga imperceptível, tão dolorosa quanto generalizada.

---

493. Cf. Schmidt, 2017 [N.T.].

Especialista em doenças cardíacas do Hospital Bichat, Henri Huchard descreve, em 1899, o papel das causas íntimas deprimentes nos "distúrbios profundos da circulação sanguínea", casos em que o coração é afetado pelo "efeito indireto da fadiga tanto muscular quanto moral" (HUCHARD, 1899, t. I, p. 186). A exemplo do rico banqueiro de 59 anos, prefeito de uma cidade importante, lançado em uma luta política impiedosa antes de ter passado por derrotas e decepções e, em seguida, de sofrer o colapso de suas finanças e de suas ambições desapontadas, além de ter sucumbido na sequência de um sintoma assistólico acompanhado por uma dupla lesão do orifício aórtico (HUCHARD, 1899, t. I, p. 189).

Em outro registro, Philippe Tissié designa detalhadamente, em 1897, os sonhos que deveriam, segundo se presume, produzir a fadiga, a noite agitada e seus efeitos: o caso do jovem sonhando que enfrenta uma corrida de 60km, competição repleta de armadilhas, quedas, incidentes e brigas com os concorrentes, seguida por uma sensação de intenso esgotamento. O despertar é acompanhado por violentas enxaquecas, seguidas de "uma fadiga muscular aguda localizada em toda a parte inferior do corpo" (TISSIÉ, 1897, p. 40-41). Sinal suplementar, segundo este neuropsiquiatra, dos efeitos de pensamento sobre o cansaço experimentado.

Freud ainda detalha meticulosamente, em 1895, causas mais profundas: o caso de Élisabeth von R., entre outros, de quem havia acompanhado passo a passo os sofrimentos, tendo começado por experimentar "uma fadiga e uma dor nas pernas" seguidas de exaustão rápida, atribuídos, a princípio, a "um longo passeio – na verdade, uma caminhada de 30min – efetuado alguns dias antes" (FREUD; BREUER, 2016, p. 99). Em primeiro lugar, explicação banal, acabando por aprofundar-se, em compensação, mediante a evocação da doença do pai e dos cuidados que lhe haviam sido prodigalizados pela filha, além de lembranças dolorosas: a "perna intumescida do pai" colocada sobre a de sua filha "enquanto as ataduras eram trocadas" por ela (FREUD; BREUER, 2016, p. 121), lamentos, ambiguidade, sentimento de quase ineficácia, os quais deveriam, supostamente, fixar um sofrimento "localizado". Novo aprofundamento: é, então, o sofrimento mental que prevalece, com o elo estabelecido entre as dores e o desânimo mais global da jovem mulher, o receio de permanecer moça solitária, a sensação psicológica e física de sua impotência, o impacto em sua caminhada e em seu passo, além de sua impressão de "ser incapaz de dar um único passo à frente" (FREUD; BREUER, 2016, p. 106-108). Por fim, novo aprofundamento com as lembranças dolorosas de passeios efetuados na companhia de seu cunhado, de quem se sente apaixonada, mas amor proibido, convertido em tensões duradouras.

Uma derradeira forma de proceder ao cruzamento entre fadiga física e fadiga mental, sublinhando suas possíveis convergências; assim, com o final do século, verifica-se o aumento e a diversificação cada vez maiores das fontes psicológicas.

24
Resistências e ampliações

À semelhança de um universo de fadigas cada vez mais globalizado, os modos de resistência respondem mediante sua ampliação e diversificação, banalizando-se também como outras tantas evidências. As respostas cruzam-se e multiplicam-se: atores exercem uma crescente pressão sobre a limitação das horas de trabalho, levando a algumas mudanças na virada do século, incluindo a folga do domingo; pesquisas acadêmicas sobre a robustez para fornecer uma melhor orientação aos treinos e trabalhos; pesquisas, igualmente acadêmicas, sobre as químicas restauradoras e suas publicidades; por fim, psicologização quase elementar para esboçar, em melhores condições, pertinácia e solidez.

Um mercado é inclusive organizado, ocupando as páginas de revistas e de periódicos, oferecendo uma grande quantidade de produtos que prometem a superação dos esgotamentos ou das fraquezas, tudo isso devendo, supostamente, traduzir uma nova sociedade.

Reconsiderar a duração dos períodos de tempo

Consolidou-se, em primeiro lugar, a certeza de um cruzamento entre fadiga mental e fadiga física, transformando assim a reivindicação ausente do final do século, a crônica da redução de horas de trabalho: exigência física feita também de exigência psicológica. A expectativa foi apurada, afetando o orgânico, assim como o sentimento; neste caso, as horas já não se limitam às do esforço, mas tendem a tornar-se uma questão que diz respeito a todos.

Daí este paradoxo central: a certeza dos administradores e engenheiros para quem a fadiga atenua-se ao longo do século, confrontada com a reivindicação dos operários alegando, pelo contrário, que é, antes de tudo, o peso das horas que deve ser reduzido. A primeira certeza é ilustrada pela longa avaliação de Alfred Picard, o organizador da Exposição Universal de 1900, o qual pretende levar em consideração as décadas, desde o Premier Empire[494], para avaliar seus progressos. O exemplo do trabalho nas minas seria, em seu entender, convincente, revelando avanços notáveis e decisivos: a "descida e subida em caixa estacionária", o "aperfeiçoamento dos aparelhos de extração", "a extensão atingida por perfuração mecânica", o "transporte sobre trilhos", em vez do "carregamento às costas", a tendência para "substituir motores animados por motores inanimados", constituem outros tantos procedimentos que deveriam, segundo se presume, reduzir regularmente a fadiga do operário[495]. Isso não tira nada do sentimento deste último relativamente a uma coação primitiva e global – inevitavelmente insatisfatória pelo fato de submetê-lo por inteiro –, aliás, tão profunda que não chega a ser eliminada pelo próprio progresso técnico. Sem dúvida, aqui, exemplo extremo, mas simbólico, em última instância, de qualquer trabalho penoso. Lógica implacável em que a perspicácia da consciência, assim como a do progresso econômico, orientam em direção de uma demanda inevitável: a redução das cargas.

Apesar do progresso, torna-se banal, assim, a vigilância em relação às horas de trabalho, a insistência em reduzi-las, mesmo que, ainda durante muito tempo, tal expectativa seja incapaz de modificar a lei; e mesmo que, na Inglaterra, Robert Owen tenha sido um dos primeiros, "desde 1833, a exigir a jornada de trabalho limitada a 8h"[496]. Marcha lenta, para dizer a verdade, tanto na Europa quanto na França: o que é demonstrado pela proposta legislativa de Martin Nadeau de 26/05/1879 segundo a qual a jornada de trabalho é fixada em 10h, durante seis

---

494. Regime político estabelecido na França, em 18/05/1804, por Napoleão Bonaparte, tendo perdurado até 06/04/1814 [N.T.].
495. PICARD, A. Mines et métallurgie, industries de la décoration et du mobilier, chauffage et ventilation, éclairage non électrique, fils, tissus, vêtements, t. 4, 1906, p. 1-22. In: Picard, 1906-1907.
496. CORBIN, A. La fatigue, le repos et la conquête du temps. In: Corbin, 1995, p. 288.

dias por semana, respeitando desde então a folga do domingo, a qual havia sido rejeitada pela Câmara dos Deputados em 1881, 1886 e 1896, antes de ser aprovada, em relação às horas, em 30/03/1900, data em que "Millerand propõe 11h reduzidas, em seis anos, a 10h" (LEVASSEUR, 1907, p. 442). Impõe-se, em compensação, uma dinâmica social, bastante perceptível na evolução das consciências: instauração de "sindicatos de operários" em 1867, atingindo 500 associações em 1884[497], realização de congressos internacionais, além de sistematização de reivindicações. O Congresso Nacional do Parti Ouvrier Français, fundado por Jules Guesde, em 1880, inscreve em seu programa eleitoral, no mesmo ano, a redução legal da jornada de trabalho a 8h para os adultos (cf. BOTTIGELLI, 1981). A Conferência Internacional de Haia, em 28/02/1889, diversifica as proposições. Jules Guesde, enquanto porta-voz de 138 sindicatos, exige, além da jornada de trabalho de 8h:

> A proibição do trabalho de crianças com menos de 14 anos, a redução da jornada de trabalho a 6h antes dos 18 anos, o descanso obrigatório de um dia por semana e a proibição do trabalho noturno, exceto em alguns casos a serem determinados de acordo com as necessidades da produção mecânica moderna (CHEYSSON, 1890, t. 19, p. 91).

A Conferência de Berlim, que reuniu 15 estados em 04/02/1890, retoma tais proposições sem obter a adesão da Inglaterra ou da França, países que reivindicam a autonomia do trabalhador: "O adulto deve ter a liberdade de estipular o número de horas que lhe convier" (ROODENBEKE, 1890, t. 20, p. 155). A isso acrescente-se a ambiguidade da definição acadêmica, declarada pelos higienistas, e exibida como garantia de liberdade: "Até o momento, não tinha sido possível basear-se em dados científicos para fixar um limite à duração de trabalho dos operários" (ARNOULD, 1907, p. 790). Ainda assim existem inegáveis marcos legislativos confirmando a mudança de sensibilidade: a lei de 1874 que proíbe o emprego de crianças menores de 12 anos; a lei de 1892 que fixa a idade mínima para

---

497. PICARD, A. *Industrie chimique, industries diverses, économie sociale*, t. 5, 1906, p. 280. In: Picard, 1906-1907.

o contrato de trabalho a 13 anos para os rapazes, e a 18 anos para as moças, sendo reduzida a 11h a jornada de trabalho das mulheres (cf. TYL, 1984). Ocorre, acima de tudo, a condenação, sempre reformulada, de uma redução obrigatória. A revista *La Réforme Sociale* chega a evocar a preservação da raça, em 1890, de acordo com os antigos critérios biológicos do século XIX: "A lei interveio em quase todos os países para limitar a duração de trabalho dos operários. Convém efetivamente, no interesse da raça, protegê-los não só contra eles mesmos, mas também contra os empregadores" (TYL, 1984).

Outro marco é a avaliação de um tempo incidindo sobre outras durações. Em primeiro lugar, aquela relacionada com o ano, além da instauração, ainda rara, de feriados que pontuam o ciclo de meses: por exemplo, a paralisação do trabalho, entre junho e setembro, para os cantoneiros do departamento de Seine-et-Oise, em 1853, de acordo com um regulamento devidamente assinado pelo presidente dessa circunscrição administrativa[498]; sem dúvida, dispositivo excepcional, mas por si só notável. Mais marcante é a consideração do tempo relativo a toda a vida ativa, o acúmulo dos anos, o desgaste insensível devido a um trabalho de longa duração, o qual deve merecer proteção. Uma regulamentação que aperfeiçoa o dispositivo tradicionalmente reservado, não sem vicissitudes, aos agentes do Estado[499] fixa com precisão, desde 09/06/1853, uma pensão ampliada a todos os funcionários públicos, suscitando em alguns defensores da tradição o temor de um ônus intransponível e ilimitado[500]. O conjunto é quantificado: regime por repartição, 30 anos de contribuições (de acordo com 5% do salário); 60 anos para a idade de interrupção da atividade profissional; 25 anos de contribuição e 55 anos para a idade de interrupção em caso de trabalhos penosos. Essa última expressão é marcante, estabelecendo uma diferença inédita entre sedentários e ativos, designando estes últimos desde a apresentação da lei: "carteiros, carregadores de mala postal,

---

498. Cf. *Règlement général pour le service des cantonniers*. Département de Seine-et-Oise, 1853, p. 15-16.
499. Cf. TAURAN, T. Les initiatives ponctuelles de l'État (1604-1853). In: Tauran, 2015.
500. Verbete Retraites. In: Say, 1891-1892.

guardas florestais, agentes aduaneiros e chefes dos postos de fiscalização"[501], aos quais são adicionados, em 1876, os professores primários e, em 1898, os guardas da administração penitenciária. Lista heterogênea e, até mesmo, multifacetada, revelando por si só a dificuldade em objetivar o alvo a longo prazo; somente a profissão, de acordo com uma designação aqui cômoda, haveria de exprimir assim a fadiga, e não tanto o gesto, sua continuidade e seu investimento. A pensão permanece rara, de qualquer modo, nas últimas décadas do século, limitada a 4,35% dos operários industriais mais velhos, em 1898, excluindo as minas; neste caso, existe uma contribuição compulsória desde 29/06/1894 (cf. FONTENEAU, R., 2009, p. 97 e 127). Em compensação, alguns casos revelam-se importantes: o de Saint-Gobain, atribuindo 25% do último salário aos operários de 55 anos com 25 anos de serviço (DAKHLI, 2007); além de outros que deveriam, supostamente, fidelizar uma mão de obra mais qualificada (fornos, incluindo os de fundição, diversos cargos de direção...). Por fim, situação tanto mais rara pelo fato de que a longevidade situa-se, na virada do século, em 48,5 anos para os homens e 52,4 anos para as mulheres.

A situação dos ferroviários, regulamentada em 21/07/1909, mostra claramente a tentativa de discernir diferentes desgastes, assim como sua abordagem: direito à pensão adquirida após 25 anos de adesão (de acordo com 5% do salário); interrupção de atividade com 50 anos para os mecânicos, 55 anos para os agentes de serviço ativo e 60 anos para os empregados de escritório (TAURAN, 2015, p. 64). Hierarquia totalmente institucional, criada por algumas empresas já no século XIX (cf. TELLIER, 2019), entre tipos de envolvimento físico e sedentarismo.

Outro marco, a mudança na própria cultura dos operários, a ampliação das reivindicações até a utopia, assim como o imaginário, para alguns, de um mundo vindouro totalmente transformado. A interpelação de Paul Lafargue, entre outros autores, em 1883, insistindo sobre um "direito à preguiça" uma vez que os proletários poderão dispor da superabundância de mercadorias (LAFARGUE, 1883, p. 21)

---

501. Cf. Présentation de la loi sur les pensions civiles du 9 juin 1853. In: Carpentier, 1908, p. 491.

existentes; uma vez que hão de executar o trabalho por conta própria; e uma vez que hão de dispor dos "meios modernos de produção e de sua potência reprodutiva ilimitada" (LAFARGUE, 1883, p. 26). Os períodos de tempo poderão assim ser variáveis: o trabalho "será regulamentado e limitado, de maneira ponderada, a um máximo de 3h por dia" (LAFARGUE, 1883, p. 26). Ou a crítica mordaz de *Le Père Peinard*, semanário anarquista da década de 1890, denunciando as tarefas assassinas e repugnantes, além de sonhar com outros tempos:

> Se a sociedade, em vez de ser um campo de batalha com violentas discussões, conseguisse um verdadeiro entendimento social em que, sem patrões nem senhores, os bons chapas esboçariam planos para tocar, tanto quanto possível, uma vida tranquila e agradável[502].

Outro marco, por fim, anedótico sem deixar de ser revelador, a lei de 29/12/1900, inspirada em um texto inglês, pretende regulamentar a "organização" de alguns trabalhos femininos:

> As lojas, butiques e outros locais do mesmo tipo – em que mercadorias e diversos objetos são manuseados ou oferecidos ao público por uma equipe feminina – deverão estar equipados, em cada sala, com assentos em número igual ao das mulheres ali empregadas (ARNOULD, 1907, p. 792).

E convém mencionar as reivindicações das domésticas, cuja dependência é menos suportada. Eis o que é confirmado por uma gravura de Paul Guillaume, em *L'Illustré National* de 23/11/1902, sublinhando a conversação entre criada e dona de casa:

> – Mas já que você, Justine, está feliz com seu salário por que deseja ir embora?
> – A senhora nunca me dá uma noite livre; se eu ficasse, acabaria perdendo todos os meus relacionamentos[503].

Ainda é necessário voltar à lentidão da mudança oficial: as 8h de trabalho cotidiano são generalizadas apenas pela lei de 23/04/1919, e a conquista dos de-

---

502. Miracles industriels. *Almanach du Père Peinard pour 1897*, p. 26.
503. Illustration de Paul Guillaume. *L'Illustré national*, 23/11/1902.

putados favoráveis é realizada apenas passo a passo: 90 votos no debate de 1896 e 115 na votação de 1900 (cf. LEVASSEUR, 1907, p. 442). Há oposição entre duas sensibilidades e dois interesses; os critérios para a fadiga do trabalhador são diferentes dependendo de serem avaliados por aqueles que o sofrem ou por aqueles que o administram.

A obtenção do repouso semanal do domingo é a derradeira confirmação disso. A "ideia da semana inglesa ou, dito por outras palavras, a folga da tarde de sábado adicionada à de domingo, é praticada no outro lado do Canal da Mancha a partir de meados do século XIX" (BECK, 1997, p. 321): o Congresso de Reims do Partido Démocratie Chrétienne vai inscrevê-lo em seu programa, em 1896 (BOULARD, 1966, p. 27); no final do século, é incluído por Albert de Mun em um projeto de lei (cf. BÉTHOUART, 2009[504]). O argumento continua sendo específico: evitar a "Sagrada segunda-feira" e "seus excessos de bebida resultantes da cessação da atividade no domingo ao meio-dia" (BÉTHOUART, 2009). No entanto, o consenso amplia-se, enquanto permanecem as resistências em nome de uma liberdade paradoxal: "Não será uma forma de retirar-lhe sua responsabilidade ao forçá-lo, naquele dia, a abster-se de qualquer trabalho?"[505] Novo projeto, em 1902, o de um deputado socialista independente, Alexandre Zévaès, propondo tornar obrigatório um descanso semanal para os assalariados do serviço público e do privado, mas evitando que "o dia escolhido seja fixo" (BÉTHOUART, 2009), por receio de associar repouso e religião, hesitação tanto mais marcante na medida em que o descanso dominical acaba "refletindo uma dessacralização do tempo"[506]. Sindicalismo e socialismo estão de acordo, em última análise, a respeito da semana inglesa nos primeiros anos do século XX. O argumento torna-se mais geral, incidindo sobre "o descanso físico e o interesse pela família"[507]. Por fim, a lei in-

---

504. Albert de Mun (1841-1914), político, militar e membro da Académie Française, foi o inspirador do catolicismo social e teórico do corporativismo cristão [N.T.].
505. Verbete Dimanche et jours fériés. In: Say, 1891-1892.
506. CORBIN, A. La fatigue, le repos et la conquête du temps. Op. cit., 289.
507. CONFEDERATION GENERALE DU TRAVAIL. XVIIIᵉ Congrès National Corporatif, Compte Rendu des Travaux. Le Havre. L'Union, 1912, p. 22-24. Confédération Générale du Travail (CGT

tervém em 1912, introduzindo a semana inglesa nos "estabelecimentos industriais do Estado" (BECK, 1997, p. 324), antes que o dispositivo venha a expandir-se, orientando insensivelmente o domingo sobretudo para o lazer e não tanto para a religião. Daí estes versos oriundos da *Marche des travailleurs chrétiens* que, em breve, se tornam tão seculares quanto amplamente aceitos:

> Queremos, através do verdadeiro Sindicato,
> Proclamar tenazmente nosso direito, sem inveja.
> Queremos, pelo livre Contrato,
> Um salário calculado a partir do Custo de Vida.
> Vamos aplicar as Oito Horas em toda a parte!
> A Semana Inglesa no Comércio, na Indústria!
> E, sobretudo, para o Repouso Dominical,
> Amigos, vamos lutar até o final![508]

O que não poderia ser concebido sem uma nova tomada de consciência estatal, uma visão revisada da regulamentação de todos os setores, perspectiva inédita segundo a qual uma redução do dispêndio global de energia pode promover "uma melhor conservação do estoque energético nacional" (RABINBACH, 2004, p. 127), além de servir de orientação para uma menor perda de energia e para uma eficácia cada vez maior.

Inventar o treino

No contexto de uma nova atividade, o esporte – dispêndio físico concebido, em primeiro lugar, para o relaxamento e o prazer –, é que, paradoxalmente, são inventados, no final do século XIX, os mais elaborados procedimentos de resistência à fadiga e ao esforço. Um grande número de circunstâncias permitiram sua emergência. Inúmeras transformações de natureza econômica ou social promo-

---

[Confederação Geral do Trabalho]) é uma das cinco principais confederações de sindicatos de assalariados da França.

508. DECLERCQ, A.F. Le vocabulaire de *Rerum Novarum* dans les hymnes populaires de la CFTC. *Revue du Nord*, vol. LXXIII, n. 290-291, 1991, p. 431. • CFTC é a sigla da Confédération Française des Travailleurs Chrétiens (Confederação Francesa dos Trabalhadores Cristãos], incluída entre as cinco principais confederações de sindicatos de assalariados da França [N.T.].

veram seu desenvolvimento: desde um modesto acesso ao tempo livre até uma revolução dos transportes, autorizando os encontros distantes, a eliminação das regiões e de suas manifestações isoladas (cf. WEBER, E., 1983); desde a abertura dos encontros a qualquer um, vinculada à sociedade democrática, sem discriminação de pertencimento social nem de *status*, até os campeonatos projetados em larga escala, longe dos antigos confrontos circunstanciais ou entre os aldeões; o esporte adquire uma presença social, uma visibilidade que os jogos tradicionais nunca haviam sido capazes de alcançar[509].

Por fim, e mais profundamente, acrescente-se a isso um objetivo de práticas totalmente revisado, a ligação íntima das mesmas com a cultura industrial, a promoção por seu intermédio do cálculo mediante comparações e sua exibição em tabelas: criação de *performances*, listagem de recordes e de façanhas, proezas calculadas, valorizadas e memorizadas. Principal consequência: o extremo torna-se a regra, assim como uma justificativa indiscutível. Daí este vocábulo inédito, o de *excès* [excesso], legitimado por Pierre de Coubertin enquanto a tradição preconizava a moderação e o meio-termo: "O esporte é um mecanismo de força, cujo esforço é a principal alavanca e a tendência ao excesso é sua primeira razão de ser" (COUBERTIN, 1931, p. 7). Daí, acima de tudo, esta apresentação da fadiga enquanto cúmplice obrigatória dos limites ou, simplesmente, enquanto parceira que desencadeia prazer pelo fato de estar associada inevitavelmente ao sucesso:

> Você já teria admirado a obstinação [dos esportistas] diante da fadiga e a expressão de audácia que passa por suas feições contraídas pelo esforço? Você deve ter entendido que havia aí uma fruição, com certeza, amarga, cujas delícias provavelmente não poderiam ser provadas da primeira vez, mas que são muito maiores do que todas aquelas proporcionadas pelos prazeres afetados, pelas recreações inócuas e pelos exercícios repousantes[510].

---

509. Cf. VIGARELLO, G. La naissance des grands spectacles. In: Vigarello, 2002, p. 94.
510. COUBERTIN, P. L'éducation athlétique [1889]. In: Müller, 1986, t. I, p. 168. Cf. *Olimpismo*, 2015 [N.T.].

O antigo desafio dos primeiros turistas, tornando sua própria fadiga em um objeto de contentamento ao galgarem os picos das montanhas (cf. p. 188-190), encontra-se aqui, mas reorientado, focalizado em uma conquista em relação a si mesmo, justificado por uma "superação" cada vez mais cobiçada (cf. QUEVAL, 2004). A certeza de Pierre de Coubertin: "Além de criarem hábitos, esses jogos levam a apreciar a fadiga"[511]. O que numerosos testemunhos transformam em evidência: "Foi um trabalho árduo ao qual me entreguei com um encarniçado ardor. Ao alcançar, finalmente, o objetivo, qual não foi minha alegria!"[512] O que outros testemunhos transformam em objeto de espetáculo. Tal como a passagem dos ciclistas do Tour de France [Volta da França] assistida pela escritora Colette, em 1913: "Dorsos com as cores pretas e amarelas, ostentando números em vermelho, três seres que, segundo parece, não têm rosto, mantendo a coluna arqueada e a cabeça junto aos joelhos, sob um boné branco [...]. Eles desapareceram muito rapidamente, aliás, os únicos em silêncio no alarido circundante"[513].

O confronto entre o esporte e a fadiga desempenha, desde então, um papel decisivo: o investimento sobre o último limite possível e seu número, finalidade projetada independentemente de qualquer outra consideração, suscita a abordagem antecipatória, instalando o cálculo e suas gradações. Não é que o propósito de progressão tenha sido, até então, ignorado: há muito tempo os cavaleiros ingleses sabem como aumentar a velocidade e a resistência de seus cavalos (cf. p. 231-232). No século XVIII, a condessa de Genlis escalona etapas quase quantificadas para os exercícios de seus alunos (cf. p. 197); um século depois, Angelo Mosso mostra mais precisamente o quanto a prática do ergógrafo acentua, ao longo do tempo, a robustez do músculo em causa (cf. p. 267). Bastante diferente, no entanto, é a perspectiva inventada pelo esporte: a repetição é tão gradual que pretende tornar-se insensível para uma melhor progressão. A nova organização dos jogos é a causa disso: competições sucessivas, institucionalizadas, programadas, além de serem

---

511. COUBERTIN, P. *Pédagogie sportive* [1921]. In: Müller, 1986, p. 571.
512. ROSNY AINE, J.-H. *Les Joies du sport* [1910]. In: Prouteau, 1948, p. 359.
513. COLETTE, S.-D. *Dans la foule* [1913] t. IV, 1949, p. 443. In: Colette, 1948-1950.

acompanhadas sistematicamente, de encontro em encontro, no espaço e em períodos mais ou menos longos de tempo. Por conseguinte, um procedimento pode ser inventado, ou seja, o treino e sua total originalidade: "Realizar todos os dias e sem grande fadiga um esforço maior do que no dia anterior" (TISSIÉ, 1897, p. 3). Aporte ínfimo, mas regular, crescimento limitado, mas cotidiano, circunscrito e quantificado, tudo isso metamorfoseando, em última análise, os resultados pretendidos: "Aumentar até o último limite possível a resistência à fadiga" (LAGRANGE, 1888, p. 195). Tanto mais que a progressão torna possível um melhor controle dos ácidos difundidos pelo esforço nos músculos: eles são menores mediante a lenta economia gestual; e menos percebidos pela lenta aquisição de hábitos. A prática é inédita e seus efeitos indefinidamente prospectivos. A *performance* vai orientá-la, focalizada na superação: "Permitir que o corpo execute normalmente [sic] esforços impossíveis"[514]. Em 1897, Philippe Tissié refere-se explicitamente – em um dos primeiros textos sobre a fisiologia da fadiga – às competições a fim de fornecer uma explicação mais adequada para essa iniciativa: "Há oito anos o treino não existia na França e foi desencadeado pela aparição [dos campeonatos] de bicicleta" (TISSIÉ, 1897, p. 2).

O esporte multiplica, desde então, os programas, adiciona índices quantificados: aulas-tipo de treino (HÉBERT, 1913), tabelas de progressão[515] e método gradual de reforço (MACFADDEN, 1906, p. 21). O sucesso de alguns campeões suscita a publicação do progresso calculado dos mesmos, incluindo o de Jean Bouin, recordista na corrida de 1h após uma preparação totalmente quantificada[516]. Em 1888, Fernand Lagrange refaz dia após dia, do nascer do sol ao poente, os exercícios escalonados de um jovem açougueiro que virou remador (cf. LAGRANGE, 1888, p. 195); em 1905, Raoul Fabens detalha "as doses cientificamente graduadas" (FABENS, 1905, p. 44) do trabalho regular de um corredor preparando uma corrida de 16km. *La Vie au Grand Air* – primeira revista esportiva semanal na virada

---

514. L'hygiène des sports. *Annuaire général des sports illustré: encyclopédie universelle du tourisme, de tous les sports et jeux de plein air, commerce et industrie sportive*, ano 2, 1905-1906, p. 127.
515. SANDOW, E. Sandow's Chart of Measurements. In: Sandow, 1897, p. 28.
516. Cf. MACCARIO, B. Une conception novatrice de l'entraînement. In: Maccario, 2018, p. 111ss.

do século, lançada em 1898 e publicada até 1922 – acompanha passo a passo, em 1914, as atividades executadas durante a semana por futebolistas profissionais[517].

Outras tantas progressões precisas, outros tantos princípios que cultivam suficientemente o cálculo e a novidade para que Philippe Tissié considere tudo isso, em 1897, como um "conjunto de procedimentos que constituem uma verdadeira ciência" (TISSIÉ, 1897, p. 1), uma forma de criar um conhecimento inédito sobre a fadiga e seu controle. Esse neuropsiquiatra vai acrescentar a dieta, inspirada nas pesquisas biológicas do final do século XIX, "muito importante no treino" (TISSIÉ, 1897, p. 24), ao mesmo tempo em que mantém uma atração por carne e proteínas: "130g de albuminoides, 404g de carboidrato, 84g de gordura" (TISSIÉ, 1897, p. 24). Debate constante, em compensação, entre os treinadores e os médicos, no início do século XX, época em que retorna, como nunca anteriormente, o consumo de albumina, seu ajuste e sua possível diminuição de quantidade: "120g e, em seguida, aos poucos, há vinte anos, 110, 100, 80 e, até mesmo, 60, e inclusive ainda muito menos gramas de albumina por dia"[518]. Assim, uma nova visão foi criada, portadora de exercícios e de planejamento, de cálculos e de previsões, em que o desempenho tenderia a ser ilimitado enquanto o esgotamento seria mais bem-controlado.

Nova abordagem, convém repetir, marcando a promoção da façanha individual sem deixar de impor, desde então, diferenças tanto nos resultados quanto nas etapas prometidas: impossível unificar os ritmos de cada um, impossível pensar em uma equivalência para todos. Os progressos sugerem as comparações, impõem o relativo, além do recurso às qualidades particulares e às singularidades. Isso é inevitavelmente reconhecido pelos fundadores do treino: "É necessário graduar o esforço de acordo com o estado de resistência de cada indivíduo; ora, esse estado é variável" (TISSIÉ, 1897, p. 16). Daí o inevitável empirismo, as tentativas obrigatórias para definir cálculos e progressões.

---

517. *La Vie au grand air*, 14/03/1914. Cf. tb. Wahl, 1989, p. 140-141.
518. BESSE, P.M.; ANEX, J. L'alimentation dans l'entraînement et l'entraînement dans l'alimentation. *Rapports*, t. III, 1913, p. 167. Cf. tb. no mesmo congresso: MAUREL, É. L'alimentation dans les sports. *Rapports*, t. III, 1913, p. 162.

Elaborar diferentes tipologias

Exigência incontornável, essa individualidade torna-se, por conseguinte, mais do que anteriormente, prospectada. Os organizadores dos Jogos Olímpicos de 1900 pretendem esclarecer tal aspecto mediante um gesto fundador: rigorosa observação morfológica de todos os participantes (cf. MÉRILLON, 1901-1902), avalanche de medidas, especificação dos tipos de envergadura, de cintura, de tórax, de peso, de respiração e de corpulência. Resultados numerosos, díspares, tão variados que serão, aliás, pouco sistematizados e pouco aprofundados; em compensação, ainda há uma expectativa de categorias, uma vontade de distribuição e de orientação. Em 1910, Félix Régnault estabelece uma classificação a partir dos três valores do espaço: longiforme, latiforme e crassiforme, de acordo com a predominância de um dos diâmetros do corpo – comprimento, largura e espessura –, a largura dos ombros, no sentido mais elementar, visada em suas três dimensões (RÉGNAULT, F., 1910). Claude Sigaud elabora um quadro mais exaustivo, baseando-se nas formas externas e nas funções fisiológicas: o respiratório, o muscular, o digestivo e o cerebral (SIGAUD, t. I, 1914). Especialidades e resistências seriam mais bem definidas: o abdômen do digestivo seria o oposto do tórax avançado do respiratório, assim como o perfil do muscular seria o oposto da secura segmentada do cerebral. Assim, a normalidade visível possuiria várias versões possíveis, confirmadas pelos cálculos, pelos desenhos e pelas fotografias. Preferências e possibilidades agrupam-se. Especializações e recomendações são indicadas – da corrida à força, da lentidão à leveza, da impotência à capacidade – uma vez que o desafio consiste efetivamente em favorecer "uma análise científica da individualidade" (SARACENO, 2013, p. 128). O que, em 1912, a obra de Auguste Chaillou e Léon Mac-Auliffe, *Morphologie médicale*, exemplifica, como nunca anteriormente, dispondo as fotografias de uma multiplicidade de indivíduos sobre fundo de papel quadriculado para concretizar, em melhores condições, seus tipos e suas variedades (CHAILLOU; MAC-AULIFFE, 1912).

O treino e sua diversificação usufruem, então, do mesmo sucesso nas forças armadas:

> Por ocasião do ingresso no regimento, não se deve impor a mesma fadiga a todos os homens; com efeito, nem todos têm a mesma resistência física, sendo incapazes de fornecer, sem perigo, a mesma quantidade de esforços [...]. Esse é o verdadeiro segredo de um treino progressivo, além de ser ordenado e avaliado com ponderação (BONNETTE, 1910, p. 4-5).

Tal segredo e tato são deixados aos oficiais instrutores que deveriam, supostamente, reconhecer as diferenças indispensáveis; em compensação, à semelhança do esporte, categorizações prévias são aperfeiçoadas e potencialidades são ordenadas. Abordagem tanto mais importante que, a partir de 1889, "o serviço torna-se verdadeiramente universal, inclusive para os seminaristas" (SOHN, 2015, p. 86). Daí discussões intermináveis a respeito de possíveis escalas, das comparações internacionais e dos níveis. Idade, altura, peso, tórax são revisitados detalhadamente para um melhor compartilhamento de adaptações e inadaptações[519]. A própria força é questionada, perscrutada mediante o dinamômetro (cf. RAVENEZ, 1889, p. 25). Ainda mais importante, são elaborados cruzamentos entre dados, reforçando cálculos e constatações. No início do século XX, Maurice-Charles-Joseph Pignet, ajudante-major do 35º Regimento de Infantaria, estabelece uma avaliação, relacionando três medidas decisivas: altura, peso e perímetro torácico. O raciocínio é estatístico. Densidade física e amplitude respiratória são combinadas. Os recursos são coletados. A apreciação é indicada em duas etapas. Primeiro momento: adição do perímetro e do peso (p. ex., 78 para o perímetro e 54 para o peso = 132). Segundo momento: "subtrair essa soma [132] do número de centímetros da altura – por exemplo, de 154cm [...]. Resultado da subtração: 22" (PIGNET, 1900, p. 346). Trata-se, sem dúvida, de uma tentativa eminentemente formal, mas realista na prática, justificada pelo número de casos observados, por fim, suficientemente convincente para ser adotada, em breve, pelas forças armadas. Daí essa sugestão de uma classificação mensurável: "O número obtido é tanto maior quanto menos boa for a constituição" (PIGNET, 1900, p. 347). Daí ainda a elaboração metódica de escalas chamadas de robustez:

---

519. Cf., entre outros, Laveran, 1896.

Abaixo de 10 = constituição muito forte;
De 11 a 15 = constituição forte;
De 16 a 20 = boa constituição;
De 21 a 30 = boa constituição (média);
Acima de 35 = constituição bastante medíocre (PIGNET, 1900, p. 351).

Assim, os soldados seriam classificados de acordo com um princípio estatístico de resistência. Seus trabalhos são listados, assim como suas orientações. Um índice é criado, pela primeira vez, resumindo-se à simplicidade de um número; concretiza, no mínimo, uma tentativa, estendida a nível nacional, de prever quantitativamente a possível réplica de cada um à fadiga das forças armadas.

Químicas protetoras

Igualmente originais são as formas de traçar o perfil de uma esperança; de reconstituir os elãs perdidos. Enfim, de responder a esta confissão de fatigados formulada com uma frequência cada vez maior: "Doutor, estou exausto; nem consigo sequer me arrastar. Venho repousar-me para me curar" (CRAPONNE, 1914, p. 4). Prova, se é que isso é necessário, de um alerta inexorável na virada do século, avivando a sensação de fragilidade. Em primeiro lugar, são propostas algumas substâncias clássicas, reformuladas em termos de excitantes ou estimulantes: o alecrim para "despertar e fortalecer a mente" (PIESSE, 1877, p. 172); a verbena considerada "extremamente refrescante" (PIESSE, 1877, p. 207); além da baunilha para "estimular as funções intelectuais e aumentar a energia corporal" (PIESSE, 1877, p. 203).

Em seguida, difunde-se o recurso às sínteses químicas, realizadas na segunda metade do século, fornecedoras de produtos cuja periculosidade ainda é ignorada; em particular, a cocaína descoberta em 1855 e divulgada pela comunidade médica após 1880 (cf. HAUTEFEUILLE; VÉLÉA, 2002). Gustave Geley vai aconselhá-la misturada com vinho "em um copo para licor", ingerida em cada refeição, a qual deveria, segundo se presume, levar rapidamente à regulação do sono, a um aumento da energia no trabalho e, sobretudo, ao desaparecimento quase completo da sensação de desânimo e de prostração tão penosa na neurastenia (GELEY, 1894, p. 860).

Isso foi seguido por outras sínteses, em breve, reveladas igualmente perigosas: o arseniato de estricnina, o extrato de beladona, o pó de ópio, a noz-vômica, todos esses produtos misturados em pílula ou em comprimido[520]. A isso se acrescenta o arsenal multicolorido dos produtos considerados regeneradores no final do século, todos eles deveriam, supostamente, refabricar o vigor do sangue ou a energia calórica: vinhos de todos os tipos, incorporando extratos de carne, de ferro ou de quinina e, até mesmo, de coca, tal como o vinho Mariani amplamente divulgado por seu inventor; drágeas ou grânulos, cuja notoriedade advém de seu nome estranho, do exotismo ou da referência sanguínea – os de "Gelsemiumsempervirens", os de "colombo"; as "cápsulas Bruel" indicadas para "doenças nervosas em geral"; o "ferro puro de Quevenne"; a "quassina Adrian"; ou a "bisteca em pó com a garantia de ser carne pura de boi"[521]. Ou os produtos que deveriam, segundo se presume, responder a fraquezas tão difusas quanto diversificadas: as pílulas Blancard, aprovadas pela academia de medicina para combater "os períodos críticos, a estafa e a anemia"[522]. Preocupação repetida: encontrar algum "poderoso regenerador de força", inverter a "depressão das forças vitais"[523], a qual, por sua vez, é reveladora de uma cultura e de uma época mais do que das substâncias propostas. A afirmação da prática médica no final do século XIX é também a das falsas promessas, assim como das falsas tecnicidades. Várias tentativas arriscadas são empreendidas, associadas ao imaginário das forças naturais e da virilidade, às virtudes dos nervos, ao prestígio inédito das infiltrações com suas finas agulhas de aço. Em 1892, Constantin Paul propõe uma "transfusão nervosa" para "combater

---

520. Traitement de la céphalée des neurasthéniques. *Journal de Médecine et de Chirurgie*, 1894, p. 116.
521. Cf. as páginas de publicidade em *Journal de la Santé Publique: Annales de l'Hydrothérapie Scientifique* da década de 1880.
522. Publicidade exibida na contracapa de *Guides Pratiques Conty: la Méditerranée*. Paris, 1908.
523. Ibid.

a neurastenia": uma injeção subcutânea, de quatro em quatro dias, de 3 a 4cm³ de "miolos de carneiro" previamente macerados "em glicerina e, em seguida, filtrados no aparelho de Arsonval". Tudo isso garantiria um aporte de substância nervosa, acalentando a expectativa de uma melhora considerável[524]. Outra prática, outra vertente corporal: no início do século XX, o Doutor Collongues propõe, em Vichy, um "dinamoscópio", o qual deveria, supostamente, vibrar com "os nervos do cérebro e da medula"[525] para fortalecê-los com maior eficácia. Outras tantas indicações químicas ou físicas, alusões eruditas, procedimentos arriscados reformulando as promessas na virada do século, a ponto de sugerir uma hierarquia entre as águas termais de acordo com seu teor em tensão elétrica ou em substância radioativa (CRAPONNE, 1914, p. 9), cuja existência acabava de ser descoberta, em 1896. À inquietação relativamente a algum "esgotamento nervoso" [*nervous exhaustion*] (CAMPBELL, 1873), associada ao imaginário subitamente efervescente das técnicas e do progresso, corresponde um investimento cada vez mais diversificado – por sua vez, imaginário – em práticas de defesa e de proteção.

Reavaliar o ambiente

De forma mais trivial e também com maior frequência, movimentos e exercícios garantiriam a renovação. O *Journal of Nervous and Mental Disease* recorre ao biciclo, máquina de invenção recente na década de 1890, ocasião de esforços medidos, de deslocamentos diversificados, de "mudança contínua de paisagem"[526], afetando favoravelmente a sensibilidade. Resultado indiscutível: "Os neurastênicos que usaram o biciclo ficaram curados muito mais cedo do que aqueles que não haviam utilizado tal instrumento"[527]. De novo, a caminhada lenta, prolongada

---

524. Transfusion nerveuse pour combattre la neurasthénie. *Journal de Médecine et de Chirurgie*, 1894, p. 201.
525. *Les Annales du bioscope, de la bioscopie et de la biothérapie pendant la cure thermale de Vichy*. Vichy: Wallon, 1903, p. 3.
526. Le bicycle dans le traitement des maladies nerveuses. *Journal de Médecine et de Chirurgie Pratiques*, 1892, p. 578. • Cf. *The Journal of Nervous and Mental Disease*, 1892.
527. Ibid.

e calculada, garantiria um envolvimento muscular mínimo: aquela evocada por Octave Mirbeau nas descrições de seu próprio tratamento, regularizando para os neurastênicos "as artimanhas de seu tédio"[528]; aquela evocada por Marcel Craponne, restabelecendo "lentamente, nos neurastênicos, a confiança em seus próprios meios e em sua energia" (CRAPONNE, 1914, p. 10); ou ainda aquela organizada pelas cidades termais e por sua "cura no próprio local" (LAGRANGE, 1894, p. 254), graduando, de acordo com as forças de cada um, "trajeto plano", "trajeto um pouco inclinado", "trajeto em encosta mais acentuada" e "trajeto íngreme"[529].

As termas, precisamente, especializam-se – algumas tendo sido reorientadas e reformuladas –, prometendo ao neurastênico um ambiente projetado para ele: o apaziguamento oposto ao estímulo, a atividade oposta à imobilidade, a regularidade oposta à desordem, além dos horizontes longínquos opostos aos horizontes limitados. Trata-se não apenas de simples afastamento físico e de sua ruptura – prática já sugerida, para os "nervosos", por alguns estabelecimentos no início do século XIX (cf. p. 214-216) –, mas de uma cuidadosa reorganização do espaço e do tempo: "Ocupar [o paciente] de manhã até a noite, hora após hora [...], evitando deixá-lo diante de sua abulia" (CRAPONNE, 1914, p. 10). A exemplo do programa fornecido, de forma irônica, em 1886, pelo personagem de Alfred Guillon, o qual representa, em uma comédia, o médico das termas:

> Levantar-se todas as manhãs às 6h, banho de chuveiro com água gelada [...], o mais gelada possível [...]. Corrida até La Raillère, gargarejo [...]; em seguida, fonte Mahoura [...]. Retorno ao hotel, almoço; um ovo cozido, agrião, nunca vinho, nem tempero apimentado [...]. Após o almoço, volta a pé até La Raillère [...]. Convém que o animal se sinta cansado [...] (GUILLON, 1886, p. 11).

O corpo, mais amplamente, é objeto de cuidados específicos, massagens, banhos, duchas, compressas, lavagens, bebidas, inalações, contrações, relaxamentos, exercícios diversificados...[530] No cerne do procedimento: cultivar a sensação

---

528. MIRBEAU, O. En traitement [1897]. In: Mirbeau, 1990, p. 222.
529. Representação gráfica de uma cidade termal. Cf. Lagrange, 1894, p. 260.
530. Cf. a análise de Castel, P.-H., 2017, p. 228.

profunda do corpo. No cerne da expectativa: transformar essa mesma sensação em promessa de restauração. Nada mais aqui além de uma convergência: aquela que se adapta ao surgimento da psicologia no final do século XIX, a nova ciência instalando o corpo e sua consciência enquanto princípio primordial; a afirmação de Théodule Ribot – em seu livro de 1885, *Les Maladies de la personnalité* –, designando-o como "base física da unidade do eu" (RIBOT, 1885, p. 93). Aquela mais límpida de Henry Maudsley, professor da University College de Londres: "O eu nada é além da unidade do organismo que se revela à pessoa" (MAUDSLEY, 1879, p. 210). Uma forma de tornar as percepções físicas em uma base para fortalecer a confiança e para a reconstituição.

Daí o receio de derivas oriundas das fraquezas quase orgânicas, daí também as certezas de restauração decorrentes das existências revigoradas. No final do século XIX, as curas propostas por Sebastian Kneipp são as mais reveladoras: a água, o frio, a sensação estudada até o menor detalhe, dos banhos às compressas, das afusões às vestes de malha, das exalações às umidades, "andar descalço", "caminhar na grama molhada" e "passeio na neve recém-caída". Outras tantas práticas destinadas a pacientes que "haviam danificado a saúde por excesso de trabalho e de fadiga", vítimas de uma "dilapidação completa, de modo que o corpo e a mente [se encontram] em um estado lamentável" (KNEIPP, 1890, p. 393). A neurastenia teria surgido de um contexto; outro contexto teria a pretensão de superá-la.

Por fim, o ambiente é tanto o espaço íntimo, o círculo pessoal e retirado, o recinto familiar enquanto promessa de restauração e de repouso. É também uma oportunidade de dar vida à nova expressão do bem-estar, a crescente oposição entre o público e o privado. Daí, no final do século XIX, as descrições aparentemente banais – e, no entanto, reveladoras –, valorizando o interior em relação ao exterior, além de insistirem sobre um contexto particular, oculto e projetado para si mesmo:

> Após uma jornada de fadiga e de trabalho, é tão natural e tão bom descansar, em roupão, os pés enfiados em chinelos quentes. Vá para o inferno com os negócios e as pessoas chatas! O tempo está à nossa disposição, dedicamo-nos totalmente àqueles que amamos (RENGADE, 1887, p. 550).

Daí ainda o mobiliário redesenhado, acentuando volumes roliços, materiais flexíveis, contornos adaptados às formas do corpo: a poltrona oferecendo conforto, o sofá convidando ao relaxamento; não só apoiar os membros, mas atender às suas exigências formais, adaptar especificamente a armação do assento, eliminar os ângulos, moldar o material para facilitar linhas inéditas de repouso[531]. Daí, por fim, os novos apelos ao relaxamento, enquanto a palavra *détendu*[532] aparece com as últimas décadas do século XIX. A literatura vai tirar partido disso, tais como os heróis de Joris-Karl Huysmans nas décadas de 1880-1890: "Eles sentaram-se; o fogão atiçado resfolegava; quanto a Durtal, ele experimentava o relaxamento repentino de uma alma friorenta quase desmaiada em um banho de fluidos mornos" (HUYSMANS, 1985, p. 84). As atividades físicas tomam conta também disso. Foi nos Estados Unidos, no final do século, que Steele MacKaye (1927)[533] consegue tornar o *relaxing* em um método conhecido e difundido; sem dúvida, uma resposta ao *American nervousness*" (cf. p. 304), a um sentimento difuso de tensão, a um grande número de situações em que cada um haveria de sentir-se *probably cramped* (MILES, 1904, p. 159) e *anxious-minded and strained* (MILES, 1904, p. 651). Os exercícios tornam-se ainda mais sistemáticos com os métodos promovidos por volta de 1900. Em 1904, Eustace Miles multiplica os exemplos de relaxamento a serem aplicados na vida cotidiana: não franzir a testa, relaxar a boca, os olhos, os dedos, os pés, andar, falar, escrever, comer "sem pressa" (*leisurely*), "não tensionar todo o corpo" (MILES, 1904, p. 652-653). Para a suposta invasão do sensível e do estimulante, elabora-se uma resposta que valoriza sua atenuação e, até mesmo, sua eliminação.

Consolidar a autoconfiança

Outra vertente também incontornável é o triunfo da perseverança, o que não é contraditório com o relaxamento, ambos os aspectos fazendo parte do perten-

---

531. Cf. VIGARELLO, G. Le fauteuil, p. 465-469. In: Singaravélou; Venayre, 2017.
532. Verbete Détendu [descontraído]. Vocábulo abonado na segunda metade do século XIX. Cf. Rey, 1994.
533. Cf. Suquet, 2012, p. 151.

cimento a si. Aliás, esse é o papel específico conferido ao mental, a insistência sobre a resolução, fórmulas sumárias que revelam as experiências iniciais de uma psicologia incipiente, interpretação que, de imediato, convém a alguma possível afirmação interna: inverter a fadiga pela vontade, além de recusar a fraqueza pelo crescimento. A obra totalmente voluntarista de Willibald Gebhardt – *L'Attitude qui en impose et comment l'acquérir* (GEBHARDT, 1900) – introduz, a partir de 1890, uma longa série de textos, às vezes, triviais, em que são indicadas as leis do sucesso, a vulgarização das ginásticas elementares ou, muito simplesmente, o recurso ao prestígio recém-adquirido da autossugestão e das técnicas da vontade[534]. O propagandista alemão retoma os exercícios já conhecidos para a respiração, a atitude e o movimento, conferindo-lhes um novo sentido, misturando busca por confiança e certeza de potência interna:

> Os exercícios respiratórios já garantem ao cabo de pouco tempo uma regeneração [sic] extraordinária do sentimento de suas forças [sic] e um estado de bem-estar geral, de força ativa, de que não usufruem os sedentários nem aqueles que têm um trabalho exclusivamente intelectual. É incrementada a sensação de superioridade que acompanha a habilidade e a agilidade, além de aumentar a confiança (GEBHARDT, 1900, p. 131).

Os exercícios da vontade se difundem, associando esperança de sucesso e leis do treino: "O homem consegue vencer pela vontade, exercitando-se todos os dias um pouco mais do que no dia anterior e, assim, dia após dia, obtendo um pouco mais de controle sobre si mesmo"[535]. Paul-Émile Lévy chega inclusive a falar de "ginástica psíquica" (LÉVY, 1907, p. 79). Meticulosidade e resolução estariam no cerne do empreendimento, enquanto obstinação e teimosia seriam sua extensão: transformar a vontade em trabalho[536]. Outras tantas referências que sugerem a afirmação pessoal, cultivando a esperança de controle: os grandes temas das sociedades de concorrência e de concurso, acentuando de passagem, e inversamen-

---

534. Cf. o importante livro de Hervé Guillemain: *La Méthode Coué*, 2010.
535. TISSIÉ, P. La fatigue dans l'entraînement physique, p. 16-20. In: Tissié, 1901, p. 17.
536. Cf. RAUH, F.; D'ALLONNES, G.R. Éducation de la volonté. In: Rauh; D'Allonnes, 1900, p. 303.

te, a sensação de que "a fraqueza da vontade" seria "a grande doença de nossa época" (LÉVY, 1907, p. 147). O projeto permeia, assim, uma literatura igualmente nova, no início do século XX, prometendo "a confiança em si próprio"[537], detalhando a maneira como o indivíduo é capaz de "se tornar mais forte" (LERNE, 1902), e de "encontrar seu caminho na vida" (ROUDÈS, 1902). Inclusive, uma vitalidade suprema seria enaltecida, evocada por alguns textos norte-americanos para transformar a fraqueza em força (MacFADDEN, 1906[538]): é preferível resistir às vicissitudes, às hostilidades e ao inesperado da vida. A fadiga da Modernidade seria superada pela vontade.

---

537. O primeiro desses textos é norte-americano, traduzido para o francês (EMERSON, 2000).
538. Cf., em particular, a publicidade na conclusão dessa obra: "Vitality Supreme for Men and Women".

Parte V
Os séculos XX e XXI e o desafio do psicológico

Enquanto o século XIX procedeu à análise, como nunca havia ocorrido anteriormente, da fadiga em seus efeitos orgânicos – da mecânica à energia, do oxigênio à alimentação, das contraturas musculares às doenças nervosas, traçando desde então o horizonte do psíquico e do mental, além de ter inventado a estafa e a neurastenia –, o século XX, por sua vez, o da autoanálise (ROUDINESCO, 2020), tornou a fadiga em um fato global, sem dúvida, enfraquecimento físico ou, até mesmo, nervoso, mas envolvendo a integralidade de um ser, servindo-se da inquietação, do mal-estar, da impossível autorrealização, além de desestabilizar a existência de cada um. A atenção incide sobre os múltiplos efeitos, perscrutando o impacto sobre o controle interno, a autoconfiança e o perfil psicológico. Enquanto a diversificação dos campos científicos nada consegue além de acrescentar ainda outras consequências: o espaço conquistado por uma bioquímica renovada, os hormônios, as moléculas milagrosas, a mudança para práticas inéditas, a ponto de chegar à crença, sempre frágil, de esquecer finalmente aquilo que acarreta limites e restrições.

A isso são adicionadas condições materiais transformadas com o século: relativa diminuição das sobrecargas físicas, implicação crescente do relacional, de modo que os fluxos de informação predominam em relação aos fluxos de energia;

além disso, as profissões da comunicação prevalecem em relação às profissões da transformação. Daí a possível ruptura nas manifestações do próprio cansaço: deslocamento dos modos de tensão, fadiga focalizada na exasperação, na impaciência e nos conflitos, além da instalação de uma "ansiedade moderna" (AVELINE, 1979), esgotamento feito tanto de desânimo quanto de impotência e de irritabilidade.

Impossível, por fim, ignorar os efeitos tanto da ampliação do próprio espaço psíquico nas sociedades ocidentais contemporâneas quanto de uma economia mais individualizada e de uma democracia mais desenvolvida com suas vertentes, desde então, passíveis de fragilização. Tudo muda com práticas de consumo ampliadas e um bem-estar ambicionado; tudo muda com a multiplicação dos serviços e dos objetos; tudo muda com o crescimento da confiança íntima, sua generalização social nos círculos ocidentais, a aparente legitimidade conferida às escolhas – e, até mesmo, ao desejo – de cada um. Quanto ao mundo da internet, favoreceu, por si só, uma horizontalidade decretada das condições, tais como a crescente certeza, atribuída "ao consumidor, para especificar com uma sofisticação cada vez maior as normas de suas preferências"[539]. Acrescente-se uma democracia, cada vez mais autoconfiante, baseando a igualdade "em uma equivalência sem limites e sem interrupção do tecido social" (ROSANVALLON, 1992, p. 14-15).

Acrescentem-se, por fim, novas lógicas de natureza social e profissional: as unidades de produção foram transformadas, induzidas pelo setor terciário, pela tecnologia digital e pelos métodos de fabricação. Nas últimas décadas do século, os grandes complexos industriais, reunindo lado a lado amplas seções de trabalhadores, foram substituídos por uma grande quantidade de pequenas células de trabalho que favoreciam a distância e a separação, assim como um sentimento de independência e de autonomia:

> Assim, cada um se sente mais isolado ou confinado em grupos restritos e, ao mesmo tempo, mais responsável por si mesmo, submetido a pressões inéditas, tanto mais que as formas de gestão do contra-

---

539. COHEN, D. Où va le travail humain? In: Cohen et al., 1998, p. 117.

to de trabalho haviam acentuado, por sua vez, a particularização do vínculo entre cada assalariado e sua empresa[540].

As consequências disso são mais profundas do que possa parecer: reprovação de qualquer tipo de dominação, recusa de qualquer ataque à identidade, alerta constante relativamente ao *harcèlement* [assédio] – aliás, palavra inventada na década de 1980 que, por si só, é reveladora. As sociedades mais igualitárias são mais resistentes às atitudes de controle e de autoridade, rejeitando mais vigorosamente a dependência e a subjugação. A fadiga surge, então, de ameaças consideradas novas: o freio tanto à integridade pessoal quanto à pertença a si mesmo, sofrimento resultante de um pleno desenvolvimento sempre prometido sem deixar de ser sempre impedido; a exasperação difunde-se, tornando-se cansaço banalizado. O que transborda o exercício ou o trabalho invade o espaço cotidiano, infiltra-se em cada instante, esbarra em nossas exigências, por sua vez, transformadas, fenômeno tão constante quanto imposto. Uma dinâmica inédita pode, então, instaurar-se, não mais a física da situação que acaba perturbando o mental a ponto de desestabilizá-lo, mas a psicologia da situação perturbando o físico a ponto de exauri-lo.

Nunca antes a fadiga havia impregnado tão profundamente o cotidiano a tal ponto que, sem levá-la em consideração, torna-se impossível abordá-lo.

---

540. ROSANVALLON, P. Les utopies régressives de la démocratie. In: Cohen et al., 1998, p. 210.

25
Revelar o psíquico

A Primeira Guerra Mundial, suas devastações industrializadas, seus danos em larga escala e seus inumeráveis traumas, tão graves quanto recém-avaliados, provocaram fadigas extremas, formas de esgotamento até então desconhecidas. Nesse contexto, os questionamentos sobre a fadiga passaram por uma reviravolta: pesquisas diversificando as causas e aprofundando os efeitos. Abriu-se um campo inédito de experimentos: as próprias situações de trabalho foram estudadas de maneira diferente. Novas fadigas surgiram pelo fato de serem consideradas de outra forma, visando mais do que nunca as repercussões no conjunto da personalidade.

Situações igualmente renovadas com técnicas que, a partir da década de 1930, revolucionaram os espaços e os períodos de tempo: o automóvel, o avião e o transporte de mercadorias. Isso é seguido pelo aumento da prospecção sobre as condutas, as vigilâncias e as derivas provocadas pelas considerações mantidas durante um tempo demasiado longo. Universo particular em que a fadiga, enquanto fenômeno físico, torna-se cada vez mais fenômeno psíquico, expandindo como nunca anteriormente suas implicações; por fim, a dinâmica que vai do orgânico ao íntimo só cresce e se torna mais complexa a tal ponto que, às vezes, se inverte.

As trincheiras, uma transposição de patamar

A Primeira Guerra Mundial submeteu os combatentes a uma experiência de fadiga que foi considerada rapidamente incomparável. Todas as evocações e avaliações sugerem o máximo e sua superação: transposição do patamar[541]; "experiências corporais e psíquicas sem precedente algum na história da atividade bélica ocidental"[542]; além de "consciência assombrosa de um pesadelo"[543] (PROST, 2004). Uma situação extrema inédita inscreve-se aqui no tempo: depoimentos entrelaçados, circunstâncias cada vez mais detalhadas, além de referências à interioridade. A fadiga é mais do que nunca observada, assim como sentida de maneira profunda.

Para começar, algumas particularidades são predominantes: o entorno tumultuado do combatente, os intermináveis trajetos impostos pela sinuosidade das linhas, os espaços desmantelados, a perda de referências por ocasião dos deslocamentos, a busca por essas referências "durante horas inteiras no labirinto das trincheiras"[544], juntando medo ao esgotamento; a necessidade de rastejar, a de parecer invisível, resposta não só tática mas também física, longe dos combates ombro a ombro[545] da batalha tradicional, e a descoberta de desgastes desconhecidos, "mãos diláceradas, joelhos sangrando, cotovelos esfolados" (REMARQUE, 2004, p. 55). Provações sobretudo corporais interminavelmente variadas, a duração de esforços intensos e igualmente a imobilidade sempre prolongada, as roupas que não são trocadas, a aleatoriedade das refeições, a posição de pé na umidade e "o 'pé de trincheira' [...], afecção suscetível de degenerar em gangrena, consequência das condições de vida abomináveis em que os combatentes foram forçados a viver"[546]. E ainda o transtorno das temporalidades, a falta de descanso, a repetição do sinal de alerta:

> A falta crônica de sono provoca nos combatentes fenômenos de esgotamento. A perturbação dos ritmos biológicos pela inversão dos ritmos do estado de vigília – nas trincheiras, as atividades ocorrem à noite – e a impossibilidade de se beneficiar de uma regularidade

---

541. DUMENIL, A. Le combattant. In: Audoin-Rouzeau; Becker, 2004, p. 322.
542. AUDOIN-ROUZEAU, S. Massacres – O corpo e a guerra. In: Corbin; Courtine; Vigarello, 2017, t. III, p. 381.
543. PROST, A. Le bouleversement des sociétés. In: Audoin-Rouzeau; Becker, 2004, p. 1.178.
544. AUDOIN-ROUZEAU, S. Les tranchées. In: Audoin-Rouzeau; Becker, 2004, p. 250.
545. AUDOIN-ROUZEAU, S. Massacres – O corpo e a guerra. Op. cit., p. 371.
546. AUDOIN-ROUZEAU, S. Les tranchées. Op. cit., p. 249.

na alternância das fases de atividade e de sono agravam ainda mais a fadiga (AUDOIN-ROUZEAU; BECKER, 2004, p. 325).

Acrescente-se, por fim, a sacudidela de bombardeios contínuos, seus efeitos "extenuantes" traduzidos regularmente pelos combatentes: "Já estamos abatidos pela tensão, uma tensão mortal [...]. Nossas pernas recusam-se a nos obedecer, nossas mãos tremem [...]. Já não temos músculos, nem carne [...]" (REMARQUE, 2004, p. 47). Há também suas consequências nervosas, ainda mal-avaliadas, mas sobriamente identificadas, em 1916, pelo *Larousse Médical Illustré de Guerre*: emoções-choque resultantes das deflagrações suscetíveis de provocar, além da estupefação, uma "agitação acompanhada por delírio alucinatório"[547]. O que, finalmente, é registrado nos relatórios de médicos ou de oficiais, muitas vezes, incrédulos, diante de tal prostração:

> Em alguns instantes, a testemunha assume a aparência de alguém extremamente cansado; o indivíduo está pálido, sonolento e sem força. Sofre de cefaleias, mantém um mutismo característico e parece atordoado[548].

A originalidade aqui reside não apenas nos fatos, mas em suas análises e consequências. Ela apoia-se ainda em uma ressonância tão precisa quanto extrema: cruzamento evocado de forma inédita entre a experiência física e a experiência psicológica, duas referências misturadas e criando uma intensidade sem precedentes. A fadiga estende seus exemplos, promovida enquanto objeto importante, renovando os campos de interesse: "Foi necessária a guerra com seu período de trabalho intensivo e prolongado para formular o problema [da fadiga] de uma forma aguda e imperativa, com a necessidade imediata de resolvê-lo na prática" (DHERS, 1924, p. 6). Influência dos combates e de seu dispêndio extremo de energia, influência das fábricas de armas e de seu intenso desafio de urgência. Impossível, desde então, ignorar referências até então negligenciadas, a acentuação do olhar psicológico, a confissão de "centros nervosos deteriorados" (CHEVALLIER,

---

547. Verbete Maladies nerveuses. In: Galtier-Boissière, 1916.
548. Maurice Boigey, médico militar: "esgotamento da energia bem observado por numerosos oficiais". Cf. Boigey, 1923, p. 432.

2013, p. 929), além da renovação das expressões – *cafard* [estar na fossa], *gouffre* [à beira do abismo], "depressão" –, aliás, palavras novas, procuradas para circunscrever ainda mais a esfera íntima, designando uma insuperável apatia no cerne da depreciação. Impõem-se também receios confusos, associados a um esgotamento que promove uma convergência cada vez maior entre o físico e o mental, o desprendimento da esfera pessoal e a quase autoamputação, evocados com regularidade: "Deixamos de ter a mínima lucidez para imaginar, para temer seja lá o que for [...]" (CHEVALLIER, 2013, p. 790). Tal como a afirmação de André Pézard, por ocasião dos combates na floresta de Argonne, perto de Verdun: "Aqueles que sofrem refletindo [...] serão eliminados" (PÉZARD, 2016, p. 214[549]). Ou a longa restituição de Gabriel Chevallier, focalizada em um desânimo particular, anulando qualquer recurso ao pensamento:

> Minha vida assemelha-se à de um animal, um animal esfomeado e, além disso, cansado. Nunca me senti tão embrutecido, tão esvaziado de pensamento, e entendo que a prostração física – a qual impede o ser humano de refletir, reduzindo-o a sentir apenas necessidades básicas – seja um meio seguro de dominação. Entendo que seja tão fácil a submissão dos escravos uma vez que já não lhes sobram forças para a revolta, nem a imaginação para concebê-la, tampouco a energia para organizá-la. Entendo a sabedoria dos opressores que retiram o uso do cérebro àqueles que exploram, submetendo-os a tarefas extenuantes. Às vezes, sinto-me à beira do enfeitiçamento resultante do cansaço e da monotonia, à beira da passividade animalesca que aceita tudo, à beira da submissão que é a destruição do indivíduo (CHEVALLIER, 2013, p. 906).

Testemunho tanto mais decisivo aqui pelo fato de revelar um importante deslocamento cultural, uma dinâmica psicológica insensivelmente crescente, iniciada com o Século das Luzes: a insistente vontade de pertencer a si mesmo, a de conseguir a autoafirmação. O que desloca inevitavelmente também o *status* da própria fadiga, sobretudo, a mais poderosa e penosa, aquela que invade o indivíduo, invalidando-o: não mais apenas a dor do esgotamento, o limite que dificulta

---

549. Episódio do horror da Guerra das Trincheiras, publicado em julho de 1918, de acordo com o relato de André Pézard, 25 anos, tenente de infantaria [N.T.].

o movimento e a ação, mas outra dor, mais central, dificultando o distanciamento e a apreciação, impedindo a liberdade de sentir de maneira profunda e de pensar, além de condenar qualquer veleidade de dispor de si mesmo, obstáculo que é assim, pela primeira vez, reconhecido e identificado. A referência é efetivamente psicológica, mas sob uma forma já mais complexa do que o antigo cansaço mental. A interioridade torna-se tanto imperativa quanto inacessível: constatação de um desapossamento particular e radical, também longe da neurastenia, longe de seu lancinante retorno sobre si mesmo, de sua inquietação e de seu interminável sentimento de carência. Pelo contrário, a indizível pressão das trincheiras impõe aqui um sentimento confuso, emparedado: o da impossibilidade de qualquer exame, assim como de qualquer reflexão ou vista panorâmica. A partir dela, a psicologia não deixará de assombrar qualquer análise da fadiga, nem que fosse de acordo com variadas intensidades ou vertentes.

Tendo-se tornado exemplo de todas as extremidades possíveis, apoiada tanto em observações quanto em novos saberes, a "fadiga da guerra" abre-se para objetos mais globais e para reflexões mais genéricas, orientando definitivamente para uma visão mais antropológica da fadiga e de seus efeitos. Mudança tão central que se tornou impossível negligenciá-la.

As vias de uma globalização

Inúmeras pesquisas do período entreguerras tendem, de fato, para uma renovação profunda dos questionamentos: a consciência tanto de engendramentos cada vez mais numerosos quanto de efeitos psicológicos cada vez mais específicos.

O episódio torna-se global, ocupando as áreas mais ocultas do indivíduo. Ideia fundamental e nova, segundo a qual a fadiga mobiliza, de imediato, toda a personalidade. O esforço atinge estratos inéditos. O envolvimento se torna tentacular. Triunfo da crescente atenção atribuída tanto ao indivíduo quanto à sua possível entidade. Eis o que Charles Myers evoca insistentemente, não sem um sentimento de confusão, no âmbito dos trabalhos do Industrial Fatigue Research

Board – aliás, denominação reveladora –, criado pelas autoridades inglesas, após a guerra, em 1920:

> A fadiga muscular nas oficinas, assim como nos laboratórios, não pode ser isolada de influências ativas – tais como habilidade e inteligência –, as quais, por sua vez, são dependentes do funcionamento normal dos centros nervosos superiores [...]. O aumento do interesse, o estímulo e a influência da emoção ou da sugestão podem impedir – como é reconhecido – as manifestações da fadiga ou provocar a reviviscência da atividade mental e muscular (MYERS, 1933, p. 45).

Tal certeza confere legitimidade a novas listagens. Os higienistas multiplicam o que designam como "causas facilitadoras", perscrutando os perfis, as histórias e as singularidades: o "estado anterior do sujeito", o "estado do sistema nervoso antes ou durante o esforço", as "condições em que este é efetuado", a "intensidade, a velocidade, a duração", a "nota dominante do sistema nervoso [...]" (SÉDALLIAN; SOHIER, 1949, p. 112); além de fornecerem vertentes cada vez mais diversas aos traumas que, segundo se presume, provocam "fraqueza e astenia muscular" (VAN GEHUCHTEN, 1920, p. 627). Outras tantas indicações que tornam mais difícil a elaboração de uma definição demasiado estável da fadiga, de tal modo o "fenômeno assume formas diferentes, pouco comparáveis e, sobretudo, bastante dependentes das múltiplas condições de exercício da atividade" (FRIEDMANN, 1956, p. 66). Isso leva a pesquisas que diferenciam cada vez mais as situações, as circunstâncias e os ambientes.

Essa revisão das causas corresponde a uma revisão dos efeitos. Na década de 1930, o neurologista e psiquiatra alemão, Kurt Goldstein, perscruta reações de natureza cada vez mais global: "Foi possível, inclusive, estabelecer que o organismo, sob a influência desta ou daquela cor, comporta-se de maneira sensivelmente diferente, até mesmo, em sua morfologia" (GOLDSTEIN, 1983, p. 224). Eis o que confirma Maurice Boigey ao observar os praticantes de esporte: os atletas submetidos a sucessivos testes físicos são afetados em sua integridade, não se limitando aos vestígios ou dores musculares. O impacto se generaliza: membros menos bem localizados, atitude e comportamento menos bem assegurados, consciência obscurecida (cf. BOIGEY, 1923, p. 443-448). Ou, dito por outras palavras, amputação sintética que se tornou motivo recorrente em meados do século: "A fadiga penetra, portanto, até o mais profundo das características psíquicas" (FRIEDMANN, 1956, p. 72). Ela permeia a personalidade, transbordando os efeitos reconhecidos até então.

Mesma referência, por fim, quando Elliott Smith perscruta, em 1928, o comportamento dos operários cansados, todos eles chegando a "já não pensar claramente", imaginando "rapidamente injustiças [...], atitudes hostis", além de cederem à raiva ou à depressão (SMITH, 1928, p. 101-102), subvertidos, até mesmo, em seus afetos. Mesma referência quando Morris Viteles se questiona, em 1932, sobre os *businessmen* cansados, todos eles tornando-se desagradáveis tiranos familiares, atormentando seus mais próximos colaboradores e tumultuando o bem-estar social (VITELES, 1932, p. 440). Diferenças sutis, sem dúvida, entre os dominantes e os dominados, os primeiros sendo afetados pela patologia da preponderância, enquanto os outros pela patologia da sujeição; no entanto, em ambos os casos, o dano não deixa de ser cada vez mais sintético, deslocando os modos de compreender e a necessidade de investigar. A visão do cansado se tornou globalizada. Confiança que se tornou certeza: o impacto físico cada vez mais diversificado possui um efeito cada vez mais profundo. A fadiga, enquanto fenômeno integral, designa-se como impregnando cada vez mais intimamente o indivíduo. O trajeto do orgânico para o mental não cessa de se diversificar. Esforços e excessos repercutem indefinidamente sobre a consciência para alterá-la.

Designar a fadiga industrial

É ainda sobre o trabalho que, nas décadas de 1920-1930, se aprofundam os questionamentos até a criação de dispositivos institucionais, incluindo a de um "diploma de medicina industrial" atribuído pela *Harvard Medical School*, em 1918[550], ou a de um "diploma de higiene industrial e de medicina do trabalho"

---

550. Cf. SIMONIN, C. Évolution de la protection médicale des travailleurs. In: Simonin, 1956, p. 770.

atribuído na França, em 1933[551]. Renovações teóricas também, das quais Charles Myers fornece a versão mais marcante ao distinguir dois tipos de situações físicas cansativas que mobilizam seja as contrações musculares ou as posturas e a atitude: a primeira é do tipo *clônico*, enquanto a outra é do tipo *tônico*. A primeira dá-se de imediato a conhecer, vinculada tanto a qualquer dispêndio de energia quanto a qualquer esforço; a outra, por sua vez, não se dá realmente a conhecer, mais imperceptível, mais dissimulada e, no entanto, mais profunda. Ela está relacionada às situações de controle, às atitudes estáticas, provocando contrações, retificações repetidas e "inibições"[552] para impedir, de maneira mais eficaz, os movimentos inúteis ou para "bloquear os impulsos indesejáveis"[553], ao mesmo tempo em que propaga tensões e contrariedades; ela está confinada, então, ao psicológico por essas obstruções prolongadas e por essa desregulação de um "tônus", o qual é, por sua vez, "fator de ordem e de equilíbrio" (FRIEDMANN, 1956, p. 76). A fábrica e suas atividades vão solicitá-lo, e perturbá-lo, no aspecto em que precisamente a máquina toma o lugar da força humana, eliminando progressivamente qualquer manutenção. Daí a acentuação do global e de seus efeitos.

Com certeza, o fato não é novo em si mesmo. Um século antes, o trabalho infantil é um exemplo disso: pausas mantidas durante um longo período de tempo, gestos tão repetidos quanto limitados, vigilância das mecânicas a fim de excluir qualquer esforço particular. O que é inédito reside na designação dos sintomas, no lugar do psicológico e na descoberta de distúrbios que permeiam o comportamento. É a atenção prestada a novos encadeamentos: o ataque ao tônus instilaria lacunas de controle, quedas de intensidade, estiramentos musculares e, por conseguinte, a inquietação e o receio que os acompanham. O trajeto, uma vez mais, do físico para o mental. Isso é seguido pelas "ideias obsessivas e, a longo prazo, estados ansiosos e neuróticos" (FRIEDMANN, 1956, p. 77) – acentuando, por sua vez, o cansaço –, os quais são cada vez mais claramente especificados, ligação que

---

551. Disponível em https://fr.wikipedia.org/wiki/Histoire_de_la_m%C3%A9decine_du_travail
552. "Nervous impulses must be inhibited" (MYERS, 1933, p. 50).
553. "Blocking the transmission of the impulse" (MYERS, 1933, p. 42).

se tornou tão insistente quanto explícita entre "fadiga e psiconeurose" (MYERS, 1933, p. 51). Assim, uma noção inédita é circunscrita: a de "fadiga industrial"[554], sugerida por Charles Myers e pelos pesquisadores do Industrial Fatigue Research Board: prostração misturando os aspectos físico e psicológico, engendrando tanto o enfraquecimento quanto a ansiedade, tanto o desconforto quanto a morosidade, enquanto o esforço ou o dispêndio muscular não estão *a priori* em causa. Repetições lancinantes, duração desgastante estão no cerne do raciocínio: erosão pessoal, degradação insensível, pouco superada, malcompensada. Daí a noção igualmente inédita de "fadiga residual", designando o que perdura sem ser restaurado:

> A reparação fornecida pelo repouso do dia, ou da noite, é insuficiente [...]. Considerando que as reservas de energia não chegam a ser recuperadas, segue-se um resíduo de efeitos gerais do trabalho, orgânicos e psíquicos; a noção de fadiga residual parece ser praticamente hoje a mais importante para o estudo da mecanização (FRIEDMANN, 1956, p. 79).

Sob uma forma diferente, mais apurada e também mais profunda, totalmente reformulada, encontra-se aqui o tema do *dépérissement*, já vislumbrado em meados do século XIX para o trabalho infantil (cf. p. 254); a isso acrescente-se a vertente psicológica dos distúrbios internos – apreensão, medo[555], fadiga "a longo alcance" (FRIEDMANN, 1956, p. 79) –, renovando, desde então, os questionamentos e as pesquisas.

Revisar os tempos e os lugares

Essa atenção cada vez mais perspicaz aos esgotamentos, aos desconfortos, às contrações incômodas e, até mesmo, às dores, à sua origem situacional, tanto concreta quanto material, acaba por ampliar o campo das investigações. A curiosidade multiplica-se, focaliza-se nas condições, nos espaços, nos tempos e nos locais de trabalho. Não pelo fato de que o ambiente tenha sido, até então, negligenciado,

---

554. Cf. MYERS, C.S. Industrial fatigue. In: Myers, 1933, p. 40ss.
555. Cf. MYERS, C.S. Anxious moods, disorderly unreasoned fears. In: Myers, 1933, p. 51.

considerando que seus aspectos mais desfavoráveis haviam ocupado, há muito tempo, a análise das profissões: solos perigosos, partículas invasoras, instalações úmidas, ar irrespirável ou viciado. As galerias de minas, entre outras situações, representavam os riscos mais sérios. O problema tinha a ver com as patologias. Os entornos suscitavam a inquietação pelas doenças que provocavam: da pneumonia à tísica, dos escarros de sangue às hérnias, das varizes às "viscosidades" (cf. p. 117-118).

Desta vez, é o próprio ambiente, no período entreguerras, que é julgado enquanto possível produtor de fadiga global e já não apenas de doenças específicas, tal como se presumia que fossem provocadas pelos miasmas, pelas partículas e pela seca ou umidade. Mudança relevante que sublinha a crescente importância adquirida pela própria fadiga, diferenciando cada vez mais suas condições, origens e particularidades. Os dispositivos materiais acrescentariam o impacto de todos esses fatores: "A iluminação, temperatura e ventilação têm um efeito definido sobre o conforto físico, atitude mental, produção e fadiga do operário" (BARNES, 1986, p. 467). As investigações multiplicam-se, as constatações diversificam-se para além do trabalho em cadeia de montagem de Henry Ford que se apresenta, na década de 1910, "na frente do operário" (cf. p. 273) para aumentar sua desenvoltura, mas focalizado na velocidade, e não tanto no esgotamento. Em compensação, Jean-Maurice Lahy detalha, em 1927, "a influência da iluminação sobre o rendimento" (LAHY, 1927), sem dúvida, eficácia totalmente industrial, mas a fadiga está efetivamente no horizonte quando os difusores elétricos Ilrin deveriam supostamente, fornecer "uma luz suave que não cansa a vista"[556]. Donald Laird mede, em 1934, o efeito do ruído "sobre a pressão arterial e a produção de fadiga" (BLUMENTHAL, 1934), afirmação confirmada pelo sucesso dos procedimentos de isolamento sonoro, suportes emborrachados ou paredes acolchoadas. O ar, mais uma vez, é fator já não apenas de patologias por suas substâncias, mas de esgotamento por sua temperatura ou hidrometria: "A principal causa da fadiga parece ser a estagnação do ar que impede a realização normal das trocas calóricas entre o corpo no trabalho e o ambiente circundante" (FRIEDMANN, 1956, p. 87).

---

556. *Mon Bureau*. Publicité Ilrin, mar./1930.

Novidade ainda mais marcante: o "ambiente de trabalho", no decorrer das décadas de 1920 e 1930, é também o da indústria terciária, o espaço é o do escritório, enquanto a fadiga é a de respostas precariamente adaptadas aos instrumentos e ao mobiliário. Anúncios e feiras de vendas buscam o mesmo objetivo: amenizar as posições de pé, encurtar os deslocamentos, além de evitar dores musculares ou tensões. As mesas desdobram-se, multiplicando planos e níveis; os assentos flexibilizam-se, favorecendo alturas, mobilidade e posturas de pé reorientadas; os objetos são colocados em determinada posição, promovendo a interação entre distância e disponibilidade. O arranjo dos elementos é reformulado: em relação à mesa Moderny diz-se que "poupa os gestos e os nervos"[557]; as prateleiras Chauvin contribuem para "economizar espaço e tempo"[558]; as gavetas Strafor são feitas para obedecer "ao menor impulso"[559]; o carrinho Le Porin e seu gatilho elétrico deveriam supostamente suprimir "a principal causa de fadiga para a datilógrafa"[560]. Em plena década de 1920, *Mon Bureau* impõe-se enquanto revista privilegiada desse novo universo: "executar aparelhos cujo manuseio acarrete o mínimo de fadiga para o operador"[561].

Outra mudança, igualmente importante, é o *status* do movimento corporal para um grande número de trabalhos inéditos: os gestos visando objetos mais tênues, para não dizer, mais leves, os de uma indústria manufatureira que difunde, em larga escala, as ferramentas da vida cotidiana. Isso transforma a noção de "posto de trabalho", provocando uma vigilância específica, associada a micromovimentos" (BLAKELOCK, 1930): coordenação das mãos, ajuste dos dedos, configuração restrita, cujo desenvolvimento está em crescimento. O estudo sobre o manejo de cargas pesadas é seguido pelo estudo sobre a gestão das coordenações motoras. O estudo sobre a "quantidade" de energia é seguido pelo estudo sobre a quantidade de atenção. Isso é confirmado pelas situações estudadas cientificamente por Ralph Mosser Barnes, em 1937: "controle das transparências de garra-

---

557. *Mon Bureau*. Publicité Moderny, 15/03/1921.
558. *Mon Bureau*. Publicité Chauvin, fev./1934.
559. *Mon Bureau*. Publicité Strafor, 15/03/1922.
560. *Mon Bureau*. Chariot Le Porin, mar./1937.
561. *Mon Bureau*. Le machinisme dans le bureau, mar./1938.

fas", "embalagem de caixas de papelão", "dobrar envelopes", "montagem de peças de puxadores de porta", "montagem de peças de aparelho de rádio", "montagem de peças para seringas de borracha" (BARNES, 1986, p. 467).

Os métodos de avaliação vão também alterar-se, recorrendo à gravação de imagens, ao rastreamento luminoso dos membros, à medição dos tempos de reação: câmara fixa, posicionada nos antebraços para permitir a maior precisão, imagem após imagem, de cada um dos mais ínfimos deslocamentos. Com certeza, abordagem decisiva: ela estabelece a separação definitiva entre a agilidade e o tato do antigo passe de mágica, transformando o invisível em visível, o movimento intuitivo em movimento metrificado, instalando enquanto objeto o que era apenas adivinhado. Daí também questionamentos inéditos, orientando a curiosidade sobre a dinâmica do olhar, além do ajuste entre os gestos e o olho. E tais conclusões transpõem a imagem do corpo enquanto máquina nervosa: "Deve-se reduzir ao mínimo os movimentos dos olhos e os pontos de fixação do olhar" (BARNES, 1986, p. 198). Ou ainda: "O ritmo é essencial para a execução uniforme e automática de uma operação" (BARNES, 1986, p. 197).

Ainda fica por abordar a própria noção de fadiga, é claro, cujo critério pode então ser desestabilizado, referência que se torna obscura, difusa, uma vez que sejam afastados os esgotamentos diretamente musculares ou as tensões tônicas e a respectiva química calculada. Tal é a conclusão de Barnes em seu importante estudo sobre "movimentos e tempos": "Uma sensação de cansaço é comumente associada a longos períodos de trabalho. Trata-se de um conceito de natureza subjetiva e, por conseguinte, a extensão do cansaço não pode ser determinada por um observador" (BARNES, 1986, p. 456). A focalização em um corpo enquanto "máquina nervosa", e não tanto "máquina de força", favoreceu a reorganização de seus entornos (cf. HILL, 1927), assim como a emergência de uma psicologia. Essa é a conclusão categórica do monumental compêndio de medicina do trabalho, sob a direção de Camille Simonin, em 1950: "É essencial levar em conta a extrema sensibilidade dos fenômenos de fadiga às mudanças da situação psicossensorial"[562].

---

562. METZ, B. Aspects physiologiques et psychologiques de la fatigue. In: Simonin, 1956, p. 158.

Por fim, à focalização sobre o espaço – com as investigações do período entreguerras e com os questionamentos sobre o ambiente –, acrescente-se um novo enfoque relativamente ao tempo. Estudos experimentais mais bem delimitados, confronto entre as durações e as produções. Em primeiro lugar, demonstração banal, a de Charles Myers: "O rendimento aumenta invariavelmente com a redução da jornada de trabalho" (MYERS, 1933, p. 46). O período de 8h continua sendo a escolha predominante, cada vez mais reconhecida, mesmo que o diretor do Industrial Fatigue Research Board mostre como o trabalhador sabe adaptar seu próprio ritmo a variados períodos de tempo [*adapts himself to the length*] (MYERS, 1933, p. 47).

Mais original é o estudo sobre as pausas, a respeito das quais multiplicam-se as pesquisas, entre a Europa e os Estados Unidos, fazendo triunfar experimentos e cálculos. Os de Edward David Jones, entre outros, sublinhando desde 1919 os resultados cada vez mais elevados dos operários por ocasião de um ajuste progressivo de suas pausas. Os números revelam aqui uma precisão sem precedentes: 16 peças produzidas na ausência de pausa, por homem e por hora, em uma fábrica de metal; 18 peças com um descanso de 5min em cada 25min; 22 peças com um descanso de 3min em cada 17min; 25 peças com um descanso de 2min em cada 10min (JONES, 1919, p. 221). Mesma constatação para a produção de rebites em uma fábrica de aço: 600 rebites fabricados em uma jornada por trabalhador, 1.600 quando é feita uma pausa de 2min após a realização de um grupo de 10 rebites (BURTT, 1931, p. 174). Todos os números cada vez mais precisos, focalizados na eficácia, aos quais acrescenta-se o cálculo dos momentos escolhidos para as mencionadas interrupções. O National Institute of Industrial Psychology de Londres, após uma pesquisa com 1.050 fábricas em 1939, insiste sobre a necessidade de proceder a essas interrupções quando o "rendimento atinge o seu máximo" (RAMSAY et al., 1939, p. 5 e 42); outros vão situá-las quando a curva começa a cair (*curve begins to drop*; cf. BURTT, 1931, p. 191); e ainda outros favorecem as escolhas dos operários no contexto de um número limitado de pausas por jornada de trabalho (MAYO, 1924, p. 273). Outras tantas afirmações a favor do consenso, inéditas por suas estatísticas, sem deixarem de limitar-se unicamente ao efeito produtivo: apreender o rendimento mais do que a integridade física e mental do operário, a qual, por sua vez, é mais difícil, sem qualquer dúvida, indicar com precisão e, até mesmo, garantir.

Por fim, mais reveladoras e, inclusive, decisivas, são as pesquisas visando outras durações: aquelas que se devem às mudanças das técnicas do segundo terço do século, as direções motorizadas, os transportes de longa duração, as vigilâncias prolongadas, além de máquinas cada vez mais fluidas e rápidas do período entreguerras, orientando para uma luta crescente contra os minutos, as horas e os dias:

> Vemos o quanto a direção de um ônibus moderno ou de uma automotora, ao mesmo tempo em que se torna menos cansativa, é – se me é permitido dizer – mais acrobática e só pode ser confiada a homens cujas atividades psicomotoras e mentais permanecem constantemente em alerta (LAHY, 1940, p. 45).

Jean-Maurice Lahy cita, em 1937, uma situação até então desconhecida, um trabalho que supera de longe as 8h diárias promulgadas em 1919: o trajeto de ida e volta, relativo a uma distância acima de 500km, por caminhão, trator e reboque para entrega de 14t de mercadorias, entre três cidades francesas, efetuado regularmente com uma empresa de transporte de um novo tipo (LAHY, 1937, p. 35). O procedimento generaliza-se, mas focaliza preocupações e perigos. Dois motoristas revezam-se durante etapas de uma duração total de 35h, enquanto participam das operações de carga e descarga. Eles dirigem à noite, tomam as refeições no acostamento e dormem no veículo. A investigação de Jean-Maurice Lahy é original, instaurando um acompanhamento dos caminhões por um carro, a aplicação de testes em cada 3h e uma escuta dos atores. Daí a detecção dos cansaços, aqueles sobretudo que ocorrem entre 0h e 5h da manhã; o levantamento das ilusões hipnagógicas – ou seja, a "sensação de ter os olhos abertos e de estar olhando a estrada – quando, afinal, as mãos "já não sentem o volante" e torna-se inaudível "o ronco do motor" (LAHY, 1937, p. 35). Acrescente-se ainda o testemunho dos relatos de acidentes: percursos "descrevendo ziguezagues", reboques "rolando de um lado da estrada para o outro", até as mais trágicas colisões.

As pesquisas norte-americanas, igualmente bem específicas, concentram-se nos déficits sensoriais de caminhoneiros que efetuam longas viagens: alongamento do tempo nos reflexos, diminuição da precisão das coordenações entre o olho e a mão, redução da velocidade de resolução de problemas aritméticos, além de controle mais reduzido da posição de pé (RYAN; WARNER, 1936). O que orienta para novas pesquisas que tentam fixar qualidades operacionais até então pouco estudadas: o comando sensível, o controle de gestos curtos, a resistência nervosa, além da discriminação de alertas e sinais. Uma nova forma também de selecionar os motoristas: psicotécnica[563]. Essa denominação inédita permite, com a ajuda de testes apropriados, selecionar os mais capacitados a enfrentar tais períodos longos de tempo ou, dito por outras palavras, situação específica em que a concentração e sua manutenção prevalecem em relação a outras qualidades (cf. RABINBACH, 2004, p. 445; LORIOL, 2000, p. 68).

O desafio, aliás, consiste efetivamente em qualificar um tipo de esgotamento, em exprimir por palavras o que, sem dúvida, numerosos comportamentos antigos já haviam provocado: alucinações à noite, trajetos intermináveis e incidentes durante o percurso, mas que são designados aqui pela primeira vez, tornando-se mais graves com os veículos motorizados, os acidentes fatais, as noções psicológicas e o discurso preocupado dos motoristas. Sem dúvida, o universo de tais declínios é considerado novo, sendo designado e temido de maneira específica. Jean-Maurice Lahy recomenda insistentemente um ou dois dias de descanso para dividir tais trajetos. Tomada de consciência, desde então, determinante que resulta tanto do crescimento de sensibilidade quanto de uma tecnicidade cada vez mais sofisticada.

Os fatos são idênticos com o uso – que se tornou mais comum – do avião, dos percursos solitários e da pilotagem em alerta permanente. Henri Mignet, construtor do *Pou-du-ciel* [teco-teco] em 1932, evoca as durações laboriosamente controladas, as "alucinações", as surpresas e as resistências, em um espaço aparen-

---

563. Cf. um dos subtítulos da revista *Le Travail humain* (1933): Physiologie du travail et psychotechnique.

temente sem ponto de referência e ilimitado: "Seus nervos devem ser resistentes. A vida depende da sua atenção [...]. Sem descanso, nem desfalecimento [...]"; o desfecho, por sua vez, deixa o piloto "cansado, exausto, impassível, quase indiferente às coisas [...]" (MIGNET, 1934, p. 21). O testemunho de Charles Lindbergh, em 1927, após a primeira travessia aérea do Atlântico, sem escalas, simboliza esse sentimento de total novidade; ele chega inclusive a ser restituído, hora após hora, nas 33 delas que eternizam o trajeto. Lindbergh multiplica os detalhes: resistências frustradas, sonhos perturbadores, insuportáveis, além de modorra ameaçadora, assimilada a uma ferida infectada (LINDBERGH, 1953, p. 287). A falta de sono e seus efeitos estão no cerne do relato: "Meus olhos pesam como pedras e os músculos das minhas pálpebras puxam-nos para baixo com uma força quase irresistível" (LINDBERGH, 1953, p. 212). A sutil restituição do que nunca havia sido mencionado até então: "O esforço despendido para permanecer acordado deixa você ainda mais sonolento" (LINDBERGH, 1953, p. 213); ou o embotamento progressivo da sensibilidade, enquanto os "sais" avidamente inspirados deixam praticamente de ser percebidos (LINDBERGH, 1953, p. 389); ou a invasão global de "dores surdas" (LINDBERGH, 1953, p. 214), enquanto o próprio arcabouço físico entra em colapso na chegada.

Outros tantos depoimentos importantes, vinculando fadigas inéditas à renovação das técnicas, à mudança abrupta de situações cotidianas e também à acentuação das sensibilidades, enquanto o aprofundamento da própria análise, sua exigência crescente e sua sutileza ao longo do tempo podem conferir uma aparência de novidade ao que, sem dúvida, já existia – por exemplo, com os entregadores noturnos e com a resistência ao sono –, mas permanecia até então pouco ou maldetectado.

A invenção do relacional

A consideração mais sofisticada, durante o período entreguerras, do espaço e do tempo – ou seja, as causas recém-entrecruzadas da fadiga – também orientaram as pesquisas para um novo aprofundamento da psicologia, de modo que o desafio se tornou o da rede relacional, assim como de suas formas, de seus obstáculos e suportes. Elton Mayo conduziu a mais conhecida dessas prospecções, nos subúrbios de Chicago, entre 1927 e 1932, nas oficinas Hawthorne, encarregadas do fornecimento de equipamentos telefônicos para a empresa Bell (MAYO, 1945[564]).

Cinco funcionárias, trabalhando na montagem de relês telefônicos, são escolhidas para serem acompanhadas, da maneira mais meticulosa possível e durante o período mais longo de tempo, em seu rendimento. Elas estão reunidas na mesma sala, *Test Room*, e se beneficiam de condições bem definidas: possibilidade de troca entre si, recomendações para não competir, várias pausas, lanche no meio da manhã e redução da carga horária. O sentimento profundo de aceitação e de relaxamento experimentado por elas é determinante: seu rendimento aumenta, nem que seja lentamente e ao longo de vários anos. Aspecto importante: esse mesmo rendimento cai quando os afetos das moças se tornam tensos nas relação individuais, na relação à supervisora e à própria equipe; em todas essas circunstâncias, insiste Mayo, trata-se de "correlações negativas"[565]. Ainda mais importante: o rendimento cai quando surgem contratempos familiares ou volta a aumentar quando estes são superados; os problemas do casamento, entre outros, manifestam-se no âmago da oficina, chegando às vezes a desestabilizá-la[566]. A vertente íntima desencadearia, assim, objetivamente determinadas fadigas: "as relações interpessoais no trabalho e as situações pessoais fora do trabalho" (ROETHLISBERGER; DICKSON, 1939, p. 160). Pela primeira vez, uma dinâmica que vai do psíquico ao físico é claramente designada.

Os investigadores estendem suas prospecções, multiplicam as entrevistas, além de anotarem os problemas evocados pelos funcionários: os salários, a sujeira, a fadiga, o bufê, o mobiliário, as ferramentas, a direção... Os trabalhadores exprimem-se; emergem as insatisfações. Palavras seguidas de efeitos: a sensação

---

564. Cf. Bertero, 1968 [N.T.].

565. Cf. o relatório verdadeiramente exaustivo da experiência das oficinas Hawthorne por Thomas North Whitehead: "negative correlations" (WHITEHEAD, 1938, t. I, p. 198). Cf. tb. "neighbor relations and distant relations" (Ibid., p. 215).

566. "Marriage, attitude towards" (Ibid., p. 139).

de um reconhecimento pessoal aumenta a desenvoltura e o desempenho; a expressão mais livre promove o rendimento. Outra constatação: "As relações entre os gestores e o pessoal atuam mais favoravelmente para determinar a atitude, o moral, a satisfação e a eficácia do assalariado do que qualquer outro fator isolado" (LIPMAN, 1930, p. 325). Daí a insistência sobre a necessidade tanto de um controle flexível e compreensivo quanto de levar em conta a atitude moral e social do operário; ou, dito por outras palavras, de tornar "o entorno mais agradável"[567]. Por fim, constatação geral: os limites da fadiga estão recuando sob a influência das relações psicológicas e pessoais; o que seria confirmado por outros experimentos, empreendidos no mesmo momento, em países europeus[568].

Assim, aos critérios de uma fadiga revelada pela fisiologia foram adicionados aqueles revelados pelo mal-estar ou desconforto psicológico: sem dúvida, o mental – mas percebido aqui no modo clínico e individual – captado por uma observação específica, precisa, circunstanciada, com investigação e entrevista, fora das referências unicamente literária ou emocional já mencionadas (cf. p. 296-299). O que é designado pelos sintomas em via de explicitação: insatisfações, "devaneios pessimistas", *"turnover"*, atitudes "não cooperativas", sentimento de não reconhecimento, inibições, tédio, monotonia, depressão, ou seja, a parte obscura e negativa do clima psicológico[569].

Ainda é necessário não ignorar os limites de tal atenção prestada aos afetos e às relações interpessoais na empresa, além do fato de que elas podem ser deliberadamente negligenciadas em nome da eficácia. Numerosos problemas podem permanecer, apesar das intervenções relacionais sugeridas por Elton Mayo (cf. p. 355) – aliás, uma série de dificuldades, por sua vez, reconhecidas pelos depoimentos da época: "Há algo faltando nas experiências, ainda que tão

---

567. Cf. Georges Friedmann comentando a experiência de Elton Mayo. Cf. Friedmann, 1956, p. 299.
568. Cf. o "salário proporcional" e a remuneração baseada diretamente nos resultados da empresa (SCHUELLER, 1941). Cf. tb. o possível papel outorgado a "conselhos de operários": BARDET, G. "Une expérience de collaboration ouvrière à la direction d'une usine" (apud COUTROT, 1936, p. 38).
569. Cf. WHITEHEAD, T.N. "The establishment of routines and sentiments". In: Whitehead, 1938, t. I, p. 108.

inteligentes, dos jovens empresários: a adesão total dos operários que eles pretendem associar a seus esforços"[570]. Falta também, de acordo com o julgamento experiente de Georges Friedmann na década de 1960[571], a consideração do que transborda eminentemente a empresa, o exterior mais amplo, relacionado ao mundo e ao ambiente: o do universo econômico, da condição social, do sentimento de inferioridade que a acompanha, além da insatisfação daí resultante. Outros tantos obstáculos vinculados ao *status* inevitavelmente instalado da dependência dos operários, cuja consciência, por sua vez, difunde-se, depura-se e cresce no decorrer do século XX. Os papéis na empresa não poderiam *a priori* inverter-se, assim como não poderia eliminar-se a assimetria entre *decididores* e *trabalhadores*. Da mesma forma que não poderia desaparecer, de repente, a violência de tal ambiente, por mais notável que tenha sido a emergência dessa primeira e clara evocação do psíquico.

Uma depressão operária?

Assim, o universo do trabalho é mais estudado do que nunca durante o período entreguerras e, antes de tudo, em sua realidade imediata, material e, inclusive, trivial. Isso multiplica testemunhos e constatações, o que mostra sobretudo uma mudança inexorável de sensibilidade: mais abatimento do que revolta e maior dano moral do que físico.

Em primeiro lugar, balanço sistemático: "A alma do nosso tempo é medida pela potência mecânica"[572]. A confirmação pretende ser tanto descritiva quanto visual. As inúmeras fotografias, comentadas por vários autores da época, batidas por François Kollar em 1931-1934[573] depois de ter atravessado a França, são uma

---

570. HAMELET, M.P. Vers la fin du salariat? *Le Figaro*, 23-26/04/1946.
571. Cf. Georges Friedmann comentando a experiência de Elton Mayo. Cf. Friedmann, 1956, p. 305.
572. "Les métiers du fer. *La France travaille*", 1932, t. I, p. 130.
573. Todas as fotografias ilustram os dois volumes de *La France travaille*, publicados por Éditions des Horizons de France, entre 1932 e 1934. A única investigação fotográfica de envergadura sobre as situações de trabalho, empreendida na França, no período entreguerras.

ilustração incomparável disso. Investigação maciça – aparentemente semelhante à de Villermé um século antes (cf. p. 244) –, mas em grande parte focalizada na imagem e na vontade obstinada de rastrear as mudanças. A maneira de trabalhar teria sido desestabilizada. A força teria recuado: vagonetes puxadas por guinchos elétricos nas minas; prensas hidráulicas de várias toneladas dobrando o metal; "quebra concreto" de ar comprimido tomando o lugar da picareta; campainhas a vapor que batem nas estacas anulando qualquer intervenção dos braços... O investimento diretamente corporal tende rapidamente para sua eliminação: "A mecanização suprime gestos humanos e reduz a fadiga física"[574]. Nessa obra, *La France travaille*, predomina um confronto entre "antes [...] e agora", "outrora [...] e hoje", impondo um motivo recorrente: "As mãos dos operários [...] abandonam a ferramenta"[575].

O que não poderia, evidentemente, eliminar situações em que a fadiga física permanece dominante, as quais haviam sido devidamente identificadas pelas fotos de François Kollar: os portos em que "estivadores encapuzados carregam sacos de açúcar"[576]; os transatlânticos em que os "sofrimentos dos homens descem das vergas para o fundo", forçando os foguistas a enfornarem o carvão em um "universo de bielas e de chapas luzidias"[577]; as minas em que cada poço acelera o trabalho, em competição pelo "preço de custo de outras jazidas"[578]; os barcos pesqueiros em que se multiplicam manobras intermináveis, impondo "o épico do ofício"[579]. Eis o que, entre 1920 e 1923, confirmam as ilustrações de *Floréal, l'Hebdomadaire Illustré du Monde du Travail*, detalhando as pranchas *hors-texte* dos operários de terraplenagem, lapidadores, telhadores, lenhadores ou carpinteiros, alguns dos quais enxugam ostensivamente suas testas[580], todos manipuladores de picaretas, pás ou serras, apesar do predomínio dos motores e da eletricidade.

---

574. "Les métiers du fer. *La France travaille*, 1932, t. I, p. 130.
575. Ibid.
576. Ibid. p. 192.
577. Ibid., p. 199.
578. Ibid., p. 31.
579. Ibid., p. 140.
580. Le monde du travail: les terrassiers. *Floréal, L'hebdomadaire Illustré du Monde du Travail*, 20/02/1921.

Outros exemplos mostram o quanto a melhoria tecnológica pode engendrar novas fadigas, mesmo que sejam pouco mencionadas no momento de sua aparição: o martelo-pneumático tomando o lugar da picareta enquanto provoca trepidações, durante muito tempo, pouco mencionadas; a máscara do pintor de paredes protegendo das emanações ao mesmo tempo em que impede a entrada do ar e a respiração, aspectos que, por sua vez, são pouco evocados; o arnês suspendendo no vácuo os trabalhadores da construção civil enquanto provoca possíveis desconfortos, igualmente pouco mencionados; por fim, a "cunhagem à mão" para polir determinadas peças na forja, apesar do recurso do martelo-pilão. Ou simplesmente o número cada vez maior de modos de monitoramento e de aceleração mecânica que uma psicologia em via de elaboração começa a identificar:

> O uso de máquinas-ferramentas semiautomáticas ou automáticas atenua o esforço dos grandes músculos. Mas, considerando a rapidez de seu funcionamento e a atenção aturada exigida por elas, essas máquinas provocam uma fadiga nervosa, muitas vezes, considerável (BORDAS, 1927, p. 5).

Ainda mais importante, e também mais reveladora, é a crescente importância reconhecida, pelos próprios atores, à influência do trabalho sobre o comportamento, desapossamento íntimo que se apropria das consciências. O aprofundamento da exigência psíquica parece incrementar um sentimento de desapropriação, de ausência de horizonte e de perda de si mesmo. Estrato inédito no sofrimento relacionado ao trabalho, sem dúvida, mais específico do que a neurastenia e também mais profundo do que a influência unicamente do relacional e de seu clima afetivo. Nesse aspecto, sem dúvida, reside a mudança mais nítida durante os anos do período entreguerras: um despertar quase pessoal definitivamente afirmado e suas consequências sobre uma forma de amputação sentida de maneira profunda e explicitada. As palavras de Constant Malva – operário nas minas do Borinage[581], durante a década de 1930 – deprimido, cansado, do ponto de vista físico e moral: "Estou entorpecido de sono, minha boca está pastosa, não tenho

---

581. Região belga cujo desenvolvimento, desde a Idade Média, deve-se à atividade extrativista de carvão [N.T.].

gosto por nada" (MALVA, 1978, p. 41[582]). Ou as de Maurice Alline, operário da fábrica Renault: "A perspectiva de fazer isso a vida toda era deprimente" (ALLINE, 2003, p. 118). A insistência de Albert Soulillou nas palavras de um operário da Ford, em 1933: "Como se sua substância cerebral tivesse sofrido também as repercussões desse esgotamento" (SOULILLOU, 1933, p. 41). Estado diretamente designado pelo próprio trabalhador, misturando indistintamente o músculo e a emoção, a mobilização física e a prostração moral. Simone Weil associa da maneira mais criteriosa essa constância de "movimentos que machucam" e o "profundo sentimento de desânimo" (WEIL, 1951, p. 121). Georges Navel sugere, por conseguinte, um desespero beirando o extremo: "Arrastei, durante muito tempo, meu grande desânimo. Ao entregar os pontos, eu estava exausto, queria morrer" (NAVEL, 1979, p. 69).

O que permite medir, em melhores condições, a distância percorrida pelo psíquico em algumas décadas. O sofrimento, no século XIX, pressupõe uma multiplicação de agressões físicas antes de se transformar em uma fase de abatimento ou de infortúnio: excesso de esforço nos operários de minas evocado por Zola descrevendo o *herchage* [empurrar vagonetes nas galerias] (cf. p. 286); excesso de dispêndio nervoso nos neurastênicos mencionados por George Beard descrevendo o *American nervousness* (cf. p. 304). O desagregamento orgânico infiltra-se na consciência, instalando uma fadiga generalizada. Há uma grande diferença entre o abatimento e o infortúnio evocados na década de 1930. Seu objeto é o sentido, visando o valor e alimentando-se deste sentimento: o de degradação ou de exclusão que determinados trabalhos são suscetíveis de proporcionar. Eles infiltram-se na consciência, instalando igualmente uma fadiga generalizada, mas antes mesmo de ter despendido qualquer esforço. Eles difundem o sofrimento antes de qualquer desconforto físico; daí a crescente importância do psíquico, oriunda de um longo trabalho de personalização na sociedade ocidental.

---

582. Numerosos exemplos apresentados a seguir são extraídos do importante livro de Thierry Pillon: *Le Corps à l'ouvrage*, 2012.

Os termos depressão ou *cafard* [estar na fossa] prolongam os depoimentos de alguns combatentes da guerra de 1914 (cf. p. 342), focalizando claramente um sentimento de perda. Nenhum sentido acadêmico nesse caso concreto, mas de preferência o propósito de evocar um esgotamento particular: o estado em que a fadiga já não está relacionada a alguma ausência de estímulo, de animação ou de excitação, como era sugerido pelas indicações anteriores (cf. p. 152), mas aquele em que predomina a ausência de objetivo e a anulação de perspectiva. O horizonte psíquico expandiu-se. Daí alguns dispêndios energéticos experimentados como inaceitáveis e, até mesmo, como abjeções: "O que aprontei com Deus para merecer tal castigo?" (ALLINE, 2003, p. 73). Atitude inédita de operário ou, dito por outras palavras, cada vez mais perspicaz em que a fadiga está ligada a alguma expectativa interna exigente, evasiva e irrealizável: o sentimento da falta de futuro, da repetição imposta e de ausência de mudança. Essa é a primeira vez, sem dúvida, que a consciência dos operários sublinha, com tamanha força, o déficit de encarnação e de finalidade; é também a primeira vez que, em tal contexto, o psicológico prevalece deliberadamente em relação ao físico.

Outra originalidade, por fim, dessa década de 1930: a insistência nas particularidades culturais do trabalho feminino. A "fadiga de Marie Tavernier" perscrutada no romance de Claude Pigi, em 1938: o nervosismo no escritório, as respostas ao telefone, a indiferença das companheiras, o acúmulo de tarefas domésticas, os domingos encurtados pela "manhã de dona de casa" e o "passeio em família", enquanto cresce o "peso nas pernas" e o desinteresse que Marie sente por si mesma (PIGI, 1938, p. 11). Tarefas inumeráveis devidamente anotadas. "Esposa cansada", "mãe exausta", Marie tem apenas um desejo: "Um longo descanso longe de todos" (PIGI, 1938, p. 11). Ocorre, no entanto, uma mudança total quando começa a relação com um jovem colega, intercâmbio que logo se torna íntimo, sinal de uma insensível liberdade de costumes e também do espaço cada vez mais amplo atribuído ao psicológico: "Seria preciso vivenciar grandes alegrias para esquecer grandes fadigas" (PIGI, 1938, p. 117).

Ainda deve-se modular a novidade: do mesmo modo que o romance de Claude Pigi revela uma consciência mais apurada das tarefas femininas, tal como uma maior tolerância ao que era eroticamente diabólico, assim também o discurso visa não tanto uma mudança no *status* do feminino através do trabalho, sua reforma ou sua atenuação, mas uma mudança mediante o reconhecimento afetivo, o acesso ao relacional e ao amor. A tradição desloca-se sem ser realmente desestabilizada, de modo que a mulher permanece um ente de afeto e não tanto de ação. O que é confirmado pela revista *Marie Claire*, em 1937, ilustrando o fim do cansaço e das aflições da operária solitária, ao reencontrar um namorado da juventude:

> Então, um dia, ela deparou-se com o novo empregado na casa em que trabalhava e, apesar dos anos, da fadiga e do revés estampados também em seu rosto, ela o reconheceu. Era o vizinho de outrora, o namorado desconhecido que ela havia deplorado (*Marie Claire*, 12/03/1937).

Psicologia, sem nenhuma dúvida, mas ainda permanecendo orientada, em relação à mulher, para o emocional mais do que para o operacional.

26
Dos hormônios ao estresse

A análise mais específica dos traumas após a Primeira Guerra Mundial, assim como a consolidação cada vez maior de uma ciência psicológica mais conceitualizada, orientam para questões mais personalizadas tornando complexos não só desconfortos e mecanismos íntimos, mas igualmente, a partir daí, as vertentes possíveis da fadiga. A identificação de novas patologias foi aliás determinante, reveladas pela revolução bioquímica da década de 1920, enriquecendo como nunca anteriormente o espectro de distúrbios comportamentais, o dos cansaços maciços ou discretos, além daquele, em particular, de uma organicidade das lentidões físicas ou mentais; distúrbios, muitas vezes, discretos, semelhantes a uma quase-normalidade. O simples desvelamento das glândulas endócrinas redistribui as interpretações, sugere regulações ignoradas e favorece uma visão mais unificada do organismo, apoiando-se no temperamento e nos modos personalizados de reação, levando, em última instância, à invenção do estresse, à sua presença mais generalizada e a seus efeitos mais globalizados. Amplos perfis de fatigabilidade emergem, então, longe de se limitarem aos esforços musculares, às estafas ou às fadigas mentais, sugerindo modos de ser, tensões, estados, maneiras de viver o cotidiano e suas vicissitudes, além de propor – acima de tudo e pela primeira vez – formas unificadas de reagir em que o vocábulo organismo, por si só, assume um sentido global.

Essa referência inédita aos hormônios, mediante os quais tudo parece manter uma dominância do fisiológico e, até mesmo, uma focalização exclusiva sobre a mecânica, nada mais é aqui – Convirá repeti-lo? – do que uma maneira de conduzir cada vez mais longe o desafio tanto do psíquico, de suas fontes e diversidades, quanto de seus efeitos. Com o estresse, o indivíduo afirma sua unidade psicofisicalizada, transformando suas emoções em efeitos corporais e estes em efeitos emocionais, de acordo com uma reciprocidade como nunca antes havia sido analisada de maneira profunda.

Outro fato importante é que os hormônios e seu uso sofisticado deram origem à esperança de escapar, em parte, da fadiga, episódio que mistura triunfo e tragédia, aventura tonitruante, ardorosa e movimentada que não poderia ser ignorada.

Hormônio e temperamento

No momento em que cirurgiões inovadores tentam suprimir os escrofulosos no início do século XX, eles acabam permitindo, mesmo assim, uma possível reinterpretação das fadigas banais. Em primeiro lugar, principais distúrbios: "enfraquecimento muscular, paresia, depressão de todas as funções nervosas psíquicas" (DUVAL; GLEY, 1906, p. 617). O gesto deles suprimiu a tireoide, cuja secreção hormonal revela, de repente, seu impacto sobre o metabolismo e o equilíbrio energético: fadiga maciça, degradante, mediante a desaceleração dos movimentos e do pensamento. Sem dúvida, estado patológico de todo o organismo, tendo a ver com a medicina e com as mais laboriosas terapias. Tais são os mixedematosos, que apresentam um corpo flácido e um rosto abatido, além de mentalidade retardada. Mas, às vezes ainda, pequenos distúrbios que escapam da patologia: o gesto desses cirurgiões sugere a alternativa de distúrbios modestos e de sintomas mais tênues. O desequilíbrio das secreções pode não ser maciço, ao mesmo tempo em que afeta o comportamento: "Patologia de pequeno porte que, em graus insensíveis, desce até os temperamentos endócrinos que, aliás, incluem a maioria dos temperamentos clássicos" (LÉVI, 1929, p. XVI).

Um quadro pode então ser esboçado, nessas décadas de 1920 e 1930, o qual deveria, supostamente, qualificar as pessoas de acordo com seu perfil glandular, distribuindo caracteres e traços distintivos, os mesmos em que uma fadiga mais ou menos sensível está geralmente presente, os mesmos "em que alguém, sem estar doente, pode estar sofrendo" (LÉVI, 1929, p. 10). Uma forma de inscrever tipos de cansaço na personalidade. Aqueles cuja multiplicidade de exemplos é fornecida por Léopold Lévi, médico que se declara endocrinologista (LÉVI, 1929, p. XV), em um texto de 1929: o amorfo, "criança que não manifesta nenhum interesse"... mas que, depois de cinco semanas de tratamento sobrerrenal, é provido de "tal necessidade de atividade que faz malabarismos à mesa com seu garfo [...]" (LÉVI, 1929, p. 110); o sob pressão, pelo contrário, cuja efervescência se deve a uma intensidade sobrerrenal, capaz de entusiasmo incansável, "o primeiro a se levantar e o último a se deitar", exaurindo "as pessoas à sua volta que nada podem fazer" (LÉVI, 1929, p. 91); o decidido, cuja vida é tocada de modo acelerado, empreendedor, impaciente (LÉVI, 1929, p. 74), impulsionado pela atividade da tireoide. A panóplia se estende aos dominadores, autoritários, noctâmbulos, sonolentos, indecisos, afetados por enxaqueca, celulolíticos, angustiados e vítimas de dores (LÉVI, 1929, p. 73-118). Perfis multifacetados, díspares, cuja verdade tem a ver sobretudo com esta certeza: a de um elo entre glândulas endócrinas e resistência à fadiga, e não tanto com alguma verificação garantida. Nada mais, em última análise, do que discretos "desvios do temperamento normal, subordinado, por sua vez, ao funcionamento das glândulas endócrinas" (LÉVI, 1929, p. X). A referência química, sua existência secreta e dissimulada, pretende assim renovar o discurso em relação à pessoa, seja ela vigorosa ou fatigada.

Hormônio e vigor

Na época, um hormônio – a testosterona – impõe-se rapidamente como uma das possíveis origens "de nossa energia vital" (VORONOFF, 1933, p. 1). A tentação de aumentar sua taxa em organismos enfraquecidos impõe-se igualmente de maneira rápida; surge, por conseguinte, uma história bastante particular, efervescente, empolgada, em que as promessas de resistências parecem estar desestabilizadas, em que dá a impressão de ser possível enfrentar, de forma diferente, o próprio âmago da fadiga, etapa incontornável na visão do alívio, tão dominante quanto influente, antes de se revelar enganosa e abortada. Em 1889, Charles-Édouard

Brown-Séquard, sucessor de Claude Bernard no Collège de France, aplica a si mesmo, para surpresa de seus colegas, uma injeção hipodérmica de extratos de testículos de cão e de porquinho-da-índia: ele descreve os efeitos, alegando constatar, aos 72 anos, suas forças metamorfoseadas (cf. BROWN-SÉQUARD, 1893, p. 1.145-1.147). Sem dúvida, uma convicção inabalável, mas, com certeza, ilusória: o hormônio sexual é incapaz de permanecer presente nos extratos aquosos.

Em compensação, Serge Voronoff – cirurgião familiarizado com enxertos ósseos, durante a guerra de 1914-1918 – pretende ter obtido um sucesso mais garantido: o transplante de testículos em seres humanos a partir de órgãos de animais. A primeira operação foi realizada em 21/06/1920, em completa ignorância dos fenômenos de rejeição, na medida em que ainda era desconhecida a noção de barreira entre espécies. Voronoff explica meticulosamente sua tentativa: o estado dos animais escolhidos, a preferência em relação aos macacos por sua proximidade com os seres humanos, a saúde das pessoas submetidas ao transplante, a incisão dos órgãos, além da renovação das resistências e do comportamento. Finas seções de testículos de chimpanzé ou de babuíno são implantadas no escroto do receptor. Verifica-se uma mistura das massas corpóreas, assim como o desencadeamento de uma dinâmica. O efeito é considerado quase milagroso: "Ação constante do enxerto sobre a força muscular e a atividade cerebral [...]. Recuperação das forças físicas e aperfeiçoamento paralelo das faculdades intelectuais" (VORONOFF, 1924, p. 48 e 51). Os casos são deduzidos, comentados e ilustrados por grande número de fotos, tiradas "antes" e "depois" do procedimento. A exemplo de M.E.L., homem de 74 anos, "idoso obeso, atarracado, com feições flácidas e olhar esgazeado", transformado bruscamente "ao perder metade do excesso de peso", além de recuperar imponência e vivacidade: "Fico de pé o dia inteiro e sem fadiga [...]. Subo as escadas sem cansaço" (VORONOFF, 1924, p. 91). Ou o arquiteto de 60 anos, com um andar vagoroso e falta de energia, recuperando seu ardor ao fazer longas caminhadas que anteriormente eram impossíveis (VORONOFF, 1924, p. 117); ou o funcionário público apático que dizia experimentar menos fadiga e um acréscimo de tonicidade (VORONOFF, 1924, p. 98). Transplantes ovarianos foram realizados também, em 1923-1924, em mulheres enfraquecidas, descritas como se tivessem recuperado sua alegria, além de seu elã vital, entre as quais Mme. C.K., submetida a um transplante, em junho de 1924 (PRÉDAL, 2017, p. 135).

O procedimento, obviamente, não pode tornar-se operacional, na medida em que a rejeição se impõe apesar das certezas do médico. Daí a parte inevitável de crença nos testemunhos dos operados e a prova indireta dos efeitos psicológicos sobre a fadiga admitida, mecanismo precioso que será objeto de uma atenção crescente. O que, durante muito tempo, não impediu o sucesso do cirurgião: ele instala uma "fazenda de macacos" nas montanhas ensolaradas de Menton, cidade à beira do Mediterrâneo. Tendo sido agraciado com a condecoração da Légion d'Honneur, recebeu comentários elogiosos na imprensa nacional. O semanário parisiense *L'Illustration*, de 22/11/1924, certifica a constância "da recuperação das forças físicas e do aperfeiçoamento paralelo das faculdades intelectuais após o transplante". O cirurgião é solicitado por clientes prestigiosos, tais como Willy (marido, entre 1893 e 1910, da escritora Colette); o ator e comediógrafo, Marcel Achard; o poeta, novelista e dramaturgo, Jean Richepin; o poeta, dramaturgo e místico irlandês, William Butler Yeats (cf. REAL, 2001, p. 205). Ele é reconhecido por seus pares: 700 cirurgiões aplaudem sua palestra no Congresso Internacional de Cirurgia, em 1923[583].

A crença, por outro lado, não pode ser prolongada diante da quimera da renovação. Numerosos cirurgiões estigmatizam o método, constatam sua inutilidade, além de invalidarem os efeitos pretendidos: Kenneth Walker, do Royal Northern Hospital, assimila as operações francesas a procedimentos de bruxas ou de feiticeiros[584]. A crítica estende-se ao público. A revista *Time Magazine* trata essa iniciativa com zombaria (PRÉDAL, 2017, p. 148). O novelista e poeta franco-suíço, Blaise Cendrars, ridiculariza – em seu conto de 1935, *L'Amiral* – um "idoso razinza [...] que se submeteu ao procedimento de Voronoff para ser capaz de dormir uma vez, pelo menos, com Felicia", sua nova esposa que permanece inexoravelmente insatisfeita (CENDRARS, 2014, p. 75). Os transplantes foram

---

583. Disponível em https://en.wikipedia.org/wiki/Serge_Voronoff
584. Medical Monkey Business. *The Cincinnati-Kentucky Post*, 05/11/1998, p. 22.

interrompidos na década de 1930; aliás, a ressonância do projeto concentrou-se sobretudo no objetivo do rejuvenescimento e não tanto naquele da resistência à fadiga. O falecimento de Serge Voronoff ocorreu em 03/09/1951 em anonimato quase completo.

A descoberta dos hormônios certamente contribuiu, na década de 1920, para distinguir temperamentos, diferenciar fraquezas e ajudar a superá-las (cf. p. 365); foi capaz de dar esperança no sentido de restaurar o vigor; em compensação, a manipulação arriscada deles pode atraiçoar, às vezes, essa mesma esperança. Mantém-se, de qualquer modo, a referência a princípios químicos de uma potência inédita e, ainda mais, uma forma de instaurar uma biopsicologia até então desconhecida; ocorre, acima de tudo, uma nova representação do corpo, sobrevalorizando como nunca anteriormente o impulso dos centros nervosos, além de renovar o imaginário das resistências e estabilidades. A história continua, então, diversificando os produtos.

Dos hormônios às anfetaminas

Na busca de um efeito hormonal particular é que, na década de 1920, se abre uma via para outras substâncias orgânicas, outras moléculas, outras químicas e, em última instância, para outros sonhos de infatigabilidade. Certamente, miragem e, em grande parte, embuste que desperta as mais antigas expectativas; no entanto, sua importância é tanto maior na medida em que, além de ter mobilizado as camadas populares, acarretou os efeitos mais preocupantes e mais concretos.

Tudo é resultado de uma impossibilidade: a de administrar a adrenalina por via oral, o hormônio extraído da medula suprarrenal, o qual deveria, supostamente, ajudar na atenuação das dificuldades respiratórias. Isso foi seguido por uma série de pesquisas efetuadas com base em plantas, em princípios ativos e em várias sínteses, além da descoberta, em 1927, de uma estrutura molecular não degradada pela digestão equivalente à adrenalina por seus efeitos. O nome anfetamina é atribuído à substância encontrada pela equipe de Los Angeles, que havia iniciado a prospecção decisiva (cf. ALLES et al., 1930).

Mais importante, a molécula revela-se rapidamente estimulante; para além da respiração, ela atua sobre os centros nervosos, anula a sensação de fadiga, remove o sono, além de evitar a ansiedade. Determinados testes chegam inclusive a revelar a possibilidade de permanecer 48h sem dormir, de prolongar as tarefas sem perda do estado de vigília, assim como de manter a confiança e a euforia. O interesse pela partícula é então decuplicado, seduzindo todos aqueles suscetíveis de serem afetados pela fadiga, chegando mesmo a sugerir uma esperança inédita: a de modificar pelo psicotropo as resistências intrínsecas do homem moderno.

Uma empresa norte-americana adquire a patente, comercializa o produto, disponibilizando-o em venda livre, desde a década de 1930, sob o nome de *benzedrina*, encetando uma história totalmente renovada. Seu uso difunde-se, tendo sido adotada pelos atletas e estudada pelos militares, além de ser banalizada pelos intelectuais. Os psiquiatras vão receitá-la a seus pacientes letárgicos[585]. Verifica-se o cruzamento dos testemunhos: o poeta Wystan Hugh Auden afirma que, durante muito tempo, começou suas jornadas de trabalho ingerindo a molécula[586]; Norbert Wiener, o inventor da cibernética, diz ter recorrido regularmente a seu uso (WIENER, 1956). Ainda inovação, as fábricas alemãs Temmler pretendem aperfeiçoar a descoberta inicial, criando uma metanfetamina, chamada Pervitin, a qual deveria, supostamente, "estimular a psique e o coração" (OHLER, 2017, p. 70[587]), difundida em grande escala por meio de uma publicidade profusamente divulgada. Os comprimidos seriam um recurso tônico, além de um "remédio universal" (OHLER, 2017, p. 70), ferramentas inéditas de energia colocadas à disposição das famílias alemãs.

Ainda resta abordar o real e sua possível vertente negativa: a anfetamina dissimula a fadiga, sem conseguir eliminá-la; ela "não faz crescer, de modo algum, o rendimento diante do esforço, mas a percepção de sua dificuldade" (MONDE-

---

585. Disponível em https://fr.wikipedia.org/wiki/Amph%C3%A9tamine
586. Disponível em https://www.atlantico.fr/pepite/333888/benzedrine-drogue-grandementinfluence-amerique-vingtieme-siecle
587. Cf. resenha de Soares, 2019. Entrevista de Dagmar Breitenbach com Norman Ohler (BREITENBACH, 2015) [N.T.].

NARD, 2004, p. 750). Acidentes são registrados. Em particular, os de insuficiência cardíaca: a exemplo do alpinista que, em 1939, efetua uma subida, mediante a utilização de Pervitin, acabando por morrer na chegada (MONDENARD, 2004, p. 754); a exemplo também dos oficiais afetados por síncopes extremamente graves (OHLER, 2017, p. 176); e ainda a exemplo dos estudantes da universidade de Munique que, tendo sido testados em overdose, foram levados ao isolamento, tornando-se durante algum tempo, "cadáveres por efeito de Pervitin" (OHLER, 2017, p. 110). Acrescentem-se, entre os consumidores persistentes, os distúrbios da linguagem, a falta de concentração, diversas doenças e, ainda mais, a adicção. Perigos medidos por Leonardo Conti, diretor da saúde pública do Reich, que alerta para os riscos de "forças físicas e mentais que diminuem insidiosamente até o inevitável colapso"[588]. A "droga do povo [é] declarada oficialmente como narcótico" na Alemanha de 1941 (OHLER, 2017, p. 195-196). Mais tarde, Norbert Wiener afirmará também que tinha "negligenciado demais os efeitos da droga em [seu] organismo" (WIENER, 1956).

No entanto, o sucesso da molécula não deixa de atingir um clímax durante os combates da década de 1940: "O adversário [...] se chamava cansaço – um opositor monstruoso, difícil de pegar, que constantemente matava os combatentes, derrubava-os e obrigava-os a repousar" (OHLER, 2017, p. 102). Pervitin seria a nova proteção, tendo insuflado confiança a Heinrich Böll, o futuro ganhador do Prêmio Nobel, durante as primeiras semanas do conflito: "Estou naturalmente exausto [...], mas agora tenho de ficar acordado. O Pervitin, aliás, logo começará a fazer efeito e há de ajudar-me a superar o cansaço" (BÖLL, 2001; OHLER, 2017, p. 93; 2001, p. 81). Essa é a promessa das fábricas Temmler que produzem quase um milhão de comprimidos por dia, inundando a Wehrmacht e a Luftwaffe na sequência de "encomendas de quantidade gigantesca" (OHLER, 2017, p. 134-135). O que é confirmado também por Heinz Guderian, ao invectivar seus soldados, durante a travessia das Ardenas: "Se for necessário, exigirei que vocês

---

588. CONTI, L. An die ehrenamtlichlen Mitglieder der früheren R.f.R. [Para os membros honorários do grupo de trabalho de combate aos entorpecentes], 19/10/1939, apud OHLER, 2017, p. 126.

não durmam durante três dias e três noites"[589]. Assim, a guerra relâmpago é apoiada, pela primeira vez, por uma droga generalizada: "A *Blitzkrieg* foi empreendida mediante o uso de metanfetamina, para não dizer que estava baseada no uso da metanfetamina[590].

Outras fases dos combates revelam um consumo igualmente maciço entre os Aliados: a ofensiva de El Alamein, em 1942, batalha em que os motoristas de tanque da 24ª Brigada se beneficiam de "enormes doses de benzedrina, distribuídas na véspera do ataque", efetuam o avanço, mas perdem 80% de seus efetivos[591]. E a Batalha da Grã-Bretanha, em 1940-1941, durante a qual o Ministério Britânico do Abastecimento distribui aos pilotos aliados 72 milhões de comprimidos de benzedrina, promovendo o estado de vigília, durante a noite, e a superioridade em relação aos bombardeiros mais pesados da Luftwaffe, sugerindo assim as novas expressões atribuídas aos comprimidos: *Co-pilot*, *Wake-up*, *Eye-openers* (MONDENARD, 2004, p. 752). A antiga imagem do potencial energético é, em grande parte, ultrapassada aqui pela imagem de potencialidade química. Surge um universo inédito de estímulos, repassando em parte a referência à pesada máquina calórica para ceder o lugar a outra referência: a de substâncias cada vez mais sutis, provenientes do refinamento da ciência biológica, as quais deveriam, supostamente, revolucionar os centros nervosos, antes que viesse a ser reconhecida sua ineficácia.

Dos hormônios ao estresse

É ainda em outra vertente da bioquímica que a descoberta dos hormônios enriquece a visão da fadiga durante o período entreguerras, implicando inclusive revolução do pensamento, deslocando a observação, orientando-se para novas

---

589. Citação no livro, lançado em 1995, do oficial e historiador militar alemão Karl-Heinz Frieser (cf. FRIESER, 2003, p. 209). • Ardenas: região montanhosa na divisa da Bélgica, Luxemburgo e França [N.T.].
590. Cf. *La Pilule de Göring*. Filme documentário de Sönke el Bitar. Canal Arte, 2010 [Orig.: *Schlaflos im Krieg – Die pharmazeutische Waffe*, 2009].
591. Cf. *Alliés et nazis sous amphétamines*. [Orig.: *World War Speed*, 2018].

formas de expectativas, de fontes e de objetos, além de compilar o que o psíquico já havia revelado para sugerir uma visão mais ampla, para não dizer, renovada.

Hans Selye – biólogo que, na década de 1920, aprofunda o estudo do funcionamento das glândulas endócrinas na Université de Montréal – constata uma súbita intensificação das secreções hormonais e dos distúrbios internos em caso de choque, de agressão ou de uma situação desgastante. Acontecimentos a respeito dos quais convém medir, em primeiro lugar, a respectiva diversidade: lesões físicas, desgostos, emoções íntimas, distúrbios de todos os tipos e danos diversificados. Instaura-se uma efervescência degradante pelo fato de ser violenta e desordenada, inclusive, uma possível "infecção" por excesso de misturas reativas e hormonais. O artigo fundador, publicado na revista *Nature*, em 1936, qualifica tais fontes de desconforto como agentes nocivos [*nocuous agentes*] SELYE, 1936, p. 32). Os ratos é que servem de cobaias. Neste caso específico, as situações evocadas são múltiplas: "exposição ao frio, exercício excessivo, intoxicação, lesão, dano cirúrgico..." (SELYE, 1936, p. 32). As reações obtidas são sempre idênticas: "aumento do timo, modificação das suprarrenais, perda do tônus muscular, queda da temperatura..." A própria comoção cria ruptura e divagação, além de perda de adaptação. Enquanto surge, em breve, uma reação salvadora, réplica que, em segundo momento, favorece a resistência e restitui o equilíbrio: ordem restabelecida e normalidade restaurada. O corpo protege-se; em compensação, os distúrbios tornam-se insuperáveis uma vez que as agressões são sistematicamente prolongadas. A réplica desaparece. A "resistência cede", o "esgotamento" instaura-se, o animal sucumbe sob o peso de sintomas irresistivelmente reforçados. A prostração irremediável está no final da caminhada, simbolizando uma fadiga definitivamente instalada.

O termo estresse é proposto aqui, pela primeira vez, para designar os distúrbios de todos os tipos provocados pela agressão ou pelo choque suportados durante um tempo demasiado longo. Um contexto favoreceu a invenção desse termo – o dos engenheiros que especificam as pressões exercidas sobre os materiais do início do século XX: concreto, fibras, metais compostos e aços esticados, tais como compressões, torções e dilatações sofridas por substâncias que se prestam a ínfimos deslocamentos antes de reencontrarem seu ajuste ou cedendo definitivamente sob pressões irresistíveis (MOORE; KROUSE, 1934). A palavra torna-se imagem, a ponto de mudar de terreno, de especificar-se e de internacionalizar-se para uma definição que se estende ao organismo, designando as substâncias e as tensões nocivas, lesivas em todos os aspectos, que penetram no indivíduo sob pressão, além de ameaçarem levá-lo ao esgotamento.

A correspondência com o humano pode então banalizar-se. Originalidade decisiva que considera o ser afetado como um todo: conjunto "genérico" na forma não só de sofrer a agressão, mas também de reagir a isso. A fonte da fadiga generaliza-se, aprofundando a visão global já iniciada por determinadas análises (cf. p. 343-344). Imagem central em que o orgânico e o mental são conjugados, na qual, pela primeira vez, Walter Cannon utiliza a expressão sabedoria do corpo visando uma totalidade comportamental[592]. A diversidade dos estressores possíveis, percebidos em termos de choques, é deliberadamente multiplicada de maneira exponencial, misturando os danos físicos e psicológicos, a lesão corporal e a emoção íntima, a fadiga muscular e a fadiga moral, ou, mais amplamente, o campo tentacular dos traumas... O esgotamento estende seu território e alcance, focalizado em resistências quebradas e não restauradas. Os registros dos comportamentos em causa multiplicam-se como nunca anteriormente: as profissões tornam-se demasiado exigentes e deveriam, supostamente, "fazer com que o indivíduo se torne louco" (SELYE, 1962, p. 229); o "envelhecimento prematuro" provocado pelo "estresse constante e, em última análise, exaustivo da vida" (SELYE, 1962, p. 229); a amenorreia proveniente de emoções repetidas (SELYE, 1954, p. 34); os "distúrbios nervosos" em cascata vinculados à falta de adaptação diante de situações tão novas quanto inesperadas; qualquer perturbação, enfim, fazendo oscilar o comportamento e seus equilíbrios estabelecidos.

---

592. Cf. o efeito global de um *traumatic shock*. In: Cannon, 1989, p. XIII.

Figura inédita, no decorrer do segundo terço do século XX, o termo estresse pretende ser totalizante, mais global do que as expressões que o precederam, multiplicando, desde então, as possíveis fontes de esgotamento, instalando de maneira mais consistente o indivíduo no centro do processo, unificando o que afeta sua integridade, o que o perturba e o ameaça ou destrói.

27
Do homem novo ao trágico

Tanto a noção de estresse serve de introdução aos transtornos quase contemporâneos – especificando e diversificando déficits ou traumas, privilegiando a integridade individual, além de elucidar suas fragilidades até os distúrbios emocionais de hoje – quanto ao mesmo período das décadas de 1920-1930, em compensação, foi capaz de orientar para caminhos diferentes, consolidando as resistências, temendo as lacunas da individualidade, estimulando o poder coletivo, além de redesenhar o viril em cima da trágica exclusão do não viril. Isso é demonstrado pelos estados totalitários ao fanatizarem as crenças, ao negarem qualquer fracasso, ao promoverem um homem novo cada vez mais resistente, além de conduzirem, em última análise, a fadiga para horizontes desconhecidos.

Um contexto explica, sem dúvida, a emergência de tais políticas globais: a ascensão do indivíduo e os receios de que esta possa provocar novas dispersões ou conflitos democráticos, ameaçando a visão utópica de uma nação sonhada enquanto compacta, sua unidade fusional e sua proteção quase religiosa; a tolerância inédita em relação a possíveis brutalidades para com os "indesejáveis", favorecida pelo desencadeamento da Primeira Guerra Mundial; a disponibilidade de "meios colossais de mobilização coletiva" (GAUCHET, 2003, p. 303) e de organização, prometidos pelas revoluções tecnológicas colocadas à disposição do poder; além dos planejamentos em larga escala, revelados pelo primeiro conflito mundial e seus controles inéditos. Ou, melhor ainda, a "nova ferramenta: o 'Estado total'" – de acordo com a expressão de Marcel Gauchet –, mantendo uma guerra total que torna possível um Estado totalitário (GAUCHET, 2003, p. 303).

Uma referência, menos marginal do que parece, permanece assim constante: a fadiga, sua indispensável superação ou aprofundamento, o menosprezo pelos deficientes, além da repetida oposição entre grandeza e debilidade. Força e fraqueza trocam, desde então, de registro, objetos não mais do cientista e de seus técnicos, mas da política e de seus defensores, em uma escala até então ignorada: certeza da grandeza feita de impunidade, dominação feita de atrocidade. Daí a dupla polaridade, incontornável e mortífera: resistência excepcional prometida aos fortes e degradação excepcional prometida aos fracos. A violência, neste último caso, é tão extrema que acaba criando um novo martirológio da fadiga: terrível ferocidade cuja memória não poderia ser esquecida.

Que tipo de homem novo?

Circunstâncias em grande número e diferentes favoreceram, nessa década de 1930, o ressentimento coletivo e seu fermento mobilizador:

> Essa massa de homens, em geral, insatisfeitos e desesperados aumentou rapidamente na Alemanha e na Áustria após a Primeira Guerra Mundial, quando a inflação e o desemprego agravaram as consequências desastrosas da derrota militar, tendo despontado em todos os estados sucessórios e apoiado os movimentos extremistas da França e da Itália desde a Segunda Guerra Mundial (ARENDT, 1989, p. 365).

Desforra, violência e vontade de poder assombram o imaginário dessas sociedades à deriva; ascendência, força e exclusão alimentam suas convicções. Daí a imagem sonhada de um homem novo, um ente metamorfoseado, "dinâmico, viril, decidido, eficaz, resistente mediante uma educação espartana e o impacto sublimado do rigor autárquico"[593]; tal como a capa do primeiro número (01/05/1919) da revista bolchevique *Internationale Communiste*[594], apresentando "um homem dotado de uma poderosa musculatura, quebrando, com a força de seu martelo, os

---

593. Cf. MILZA, P. Le mythe de l'homme nouveau. In: Milza, 1999, p. 781.
594. Ilustração de Boris Kustódiev. Revista publicada em Moscou sob a direção de Grigori Zinoviev; em russo, inglês, francês e alemão.

grilhões que aprisionam o mundo"[595]; tais como as encenações de um Mussolini que exibe "um corpo seminu e poderoso, acostumado a todas as tarefas e a todos os exercícios físicos"[596]. Visão ainda mais resistente com o modelo alemão, focalizado na juventude e enaltecido pela propaganda nazista que se serve das metáforas do ferro e da solidez:

> Em nosso entender, o jovem alemão do futuro deve ser esperto e hábil, rápido como o galgo, resistente como o couro e sólido como o aço de Krupp. Para evitar que nosso povo desapareça sob os sintomas da degenerescência do nosso tempo, devemos criar um homem novo[597].

De forma mais ampla, tal *frenesi* é que estigmatiza a fraqueza, a exemplo da oposição entre seres fortes e seres friáveis, presentes na terminologia alemã *das Schwache*[598]. Jacques Doriot resume ainda melhor, através unicamente da colaboração [com os nazistas], a reivindicação que coloca frente a frente o infatigável e o cansado:

> O homem de um movimento deve apresentar qualidades excepcionais de compreensão intelectual, de resistência moral, de tenacidade e, até mesmo, de resistência física. A verdade é que o menor fracasso intelectual, a menor fadiga, a mais insignificante incompreensão do sentido profundo e verdadeiro do movimento enfraquece o respeito tanto da disciplina quanto dos ritos que a caracterizam. Se o profundo mal-entendido do movimento piorar, a disciplina e o respeito pelo movimento tornam-se insuportáveis para os homens cansados[599].

---

595. PILLON, T. Virilidade operária. In: Corbin; Courtine; Vigarello, 2021, t. III, p. 370.

596. Cf. MILZA, P. Mussolini, figure emblématique de l'"homme nouveau. In: Matard-Bonucci; Milza, 2004, p. 77.

597. HITLER, A. Discurso de Nuremberga, 14/09/1935. • MICHAUD, É. "L'homme nouveau et son autre dans l'Allemagne national-socialiste". In: Matard-Bonucci; Milza, 2004, p. 307.

598. Ibid., p. 314.

599. DORIOT, J. *Le Mouvement et les hommes* [1942]. In: Lejeune, 1977, t. I, p. 68-69. • Jacques Doriot (1898-1945), político e jornalista francês, militante comunista desde o início dos anos de 1920, foi expulso do PCF em 1934. Em 1936, fundou o Parti Populaire Français (PPF), tornando-se um fervoroso colaboracionista nazi, além de ter participado, em 1941, na fundação da LÉGION des Voluntaires Français contre le Bolchevisme (LVF) [N.T.].

Termos, sem dúvida, imprecisos, além de convencionais, mas são apenas as táticas de dominação que transformam o recurso ao esgotamento em um programa preciso. Um exemplo disso são as decisões do poder soviético ao estipular, dependendo do caso, ritmos de produção irrealizáveis ou extenuantes. Único objetivo: condenar com maior severidade, no momento oportuno, os responsáveis ou os operários "para que um novo expurgo possa começar" (ARENDT, 1989, p. 476). Enquanto arma ideológica, a fadiga revela-se, desde então, igualmente arma política.

Propaganda totalitária e infatigabilidade

Tal arma ganha toda a sua amplitude no universo bolchevista da década de 1930: criação de recordes, ligação entre rendimento e salário, além do mito da resistência ao esforço. O destaque de uma façanha, em 1935, transforma por si só as normas de produção e os dispêndios físicos previsíveis: a imprensa revela que um mineiro pleno de energia, Alexei Stakhanov, na noite de 30 a 31 de agosto, teria extraído 102t de carvão em 5:45h; ou seja, cerca de quatorze vezes a cota solicitada e realizada diariamente. O homem segurou "seu martelo picador a fim de quebrar 85m de rocha"[600], observando escrupulosamente as recomendações técnicas, removendo qualquer limite aceito até então e confirmando a aparição do homem novo promovido pelos soviéticos. Um silêncio, sem dúvida alguma, pesa sobre as reais condições de uma produção assim multiplicada à exaustão: a presença de uma enorme equipe em torno do mineiro, tais como os entivadores avançando a seu lado e os ajudantes para evacuar o carvão. No entanto, o resultado não deixa de provocar uma propaganda imediata, enaltecendo o trabalhador soviético, exibindo um modelo suscetível de ser difundido, além de generalizar a competição em todo o país. As palavras de Stakhanov são devidamente realçadas: insistência sobre o recurso a ferramentas adequadas; "trabalho tenso, mas expedito e jovial" (DE-PRETTO, 1982, p. 348). E também execução fluida, conseguida sem esgotamento:

---

600. PILLON, T. Virilidade operária. Op. cit.

"Não senti nenhum tipo de fadiga, além de estar pronto para continuar cortando hulha, se ainda tivesse sobrado madeira" (DEPRETTO, 1982, p. 348). Importante renovação para o totalitarismo pelo fato de ser algo totalmente político.

Exemplo de perfeição e de infatigabilidade, o ato de Stakhanov envolve um "culto à personalidade em miniatura" (APPLEBAUM, 2017), a do homem transformado: seu rosto torna-se visível por toda a parte, ocupando cartazes e fotos, seu nome é dado a praças e ruas, inclusive, atribuído a uma cidade na Ucrânia. A campanha conquista a opinião internacional, instalando a URSS com maior solidez na competição Leste-Oeste, valorizando a produção soviética, servindo-se da adesão dos trabalhadores ao regime stalinista, além de ter convencido, de passagem, a *Time Magazine* a dedicar sua capa de 1612/1935 ao operário de minas de Donbass. O *stakhanovismo* apresenta-se enquanto estilo de vida, cultivando um algo a mais na Rússia da década de 1930, conduzindo inclusive a uma interminável sobrevalorização nas cotações diárias: os *dvukhsotnik* (200%) ou os *tysyachniki* (1.000%)[601]. Pura ideologia – será mesmo necessário insistir sobre esse aspecto? –, negando qualquer análise exata ou verificação fundamentada:

> Recusando-se a abordar a questão da fadiga industrial em termos científicos, os teóricos marxistas da era stalinista pretendiam (e – quem sabe? – acreditavam ser possível) suprimir a própria fadiga (FRIEDMANN, 1962, p. 50).

No momento em que se difunde uma realidade mais sombria: deterioração da situação dos operários, declínio em seu padrão de vida e estratificação das desigualdades (cf. VIGNE, 1984, p. 26). No momento em que também o procedimento pode provocar "a rápida deterioração dos equipamentos por causa das cadências forçadas"[602]. De forma mais ampla, a intensa aceleração do rendimento individual, o menosprezo pelo trabalho em equipe e a circulação de cálculos inacessíveis tiveram "como resultado um 'desequilíbrio caótico' da incipiente indústria" (ARENDT, 1989, p. 372).

---

601. Disponível em http://www.histoire-fr.com/mensonges_histoire_stakhanov.htm
602. Ibid.

Por fim, e talvez acima de tudo, tal dispositivo permite aplicar obscuras punições contra aqueles cuja adesão não parece ter sido garantida, ameaçando uma solidariedade postulada, seguindo o exemplo da pesquisa sobre a indústria da construção na Hungria, em 1950: um setor inteiro – o de várias centenas de operários – "é saneado dos 'elementos inimigos'" após "o colapso de uma barragem" (APPLEBAUM, 2017). O stakhanovismo torna possível, nesse contexto, dar o troco, imagem conscientemente construída, enaltecendo o homem novo, criatura de um partido, para eliminar de forma mais eficaz o homem degenerado, cada vez mais esmagado.

Com esta diferença, finalmente, que opõe socialismo e nazismo ao postularem a respectiva ascensão e legitimidade sobre a infatigabilidade atribuída, pelo primeiro, ao trabalho e, pelo segundo, à raça e ao sangue.

Esgotamento e aniquilação

Em ambos os casos, em compensação, a lógica do regime totalitário consiste em excluir qualquer indivíduo que, supostamente, venha a ameaçar a unidade fusional, aquela fantasiada por um poder investido com todos os direitos. O desafio consiste inclusive em "eliminar, lenta ou rapidamente, elementos considerados prejudiciais, do ponto de vista racial ou social" (KOGON, 1947, p. 118). O homem novo possui aqui seu avesso: o teimoso, o ente degenerado ou perigoso, aquele destinado ao infortúnio dos fracos. Dois universos irreconciliáveis, legitimando o possível esgotamento enquanto arma política. Daí a criação de campos de concentração, o banimento, ou seja, recinto fechado em que ficariam separados – e, até mesmo, aniquilados – aqueles considerados por esse regime como estrangeiros a ele.

A expressão *campo de concentração* pode, aliás, nem sempre ser adequada: o extermínio dos judeus por gás, desde sua chegada ao local, não se enquadra no âmbito do regime concentracionário. Em Belzec, Chelmno, Sobibor e Treblinka[603] nada é previsto para recebê-los, alimentá-los ou abrigá-los. Única

---

603. Cf. KOTEK, J. Trois types de camps. In: Kotek, 2003.

função: a aniquilação de indivíduos considerados inassimiláveis e, do ponto de vista racial, inferiores.

A *concentração*, por outro lado, o estabelecimento de campos exercem esta primeira função: "isolar como medida preventiva uma parte do corpo social, ou seja, indivíduos ou grupos de indivíduos considerados suspeitos, para não dizer, prejudiciais"[604]. Sem visão econômica, nesse caso, nenhuma expectativa de atividade para os "reprovados". A finalidade se encontra, em outro lugar, na humilhação, no enfraquecimento e também no sofrimento, no desaparecimento lento ou, em particular, no caso soviético, na difusa perspectiva de transformar o "culpado", de regenerá-lo. O núcleo do sistema consiste em estigmatizar e igualmente em depurar. Daí a exigência de uma possível tarefa penosa, mas inútil e punitiva. Eis a evocação de Hermann Langbein: "Pedras são transportadas, de um lugar para outro, no ritmo de corrida, cuidadosamente empilhadas e depois carregadas de volta, sempre correndo, para o lugar onde estavam anteriormente" (LANGBEIN, 1994[605]). Exaustão constantemente "disponível", intuitiva, obcecada e maciça.

No entanto, a perspectiva se reorienta no final da década de 1930 em decorrência da duração do confinamento, do estado de guerra e da perda de mão de obra. O trabalho pode, então, trocar de objeto e a fadiga de destino. Himmler, o segundo homem mais poderoso do Terceiro Reich, e o ministro da Justiça decidem enviar para os campos, "em vista do extermínio [*Vernichtung*] pelo trabalho", os "prisioneiros preventivos": judeus, ciganos, russos, ucranianos e poloneses (cf. SOFSKY, 1995, p. 55). A aniquilação prometida aos internos ocorre mediante as tarefas. Ainda convém tornar complexa aqui a noção de esgotamento: o dispêndio físico está associado a um grande número de outras agruras que sobrecarregam a fadiga: má higiene, violências, fome, frio e doenças (SOLJENITSYNE, 1976[606]). A autoridade soviética chega, inclusive, a inventar um dispositivo que

---

604. Cf. KOTEK, J. À quoi sert un camp? In: Kotek, 2003.
605. Hermann Langbein (1912-1995) foi um historiador austríaco, comunista e resistente contra o nazismo, além de cofundador do Comitê Internacional de Auschwitz.
606. Título original, em russo, *Arkhipelag GULag*. A palavra *arquipélago* se refere ao sistema de campos de trabalho forçado espalhados por toda a União Soviética como uma vasta corrente de ilhas.

acelera a degradação: "Aqueles que eram menos rentáveis no trabalho recebiam uma ração alimentar em menor quantidade. Tal procedimento condenou centenas de milhares de pessoas à morte e à invalidez, forçando o Gulag a experimentar novos expedientes para 'motivar' a mão de obra" (CADIOT; ÉLIE, 2017). Outra prática: a autoridade SS acelera especificamente os ritmos, tendo em vista a produtividade, o controle e a dominação: os descarregamentos são feitos no ritmo da corrida, a subida das encostas com carrinhos de mão deve ser feita a trote, além de que a fome acaba acentuando em breve a vertente intransponível das tarefas exigidas[607]. A expectativa de vida nas fábricas de Auschwitz eleva-se, então, a alguns meses (HILBERG, 1991, t. II, p. 806); mão de obra transitória, de imediato, condenada pelo julgamento sobre "a nocividade judaica" (INGRAO, 2015).

O peso da fadiga está, por fim, tão presente que, às vezes, é inclusive especificamente experimentado: o internado torna-se cobaia do suportável e do insuportável. Desde 1936, um "comando de pedestres" é criado no campo de Sachsenhausen, ao norte de Berlim, local em que os prisioneiros são submetidos a um regime específico: "Em marchas forçadas ininterruptas, [eles] deviam testar a resistência das solas para a indústria alemã de calçados" (OHLER, 2017, p. 391). Um refinamento implacável pretende inclusive diferenciar os resultados de acordo com o estado dos solos percorridos (areia, argila, cascalho ou pedregulhos), com o tamanho dos sapatos ou com o peso das cargas transportadas. Experimentação ainda mais implacável: uma "patrulha das pílulas" é criada em 1944, reivindicada pela marinha alemã, para avaliar os efeitos de um composto energizador recém-inventado. O relatório final pretende descartar qualquer hesitação:

> O objetivo de manter indivíduos acordados e aptos para o serviço durante quatro dias e quatro noites sem ou com pouca possibilidade de dormir está no campo do possível com o emprego das

---

GULag, por sua vez, é um acrônimo em russo de Glavnoye Upravleniye Ispravitelno-trudovykh Lagerey [Direção Principal dos Campos de Trabalho Corretivo], denominação burocrática para designar esse sistema de campos de concentração [N.T.].

607. Entre os depoimentos concordantes, cf. SNYDERS, G. Grands entretiens [Institut National de l'Audiovisuel] [Disponível em https://entretiens.ina.fr/memoires-de-la-shoah/Snyders/georgessnyders/transcription/3]. Cf. SEHN et al., 1946, t. I, p. 53.

substâncias A-D. As B e C merecem prioridade (RICHERT, apud OHLER, 2017, p. 397).

Na sociedade totalitária, a fadiga tornou-se definitivamente arma política, além de objeto de cálculo trágico e de análise final em relação aos suspeitos e excluídos, ou seja, uma maneira de tentar todos os testes possíveis em indivíduos, cujo corpo continua sendo o último vestígio a ser investigado.

O lazer entre totalitarismo e democracia

A ameaça dessa mesma fadiga, em compensação, é levada em conta de forma aparentemente positiva no caso dos trabalhadores nacionais, o universo produtivo, contínuo e enaltecido. Inclusive, um *lazer* é organizado na Alemanha nazista no decorrer da década de 1930, alegando atenuar os efeitos de um esforço prolongado a fim de incrementar uma melhor eficácia do trabalhador: "A função do tempo livre e dos feriados consiste na eliminação completa da fadiga natural, inevitável; aliás, a estabilidade da capacidade produtiva depende da plena realização dessa tarefa"[608]. O raciocínio aplica-se ao homem novo, enquanto ele se inverte totalmente, como vimos, para o ente condenado: uma breve interrupção anual do trabalho teria um efeito preservador, acentuando a "solidez dos nervos"[609] para os operários alemães. Isso converge, no mesmo momento, para uma dinâmica mais amplamente europeia: a noção de *folga*, a expectativa de um tempo livre inédito, reforçada após a Primeira Guerra Mundial, reivindicação que surgiu no âmago das sociedades industriais com o objetivo de reduzir seu impacto. Em 1919, a delegação sueca solicita a inscrição desse tema na agenda da I Conferência Internacional do Trabalho: "Um período de descanso absoluto em cada ano é essencial para manter a saúde física e moral dos trabalhadores"[610]. Na França, um projeto de lei é apresentado, em 11/07/1925, na Câmara dos Deputados: "A generalização das

---

608. Afirmação de um jurista nazi comentada em Richez; Strauss, 1995, p. 387.
609. Afirmação atribuída a Hitler, citada em Richez; Strauss, 1995, p. 388.
610. Conférence internationale du travail. Washington, 1919. Relatório preparado pelo comitê de organização.

férias torna-se necessária para conservar a capacidade de trabalho e a saúde dos trabalhadores [...], além de torná-los mais produtivos no trabalho" (GUERRAND, 1963, p. 54). Projeto ambicioso, ainda não concluído nessa data, mas em breve mais abrangente e mais complexo, indo além da mera noção de pausa estudada até então.

A promessa infiltra-se facilmente em uma sociedade totalitária, sempre diligente para orientar e dirigir qualquer atividade, tal como na Itália fascista ou na Alemanha nazista. Os cruzeiros anuais reservados aos operários alemães pelo movimento Kraft durch Freude (A força pela alegria) – instituição que, desde 1933, toma o lugar dos sindicatos – são o exemplo caricatural disso: destinos não escolhidos pelos beneficiários, "horários fixados com todo o rigor" (RICHEZ; STRAUSS, 1995, p. 403), recomendações estipulando as roupas a serem usadas, a atitude a ser respeitada, as flores que podem ser colhidas, a hora de se deitar[611]; enfim, espetáculos integrados totalmente à ideologia, "o folclore sendo preferido em relação à 'arte degenerada'" (THIESSE, 1999[612]). Daí a visão quase contraditória de tal descanso, na medida em que a saturação obrigatória das consciências tende a eliminar qualquer relaxamento.

Nada comparável nas sociedades democráticas, uma vez que a individualidade não ocupa nelas o mesmo lugar, nem o termo lazer tem o mesmo sentido. A novidade é, de imediato, a de um tempo "para si mesmo", vacuidade inédita, particular, a qual, na origem, nem sempre é apreendida por todos. A exemplo do metalúrgico de Toulouse ao responder, na década de 1950, às enquetes retrospectivas de Janine Larrue: "Passatempos? Eu nunca tinha pensado nisso" (LARRUE, 1959, p. 955, apud RAUCH, 1996, p. 100). No entanto, verifica-se uma mudança total na

---

611. Disponível em https://fr.wikipedia.org/wiki/Kraft_durch_Freude • A instituição da Alemanha nazista Kraft durch Freude serviu de inspiração ao Ministro António Ferro (1895-1956) – dinamizador da política cultural no início do Estado Novo (1933-1974), em Portugal – para a criação da Fundação Nacional para a Alegria no Trabalho (Fnat), em 1935, a qual foi substituída, em 1979, pelo Instituto Nacional para o Aproveitamento dos Tempos Livres dos Trabalhadores (Inatel). Cf. Valente, 1998 [N.T.].

612. Cf. esp. THIESSE, A.-M. Organisations officielles soumises à une mystique nationale. In: Thiesse, 1995, p. 316.

França quando a coligação Front Populaire [Frente Popular] votou, pela primeira vez, em 12/06/1936, a semana de 40h e as duas semanas de licença remunerada. Tal recurso torna-se símbolo (LARRUE, 1959, p. 955, apud RAUCH, 1996, p. 100). Alguns vão considerá-lo como "o primeiro ano da felicidade" (LÉO-LAGRANGE, 1965), enquanto outros como a "ascensão para uma vida mais digna e mais humana", indo além das meras "compensações da fadiga"[613] e, ainda, outros como uma forma inédita de liberdade:

> Não ir à fábrica, ter a possibilidade de ficar em casa, não ser obrigado a levantar-se de madrugada, a correr para chegar a tempo, escapar das exigências do capataz e da produção, da ameaça de punições aplicadas à menor infração ao regulamento da oficina ou à diminuição do rendimento [...]. Ora, pela primeira vez usufruía-se dessa situação de liberdade, reconhecida legalmente (com efeito, em caso de greve, o indivíduo continua também livre). Essa vacuidade – que não acarreta nenhuma penalidade salarial – era, portanto, inédita e, até mesmo, insólita. Ela foi sentida intensamente por todos, independentemente da maneira como cada qual ocupava seu tempo livre[614].

Essa é ainda a constatação da filósofa Simone Weil ao acompanhar longas caravanas de trabalhadores dirigindo-se para a estação ferroviária de Lyon [em Paris]: "Eles choravam de alegria, cantavam e diziam coisas tão ingênuas quanto 'Viva a vida'"[615]. É também o testemunho das pinturas: *L'Aube*, em 1936, de Krsto Hegedusic[616], com os cicloturistas que se aventuram em um horizonte sem limites; ou *Les Loisirs* de Fernand Léger, o qual mistura praias e maiôs, bicicletas e corredores, pombas e flores, confirmando a penetração cultural de tais instaurações sociais[617]. Outras tantas ilustrações ou outros tantos momentos, em um processo de longa duração.

---

613. DANIEL, J. *Semaines sociales de Rouen*, 1938; apud Parant, 1939, p. 37.
614. Afirmação de um operário de 1936, apud Trempé; Boscus, 1990, p. 72.
615. WEIL, S., apud Cribier, 1969, p. 48.
616. HEGEDUSIC, K. *L'Aube*, pintura a óleo, 1936. Coleção privada.
617. LÉGER, F. *Les Loisirs*, 1948. Musée national Fernand-Léger, cidade de Biot. Departamento de Alpes-Maritimes, Sudeste da França.

28
As promessas do bem-estar?

Totalitarismo e democracia tiraram partido, mediante práticas radicalmente opostas, da referência política à fadiga. Ocorre que o reconhecimento auspicioso do lazer – o do tempo livre –, o incremento da individualização e o advento de uma sociedade de consumo nos países democráticos privilegiaram essa questão da fadiga, realçando sua importância, com a promessa de atenuá-la, organizá-la e protegê-la. As iniciativas do Estado de Bem-estar Social pretendem avançar nesse sentido, mediante as férias, a seguridade social, a aposentadoria e a duração do tempo de trabalho, a tal ponto que a expressão inédita de "bem-estar" acabou surgindo nesses mesmos países, no final da década de 1950; fórmula que deveria, supostamente, revolucionar a vida cotidiana, relaxar as coações, além de simplificar os estilos de vida. Primeiro reconhecimento institucional do que a consideração cada vez mais sofisticada do psíquico havia sugerido; ou, dito por outras palavras, indiscutível "ideologia moderna" (BAUDRILLARD, 1995, p. 144), cujo alcance histórico e respectivos efeitos devem ser cuidadosamente avaliados.

Concretizar o desgaste

Impossível, antes de tudo, ignorar as novas respostas administrativas e sociais, inclusive, políticas, ou seja, aquelas que respondem, após a Segunda Guerra Mundial, aos testes de desgaste e de tarefa penosa. Nesse sentido, em 1945, a Seguridade Social na França instala um sistema de assistência que pretendia ser universal. Mudança importante e, até mesmo, dias aprazíveis – essa é, aliás, a promessa dos textos fundadores que garantem, a partir da contribuição de cada um, a generalização de um sistema de seguros de risco:

> Considerada sob esse prisma, a seguridade social exige o estabelecimento de uma ampla organização nacional de ajuda mútua compulsória que só pode alcançar sua plena eficácia se tiver um caráter de generalidade muito amplo, no que diz respeito tanto às pessoas que ela engloba quanto aos riscos cobertos por ela. O objetivo final a ser alcançado é a realização de um plano que proteja toda a população do país contra todos os fatores de insegurança; tal resultado só será obtido após muitos anos de esforços perseverantes, mas o que pode ser feito hoje consiste em organizar o contexto no qual esse plano será progressivamente realizado[618].

O "período subsequente à atividade profissional" é objeto, para cada trabalhador, de um dispositivo minucioso. A idade de interrupção da atividade permanece nos 60 anos, "à taxa de 20% do salário anual de base", a que são adicionadas vantagens progressivas em caso de prorrogação até os 65 anos com o objetivo de "manter o número máximo de trabalhadores em atividade para vencer a batalha da produção"[619]. Na verdade, trata-se de medida-limite, considerando que a expectativa de vida, no mesmo momento, elevava-se a 69,2 anos para as mulheres e 63,4 anos para os homens[620].

A primeira originalidade, em compensação, diz respeito à evocação das "atividades particularmente penosas suscetíveis de provocar o desgaste prematuro do organismo"[621] e à atribuição de benefícios financeiros para aqueles e aquelas que tivessem exercido tais atividades. Duplo objetivo: reconhecer explicitamente a existência de uma fadiga de longo prazo e designá-la de acordo com uma lista elaborada após consulta ao Conseil Supérieur de la Sécurité

---

618. Cf. CONSEIL NATIONAL DE LA RESISTANCE (CNR). *Plan complet de sécurité sociale*.
619. Cf. Portarias. In: Silo-Agora des pensées critiques [Disponível em https://silogora.org/une-histoire-de-lordonnance-4-octobre-1945/].
620. Cf. Institut de Recherche et Documentation en Economie de Santé [Disponível em https://www.irdes.fr/EspaceEnseignement/ChiffresGraphiques/Cadrage/IndicateursEtatSante/EsperanceVie.htm].
621. *Ordonnance d'octobre 1945*, art. 64.

Sociale[622]. Com o seguinte detalhe: o ganho diz respeito aqui, exclusivamente, à taxa de pensão e não à atenuação dos danos mediante a antecipação do termo da atividade. Comprovação, ao que tudo indica, da dificuldade de modular idades e patamares.

Ainda outro detalhe, desta vez, importante: o desgaste prematuro pode estar associado tanto à fadiga quanto a um grande número de outras influências, tais como a periculosidade dos produtos manuseados ou os riscos do ambiente circundante. Nada mais do que uma maneira de juntar, sob a mesma noção, o que, no trabalho, pode encurtar ou comprometer a vida; de orientar o dano para uma visão que acaba superando definitivamente a antiga proposta de Ramazzini limitada às patologias; de fazer convergir a fadiga com outros abatimentos; e de unificar o que compromete a vitalidade.

Originalidade igualmente marcante nesse texto de 1945, "a existência de determinado número de regimes especiais em relação ao direito comum"[623]. Ou, dito por outras palavras, a manutenção de uma precocidade da idade de interrupção da atividade para determinadas profissões que deveriam, supostamente, acentuar a fadiga ou a enfermidade, beneficiando-se, sobretudo, há muito tempo, de tal regulamentação: as dos estabelecimentos industriais do Estado, das mineradoras, da SNCF [Empresa Pública Francesa das Estradas de Ferro], dos serviços ativos do Estado (cf. p. 316), das empresas de transporte e distribuição de gás e eletricidade[624] etc. O sistema reforça o princípio da equidade em relação ao da igualdade: reservar direitos àqueles que, segundo se presume, deveriam merecê-los, ao mesmo tempo em que "torna o sistema mais complexo" (URBAIN, 2019, p. 124) em torno de critérios interminavelmente discutidos e de financiamentos interminavelmente relançados. Ocorre que o desgaste é definido aqui mais pela profissão do que pela própria atividade,

---

622. Ibid.
623. BUFFIN, F.; TAURAN, T. La consolidation des régimes spéciaux (1945 à nos jours), p. 218. In: Tauran, 2015.
624. Ibid., p. 219.

revelando a enorme dificuldade de apreender a especificidade do prejuízo a longo prazo e de seus efeitos.

A disparidade progressiva no número de contribuintes em relação à dos aposentados conduz, aliás, a uma decisão do governo com um objetivo claramente restritivo, em 1953. Nesse texto, o desgaste é tanto nomeado quanto discutido, para não dizer, reavaliado:

> A partir do 01/09/1953, os funcionários [...] dependentes de regimes particulares ou especiais que ocupam empregos cuja natureza não é susceptível de implicar um desgaste prematuro do organismo ou não está subordinada a qualidades físicas específicas [...] não poderão solicitar a aposentadoria antes da idade a que os funcionários públicos podem exigir uma pensão de antiguidade, nem serem automaticamente aposentados antes de atingirem o limite de idade aplicável aos mesmos funcionários[625].

Daí, na maioria dos casos, os funcionários dos serviços chamados ativos, em particular, cuja interrupção da atividade ocorre aos 60 anos, em vez dos 55. Daí também a enorme resistência dos agentes em causa: movimentos sociais, greve dos funcionários públicos, greve de três semanas na SNCF, recusas diversas e categóricas. Daí, por fim, o recuo do governo, algumas semanas depois: "Está decidido que não haverá alteração" nos serviços especiais de aposentadoria[626]. O episódio é sensível e sintomático, revelando o quão "importante é o estado de espírito nesta matéria" (DOUBLET, 1961, p. 172), recalcitrante às possíveis constatações ou às demonstrações quantificadas; revelando, sobretudo, o quanto "os regimes especiais são percebidos como um verdadeiro elemento do *status* social" (URBAIN, 2019, p. 61), ou melhor ainda, como um importante fator da identidade.

Ajustes, desde então, sucedem-se uns aos outros: o que é ilustrado pela criação do selo para automóveis, em 27/06/1956, o qual deveria, supostamente, contribuir, pela primeira vez, para um fundo nacional de solidariedade a fim

---

625. Décret n. 53-711 du 9 août 1953 relatif au régime des retraites.
626. GRANGE, A. Le régime spécial à la SNCF, p. 234. In: Tauran, 2015.

de compensar possíveis déficits[627]. Com as portarias de 1945 na França, resta abordar – será necessário insistir? – a invenção de uma "proteção" de grande amplitude, em que a aposentadoria é considerada como a resposta a um desgaste claramente nomeado e, às vezes, quantificado, apesar de ter sido objeto de inevitáveis revisões, ajustes ou conflitos.

Inventar a ergonomia

Tais institucionalizações fazem referência a outras, as quais deveriam, supostamente, incrementar suas garantias. Cresce a necessidade tanto de perícia quanto de designar os danos, os esgotamentos, a fim de apreciá-los e, até mesmo, de legalizá-los. Após a Segunda Guerra Mundial, uma medicina do trabalho – durante muito tempo, aleatória, irregular e pontual – assume uma forma até então desconhecida. Enquanto especialidade médica mais bem-consolidada, ela instala, no âmbito do desgaste, dois eixos de investigação: a fadiga e a patologia do trabalho penoso. Daí a atenção mais apurada às lesões resultantes das "atitudes e movimentos no exercício das diferentes profissões, cãibras, deformidades do esqueleto, tenossinovites, exostoses [...]"[628]; distúrbios patológicos decorrentes de uma fadiga mais bem singularizada, para além dos acidentes, intoxicações ou doenças.

Uma lei de 28/07/1942, na França, já tornava obrigatórios os serviços médicos e sociais nas empresas[629]. Com importantes limitações: o reconhecimento de uma autoridade médica que contribui para uma melhor avaliação dos riscos, dos contágios e das instalações era acompanhado de uma ênfase discriminatória, orientada prioritariamente para a apreciação das habilidades dos desempregados, com o objetivo de obter melhores condições para forçar e recorrer às reservas de mão de obra[630]. Muito diferente é a lei de 11/10/1946, seguida pelo decreto de 26/11/1946,

---

627. Cf. *L'apparition de la vignette* [Disponível em https://www.caradisiac.com/L-apparition-de-la-vignette-51019.htm]. • *Vignette*: taxa aplicada aos automóveis em benefício dos idosos [N.T.].
628. SIMONIN, C. Pathologie générale. In: Simonin, 1956, p. 171.
629. Cf. Ibid.
630. Disponível em https://fr.wikipedia.org/wiki/Histoire_de_la_m%C3%A9decine_du_travail

generalizando os serviços médicos, ao mesmo tempo em que garante "a independência, assim como a autoridade, dos médicos responsáveis por esses serviços"[631]. As formas de tal presença variam, evidentemente, de acordo com o tamanho da empresa ou com suas tarefas perigosas (esgotos, matadouros, extração de gorduras, câmaras de refrigeração, emanações diversas...). Seu papel, em compensação, é claramente preventivo:

> – Melhorar as condições higiênicas e sanitárias no trabalho.
> – Evitar a fadiga e o desgaste prematuro alinhando as exigências do trabalho com as aptidões psicossensoriais do trabalho (orientação biológica da mão de obra).
> – Introduzir na fábrica os recursos da higiene mental[632].

Função notável, tanto mais que as referências acadêmicas mobilizadas aqui multiplicam-se de maneira palpável: "médicas, psicoafetivas, fisiológicas, sanitárias, técnicas e sociais"[633].

A primeira dessas referências diz respeito a uma preocupação recém-definida que surgiu após a Segunda Guerra Mundial: a ergonomia (LAVILLE, 1977, p. 5[634]), confirmada pela criação, em Londres, em 1949, da Ergnomics Research Society (cf. FLOYD; WELFORD, 1953, p. 1). Termo inédito cuja etimologia se refere à lei da força (*ergon nomos*). Não é pelo fato de que essa lei tenha sido ignorada: pelo contrário, sua invenção deve-se aos especialistas em mecânica do século XVII (cf. p. 108), tendo sido aprofundada pelos mecânicos da indústria do século XIX (cf. p. 222-223), além de ter sido sistematizada pelos engenheiros da década de 1920 (cf. p. 279-280). A originalidade consiste em privilegiar não tanto o resultado prático, mas a desenvoltura e o bem-estar do operário, a maneira de fazer com as devidas precauções e a prevenção antes da ação. O que é explicitado pelo projeto:

> Conjunto de conhecimentos científicos a respeito do desempenho do ser humano, em atividade, a fim de aplicá-los à concepção de fer-

---

631. SIMONIN, C. Évolution de la protection médicale des travailleurs. In: Simonin, 1956, p. 774.
632. SIMONIN, C. Fonctionnement des services médicaux du travail". In: Ibid., p. 785.
633. Cf. Ibid.
634. Cf. Silva; Paschoarelli, 2010 [N.T.].

ramentas, de máquinas e de dispositivos que possam ser utilizados com o máximo de conforto, de segurança e de eficácia (LAVILLE, 1977, p. 12).

A antiga dinâmica que deveria, supostamente, gerenciar o movimento acentua-se sob um novo modo. O desafio consiste em inventar uma utilidade cômoda, uma vantagem focalizada no próprio ator, apoiando seu prazer e favorecendo suas sensações, inclusive nos dispositivos mais corriqueiros. Gestos e posições são os primeiros a serem visados, a defesa de si mesmo prevalece em relação à eficácia de si mesmo: em particular, no caso dos carregadores, ao levantarem uma carga, o dorso abaulado exerce o efeito de esmagamento sobre os discos intervertebrais (GRANDJEAN, 1969, p. 33), obrigando assim a manter as costas eretas; as posições fortemente curvadas (GRANDJEAN, 1969, p. 27), despendendo esforços muitas vezes inúteis, forçam, portanto, ao aprumo; a "manutenção dos braços esticados para a frente ou para o lado" (GRANDJEAN, 1969, p. 28), multiplicando as tensões excessivas e forçando assim a aproximação dos objetos. Ou ainda a colocação das alavancas, "na altura dos ombros quando se trabalha em pé [...]. Na altura do cotovelo quando se trabalha sentado" (KELLERMANN et al., 1964, p. 67). A execução pretende ser desenvolta, para não dizer, agradável. Daí a análise de dores até então pouco detectadas, a advertência no sentido de corrigir posturas até então pouco questionadas; a pretensão de rever o espaço tanto corporal quanto circundante; a exploração renovada dos ruídos e umidades, luzes e calor, vibrações e solos; a insistência sobre a necessidade de "levar em consideração não só as múltiplas características humanas – de natureza sensorial, intelectual, motora, adaptativa e dimensional –, mas também os efeitos do ambiente de trabalho sobre o desempenho" (WOODSON; TILLMAN, 1966, apud FREMONT; VALENTIN, 1970, p. 8). Diversidade já reencontrada, embora enfrentada de maneira mais sistemática e orientada deliberadamente para a prevenção.

As posições sentadas, em particular, são também mais analisadas do que tinha ocorrido anteriormente, revelando, na década de 1950, a crescente presença de profissões que excluem a força. Daí a inesgotável invenção de mobiliário que deveria, supostamente, dinamizar uma mesa de trabalho colocada ao alcance da mão: assento giratório, assento suspenso, assento com alavanca móvel, assento deslizante, assento retrátil[635]. Ou os painéis de controle estudados em seu maior despojamento possível no sentido de simplificar e esclarecer, em melhores condições, o uso das ordens e dos sinais dados[636].

Proceder ao cruzamento dos modelos físicos

Impossível ainda, para além da ergonomia, ignorar os avanços acadêmicos, o cruzamento dos modelos físicos, ou seja, referências que, após a Segunda Guerra Mundial, renovam o conjunto dos critérios orgânicos. Uns e outros aprofundam-se, hierarquizam-se e convergem, redefinindo como nunca anteriormente a imagem de uma unidade biológica com consequências imediatas sobre a visão das defesas corporais, além de fornecer outros tantos critérios representativos dando sentido ao funcionamento do corpo.

Em primeiro lugar, temos o dispêndio energético, imagem familiar do calor, dinâmica que tira sua força "da oxidação e da desidrogenação" (BUGARD, 1960, p. 20). Em compensação, algumas novidades: a da crescente precisão dos números que condicionam essa mesma energia; e a de sua crescente categorização, até o estabelecimento de normas de âmbito quase internacional. A Organização das Nações Unidas para a Alimentação e a Agricultura[637] estabelece estatisticamente, em 1945, a ração de um "trabalhador médio" em 3.200 calorias, avaliação quase semelhante às do início do século XX (cf. p. 276), ao mesmo tempo em que acentua os detalhes: tal valor baseia-se na manutenção do peso enquanto critério de saúde; diz respeito a um homem de 25 anos e pesando 65kg; varia se for uma mulher (diminuição de 500 calorias), se o peso corporal for maior (a cada 10kg suplementares, adição de 350 calorias) e se o indivíduo praticar esportes (acréscimo de 500 para 1.000 calorias). Isso mantém, por sinal, uma discriminação entre

---

635. Cf. SIMONIN, C. Prévention de la fatigue. In: Simonin, 1956, p. 1.024-1.025.
636. Cf. KELLERMANN, F.T. Panneaux. In: Kellermann et al.,1964, p. 74.
637. Cf. METZ, B. Principes physiologiques d'alimentation des travailleurs. In: Simonin, 1956, p. 129.

homens e mulheres, ao mesmo tempo em que incorpora a presença de novos passatempos. Precisão suplementar: os indivíduos em jejum, há 24h, são forçados a acentuar a velocidade tanto de seu pulso quanto de sua respiração. Ou, dito por outras palavras, os alimentos garantem e estabilizam o rendimento. Nenhuma surpresa: o músculo é incapaz de funcionar sem receber, "por unidade de tempo, determinada energia"[638].

Focalizado na relação entre entradas e saídas, tal modelo está associado ainda a outro – o da rede química –, figura primordial que se expande no decorrer do século XX: a regulação corporal e seu constante ajuste, as mensagens internas e seu poder mediador, tudo isso participa da "energização" do conjunto. Tais como os hormônios cada vez mais diferenciados, a tal ponto que sua coordenação das funções orgânicas[639], além de seu equilíbrio ou desequilíbrio, acaba afetando inevitavelmente a fadiga. Os exemplos conjugam-se até o sistema: a insulina que favorece a absorção de açúcar pelas células, a tiroxina "que fortalece as funções respiratória e circulatória" (BRESSE, 1953, p. 784) e a pituitrina, que contribui para "a contração dos músculos lisos" (BRESSE, 1953, p. 809), todas essas secreções analisadas interminavelmente pela fisiologia. Em seguida, os minerais: o ferro que facilita a oxidação e a ação do queimador, além do cálcio que favorece a construção do esqueleto e a coagulação do sangue (BRESSE, 1953, p. 460-461). Por fim, as vitaminas – substâncias recém-designadas – que se juntam à regulação mediante suas doses minúsculas, sem deixarem de ser vitais: a vitamina C que contribui para as oxidações (cf. COUTIÈRE, 1943, p. 79); a vitamina B que promove a eliminação dos resíduos musculares (cf. COUTIÈRE, 1943, p. 69); e a vitamina E que favorece o fortalecimento dos nervos, apesar de ser desconhecido, neste caso, como ocorre tal operação (cf. COUTIÈRE, 1943, p. 99). As dietas são metamorfoseadas.

A tabela das rações nunca havido apresentado anteriormente uma forma tão quadriculada, multiplicando as entradas e adicionando uma nota quase qualitati-

---

638. SCHERRER, J.; MONOD, H. Point de vue physiologique sur la fatigue. In: Chertok; Sapir, 1967, p. 18.
639. Cf. verbete Hormones. *Encyclopædia Universalis*. Paris, 1968.

va às referências unicamente quantitativas. No desfecho da Segunda Guerra Mundial, o National Research Council formula suas recomendações para doses de vitaminas e de minerais, complementando as quantidades inalteradas de calorias: 3 mil para a atividade normal e 4,5 mil para as tarefas exigindo força[640]. As fontes de fadiga oscilam aqui em torno das composições e das carências alimentares. As avaliações tornam-se mais complexas e o controle é incrementado. Impossível limitar-se unicamente às indicações – apesar de serem, há muito tempo, bem definidas – sobre os glicídios, as proteínas e os lipídios, como era sugerido pelas dietas das coletividades (cf. p. 232); a isso devem ser adicionadas vitaminas e minerais. Daí as novas críticas estigmatizando algumas cantinas de fábrica, as quais teriam negligenciado tal dosagem qualitativa, provocando assim "estados desconhecidos de fadiga" (BUGARD, 1960, p. 265).

Ainda fica por abordar um modelo final, a rede nervosa, que deveria, supostamente, dominar o todo, privilegiando direção e controle, além de manter ascendência em relação a órgãos e funções. Ao estudar uma corrida de remo no início da década de 1960, Pierre Bugard observa um aumento na "excreção urinária de 17 cetosteroides" (BUGARD, 1964, p. 17), hormônio cuja degradação favorece o trabalho muscular; em compensação, resultado idêntico para o timoneiro e para os remadores, enquanto o primeiro está longe de produzir o mesmo esforço. Daí a conclusão inevitável: os fatores psicológicos[641] – os dos investimentos voluntários e das decisões – mobilizam disponibilidades e forças, mesmo que sejam inúteis, respondendo aos estressores mediante reação e resistência. Bernard Metz estuda esportistas e trabalhadores que recorrem a quantidades de proteínas muito maiores[642], aquelas utilizadas, possivelmente, por eles e que aprimoram seu desempenho, revelando, desde então, um efeito mais psicofisiológico[643] do que fisiológico. O sistema nervoso central continua sendo o órgão prioritário (BUGARD, 1964,

---

640. NATIONAL RESEARCH COUNCIL. *Reprint*, n. 122. Washington: Office of Medical Information, 1945.
641. Ibid.
642. METZ, B. Aspects physiologiques et psychologiques de la fatigue. In: Simonin, 1956, p. 132.
643. Ibid.

p. 22) na medida em que seu modelo envolve ou dirige o da energia, assim como o da química.

Por fim, ocorre que um papel tão relevante revela-se igualmente importante nos desregramentos, multiplicando distúrbios e distorções quando as resistências nervosas são superadas ou as forças reativas ficam sobrecarregadas, o que, por conseguinte, ficaria demonstrado por um grande número de fadigas.

Pensar em um objeto total

Tal cruzamento dos modelos fisiológicos é prolongado por outro: o dos determinantes externos, sua pluralidade e sua representação em sistema. Diversidade extrema para uma reação orgânica em si cada vez mais unificada. Aliás, o que a ideia de organismo já havia revelado nas décadas anteriores: vontade de um olhar global, ilustrada pelo estresse ou pelo princípio da homeostasia (cf. p. 373-374). Daí o recurso crescente e deliberado às mais variadas abordagens, além da vontade de incrementar tal programa como nunca anteriormente.

A novidade consiste, de fato, em multiplicar cada vez mais as possíveis influências – ao mesmo tempo em que registra as ressonâncias mais diversificadas e profundas, assim como convergentes, até as mais obscuras –, em recorrer às ciências humanas e biológicas, em circunscrever as cumplicidades do orgânico ao social, além de tornar a fadiga em um objeto total:

> Esse estudo do desgaste humano no mundo moderno é concebido em um espírito psicossomático: em vez de expor, separadamente, mecanismos fisiológicos, biológicos ou psicológicos, ele visa mostrar a maneira como os mesmos funcionam juntos através da personalidade global[644].

O termo psicossomático, por si só, pretende ser programático na década de 1950, privilegiando "a ressonância do psiquismo sobre o funcionamento vis-

---

644. BUGARD, P. Avant-propos. In: Bugard, 1964.

ceral e vice-versa"[645], expandindo a etiologia sem deixar de unificá-la. O que remete inevitavelmente à história de cada um, estudo deliberado do individual cada vez mais bem abordado: as primeiras experiências, as carências, os déficits inesperados ou repetidos; a maneira totalmente original de se sentir profundamente abatido. A exemplo desta advertência decisiva, formulada pela primeira vez com clareza: "A fadiga é um processo arcaico que limita a influência do homem sobre o mundo; muito cedo em sua infância, o indivíduo sentiu que a fadiga é uma barreira que o separa do que ele é incapaz de apreender" (BUGARD, 1964, p. 13). Provação situada no âmago do humano, sem dúvida, familiar, mas sempre íntima e sempre ligada a um passado. Primeira definição, quase antropológica, fazendo com que a fadiga se torne definitivamente a companheira obrigatória – para não dizer, provocadora – de qualquer existência, assim como de toda a experiência. Daí o retorno, de maneira mais explícita, ao sentimento quase original da impotência:

> Interessante é, portanto, abordar em profundidade a fadiga do adulto, fenômeno de regressão, retorno à dependência, reminiscência de experiências dolorosas da infância (BUGARD, 1964, p. 46).

Daí acima de tudo a nova cautela, assim como a possível riqueza de interpretação: "Pelo fato de que o organismo constitui um todo é que a fadiga é simultaneamente una e complexa"[646]. Ou mais diretamente: "Trata-se de uma noção global, questionando o indivíduo inteiro em sua situação existencial"[647]. Os estudos multiplicam assim os questionamentos, repelindo cada vez mais longe o que o termo estresse havia sugerido (cf. p. 371-374), entrelaçando as cargas e as pressões, mediante a criação de listas, quase inacabadas, de possíveis determinantes: antecedentes de natureza familiar e pessoal, condições psicossociais, higiene de vida, antiguidade da fadiga, condições de ocorrência,

---

645. DESOILLE, H. Introduction. In: Chertok; Sapir, 1967, p. 7.
646. Ibid., p. 12.
647. SAPIR, M.; FLOUEST, M.J.; LUGASSY, F. La fatigue du cadre supérieur, de l'ouvrier spécialisé et de l'étudiant. In: Chertok; Sapir, 1967, p. 251.

intensidade, sinais diretos, sinais de acompanhamento etc.[648] Tal como a fadiga do aviador que, tendo deixado de estar vinculada unicamente às mudanças hormonais ou às sensações vivenciadas – o que foi ilustrado pelo longo testemunho de Lindbergh (cf. p. 354) –, é associada ainda a choques emocionais, à sua multiplicidade possivelmente indefinida, ao medo do acidente, à vontade de prestígio, de seus obstáculos ou de seus sucessos, às condições sociais desfavoráveis e às dificuldades no casal (McFARLAND, 1958; apud BUGARD, 1960, p. 185). Referências idênticas para o motorista ou para o caminhoneiro. Tal como o acidente de um motorista – entrevistado por Jacques Fessard e Christian David –, cuja derrapagem provoca uma lesão gravíssima, após uma viagem de 600km efetuada sem paradas. A interpretação é hesitante: Duração do esforço? Pressão exercida pela obrigação de chegar a determinada hora? Tensão acentuada pelos próximos compromissos, agendados, quase ao mesmo tempo, com a amante e a esposa legítima? Verifica-se a pluralidade de possibilidades e hesita-se em tirar a conclusão: "Acidentabilidade, psicossomática, ergonomia são termos que se confundem e estão permanentemente intricados"[649]. Ou ainda a fadiga do líder, cujos conflitos privados são, de repente, levados em conta, a relação com seu próprio sucesso, o possível excesso de autoconfiança ou sentimento de culpa (BUGARD, 1960, p. 171ss.). O desafio – assegura Claude Veil ao analisar o esgotamento em 1958 – tem a ver com "o encontro de um indivíduo com determinada situação"[650] ou, melhor ainda, com a provação enfrentada e com a personalidade em causa. Daí a análise obrigatória do presente articulada com a do passado, o perfil do cargo ajustado ao do funcionário.

Os estudos multiplicam os objetos, buscam as características pessoais, as curiosidades e os inesperados. Tal como a pergunta, reiterada, entre outras: Por

---

648. Cf. DUC, M.; VINIAKER, H.; BARRUCAND, D. La fatigue symptôme et la fatigue syndrome, leur diagnostic différentiel en milieu hospitalier. In: Chertok; Sapir, 1967, p. 65.
649. DAVID, C; FESSARD, J. Fatigue et accidentéisme routier. In: Chertok; Sapir, 1967, p. 195.
650. VEIL, C. Les états d'épuisement [1958]. In: Veil, 2012, p. 178.

que motivo o mesmo trabalhador experimenta, de um dia para o outro, uma fadiga diferente para um trabalho inalterado?[651] As sensações, entre outros aspectos, seriam o sinal disso, pernas mais pesadas, gestos mais lentos, aumento da inércia no corpo (*inertia in the body*)[652], revelando o crescente interesse pela interioridade. As causas, em particular, são interminavelmente diversificadas: mudança de situação geral, ruído, calor, odor ou umidade; mudança na apreciação do trabalho, incentivos ou desaprovação; ocorrências indesejáveis, relatório a ser feito, contas a serem prestadas, interação constrangedora; e, pelas mais variadas razões, mudanças ainda na disposição de si, tentativas de autossegurança [*attempts self-reassurance*][653]. A análise do trabalho complica-se inevitavelmente, visando uma abordagem holística[654]: nenhuma vertente, seja qual for sua implicação, deve ser negligenciada.

Neste caso, o longo estudo empreendido sobre a fadiga no contexto inusitado, mas bastante revelador, das expedições polares francesas, no final da década de 1950, torna-se inédito e, igualmente, exemplar (NÈGRE, 1961). Os dados coletados visam a exaustividade, impondo o peso do trabalho físico, o da altitude e do frio, o das condições psicológicas ou emocionais, o das motivações, o do passado ou da sensibilidade de cada um. A estada de seis meses começa por deixar suas marcas físicas: perda de peso, desordem hormonal, taquicardia e fraqueza da excitabilidade. Todos esses sintomas agravados quando se acrescentam a sensação de afastamento e as condições perturbadoras da promiscuidade, ou quando um perfil psicológico feito de inquietação ou de ansiedade aumenta a sensação de desconforto ou de abatimento. A expedição polar torna-se, assim, um laboratório quase simbólico com sua extrema intersecção de causas suscetíveis de conduzir à exaustão.

---

651. Cf. BARTLEY, S.H.; CHUTE, E. Personnal Factors in the Work Situation. In: Bartley; Chute, 1947, p. 324ss.
652. Ibid., p. 331.
653. Ibid., p. 336.
654. Cf. Job analysis; The worker is viewed holistically. In; Bartley; Chute, 1947, p. 337.

Denunciar o trabalho em migalhas

Assim, as abordagens se tornaram plurifacetadas, mais diversificadas em meados do século XX; o que mostra ainda o estudo do trabalho em si, levando em conta efeitos cada vez mais intricados.

Isso não se deve ao fato de que a tradição tenha desaparecido de imediato: após a Segunda Guerra Mundial, em um grande número de profissões, não se verificou a eliminação de movimentação de cargas pesadas, nem das cargas físicas, tampouco de tipos de carregamento às costas; continuam a ser exigidas as práticas "dominadas pela mobilização da força física" (DUBET, 2019, p. 22). A primeira mudança está, no entanto, em outro lugar: o deslocamento de sensibilidade, a repulsa acentuada e amplamente compartilhada em relação a determinados trabalhos considerados demasiado penosos, favorecendo, com ou sem razão, o distanciamento a seu respeito. Todas essas reviravoltas claramente identificáveis, técnicas, íntimas, que haviam incentivado a imigração estrangeira – em particular, a do Sul – para os países industriais europeus da década de 1960. O trabalho árduo se desloca do ponto de vista cultural e social; os atores renovam-se e as fadigas invertem-se. Ilustração, entre outras: o longo périplo de Félix Mora, percorrendo as regiões do Souss marroquino durante os mesmos anos, selecionando, "com a ajuda das autoridades políticas locais, jovens destinados a trabalhar na mineração de carvão"[655]. As origens geográficas de tal aporte têm sido estudadas, há muito tempo, refletidas nos números: os espanhóis no solo francês são 289.000, em 1954, e 607.000, em 1968; os portugueses elevam-se a 20.000, em 1954, e a 759.000, em 1975. Estes últimos representam, na época, 22% da população estrangeira na França, ou seja, a primeira minoria. Depois deles vêm os argelinos que, em 1975, somam 711.000 indivíduos[656]. Mão de obra mais taciturna, mais dócil para os trabalhos árduos, e também mais discreta relativamente às fadigas experimentadas.

---

655. Cf. PERDONCIN, A. *Travailleuses et travailleurs immigrés en France* [Disponível em https://www.teseopress.com/dictionnaire/chapter/229/].

656. Cf. Musée de l'Histoire de l'Immigration, Paris [Disponível em https://www.histoireimmigration.fr/].

Nada além de "relações de empregos precários no cerne do assalariado estável e estatutário"[657]. Acrescentem-se as fadigas gerais raramente analisadas, misturando desgaste físico, instabilidade emocional e processo de aculturação[658]. A exemplo dessas astenias de longa duração dos operários estrangeiros, detectadas desde a década de 1950, correspondendo a "uma pobreza da integração dinâmica de sua personalidade"[659]. Insuficiências em grande número e complexas, em que se multiplicam "os elementos reacionais aos acontecimentos vivenciados"[660].

Uma mudança igualmente importante, no decorrer desses anos, refere-se ao desenvolvimento em larga escala do trabalho repetitivo e monótono em linha de montagem: "Fragmentação das tarefas nos mais diversos ramos da produção" (FRIEDMANN, 1964, p. 32). A antiga invenção de Henry Ford se generaliza e a vontade de "reduzir ao mínimo a habilidade"[661], em meados do século, torna-se uma prioridade. As descrições acumulam-se: 65 postos de trabalho diferenciados em uma empresa nas Midlands para fabricar um único colete. Dois gestos bastante simples efetuados por duas pessoas diferentes em linha de montagem de garrafas: em primeiro lugar, colocação da etiqueta indicando a marca e, em seguida, colagem dessa mesma etiqueta pela operadora seguinte. Ou a visão fantástica do visitante de uma fábrica de latas de conserva, em 1948, "fluxo das latas arrastadas em um movimento contínuo e barulhento sobre trilhos que formam um entrelaçamento, passando ao nosso lado ou se desenrolando acima de nossas cabeças" (FRIEDMANN, 1964, p. 33-48).

As críticas acumulam-se também. A implantação de gestos parciais e o sentimento de sua quase universalização renovam inevitavelmente as análises sobre os cansaços em causa. Em vez da atenção prestada a alguma fadiga tônica, evocada

---

657. Cf. PERDONCIN, A. *Travailleuses et travailleurs immigrés en France*. Op. cit.
658. ELSER-FALIK, E.; RAVEAU, H.M. Fatigue-symptôme de l'acculturation des Africains en France. In: Chertok; Sapir, 1967, p. 173.
659. Ibid., p. 177.
660. BUGARD, P.; BERNACHON, P. Étude psychosomatique d'une asthénie au long cours. In: Chertok; Sapir, 1967, p. 180.
661. Depoimento do gerente de uma grande fábrica britânica de automóveis, em 1948, apud Friedmann, 1964.

por Charles Myers na década de 1930 (cf. p. 346), e em vez da única insistência sobre o tédio e a monotonia, trata-se de uma atenção mais global prestada ao sentido do gesto, a seu papel na consciência individual e a seu efeito sobre a imagem do próprio trabalho. Daí as primeiras conexões entre a atomização do movimento e a fadiga experimentada: o lugar atribuído seja à frustração ou à insatisfação e à carência. Explicação revisada associando, mais do que anteriormente, a impossível realização pessoal e seus desafios, além de aprofundar a própria significação da atividade: o trabalho em migalhas torna-se cansativo pelo fato de eliminar todo o compromisso e qualquer intenção do ator. Ele desencarna para além da depressão da classe operária evocada algumas décadas antes (cf. p. 356-358). Diz respeito ao indivíduo como tal, ao mesmo tempo em que o nega; ele provoca o esgotamento por falta de iniciativa, desmantelando inclusive a compreensão dos fatos. No início da década de 1960, Georges Friedmann fornece uma longa enumeração dessas circunstâncias, renovando em grande parte os efeitos estudados até então: sentimento de despersonalização, sentimento de intercambialidade dos atores e sentimento de incompletude da ação (FRIEDMANN, 1964, p. 248-250). Em 1950, Camille Simonin, vice-presidente do Conseil Supérieur de la Médecine du Travail et de la Main-d'œuvre, chega a considerar tal situação como o retorno de uma "escravidão supostamente abolida"[662]. Daí uma patologia recém-detectada: "danos de natureza fisiológica e nervosa", reforçados pela impossibilidade de "trabalhar no ritmo pessoal", instalando "a irritabilidade, a atividade com acelerações irregulares e o nervosismo" (DRUCKER, 1957). Testemunhos inéditos também, descrevendo o cansaço em termos de exasperação, de crise e, até mesmo, de febrilidade, associando tanto o afeto quanto os nervos, tanto a contrariedade quanto a tensão. Clima de brusquidão, de reações súbitas, para não dizer, violentas, confirmando, mais uma vez, o quanto "a fadiga nervosa deve ser oposta à fadiga física" (BUGARD, 1960, p. 56). Tal como a raiva, a reação brutal de uma colega da advogada especializada em direito do trabalho, Marie-France Bied-Charreton: "Extenuada, com receio de não ser capaz de obter seu rendimento, além das reflexões humi-

---

[662]. SIMONIN, C. Examens médicaux périodiques. In: Simonin, 1956, p. 869.

lhantes do chefe [...]. No limite de suas forças, ela começa a gritar e, com violência, atira para longe: ferro, platina e componentes" (BIED-CHARRETON, 2003, p. 162). Ainda comoção, a do torneiro exausto pelo ritmo imposto: "No espaço de alguns dias, dois torneiros tiveram uma crise de nervos; tendo empalidecido, sentiram que estavam perdendo o fôlego" (DI CIAULA, 2002, p. 29). Ou, muito mais surpreendente, a passagem, pelo hospital psiquiátrico de Belleville, de um companheiro de Nicolas Dubost, operário na fábrica de automóveis de Flins, na década de 1970, e a conclusão desiludida: "O trabalho repetitivo e monótono em linha de montagem exerce, muitas vezes, mais efeito sobre os nervos do que sobre a fadiga muscular" (DUBOST, 1979, p. 40). Ele atraiçoa o sentimento de pertença a si.

Afirmar a prosperidade

No entanto, paradoxo indiscutível: no momento em que numerosas situações de trabalho submergem na fragmentação, sugerindo alguma perda de sentido, a sociedade ocidental afirma categoricamente a descoberta de uma nova arte de viver, mais feliz e próspera, a do bem-estar[663]. Expressão importante, associada tanto à lenta ascensão das exigências individuais quanto ao incremento da oferta econômica após a Segunda Guerra Mundial. Em março de 1961, ao apresentarem o número da revista *Arguments* dedicado, pela primeira vez, a tal assunto, Bernard Cazes e Edgar Morin escrevem que o bem-estar é considerado efetivamente um "valor fundamental dos tempos modernos" (CAZES; MORIN, 1961, p. 1). As revoluções tecnológicas, a domesticação dos fluxos – os do gás, da água e da eletricidade –, o recurso ao crédito e a redução dos custos transformaram o universo tanto dos gestos quanto dos espaços circundante ou longínquo: "Verifica-se a proliferação dos objetos cotidianos, além de se multiplicarem as necessidades" (BAUDRILLARD, 1975, p. 7). As propagandas norte-americanas das décadas de 1950 e 1960 – as quais haviam servido rapidamente de inspiração para a Europa – insistem sobre uma automaticidade dos utensílios domésticos, até então desco-

---

663. Cf. La nouvelle Belle Époque. *Paris Match*, 12/01/1963.

nhecida: os cozimentos programados nos fornos, as roupas lavadas nas máquinas, as fatias de pão torradas na grelha e as frutas prensadas nos liquidificadores. A casa moderna promove uma disponibilidade mágica (HEIMANN, 2001, p. 398), de acordo com a publicidade da marca Reynolds Aluminum, em 1956; aliás, na mesma ocasião, a marca Republic Steel Kitchens insiste em um mundo "de charme e de eficácia" (HEIMANN, 2001, p. 402[664]). As donas de casa são transformadas, telefonando, lendo, aprontando-se e até mesmo monitorando seus instrumentos enquanto as tarefas são executadas sem elas. Novos dispositivos, longe da mera simplificação dos gestos, como havia sido possível há muito tempo mediante uma sucessão de invenções (cf. p. 145 e 349), mas substituindo-os, eliminando-os, metamorfoseando o universo doméstico como nunca haviam feito anteriormente. Enquanto a representação da mulher permanece, segundo tais mensagens, inalterada: guardiã exclusiva do lar, dedicada a atividades que ainda impedem sua própria autonomia, apesar da proliferação do trabalho feminino em meados do século (cf. p. 361).

O bem-estar promovido nas décadas de 1950 e 1960 deveria ir além da casa, alterando o espaço e o tempo, modificando o esforço cotidiano através dos transportes e o relaxamento regular mediante os passatempos. Uma forma ainda de aliviar a fadiga difusa e, até mesmo, cotidiana, por uma interminável mecanização dos entornos, uma redução dos sofrimentos e uma cultura da evasão. O editorial da revista *Paris Match*, em 12/01/1963, insiste sobre uma nova prosperidade: "Uma espécie de bem-estar suave e profundo toma conta gradualmente do país e faz recuar – lenta, mas inexoravelmente – as áreas de sombra e de infortúnio"[665]. As próprias formas materiais levam a sonhar com alguma eliminação do esforço: a aerodinâmica das máquinas e dos motores promete o imaginário da decolagem; por sua vez, o isqueiro – que deveria, supostamente, "adaptar-se à forma da mão" (BAUDRILLARD, 1975, p. 62) – promete o cancelamento do gesto, enquanto a espessura dos pisos para o interior de casas propicia o amortecimento dos passos.

---

664. Cf. Strasser, 1982.
665. Éditorial, *Paris Match*, 13/01/1963.

Anúncios e *slogans* promovem uma reviravolta das "coisas": a respectiva flexibilidade combinada com a beleza delas, a potencialidade aliada à maneabilidade. Um estilo de vida totalmente inédito e socialmente compartilhado se difunde e uniformiza ao mesmo tempo em que mantém diferenças de acordo com as culturas sociais, os níveis e os ambientes: desde a marca dos veículos até o tamanho dos apartamentos, desde a escolha dos espetáculos até os tipos de férias. Ao mesmo tempo em que acondiciona, de qualquer modo, o imaginário da igualdade, o que é sugerido pela interpretação criteriosa de Philippe Perrot:

> Ao testemunhar a transição da sociedade tradicional para a sociedade moderna e individualista, a reivindicação igualitária – em primeiro lugar, religiosa e, depois, política – foi acompanhada por uma obsessão comparativa e por uma compulsão mimética – tendo engendrado sonhos, ambições e frustrações – absolutamente nova em sua natureza, intensidade e amplitude[666].

No entanto, acumulam-se as constatações, sugeridas como outras tantas conquistas, que vão da geladeira até o aspirador de pó, do eletrofone à televisão, do mecanismo de conforto ao mecanismo dos transportes; todos eles sinais de um abandono a si, em grande parte, revisado. A presença de uma nova liberdade é inclusive evocada, mesmo que seja "um fardo terrível a suportar e o homem tenha dificuldade em se acostumar com isso" (CROZIER, 1961, p. 47). Fadiga para decidir, sem dúvida, para escolher e para se orientar; fadiga para se realizar em uma nova liberdade, o que Alain Ehrenberg foi capaz de designar claramente como uma "fadiga de ser você mesmo" (EHRENBERG, 1998). O que Georges Perec descreveu também em sua obra, *Les Choses*, com os personagens que acabavam "exaustos na busca de uma vida melhor" (PEREC, 2017, t. I, p. 126), vítimas de um interminável e tenso cada vez mais.

Impossível ignorar aqui o quanto "a essência do desenvolvimento tecnológico e industrial consiste em criar constantemente novas necessidades; ou seja, em transformar e ampliar a noção de bem-estar" (CAZES; MORIN, 1961, p. 2).

---

666. PERROT, P. De l'apparat au bien-être: les avatars d'un superflu nécessaire. In: Goubert, 1988, p. 46.

Impossível ignorar, acima de tudo, de acordo com os padrões de vida, o quanto a fadiga continua se exprimindo, sem dúvida, diferente de uma escala para outra, mas sempre detectável, infiltrada na vida cotidiana, nem que seja sob formas transformadas e moduladas: para alguns, sentimento de uma carência inexorável, resultante do investimento constante para algo melhor e, para outros, sentimento de prostração, decorrente de tarefas não controladas. A prosperidade, assim decretada, não poderia, portanto, ser plenitude, reforçando até mesmo a sensação de incompletude e, desde então, de fadiga. Tal convicção, cada vez mais consolidada do progresso, em meados do século XX, revela inclusive o cansaço sob uma forma sempre nova e sempre recomeçada.

Características são as respostas de mulheres jovens da burguesia em uma pesquisa da revista *Réalités*, em dezembro de 1961: "Os grandes temas de conversação entre elas: a fadiga, aguentar firme, a saúde dos maridos e as preocupações domésticas" (DRANCOURT, 1961). Não mais a antiga ascensão da concorrência balzaquiana (cf. p. 208), não mais a velha *struggle for life* das últimas décadas do século XIX (cf. p. 295) e suas referências coletivas, mas uma forma inédita de individualismo, a busca por uma promessa, a de um indefinido, aquela que o consumo promove como necessidade, fazer sempre cada vez mais e melhor: "Nem sobra 1min para as coisas dela", conclui a avó de uma das entrevistadas.

Característica ainda é a afirmação, em um nível mais modesto, do "vendedor do pronto a vestir" no filme de Chris Marker, *Le Joli Mai*, em 1963, ao confessar que procura vender cada vez mais em busca de uma vida ainda mais intensa até as férias durante as quais, diz ele, chega deliberadamente à exaustão: "Estou sempre trabalhando, trabalhando, sem parar". Além de reconhecer, igualmente, o quanto o sentimento de sua esposa vai no mesmo sentido: "E ao chegar em casa à noite: 'Nossa, como estou cansada!' Respondo-lhe: "Você tem razão, está realmente cansada"[667].

Característica, por fim, em outro plano, é o depoimento, em 1963, de Pierre Doublot, o ajustador-modelador da fábrica Renault. A revista *L'Express*, em

---

667. Depoimentos reproduzidos na revista *L'Express*, 11/04/1963.

29/05/1963, vai evocá-lo e descrevê-lo sob a expressão *L'ouvrier de la prospérité*, o qual se beneficia, com sua esposa, do chamado conforto moderno: a mecanização dos utensílios domésticos, o automóvel, a garagem e a televisão. Várias situações de descontração são mencionadas: as férias no litoral de dois em dois anos; a dívida quitada; o automóvel que torna as saídas ainda mais aprazíveis. Não há reclamações específicas sobre o trabalho. No entanto, existem inconvenientes: os trajetos considerados demasiado longos, do apartamento em Bondy até a fábrica de Boulogne, saindo de casa às 5h30 e retornando às 19h; o tráfego muito compacto aos domingos. Além do cansaço geral associado ao período longo das jornadas de trabalho: "Em torno das 21h, ele já está tão cansado que nada deseja além de se deitar". Ao que é adicionada uma impressão mais amarga: "O cansaço obriga Pierre Doublot a ficar deitado nas tardes de sábado e domingo"[668].

Mais eloquente, sem dúvida, é a pesquisa empreendida no início da década de 1960, no âmbito do 3º Congresso Internacional de Medicina Psicossomática: buscar as diferenças ou as semelhanças entre a fadiga do estudante, a do gestor e a do operário. Em alguns casos, referências mais físicas; em outros, referências de natureza mais neurológica; ainda em outros, também mais íntimas, cada um confrontado aparentemente com um cansaço que prolonga sua própria atividade. Em compensação, convergência de um caso para o outro, fundamental e, pela primeira vez, sublinhada com toda a clareza: a fadiga impõe-se mais intensamente quando "a situação é vivenciada como uma imposição" (CHERTOK; SAPIR, 1967, p. 262). O que é confirmado nesses três casos, correspondendo sobretudo a "um profundo ataque ao eu com um sentimento de aniquilação" (CHERTOK; SAPIR, 1967, p. 253), diante do que é experimentado como imposto, obrigatório. Observação decisiva pelo fato de realçar, entre todas as possíveis causas da fadiga, aquela que, segundo parece, acabou por tornar-se gradualmente dominante: a crescente atenção ao indivíduo, sua afirmação, sua vontade de autonomia, sensibilidade cada vez mais apurada no século XX com suas consequências diretas sobre a maneira de resistir e de existir. Sem dúvida, tal percepção e sua ascensão

---

668. L'ouvrier de la prospérité. *L'Express*, 29/05/1963.

são percebidas com a travessia do século: fases sucessivas e claramente distintas de uma exigência, espaço interno sofrendo de incursão do exterior, infortúnio para experimentar pressões e imposições. A fadiga, mais do que nunca, está relacionada à ideia de estar acorrentado, acentuando a diferença entre o que é obrigatório e o que não o é, atribuindo uma ênfase ampliada ao que é escolhido: "O esforço esportivo ou uma improvisação bem-sucedida implicam uma boa fadiga que acaba por ser removida pelo fato de ter sido vivenciada como uma satisfação de pulsões intricadas" (CHERTOK; SAPIR, 1967, p. 263).

Em meados do século XX, o indivíduo deve triunfar quando, afinal, multiplicam-se as desconfianças em relação ao que se torna obrigatório para ele e o constrange. Não mais a impotência do neurastênico, mas o desespero daquele que se sente injustamente obrigado; daí sua força reativa e sua sensação de legitimidade. Introdução indiscutível ao que o nosso tempo se vangloria, com vigor, de promover.

29
Do *burnout* à identidade

A distância tende, então, a aumentar entre a expectativa de autonomia e seu efeito. Pergunta reiterada, formulada por numerosos textos visando o "esgotamento contemporâneo": "Por que motivo um tão grande número de nossos mais brilhantes e melhores cidadãos se sentem tão insatisfeitos e exaustos?" (FREUDENBERGER, 1987, p. 22[669]). Resposta igualmente reiterada, referindo-se à promessa de "metas irrealizáveis" (FREUDENBERGER, 1987, p. 22), sugeridas por uma aspiração cada vez mais consolidada de independência. A prostração começaria por ser de natureza psicológica, antes de se tornar globalizada.

Impossível, no entanto, limitar-se apenas a essas considerações genéricas. Impossível ignorar numerosas condições atuais de trabalho que, de maneira inédita, impedem qualquer ideal pessoal: deslocalizações de empresas, número cada vez maior de empregos precários, incremento da vigilância digital, além da proliferação de diretrizes anônimas e distanciadas. O confronto reduplica, desde então, entre a vontade cada vez mais partilhada de identidade e o crescente desenvolvimento de abordagens cada vez mais sutis que tendem a negá-la. Extensão cruzada, portadora de sofrimento, assim como de contradição. Nada mais, por conseguinte, além de uma fadiga "global" cada vez mais enfatizada que se tornou uma das vertentes obrigatórias da existência atual e também cada vez mais distante unicamente dos indícios físicos e de suas metáforas relativas a máquinas e a materialidades (cf. p. 393).

---

669. Cf. Han, 2021 [N.T.].

Nada mais, por fim, além de uma conquista estendendo o alcance do próprio termo fadiga, seu uso difuso, sua existência por toda a parte, confirmando a sensação de um cansaço mais prolixo do que nunca. Assim, a palavra penetra nos mais variados setores, evidência cotidiana tão imediata quanto indiscutida: "cansaço democrático"[670], "fadiga política" (JACQUES, 2019), "fadiga parlamentar"[671], "fadiga administrativa"[672], "fadiga institucional"[673]. Fenômeno tentacular que nossos modos atuais de existência impõem enquanto "verdade" incontornável.

A novidade dos distúrbios músculo-esqueléticos?

Enquanto cresce hoje a presença da economia terciária, sociedade de serviços que fornece emprego até 79% da população ativa na França e acima de 60% nos países industriais avançados[674] – privilegiando o comércio, a administração, as finanças, os cuidados de saúde e a educação –, enquanto são afastadas as tarefas pesadas, substituídas pela mecanização ou automação, emergem numerosas doenças inéditas, consideradas como sintomas de fadiga ou de esforço excessivo. Seus traços distintivos são tão característicos quanto identificáveis: dores, bloqueios, inflamações, tensões, desconforto importuno irritante sentido nos músculos, nas articulações e nas áreas mais difusas dos membros. A denominação de tais doenças é algo novo: distúrbios músculo-esqueléticos (DME), presentes desde o final da década de 1980 (cf. NAU, 2005), com seu equivalente anglo-saxão, *occupational overuse syndromes* (OOS)[675]. Do mesmo modo que suas designações acadêmicas são novas: "lombalgias, dor nas costas ou nas cervicais, escapulalgias, tendinites,

---

670. Cf. Un syndrome de fatigue démocratique. *Le Un*, 04/06/2014.
671. Cf. *Charles de Montalembert* [Disponível em https://archive.org/stream/mdemontalemberte00mont/mdemontalemberte00mont_djvu.txt].
672. Cf. TILLIETTE, B. Fatigue administrative. *Place Publique*, 08/01/2013 [Disponível em https://www.place-publique.fr/index.php/le-magazine-2/articlefatigue-administrative/?highlight=fatigue].
673. Disponível em https://www.linguee.fr/francais-anglais/traduction/fatigue+institutionnelle.html
674. Disponível em https://fr.wikipedia.org/wiki/Secteur_tertiaire
675. Cf. *Ergonomie aux postes de travail*, 2012, p. 12.

bursites [...]"[676]. Ou sua recente proliferação: 15 mil em 2000, 39 mil em 2010[677], levando esses DME a representar hoje mais de 70% das doenças ocupacionais declaradas que se tornaram, "em nossos dias, um grande problema de saúde no trabalho"[678]. Ou ainda seus estágios, que vão das dores e fadigas, desaparecendo à noite até as que se prolongam no repouso ou perturbam o sono[679]. Enquanto a atribuição de suas causas, por fim, continua sendo amplamente diversificada:

> Movimentos repetidos, por exemplo, o trabalho monótono em linha de montagem; esforços intensos e contínuos, tal como levantar e deslocar objetos muito pesados; trabalhos executados em um entorno ruim (p. ex., tarefas que submetem as articulações a tensões demasiado grandes; trabalho de longa duração em postura estática); tarefa bastante árdua (p. ex., uso de uma perfuradora); estresse[680].

Nada, desde então, totalmente novo: repetições ou esforços atravessam a história do trabalho, vibrações ou estresse permeiam essa história das últimas décadas. A existência desses DME – mesmo que seja atribuída à exigência de produtivismo (cf. NAU, 2005) – seria, de preferência, continuidade, revelando um refinamento tanto na percepção dos transtornos experimentados quanto na identificação das lesões observadas. Os distúrbios músculo-esqueléticos, traumatismos recém-sentidos, respondem, assim, segundo todas as aparências, a uma exigência acentuada de auto-observação pessoal, assim como de objetivação clínica: precisão e aprofundamento inexoráveis e progressivos das percepções do corpo, tanto em sua intensidade quanto em sua diversidade.

Uma limitação crescente dos movimentos no espaço de trabalho – posições sentadas, gestos forçados, confinamento das posturas, carregamentos impraticáveis no dorso, intensidade dos ritmos – acelerou, sem dúvida, a consideração de todas essas circunstâncias; ainda mais acelerada por uma exigência psicológica visando

---

676. Cf. *Le Rapport annuel*, 2018.
677. Cf. *Ergonomie aux postes de travail*. Op. cit., p. 9.
678. Cf. *Le Rapport annuel*. Op. cit.
679. Ibid.
680. *Troubles musculo-squelettiques: qu'est-ce que c'est?* [Disponível em https://sante.lefigaro.fr/sante/maladie/troubles-musculo-squelettiques/quest-ce-que-cest]. • Cf. Dejours, 2019 [N.T.].

mais do que nunca as situações sociais disruptivas ou os desconfortos pessoais. Intensificação da sensibilidade sobretudo até algum sentimento de possível exasperação. Isso é demonstrado pelas pesquisas que revelam a duplicação de respostas positivas, entre 1984 e 2016, às perguntas incidindo sobre as dificuldades físicas: "Permanecer, durante muito tempo, em uma postura [diferente da posição de pé] penosa ou cansativa"; "carregar ou deslocar cargas pesadas"; "efetuar deslocamentos a pé, longos ou frequentes". Os números médios passam de 14% para 38% (cf. BEQUE, KINGSADA; MAUROUX, 2019, p. 10), enquanto os esforços físicos, estritamente falando, teriam sido reduzidos. Outros inquéritos referem-se, aliás, à função notável da "ausência de reconhecimento profissional" como se tratasse de uma "degradação das relações coletivas" (cf. NAU, 2005). Por fim, outras pesquisas evocam sobretudo o crescimento de "controles contínuos ou informatizados" nos locais de trabalho, acentuando as pressões psicológicas até sua quase duplicação entre 1984 e 2016, de 17% para mais de 30% (cf. BEQUE, KINGSADA; MAUROUX, 2019, p. 154). Os sofrimentos difusos crescem com as insatisfações difusas.

Daí esses casos acompanhados em sua lenta evolução. O de Nacéra, 24 anos, empregada de caixa em um supermercado, mencionado por Marie Grenier-Pezé. Tudo começa com uma dor terrível depois de ter deslocado "uma caixa com meia dúzia de garrafas contendo cada uma 1 litro de água", episódio com consequências persistentes, deixando a jovem sem condições de trabalhar. Um contexto é rapidamente sugerido: "Assim que você chega a se dar bem com a colega do caixa ao lado, impõem-lhe a troca de lugar para não perder tempo tagarelando com a vizinha" (GRENIER-PEZÉ, 2006, p. 14). Ou ainda:

> Quando você descarrega uma paleta, ele [supervisor] está perto e conferindo o relógio – "Estou te dando 5min para terminar" – quando, afinal, ele sabe que é impossível executar tal tarefa nesse período de tempo. E já que você precisa de trabalhar, acaba aceitando tudo. O supervisor está sempre no seu encalço (cf. BEQUE; KINGSADA; MAUROUX, 2019, p. 14).

Isso confirma, neste caso, um possível encurtamento dos prazos e dos ritmos exigidos. Ou os casos de dores insuportáveis no pulso, relacionadas com o manuseio de um *scanner* que deveria, supostamente, gravar os objetos. O clima psicológico, por si só, além de sua tensão e duração, explicaria tal fato: "Para danificar um plexo solar jovem é preciso trabalhar em um clima de violência imposta que se volta contra si mesmo" (cf. BEQUE, KINGSADA; MAUROUX, 2019, p. 14). Yves Clot aprofunda tais análises reorientando o olhar em direção de determinados movimentos: não mais unicamente a atenção voltada para sua repetição, seu esgarçamento e sua falta de encarnação, como havia sido sugerido pelas análises da década de 1960 (cf. p. 400-401), mas a atenção prestada à sua limitação mental, sua falta de desdobramento e de cumplicidade com a intenção ou a vontade; movimentos, de preferência, impedidos, suspensos, e não tanto irrisórios ou dispersos. Nada mais, então, além de uma nova reviravolta em direção à vertente decisória e pessoal. O que a linguagem desse especialista afirma com suas palavras específicas: "Em nossa opinião, os DME são uma patologia do movimento e, mais precisamente, um desenvolvimento patológico do gesto no sentido em que ele é subdesenvolvido. Hipossolicitação das atividades de apropriação do ambiente de trabalho pelos sujeitos" (CLOT, 2006, p. 23). Nova forma de insistência – mais específica e focalizada – sobre o que constrange o indivíduo (cf. p. 408). O olhar projeta-se claramente em direção ao ator, ao bloqueio gestual e ao sentimento de proibição, sublinhando a impossibilidade de habitar o espaço e de se realizar nesse contexto, o "espartilho do corpo e do tempo" (cf. NAU, 2005). Ou, dito por outras palavras, distanciamento importante e, desde então, provocador de sofrimento, entre o fazer e a ideia:

> A análise da distância entre a realidade biomecânica (os gestos que são realmente executados) e a realidade psicológica (os gestos a respeito dos quais estamos cientes de que poderiam ser executados de maneira diferente, mas que somos incapazes de executar) constitui uma forma de compreender e de descrever o processo de alteração do gesto e de seus efeitos sobre a saúde (BOURGEOIS et al., 2006, p. 90).

Não que tal fato seja em si uma novidade – convém repeti-lo –, uma vez que esta se deve, de preferência, tanto à observação externa quanto ao sentimento profundo interno. Deslocamento importante: o que não passava anteriormente de passividade instigadora de sofrimento, pelo fato de ser imposta, torna-se uma fonte ainda maior de sofrimento por ser imperceptivelmente repulsiva ou negada.

Designar a penosidade

Há ainda outra noção – a de *pénibilité* [penosidade] –, a qual, na década de 2000, pretende apreender mais amplamente, na França, o que as portarias de 1945 designavam como "o desgaste prematuro do organismo" (cf. p. 387), importantes carências que podem ser provocadas por um trabalho penoso de longo prazo. A novidade do termo tem sua importância, ganhando profundidade e sugerindo mais diretamente o sofrimento, além de implantar-se de preferência no comportamento. A tal ponto que a própria pessoa do trabalhador parece estar de imediato envolvida, designada em seu sofrimento, em sua dor, aliás, vivências que se referem tanto ao físico quanto ao psicológico, tanto à fadiga quanto à patologia. O termo pretende, aliás, aglutinar os danos, cruzando um conjunto de déficits a partir de uma visão global: não mais o simples desgaste orgânico, mas o enfraquecimento pessoal e a alteração das potencialidades. Outras tantas conotações que revelam o quanto se impôs uma referência genérica, horizonte de fadiga e de coerção, alusão surda tão subterrânea quanto ampliada, confirmada por sua vez mediante dicionários que declinam o *pénible* [penoso] enquanto "cansativo, desgastante, estafante, extenuante" ou o designam como "o que faz sofrer e provoca fadiga"[681]. O dano é mais profundamente pessoal, referindo-se ao percebido, controlando o que se torna diminuição em geral, impotência e enfraquecimento.

Esse termo vem sendo utilizado na França, desde 2003, "por ocasião dos trabalhos preliminares sobre a reforma das aposentadorias, trabalhos efetuados por iniciativa do Conseil d'Orientation des Retraites" (JOLIVET, 2011, p. 33-60): evocar o que pode dar direito à aposentadoria antecipada ou a diversas vantagens. Sua definição é ainda mais bem definida com o projeto de acordo, em 31/01/2006, entre pesquisadores, médicos do trabalho, parceiros sociais e atores públicos – to-

---

681. Cf. verbete Pénible. In: Robert, 1962.

dos eles empenhados, pela primeira vez, a discutir tal assunto –, designando a *pénibilité* como o resultado "de solicitações físicas e psíquicas por parte de algumas formas de atividades profissionais que deixam vestígios duradouros, identificáveis e irreversíveis sobre a saúde dos assalariados, além de serem suscetíveis de afetar sua expectativa de vida" (JOLIVET, 2011). Os relatórios ou debates levam então a identificar três fatores de penosidade (JOLIVET, 2011): 1) coações acentuadas de natureza física e/ou psíquica (esforços, posturas, gestos etc.); 2) um entorno agressivo (ambiente hostil, produtos perigosos ou de risco); 3) determinados ritmos de trabalho, por exemplo, horários noturnos ou irregulares (cf. LASFARGUES, 2005). Sem dúvida, deve-se insistir sobre uma novidade inegável: enquanto Bernardino Ramazzini, em seu tratado inaugural sobre as "moléstias" do trabalho, havia ignorado a fadiga ao limitar-se às doenças (cf. p. 117), as abordagens atuais, em sua vontade de prestar atenção ao mal-estar, invertem o olhar, atribuindo um lugar à fadiga e à sua sensibilidade, de modo que acabam por abranger tudo e por integrar as doenças.

Gérard Lasfargues, médico especializado em toxicologia industrial, é um dos primeiros pesquisadores a desenvolver e comentar, em um relatório detalhado, em 2005, esses fatores de penosidade: 1) as cadências, o manuseio, as cargas, seus possíveis efeitos de acordo com as partes do corpo, do pescoço aos ombros, do cotovelo ao pulso (cf. LASFARGUES, 2005, p. 19); 2) a "exposição aos produtos tóxicos", seus possíveis efeitos sobre a saúde, tão múltiplos quanto variados, cancerígenos, respiratórios, dermatológicos, digestivos, nervosos... (cf. LASFARGUES, 2005, p. 25-28); 3) os horários noturnos ou irregulares, seus possíveis efeitos sobre "a recuperação da fadiga física e a manutenção do bem-estar psíquico" (LASFARGUES, 2005, p. 16). Um decreto de 30/03/2011 instaura uma decisão importante, reunindo tais fatores em torno de dez rubricas que deveriam, supostamente, definir "os riscos profissionais levados em conta no contexto da prevenção da penosidade, assim como do direito a uma aposentadoria antecipada por penosidade", agrupadas, por sua vez, em três subconjuntos:

    1) No âmbito das coações acentuadas de natureza física:
      a) Os manuseios de cargas (manuseio significa qualquer operação

manual de transporte ou de suporte de uma carga, incluindo levantar, colocar, empurrar, puxar, carregar ou deslocar, o que exige o esforço físico de um ou de vários trabalhadores);
b) As posturas penosas definidas como posições forçadas das articulações;
c) As vibrações de natureza mecânica.

2) No âmbito do entorno físico agressivo:
a) Os agentes químicos perigosos, incluindo poeira e fumaças;
b) As atividades exercidas em ambiente hiperbárico;
c) As temperaturas extremas;
d) O ruído.

3) No âmbito de determinados ritmos de trabalho:
a) O trabalho noturno;
b) O trabalho em turnos sucessivos em alternância;
c) O trabalho repetitivo caracterizado pela repetição do mesmo gesto, a uma cadência obrigatória, imposta ou não pelo deslocamento automático de uma peça ou pela remuneração por peça, em um período de tempo definido[682].

Assim, as rubricas são específicas, numerosas e categorizadas. Seu papel é novo: designar fatores de risco, por sua vez, definidos em outros textos por patamares de intensidade, tudo isso levando à atribuição de pontos. Segue-se a possível abertura de "uma conta profissional de prevenção" na qual o assalariado deposita "pontos ao longo de sua carreira para financiar formações profissionais, a transição para um trabalho a tempo parcial sem redução salarial ou, ainda, uma aposentadoria antecipada"[683]. Assim, tal procedimento inaugura a obtenção de diversas vantagens, mesmo que sejam restritas, a partir de uma avaliação da penosidade. Multiplicaram-se as categorias e modalidades de ação. Procede-se à subdivisão de gestos e de situações. Isso confirma a crescente vontade de uma observação mais atenta, além de uma designação mais específica.

---

682. Decreto n. 2011/354, de 30/03/2011, sobre a definição dos fatores de risco laborais em razão da penúria.
683. Cf. Le compte professionnel de prévention: définition, principes et calcul des points. *Ameli*, 14/11/2019 [Disponível em https://www.ameli.fr/entreprise/votre-entreprise/outils-gestion-prevention-risques-professionnels/compte-professionnel-prevention].

No entanto, trata-se de rubricas incompletas, inclusive, surpreendentemente incompletas, apesar das subdivisões adicionadas, tendo deixado na sombra os distúrbios amplamente sublinhados pela cultura recente, já evocados nos textos de 2006, ou seja, os da subjetividade: a existência de uma penosidade vivenciada (cf. LASFARGUES, 2005, p. 12), a de um possível sofrimento interior, mal-estar global (cf. LASFARGUES, 2005, p. 12) suscetível de provocar tanto incapacidades durante a vida profissional (cf. LASFARGUES, 2005, p. 12) quanto transtornos a longo prazo; aquela, por fim, que uma análise mais sutil dos distúrbios músculo-esqueléticos havia também detectado (cf. p. 410). Daí a inevitável constatação: as coações de natureza física e psíquica (cf. p. 414-415). Evocadas nas primeiras investigações sobre a penosidade são reduzidas unicamente às coações físicas uma vez iniciada a avaliação institucional. Nada além de uma resistência em levar em conta o que a medida, quase quantificada, consegue objetivar, mas de maneira precária. Daí ainda este paradoxo: apesar de ter sido afirmada, a originalidade do termo *pénibilité* acaba por perder-se, revelando assim a ambiguidade – para não dizer, a complexidade – do fenômeno da própria fadiga. No entanto, exigência primordial, nem que seja recente: "É impossível evitar a avaliação, por um lado, do desgaste físico e, por outro, da fadiga psicológica" (MARION, 2020).

Tanto mais que numerosas análises recentes sublinham o surgimento de outras penosidades: aquelas, ocultas, mas amplamente instaladas, provenientes do recurso às redes sociais; e aquelas que um simples clique pode manter ou desencadear. Com toda a evidência, nada poderia ser mais psicológico. Antonio Casilli, sociólogo e pesquisador, insiste sobre sua invasão progressiva, não apenas pelo tempo que elas ocupam, mas pelas preocupações, pelo mal-estar e pelos desconfortos internos que provocam: insatisfações recorrentes, ocupação de consciência, presença contínua mediante a interrupção dos ecrãs. O teletrabalho pode ser um exemplo disso, tais como os investimentos benévolos na internet, organizando, em última instância, uma nova *pénibilité*: a "'tarefa penosa' de estar presente online" (CASILLI, 2019, p. 18). Não há dúvida de que sua avaliação é difícil; no mínimo, faria com que a própria noção de penosidade se tornasse complexa.

Isso leva a deplorar, ainda mais, outra restrição que ocorreu com a reforma do código do trabalho francês, em 2018. Quatro fatores desaparecem no âmbito dos dez adotados até então: "A exposição às posturas penosas, às vibrações de natureza mecânica, aos riscos químicos, assim como ao transporte de cargas pesadas" (WEINBERG, 2019). Difícil objetivação, de acordo com as organizações patronais encarregadas de prevenir todos os riscos profissionais[684] e de constituir o dossiê dos empregados em vista do reconhecimento de sua penosidade. Como afirma igualmente o Ministério do Trabalho é "impraticável levá-la em consideração"[685]: outros tantos fatores que, desde as posturas até as vibrações, dos riscos químicos às cargas transportadas, são considerados demasiado dispersos no cotidiano, demasiado diversificados para uma avaliação válida e, por fim, demasiado circunstanciais. Outros tantos fatores suscetíveis de um tratamento específico[686], no entanto, em caso de patologia claramente comprovada. O que se torna objeto obrigatório de discussão, abrindo inevitavelmente também as portas para futuras negociações sempre urgentes e que não cessam de ser recomeçadas.

Convém abordar ainda os depoimentos individuais, mais numerosos e insistentes, alertados por essa reflexão inédita sobre a penosidade. Os exemplos superabundam, assim como sua complexidade. A exemplo do trabalhador rural submetido às vibrações das máquinas:

> Depois de uma jornada de trabalho em trator, "a dor faz-se sentir no nível da cervical, do pescoço e dos ombros". "É semelhante a um torcicolo quando passo 10 ou 12h por dia na máquina." Sem contar com o peso das pernas. "Se não fosse a penosidade, não sentiríamos dores", comenta o executante da operação (PASQUESOONE, 2017).

Ou a "carpinteira de telhados" – profissão à qual as mulheres tiveram acesso recentemente –, Anaïs Dallier, empregada da empresa Boisbluche Frères, no departamento de Orne, queixando-se de várias dores:

---

684. Cf. La pénibilité au travail: ce qui change en 2018. *At Work Conseil*, 16/01/2018 [Disponível em https://www.atworkconseil.fr/la-prevention-de-la-penibilite-en-2018/].
685. Ibid.
686. Ibid.

A jovem assalariada tem apenas trinta anos, mas trabalha na construção civil há quase doze anos. Afetada pela penosidade, ela sente dores regulares relacionadas a posturas penosas, e nem lhe passa pela cabeça ficar ainda outros dois anos nessa profissão (PASQUESOONE, 2017).

Ou a assistente de cuidados domiciliares, vítima de lesões articulares, insistindo sobre o fato de que as mulheres são aqui, muitas vezes, as mais afetadas sem terem o devido reconhecimento: "Cuidei de um grande número de casos em que as pessoas eram realmente pesadas; foi aí que machuquei meu ombro"[687].

Ou o motorista do metrô, por fim, cujo esforço para dirigir não é, de forma alguma, julgado ou experimentado, como ocorria anteriormente:

> Circula-se durante 7h em um túnel. Quando você dirige 6h na rodovia, em que condição você chega a seu destino? Aqui, não há luz do dia, o barulho é ensurdecedor e você tem que estar atento em cada estação; então, isso não é um trabalho penoso? (LEFILLIÂTRE, 2019).

Penosidade diversificada, heterogênea, sem dúvida, complexa, cada vez mais reconhecida; no entanto, tudo indica que deve ser sempre mais bem definida e objetivada, tanto mais que é subentendida por uma sensibilidade, por sua vez, aprofundada, refletida e esquadrinhada como nunca anteriormente.

Impossível, por fim, ignorar as mudanças que, de maneira crescente, afetam as formas do próprio trabalho. Em particular, aquelas do ambiente circundante: não mais o ajuste dos movimentos, mas o dos sinais; não mais a precisão dos gestos, mas a das informações. Uma importante reviravolta alterou uma parte crescente do trabalho industrial nas últimas décadas do século XX: "A automatização baseada em computação e controles digitais [...] prevalece na década de 1980"[688]. A interface homem-máquina é irremediavelmente subvertida: o gesto de acompa-

---

687. Cf. DRAZKAMI, M. Pénibilité au travail: les femmes sont les plus touchées, et les moins reconnues. *Révolution Permanente*, 05/12/2017 [Disponível em https://www.revolutionpermanente.fr/Penibilite-au-travailles-femmes-sont-les-plus-touchees-et-les-moins-reconnues].
688. DAVIET, J.-P. La grande entreprise: professions et culture. In: Parias, 1996, t. IV, p. 292.

nhamento ou de trabalho, associado classicamente à máquina, à dinâmica física e à precisão muscular deram lugar, em grande parte, a um gesto digital com seus deslocamentos já programados, seus atos esboçados, suas pressões sutis e suas tomadas ou tensões furtivas; tudo isso confinado ao controle remoto. Ou, dito por outras palavras, o trabalho industrial orientou-se "no sentido de uma *démanualisation* [dispensa do uso das mãos]"[689]: a captura de informações acaba sendo predominante em relação ao envolvimento do corpo e o controle quase mental prevalecendo sobre a motricidade. De acordo com o termo proposto por Thierry Pillon e François Vatin na sua recente obra, *Traité de sociologie du travail*: nada além de uma abstratização (PILLON; VATIN, 2003, p. 221). As próprias palavras passaram por mudanças: os termos movimento, gesto, energia e coordenação motora tendem a desaparecer do vocabulário da ergonomia[690], enquanto desenvolvem-se os vocábulos cognição, cronobiologia, código, sinal, comunicação e interface homem-computador (MONTMOLLIN, 1995).

A sobrecarga já não é diretamente física, mas mental. A dificuldade da tarefa se exprime em quantidade de informações a serem processadas: "O cérebro humano só pode efetuar uma quantidade muito limitada de escolhas conscientes por minuto, que é da ordem de 60 a 80" (BUGARD, 1974, p. 174). Os problemas formulados são, assim, cada vez menos fisiológicos e cada vez mais psicológicos, considerando que os sistemas automatizados podem incluir amplas áreas em que, às respostas de rotina, é adicionado o registro previsível – mas confuso, para não dizer, caótico – das reações de catástrofe, misturando o inesperado e o alerta, o risco e o perigo (pilotagem, transportes, redes integradas de máquinas, indústria química, indústria energética...). O desafio da réplica quase pessoal do operador torna-se, por conseguinte, uma prioridade. Seu estudo, sua previsão e sua assistência tornam-se uma necessidade. O que mostrava a pesquisa, já antiga, de Johan

---

689. Ibid. p. 296.
690. A primeira vez em que foi utilizado o termo "ergonomia" remonta a 1949 (com a criação da Ergonomic Research Society). A insistência sobre o "conforto" e a "eficácia" legitimou, sem dúvida, a elaboração desse neologismo: "Conjunto dos conhecimentos científicos relativos ao homem e necessários para conceber ferramentas, máquinas e dispositivos que possam ser utilizados com o máximo possível de conforto, de segurança e de eficácia" (LAVILLE, 1977, p. 12).

Wilhelm Hendrik Kalsbeek sobre os pilotos de aeronaves com controle digital: "Apreciar o papel da distração, da emulação, das drogas, da fadiga e das preocupações sobre a disponibilidade do piloto" (KALSBEEK, 1971, p. 641-650). Expandem-se os obstáculos interpostos entre a informação e a reação; esgarçam-se os patamares da fadiga; cresce a consciência do acaso. A mecânica considerada transparente do corpo informacional hoje se aprofundou, interiorizou, psicologizou e diversificou como nunca anteriormente. A sobrecarga, ao mentalizar-se, fez aparecer, mais do que antes, o problema formulado pelos mais variados recursos ou pontos fracos de cada indivíduo.

Do estresse ao *burnout*

Por fim, problema tanto mais complexo que a vertente do psíquico em si, na cultura seja cotidiana ou do ambiente, nada fez além de crescer, fase após fase, nas últimas décadas. Um livro inaugural – com o título, *Stress au travail* (FRASER, 1983) – foi seguido por umas setenta publicações, todas elas exibindo um título ou subtítulo quase idêntico; número duplicado na língua anglo-saxã com o título de *Stress at Work* (ATKINSON, 1988). Mudança manifesta: as obras, durante muito tempo dominantes, sobre o "motor humano" – as quais deveriam, supostamente, estabelecer "os fundamentos científicos do trabalho profissional" (p. 278-281), transbordando de pontos de referência objetivos, que vão do gesto à alimentação, do metabolismo à temporalidade e do instrumento à organização –, são amplamente eliminadas por aquelas que, segundo se presume, deveriam elaborar uma "psicopatologia do trabalho" (VEIL, 2012); ou, ainda mais recentemente, por aquelas que deveriam "superar o esgotamento profissional" (PETERS; MESTERS, 2007) compreendido, por sua vez, de acordo com sua vertente pessoal, mental ou afetiva, e não tanto de acordo com sua vertente orgânica. Isso é confirmado por um número cada vez maior de pesquisas, cada vez mais sofisticadas: "A penosidade no trabalho não é nova, mas passou por mudanças: o estresse psicológico torna-se mais insuportável do que a fadiga e o desgaste de natureza física" (CERCLE SÉSAME, 2011, p. 196).

Impõem-se relatos de um novo tipo: "o sofrimento daqueles cujo medo consiste em serem incapazes de dar satisfação", o daqueles cuja dor consiste em experimentar "pressões de tempo, de cadência, de formação, de informação, de aprendizagem, de nível de conhecimento e de diploma" (DEJOURS, 1998, p. 28). Todos eles estão destinados a sentir uma fadiga que se torna esgotamento. Expandiu-se não só a recusa das situações impostas (cf. p. 343), mas também a visão psicossomática afirmada na década de 1960, levando mais em conta as carências, as frustrações e os riscos, estendendo-se de preferência aos problemas mais circunstanciados de desespero, além de proporem um maior número de explicações. A própria palavra sofrimento é reveladora, sugerindo episódios internos, ressonâncias sobre a integridade pessoal e a identidade, além de provocarem iniciativas institucionais, a criação de unidades de consulta ou de tratamento, focalizadas de maneira bastante específica sobre o "sofrimento no trabalho" (PEZÉ, 2008). Os casos são comentados e diversificam-se após as décadas de 1980-1990; estendem-se também, dos operários aos executivos, das secretárias aos aprendizes, dos dirigentes aos executantes. Os próprios termos empregado ou assalariado – que se tornaram, aliás, amplamente dominantes em comparação com os de trabalhador ou operário – sublinham indiretamente o quanto a referência física deixou de ser a primeira a ser designada[691]. Por exemplo, o Sr. B., sentado para uma entrevista de ajuda – pesado, atarracado, prostrado, detentor de um curso de qualificação profissional de torneiro-ajustador –, é levado, após várias dificuldades de contratação, a ser agente técnico em uma prefeitura, depois, funcionário no cemitério municipal e, em seguida, vítima de vários episódios de desvalorização pelo fato de estar mal-adaptado para as tarefas propostas, criticado por sua lentidão e estigmatizado por sua denúncia – aparentemente justificada – de disfunções de organização; ele acaba perdendo a confiança, experimenta uma fraqueza constante, além de tornar-se objeto de uma hipertensão grave e não tratada (PEZÉ, 2008, p. 33-44). É a situação de Monique, responsável pela gestão de uma empresa que fabrica produtos para a elaboração de medicamentos, confrontada à fusão-

---

[691]. Cf. o jornal *Le Parisien*, que generaliza o termo "empregado": "pessoa que efetua uma tarefa por conta de alguém em troca de um salário".

-aquisição dessa mesma empresa e a uma sobrecarga de suas tarefas, inventários inesperados, informatização dos dados, visitas a locais tóxicos e afastados, encomendas mais numerosas e complexas, às quais se somam o não reconhecimento dessa sobrecarga por sua hierarquia e a necessidade de prover os encargos de mãe solteira: "Aos poucos, Monique acordava todas as noites durante o final de semana [...] remoendo suas prioridades antes da retomada do trabalho na segunda-feira"; aos poucos, "o esgotamento chega a um ponto" que é encarada a possibilidade de hospitalização (PEZÉ, 2008, p. 151-157).

Em cada um desses casos, verifica-se um cruzamento de diversos mecanismos psicológicos, sugerindo ainda novas referências; aliás, todas elas mostram o quanto o transbordamento, o excesso e, até mesmo, as possíveis lacunas pessoais não são de forma alguma os únicos objetos em questão. Acrescente-se o não reconhecimento da tarefa efetuada; sobretudo e, ainda mais, acrescente-se a expectativa desse reconhecimento por parte do executante, sua própria exigência, a importante frustração quando este faz falta, orientando para uma fadiga cada vez mais premente e sentida profundamente. Tudo se deve a uma negação: a do investimento individual e de sua possível iniciativa. Situação tanto menos aceita quanto ela se opõe a um sentimento de evidência incrementado no decorrer do século XX e acentuado de maneira gradual: a autonomia, a individualização, a possessão de si cada vez mais exigente em relação a suas fronteiras e garantias. Qualquer negação de tal autonomia é vista hoje como uma ferida; qualquer resistência a essa mesma negação, sua recusa obscura e deliberada, são vivenciadas como uma prioridade. Eis a afirmação do especialista em medicina do trabalho, Christophe Dejours: "Este livro se insurge contra todas as formas, sejam elas quais forem, de condescendência e de desdém em relação à subjetividade" (DEJOURS, 1998, p. 30).

Tal é, efetivamente, a diferença entre essas formas de ruptura e a referência ao excesso ou transbordamento teorizados desde o final do século XIX: não mais o mero acúmulo de tarefas, seu repentino amontoado e sua possível vertigem, mas a ameaça que pesa sobre sua gestão, o obstáculo oposto às decisões pessoais e o bloqueio do fazer, todos eles limites cuja acentuação reforça a eventualidade de esgotamento. Deslocamento central: dependências anteriormente aceitas ou toleradas passaram a ser rejeitadas, o mesmo ocorrendo com freios à autonomia que, outrora, haviam sido consentidos ou negociados. A primeira vertente dessa ameaça reside em uma figura relacional durante muito tempo negligenciada, para não dizer, desdenhada, que só foi denominada na década de 1990, tendo sido objeto de lei apenas na década de 2000, ou seja, o assédio moral: "conduta abusiva que, por gestos, palavras, comportamentos e atitudes repetidas ou sistemáticas visa degradar as condições de vida e/ou as condições de trabalho de uma pessoa (a vítima do assediador)"[692]. Dominação tradicional, sem dúvida, durante muito tempo silenciada e, até mesmo, ignorada, recém-explicitada e vigorosamente estigmatizada; o que incrementa – Mas será necessário insistir nesse aspecto? – a nítida reconsideração do próprio psicológico. Fase suplementar na afirmação da identidade, sofrimento adicional relacionado à sua negação; e mais profundamente, já não se trata da simples referência a uma vontade que é encenada, mas efetivamente da constatação prévia e insistente de uma vontade contrariada.

As denúncias desses casos, sua gravidade, são bastante acentuadas nos últimos anos, assim como as alusões às fadigas correspondentes: jovens vendedoras lutando contra sua situação em julho de 2019, afirmando "ter vivido um inferno em lojas de roupas ou calçados no departamento de Maine-et-Loire, sofrendo insultos, comentários de natureza sexual, diversas e variadas humilhações por parte do patrão, assim como uma sobrecarga de trabalho durante muitos anos" (GOANEC, 2019); empregados de uma pequena empresa submetidos a um assédio individual com o único propósito de valorizar o poder dos dirigentes[693]; além de professores universitários impelidos a licenças de longo prazo, contestando a marginalização de que são objeto[694]. A noção de assédio e sua aplicação jurídica confirmam o quanto se metamorfoseou o "olhar dos assalariados em relação a determinadas situações vivenciadas no trabalho" (HIRIGOYEN, 2014).

---

692. Artigo 222/33-2 do Código Penal Francês, 27/01/2002.
693. Disponível em https://fr.wikipedia.org/wiki/Harc%C3%A8lement_moral
694. Comunicado do Snesup [Syndicat National de l'Enseignement Supérieur], de Évry, publicado em 11/07/2010. • Évry é um município situado a sudeste de Paris [N.T.].

Aliás, tal sentimento pode se ampliar, agrupar fatos diferentes, não se limitar apenas às questões de dominação, além de designar a impossibilidade de se autorrealizar, os obstáculos à sua plena realização, a ausência das recompensas esperadas (INRS, 2015[695]), a eliminação de metas e de objetivos; ou, dito por outras palavras, o indivíduo confrontado com a impossibilidade de garantir a autoconfiança. As investigações se diversificam, sublinhando a multiplicidade dos prejuízos, além de confirmarem sua amplitude. Isso consolida uma importante dinâmica no decorrer do século XX: não mais a fadiga física chegando a invadir o mental a ponto de assombrá-lo, mas a fadiga psicológica chegando a invadir o físico a ponto de destruí-lo; sem dúvida, a manifestação mais frequente da fadiga contemporânea.

A novidade ainda se apoia em uma qualificação totalmente repensada, aquela que designa um ponto-final: abatimento físico e psicológico, prostração insuperável, abolição extrema, por ser central. Em 1980, Herbert Freudenberger foi o primeiro a sugerir tanto uma descrição quanto uma denominação: esgotamento profissional ou *burnout*. Ele acrescenta uma imagem: "indivíduo queimado", à semelhança de "uma lâmpada que queima" (FREUDENBERGER, 1987, p. 25). Esse psicólogo estadunidense, nascido em Frankfurt, multiplica os casos, todos afetados por esta contradição: a distância intransponível entre os "ideais intermináveis que eles têm em mente" (FREUDENBERGER, 1987, p. 29) e sua realização impossível, o tenaz impedimento de um projeto de vida, até o surgimento da prostração. Por exemplo, o de Georges, diretor de uma grande empresa internacional, confrontado com contratos difíceis, tendo visitado quase vinte países, dividido entre uma energia sem limites e um sentimento de irrealizável, subitamente perdido em um *pub* inglês, sem referências nem horizonte: "Ele apercebia-se de que algo terrível tinha acontecido com ele, e seus pensamentos oscilavam entre distúrbio coronário e loucura" (FREUDENBERGER, 1987, p. 32). Ou aqueles voluntários

---

695. Sigla do Institut National de Recherche et de Sécurité pour la Prévention des Accidents du Travail et des Maladies Professionnelles [Instituto Nacional de Pesquisa e de Segurança para a Prevenção dos Acidentes e das Doenças do Trabalho]. Instituição criada em 1947. Cf. INRS, 2017; 2021 [N.T.].

que trabalham em serviços assistenciais, envolvidos de corpo e alma, multiplicando determinação e teimosia, mas sobrecarregados com tarefas, além da própria impotência, submersos pela emoção e por sua ineficácia (FREUDENBERGER, 1987, p. 133). A descrição revela-se, em breve, suficientemente reconhecida para que "36% dos assalariados acabem declarando, em 2017, que já haviam suportado um *burnout*"[696], além de suficientemente bem-delimitada para apurar a sensação específica de um não poder pessoal:

> A autoestima é destruída, a pessoa é incapaz de se concentrar e de trabalhar, o cérebro – e, às vezes, o corpo – perde a estabilidade e a máquina deixa de funcionar. Os sintomas são emocionais, físicos, cognitivos, comportamentais e motivacionais[697].

A Académie de Médecine reexamina, em 2016, as possíveis causas e visa as brechas na integridade individual: "exigências de natureza profissional e emocional, falta de autonomia, de apoio social e de reconhecimento, conflitos de valor, insegurança do emprego e do trabalho" (OLIÉ; LÉGERON, 2016). Nenhuma pressão intrinsecamente nova, é claro, mas um sintoma analisado, assim como interpretado, de maneira diferente[698].

Os casos mencionados aumentam ao longo do tempo, revelando, sem dúvida, um alerta crescente, tanto dos médicos quanto dos assalariados: "Eles teriam sido levados a falar com maior frequência sobre isso [...]" (INRS, 2015). O território do *burnout*, com suas rupturas de vida, tenderia, assim, a se espalhar e até mesmo a se banalizar; o próprio termo estresse (que conduz a essa situação) é, aliás, a primeira palavra escolhida por 78% da população ativa para qualificar o trabalho (cf. CERCLE SÉSAME, 2011, p. 209).

---

696. Cf. "*Syndrome de burnout: c'est quoi?*" Disponível em: https://www.burnout-info.ch/fr/burnout_c_est_quoi.htm.
697. Ibid.
698. Cf. ZAWIEJA: P. O Antigo Testamento fornece, no mínimo, dois exemplos de esgotamento profissional" (ZAWIEJA, 2015, p. 3). Cf. tb., sob a direção desse mesmo autor, o importantíssimo *Dictionnaire de la Fatigue*, 2016.

O desafio do gerenciamento

No entanto, para além dessa sensibilidade individual e de sua recrudescência, para além da presença tradicional de uma dominação recém-interpretada, ocorreram, sem dúvida, outras mudanças: revisão do planejamento do próprio trabalho, de sua organização e de suas condições, agravando ainda mais a distância entre as expectativas e os fatos, tendo começado por uma expansão da digitalização, por seus efeitos de vigilância – para não dizer, de opressão –, além de impor uma dominância cada vez menos suportada. O operador de empilhadeira, que carrega as mercadorias nos galpões da empresa Amazon, insiste sobre uma impressão constante de perseguição, uma caça ao homem relativamente à sua atividade, uma armadilha provocando cansaço e ansiedade:

> Em cada instante, os algoritmos permitem saber o local em que se encontra cada funcionário, calculam o tempo necessário a cada assalariado para executar cada uma das tarefas elementares e, assim, identificar qualquer tempo de inatividade[699].

O efeito diz respeito à iniciativa dos gestos, à sua fonte e organização. Ele dilata-se acima de tudo, penetra nas consciências, instala a panóptica na mente de cada um, além de promover a sensação de um controle invisível, a de uma comparação constante com os outros e consigo mesmo, busca indefinida de uma norma tão suscetível de ser aperfeiçoada quanto imposta: "Os dirigentes podem classificar seus subordinados, e a plataforma facilita o surgimento de dinâmicas de emulação e de controle mútuo entre os colaboradores" (CASILLI, 2019, p. 263).

O maquinista de trem afirma, por sua vez, que está forçado a uma constante vigilância, assaltado pelo acúmulo de sinais, ameaçado pela mais insignificante falha, perturbado por horários irregulares e, no final de contas, cansado como se os encargos tivessem sido adicionados, além de renovados:

> Tua vida pessoal, a de toda a tua família estão organizadas a partir dessa tabela de revezamento e de suas vicissitudes. Isso durante toda

---

699. Les algorithmes chassent tout rapport humain. *TAF – Travailler au futur*, 2020, p. 57.

a tua carreira. Nossos pretensos privilégios, incluindo o plano de aposentadoria são apenas a contrapartida dessas subjugações[700].

Constatação repetida: tal digitalização "traduz-se, muitas vezes, por um aumento da intensidade de serviço e da penosidade" (LORIOL, 2017, p. 2-7). Inclusive os "novos escravos do digital" (RIFFAUDEAU, 2019), autoempreendedores engajados a serviço de algumas plataformas, sem conhecerem o rosto nem a voz de seus diretores. Todos trabalham por conta própria, impulsionados pela aspiração de uma nova autonomia, mas dependentes de condições de trabalho e de preços estabelecidos sem a sua contribuição, além de dependentes dos decididores a respeito dos quais não sabem nada. Isso leva os entregadores de Deliveroo, empresa de distribuição de refeições, a trabalhar acima de 60h por semana ao mesmo tempo em que se sentem prisioneiros[701]; ou os *juicers*[702] das novas *scooters* da cidade, incumbidos da recarga de suas baterias, a trabalhar das 19h até às 8h da manhã (cf. KRISTANADJAJA, 2019); ou os tradutores sob demanda, que dependem de telefonemas recebidos em horas imprevistas, sem garantia de recursos (cf. CERCLE SÉSAME, 2011, p. 203), carecendo, além disso, de qualquer proteção social e seguro para o futuro[703]. Sem dúvida, situações limitadas, mas suscetíveis de delinear atividades futuras, aquelas em que a tecnologia digital e sua flexibilidade dissimulam uma dependência implacável sob uma aparente liberdade.

A reorganização da própria atividade ainda pode contribuir para algum possível agravamento. Exemplo importante: a gestão do hospital, confrontada com uma expectativa crescente de rentabilidade, sofrendo uma obsessão rígida; ou seja, a do aumento da dívida pública e da necessidade de sua redução. Em dezembro de 2019, "50% dos médicos" (FAVEREAU, 2019) afirmam seu esgotamento, questionando a administração, rejeitando seu rigor, além de contestar suas escolhas, incluindo a

---

700. PALLEJA, J. SNCF: une déshumanisation lourde de conséquences. *TAF.* Op. cit., p. 53.
701. Deliveroo, une forme d'esclavage moderne. *TAF.* Op. cit., p. 44.
702. Do termo *juice*; em francês, *jus* [suco]. Na linguagem coloquial *jus électrique* [corrente elétrica], cuja reposição é garantida por esses novos trabalhadores.
703. "Esse modelo é um retrocesso para centenas de milhares de trabalhadores" (RIFFAUDEAU, 2019).

redução de pessoal e a austeridade em relação ao número de leitos: "Meu serviço perdeu postos de trabalho, as enfermeiras não resistiram à exaustão, tendo abandonado o serviço uma atrás da outra" (RAULIN, 2020). Ou ainda: "O médico fala a respeito de cuidados e de pacientes, enquanto a administração se refere a déficit e orçamento" (FAVEREAU, 2019). O poder, durante muito tempo, reservado ao primeiro, passou para as mãos exclusivamente dos gestores, de acordo com a "virada gerencial" (MÉDA, 2020); aliás, expressão utilizada pela economia atual. A tal ponto que o número de locais de acolhimento diminuiu em vista de uma maior redução da massa salarial: "No fundo, o funcionário de alto escalão raciocina na base de fluxo" (AMAR; LE BAILLY, 2020[704]), enquanto o cuidador pensa em necessidades; por sua vez, variáveis e às vezes intensas. Para o médico do hospital, nada resta além da busca impositiva de resultados, a frustração e a identidade esgarçada.

Também é impossível ignorar a forma como as empresas multinacionais são dirigidas, em vista de uma estrita e exclusiva rentabilidade, suas fusões, a eventualidade de supressões de postos de trabalho, as "transferências para outros países" de suas unidades fabris, além de suas aquisições; todas essas circunstâncias suscetíveis de implicar alarmes, depressões, desemprego ou precariedade (cf. RILOV, 2019). Angústia frequente, reiterada, recém-designada e de uma maneira clara: a de Laetitia, a eletricista confrontada com o projeto de compra da empresa Bombardier por Alstom, ambas companhias ferroviárias, levadas a suprimir postos de trabalho duplicados: "Estou estressada; desde 2004, já assinei sete contratos temporários na Bombardier e dois na Alstom. O que irá acontecer conosco?" (MONIEZ, 2020). Ansiedade mais ampla, de fato, a de "correr o risco do desemprego e da pobreza para 40% dos franceses" (CERCLE SÉSAME, 2011, p. 208). Daí a constatação de Alain Supiot: "Todas essas inovações mergulharam as empresas em um mortífero curto prazo e precipitaram o sofrimento no trabalho com seu rastro de depressões e fraudes"[705].

---

704. Cf. tb. Velut, 2020.
705. SUPIOT, A. Le travail humain "au-delà de l'emploi". *TAF*. Op. cit., p. 31. • Cf. Supiot, 2021 [N.T.].

Impossível, por fim, ignorar as situações em que o assédio é adicionado às reorganizações. Em 2019, a queixa apresentada na justiça contra os diretores da empresa France Télécom é a principal ilustração disso: processo penal relativo à controversa aplicação do plano Next e de seu componente social, o qual deveria supostamente garantir a sobrevivência da empresa que se tornou a Orange; ou, dito por outras palavras, suprimir, "22 mil postos dos 120 mil – ou seja, cerca de um em cada seis assalariados –, além da troca de posto, ou de local de trabalho, para outros 10 mil assalariados"[706]. Diligência tanto mais contestada na medida em que se tratam de funcionários públicos, cujo *status* é "protegido". Firmeza, em compensação, tanto mais deliberada na medida em que o projeto parece ser obrigatório: "Os gestores estavam obcecados com a realização dos objetivos"[707]. Daí a escolha da brutalidade psicológica e do assédio. Daí também a frase emblemática do principal dirigente, pronunciada em 20/10/2006: "Em 2007, procederei às demissões de uma forma ou de outra, pela janela ou pela porta"[708]. Isso é seguido por decisões não discutidas: mudanças de atribuições, diversas advertências e remoção de responsabilidade; tudo acompanhado por ataques que repercutem intimamente, além do sentimento de fracasso, de impotência e de dignidade desrespeitada: "O que mais me mata é o fato de não ter terminado minha carreira"[709], confessa uma das vítimas.

A médica dessa empresa, Monique Fraysse-Guiglini, constata os traumas: crescimento das "síndromes anxiodepressivas, distúrbios do sono ou do apetite, adicções"; aumento de 45% no número de pessoas que, entre 2008 e 2009, recorrem à enfermaria[710]. Uma pesquisa empreendida em 2009 indica uma perda de autoestima: "O orgulho de pertencer a France Télécom, que havia chegado a 95%, cai para 39%"[711]. Ils ont joué avec nos vies [Eles só nos esnobaram][712], insistem os

---

706. Cf. Les témoignages marquants des premières semaines du procès France Télécom. Estação de rádio *France Info*, 25/05/2019.
707. Ibid.
708. Ibid.
709. "France Télécom: "Ils ont joué avec nos vies". *Libération*, 09/08/2018.
710. Disponível em https://www.francetvinfo.fr/economie/telecom/suicides-a-francetelecom/
711. Ibid.
712. Ibid.

empregados, mirando um dos alvos do ataque; ou seja, a identidade: "Levam você a perder a confiança e, além disso, você se sente responsável"[713]. Ocorre também um grande número de suicídios; "um em cada semana", insistem as testemunhas. Assim, a condenação dos dirigentes à prisão reforça o *status* de assédio moral (cf. VUATTOUX, 2019). O reconhecimento do prejuízo, visando "o estresse e a pressão" (cf. VUATTOUX, 2019), concretiza a mudança decisiva: o resvalar do sofrimento físico para o sofrimento psíquico. Verificou-se um deslocamento profundo nos modos de apreciação do prejuízo, assim como nas exigências de natureza pessoal.

Por que a fadiga cotidiana?

Hoje, em compensação, impõe-se uma lenta tomada de consciência, fazendo apelo ao abandono desses dispositivos. As fórmulas se multiplicam, apresentando o perfil de novos gerenciamentos e até mesmo de novas gestões de empresas: "Incentivar alguma liberdade de ação" (ANDERS, 2019); "Levar em conta as aspirações individuais" (HAUTESSERRES, 2018); "Promover a autonomia de seus colaboradores" (HAUTESSERRES, 2018); "Manifestar concretamente o reconhecimento" (PETITDEMANGE, 2018). Numerosos chefes até chegam a exprimir seu arrependimento, confessando-se enquanto ex-algozes: "Eu era um líder ruim"; "Era demais a opressão que eu exercia"; "Meu comportamento era desumano"; "Eu me servia frequentemente da raiva" (RANC, 2020). Confissões sugestivas – todas elas focalizadas em uma dominação de *culpa* –, mesmo que raramente seguidas de efeitos, confirmando a crescente exigência aos subordinados e o sofrimento deles diante desses fatos. Prova, da real negação da independência e de seus efeitos.

Aqui, a dominação é efetivamente denunciada, reforçando a rejeição do assédio, além de enaltecer, inversamente, a confiança em um poder sobre si mesmo. Aliás, convicções que se tornaram motivos recorrentes nos blogs atuais: "Não há

---

713. Ibid.

mestre para você, isso é uma ilusão grotesca e infantil. O que vale é a reflexão e a experiência de cada um"[714]. Assim, a fadiga surge de uma situação específica: ascendência condenada, identidade maltratada. Inquietação igualmente presente nas revistas de hoje:

> Considerando que sua natureza é generosa, você gasta seu tempo dando sem contrapartida, mas isso pode deixá-la exausta e sobrecarregada se não guardar nada para a pessoa preciosa que você é (ROSE, 2018).

Impossível, na verdade, ignorar um contexto, o único capaz de elucidar a mudança. A afirmação é muito mais profunda hoje do que parece. Triunfo de uma "mística da libertação e da plena realização de si" (BAUDRILLARD, 1995, p. 139), promovida pela expansão do consumismo. Triunfo igualmente do indivíduo "hipermoderno", descrito por uma série de análises contemporâneas focalizadas na afirmação psíquica: "o indivíduo hipertrofiado" (CASTEL; HAROCHE, 2001, p. 128); aquele para o qual "deixou de fazer sentido se posicionar do ponto de vista do todo" (GAUCHET, 1998, p. 177); aquele que nossa sociedade instalou subitamente enquanto novo centro de "coerência", acentuando seu sentimento de prevalecer em relação a qualquer referência social. Preocupação cotidiana enquanto preocupação romanesca, prospectada recentemente de maneira indefinida: "Voltemos a meu assunto que sou eu mesmo, e não é pelo fato de ser particularmente interessante, mas por ser meu assunto" (HOUELLEBECQ, 2019, p. 181). O que uma abordagem publicitária recente ilustra ainda mais, até o símbolo, a da L'Oréal e de suas palavras que deveriam supostamente conferir sentido aos produtos oferecidos: "Realmente, mereço tudo isso!" Ou capturando o olhar com um falso brilho: "Realmente, você merece tudo isso!"[715] Interpelação decisiva, inédita, deslocando a promoção das coisas, transferindo o valor do objeto para o da pessoa, submetendo as qualidades do produto às qualidades do eu, além de generalizar uma certeza central, mesmo que esta seja implícita: se é legítima a aquisição do

---

714. Cf. o blog *Le réveil de la conscience* [O despertar da consciência].
715. Disponível em https://fr.wikipedia.org/wiki/Parce_que_je_le_vaux_bien

objeto é porque, efetivamente, meu valor permite tal operação, fazendo com que os atributos individuais assumam, de imediato, a primazia, mantendo ascendência em relação às características do objeto.

Enquanto a essas afirmações cada vez mais incisivas se opõem modos gerenciais não desprovidos de restrições. Como resultado, surge uma oposição frontal, a mesma que o assédio nada faz além de exasperar, levando à insatisfação, às expectativas estafantes e à impotência comprovada:

> Por um lado, um consumidor sacralizado que recebe o incentivo para exprimir-se em suas escolhas, em sua singularidade e especificidade; por outro, um empregado banalizado cujo incentivo consiste em deixar de exprimir-se, [indivíduo] cujo valor psicológico é reduzido a nada pedir além de uma submissão. Daí resulta uma colisão frontal entre a nova cultura do Eu-ego no ciberconsumidor e a cultura anônima do cidadão comum (CERCLE SÉSAME, 2011, p. 199-200).

Mas também emerge uma possível e mais cotidiana generalização de tal oposição, por sua vez, frequentemente banal, além de habitual, ilustrando um ideal do eu inevitavelmente confrontado com seu impossível ponto culminante: identidade limitada, obstruída ou sonhada. As vítimas se multiplicam. Fenômeno que atravessa épocas e condições. Ao *burnout* do empregado desconsiderado acrescentem-se atualmente o da criança, do adolescente, do estudante, do pesquisador, dos membros da família, do empresário, do apaixonado e também do esportista; ou seja, a "doença silenciosa que corrói os atletas" (PINEAU, 2020), muitos deles queixando-se de serem "treinados como robôs" (PINEAU, 2020). Uns e outros experimentam regularmente um fracasso, distância dolorosa entre as expectativas e os fatos, ruptura entre o que eles "são" e o que "acreditavam ser". "Você alimenta um sentimento de frustração: as coisas não são do jeito que você gostaria que elas fossem"[716], dizem os comentaristas do "*burnout* amoroso". "É o confronto entre o que os pais haviam

---

716. Cf. Burn out amoureux: les signes qui doivent vous alerter. *Femme actuelle*, 02/10/2018.

idealizado a respeito de sua vida familiar e a realidade"[717], afirmam os comentaristas sobre o "*burnout* familiar".

O que confere também pleno sentido aos combates decisivos em favor da emancipação: a denúncia das "sobrecargas mentais", entre outros aspectos, das quais as mulheres são vítimas no contexto do universo doméstico. Dominância confirmada pelos números: elas efetuavam 71% das tarefas domésticas, em 2010, além de 65% das tarefas parentais (DUPONT, 2017). A denúncia visa muito precisamente a fadiga, o insidioso cansaço psíquico que invade todo o comportamento: "É pernicioso pelo fato de ocupar a mente permanentemente. Isso tem um impacto no sono. No trabalho, o indivíduo tem uma dificuldade cada vez maior para se concentrar" (DUPONT, 2017). Por fim, uma importante tomada de consciência em que Emma, a cartunista que colocou em imagem tal "carga mental" em seu blog e sob o título irônico – *Fallait demander*[718] [Bastava perguntar] –, provocou várias centenas de milhares de respostas positivas.

Ainda fica por abordar as nuanças sobre os sintomas. Não, de modo algum, o *burnout* comprovado, seus dramas, sua prostração global e sua ausência a si mesmo, mas a fadiga "em surdina", lancinante, ansiogênica, com suas desacelerações na atividade e seus sofrimentos diversificados. Tal como a escuta dolorosa e nova – inclusive, insistente – focalizada em cada maneira de ser, em cada estado íntimo, desde as impressões mais físicas até as impressões de natureza mental; alerta constante sobre o que pode resistir sem fim ou simplesmente revelar as inevitáveis limitações para existir. Numerosos heróis literários de hoje são o símbolo disso: o de Michael Delisle em sua antologia de novelas – *Palais de la fatigue* [Palácio da fadiga], título heurístico –, cujas experiências aparentemente inócuas, mas sempre contrariantes e recomeçadas, estão focalizadas em uma carência, em um distanciamento para ser e em uma dependência, aquela relativa a um profes-

---

717. Cf. Le burn out familial, signes et conséquences, comment l'éviter? *Cool Parents make happy kids* [Disponível em https://www.coolparentsmakehappykids.com/burn-out-familial-signes-conse quences-comment-eviter/].

718. *Fallait demander*, 09/05/2017 [Disponível em https://emmaclit.com/2017/05/09/repartition-des-taches-hommes-femmes/].

sor inacessível ou a amigos bastante determinados. E a constatação reiterada: "Por qual motivo eu era incapaz de seguir meu caminho?" (DELISLE, 2017, p. 76). Ou o de Michel Houellebecq, personagem impotente para recuperar suas forças, esmagado pela distância intransponível entre projetos e realidade, condenado a uma "serotonina" fadada, por sua vez, a limitar-se a manter a vida de maneira bem precária:

> As amizades da juventude, aquelas que se forjam durante os anos de estudante e que, no fundo, são as únicas amizades verdadeiras, nunca sobrevivem ao ingresso na vida adulta; o indivíduo deixa de encontrar seus amigos da juventude para evitar ser confrontado com testemunhas de suas esperanças desapontadas, perante a evidência de seu próprio fracasso (HOUELLEBECQ, 2019, p. 148).

Ou o testemunho do ensaísta e historiador da arte, Jean Clair, mais prosaico e cotidiano, evocando os choques mais comuns de cada dia, e sua continuação, igualmente banal, feita de uma fadiga interminavelmente repetida:

> Apatia estranha que nos invade todas as noites, nos derruba e deixa devastados durante longas horas. Que culpa original nos condena todos os dias a deixar a vida? Que dívida antiga, nunca quitada, nos priva por intervalos da consciência, como se tivéssemos sido picados pela fada malévola? (CLAIR, 2010).

Nada mais, para dizer a verdade, além do prolongamento, para não dizer, do termo, daquilo que o Iluminismo havia começado: a descoberta de um "eu" mais autônomo e, desde então, alertado constantemente por suas próprias limitações (cf. p. 139), questionamento tanto mais sistemático hoje, que esse mesmo "eu" se aprofundou indefinidamente, foi investigado com maior insistência e se tornou mais complexo, a tal ponto que sua existência cada vez mais assertiva é acompanhada por uma insuficiência que é, em si, cada vez mais sentida de maneira profunda. Daí a pergunta bem atual da revista, *Philosophie Magazine*, tão direta e urgente que ocupa a capa da edição n. 134, nov./2019: "Pourquoi sommes-nous si fatigués?" [Por que estamos tão cansados?] As respostas pipocam. A primeira consistiria em reatualizar o peso do excesso de trabalho, a onipresença da tecnologia, a superaceleração, a pressão de máquinas constantemente renovadas, a informatização do mundo, além da moda generalizada do instantâneo e da hiperconexão (AUBERT, 2018), tudo isso espalhando uma efervescência[719] no âmago das sociedades contemporâneas. Mas, além do fato de que essas sociedades sabem adaptar-se às exigências de suas máquinas, criando planejamento e fluidez, a segunda resposta parece ser mais central: a de um confronto íntimo com um eu hipertrofiado, com um ser condenado por sua nova importância ao teste constante não só de suas limitações, mas também de se reinventar (cf. LE BRETON, 2017). A fadiga torna-se, então, tão contínua quanto natural, tão atual quanto banal, tão familiar quanto inconveniente, acompanhante surda, obscura e sempre imposta no decorrer da vida. Presença lancinante e inédita, um *fatigo ergo sum* (ELTCHANINOFF, 2019, p. 46) que se apoia em uma existência sentida profundamente, exigente de outro modo e, desde então, experimentada de maneira diferente: dificuldade de aceitar qualquer tipo de dominação, dificuldade de viver qualquer tipo de limitação. Constatação ainda, tão discreta quanto evidente: "E depois, há a fadiga. Mas falamos muito pouco de algo que domina a vida da maior parte de nós, que nos leva a tomar tal decisão, abandonar tal tentativa ou observar tal evento de maneira específica!" (MALRAUX, 1988, p. 131[720]). Assim, impõe-se uma relação ao íntimo amplamente valorizado, sentimento persistente de resistência, confronto interno mais importante do que nunca, aquele mesmo que Emmanuel Lévinas já havia designado: "A preguiça, a fadiga, antes de serem conteúdos de consciência, são recuos diante da existência em geral [...]. O cansaço é uma recusa impossível da última necessidade de existir" (LÉVINAS, 1971[721]). Constatação importante: a intensa psicologização contemporânea transformou, mais do que anteriormente, esse sentimento da existência em provação constante e sempre recomeçada.

---

719. Cf. MULLER, L. Enjeux d'une quête anomique en des temps d'effervescence. In: Aubert, 2018, p. 143.
720. Cf. Queiroz, 1988 [N.T.].
721. Cf. DUTHU, H. Lassitude. In: Duthu, 2005.

Escapar às limitações ou tomar consciência delas?

Daí a presença igualmente crescente de oposições e de reações; tentativas, por sua vez, multiplicadas para superar a carência e para restaurar a integridade. À pergunta, bem atual, figurando na capa da revista *Philosophie Magazine* já mencionada – "Pourquoi sommes-nous si fatigués?" (cf. p. 435) –, responde a recomendação, igualmente atual, na capa do magazine mensal de vulgarização científica, *Ça m'intérêt – Santé*, em dezembro de 2019 – *En finir avec la fatigue* [Acabar com a fadiga] –, resolução deliberada para se libertar de uma experiência "insuportável" aparentemente nova. Assim, indagação e réplica revelam a certeza de uma descoberta e de uma urgência: sensação de tensões mais fortes e também determinação de alívio mais consistente. Única prova, de qualquer modo, de uma perspicácia contínua, tanto na percepção quanto na denúncia.

Mantém-se a obsessão medicamentosa que não poderia ser esquecida: na França, entre 1990 e 2017, o mercado farmacêutico triplicou (cf. MONOD, 2019). Diz respeito tanto aos antibióticos quanto aos ansiolíticos, tanto às terapias quanto ao conforto, tanto às fadigas quanto aos desconfortos íntimos. O imaginário do excitante não poderia ser eliminado, apoiado em uma química que, por sua vez, é cada vez mais tecnicizada e mercantilizada. Daí o sucesso ainda presente das fórmulas que prometem resistência orgânica e superação:

> As condições da vida moderna, a concorrência e a competição desenfreada dos candidatos para obterem um diploma, um cargo, um sucesso, o reconhecimento profissional ou gratificações afetivas tornam indispensável, muitas vezes, o recurso a produtos revigorantes e estimulantes (*300 Médicaments*, 1988, p. 15-16).

Daí também a interminável história do *doping* nos círculos esportivos: pesquisas clandestinas e frenéticas para limitar quimicamente a fadiga dos campeões, réplica oficial e laboriosa de controles minuciosos para limitar os riscos à saúde de tais procedimentos (cf. BOURG, 2019[722]).

---

722. Cf. tb. Vigarello, 2002, p. 169-189.

O fato é que a resposta cotidiana, a do próprio cansaço monótono e diário, deslocou-se insensivelmente nas últimas décadas. Ela exprime-se de maneira diferente, visa outros objetos. Não pelo fato de que a penosidade física tenha desaparecido, mas o aspecto psicológico, mais uma vez, impôs-se em grande parte e, acima de tudo, reformulou-se: é ele que se torna alvo, mais do que nunca, das inúmeras tentativas que buscam a atenuação, incluindo aquelas que implicam a penosidade. Verificou-se a proliferação de novos magazines, generalizando os conselhos – misturando mental e sensibilidade, decisões e sentimentos – focalizados, desde a década de 2010, na descontração, no equilíbrio interior e na atenção a si mesmo. O que é confirmado pelos títulos e subtítulos das revistas: *Respire – Créer du temps pour soi*[723]; *In the moment – Parce qu'être soi n'attend pas*[724]; *ADN – Les essentiels: le guide du bien-être au quotidien*[725]; *Sens et santé – Le corps, l'esprit, le monde*[726]. O estresse está no âmago das resistências esperadas e a identidade restaurada no cerne do projeto; assim como a recusa de qualquer sobrecarga mental (cf. p. 434) – aquela que compromete a igualdade homem-mulher – está no âmago da afirmação feminina.

O afastamento das restrições impõe-se antes de tudo. Tal como o vazio repetido, sugerido pelo matemático, Cédric Villani, para interromper momentaneamente qualquer pesquisa considerada demasiado enfadonha: "Coloco meu cérebro em roda livre. Por exemplo, com intervalos de 10min durante os quais me relaxo, esquecendo tudo. Meu corpo participa desses momentos que recarregam minhas baterias até o mais profundo das células" (VILLANI, 2014, p. 56). Ou a evasão proposta por Anaïs Vanel, abandonando quase definitivamente seu escritório de editora parisiense para surfar os oceanos, pretendendo "compreen-

---

723. *Respire* – Créer du temps pour soi [Respire – Criar tempo para si], n. 1, 15/02/2017.
724. *In the moment* – Parce qu'être soi n'attend pas [In the moment – Seja você mesmo sem perda de tempo], n. 1, jan./2018.
725. *ADN: Les essentiels* [DNA: os essenciais – O guia para o bem-estar no cotidiano], n. 1, 14/03/2017.
726. *Sens et santé* – Le corps, l'esprit, le monde [Sentido e saúde – O corpo, a mente, o mundo], n. 1, mai./2017.

der aí a origem [de sua] fadiga"[727]. Tudo teria a ver, para além do abandono ou da desconexão, a um trabalho de consciência: favorecer o espaço interior, detectar os sinais, localizar as contraturas, além de identificar as dores.

Avaliação regular em que "vencer a fadiga consiste, em primeiro lugar, em saber escutar os sinais do corpo"[728]. Com uma nova visão, aliás, em que o modelo informático penetra definitivamente no orgânico: valorização das conexões, das codificações, das inter-relações, estabelecendo a continuidade entre a consciência e as mensagens possíveis, a sensibilidade e seu controle obrigatório; rede interminável em que a própria massa corpórea é quase psicologizada por uma sistemática de coordenações, de convergências e de alertas sensíveis, de modo que todas elas deveriam supostamente formar uma unidade. O que não deixa de implicar a aceitação de algumas sugestões simplesmente triviais, propondo refinar "a percepção do estresse" em "quatorze perguntas"[729], "libertar a mente" em "dez etapas"[730], além de escolher cinco opções possíveis para "escutar emoções"[731]. Ou recorrendo a alguma fórmula encantatória, como os rituais respiratórios sugeridos pela revista, *Sens et santé*: "Daqui em diante, ofereça a si mesmo 1min de calma. Inspiro a calma e expiro o estresse. Inspiro a vitalidade e expiro a fadiga"[732]. Respostas irrisórias, evidentemente, afirmações quase gratuitas, procedimentos de uma superficialidade sem alcance. Mas, pelo menos, confirmariam a invasão de uma preocupação. Confirmação, inclusive, de uma vontade bem determinada: reencontrar uma unidade pessoal ao experimentá-la, em primeiro lugar, no avivamento da sensibilidade, em sua apropriação e singularidade. Restauração de uma interioridade ou, dito por outras palavras, diante de uma fadiga geralmente pensada enquanto algo externo: "Quando o mundo ao nosso redor torna-se opressivo e frenético, pode-

---

727. VANEL, A. J'ai tout quitté pour aller faire du surf. *Ça m'intéresse. Santé*, 2019, p. 49. • Cf. tb. VANEL, 2019.
728. Vaincre la fatigue, c'est d'abord savoir écouter les signaux du corps. *Ça m'intéresse – Santé*, dez./2019, p. 57.
729. Perception du stress. *ADN, Les essentiels*, n. 6, dez./2019, n. esp., p. 50.
730. Libérez votre esprit en dix étapes. *Respire*, n. 1, p. 8.
731. Cinq façons d'écouter vos émotions. *Respire*, n. 5, p. 27.
732. Évacuer le stress. *Sens et santé*, n. 2, p. 25.

mos encontrar tranquilidade e calma penetrando em nosso espaço interior"[733]. Totalmente diferente das imposições do século XIX, visando já a restauração, mas na ação, no exercício e no confronto com o ambiente circundante (cf. p. 331ss.). O desafio deslocou-se e aprofundou-se definitivamente, visando de preferência o confronto consigo mesmo, inclusive na maneira como essa exterioridade é, por sua vez, abordada, o eu prevalecendo definitivamente em relação ao espaço, a tal ponto que acaba por servir-se dele para uma melhor vivência de si mesmo:

> Encontrar-se consigo mesmo no âmago da natureza. Sentada no chão de pernas cruzadas, aceito que o ambiente, o distante e o silêncio possam agir em mim. Desacelerar graças à mãe natureza – longe do estresse, do tráfego e das listas de tarefas. Sinto-me feliz![734]

Totalmente diferente também das práticas amplamente novas, situadas no oposto do descanso, mas feitas precisamente para sentir, em melhores condições, uma interioridade, para servir-se das limitações, para existir de maneira mais intensa e para reapropriar-se, mesmo que seja com sofrimento, do que é, antes de tudo, identidade. Um livro recente, *Anthropologie de l'effort*, insiste nesse aspecto: "Qualquer confronto com as limitações representa uma transformação do indivíduo (BRUANT, 2017, p. 69). Numerosas experiências de hoje mostram isso, paradoxais diante de um mundo considerado "fatigado", mas focalizadas na afirmação pessoal, na escuta e na atenção a si mesmo: "esporte radical", "descida radical", "raide extremo", "travessia radical", ou seja, tentativas todas elas "inauditas", enfrentando desafios, superações, combates que vão das montanhas aos oceanos, dos abismos vertiginosos às escaladas de rochedos fora de prumo, dos circuitos mais previsíveis aos trajetos mais incertos... O que numerosos sociólogos têm sido capazes de designar ao evocarem os passatempos transformados radicalmente: "O enfrentamento dos perigos e riscos mortais a fim de testar a autonomia, a inteligência, a audácia e a perseverança [...]" (BESSY, 2002, p. 19). Acumulam-se os exemplos recentes: "Diagonale des fous" na Ilha da Reunião; "Marathon des sables"

---

733. Moment de sérénité. *Respire*, n 19, p. 121.
734. *My Switzerland: la nature te veut* [Folheto desdobrável turístico]. Genebra, 2019, p. 73.

no Marrocos; "Ultra Trail du Mont Blanc", "Atenas-Esparta em 35h *non-stop*" (SILVA, 2020). Ou ainda a "façanha" do explorador e aventureiro profissional suíço, nascido na África do Sul, Mike Horn, sobre a qual ele escreveu um livro de sucesso: "Conseguir o que ninguém ainda havia tentado: dar a volta ao mundo seguindo a linha do Equador"[735]. Ou, enfim, este empreendimento quase "alucinante" – o "Double Deca Iron Ultra-Triathlon" – promovido no México, em 1998: 76km de natação, 3.600km de ciclismo e 844km de corrida (LENHERR et al., 2012)[736].

Uma forma de prolongar – será necessário insistir? – o que o Século das Luzes tinha inventado (cf. p. 139ss.), mas repelido para mais longe, promovendo, como nunca antes, a pertença a si mesmo até o ilimitado. A fadiga inverte-se aqui, mais uma vez, no prazer e na sensibilidade controlada. No final de contas, numerosas reações, em grande parte, diferentes, mas projeto, em última análise, idêntico: da experiência do vazio àquela da plenitude, da experiência de descontração àquela do *frenesi*, o objetivo permanece o de uma autonomia incrementada ou restaurada.

Ainda é necessário voltar à fadiga dominante, a da banalidade dos dias, a do cotidiano, mais trivial, mais intensamente sentida hoje e também mais imediatamente premente pelo fato de ameaçar, mais do que antes, uma nova exigência de dispor de si mesmo. Daí as imposições, igualmente inéditas, favorecendo formas inesperadas de aceitação e, até mesmo, de conivência, de tal modo a fadiga seria generalizada e de tal modo sua evidência ter-se-ia imposto: não tanto a rigidez, para responder a isso, mas a cumplicidade; não tanto a firmeza, mas a fluidez com a condição de preservar – ou, ainda mais, de fortalecer – a identidade. A esse respeito, o filósofo Éric Fiat sugere uma defesa muito particular, resultante de tomada de consciência, além de atenção, vigilância constante, apaziguante e "descontraída":

> Em qualquer caso, a fadiga é tão proteiforme que não temos nenhuma chance de vencer esse inimigo que vem de todos os lugares [...]. Proponho abandonar as metáforas do combate e ser o caniço da fábula de La Fontaine. Alguns homens pretendem ser carvalhos infa-

---

735. Frase estampada na capa do livro de Mike Horn. Cf. Horn, 2001.
736. Cf. Verchère, 2020, p. 113.

tigáveis. O problema surge quando ocorrem as rajadas de vento: o carvalho começa por resistir, mas acaba sendo arrancado. Ser caniço é aceitar a fadiga[737].

Imensa reviravolta acentuando o lugar do íntimo, seu trabalho e seu aprofundamento, dinâmica cada vez mais presente também no âmago de nossas sociedades ocidentais contemporâneas, longe de uma longa tradição que limita a fadiga à massa corpórea e à sua materialidade. Por fim, imensa reviravolta em que, no mais profundo da consciência – e precisamente porque se verificou o incremento dessa profundeza –, a fadiga torna-se um modo de ser tão constante quanto banalizado, o que obriga, em última análise, a fazer uma aliança com ela para obter uma melhor coincidência consigo mesmo.

A fadiga – fraqueza difusa, insatisfação obscura, insuficiência obstinada – tornou-se uma das maneiras de ser de nosso tempo.

---

[737]. FIAT, É. La fatigue permet un autre rapport au monde. *Ça m'intéresse – Santé*, dez./2019. Cf. FIAT, É. "Um herbário de fadigas que fazem parte da condição humana; elas podem tornar-se nossas amigas se viermos a assumi-las" (FIAT, 2018, p. 398).

Posfácio

30
Surpresas e ameaças virais

A pandemia da Covid-19, que surgiu no final de 2019, ativada e difundida bruscamente, desestabilizou os comportamentos cotidianos e metamorfoseou os hábitos em larga escala: longo confinamento das populações, suspensão de inúmeras atividades, limitação dos intercâmbios, além de importantes investimentos na proteção de cada um. O desfecho da crise prolonga hesitações e dificuldades. A retomada da atividade não elimina dúvidas, nem a ansiedade. Observa-se uma permanente impotência surda. Enquanto as consequências sobre a fadiga parecem ser massivas: surgimento de novos esgotamentos; cruzamento constante entre cansaço e apreensão, inclusive, medo; eliminação de gestos que, durante muito tempo, eram evidentes; e aparição de outros mais contrafeitos, incluindo a clara distância física a ser respeitada por todos, designada como "gesto barreira" para lutar contra a Covid-19. O universo de "ontem" muito próximo aparece, desde então, como algo distante, perdido, com o deslocamento dos pontos de referência familiares, a transformação do espaço e do tempo, além da imposição do inédito amplamente imprevisto. Acrescente-se a isso uma sensação de vulnerabilidade física que havia sido esquecida em decorrência de um constante desenvolvimento da tecnologia.

Que tipo de mudanças, no entanto, em relação ao tema deste livro? A visão contemporânea da fadiga teria sido abalada por essa situação? A maneira de abordá-la pela reflexão e de representá-la teria sido invalidada? Outras tantas indagações inevitáveis em vista de uma melhor compreensão da originalidade de nosso presente.

Novos, sem dúvida, são os numerosos atores levados em consideração, todos eles mais bem acompanhados e observados – os cuidadores, entre outros –, ocupando nas pandemias de hoje um lugar privilegiado, tal como havia sido o caso, na época medieval, dos combatentes ou dos guerreiros (cf. p. 28-31). Novas ainda são as ferramentas de proteção coletiva, engendrando fadigas imprevistas, como poderia ter sido feito, em períodos esquecidos, por práticas ou atitudes obrigatórias (cf. p. 271). Novos sempre são os meios de comunicação desenvolvidos bruscamente, sofisticando os procedimentos, superando as distâncias, multiplicando redes e telas, ao mesmo tempo em que tornavam os intercâmbios mais laboriosos e complexos, enquanto nossa modernidade lhes havia conferido mais fluidez ou desenvoltura. Infinitas são, portanto, as renovações de gestos, de dispositivos e de reatividades; infinitas as oportunidades para experimentar obstáculos ou dificuldades.

É inevitável, no entanto, constatar evidentes continuidades. Em primeiro lugar, a referência que se tornou "constante" à fadiga, exatamente como "outrora", associada à cultura de indivíduos que estão cada vez mais advertidos em relação ao que experimentam, vivenciam e fazem. Em seguida, o reconhecimento da diversificação dessa mesma fadiga – sugerindo, para além de fatos diretamente físicos, fatos mais obscuros, multiplicando os indícios "internos", os afetos e as questões sobre si mesmo – vinculada a essa mesma cultura que confere ao psíquico uma implicação cada vez mais central, para não dizer, insuspeita. Enfim, a abertura deliberada a situações desconhecidas, rompendo com tradições demasiado estáticas, integrando à fadiga o que não lhe dizia respeito, ao mesmo tempo em que confirmava a visão de sua profundidade, assim como de sua pluralidade. Outras tantas percepções e sensibilidades que a pandemia, sem dúvida, só acentuou sem mudar profundamente os critérios recentes atribuídos ao cansaço ou ao esgotamento.

Assim, a Covid-19 desestabiliza um grande número de nossos hábitos, banaliza ameaças, leva-nos a viver o espaço e o tempo de forma diferente e produz penosidades, enquanto o imaginário de uma fadiga que acompanha essa doença não é realmente contestada.

Os cuidadores e o esgotamento

Os cuidadores ocupam o primeiro lugar nas preocupações de hoje. Emergência tanto mais marcante na medida em que uma insidiosa desconfiança na área econômica multiplicou, na França, ainda recentemente, as restrições relativamente aos gastos públicos com saúde. Rigor implacável com efeitos claramente denunciados em seu tempo: antes mesmo da aparição da Covid-19, "50% dos médicos" (FAVEREAU, 2019[738]), no hospital em dezembro de 2019, declaravam estar exaustos, questionando a precariedade dos equipamentos, a insuficiência dos serviços e a redução do quadro de funcionários. Consequência inevitável sobre a estratégia diante da pandemia, os testemunhos convergem, lembrando "a raiva de ter alertado há muito tempo, inutilmente, a respeito da falta de meios e nunca ter sido escutado. Entretanto, a epidemia do coronavírus estende sua influência sobre o território nacional"[739]. As carências chegam inclusive ao detalhe das proteções e dos uniformes, suas consequências sobre a tensão dos gestos, a obsessão relativamente às ações e o sentimento de precariedade: "Em geral, os cuidadores não se queixam. Exceto do material. A falta de máscaras e de jalecos descartáveis engendra neles muita ansiedade. E raiva [...]. Assim que as equipes têm a possibilidade de se protegerem adequadamente, diminui a tensão"[740]. Resta ainda mencionar a rápida reorganização dos serviços diante da urgência, a aceleração dos reinvestimentos, o aumento dos atendimentos em enfermagem, as trocas de pacientes entre regiões saturadas e menos saturadas; o "grande número de horas extras e a falta de sono"[741]. O hospital tentou racionalizar e refinanciar. Sobretudo uma solidariedade médica se desenvolveu, saudada como nunca pela opinião pública, a ponto de desencadear um ritual desconhecido até então: os aplausos nas janelas, todos os dias às 20h, em homenagem ao envolvimento dos profissionais de saúde na luta contra a pandemia.

---

738. Cf. p. 428-429.
739. Testemunho de um médico de hospital: La fatigue et la trouille. *Le Monde*, 02/04/2020.
740. Journal de crise des blouses blanches [Diário de crise dos jalecos brancos] – Épisode 15. *Le Monde*, 07/04/2020. • O jornal parisiense *Le Monde* dá a palavra, diariamente, aos cuidadores da linha de frente; Eles relatam "sua" crise sanitária. Cf. Episode 1, 22/03/2020 [N.T.].
741. Cf. Coronavirus: les soignants sont épuisés. Rádio *France Info*, 05/04/2020.

É relativamente à própria noção de fadiga – a de dispêndio e desgaste de energias – que a experiência se revela esclarecedora, confirmando as mudanças recentes: o deslocamento da avaliação e dos sentimentos profundos, assim como a transformação da maneira de vivenciar o cotidiano. A apreciação já não é a mesma, multiplicam-se os registros dos "sofrimentos", assim como as referências ou os objetos. O dispêndio físico, sem dúvida, sempre citado com seus investimentos e suas variadas evoluções:

> Às 20h, grande afluxo de pacientes. Impossível deixar o serviço antes das 2h da madrugada. Gestos automáticos de vestir e despir, anamnese, exames físicos e paraclínicos. Corre-se em todas as direções, cabine após cabine, nada menos que quinze nesta unidade [...]. É possível ler a fadiga estampada em todos os rostos[742].

As descrições reproduzem as cadências, os movimentos e os perfis: "Os autômatos garantem os gestos da vida cotidiana, mas, nos corredores, parecem andar em estado de imponderabilidade. Atordoados, divagando, como se estivessem um tanto perdidos" (MARI, 2020).

No entanto, impossível limitar-se a essas constatações. Acrescente-se uma rede de tensões mais íntimas em que a fadiga está envolvida de maneira diferente. Influências de natureza moral ou relacional, tradicionalmente negligenciadas, mas que se tornaram cada vez mais sensíveis, mais conscientes, a ponto de influenciarem diretamente a sensação de penosidade: peso da exigência de sucesso sistemático sobre a doença, acúmulo de decisões rápidas, emoção diante do mal, medo pelos outros ou por si mesmo, vida cotidiana progressivamente absorvida pelo exercício da profissão, aliás, todas essas constatações devidamente explicitadas. O "mal-estar" participa aqui do esgotamento. A incerteza e o revés sempre possível especificam a rigidez. Inovação, por fim, revelando o quanto se impõe o lugar ocupado pela individualização, o discurso dos atores torna-se cada vez mais presente ao restituir os fatos e ao encarnar a "experiência vivida". As dificuldades

---

742. Je pense Covid, je mange Covid, je dors Covid. *Libération*, 05/04/2020. • Trata-se de *Le journal de bord de la crise sanitaire tenu par les soignants* [Diário de bordo sobre a crise sanitária escrito pelos cuidadores], publicado pelo cotidiano parisiense *Libération* [N.T.].

exprimem-se, assim como os distúrbios. Os próprios periódicos publicam os depoimentos de cada um: "Journal de crise des blouses blanches" (*Le Monde*) e "Le journal de bord de la crise sanitaire tenu par les soignants" (*Libération*). A pandemia, mais do que nunca, coloca em evidência o que décadas anteriores haviam sugerido a respeito da fadiga, sua personalização e sua complexidade.

A sensação de constrangimento associado à atividade só pode aumentar, enquanto o cansaço multiplica suas vertentes, assim como seus objetos. A começar pelo confronto com uma doença desconhecida: "Era uma angústia extrema que impregnava tudo e com a qual cada um deveria lidar em sua cabeça"[743]. A isso está associado o sentimento de um fracasso sempre possível, a surpresa de agravamentos imprevistos, além da compaixão provocada. Daí o termo *estresse* repetido incessantemente:

> Somos atingidos pela rapidez com que se deteriora o estado de saúde dos pacientes. É muito estressante porque podemos realmente perder doentes desde esse momento. Mais tarde, haveremos de pagar por essa pressão. Há um risco real de estresse pós-traumático entre os cuidadores, independentemente de sua função[744].

O ato de cuidado confirma, então, até o símbolo a que ponto seus desafios psicológicos, sua complexidade e as intensas expectativas humanas suscitadas por ele acabaram conferindo-lhe, desde a década de 1980, o valor de exemplo: modelo das primeiras designações do *burnout*, modelo dos riscos de ruptura pessoal a que alguns atores podem estar claramente expostos. As identificações iniciais desses sintomas incidiram efetivamente sobre os cuidadores: "O estudo dessas categorias profissionais levou a considerar os confrontos repetidos com a dor ou o fracasso enquanto causas determinantes dessa síndrome de esgotamento profissional" (INRS, 2015). Eis o que é confirmado pelas afirmações dos cuidadores da Covid-19, revelando essa fadiga com uma centena de facetas, hoje mais

---

743. Journal de crise des blouses blanches [Diário de crise dos jalecos brancos] – Épisode 14. *Le Monde*, 06/04/2020.
744. Journal de crise des blouses blanches [Diário de crise dos jalecos brancos] – Épisode 9. *Le Monde*, 31/03/2020.

bem-avaliada: associada neste caso a um medo difuso, uma avaliação imprecisa, uma impotência e uma invasão do espaço mental. Daí as descrições de um tempo que se tornou saturado, infiltrando-se na vida cotidiana, absorvendo os instantes: "Indiretamente, a epidemia contamina tudo [...]. Deixou de existir o dia de folga" (RÉROLLE, 2020), constata um médico socorrista parisiense. "Não há tempo para descansar, mesmo que eu esteja em repouso de segurança [...]; não existe verdadeiro repouso"[745], acrescenta um interno de medicina de Besançon. O próprio sono é perturbado, reativo a qualquer tipo de abandono: "Na noite de quarta-feira, 18 de março, não consegui dormir. No entanto, tenho facilidade, em geral, de digerir as emoções" (BLANCHARD, 2020).

É uma existência considerada contrafeita, a resistência impossível aos fatos, a brecha na identidade e em sua solidez, e não mais unicamente a complexidade dos atos que se instalam no âmago da penosidade. O desafio social e humano é aqui fundamental, a tal ponto que, com a possível trégua da crise e diante das promessas de uma nova gestão do hospital, os atores permanecem claramente céticos: "Des soignants 'fatigués et écœurés'" [Cuidadores "cansados e desanimados"], era uma das manchetes do jornal *Le Monde*, de 18/06/2020 (cf. tb. PHILIP; LEGLISE, 2020).

Os trabalhos e os dias

A pandemia traz ainda à tona as profissões indispensáveis ao funcionamento da sociedade: "Apesar da crise, dez milhões de policiais, empregados de caixa, coletores de lixo ou ainda profissões relacionadas com a alimentação estão trabalhando" (LEBELLE, 2020), aos quais devem acrescentar-se as profissões de transporte, da energia, de assistentes a domicílio, das comunicações etc. Uma visão geral poderia, novamente, limitar-se a uma simples ligação, associar o aumento da fadiga unicamente aos dispêndios físicos: necessidades acrescidas, urgências mais prementes e sobrecargas mais concentradas. Isso confirmaria a prorrogação do horário de trabalho até sua formalização. Uma portaria de março de 2020 da administração

---

745. Je pense Covid, je mange Covid, je dors Covid. *Libération*, 05/04/2020.

francesa altera a "duração máxima de tempo de trabalho durante a crise" nos setores que registram um "excesso de demandas"[746] (telecomunicações, agroalimentar, energia e transportes): 12h para a jornada do trabalho, 60h para a semana[747]. Números notáveis, revelando a inquietação da autoridade tanto política quanto econômica, provocando, ao mesmo tempo, uma evidente contestação sindical. Contradição intransponível entre a exigência de produção e a exigência de proteção: "Arrisca-se de acrescentar ao risco de epidemia, um risco de fadiga, de esgotamento mediante períodos de trabalho mais longos e períodos de descanso reduzidos" (VEYRIER, 2020).

Além dessas sobrecargas, a fadiga revela-se, de novo, mais complexa, mais frequentemente evocada, além de ser experimentada de forma mais diversificada. Em primeiro lugar, os efeitos do medo, sua repercussão física, até o pedido de atenuar uma presença no trabalho considerada abusiva: "Todas essas medidas, anunciadas ou confirmadas nesta segunda-feira, não as imunizam contra um sentimento cada vez mais compartilhado por aqueles que têm de dirigir-se a seu trabalho nestes tempos de epidemia: o medo [...]. Temos de prestar um serviço com um 'nó na garganta'"[748]. Ou esta confissão de um "encarregado de limpeza": "Quando chego, tenho uma sensação de frio na barriga"[749]. Em seguida, os efeitos das tensões interpessoais, vinculadas às relações com uma clientela, por sua vez, mais inquieta, para não dizer, conturbada: "A fadiga começa a instalar-se do ponto de vista físico e, sobretudo, psicológico. Os primeiros dias foram muito difíceis com um grande número de grosserias"[750]. Ou esta distinção feita por um motorista de táxi, especificando a inquietação e sua ameaça difusa: "À noite, a fadiga é física, mas, no turno do dia, os colegas têm os nervos à flor da pele por causa da

---

746. Cf. LCI de 27/03/2020. • LCI, sigla de La Chaîne Info, canal francês televisivo de informação 24h [N.T.].
747. Cf. a Portaria 2020/323, de 25/03/2020 [da administração francesa] sobre medidas de urgência relativas a férias pagas, à duração do tempo de trabalho e aos dias de folga.
748. Commerces, usines, transports: ces Français qui vont travailler "la boule au ventre" ["nó na garganta"]. *Mediapart*, 04/04/2020.
749. Avec la crise sanitaire, les travailleurs invisibles sortent de l'ombre. *Le Monde*, 01/04/2020.
750. Ibid.

proximidade com os diferentes clientes"[751]. Por fim, os efeitos do *status*: numerosos trabalhadores sentem que estão acumulando dispêndio de energia e esforços, riscos e perigos, sem qualquer reconhecimento para aliviar sua impressão de esgotamento. Isso é confirmado pelas assistentes a domicílio: "Ninguém liga para nós que somos a classe baixa" (DEFRANOUX, 2020). "Trabalho de escravo" (DEFRANOUX, 2020) – sugere uma testemunha –, aquele em que a falta de formação especializada leva a negligências acrescidas, em que a falta de proteção aumenta a ansiedade, enfim, em que a ausência de qualquer gratidão completa o mal-estar: "Trata-se de uma profissão muito difícil, em contato direto com as pessoas, e não há nenhum reconhecimento, em particular, da parte da corporação dos médicos" (DEFRANOUX, 2020). Tanto mais que se acrescenta uma dominação associada ao gênero – profissões femininas, profissões desvalorizadas: as mulheres que "representam na França, no total, 87% do pessoal de enfermagem e 91% dos auxiliares de saúde" (LEGROS, 2020). Enfim, dominação mais genérica, embora tendo consequências idênticas com "funcionários logísticos" nas plataformas de serviço: "Para nós, a Amazon excede seus direitos. É a panela de barro contra a panela de ferro" (DELAPORTE, 2020). Ora, a procuradora-geral do Estado de Nova York, Letitia James, considera, em uma carta de 22/04/2020, que "as condições de segurança nesses galpões são inadequadas" (PIQUARD, 2020). Resta ainda esta expressão retornando com regularidade, ao mesmo tempo em que atravessa situações, no entanto, diferentes: "Precisamos de consideração"[752]. Nada além de uma incapacidade, de uma humilhação, reforçando cansaço e desânimo.

Em compensação, o incremento do teletrabalho, quando é viável, parece ser mais adequado. As pesquisas revelam que 58% dos entrevistados são favoráveis a essa prática: eliminação dos trajetos, autonomia prometida, maior flexibilidade entre vida pessoal e vida profissional, sentimento, desde então, central, de uma confiança inédita e de uma delegação possível de responsabilidade (BISSUEL, 2020; PECH; RICHER, 2020). Numerosas causas de fadiga seriam removidas e

---

751. Ibid.
752. Avec la crise sanitaire, les travailleurs invisibles sortent de l'ombre. *Le Monde*, 01/04/2020.

numerosas relações interpessoais niveladas, abrindo para potencialidades até então impensadas: "Improvisar novas maneiras de cooperar com os colegas e de coabitar com o cônjuge e os filhos" (BISSUEL, 2020; PECH; RICHER, 2020). Acrescente-se uma proteção suplementar contra a pandemia.

Ainda continuam existindo, no entanto, resistências igualmente inéditas. A fadiga não dá lugar imediatamente às reinvenções do ambiente: eis o que é manifestado por insatisfações e demonstrado por obstáculos. O teletrabalho, assim como a Covid-19, em um registro mais amplo, desestabiliza também nossos espaços e tempos habituais. As pesquisas revelam uma "permeabilidade" totalmente problemática entre diferentes vertentes da vida cotidiana na medida em que as preocupações profissionais acabaram infiltrando-se em horas e momentos até então poupados a tal intrusão: "Os assalariados incapazes de cumprir seus objetivos serão obrigados a trabalhar à noite e nos finais de semana" (CAILHOL, 2020). Ou ainda o espaço privado, invadido por gestos e objetos até então separados: "Sirvo-me da mesa da cozinha para trabalhar; por conseguinte, tomamos as refeições na mesa baixa da sala e a preparação das refeições tornou-se algo complicado" (CAILHOL, 2020). Danièle Linhart insiste sobre um clima ansiogênico (LINHART, 2020), desestabilizando o ambiente íntimo, além de permitir, através da invasão da tecnologia, uma vigilância digital por parte da direção, a ponto de deturpar a finalidade do próprio trabalho, seu sentido e sua utilidade (LINHART, 2020). A fadiga introduz-se exatamente nas situações em que dava a impressão de ter sido ignorada. Doenças surgem exatamente nas situações em que elas pareciam ter sido esquecidas: "40% dos entrevistados dizem sentir dores físicas inabituais" – dores nas costas, tensões, opressões; "29%, uma ansiedade inabitual" com uma dominância entre as mulheres que assumem com maior frequência responsabilidades domésticas (cf. CAILHOL, 2020).

O trabalho, apesar de suas transformações, continua sendo um exemplo de entrelaçamento de tensões tanto físicas quanto sociais e psicológicas. O crescimento da sensibilidade individual, na vanguarda de nosso presente, constitui a vigilância e a originalidade em tal situação.

Restrição de tempos e espaços

Para além da réplica da corporação dos médicos pelo investimento hospitalar, para além da réplica operária pela manutenção mínima da economia, resta a réplica protetora, aquela que deveria, supostamente, defender a população. Duas práticas prevaleceram: a vigilância em relação aos contatos e aquela relativamente aos deslocamentos. O confinamento prolongado em lugares privados, desenvolvido em larga escala, compartilhado por numerosos países, conectou-se com dispositivos amplamente esquecidos. Decisão quase inédita, corajosa do ponto de vista político pelo fato de limitar intercâmbios e atividade produtiva, ignorada totalmente durante pandemias já antigas dos séculos XIX e XX; ela revelaria, no mínimo, uma sensibilidade coletiva mais assertiva, recusando-se a aceitar qualquer aceleração repentina e acentuada da mortalidade viral.

Ainda é necessário mostrar suas implicações à luz da temática deste livro: a emergência da fadiga na intimidade doméstica quando, afinal, não há *a priori* dispêndio de energia, nem esforço novos; e a extenuação do comportamento quando, afinal, não há *a priori* excedente, nem excesso igualmente novos.

Uma inquietação surda, propagada pelo vírus, constitui sua primeira manifestação: a opressão sentida, seu efeito sobre a desenvoltura física, a serenidade e a disponibilidade. Eis o que é repercutido pela maior parte das chamadas *psi* junto dos novos centros de escuta: "Há um grande número de crises de ansiedade, de ataques de pânico relacionados à situação atual"[753]. Ou este episódio, por sua vez, paroxístico, vivenciado no *Zaandam*, navio de cruzeiro que navegava entre o Pacífico e o Atlântico, no final de março de 2020, impedido de atracar por causa da presença da Covid-19 a bordo, acontecimento que transfigura a viagem, a ponto de levá-la a resvalar "do sonho para o pesadelo" (COJEAN, 2020). Ou as histórias repetitivas de ansiedade, evocadas por numerosas revistas como se fossem outras tantas "facetas de um mundo que se esquivou sob nossos pés, no qual entraram

---

753. Journal de crise des blouses blanches [Diário de crise dos jalecos brancos] – Épisode 9. *Le Monde*, 31/03/2020.

em colapso os pontos de referência que haviam sido considerados eternos" (BUI; LE BAILLY, 2020). Todos esses sintomas favorecem a impressão de obstrução, de resistência e de incompletude: dificuldades para agir e produzir, metamorfoseadas em inexorável penosidade.

O desmoronamento das grandes categorias antropológicas do espaço e do tempo – Será necessário repeti-lo? – fabricam também tal inadequação: residências exíguas ou confinadas, momentos fugazes ou ambíguos, além de acessos inabordáveis ou proibidos. Tais como as constatações repetidas: "A obrigação de ficar em casa é vivenciada como um ataque à liberdade individual. Além disso, há uma noção de perigo no exterior, criando, por conseguinte, um clima ambiente de insegurança sanitária" (PARÉ; LAHCCEN, 2020). Por um lado, espaço fechado e, por outro, ameaçador. Daí as pesquisas que mostram a reação dos novos inativos: 21% experimentam problemas de autoestima e 30% problemas de concentração[754]. Ou esta insistência a respeito de uma disparidade reiterativa: "Uma das primeiras desigualdades é aquela que estabelece a oposição entre as pessoas alojadas em condições precárias e as outras" (DURU-BELLAT, 2020). A observação de David Le Breton que recorda os efeitos sobre a disponibilidade de cada um: "Para outros, aqueles que vivem na companhia de cinco ou seis pessoas em espaços bastante exíguos, é complicado encontrar tempo para si mesmo e um 'quarto só seu' de que fala Virginia Woolf" (LE BRETON, 2020).

O tempo precisamente – a duração em que tendem a desaparecer numerosas iniciativas e potencialidades – é mais amplamente aquele de um "tédio", de um "cansaço" peculiar, aquele do qual procuram sair, através das mais variadas respostas, os incapazes de suportá-lo: escapatórias, múltiplas transgressões, encontros inopinados, "sensação de claustrofobia enquanto o sol continua brilhando [...]. Alguns optam por burlar a lei" (MOUILLARD; OTTAVI, 2020). Opor a agitação ao definhamento, a febrilidade ao amolecimento. Mais sutilmente, o tempo é também analisado por outros como um obstáculo para si mesmo, símbolo de

---

754. Cf. Le confinement, reflet des inégalités sociales liées au logement et au niveau de revenu des Français. *Le Monde*, 21/04/2020.

limitação e também de fadiga inesperada. O escritor Christophe Honoré chega inclusive a considerar tal situação como um momento "pérfido":

> Aí, sinto-me confinado, bloqueado. Não consigo fazer nada com esse tempo imposto, que é um tempo pervertido. E avançarei ainda mais longe: não tenho vontade de criar a partir desse evento. Não passa de um período desprezível ao qual não pretendo associar a arte (HONORÉ, 2020).

Sem surpresa ainda, esse tempo é mais globalmente o de uma incerteza, horizonte sempre difuso em que desapareceria a ameaça: "Que lições devem ser aprendidas? Que entre 12 e 18 meses, na ausência de uma vacina, segundo as estimativas, o vírus estará em condições de fazer idas e voltas no planeta"[755]. Enquanto os próprios prognosticadores permanecem deliberadamente imprecisos, cautelosos ao ponto de utilizarem meias-palavras: "A modelização de uma epidemia é uma arte difícil porque seus praticantes têm sempre a vaga impressão de que hão de equivocar-se" (LAROUSSERIE, 2020). Isso só aumenta o desconforto e o desânimo.

Por fim, ainda resta todo o comportamento contrariado pela presença do "vírus", invasão que permeia o psicológico, o social, o físico e o cultural. Sensação de transbordamento resultante do cruzamento contínuo das mesmas pessoas no mesmo lugar, a tal ponto que alguns chegaram a utilizar esta manchete: *L'enfer à la maison*! [O inferno em casa] (LAZARD, 2020). Permanecendo em seu círculo fechado, malcontrolado, que se limita a conduzir simplesmente ao termo *estresse*, aqui ainda, evocado de maneira sistemática:

> A vida familiar na época da Covid-19 mostra sinais de fadiga, como é confirmado por uma pesquisa Ifop[756]: 50% dos franceses declaram discutir mais do que anteriormente a respeito das tarefas domésticas; 34% acima do que é habitual a propósito do tempo que os filhos passam diante das telas, assim como sobre a educação (29%) e... as reservas de alimentos. Tudo isso é estimulado por uma boa dose de adrenalina: 41% afirmam que estão passando por períodos mais

---

755. Cohabiter avec le coronavirus, dans la durée [Editorial]. *Le Monde*, 07/04/2020.
756. Sigla de Institut Français d'Opinion Publique [Instituto Francês de Opinião Pública] [N.T.].

intensos de estresse do que anteriormente, sem falar nas dificuldades de trabalhar na presença do resto da família. Que climão, *einh*? (MALLAVAL; MOUILLARD, 2020).

Coabitação, às vezes, indesejada, como acontece com os estudantes forçados a ficar com uma família da qual eles pensavam ter conseguido distanciar-se: "Como seria possível suportar a aproximação forçada com pessoas de quem tenho procurado fugir nos últimos três anos?" (ZEP, 2020).

Por fim, impossível ignorar o efeito reforçado – no que tange às mulheres – da "sobrecarga mental" (cf. p. 434). Os testemunhos afluem de uma desigualdade de responsabilidade no interior do casal, a assimetria às vezes acentuada, apesar do compartilhamento do teletrabalho, e a exasperação diante de tarefas não distribuídas. Ou, dito por outras palavras, a constatação da jornalista Virginie Ballet e a fadiga claramente designada:

> O teletrabalho, o desemprego temporário ou a escola em casa, segundo parece, não chegaram a desestabilizar uma ordem esclerosada, muito pelo contrário: são as mulheres que continuam a dar conta da casa, a planejar refeições, compras, lavagem da louça, deveres de casa e outras delícias da vida cotidiana, às vezes, até a exaustão (BALLET, 2020).

Com a Covid-19 verificou-se, sem dúvida, uma alteração dos terrenos da fadiga; em compensação, as representações e visões que haviam sido esboçadas, nas últimas décadas, a seu respeito, acabaram sendo confirmadas. Importante acesso, mas transitório em relação ao tempo de longa duração, a emergência repentina desta pandemia em nosso universo cotidiano despertou medos esquecidos, ao mesmo tempo em que confirma a maneira recente e nova como a fadiga se tornou hoje uma companheira familiar, resistência interior e constante da qual cada um de nós está fazendo a experiência.

Agradecimentos

Aqui faço questão de agradecer, em particular, àquelas e àqueles cujas opiniões ou releituras foram preciosas na elaboração desta obra:

Jean-Jacques Courtine, Yan Descamps, Claudine Haroche, Jean-Noël Jeanneney, Corine Maitte, Séverine Nikel, Thierry Pillon, Monique Quesne, André Rauch, Cécile Rey, Sylvie Roques, Marc Saraceno, Didier Terrier, François Vatin e Jocelyne Vaysse.

Referências

1914-1918, Français et Allemands dans les tranchées. Paris: Le Livre de Poche, 2013, 1.080 p. Inclui estes 4 importantes romancistas: Roland Dorgelès, *Les Croix de bois*; Erich Maria Remarque, *À l'ouest rien de nouveau*; Gabriel Chevalier, *La Peur* et *Crapouillot*; Ernst Junger, *Orages d'acier*.

300 Médicaments pour se surpasser physiquement et intellectuellement. Paris: Balland, 1988.

ADAM, A. (ed.). *Romanciers du XVII*ᵉ *siècle*. Paris: Gallimard, col. "Bibliothèque de la Pléiade", 1958.

Affiches, annonces, et avis divers: Quarante-sixième feuille hebdomadaire, Du Mercredi 18 Novembre 1761, p. 183-186.

AGRICOLA, G. *De re metallica*. Basel: J. Froben/N. Episcopius, 1556.

Aide-mémoire portatif a l'usage des officiers du genie par Joseph Laisne. Paris: D'Anselin, 1837.

ALDEBRANDIN DE SIENNE. *Le Régime du corps* [século XIII]. Paris: Honoré Champion, 1911.

ALHOY, M. *Les Bagnes*: histoire, types, mœurs, mystères. Paris: G. Havard, 1845.

ALHOY, M.; HUART, L.; PHILIPON, C. *Les Cent et un Robert Macaire*, composés et dessinés par M. Henri Daumier sur les idées et les legendes de M. Charles Philipon. 2 vols. Paris: Aubert/Musée Pour Rire/Galerie Véro-Dodat, 1839.

ALLES, G.; PINES, G.; MILLER, H. *Journal of American Medicine Association*, 1930.

ALLINE, M. *Quand j'étais ouvrier, 1930-1948*. Rennes: Ouest France, 2003.

ALONZO, É. *L'Architecture de la voie: histoire et théories*. Marseille: Parenthèses, col. "Architectures", 2018.

ALQUIÉ, F.-S. *Les Délices de la France, Avec une description des Provinces & des Villes du Royaume*. Amsterdã: Gaspar Commelin, 1670.

AMAR, C.; LE BAILLY, D. "Santé publique, qui a désarmé l'hôpital?", *L'Obs*, 9-15 avril 2020.

AMAR, J. *Le Moteur humain et les bases scientifiques du travail professionnel*. Paris: H. Dunod/E. Pinat, 1914, 622, p. 22.

AMAR DU RIVIER, J.-A.A.; JAUFFRET, L.-F. *La Gymnastique de la jeunesse ou Traité élémentaire des Jeux d'exercice, considérés sous le rapport de leur utilité physique et morale*. Paris: A.G. Debray, 1803.

AMOROS, F. *Manuel d'éducation physique, gymnastique et morale*. Ouvrage couronné par l'Institut; admis par l'Université dans les bibliothèques des Ecoles primaires; recommandé au Gouvernement par le Congrès scientifique de Douay etc. 2 vols. Paris: Roret, 1834.

ANDERS, A. "L'empowerment au cœur du nouveau management". *Cornestone Blog*, 18 octobre 2019.

ANDRAL, G. *Essai d'hématologie pathologique*. Paris: Fortin/Masson, 1843, 184 p.

ANDRAL, G. *Cours d'hygiène* [manusc., 1828]. Paris: Faculté de médecine. Anotações de um estudante, coleção privada.

ANDRAL, G. *Clinique médicale, ou Choix d'observations recueillies à la clinique de M. Lerminier* [médecin à l'hôpital de la Charité] 5 vols. Paris: Gabon, 1823-1833.

ANDRAL, G.; GAVARRET, J. *Recherches sur la quantité d'acide carbonique exhalé par le poumon dans l'espèce humaine*. Comptes rendus hebdomadaires de l'Académie des sciences. Paris: Masson, 1843.

ANGEL, M. *Mines et fonderies au XVI**ème** siècle d'après le "De re metallica" d'Agricola*. Paris: Les Belles Lettres/Total, 1989.

ANGELVIN, L. *La neurasthénie mal social*: études de sociologie médicale. Paris: Cornély, 1905, 116 p.

ANGEVILLE, A. *Essai sur la statistique de la population française: considérée sous quelques-uns de ses rapports physiques et moraux*. Bourg: Fréd. Dufour, 1836.

ANGOTTI-SALGUEIRO, H. "A comédia urbana: de Robert Macaire à *Lanterna Mágica*. Representações e práticas comparáveis na imprensa ilustrada no século XIX – entre o romantismo e o realismo". *Teresa* – revista de Literatura Brasileira,

São Paulo, (12-13), 2013, p. 174-191. Disponível em: https://www.revistas.usp.br/teresa/article/view/99349

ANSON, G. *Voyage autour du monde, fait dans les années MDCCXL, I, II, III, IV / par George Anson, commandant en chef d'une escadre envoyée par sa majesté britannique dans la Mer du Sud, & publié par Richard Walter, maitre des arts & chapelain du Centurión dans cette expedition*. Orné de cartes & de figures en taille douce. Amsterdã/Leipzig: Arkstee & Merkus, 1749; 2. ed., Genebra, 1750 [Orig.: *A voyage round the world, in the years MDCCXL, I, II, III, IV, by George Anson, Esq., commander in chief of a squadron of His Majesty's ships, sent upon an expedition to the South-Seas* / compiled from papers and others materials of the Right Honourable George Lord Anson, and published under the direction by Richard Walter. Illustarted with forty-two copper-plates. Londres: John/Paul Knapton, 1748].

APPLEBAUM, A. *Rideau de fer: l'Europe de l'Est écrasée, 1944-1956*. Trad. para o fr. por Pierre-Emmanuel Dauzat. Paris: Grasset, 2014, 600 p. [Orig.: *Iron Curtain*: The Crushing of Eastern Europe 1944-1956. Londres: Allen Lane, 2012, 656 p.; ed. bras.: *Cortina de ferro* – O esfacelamento do Leste Europeu, 1944-1956. São Paulo: *Folha de S. Paulo*, selo "Três Estrelas", 2017].

ARENDT, H. *As origens do totalitarismo*: Parte I – Antissemitismo; Parte II – Imperialismo; Parte III – Totalitarismo. Trad. de Roberto Raposo. São Paulo: Companhia das Letras, 1989 [Orig.: *The origins of totalitarianism*. 3 vols. Nova York: Harcourt Brace & Co., 1951; ed. fr.: *Les Origines du totalitarisme*. Trad. para o fr. por Pierre Bouretz, Micheline Pouteau e Martine Leiris. Paris: Gallimard, col. "Quarto", 2002].

Arguments. n. 22. 2ᵉ trimestre 1961, 64 p. Sob a dir. de Edgar Morin. Tema: Les difficultés du bien-être. Paris: De minuit.

ARNAUD, S. (ed.). *La philosophie des vapeurs* (de Claude Paumerelle, 1774) suivi de *Dissertation sur les vapeurs et les pertes de sang* (de Pierre Hunauld, 1756). Paris: Mercure de France, col. "Le Temps retrouvé", 2009, 224 p.

ARNAUD DE VILLENEUVE. *Regimen sanitatis en françoys* souverain remede contre lepydim ie (sic), traictie pour cognoistre les urines, remedes tres utiles pour la grosse verole. Lyon: Claude Nourry, 1514.

ARNOULD, J. *Nouveaux Éléments d'hygiène* [1881]. Paris: Baillière, 1907.

ARNOUX, M. "Relation salariale et temps de travail". *Le Moyen Âge, revue d'histoire et de philologie*, vol. 115, n. 3-4, 2009.

ATKINSON, J.M. *Coping With Stress at Work*. Wellingborough, Northamptonshire: Thorsons, 1988, 144 p.

Âtre périlleux (L') [século XIII]. In: RÉGNIER-BOHLER, 1989.

ATWATER, W.O.; ROSA, E.B. "A New Respiration Calorimeter and Experiments on the Conservation of Energy in the Human Body". *The Physical Review*, vol. 9, n. 214, 1899.

AUBERT, N. (dir.). *@ la recherche du temps, individus hyperconnectés, société accélérée*: tensions et transformations. Toulouse: Érès, 2018.

AUBUISSON, J.-F. *Rapport sur l'exploitation des houillères d'Anzin*, 1805. In: Dossiers de la série F 14 des Archives Nationales: Arch Nat, F 14 7822, 1805.

AUDOIN-ROUZEAU, S.; BECKER, J.-J. (dirs.). *Encyclopédie de la Grande Guerre, 1914-1918*: histoire et culture. Paris: Bayard, 2004.

AVELINE, M. *Des remèdes à l'anxiété et à l'angoisse modernes*. Genebra: Farnot, 1979.

AVENEL, G. *Histoire économique de la propriété, des salaires, des denrées et de tous les prix en général, depuis l'an 1200 jusqu'en l'an 1800*. 7 vols. Paris: Impr. Nationale/E. Leroux, 1894-1926.

BACON, F. *Histoire de la vie et de la mort o vil est traitye, de la longue & courte durée de toute forte de Corps; Des causes de leur de cadence; & des moyens d'en reparer les defauts, autant qu il se peut*. Et fidelement traduite par I. Bavdoin. Paris: Gvillavme Loyson, 1647 [Orig.: *Historia vitae et mortis / The history of life and death, or the second title in the natural and experimental history for the building up of Philosophy, wich is the third part of the Great Instauration* [1623]]. Ed. bilíngue latim-inglês. Oxford: Oxford University Press, 2007.

BAGLIVI, G. *Opera omnia, medico practica et anatômica*. Lugduni: Sumptibus Anisson & Joannis Posuel, 1710.

BAILLY DE MERLIEUX, C.-F. (dir.). *La Maison rustique du XIXe siècle –* Encyclopédie d'agriculture pratique. Contenant les meilleures méthodes de culture usitées particulièrement en France, en Angleterre, en Allemagne et en Flandre; tous les bons procédés pratiques propres à guider le petit cultivateur, le fermier, le régisseur et le propriétaire dans l'exploitation d'un domaine rural; les principes généraux d'agriculture, la culture de toutes les plantes utiles; l'éducation des animaux domestiques, l'art vétérinaire; la description des tous les arts agricoles;

les instrumens et bâtimens ruraux; l'entretien et l'exploitation des vignes, des arbres fruitiers, des bois et forêts, des étangs etc.; l'économie, l'organisation et la direction d'une administration rurale; enfin la législation appliquée à l'agriculture; terminée par des tables méthodiques et alphabétiques, par la liste des figures et abréviations des ouvrages cités. *Cours élémentaire, complet et méthodique d'économie rurale.* Paris: Au bureau, 1835 (tome 1 – *Agriculture proprement dite*, 568 p.); 1836 (tome 3 – *Arts agricoles*, 480 p. e tome 4 – *Agriculture forestière, législation et administration rurale*, 550 p.); 1837 (tome 2 – *Cultures industrielles et animaux domestiques*, 560 p.).

BALDENSPERGER, F. (ed.). *Œuvres complètes de A. de Vigny*. T. I e II. Paris: Gallimard, col. "Bibliothèque de la Pléiade", 1955.

BALLET, V. "Les foyers pas vaccinés contre la charge mentale". *Libération*, 22 avril 2020.

BALLEXSERD, J. *Dissertation sur l'éducation physique des enfants, depuis leur naissance jusqu'à l'âge de la puberté*. Paris: Vallat-La-Chapelle, 1762.

BALZAC, H. *La Comédie humaine (1845-1855)*. Marcel Bouteron (ed.). Paris: Gallimard, col. "Bibliothèque de la Pléiade", 1969 [Ed. bras.: *A comédia humana: estudos de costumes* – Cenas da vida privada, vol. 1. Orientação, introduções e notas de Paulo Rónai. Trad. de Vidal de Oliveira. 3. ed. São Paulo: Globo, 2012].

BALZAC, H. *Albert Savarus* [1842]. Trad. de Vidal de Oliveira. In: id., 2012, vol. 2.

BALZAC, H. *Esplendores e misérias das cortesãs* [1838]. Trad. de Casimiro Fernandes. 3. ed. In: Id., 2015, vol. 9.

BALZAC, H. *Ilusões perdidas* [1837-1843]. Trad. de Ernesto Pelanda e Mario Quintana. In: id., 2013, vol. 7.

BALZAC, H. *A casa Nucingen* [1837]. Trad. de Vidal de Oliveira. In: id., 2013, vol. 8.

BALZAC, H. *A menina dos olhos de ouro* [1835]. Trad. de Ernesto Pelanda. In: id., 2013, vol. 8.

BALZAC, H. *Le Médecin de campagne* [O médico rural; 1833]. In: id. *La Comédie humaine (1845-1855)*. Marcel Bouteron (ed.). Paris: Gallimard, col. "Bibliothèque de la Pléiade", 1969, t. VIII.

BALZAC, H. *La Peau de chagrin* [A pele de onagro; 1831]. In: id. *La Comédie humaine (1845-1855)*. Marcel Bouteron (ed.). Paris: Gallimard, col. "Bibliothèque de la Pléiade", 1969, t. IX.

BARBAZAN, É. *Fabliaux et contes des poètes français des XII*ᵉ, *XIII*ᵉ, *XIV*ᵉ *et XV*ᵉ *siècles, tirés des meilleurs auteurs* [1756]. 4 vols. Paris: B. Warée, 1808.

BARBIER, E.-J.-F. *Chronique de la Régence et du règne de Louis XV (1718-1763) ou Journal de Barbier, avocat au Parlement de Paris*. 8 vols. Paris: Charpentier, 1857-1866.

BARNES, R.M. *Estudo de movimentos e de tempos: projeto e medidado trabalho* [1977]. Trad. da 6. ed. norte-americana por Sérgio Luiz Oliveira Assis, José S. Guedes Azevedo e Arnaldo Pallotta. Revisão técnica por Miguel de Simoni e Ricardo Seidl da Fonseca. São Paulo: Edgard Blucher, 3. reimp., 1986 [Orig.: *Motion and time study: design and measurement of work*, 1937; ed. fr.: *Étude des mouvements et des temps*. Paris: D'Organisation, 1949].

BARONE, J. "O *Tratado da pintura* de Leonardo da Vinci e suas principais edições em acervos brasileiros". *Revista de História da Arte e Arqueologia*, n. 2, 1995/1996, p. 358-365. Centro de História da Arte e Arqueologia, Instituto de Filosofia e Ciências Humanas – Departamento de História, Universidade Estadual de Campinas: Disponível em: https://www.unicamp.br/chaa/rhaa/downloads/Revista%202%20-%20artigo%2026.pdf

BARRAS DE LA PENNE, J.-A. *Les Galères en campagne* [a partir do século XVIII]. Ubbergen (Países Baixos): Tandem Felix publ., 1998.

BARREIRA, C.F. (ed.). *Luz, cor e ouro*: Estudos sobre manuscritos iluminados. Lisboa: Biblioteca Nacional de Portugal, 2016.

BARTHÉLÉMY L'ANGLAIS. *Le Grand Propriétaire de toutes choses* [século XIII]. Translaté de latin en françois par maistre Jehan Corbichon [ermite de l'ordre de Saint-Augustin]. Paris: L. de Banville, 1556 [Orig.: Bartholomaeus Anglicus. *Liber de proprietatibus rerum*, escrito em Magdeburgo por volta de 1240].

BARTLEY, S.H.; CHUTE, E. *Fatigue and Impairment in Man*. Nova York/Londres: McGraw-Hill, 1947.

BAUDRILLARD, J. *A sociedade de consumo*. Trad. de Artur Morão. Lisboa: Ed. 70, 1995 [Orig.: *La Société de consommation: ses mythes, ses structures*. Paris: SGPP, 1970].

BAUDRILLARD, J. *Le Système des objets* [1968]. Paris: Gallimard, 1975 [Ed. bras.: *O sistema dos objetos*. Trad. de Zulmira Ribeiro Tavares. São Paulo: Perspectiva, 1993].

BAUMÉ, A. *Éléments de pharmacie théorique et pratique* [1762]. Paris: Samson, 1770.

BEARD, G.M. *American Nervousness, its Causes and Consequences*: A Supplement to *Nervous exhaustion* (neurasthenia) [1869]. Nova York: G.P. Putnam's Sons, 1881, 352 p.

BEARD, G.M. "Neurasthenia, or Nervous Exhaustion". *The Boston Medical and Surgical Journal*, 29 avril 1869, p. 217-221.

BEAUD, M. *Histoire du capitalisme, 1500-2010* [1980]. Paris: Du Seuil, col. "Points Économie", 2010 [nova ed. atualizada].

BEAUMARCHAIS, P.-A.C. *Œuvres complètes de Beaumarchais*. Paris: Firmin Didot, 1865.

BEAUREPAIRE, C. *Notes et documents concernant l'état des campagnes de la Haute-Normandie dans les derniers temps du Moyen Âge*. Évreux: P. Huet, 1865.

BEAUSOLEIL, J. (dir.). *Autour du monde*: Jean Brunhes, regards d'un géographe, regards de la géographie. Bolonha: Musée Albert-Kahn, 1993, 347 p.

BECCARIA, C.B. *Dos delitos e das penas*. Trad. de José Cretella Jr.; Agnes Cretella. 2. ed. rev. 2. tiragem. São Paulo: Revista dos Tribunais, col. "RT textos fundamentais". 1999 [Orig.: *Dei delitti e delle pene*, 1764].

BECHMANN, R. *Des arbres et des hommes*: la forêt au Moyen Âge. Paris: Flammarion, 1984.

BECK, P.; BERNARDI, P.; FELLER, L. (dirs.). *Rémunérer le travail au Moyen Âge*. Paris: Picard, 2014, 527 p.

BECK, R. *Histoire du dimanche*: de 1700 à nos jours. Paris: De l'Atelier, 1997.

BÉGIN, É.-A. *Le Buchan français, nouveau traité complet de médecine usuelle et domestique*. 2 vols. Paris: A. Pougin, 1839.

BELTRAN, A.; CARRÉ, P.A. *La Fée et la servante: la société française face à l'électricité, XIXe-XXe siècle*. Paris: Belin, 1991.

BEQUE, M.; KINGSADA, A.; MAUROUX, A. "Contraintes physiques et intensité du travail". *Synthèse Stat'*, n. 24, février 2019.

BÉRANGER, C. "Pétition d'un prolétaire à la Chambre des députés". *Le Globe*, 3 février 1831.

BERCÉ, Y.-M. *La Vie quotidienne dans l'Aquitaine du XVIIe siècle*. Paris: Hachette, 1978.

BERESFORD, J. *Les Misères de la vie humaine ou les gémissements et soupirs exhalés au milieu des fêtes, des spectacles, des bals et des concerts, des amusements de la campagne, des plaisirs de la table, de la chasse, de la pêche et du jeu, des délices du bain, des récréations de la lecture, des agréments des voyages, des jouissances domestiques, de la société du grand monde, et du séjour enchanteur de la capitale*, et recueillis par James Beresford; traduction de l'anglais sur la 8° édit. par P.T. Bertin, orné de fig. en taille-douce et sur bois. Deux tomes. Paris: J. Chaumerot, 1809 [Orig.: *The Miseries of Human Life*. Londres: William Miller, 1806].

BERGERY, C.-L. *Économie industrielle*. 3 tomes. Metz: Thiel, 1829-1831 [t.1 – *Économie de l'ouvrier*, 1829; t. 2 e 3 – *Économie du fabricant*, 1830 e 1831].

BERNARD DE GORDON. *Fleur de Lys en médecine*. Lyon, 1495. Bibliothèque de l'université de médecine de Montpellier I.

BERNARDIN DE SAINT-PIERRE, J.-H. *Études de la Nature*. Paris: De l'Imprimerie de Monsieur, 1784.

BERNIER, F. *Un libertin dans l'Inde moghole: les voyages de François Bernier, 1656-1669*. Frédéric Tinguely (ed.). Paris: Chandeigne, 2008.

BERNOULLI, D. *Recherches sur la manière la plus avantageuse de suppléer à l'action du vent sur les grands vaisseaux, soit en y appliquant les rames, soit en y employant quelqu'autre moyen que ce puisse être. Fondées sur une nouvelle théorie de l'économie des forces et des effets. Recueil des pièces qui ont emporté le prix de l'Académie royale des sciences*. Tome septième. Académie Royale des Sciences. Paris: Panckoucke, 1769, p. 1-99.

BERTERO, C.O. "Algumas observações sobre a obra de G. Elton Mayo". *Revista de Administração de Empresas*, 8 (27), Jun 1968. Disponível em: https://doi.org/10.1590/S0034-75901968000200003

BERTHELOT, C.-F. *Le Mécanique appliquée aux arts, aux manufactures, à l'agriculture et à la guerre*. 2 vols. Paris: Chez l'Auteur/Demonville, 1782.

BERTHOLON, P. *De l'électricité du corps humain dans l'état de santé et de maladie*. Ouvrage couronné par l'Académie de Lyon, dans lequel on traite de l'électricité de l'atmosphère. Lyon: Bernuset, 1780.

BERTRAND, M. *Recherches sur les propriétés physiques, chimiques et médicinales des eaux du Mont-d'Or, département du Puy-de-Dôme*. Paris: Clermont-Ferrand: Gabon/Rousset, 1810; seconde édition, considérablement augmentée. Clermont--Ferrand: Thibaud-Landriot, 1823.

BESSY, O. *Le Grand Raid de la Réunion*: à chacun son extrême et un emblème pour tous. La Réunion: Océan, 2002.

BÉTHOUART, B. "Les syndicats chrétiens et le repos du dimanche (1887-1964)". *Histoire, économie et société*, 2009, n. 3, p. 99-108.

BIED-CHARRETON, M.-F. *Usine de femmes* [1978]. Paris: L'Harmattan, 2003.

BINET, A.; HENRI, V. *La Fatigue intellectuelle*. Paris: Schleicher Frères, 1898.

BISSUEL, B. "Une conversion au télétravail plutôt réussie". *Le Monde*, 1er mai 2020.

BLAKELOCK, R.M. "Micromotion Study Applied to the Manufacture of Small Parts". *Factory and Industrial Management*, vol. 80, octobre 1930.

BLANC, L. *Histoire de dix ans, 1830-1840*. 5 vols. [Paris: Pagnerre, 1841-1844]. Lausanne: Imprimerie Suisse, 1850.

BLANCHARD, S. "Journal de bord d'un médecin de campagne victime du coronavirus". *Le Monde*, 2 avril 2020.

BLÉGNY, N. *Secrets concernant la beauté et la santé*, recueillis et publiez par ordre de M. Daquin, conseiller du Roy en ses conseils et premier médecin de Sa Majesté. 2 vols. Paris: L. d'Houry et la Vve de feu D. Nion, 1688-1689.

BLOMAC, N. *La Gloire et le jeu, des hommes et des chevaux, 1766-1866*. Paris: Fayard, 1991.

BLONDEL, J.-F. *L'Architecture française, ou Recueil de plans, d'élévations, coupes et profils*. 4 vols. Paris: Charles-Antoine Jombert, 1752-1756.

BLUMENTHAL, L. "L'organisation de l'entreprise, le bruit et le rendement". *Mon Bureau*, juillet 1934.

BOIGEY, M. *Manuel scientifique d'éducation physique*. Paris: Payot, 1923.

BOILEAU, É. *Le Livre des métiers* [século XIII]. Augmenté de *Métiers et corporations de la ville de Paris* par René de Lespinasse et François Bonnardot [Paris, 1879]. Paris: Jean-Cyrille Godefroy, 2005, 624 p. Cf. Étienne Boileau, *Li Establissement des mestiers de Paris*. Paris: BnF, fr. 24.069, f. 1r.

BOISSAT, J.-C. *Des causes physiques du perfectionnement de l'espèce humaine*. Paris, 1800.

BÖLL, H. *Briefe aus dem Krieg 1939-1945*. Jochen Schubert (ed.). Colônia: Kiepenheuer & Witsch, 2001 [Ed. fr.: *Lettres de guerre, 1939-1945*. Trad. do alemão por Jeanne Guérout. Paris: L'Iconoclaste, 2018].

BONNETTE, P.-J. *Du choix des conscrits: indices de robusticité physique, utilisation méthodique du contingent, service armé, service auxiliaire; dépôts de viriculture extra-régimentaires pour les malingres*. Paris: Doin, 1910.

BONTEKOE, C. *Nouveaux elemens de medecine, ou reflexions physiques sur les divers état de l'homme*. 2 vol. – *Suite des nouveaux elemens de medecine ou Troisiéme partie des reflexions physiques sur les moïens de prolonger la vie* [1685]. Nouvellement traduit en françois par un maître chirurgien, Jean Devaux. Paris: Laurent d'Houry, 1698.

BORDAS, F. *La Prophylaxie de la fatigue et ses avantages sociaux*. Paris: Institut Général de Psychologie, 1927.

BOREL, V. *Nervosisme ou neurasthénie: la maladie du siècle et les divers moyens de la combattre*. Lausanne: F. Payot, 1894.

BORELLI, G.A. *De motu animalium*. 2 vols. Roma: Angeli Bernabo, 1680-1681.

BOSWELL, J. *Journal intime d'un mélancolique (1762-1769)*. Édition abrégée établie par Gilles Brochard. Traduit de l'anglais par Mme. Blanchet, Celia Bertin et Renée Villoteau. Paris: Hachette, 1986 [Orig.: *Boswell's London Journal 1762-1763*, século XVIII].

BOTTIGELLI, É. (ed.). *La Naissance du Parti ouvrier français*: correspondance inédite de Paul Lafargue, Jules Guesde, José Mesa, Paul Brousse, Benoît Malon, Gabriel Deville, Victor Jaclard, Léon Camescasse et Friedrich Engels. Paris: Éd. Sociales, 1981.

BOUET, P. *Le Fantastique dans la littérature latine du Moyen Âge: la navigation de saint Brendan*. Caen: Centre de publications de l'université de Caen, 1986.

BOUGAINVILLE, L.-A. *Voyage autour du monde par la frégate du roi* La Boudeuse *et la flûte* L'Étoile: *en 1766, 1767, 1768 & 1769*. Paris: Saillant et Nyon, 1771.

BOUILLAUD, J.B. *Traité clinique des maladies du cœur* [1835]. 2 vols. Paris: Baillière, 2. ed., 1841.

BOULAINVILLIERS, H. *État de la France dans lequel on voit tout ce qui regarde le gouvernement ecclésiastique, le militaire, la justice, les finances, le commerce, les manufactures, le nombre des habitans, & en général tout ce qui peut faire connoître à fond cette monarchie... avec des memoires historiques sur l'ancien gouvernement de cette monarchie jusqu'à Hugues Capet.* 6 vols. Londres: T. Wood/S. Palmer, 1727; 1752.

BOULARD, F. *Premiers itinéraires en sociologie religieuse.* Paris: Ouvrières, 1966.

BOULENGER, J. (ed.). *Œuvres complètes* [de F. Rabelais]. Paris: Gallimard, col. "Bibliothèque de la Pléiade", 1955.

BOURBON, L.A. "Lettre à Mme. de Maintenon, mai 1689". In: LAVALLÉE, 1867.

BOURDELAIS, P. "L'intolérable du travail des enfants, son émergence et son évolution entre compassion et libéralisme, en France et en Angleterre". In: BOURDELAIS; FASSIN, 2005.

BOURDELAIS, P. *Les Épidémies terrassées*: une histoire de pays riches. Paris: La Martinière, 2003.

BOURDELAIS, P. (dir.). *Les Hygiénistes, enjeux, modèles pratiques, XVIIIe-XXe siècles.* Paris: Belin, 2001.

BOURDELAIS, P.; FASSIN, D. (dirs.). *Les Constructions de l'intolérable, études d'anthropologie et d'histoire sur les frontières de l'espace moral.* Paris: La Découverte, 2005.

BOURG, J.-F. *Le Dopage.* Paris: La Découverte, 2019.

BOURGEOIS, F. et al. *Troubles musculosquelettiques et travail*: quand la santé interroge l'organisation [2000]. Paris: Anact, 2006.

BOURRIT, M.-T. *Nouvelle Description des glacières et glaciers de Savoie, particulièrement de la vallée de Chamouni et du Mont-Blanc, et de la découverte d'une route pour parvenir sur cette haute montagne.* Genebra: Paul Barde, 1785.

BOUVERET, L. *La Neurasthénie: épuisement nerveux.* Paris: J.-B. Baillière et fils, 1890.

BOXUS, D.M.P.G. "A França no século XIX: História, literatura e arte. Uma contribuição para os estudos em literatura comparada no Brasil". *A Palo Seco – Escritos de Filosofia e Literatura*, ano 2, n. 2, nov. 2010.

BOYER-NIOCHE, J.-A. *Coup d'œil médico-philosophique sur l'influence de la civilisation dans la production des maladies nerveuses*. Paris: Didot Jeune, 1818.

BRÄKER, U. *Le Pauvre Homme du Toggenbourg, sa vie et ses aventures* [manusc. XVIIIe siècle: "Lebensgeschichte und Natürliche Ebenteuer des Armen Mannes im Tockenburg"]. Trad. para o fr. por Caty Dentan. Lausanne: De l'Aire, 1978.

BRAUNSTEIN, P. *Travail et entreprise au Moyen Âge*. Bruxelas: De Boeck, 2003.

BREITENBACH, D. "Hitler e soldados se drogavam sistematicamente, diz escritor", 11/09/2015. Disponível em: https://www.dw.com/pt-br/hitler-e-soldados-se-drogavam-sistematicamente-diz-escritor/a-18707722

BRESSE, G. *Morphologie et physiologie animales*. Paris: Larousse, 1953.

BREWER, J. *The Pleasures of the Imagination*: English Culture in the Eighteenth Century. Chicago: The University of Chicago Press, 1997.

BRIDOUX, A. (ed.). *Œuvres et lettres [René Descartes]*. Paris: Gallimard, col. "Bibliothèque de la Pléiade", 1953.

BRIENNE, H.-A. *Mémoires du comté de Brienne, contenant les événements les plus remarquables du règne de Louis XIII et de celui de Louis XIV jusqu'à la mort du cardinal Mazarin, composés pour l'instruction de ses enfants*. 3 vols. Amsterdã: J.F. Bernard, 1719.

BROWN-SÉQUARD, C.-É. "On a New Therapeutic Method Consisting in the Use of Organic Liquids Extracted From Glands and Other Organs". *British Medical Journal*, juin 1893.

BRUANT, G. *Anthropologie de l'effort: expériences vécues et représentation du monde*. Paris: L'Harmattan, 2017.

BRUNET, P. *Les Physiciens hollandais et la méthode expérimentale en France au XVIIIe siècle*. Paris: Blanchard, 1926.

BUCHAN, W. *Le conservateur de la santé des mères et des enfans, faisant suite à la "Médecine domestique" du même auteur*. Suivi d'un *Extrait d'un ouvrage du docteur Cadogan sur le même sujet*. Traduit de l'anglais par Thomas Duverne de Praîle. Paris: Métier, 1804 [Orig.: *Advice to mothers on the subject of their own health; and of the means to promoting the health, strength, and beauty of their offspring*. Londres: Cadell and Davies, 1803].

BUCHAN, W. *Médecine domestique, ou Traité complet des moyens de se conserver en Santé, de guérir & de prévenir des maladies, par le régime & les remèdes simples*. 5

vols. Paris: Desoer, 1792 [Orig.: *Domestic Medicine; or the Family physician: being an attempt to render the medical art more generally useful, by shewing people what is in their own power both with respect to the prevention and cure of diseases; chiefly calculated to recommend a proper attention to regimen, and simple medicines.* Edimburgo: Balfour/Auld/Smellie, 1769].

BUCHEZ, P.-J.-B.; TRÉLAT, U. *Précis élémentaire d'hygiène*. Paris: Raymond, 1825, 378 p.

BUFFON, G.-L.L. *Correspondance inédite de Buffon, à laquelle ont été réunies les lettres publiées jusqu'à ce jour*. 2 vols. (XXXVII-500, 644 p.). Paris: L. Hachette, 1860.

BUFFON, G.-L.L. *Œuvres complètes*. 9 vols. Paris: P. Duménil, 1835-1836.

BUGARD, P. *Stress, fatigue, dépression: l'homme et les agressions de la vie quotidienne*. Paris: Doin, 1974.

BUGARD, P. *L'Usure par l'existence: bruit, rythme de vie, automation, ergonomie*. Paris: Masson, 1964, 211 p.

BUGARD, P. *La Fatigue*: physiologie, psychologie et médecine sociale. Paris: Masson, 1960.

BUI, D.; LE BAILLY, D. "Covid Stories". *L'Obs*, 7-13 mai 2020.

BUREAU, M.C.; CORSANI, A.; GIRAUD, O.; REY, F. (dirs.). *Les zones grises des relations de travail et d'emploi*. Buenos Aires: Teseo, 2019. Disponível em: https://www.teseopress.com/dictionnaire

BURET, E. *De la Misère des classes laborieuses en Angleterre et en France: de la nature de la misère, de son existence, de ses effets, de ses causes, et de l'insuffisance des remèdes qu'on lui a opposés jusqu'ici, avec les moyens propres à en affranchir les sociétés*. E vols [Paris: Paulin, 1840]. Bruxelas: Société Typographique Belge/A. Wahlen, 1842.

BURTT, H.E. *Psychology and Industrial Efficiency*. Nova York: Appleton and Company, 1931.

BUSSON, C.-I. *Instructions et conseils aux filles de service et à tous les domestiques en général*. Paris: Gaume Frères, 1842, 529 p.

BUSSY-RABUTIN, R. *Lettres de Messire Roger de Rabutin, comte de Bussy*. Paris: Florentin Delaulne, 1727.

CADILHON, F. (dir.). *La France d'Ancien Régime: textes et documents, 1484-1789*. Bordeaux: Presses Universitaires de Bordeaux, 2002.

CADIOT, J.; ÉLIE, M. *Histoire du Goulag*. Paris: La Découverte, 2017.

CAILHOL, A. "Télétravail: le boulot compresseur". *Libération*, 29 avril 2020.

CAMARA BASTOS, M.H. "O relógio moral: Marc-Antoine Jullien e a arte de governar-se e educar-se". *Foro de Educación*, vol. 9, n. 13, 2011, p. 103-122. Disponível em: https://www.redalyc.org/pdf/4475/447544588008.pdf

CAMBRY, J. *Promenades d'automne en Angleterre*. Paris: Poinçot, 1791.

CAMPBELL, H. *Nervous Exhaustion and the Diseases Induced by It*. Londres: Longmans/Green/Reader/Dyer, 1873.

CAMUS, M. (dir.). *Sade* – revista *Obliques*, n. 12-13 [Contributions de Bataille, Barthes, Benoît, Blanchot, Bourgeade, Breton, Duehren, Faye, Finas, Guyotat, Heine, Klossowski, Labisse, Lely, Mandiargues, Masson, Paulhan, Paz, Robbe--Grillet, Sade (inédits), Sollers]. Nyons: R. Borderie, 2e trimestre 1977, 352 p.

CANDOLLE, A. *Histoire des sciences et des savants depuis deux siècles, suivie d'autres études sur des sujets scientifiques en particulier sur la sélection dans l'espèce humaine*. Lyon/Genebra, 1873, 482 p.

CANNON, W.B. *The Wisdom of the Body* [1932]. Nova York: Norton, 1989.

Caquets de l'accouchée (Les) [1622]. Paris: P. Jannet, 1855.

CARDAN, J. *De la subtilité et subtiles inventions, ensemble les causes occultes et raisons d'icelles: traduis de latin* [1550] *en françois par Richard Le Blanc*. Paris: Charles L'Angelier, 1566.

CARPENTIER, A. *Codes et lois pour la France, l'Algérie et les colonies*. Paris: Marchal/Brillard, 1908.

CARROY, J.; OHAYON, A.; PLAS, R. *Histoire de la psychologie en France, XIXe-XXe siècles*. Paris: La Découverte, 2006.

CASANOVA DE SEINGALT, G. *Mémoires de Jacques Casanova de Seingalt écrits par lui-même* [1825]. 6 vols. Bruxelas: J. Rorez, 1860.

CASILLI, A.A. *En attendant les robots*: enquête sur le travail du clic. Paris: Du Seuil, col. "La couleur des idées", 2019, 394 p.

CASTEL, P.-H. *Âmes scrupuleuses, vies d'angoisse, tristes obsédés*: obsessions et contrainte intérieure de l'Antiquité à Freud. Paris: Ithaque, 2017.

CASTEL, R. *Les Métamorphoses de la question sociale: une chronique du salariat*. Paris: Fayard, 1995.

CASTEL, R.; HAROCHE, C. *Propriété privée, propriété sociale, propriété de soi*: entretiens sur la construction de l'individu moderne. Paris: Fayard, 2001.

CATANI, A.M. "Guilherme Marechal ou o melhor cavaleiro do mundo". *Revista de Administração de Empresas*, São Paulo, vol. 28, n. 3, jul./set. 1988, p. 72-73. Disponível em: http://dx.doi.org/10.1590/S0034-75901988000300011

CATHARINA, P.P.G.F. "Descrição e descrição pictural em 'À Rebours', romance de Joris-Karl Huymans". *Caligrama*: Revista de Estudos Românicos, [S.l.], v. 6, p. 141-155, out. 2011. Disponível em: http://www.periodicos.letras.ufmg.br/index.php/caligrama/article/view/348

CAZENEUVE, V. *Recrutement de l'armée, contingent de la classe de 1840. Département du Nord. Année 1841. Rapport adressé à M. le préfet du Nord sur les opérations du Conseil de revision pendant l'année 1841, rapport dans lequel sont examinées les causes de détérioration des hommes dans les villes de fabriques; suivi de quelques considérations sur les maladies qui entraînent la réforme*. Lille: L. Danel, 1842.

CAZES, B.; MORIN, E. "La question du bien-être". *Arguments*, n. 22, 2ᵉ trimestre 1961.

CÉLINE, L.-F. *Voyage au bout de la nuit*. Paris: Gallimard, 1932 [Ed. bras.: *Viagem ao fim da noite*. Trad. de Rosa Freire d'Aguiar. São Paulo: Cia das Letras, 1994, 506 p.].

CELLINI, B. *Œuvres complètes* de Benvenuto Cellini [século XVI]. Trad. par Léopold Leclanché. Tome 1: *Mémoires*; Tome 2: Suite des mémoires. Paris: Garnier Frères, 1847; 1908 [Ed. bras.: *Vida de Benvenuto Cellini, escrita por ele mesmo*. Trad. de J.L. Moreira. São Paulo: Athena (Biblioteca Clássica, vol. XXVIII e XXXIX), 1939].

CENDRARS, B. *L'Amiral* [1935]. Paris: Gallimard, col. "Folio", 2014.

Cercle Sésame, *2012-2017: ce que veulent les Français*. Paris: Eyrolles/D'Organisation, 2011.

CERTEAU, M. *O lugar do outro* – História religiosa e mística. Trad. de Guilherme João de Freitas Teixeira. Petrópolis: Vozes, 2021 [Orig.: *Le lieu de l'autre. Histoire religieuse et mystique*. Paris: Du Seuil/Gallimard, 2005].

CERTEAU, M. *A invenção do cotidiano*: 1. *Artes de fazer*. Trad. de Ephraim Ferreira Alves. 22. ed. Petrópolis: Vozes, 2014; 3ª reimp., 2018, 319 p. [Orig.: *L'Invention du quotidien*. 1. *Arts de faire* [1990]. Paris: Gallimard, col. "Folio Essais", 2007. Nova edição, estabelecida e apresentada por Luce Giard].

CHABOUIS, L. *Le Livre du café*. Paris: Bordas, 1988.

CHAGALL, M. *Fábulas de La Fontaine*. Trad. de Mauro Laranjeira. São Paulo: Estação Liberdade, 2004.

CHAGNIOT, J. *Guerre et société à l'époque moderne*. Paris: PUF, 2001.

CHAILLOU, A.; MAC-AULIFFE, L. *Morphologie médicale: étude des quatre types humains, applications à la clinique et à la thérapeutique*. Avec 132 figures dans le texte. Paris: Octave Doin et Fils, 1912.

CHALLE, R. *Journal d'un voyage fait aux Indes orientales, 1690-1691*. Paris: Mercure de France, 1979.

CHARCOT, J.-M. *Leçons sur les maladies du système nerveux faites à la Salpêtrière*. T. I e II. Recueillies par Bourneville. Paris: Adrien Delahaye, 1872-1873; t. III, 1887.

CHARTON, É. (dir.). *Voyageurs anciens et modernes. Ou choix des Relations de Voyages les plus intéressantes et les plus instructives depuis le cinquème siècle avant Jésus-Christ jusqu'au dix-neuvième siècle avec biographies, notes et indications iconographiques*. 4 vols: Tome I – *Voyageurs anciens depuis le cinquième siècle avant J-C jusqu'à la fin du quatrième siècle de notre ère*, 392 p.; Tome II – *Voyageurs du Moyen-Âge depuis le sixième siècle de l'ère chrétienne jusqu'au quatorzième*, 440 p.; Tome III – *Voyageurs modernes. Quinzième siècle et commencement du seizième*, 424 p.; Tome IV et dernier – *Voyageurs modernes. Seizième, dix-septième et dix-huitième siècles*, 506 p. Paris: Aux Bureaux du Magasin Pittoresque, 1861.

CHARTON, É. "La Pérouse, navigateur français". In: id., 1861, t. IV.

CHASLES, V. "Saúde urbana e higienismo, o exemplo da França". *Revista do Instituto de Estudos Brasileiros*, n. 64, p. 65-74, ago. 2016. Artigo traduzido do francês por Eliane Kuvasney. Disponível em: https://www.revistas.usp.br/rieb/article/view/119476

CHASSAGNE, S. *Une femme d'affaires au XVIIIe siècle: la correspondance de Madame de Maraise, collaboratrice d'Oberkampf*. Toulouse: Privat, 1981, 160 p.

CHAUNU, P. *La Civilisation de l'Europe classique*. Paris: Arthaud, 1966.

CHAVAGNAC, G. *Mémoires de Gaspard Comte de Chavagnac, maréchal de camp ès armées du roy, général de l'artillerie, sergent de bataille de celles de sa majesté catholique, lieutenant-général des troupes de l'Empereur et son ambassadeur en Pologne (1638-1695)*. 2 tomes. Besançon: François Louis Rigoine, 1699.

CHENU, J.-C. *Essai sur l'action thérapeutique des eaux ferrugineuses de Passy*. Paris: Fortin/Masson, 1841.

CHERTOK, L.; SAPIR, M. (dir.). *La Fatigue*. IIIe Congrès International de Médecine Psychosomatique. Toulouse: Privat, 1967.

CHEVALIER, L. *Classes laborieuses et classes dangereuses à Paris pendant la première moitié du XIXe siècle*. Paris: Plon, 1958.

Chevalier nu: contes de l'Allemagne médiévale (Le) [século XII]. Traduits et présentés par Danielle Buschinger, Jean-Marc Pastré et Wolfgang Spiework. Paris: Stock, 1988, 246 p.

CHEVALLIER, G. *La Peur* [1930]. In: *1914-1918, Français et Allemands dans les tranchées*, 2013.

CHEVERNY, J.-N.D. *Mémoires du comte Dufort de Cheverny – La Cour de Louis XV* [século XVIII]. Texte établi, présenté et annoté par Jean-Pierre Guicciardi. Paris: Perrin, col. "L'Histoire en Mémoires", 1990, 546 p.

CHEYNE, G. *Regles sur la santé, et sur les moyens de prolonger la vie* [Bruxelas/Paris: Rollins/Jean Léonard, 1726]. Texto original adaptado por Hermine Gabriel. Castanet: Michel d'Orions, 2002, 158 p. [Orig.: *An Essay of Health and Long Life*. Londres: Georges Strahan, 1724].

CHEYSSON, É. "La réglementation internationale du travail". *La Réforme Sociale*, 1890, t. 19.

CHINCHOLLE, C. *Les Mémoires de Paris*. Paris: Moderne, 1889.

CHITTENDEN, R.H. *Physiological Economy in Nutrition*. Londres: Heinemann, 1907.

Choix de mazarinades, publié pour la Société de l'histoire de France par C. Moreau. T. I e II. Paris: Jules Renouard, 1853.

CHRISTIAN, G.-J. *Traité de mécanique industrielle, ou exposé de la science de la mécanique déduite de l'expérience et de l'observation*. 4 vols. Paris: Bachelier, 1822-1825.

CLAIR, J. *Le Voyageur égoïste* [1989]. Paris: Petite Bibliothèque Payot, 2010.

CLARETIE, J. *La Vie à Paris* [1905]. Paris: Eugène Fasquelle, 1906.

CLIAS, P.H. (professeur gymnasiarque de l'Académie de Berne). *Gymnastique élémentaire, ou Cours analytique et gradué d'exercices propres à développer et à fortifier l'organisation humaine*; précédé du *Rapport* fait à la Société de Médicine de Paris, par M. Bally, docteur médecin. *Et de considérations générales*, par M. D. Baillot, ancien conservateur de la bibliothèque de Versailles. Paris: L. Colas, 1819.

CLOT, Y. "Les TMS: hyper-sollicitation ou hypo-sollicitation?" *Les Cahiers de Préventique*, n. 7, 2006.

COCHE, A.-E. *De l'opération médicale du recrutement et des inspections générales*. Paris: Rouen Frères, 1829, 343 p.

COHEN, D.; DEPARDON, R.; DONZELOT, J.; GARAPON, A. et al. *France: les révolutions invisibles*. Paris: Calmann-Lévy, 1998.

COJEAN, A. "La croisière à la dérive". *Le Monde*, 16 avril 2020.

COLETTE, S.-D. *Œuvres complètes*. Paris: Flammarion, 1948-1950. Edition dite "du Fleuron", 1ère collective des œuvres de Colette, établie "sous les yeux de l'auteur" par Maurice Goudeket, complète en 15 volumes.

COLETTE, S.-D. *Dans la foule* [1913]. In: id., 1948-1950. Cf. t. IV, 1949.

COMBE, J. *Hydrologie ou Discours des eaux*. Aix: Estienne David, 1645.

Commentaire en vers français sur l'école de Salerne: contenant les moyens de se passer de médecin & de vivre longtemps en santé avec une infinité de remèdes contre toutes sortes de maladies & un traitté des humeurs & de la saignée, par M. Claude-Denis Du Four de La Crespelière. Paris: Gilles Alliot, 1671.

Commentaires de Pierre André Mattthiole sur les six livres de Dioscoride, mis en français sur la dernière édition latine de l'auteur par M. Jean Des Moulins, docteur en médecine. Lyon: Rouille, 1579.

COMPAING, G. (père). *L'art du tailleur, ou Application de la géométrie à la coupe de l'habillement*; ouvrage précédé d'un *cours élémentaire de géométrie*. Paris: Dondey-Dupré, 1828.

CONCHON, A. *La Corvée des grands chemins au XVIIIe siècle*: économie d'une institution. Rennes: Presses Universitaires de Rennes, 2016.

CONELLI, J.A. *La Neurasthénie*: histoire, symptômes, pathogénèse, traitement. Tese de medicina. Lausanne-Turin, 1895.

CONGRES International d'Éducation Physique, Paris, 17-20 mars 1913. Vol. 1: I. *Rapports*; II. *Résumés des rapports*. Vol. 2: III. *Compte rendu*. Paris: J.-B. Baillière et Fils, 1913.

CONTI, L. "An die ehrenamtlichlen Mitglieder der früheren R.f.R." [Para os membros honorários do grupo de trabalho de combate aos entorpecentes], de 19/10/1939. Barch-Berlin R36/1.360. In: OHLER, 2017.

CONRY, Y. *L'Introduction du darwinisme en France au XIXe siècle*. Paris: Vrin, 1974.

COOK, J. *Voyage dans l'hémisphére austral et autour du monde, fait sur les vaisseaux de roi,* L'Aventure, *&* La Résolution, *en 1772, 1773, 1774 & 1775*. 5 vols. Paris: Hotel de Thou, 1778.

CORBIN, A. *L'Harmonie des plaisirs: les manières de jouir du siècle des Lumières à l'avènement de le sexologie*. Paris: Perrin, 2008.

CORBIN, A. (dir.). *L'Avènement des loisirs, 1850-1960*. Paris: Aubier, 1995.

CORBIN, A.; COURTINE, J.-J.; VIGARELLO, G. (dir.). 3 Tomos. *História da virilidade*. 3: *A virilidade em crise? Séculos XX e XXI*, vol. dirigido por Jean-Jacques Courtine. Trad. de Noéli Correia de Mello Sobrinho & Thiago de Abreu e Lima Florêncio. Petrópolis: Vozes, 2013; 1ª reimp., 2021, 610 p. [Orig.: *Histoire de la virilité: 3. La virilité en crise? XXe-XXIe siècle*. Paris: Du Seuil, 2011, 566 p.].

CORBIN, A.; COURTINE, J.-J.; VIGARELLO, G. (dir.). 3 Tomos. *História do corpo*. 3: *As mutações do olhar. O século XX*, vol. dirigido por Jean-Jacques Courtine. Trad. e rev. de Ephraim Ferreira Alves. 4. ed. Petrópolis: Vozes, 2011; 3ª reimp., 2017, 615 p. [Orig.: *Histoire du corps – 3: Les Mutations du regard: le XXe siècle*. Paris: Du Seuil, 2006, 576 p.].

CORVISART, J.-N. *Essai sur les maladies et lésions organiques du cœur et des gros vaisseaux, extrait des leçons cliniques*. Paris: Migneret, 1806, 485 p.

CORVISIER, A. (ed.). *Histoire militaire de la France*; t. 1: *Des origines à 1715*, Philippe Contamine (dir.), 1992; t. 2: *De 1715 à 1871*. Jean Delmas (dir.), 1992; t. 3: *De 1871 à 1940*. Guy Pedroncini (dir.), 1992; t. 4: *De 1940 à nos jours*. André Martel (dir.), 1994. Paris: PUF.

CORVISIER, A. (ed.). *Louvois*. Paris: Fayard, 1983.

COSMACINI, G.; VIGARELLO, G. (dirs.). *Il medico di fronte alla morte (secoli XVI-XXI)*. Turim: Fondazione Ariodante Fabretti, 2008.

COTTIN, P. (ed.). *Mémoires du Sergent Bourgogne* [1812-1813]. Paris: Hachette, 1909.

COUBERTIN, P. "La bataille continue..." *Bulletin du Bureau International de Pédagogie Sportive*. Lausanne, 1931, n. 5.

COUBERTIN, P. *Essais de psychologie sportive* [1913]. Grenoble: Jérôme Millon, 1992.

COUBERTIN, P. "L'éducation athlétique". *Association Française pour l'Avancement des sciences*. RELATÓRIO da 18ª sessão. Paris: Masson, 1889. In: MÜLLER, 1986.

COULET, H. (ed.). *Nouvelles du XVIIIe siècle*. Paris: Gallimard, col. "Bibliothèque de la Pléiade", 2002, 1.552 p. Textes de: Mlle. de B. – Antoine Hamilton. – Challe. – Marie-Jeanne L'Héritier de Villandon. – Le Sieur de La Rivière. – Rémond de Saint-Mard. – Marivaux. – Solignac de La Pimpie. – Drouet de Maupertuy. – Mme. de Gomez. – Mme. de Villeneuve. – *Abbé* Prévost. – Boureau-Deslandes. – Comte de Caylus. – Mlle. Cochois. – Meusnier de Querlon. – *Abbé* Pernetti. – Mme. Leprince de Beaumont. – *Abbé* de Voisenon. – Thorel de Champigneulles. – Bastide. – Yon. – Chevrier. – Cazotte. – Saint-Lambert. – Julien dit Desboulmiers. – Diderot. – Bricaire de La Dixmerie. – La Morlière. – Mme. de Puisieux. – Dubois-Fontanelle. – Louis-Sébastien Mercier. – Léonard. – Nougaret. – Mme. B... d'Arras. – Baculard d'Arnaud. – Loaisel de Tréogate. – Mme. Riccoboni. – Dorat. – D'Ussieux. – Imbert. – Berquin. – Isabelle de Charrière. – Rétif de La Bretonne. – De Grave. – Sade. – Camus-Daras. – Bernardin de Saint-Pierre. – Marmontel. – Florian. – Ducray-Duminil. – Barbault-Royer. – Mercier de Compiègne. – Mme. de Staël.

COULOMB, C. "Résultats de plusieurs expériences destinées à déterminer la quantité d'action que les hommes peuvent fournir par leur travail journalier, suivant la manière dont ils emploient leurs forces". Estudo de ergonomia apresentado em 1775 e que será aumentado até 1798. *Mémoires de l'Institut national des sciences et arts – Mémoires de mathématiques et de physique* (T. 2, 380-428). Lu le 24 Février 1798 (6 ventôse an VI).

COUTIÈRE, H. *Connais tes outils*: diastases, vitamines, hormones. Paris: C. Béranger, 1943.

COUTROT, J. *L'Humanisme économique*. Paris: Centre Polytechnicien d'Études Economiques, 1936.

COUTTS, J. *Guide pratique du tailleur*, planche n. 11. Paris, 1848.

CRAPONNE, M. *Les Neurasthéniques aux villes d'eaux*. Communication faite à la Société d'hydrologie médicale de Paris (séance du 2 février 1914). Paris: Gazette des Eaux, 1914.

CRESCENZI (de'), P. *Trattato della agricoltura* [século XIII]. Vol. 1-3. Milano, 1805.

CRIBIER, F. *La Grande Migration d'été des citadins en France*. Paris: CNRS, 1969.

CROY-SOLRE, E. *Journal inédit du duc de Croÿ (1718-1784)*. 4 vols. Paris: Ernest Flammarion, 1906-1907.

CROZIER, M. "Défense du bien-être". *Arguments*, n. 22, 2e trimestre 1961.

CUISIN, J.P.-R. *Les bains de Paris et des principales villes des quatre parties du monde, ou le Neptune des dames*. 2 vols. Paris: Verdière, 1822.

CURMER, L. (ed.). *Les Français peints par eux-mêmes*: Encyclopédie morale du XIXe siècle. 10 vols. Paris, 1840-1842 [Obra de referência sobre os costumes dos franceses no século XIX [N.T.]].

D'ALEMBERT, J.; DIDEROT, D. *Encyclopédie, ou Dictionnaire raisonné des sciences, des arts et des métiers*. 35 vols. Paris, 1751-1780 [Ed. bras.: *Enciclopédia ou dicionário raciocinado – Das ciências, das artes e dos ofícios por uma sociedade de letrados*. Trad. de Fulvia M.L. Moretto. São Paulo: Unesp, 1989].

DAFFOS-DIOGO, H. "Philippe de La Hire (1640-1718), précurseur de l'ergonomie". Palestra proferida na sessão de 28/03/1987 da Société française d'histoire de la médecine. Disponível em: https://www.biusante.parisdescartes.fr/sfhm/hsm/HSMx1987x021x002/HSMx1987x021x002x0037.pdf

DAGOGNET, F. *Écriture et iconographie*. Paris: Vrin, 1973.

DAKHLI, L. "Histoire des régimes spéciaux de retraite". Compte rendu de la table ronde organisée le 22 novembre 2007 par *Le Mouvement social*. Disponível em http://mouvement-social.univ-paris1.fr/document.php?id=1060

DALLY, E. "De l'exercice méthodique de la respiration dans ses rapports avec la conformation thoracique et la santé mentale". *Bulletin Général de Thérapeutique*, 15 septembre 1881.

Dame invisible (La) [século XII]. Paris: Union Latine, 1971.

DAMIEN, F. *Aperçu topographique et médical sur les eaux minérales sulfureuses d'Enghien*. Paris: Béchet, 1821.

DAVENPORT, J. *Aphrodisiacs and Ant-Aphrodisiacs* – Three Essays on the Powers of Reproduction: with some account of the judicial "congress" as practised in France during the seventeenth century. Londres: Privately, 1869.

DE LAMONT. *Les fonctions de tous les officiers de l'infanterie depuis celle du sergent jusques à celle de colonel*. La Haye: Herny Van Bulderen, 1693.

DE VARAZZE, J. *Legenda áurea*: vidas de santos. Trad. do latim, apresentação, notas e seleção iconográfica de Hilário Franco Júnior. São Paulo: Companhia das Letras, 2003 [Orig.: *Legendæ sanctorum, vulgo historia lombardica dicta*, c. 1260; ed. fr.: *La Légende dorée (XIIIe siècle)*. Alain Boureau (ed.). Paris: Gallimard, col. "Bibliothèque de la Pléiade", 2004].

DA VINCI, L. *Traité de la peinture*. Paris: Deterville, 1796; *editio princeps* [publicada simultaneamente em italiano – *Trattato della Pittura* – e francês]. Paris: Giacomo Langlois, 1651.

DEFRANOUX, L. "Auxiliaires de vie: 'On est la basse classe, celle dont on ne parle pas'", *Libération*, 24 avril 2020.

DEJERINE, J.; GAUCKLER, E. *Les Manifestations fonctionnelles des psychonévroses*. Paris: Masson, 1911.

DEJOURS, C. Entrevista da APMT durante o 10º Colóquio Internacional de Psicodinâmica e Psicopatologia do Trabalho, realizado entre 21-23/08/2019. Trad. de Dilu Aldrighi. Disponível em: https://apmtsp.org.br/entrevista-da-apmt-com-o-medico-e-psicanalista-dr-christopher-dejours/

DEJOURS, C. *Souffrance en France: la banalisation de l'injustice sociale*. Paris: Du Seuil, 1998.

DELAPORTE, L. "Les ouvriers de la logistique sont devenus les 'caryatides du monde moderne'". *Mediapart*, 4 avril 2020.

DELAROCHE, D. *Analyse des fonctions du système des hypotheses, pour servir d'Introduction à un Examen Pratique des Maux de Nerfs*. 2 vols. Genebra: Villard Fils/Nouffer, 1778.

DELAUNAY, C. *Cours élémentaire de mécanique théorique et pratique*. Paris: Victor Masson, 1851.

DELISLE, L. *Études sur la condition de la classe agricole et l'état de l'agriculture en Normandie*. Paris: Honoré Champion, 1903.

DELISLE, M. *Le Palais de la fatigue*. Montreal: Nouvelles Boréal, 2017.

DELON, M. *L'Idée d'énergie au tournant des Lumières, 1770-1820*. Paris: PUF, 1988.

DELON, M.; ABRAMOVICI, J.-C. (dirs.). *Le Corps des Lumières, de la médecine au roman*. Paris: Centre des Sciences de la Littérature/Université Paris-X, 1997.

DELUMEAU, J.; LEQUIN, Y. (dirs.). *Les Malheurs du temps*: histoire des fléaux et des calamités en France. Paris: Larousse, 1987, 519 p.

DÉMEUNIER, J.-N. *L'Esprit des usages et des coutumes des différents peuples, Ou Observations tirées des Voyageurs; des Historiens*. 3 vols. Londres/Paris: Pissot, 1776.

DENISART, J.B. *Collection de décisions nouvelles et de notions relatives à la Jurisprudence actuelle*. 2 vols. Paris: Savoye/Leclerc, 1754; 4 vols. 9ème éd. Paris: La Veuve Desaint, 1775.

DEPPING, G.-B. *Réglemens sur les arts et métiers de Paris*: rédigés au XIIIe siècle et connus sous le nom du *Livre des métiers d'Étienne Boileau*, publiés pour la première fois en entier, d'après les manuscrits de la Bibliothèque du roi et des Archives du royaume. Paris: Crapelet, 1837.

DEPRETTO, J.-P. "La réalité du stakhanovisme ou Staxanov par lui-même". *Revue des Etudes Slaves*, vol. 3, n. 54, 1982.

DERODE, V. *Histoire de Lille*, 3 vols. Paris: Hébrard/Beghin, 1848.

DEROSSI, I.; FREITAS-REIS, I. "Justus Von Liebig (1803-1873): vida e ensino no laboratório de química". *Educación Química*, vol. 29, n. 1, April 2018, p. 89-98. Disponível em: https://www.researchgate.net/publication/324380085_Justus_von_liebig_1803-1873_vida_e_ensino_no_laboratorio_De_quimica

DÉSAGULIERS, J.-T. *Cours de physique expérimentale*. 2 vols. Trad. do inglês para o fr. pelo padre Esprit Pezenas SJ. Paris: Rollin/Jombert, 1751 [Orig.: *A Course of Experimental Philosophy*, vol. I, 1734; vol. II, 1744. Londres].

DESCARTES, R. *Discours de la méthode pour bien conduire sa raison et chercher la vérité dans les sciences, plus la dioptrique, les météores et la géométrie*. Leyde: De l'Impremerie de Ian Maire, 1637, 537 p. [Ed. bras.: *Discurso do método; Meditações; Objeções e respostas; As paixões da alma; Cartas*. 2. ed. Trad. de J. Guinsburg e de Bento Prado Júnior. São Paulo: Abril, 1979].

DESESSARTZ, J.-C. *Traité de l'éducation corporelle des enfants en bas âge, ou Réfléxions pratiques sur les moyens de procurer une meilleure constitution aux Citoyens*. Paris: J.-T. Hérissant, 1760.

DESOILLE, H. "Introduction". In: CHERTOK; SAPIR, 1967.

DHERS, V.-H. *Essai de critique théorique des tests de fatigue*. Tese de doutorado de Medicina. Paris: Jouve & Cie, 1924, 185 p.

DI CIAULA, T. *Tuta blu* (Bleu de travail). Trad. do italiano para o fr. por Jean Guichard. Arles: Actes Sud, 2002 [Orig.: *Tuta blu. Ire, ricordi e sogni di un operaio del Sud*. Milão: Feltrinelli, 1978].

DICKENS, C. *The Personal History, Adventures, Experience and Observation of David Copperfield the Younger of Blunderstone Rookery (which he never meant to publish on any account)*. 3 vols. Londres: Bradbury & Evans, 1849-1850.

Dictionnaire de Médecine et de Chirurgie Pratiques. 15 Tomes. Paris: Méquignon--Marvis, J.-B. Baillière, 1829-1836.

Dictionnaire de Trévoux. Cf. *Dictionnaire Universel, français et latin*.

Dictionnaire Universel, français et latin, vulgairement appelé Dictionnaire de Trévoux. 4e ed. Paris, 1743.

DIDEROT, D. *Œuvres complètes*. 15 Tomes. Paris: Le Club Français du Livre, 1971.

DIDEROT, D. *Éléments de physiologie* [manusc. 1769]. Paris: Didier, 1964.

DIMIER, A. *Les Moines bâtisseurs*. Paris: Fayard, 1964.

DOHRN-VAN ROSSUM, G. *L'Histoire de l'heure*: l'horlogerie et l'organisation moderne du temps. Trad. fr. de Olivier Mannoni. Paris: Maison des Sciences de l'Homme, 1997 [Orig.: *Die Geschichte der Stunde – Uhren und moderne Zeitordnungen*. Munique: Hanser, 1992].

DOUBLET, J. "Âge de la retraite et prolongation de la vie humaine". *Droit social*, 1961.

DOUCET, J. *Chaussures d'antan*. Paris: Devambez, 1913.

DOUËT D'ARCQ, L. (ed.). *Choix de pièces inédites relatives au règne de Charles VI*. 2 vols. Paris: Mme. Vve. J. Renouard, 1863-1864.

DOUËT D'ARCQ, L. (ed.). *Comptes de l'argenterie des rois de France au XIVe siècle*. Paris: Jules Renouard, 1851.

DRANCOURT, M. "Les femmes de la bourgeoisie vivent-elles mieux que leurs grand-mères?" *Réalités*, n. 191, décembre 1961.

DRÉVILLON, H.; WIEVIORKA, O. (dirs.). *Histoire militaire de la France*. Tome I. *Des Mérovingiens au Second Empire*, 876 p.; Tome II. *De 1870 à nos jours*, 732 p. Paris: Perrin/Ministère des Armées, 2018.

DRUCKER, P.F. *La Pratique de la direction des entreprises* [1954]. Trad. para o fr. por Bureau des temps élémentaires. Paris: D'Organisation, 1957.

DU CHESNE, J. *Le Pourtraict de la santé*. Paris: Claude Morel, 1618.

DUBET, F. *Le Temps des passions tristes*. Paris: Du Seuil, 2019.

DUBOST, N. *Flins sans fin*. Paris: Maspero, 1979.

DUBY, G. *Féodalité*. "Introduction" de Jacques Dalarun. Paris: Gallimard, col. "Quarto", 1996 [reedição de 11 textos]. Cf. id., 1973.

DUBY, G. "Réflexions sur la douleur physique au Moyen Âge". In: id. *Mâle Moyen Âge: de l'amour et autres essais*. Paris: Flammarion, col. "Champs", 1990 [Ed. bras.: *Idade média, idade dos homens: do amor e outros ensaios*. Trad. de Jônatas Batista Neto. São Paulo: Companhia das Letras, 2011].

DUBY, G. *Le Dimanche de Bouvines*, 27 juillet 1214. Paris: Gallimard, col. "Folio Histoire", 1985 [Ed. bras.: *O domingo de Bouvines* – 27/07/1214. Trad. de Maria Cristina Frias. Rio de Janeiro: Paz e Terra, 1993]. Acontecimento crucial da história da França, a Batalha de Bouvines na região da Flandres marcou o despertar do sentimento patriótico entre os franceses.

DUBY, G. *Guillaume le Maréchal ou le meilleur chevalier du monde*. Paris: Fayard, 1984 [Ed. bras.: *Guilherme Marechal ou o Melhor Cavaleiro do Mundo*. Trad. de Renato Janine Ribeiro. Rio de Janeiro: Edições do Graal, 1988, 212 p.].

DUBY, G. (dir.), *Histoire de la France urbaine*. Tome I: *La ville antique – Des origines au IXe siècle*, 605 p.; tome II: *La ville médiévale – Des Carolingiens à la Renaissance*, vol. dirigé par Jacques Le Goff, 656 p.; tome III: *La ville classique – De la Renaissance aux Révolutions*, vol. dirigé par Emmanuel Le Roy Ladurie, 655 p.; tome IV: *La ville de l'age industriel. Le cycle Haussmanien*, vol. dirigé par Maurice Agulhon, 671 p.; tome V: *La ville d'aujourd'hui – Croissance urbaine et crise du citoyen*, vol. dirigé par Marcel Roncayolo, 671 p. Paris: Du Seuil, 1980-1985.

DUBY, G. *L'Économie rurale et la vie des campagnes dans l'Occident médiéval* [1962]: t. I e II – *France, Angleterre, Empire, IXe-XVe siècles*, 285 p. e 288 p.

Paris: Aubier-Flammarion, 1977 [Ed. port.: *Economia rural e vida no campo no Ocidente medieval*. Trad. de Carlos Alberto Aboim de Brito. 2 vols. Lisboa: Ed. 70, 1988].

DUBY, G. *Guerriers et paysans (VIIe-XIIe siècle). Premier essor de l'économie européenne*. Paris: Gallimard, 1973 [Ed. port.: *Guerreiros e camponeses: os primórdios do crescimento econômico europeu, séc. VII-XII*. Trad. de Elisa Pinto Ferreira. Lisboa: Estampa (Nova história; 2), 1980; 2ª ed., 1993].

DUBY, G. (dir.). *Histoire de la France*. 3 Tomes: t. 1 – *Naissance d'une Nation, des origines à 1348*; t. 2 – *Dynasties et révolutions, de 1348 à 1852*; t. 3 – *Les temps nouveaux, de 1852 à nos jours*. Paris : Larousse, 1971.

DUBY, G.; WALLON, A. (dirs.). *Histoire de la France rurale*. 4 vols. Paris: Du Seuil, 1975-1976 [1. *La Formation des campagnes françaises des origines au XIVe siècle – Des origines à 1340*; 2. *L'Âge classique des paysans – De 1340 à 1789*; 3. *Apogée et crise de la civilisation paysanne – De 1789 à 1914*; 4. *La Fin de la France paysanne – De 1914 à nos jours*].

DUC, M.; VINIAKER, H.; BARRUCAND, D. "La fatigue symptôme et la fatigue syndrome, leur diagnostic différentiel en milieu hospitalier". In: CHERTOK; SAPIR, 1967.

DUCHÊNE, R. (ed.). *Mme. de Sévigné, Correspondance*. Tome I: *Mars 1646 – Juillet 1675*; Tome II: *Juillet 1675 – Septembre 1680*; Tome III: *Septembre 1680 – Avril 1696*. Paris: Gallimard, col. "Bibliothèque de la Pléiade", 1973-1978.

DUCPÉTIAUX, É. *De la condition physique et morale des jeunes ouvriers et des moyens de l'améliorer*. 2 vols. Bruxelas: Meline/Cans, 1843a.

DUCPÉTIAUX, É "Travail du mineur". *Annales d'Hygiène Publique et de Médecine Légale*, t. XXIX, 1843b.

DUEHREN, E. "La prostitution et la vie sexuelle au XVIIIe siècle; Les Aphrodisiaques, les cosmétiques, les abortifs et les arcanes au XVIIIe siècle; Notre définition du sadisme", p. 269-275. In: CAMUS, 1977.

DUHAMEL DU MONCEAU, H.-L. *Art du couvreur*. Descriptions des arts et métiers faites ou approuvées par Messieurs de l'Académie royale des sciences. Paris: L.-F. Delatour, 1766, 56 p.

DUHAMEL DU MONCEAU, H.-L. *Art de la draperie, principalement pour ce qui regarde les draps fins*. Descriptions des arts et métiers faites ou approuvées par

Messieurs de l'Académie royale des sciences. Paris: H.-L. Guérin/L.-F. Delatour, 1765, 150 p.

DUHAMEL DU MONCEAU, H.-L. *Éléments d'agriculture*. 2 vols. Paris: H.-L. Guérin et L.-F. Delatour, 1762.

DUPÂQUIER, J. (dir.). *Histoire de la population française*: t. I – *Des origines à la Renaissance*; t. II – *De la Renaissance à 1789*; t. III – *De 1789 à 1914*; t. IV – *De 1914 à nos jours*. Paris: PUF, 1988.

DUPIN, C. *Géométrie et méchanique [i.e. mécanique] des arts et métiers et des beaux-arts*. 3 vols. Cours normal à l'usage des artistes et des ouvriers, des sous-chefs et des chefs d'ateliers et de manufactures, professé au Conservatoire royal des arts et métiers. Paris: Bachelier, 1825-1826.

DUPLEIX, S. *La Curiosité naturelle rédigée en questions selon l'ordre alphabétique*. Paris: François Gueffier, 1623.

DUPLESSI-BERTAUX, J. *Recueil de cent sujets de divers genres composés et gravés à l'eau-forte*. Paris, 1820.

DUPONT, G. "Quand la 'charge mentale' du foyer pèse sur les femmes". *Le Monde*, 16 mai 2017.

DUPRONT, A. *Du sacré. Croisades et pèlerinages*: images et langages. Paris: Gallimard, col. "Bibliothèque des histoires", 1987.

DUPUY, P. *De la fatigue musculaire*. Paris: Cusser, 1869, 24 p.

DURAND DE MAILLANE, P.-T. *Dictionnaire de Droit Canonique et de Pratique Bénéficiale*: conféré avec les Maximes et la Jurisprudence de France. Paris: Jean--Baptiste Bauche, 1761.

DURMART LE GALLOIS [século XIII]. In: RÉGNIER-BOHLER, 2000.

DURRIVE, B. "Deux ouvriers-machine, avant et après Taylor". *L'Homme et la Société*, vol. 3, n. 205, 2017, p. 53-86.

DURU-BELLAT, M. "Cette crise met en évidence les conditions de vie très inégales des Français". *Le Monde*, 1er avril 2020.

DUTHU, H. "Au-delà du sens commun: avec Emmanuel Lévinas". *Espacethique*, 23 octobre 2005. Disponível em: http://espacethique.free.fr/articles.php?lng=fr&pg=123

DUVAL, M.; GLEY, E. *Traité élémentaire de physiologie*. Paris: Baillière, 1906.

DUVEAU, G. *La Vie ouvrière en France sous le Second Empire*. Paris: Gallimard, 1946.

EDEN, F.M. Extrait d'un ouvrage ayant pour titre: *État des pauvres, ou Histoire des classes travaillantes de la société en Angleterre, depuis la conquête jusqu'à l'époque actuelle*. Publié par ordre du Ministre de l'Intérieur [in *Recueil de Mémoires sur les établissemens d'humanité*]. Trad. do inglês para o fr. por A.-C. Duquesnoy. Paris: Henry Agasse, An 7 de a République, 1798 [Orig.: *The State of the Poor. Or, an History of the Labouring Classes in England, from the Conquest to the Present Period*: In which are Particularly Considered, Their Domestic Economy, with Respect to Diet, Dress, Fuel, and Habitation; and the Various Plans Which, from Time to Time, Have Been Proposed, and Adopted, for the Relief of the Poor: Together with Parochial Reports Relative to the Administration of Workhouses, and Houses of Industry; the State of Friendly Societies; and Other Public Institutions, in Several Agricultural, Commercial, and Manufacturing Districts: with a Large Appendix: Containing a Comparative and Chronological Table of the Prices of Labour, of Provisions, and of Other Comodities: an Account of the Poor in Scotland: and Many Original Documents on Subjects of National Importance. 3 vols. Londres: J. Davis, 1797].

EHRENBERG, A. *La Fatigue d'être soi*: dépression et société. Paris: Odile Jacob, 1998.

ELTCHANINOFF, M. "Fatigo ergo sum". *Philosophie Magazine*, n. 134, novembre 2019.

EMERSON, R.W. *La Confiance en soi et autres essais* [1844]. Trad. do inglês por Monique Bégot. Paris: Payot-Rivages, 2000 [cf. ed. bras.: *Ensaios*. Seleção, nota introdutória e trad. de José Paulo Paes. São Paulo: Cultrix, col. "Clássicos", 1961. Contendo: "O letrado norte-americano", "A confiança em si próprio", "Compensação", "Amizade", "A supra-alma", "O poeta", "A natureza" e "Política".

Encyclopédie Catholique: répertoire universel et raisonné des sciences, des lettres, des arts et des métiers, formant une bibliothèque universelle. 17 vols. Paris: Société de l'Encyclopédie Catholique, 1839-1848.

Encyclopédie des Connaissances Utiles: répertoire usuel des sciences, des lettres et des arts. 19 vols. Paris: Bureau de l'Encyclopédie, 1832-1837.

Encyclopédie des Gens du Monde, répertoire universel des sciences, des lettres et des arts: avec des notices sur les principales familles historiques et sur les personnages célèbres, morts et vivans, par une société de savans, de littérateurs et d'artistes, français et étrangers. 22 vols. Paris: Treuttel et Wurtz, 1833-1844

Encyclopédie Domestique: recueil de procédés et de recettes concernant les arts et métiers, l'économie rurale et domestique. 3 vols. Paris: Raymond, 1822

Encyclopédie Moderne, ou Dictionnaire Abrégé des Sciences, des Lettres et des Arts. Eustache-Marie Courtin (ed.). 26 vols. Paris: Mongié Ainé/Bureau de l'Encyclopédie, 1823-1833.

ENGELS, F. *La Situation de la classe ouvrière en Angleterre*. Paris: Science Marxiste, 2011 [Orig.: *Die Lage der arbeitenden Klasse in England*. Leipzig: Verlag Otto Wigand, 1845].

Ergonomie aux postes de travail: la prévention des troubles musculosquelettiques (TMS). Paris: Cetim, 2012.

ERLANGER, P. *Les Idées et les mœurs au temps des rois, 1558-1715*. Paris: Flammarion, 1969.

ESCALE, F. (ed.). *Œuvres complètes [de Nicolas Boileau]*. Paris: Gallimard, col. "Bibliothèque de la Pléiade", 1966.

Espace vécu, mesuré, imaginé. Textes réunis en l'honneur de Christiane Deluz, *Cahiers de recherches médiévales et humanistes (XIIIe-XVe siècle)*, n. 3, 1997. Disponível em: https://doi.org/10.4000/crm.2445

ESSARDS, G. *Vertu et travail*. Paris: Louis Janet, 1840.

ESTIENNE, C.; LIÉBAULT, J. *L'Agriculture et maison rustique*. Paris: Jacques du Puys, 1582 [Orig. em latim: *Praedium rusticum, In Quo Cuiusuis Soli vel Culti vel Inculti Platarum Vocabula ac Descriptiones, Earumque Conseredarum atque Excolendarum Instrumenta suo Ordine Describuntur*. Paris, 1554].

ÉTIEMBLE, R. (ed.). *Romanciers du XVIIIe siècle*. Paris: Gallimard, col. "Bibliothèque de la Pléiade". Tome I, 1960, 1.632 p.: Hamilton: *Mémoires du comte de Gramont*. Lesage: *Le Diable boiteux – Gil Blas de Santillane*. Abbé Prévost: *Histoire du Chevalier des Grieux et de Manon Lescaut*. Tome II, 1965, 2.096 p.: Crébillon Fils: *Les Égarements du cœur et de l'esprit*. Duclos: *Confessions du Comte*. Cazotte: *Le Diable amoureux*. Vivant Denon: *Point de lendemain*. Louvet [de Couvray]: *La Fin des amours du Chevalier de Faublas*. Bernardin de Saint-Pierre: *Paul et Virginie*. Sade: *Contes et nouvelles*. Sénac de Meilhan: *L'Émigré*.

ETTMÜLLER, M.E. *Pratique générale de médecine et de tout le corps humain* [1685]. 2 vols. A Lyon: Thomas Amaulry, 1691.

FABENS, R. *Le Sport pour tous*. Paris: Armand Colin, 1905.

FAVEREAU, É. "À l'hôpital un médecin sur deux se dit épuisé". *Libération*, 2 décembre 2019.

FÉLIBIEN, A. *Entretiens sur les vies et sur les ouvrages des plus excellents peintres anciens et modernes*. Vols I a V. Paris: 1666-1688; nova ed. com vários aditamentos, vols. I a VIII. Trévoux: L'Imprimerie de S.A.S., 1725.

FÉRÉ, C. *Les Variations de l'excitabilité dans la fatigue*. Paris: Reinwald, 1901.

FÉRÉ, C. *La Famille névropathique: théorie tératologique de l'hérédité et de la prédisposition morbide et de la dégénérescence*. Paris: Félix Alcan, 1894.

FERNANDES, M.V. *As noites mussetianas na lírica CastroAlvina*. Dissertação de mestrado em Estudos da Linguagem. Natal: UFRN, 2012, 187 p. Disponível em: https://repositorio.ufrn.br/handle/123456789/16256

FERNEL, J. *La Pathologie de Iean Fernel, premier medecin de Henry II Roy de France* – Ouvrage tres-utile à tous ceux qui s'appliquent à la guerison des maladies du corps humain. Paris: Jean Le Bouc, 1546; nova ed. Paris: Guignard, 1661.

FERRAND, H. *Premiers voyages à Chamouni. Lettres de Windham et de Martel 1741-1742, publiées et annotées par M. Henri Ferrand*. Extr. de la revue *Alpine* de fev. et mars. Lyon: A. Geneste, 1912, 48 p.

FERRIEN, J.L. *Première épître aux Parisiens et aux membres de la République dispersée*. Bruxelas: Lacrosse, [1830].

FIAT, É. *Ode à la fatigue*, Paris: D'Observatoire, 2018.

FIERABRAS. *Légende nationale* [século XIII]. Trad. fr. de Mary-Lafon. Paris: Nouvelle, 1857.

FIESSINGER, C. *Erreurs sociales et maladies morales*. Paris: Perrin, 1909.

FLÉCHIER, E. *Oraison funèbre de Marie-Anne-Christine de Bavière, dauphine de France*. Prononcée dans l'église de Nôtre-Dame le 15 Juin 1690. En présence de monseigneur le duc de Bourgogne, de Monsieur, & des princes & princesses du sang. Paris: Antoine Dezallier, 1690.

FLEURY, C. *Les Devoirs des maîtres et des domestiques*. Amsterdã: Pierre Savouret, 1688.

FLEURY, M. *Le Corps et l'âme de l'enfant*. Paris: Armand Colin, 1899.

Floréal, l'hebdomadaire illustré du monde du travail, 1920-1923.

FLOYD, W.F.; WELFORD, A.T. (dirs.). *Symposium on Fatigue*. Londres: H.K. Lewis, 1953.

FOHLEN, C. *Qu'est-ce que la révolution industrielle?* Paris: Robert Laffont, 1971.

FONSSAGRIVES, J.-B. *L'Éducation physique des garçons ou avis aux familles et aux instituteurs sur l'art de diriger leur santé et leur développement*. Paris: Delagrave, 1870, 374 p.

FONSSAGRIVES, J.-B. *Hygiène alimentaire des malades, des convalescents et des valétudinaires: ou, Du régime envisagé comme moyen thérapeutique* [1861]. Deuxième éd., revue et corrigée. Paris: J.-B. Baillière et Fils, 1867.

FONTENEAU, R. (dir.). *La Protection sociale minière du XVIIIe siècle à nos jours*. Paris: Association pour l'Étude de l'Histoire de la Sécurité Sociale, 2009.

FORD, H. (com a colaboração de Samuel Crowther). *Ma vie et mon œuvre* (1923). Paris: Payot, 1930 [Orig.: *My Life and Work* (in collaboration with Samuel Crowther). Londres: William Heinemann., 1922].

FORTES, A. "O processo histórico de formação da classe trabalhadora: algumas considerações". *Estudos Históricos*, Rio de Janeiro, vol. 29, n. 59, p. 587-606, set.-dez./2016. Disponível em: https://www.scielo.br/j/eh/a/TV7Xv3xPMBGNr5FjDcbZQJD/?lang=pt&format=pdf

FOSSIER, R. *Paysans d'Occident, XIe-XIVe siècle*. Paris: PUF, 1984.

FOUCAULT, M. *História da loucura na Idade Clássica*. Trad. de José Teixeira Coelho Netto; revisão de Antonio de Pádua Danesi. São Paulo: Perspectiva, col. "Estudos", 1978 [Orig.: *Histoire de la Folie à l'Âge Classique*. Paris: Gallimard, 1972; 1ª ed. *Folie et Déraison*. Paris: Plon, 1961].

FOUILLERON, T. *Des princes en Europe: les Grimaldi de Monaco, des Lumières au printemps des peuples*. Paris: Honoré Champion, 2012.

FOURASTIÉ, J. "Doctrine et réalité". *Arguments*, n. 27-28, 1962.

FOURCROY, J.-L. *Les Enfants élevés dans l'ordre de la nature; ou Abrégé de l'Histoire Naturelle des enfants du premier âge, à l'usage des pères et mères de famille* [1775]. Paris: Frères Estienne, 1783.

FOURQUEVAUX, R.R. *Discipline militaire de messire Guillaume du Bellay, seigneur de Langey, chevalier de l'ordre & lieutenant general de roy à Turin, comprise en trois livres*. Lyon: Benoist Rigaud, 1592.

FOY, F. *Choléra-morbus. Premiers secours à donner aux cholériques avant l'arrivée du médecin: précédés d'une indication précise des signes de la maladie, et suivis d'un exposé simple et rapide des moyens hygiéniques et prophylactiques qui peuvent empêcher son invasion*. Paris: Germer Baillière, 1849, 71 p.

FRASER, T.-M. *Stress et satisfaction au travail: étude critique*. Genebra: Bureau international du travail, Série "Sécurité, Hygiène et Médecine du Travail", n. 50, 1983. Disponível em: https://www.ilo.org/wcmsp5/groups/public/---ed_protect/---protrav/---safework/documents/publication/wcms_250144.pdf

FREITAS DE SOUZA, T. *A autobiografia de Benvenuto Cellini no Brasil do século XX*: Subsídios para estudos de traduções e adaptações. Dissertação apresentada ao Programa de Pós-Graduação em Literatura Italiana do Departamento de Letras Modernas da Faculdade de Filosofia, Letras e Ciências Humanas da Universidade de São Paulo, 2010. Disponível em: http://livros01.livrosgratis.com.br/cp136546.pdf

FRÉMINVILLE, E. *La Pratique universelle pour la rénovation des terriers et des droits seigneuriaux*: Contenant les questions les plus importantes sur cette matière. Paris: Gissey, 1748.

FRÉMONT, H.; VALENTIN, M. *L'Ergonomie*: l'homme et le travail. Paris: Dunod, 1970.

FREUD, S.; BREUER, J. *Estudos sobre a histeria* (1893-1895). Vol. 2 de *Obras completas*. Trad. de Laura Barreto; revisão da trad. por Paulo César de Souza. São Paulo: Companhia das Letras, 2016 [Orig.: *Studien über Hysterie*, 1895; ed. fr.: *Études sur l'hystérie* [1895]. Paris: PUF, 1956].

FREUDENBERGER, H.J. *L'Épuisement professionnel*: "La brûlure interne". Trad. de l'anglais par Marc Pelletier. Boucherville: Gaëtan Morin, 1987, 190 p. [Orig.: *Burnout: The High Cost of High Achievement*. Nova York: Bantam Books, 1980].

FREZZATTI JR., W.A. "Théodule Ribot: a liberdade em face da hereditariedade e da memória". *Acta Scientiarum. Human and Social Sciences*, Universidade Estadual de Maringá, vol. 40 (1), jan.-abr./2018, 12 p. Disponível em: https://periodicos.uem.br/ojs/index.php/ActaSciHumanSocSci/article/view/37999/pdf

FRIEDMANN, G. *Le Travail en miettes*: spécialisation et loisirs [1956]. Nova ed. aumentada. Paris: Gallimard, col. "Idées", 1964 [Ed. bras.: *O trabalho em migalhas*. São Paulo: Perspectiva, 1972].

FRIEDMANN, G. "La civilisation technicienne". *Arguments*, n. 27-28, 1962.

FRIEDMANN, G. *Problèmes humains du machinisme industriel* [1947]. Paris: Gallimard, 1956, 424 p.

FRIESER, K.-H. *Le Mythe de la guerre-éclair* [1995]. Trad. para o fr. por Nicole Thiers. Paris: Belin, 2003 [Orig.: *Blitzkrieg-Legende: der Westfeldzug 1940*. Munique: R. Oldenbourg, 1995, 473 p.].

FURETIÈRE, A. *Dictionnaire universel, contenant generalement tous les mots françois tant vieux que modernes, & les termes de toutes les sciences et des arts*. Divisé en trois tomes. Paris: Arnout & Reinier Leers, 1690.

GAIER, C. *Armes et combats dans l'univers médiéval*. Bruxelas: De Boeck--Wesmael, 1995.

GALILEO GALILEI. *Opere di Nobile Fiorentino* [século XVII]. 13 volumi. Milano: Società dei Classici, 1808-1811.

GALTIER-BOISSIÈRE, É. (dir.). *Larousse médical illustré de guerre*. Paris: Larousse, 1916.

GARSAULT, F.-A.-P. *Le Nouveau parfait maréchal, ou La Connaissance générale et universelle du cheval* [1741], *divisé en sept traités: de sa construction, du haras, de l'écuyer et du harnois, du médecin ou traité des maladies des chevaux, du chirurgien et des opérations, du maréchal ferrant, de l'apoticaire ou des remèdes; avec un dictionnaire des termes de cavalerie*. Paris: Veuve Bordelet, 1755.

GASKELL, P. *The Manufacturing Population of England*. Londres: Baldwin and Cradock, 1833.

GAUCHET, M. *La Condition historique*. Entretiens avec François Azouvi et Sylvain Piron. Paris: Stock, 2003.

GAUCHET, M. "Essai de psychologie contemporaine. Un nouvel âge de la personnalité". *Le Débat*, vol. 2, n. 99, 1998.

GAUGER, N. *La Mechanique du feu, Ou l'Art d'en augmenter les effets, & d'en diminuer la dépense*. Contenant le Traité de Nouvelles Cheminées qui échaussent plus que les Cheminées ordinaires, & qui ne sont point sujettes à fumer. Paris: Jacques Estienne, 1713.

GAUTIER, A. *L'Alimentation et les régimes chez l'homme sain et chez les malades*. Paris: Masson, 1904.

GAUTIER, H. *Traité de la construction des chemins* – Où il est parlé de ceux des Romains, et de ceux des Modernes, de leur figure, de leur matiere, et de leur disposition dans toute sorte de lieux. Toulouse: J. Dominique Camusat, 1693.

GAUTIER, L. *La Chevalerie*. Paris: V. Palmé, 1884, 788 p.

GAVARRET, J. *Physique médicale* – De la chaleur produite par les êtres vivants. Paris: Victor Masson, 1855.

GEBHARDT, W. *L'Attitude qui en impose et comment l'acquérir* [Leipzig, 1895]. Paris: Nouveautés Médicales, 1900, 316 p.

GELEY, G. "La cocaïne contre la neurasthénie". *Journal de Médecine et de Chirurgie*, 1894.

GENNETÉ, L. *Purification de l'air croupissant dans les hôpitaux, les prisons et les vaisseaux de mer: par le moyen d'un renouvellement continuel d'air pur & frais, qui en emportera aussi continuellement la mauvaise odeur, & qui d'infects que son ces lieux, les rendra sains & habitables*. Nancy: J.-B. H. Leclerc, 1767.

GIRAULT, M.; GIRAULT, P.-G. *Visages de pèlerins au Moyen Âge*. Paris: Zodiaque, 2001.

GOANEC, M. "De jeunes vendeuses bataillent contre l'apprentissage de l'humiliation". *Mediapart*, 26 juillet 2019.

GOLDSTEIN, K. *La Structure de l'organisme: introduction à la biologie à partir de la pathologie humaine*. Paris: Gallimard, 1983 [Orig.: *Der Aufbau des Organismus* – Einführung in die Biologie unter besonderer Berücksichtigung der Erfahrungen am kranken Menschen. Nijhoff, Den Haag 1934].

GOMES, A.P. "Santa Isabel da Hungria, a rainha que tinha somente Cristo como herança", série Santidade Real, 27/04/2021. Disponível em: https://comshalom.org/santa-isabel-da-hungria-a-rainha-que-tinha-somente-cristo-como-heranca/

GONÇALVES, R.A. *Cristãos nas terras do Cã* – As viagens dos frades mendicantes nos séculos XIII e XIV. São Paulo: Unesp, 2013.

GONDRA, J.G. "*Homo hygienicus*: Educação, Higiene e a reinvenção do homem". *Cad. Cedes*, Campinas, v. 23, n. 59, p. 25-38/04/2003. Disponível em: https://www.scielo.br/j/ccedes/a/rLx5HWw8CdbkLhZ3v5Rvcbf/?format=pdf&lang=pt

GOUBERT, J.-P. (dir.). *Du luxe au confort*. Paris: Belin, 1988, 192 p.

GOUBERT, P. *Cent Mille Provinciaux au XVIIe siècle*: Beauvais et le Beauvaisis de 1600 à 1730. Paris: Flammarion, 1968.

GOUBERT, P.; ROCHE, D. *Les Français et l'Ancien Régime* [1984]. T. I – *La Société et l'État*; t. II – *Culture et Société*. Paris: A. Colin, 1991.

GOULEMENT, J.-M.; LIDSKY, P.; MASSEAU, D. (eds.). *Le Voyage en France*. Paris: Robert Laffont, col. "Bouquins", 1995.

GOYARD-FABRE, S. *La Philosophie des Lumières en France*. Paris: Klincksieck, 1972.

GRAÇA, L. *Textos sobre saúde e trabalho – Europa*: Uma Tradição Histórica de Protecção Social dos Trabalhadores. – I Parte: O Nascimento da Inspecção do Trabalho (texto 25), 2000. Disponível em: https://www.ensp.unl.pt/luis.graca/textos25.html

GRAÇA, L. *Textos sobre saúde e trabalho – Europa*: Uma Tradição Histórica de Protecção Social dos Trabalhadores. – II Parte: O Nascimento da Medicina do Trabalho (texto 31), 2002. Disponível em: https://www.ensp.unl.pt/luis.graca/textos31.html

GRAÇA, L. *Industrialização, Saúde Pública e Controlo Social na Inglaterra do séc. XIX* (texto 24), 2005. Disponível em: https://www.ensp.unl.pt/luis.graca/textos24.html

GRACIÁN, B. *Oráculo manual y arte de prudência*. Impresso en Huesca, por Iuan Nogues. Año 1647 [Ed. fr.: *L'Homme de cour*. Paris: Champ libre, 1972; ed. bras.: *A Arte da prudência*. Trad. de Ivone Castilho Benedetti. São Paulo: Martins Fontes, 2009].

Grandes Chroniques de France, selon qu'elles sont conservées en l'église de Saint-Denis en France (Les), 6 vols. M. Paulin Paris (ed.). Paris: Techener, 1836-1838.

GRANDJEAN, É. *Précis d'ergonomie*: organisation physiologique du travail. Paris: Dunod, 1969.

GRANDVILLE, J.-J. *Cent Proverbes*. Paris: H. Fournier, 1845.

GRENIER-PEZÉ, M. "La maladie du geste du travail". *Performances*, n. 3, mars 2002, reproduzido em *Les Cahiers de Préventique*, n. 7 – Tema: "Les TMS, troubles musculo-squelettiques", 2006.

GRÉTRY, A.-E.-M. *Mémoires, ou Essais sur la musique* [1789]. 3 vols. Bruxelas: J.H. Mees, 1829.

GRIGNON. *Réflexions d'un ouvrier tailleur sur la misère des ouvriers en général, la durée des journées de travail, le taux des salaires, les rapports actuellement établis entre les ouvriers et les maîtres d'ateliers, la nécessité des associations d'ouvriers comme moyen d'améliorer leur condition.* Paris: Impr. de Herhan, sd [oct. 1833], 4 p.

GUENYVEAU, A. *Essai sur la science des machines* – Des moteurs, des Roues hydrauliques, des Machines à colonne d'eau, du Bélier hydraulique, des Machines à vapeur, des Hommes et des Animaux. Lyon/Paris: J.B. Kindelem/Brunot-Labbe, 1810.

GUÉPIN, A.; BONAMY, E. *Nantes au XIXe siècle: statistique topographique industrielle et morale, faisant suite à l'Histoire des progrès de Nantes.* Nantes: P. Sebire, 1835, 650 p.

GUERRAND, R.-H. *La Conquête des vacances.* Paris: Ouvrières, 1963.

GUEZ DE BALZAC, J.-L. *Lettres familières à M. Chapelain*, 30 août 1639. Paris: Augustin Courbé, 1659.

GUIBERT, J.-A.-H. *Essai général de tactique*, précédé d'un *Discours sur l'état actuel de la politique et de la science militaire en Europe*, avec le plan d'un ouvrage intitulé: *La France politique et militaire*. 2 vols. Londres: Libraires Associés, 1772. Liège: C. Plomteux, 1773.

Guides pratiques Conty: la Méditerranée. Paris: Chaix, 1908.

GUILLEMAIN, H. *La Méthode Coué*: histoire d'une pratique de guérison au XXe siècle. Paris: Du Seuil, 2010.

GUILLON, A. *Aux eaux*: saynète en un acte. Paris: Théatrale, 1886, 18 p.

GUIRAL, P.; THUILLIER, G. *La Vie quotidienne des domestiques au XIXe siècle.* Paris: Hachette, 1978.

GUYAU, J.-M. *Éducation et hérédité*: étude sociologique. Paris: Félix Alcan, col. "Bibliothèque de Philosophie Contemporaine", 1889, 304 p.

GUYOT-DAUBÈS. *Physiologie et hygiène du cerveau et des fonctions intellectuelles*: mémoire, raisonnement, calcul, enchaînement des idées, le travail cérébral, l'éducation, la fatigue mentale, le surmenage. Paris: Bibliothèque d'Education Attrayante, 1890, 245 p.

HAMESSE, J.; MURAILLE-SAMARAN, C. (dirs.). *Le Travail au Moyen Âge, une approche interdisciplinaire*. Actes du Colloque international de Louvain-La--Neuve, 21-23 mai 1987. Louvain-la-Neuve: Institut d'Études Médiévales, 1990.

HAN, B.-H. *Sociedade do cansaço*. Trad. de Enio Paulo Giachini. 2ª ed. ampliada. Petrópolis: Vozes, 2017; 10ª reimp., 2021 [Orig.: *Müdigkeitsgesellschaft*. Berlim: Mattes & Seitz Brlin Verlag, 2010].

HANAFI, N. *Le Frisson et le Baume* – Expériences féminines du corps au siècle des Lumières. Rennes: Presses universitaires de Rennes, 2017.

HARLEQUIN. *Nouveau Jardin des vertus et propriétés des herbes communes qui croissent aux jardins et se vendent ordinairement à la place*. Aix: J. Tholosan, 1624.

HAUSER, H. *Ouvriers du temps passé, XVe-XVIe siècle*. Paris: Charles Hérissey, 1927.

HAUSSEZ, C.L.L. *La Grande-Bretagne en mil huit cent trente-trois*. 2 vols. Paris: A. Pinard, 1834.

HAUTEFEUILLE, M.; VÉLÉA, D. *Les Drogues de synthèse*. Paris: PUF, col. "Que sais-je?", 2002.

HAUTESSERRES, A. "Management, quelles tendances pour l'année 2019?" *Focus RH*, 12 décembre 2018.

HÉBERT, G. *Ma leçon-type d'entraînement complet et utilitaire*. Paris: Vuibert, 1913.

HEIMANN, J. (dir.). *50s, All-American Ads*. Nova York: Taschen, 2001.

HÉMARDINQUER, J.-J. *Pour une histoire de l'alimentation*. Paris: Armand Colin, col. "Cahiers des Annales", 1970.

HENRY, J. *Livre de vie active de l'Hôtel-Dieu de Paris (1483)*. Marcel Candille (ed.). Paris [S.P.E.I.]: Archives de France, 1964.

HENRYS, C. *Œuvres, contenant son Recueil d'Arrets, Vingt-Deux Questions Posthumes Tirées des écrits de l'Auteur trouvés après son décès. Ses Plaidoyers et Harangues. Avec des Observations sur les Changemens de la Jurisprudence arrivés depuis la mort de l'Auteur. Une Conférence de la Jurisprudence de tous les pays de Droit Ecrit du Royaume; Et des moyens faciles & surs pour la rendre certaine & uniforme dans tous les Tribunaux.* 2 tomes. Paris: Michel Brunet, 1708.

HÉRAULT DE GOURVILLE, J. *Mémoires concernant les affaires ausquelles il a été employé par la Cour, depuis 1642, jusqu'en 1698.* T. I e II. Paris: Estienne Ganeau, 1724.

HERTEL, N.T.A. *Overpressure in High Schools in Denmark.* Londres: Macmillan, 1885, 194 p.

HILBERG, R. *La Destruction des Juifs d'Europe.* Trad. do inglês para o fr. de Marie--France de Paloméra e André Charpentier. 3 tomes. Paris: Gallimard, col. "Folio--Histoire", 1991 [Orig.: *The Destruction of the European Jews*. Chicago: Quadrangle Books, 1961, 788 p.; ed. Revista. 3 vols. Nova York: Holmes and Meier, 1985, xii + 1.274 p.].

HILDEGARDA DE BINGEN. *Le Livre des subtilités des créatures divines, XIIe siècle* – T. I: Les plantes, les éléments, les pierres, les métaux. Traduzido do latim [*Liber subtilitatum diversarum naturarum creaturarum*] para o francês por Pierre Monat e apresentado por Claude Mettra. Grenoble: Jérôme Millon, 1988.

HILL, A.V. *Living Machinery.* Nova York: Harcourt, Brace, 1927.

HIRIGOYEN, M.-F. "Des cas de plus en plus graves de harcèlement au travail". *Mediapart*, 5 mars 2014.

HIRN, G.-A. *Théorie mécanique de la chaleur*: conséquences philosophiques et métaphysiques de la thermodynamique. Paris: Gauthier-Villars, 1868, 556 p.

HIRN, G.-A. *Recherches sur l'équivalent mécanique de la chaleur*, présentées à la Société de physique de Berlin. Colmar: Bureau de la *Revue d'Alsace*, 1858.

HIRT, L. *Pathologie et thérapeutique des maladies du système nerveux: manuel pratique à l'usage des étudiants et des médecins* [1891]. Trad. de l'allemand par le Dr. M. Jeanne. Liège: M. Nierstrasz, 1894, 649 p. [Orig.: *Pathologie und Therapie der Nervenkrankheiten für Ärzte und Studirende*. Viena: Urban und Schwarzenberg, 1890].

Histoire de la société royale de médecine – Mémoires de médecine et de physique médicale. Paris: Philippe-Denys Pierres, 1776.

HOFFMAN, F. *Consultations de médecine.* Traduzidas do latim para o fr. por Philippe Florent de Puisieux. 8 vols. Paris: Briasson, 1754-1755.

HONORÉ, C. "Ce temps imposé est un temps empoisonné". *Le Monde*, 1er mai 2020.

HORDERN, F. *La Loi de 1841 sur le travail des enfants, point de départ de la législation sociale*. Institut régional du travail, Université Aix Marseille-II, UER, IRT, 1980.

HORN, M. *Latitude zéro: 40.000km pour partir à la recherche du monde*. Paris: XO, 2001, 352 p.

HOUELLEBECQ, M. *Sérotonine*. Paris: Flammarion, 2019 [Ed. bras.: *Serotonina*. Trad. de Ari Roitman e Paulina Wacht. Rio de Janeiro: Alfaguara, 2019].

HUCHARD, H. *Traité clinique des maladies du cœur et de l'aorte*. 3 vols. Paris: Octave Doin, 1899-1905.

HUGO, V. *Os trabalhadores do mar*. Trad. de Machado de Assis. Rio de Janeiro: Perseverança, 1866. São Paulo: Martin Claret, col. "Obras Primas de Cada Autor", 2004, 462 p. [Orig.: *Les Travailleurs de la mer*. 3 vols. Paris: Internationale, 1866].

HUGO, V. *Les Châtiments* [Os suplícios]. Paris, 1853.

HULOT, A. *L'Art du Tourneur mécanicien*. Paris: L.F. Delatour, 1775.

HUNT, L. *A invenção dos direitos humanos*: uma história. Trad. de Rosaura Eichenberg. São Paulo: Companhia das Letras, 2009, 285 p. [Orig.: *Inventing human rights*: a history. Nova York: W.W. Norton & Company, 2007].

HUSSON, C.-L. *Histoire des pharmaciens de Lorraine*. Nancy: P. Sordoillet, 1882, 32 p.

HUTCHINSON, J. "Lecture on Vital Statistics, Embracing an Account of a New Instrument for Detecting the Presence of Disease in the Respiratory System". *Lancet*, n. 1, 1844, p. 567-570.

HUYSMANS, J.-K. *À Rebours* [1883]. Paris: Gallimard, col. "Folio", 2012 [Ed. bras.: *Às avessas*. Trad. de José Paulo Paes. São Paulo: Companhia das Letras, 1987].

HUYSMANS, J.-K. *Là-Bas* [1891]. Paris: Gallimard, col. "Folio Classique", 1985.

IMBERT, A. *Mode de fonctionnement économique de l'organisme*. Évreux: Hérissey, 1902.

INGRAO, C. *Crer e destruir* – Os intelectuais na máquina de guerra da SS nazista. Trad. de André Telles. Rio de Janeiro: Zahar, 2015, 480 p. [Orig.: *Croire et détruire*:

les intellectuels dans la machine de guerre SS. Paris: Fayard, col. "Pluriel", 2010; 2011].

INRS. "Risques psychosociaux (RPS) – Ce qu'il faut retenir", 2021. Disponível em: https://www.inrs.fr/risques/psychosociaux/ce-qu-il-faut-retenir.html

INRS. "1947-2017: 70 ans d'engagement de l'INRS pour la prévention des risques professionnels", 2017. Disponível em: https://www.inrs.fr/header/presse/cp-70ans-inrs.html

INRS. "Épuisement professionnel et burn out", 2015. Disponível em: http://www.inrs.fr/risques/epuisement-burnout/ce-qu-il-faut-retenir.html

Institution des religieuses de l'hôpital de Notre-Dame de la Charité. Tournai, 1696.

IOTEYKO, J.F.; KIPIANI, V. *Enquête scientifique sur les végétariens de Bruxelles*: leur résistance à la fatigue étudiée à l'ergographe, la durée de leurs réactions nerveuses, considérations énergétiques et sociales. Bruxelas/Paris: Lamertin/Société Végétarienne de France, 1907.

JACQUES, D.D. *La Fatigue politique du Québec français*. Montreal: Boréal, 2019.

JACQUES DE VÉRONE. *Liber peregrinationis*, 1335, s. p.

JANIN, J. *Les Catacombes*. 3 vols. Paris: Werdet, 1839.

JANNEAU, G. *Le Mobilier français*: le meuble d'ébénisterie. Paris: Jacques Fréal, 1974.

JARRIGE, F. "Grandeur et misère du progrès technique". In: *Vivre avec les machines*: les textes fondamentaux. *Le Point* [revista], novembre 2018.

JARRIGE, F. *Au temps des "tueuses de bras"*: les bris de machines à l'aube de l'ère industrielle, 1780-1860. Rennes: Presses Universitaires de Rennes, 2009.

JARS, A.-G. *Voyages métallurgiques, Ou Recherches Et Observations Sur les Mines & Forges de fer, la Fabrication de l'acier, celle du fer-blanc, & plusieurs mines de charbon de terre, faites depuis l'année 1757 jusques & compris 1769, en Allemagne, Suéde, Norwege, Angleterre & Ecosse. Suivies D'un Mémoire sur la circulation de l'air dans les Mines, & d'une Notice de la Jurisprudence des mines de charbon dans le Pays de Liege, la Province de Limbourg & le Comté de Namier*. 3 vols. A Lyon: Gabriel Regnault, 1774-1781.

JAUBERT. *Dictionnaire raisonne universel des arts et metiers, contenant l'histoire, la description, la police des fabriques et manufactures de France & des Pays Etrangers*. 5 vols. Paris: Didot Jeune, 1773.

JEAN DE BUEIL. *Le Jouvencel* [século XV]: suivi du commentaire de Guillaume Tringant, introduction biographique et littéraire par Camille Favre, texte établi et annoté par Léon Lecestre, t. I, 1887; t. II, 1889. Paris: Renouard.

Jehan et Blonde. Paris: Union Latine, 1971, 131 p.

JOLIVET, A. "Pénibilité du travail: la loi de 2010 et ses usages par les acteurs sociaux". *La Revue de l'Ires*, vol. 3, n. 70, 2011.

JONES, E.D. *The Administration of Industrial Enterprises*. Nova York: Longmans, 1919.

JOUBERT, L. *La Première et Seconde Partie des erreurs populaires touchant la médecine et le régime de santé*. Paris: Claude Micard, 1587.

JOURDA, P. (ed.). *Conteurs français du XVIe siècle*. Paris: Gallimard, col. "Bibliothèque de la Pléiade", 1965.

Journal d'un Provincial à Paris, 25 juin-1er août 1784, dédié à ma charmante amie. Voyage qui n'est pas sentimental comme ceux de Mr Sterne anglois. s.l.s.n., 1784.

Journal de Médecine, Chirurgie, Pharmacie etc. Vol. 48. Paris: V. Thiboust, juillet 1777.

JOUY, É. *L'Hermite de la Chaussée-d'Antin, ou Observations sur les mœurs et les usages parisiens au commencement du XIXe siècle*. 5 vols. Paris: Pillet Ainé, 1812-1816.

JULLIEN, M.-A. *Essai sur une méthode qui a pour objet de bien régler l'emploi du temps, premier moyen d'être heureux*. Paris: Firmin Didot, 1808, 91 p.

JUNIOR, C.H. "Rabelais: a educação contra a lassidão corporal" *Revista Digital*, Buenos Aires, Año 11 – n. 103 – Diciembre de 2006. Disponível em: https://www.efdeportes.com/efd103/rabelais.htm

KALSBEEK, J.W.H. "Standards of Acceptable Load in ATC Tasks". *Ergonomics*, vol. 14, n. 5, 1971, p. 641-650.

KELLERMANN, F.T. et al. *Vademecum d'ergonomie destiné à l'industrie*. Paris: Dunod, 1964.

KERGUELEN DE TRÉMAREC, Y.-J. *Relation d'un voyage dans la mer du Nord, aux côtes d'Islande, du Groenland, de Ferro, de Schettland, des Orcades & de Norwège, fait en 1767 & 1768*. Paris: Prault, 1771.

KEYSER, E. *L'Occident romantique, 1789-1850*. Genebra: Albert Skira, 1965, 212 p.

KNEIPP, S. *Ma cure d'eau, ou Hygiène et médication pour la guérison des maladies et la conservation de la santé*. Estrasburgo/Paris: F.X. Leroux/Retaux-Bray, 1890, 560 p.

KOGON, E. *L'Enfer organisé: le système des camps de concentration*. Paris: La Jeune Parque, col. "Pour servir l'Histoire de ce Temps", vol. n. 5, 1947, 355 p. [Orig.: *Der SS-Staat. Das System der deutschen Konzentrationslager*. Munique: Karl Alber, 1946].

KÖNIG-PRALONG, C. "Aspects de la fatigue dans l'anthropologie médiévale". *Revue de Synthèse*, vol. 129, n. 4, 2008.

KOTEK, J. "Camps et centres d'extermination au XXe siècle: essai de classification". *Les Cahiers de la Shoah*, vol. 1, n. 7, 2003.

KOYRÉ, A. "Du monde de l'' à peu près' à l'univers de la précision". *Critique*, n. 28, 1948, p. 806-823; texto reproduzido In: *Études d'histoire de la pensée philosophique*. Paris: Armand Colin, col. Cahiers des Annales, 19, 1961, 329 p.

KULKAMP, C. "A atualidade da obra 'A cidade das damas': Identidades e estratégias políticas". *Revista Ideação*, n. 42, jul.-dez./2020. Programa de Pós-Graduação em Filosofia da Universidade Federal de Santa Catarina.

KRAFFT-EBING, R. *Über Nervosität* – Populärer Vortrag gehalten am 25. Jänner 1884 zu Gunsten des Mädchen-Lyceums in Graz. Graz: Leuschner & Lubensky, 1884.

KRISTANADJAJA, G. "'Juicers': la course aux clopinettes électriques". *Libération*, 10 mai 2019.

LA BÉDOLLIÈRE, E. *Les Industriels – Métiers, Professions en France*. Paris: Louis Janet, 1842, 231 p. Très rare présentation des petits métiers de France au XIXe siècle: Marchand de Statuettes, Suisse des églises, Pêcheur des côtes, Maraîcher, Nourrisseur, Berger, Porteur d'eau, Cuisinière, Maréchal-ferrant, Marchande des quatre-saisons, Marchand de coco, Boucher, Vitrier-ambulant, Marchande de poissons, Blanchisseuse, Fort de la halle, Cardeuse de matelas, Boulanger, Femme de ménage, Balayeur, Marchande de la halle, Cocher de fiacre, Chiffonnier, Egouttier, Marchand de peaux de lapins, Portier, Allumeur, Rémouleur, Charbonnier, Maçon.

LA BRUYÈRE, J. *Les Caractères* [1668]. Paris: Garnier, 1954 [Ed. bras.: *Caracteres*. Trad. de Luiz Fontoura. Edição eletrônica, 2012].

LA CHESNAYE, N. *La Nef de santé, avec le Gouvernail du corps humain et la Condamnacion des bancquetz a la louenge de diepte et sobrieté, et le Traictié des passions de l'ame (XVe siècle)*. Paris: Antoine Vérard, 1507, s. p.

LA FONTAINE, J. *Fables*. Paris, 1668-1694 [Ed. bras.: *Fábulas Completas*. Trad. realizada por poetas portugueses e brasileiros do século XIX. Centaur Editions. Edição eletrônica, 2013].

La France travaille. T. I e II. Paris: Horizons de France, col. "Le visage de la France", 1932-1934.

LA GARENNE, H. DE G. DE G. *Les Bacchanales ou Lois de Bacchus, prince de Nise en Arabie, roy d'Égypte et des Indes et dieu des beuveurs*. Paris: André Gales, 1667 [de acordo com o original elaborado em Turim pelo autor, em 1630].

LA HIRE, P. *Traité de mécanique: où l'on explique tout ce qui est nécessaire dans la pratique des arts, et les propriétés des corps pesants lesquelles ont un plus grand usage dans la physique*. A Paris de l'Imprimerie Royale, 1695; nova ed. *Traité de mécanique: où l'on explique tout ce qui est nécessaire dans la pratique des arts*. In: *Mémoires de l'Académie Royale des Sciences depuis 1666, jusqu'à 1699*. 10 vols. Paris, 1729-1732.

LA MARE, N. *Traité de la police, Où l'on trouvera l'histoire de son établissement, les fonctions et les prérogatives de ses magistrats; toutes les loix et tous les réglemens qui la concernent: On y a joint une description historique et topographique de Paris, & huit Plans gravez, qui representent son ancien Etat, & ses divers accroissemens, avec un recueil de tous les statuts et réglemens des six corps des marchands, & de toutes les Communautez des Arts & Métiers*. Paris: J. Cot./P. Cot, 1705; et M. Brunet, 1710, 2 vols.; 2e éd. complétée pour les deux premiers tomes, plus un troisième, M. Brunet, 1719; 2ème vol. augmenté, 1722; 4ème et dernier volume, paru à titre posthume, 1738.

LABBÉ, M. *Régimes alimentaires*. Paris: Baillière, 1910.

LAFARGUE, P. *Le Droit à la paresse*: réfutation du droit au travail de 1848. Paris: H. Oriol, 1883, 54 p. [Ed. bras.: *O direito à preguiça*. Trad. de J. Teixeira Coelho Netto. São Paulo: Hucitec; Unesp, 1999].

LAGNEAU, G. *Du surmenage intellectuel et de la sédentarité dans les écoles*. Relatório apresentado na sessão da Académie de médecine de 27/04/1886.

LAGRANGE, F. *La Médication par l'exercice*. Paris: Félix Alcan, 1894, 580 p.

LAGRANGE, F. *Physiologie des exercices du corps*: Paris: Félix Alcan (1 vol. de la Bibliothèque Scientifique Internationale), 1888.

LAHY, J.-M. "Recherches expérimentales sur des activités simultanées de force et de précision". *Le Travail Humain*, vol. 8, n. 1, 1940.

LAHY, J.-M. "Les conducteurs de 'poids lourds', analyse du métier, étude de la fatigue et organisation du travail". *Le Travail Humain*, vol. 5, n. 1, 1937.

LAHY, J.-M. "L'influence de l'éclairage sur le rendement". *Mon Bureau*, septembre 1927.

LAHY, J.-M. *Le Système Taylor et la physiologie du travail professionnel* [Masson, 1916]. Paris: Gauthier-Villars, 1921.

LAISNÉ, J. *Aide-mémoire portatif des officiers du génie*. Paris: D'Anselin/Gaultier--Laguionie/Imprimeur, 1837, 601 p.

LAMBERT, B. "Les pratiques de la pénitence dans l'Église d'Occident". In: *Garrigues et sentiers*, 11 octobre 2010. Disponível em: http://www.garriguesetsentiers.org/article-les-pratiques-de-la-penitence-dans-l-eglise-d-occident-58942326.html

LAMI, E.-O. (dir.). *Dictionnaire Encyclopédique et Biographique de l'Industrie et des Arts Industriels*. 8 vols. e 1 fasc. Paris: Dictionnaires, 1881-1891.

LANDES, D.S. *L'Heure qu'il est: les horloges, la mesure du temps et la formation du monde moderne*. Trad. fr. de Pierre-Emmanuel Dauzat et Louis Évrard. Paris: Gallimard, 1987 [Orig.: *Revolution in Time: Clocks and the Making of the Modern World*. Cambridge: Harvard University Press, 1983].

LANGBEIN, H. *Hommes et femmes à Auschwitz*. Trad. do alemão para o fr. de Denise Meunier. Paris: UGE, 1994 [Orig.: *Menschen in Auschwitz*. Frankfurt: Ullstein, 1980].

LANOUX, A.; MITTERAND, H. (eds.). *Les Rougon-Macquart*: Histoire naturelle et sociale d'une famille sous le Second Empire. [1872-1893]. 5 tomos. Paris: Gallimard, col. "Bibliothèque de la Pléiade", 1960-1967.

LAPIERRE, J.-P. (ed.). *Règles des moines*. Paris: Du Seuil, col. "Points Sagesse", 1982.

LAPRADE, V. *L'éducation homicide*: plaidoyer pour l'enfance. Paris: Didier, 1868, 143 p.

LAROUSSE, P. (dir.). *Grand Dictionnaire universel du XIXe siècle*: français, historique, géographique, mythologique, bibliographique, littéraire, artistique, scientifique etc. etc. 17 vol. Paris: Administration du Grand Dictionnaire universel, 1866-1877.

LAROUSSERIE, D. "Coronavirus: comment sont élaborées les modélisations épidémiologiques". *Le Monde*, 7 mai 2020.

LARREY, D.-J. *Relation historique et chirurgicale de l'expédition de l'armée d'Orient en Égypte et en Syrie*. Paris: Demonville et Soeurs, 1803.

LARRUE, J. "Loisirs ouvriers: chez les métallurgistes toulousains". *Esprit*, juin 1959.

LASFARGUES, G. *Départs en retraite et "travaux pénibles"*: l'usage des connaissances scientifiques sur le travail et ses risques à long terme pour la santé. Paris: Centre d'études de l'emploi, 2005.

LAUVERGNE, H. *Les Forçats* [1841]. André Zysberg (ed.). Grenoble: Jérôme Millon, 1992.

LAVALLÉE, T. (ed.). *Correspondance générale de Mme. de Maintenon*. 5 vols. Paris: Charpentier, 1865-1867.

LAVERAN, A. *Traité d'hygiène militaire*. Paris: G. Masson, 1896, 895 p.

LAVERAN, L.T. "De la mensuration verticale du thorax". *Gazette médicale de Paris*, 8 février 1846.

LAVILLE, A. *L'Ergonomie*. Paris: PUF, coleção "Que sais-je?", 1976 [Ed. bras.: *Ergonomia*. Trad. de Márcia Maria Neves Teixeira. São Paulo: EPU/Edusp, 1977, 101 p.].

LAVOISIER, A.-L. "Expériences sur la respiration des animaux et dans les changements qui arrivent à l'air en passant par leurs poumons". Mémoire de l'Académie royale des sciences, 1777, p. 185-194.

LAZARD, V. "L'enfer à la maison". *L'Obs*, 9-15 avril 2020.

LE BRETON, D. "L'exposition au bruit et au silence est très inégalitaire". *Le Monde*, 28 mars 2020.

LE BRETON, D. *Tenir*: douleur chronique et réinvention de soi. Paris: Métailié, 2017.

LE GOFF, J. (dir.). *L'Homme médiéval* [1ª ed. italiana, 1986]. Paris: Du Seuil, 1989 [Ed. port.: *O Homem medieval*. Lisboa: Presença, 1989].

LE GOFF, J. *La Civilisation de l'Occident médiéval*. Paris: Arthaud, 1964 [Ed. bras.: *A civilização do Ocidente medieval*. Trad. de Monica Stahel. Petrópolis: Vozes, 2016].

LE ROY LADURIE, E. *Montaillou, village occitan de 1294 à 1324*. Paris: Gallimard, col. "Bibliothèque des histoires", 1975 [Ed. port.: *Montaillou: cátaros e católicos em uma aldeia francesa*. Lisboa: Ed. 70, 1983].

LE ROY LADURIE, E.; FITOU, J.-F. *Saint-Simon ou le système de la cour*. Paris: Fayard, 1997.

LE TELLIER, C.-C. *Manuel mythologique de la jeunesse, ou Instruction sur la mythologie, par demandes et par réponses, suivi d'un exercice sur l'apologue*. Paris: Le Prieur, 1812, 404 p.

LEBELLE, A. "Coronavirus: le palmarès des emplois les plus vulnérables". *Le Parisien*, 28 avril 2020.

LECOINTE, J. *La santé de Mars, ou Moyens de conserver la santé des troupes en temps de paix; d'en fortifier la vigueur & le courage en temps de guerre*. Paris: Bataillot, 1793.

LEE, H. *Historique des courses de chevaux, de l'Antiquité à ce jour*. Paris: Fasquelle, 1914.

LEFÈVRE, J. *Chaleur animale et bioénergétique*. Paris: Masson, 1911.

LEFÈVRE, J. "Dépense et besoin d'énergie. Introduction critique et expérimentale à l'étude des bilans d'Atwater". Paris, Ier Congrès International d'Hygiène Alimentaire, 1904.

LEFILLIÂTRE, J. "Grève: à la RATP, 'il faut que ce soit pire lundi'". *Libération*, 5 décembre 2019.

LEGROS, C. "Le souci de l'autre, un retour de l'éthique du 'care'". *Le Monde*, 1er mai 2020.

LEGUAY, P. (dir.). *La Ville médiévale en deçà et au-delà de ses murs*. Rouen: Presses de l'Université de Rouen, 2000.

LEHOUX, F. *Le Cadre de vie des médecins parisiens aux XVIe et XVIIe siècles*. Paris: Picard, 1976.

LEJEUNE, B.-H. *Historisme de Jacques Doriot et du Parti populaire français – Tome I – Avant la défaite de 1940*. Amiens: Les Nouveaux Cahiers du Cerpes (Cercle d'Études, de Relations Publiques Économiques et Sociales), 1977, 135 p.

LENHERR, R. et al. "From Double Iron to Double Deca Iron UltraTriathlon: A Retrospective Data Analysis from 1985 to 2011". *Physical Culture and Sport*. Studies and Research, vol. 54, 2012, p. 55-67.

LÉO-LAGRANGE, M. "1936, An I du bonheur". *Janus. L'homme, son histoire et son avenir*, n. 7, "La révolution du loisir", juin 1965.

LEQUIN, Y. (dir.). *Histoire des Français, XIXe-XXe siècles*. Paris: Armand Colin, 1983-1984 [t. I: Un peuple et son pays, 587 p.; t. II: La société, 622 p.; t. 3: Les citoyens et la démocratie, 523 p.].

LERNE, J. *Comment devenir plus fort*. Paris: Baillière, 1902.

LEROUX, L. *Cloches et société médiévale*: les sonneries de Tournai au Moyen Âge. Série "Tournai – Art et Histoire". Louvain-la-Neuve: Ciaco-i6doc.com, 2011.

LESGUILLIEZ, A. *Notice historique, topographique et statistique sur la ville de Darnétal, et sur les divers genres d'industrie exercés dans cette ville: depuis son origine jusqu'en 1835*. Rouen, 1835, 354 p.

LESPINASSE, R.; BONNARDOT, F. (eds.). *Les Métiers et corporations de la ville de Paris, 13e siècle*: Le Livre des métiers d'Étienne Boileau. Paris: Nationale, 1879.

Lettres de Madame du Deffand (1742-1780). Paris: Mercure de France, col. "Le Temps retrouvé", 2002, 980 p.

Lettres de Mlle. de Lespinasse, suivies de ses autres œuvres et des lettres de Mme. du Deffand, de Turgot, de Bernardin de Saint-Pierre. Paris: Eugène Fasquelle, 1903.

Lettres inédites de Mme. de Maintenon et de Mme. La princesse des Ursins. Paris: Bossange Frères, 1826.

LEVASSEUR, É. *Questions ouvrières et industrielles en France sous la Troisième République*. Paris: Arthur Rousseau, 1907.

LÉVI, L. *Le Tempérament et ses troubles*: les glandes endocrines. Paris: J. Oliven, 1929, 365 p.

LEVILLAIN, F. *Essais de neurologie clinique, neurasthénie de Beard et états neurasthéniformes*. Paris: A. Maloine, 1896, 427 p.

LÉVINAS, E. *Totalité et Infini: essai sur l'extériorité*. La Haye: Martinus Nijhoff, 1971 [Ed. port.: *Totalidade e infinito*: ensaio sobre a exterioridade. Trad. de José Pinto Ribeiro. Lisboa: Ed. 70, 1980].

LEVRON, J. *Les Courtisans*. Paris: Du Seuil, 1961.

LÉVY, M. *Traité d'hygiène publique et privée*. 2 vols. Paris: J.-B. Baillière et fils, 1844-1845.

LÉVY, P.-É. *L'Éducation rationnelle de la volonté*: son emploi thérapeutique [1898]. Paris: Félix Alcan, 1907.

LI MUISIS, G. *Poésies (XIIIe-XIVe siècles)*, t. I. Lovaina: Kervyn de Lettenhove, 1882.

LIEBIG (von), J. *Chimie organique appliquée à la physiologie animale et à la pathologie*. Traduction faite sur les manuscrits de l'auteur par Charles Gerhardt. Paris: Fortin, Masson et Cie., 1842 [Orig.: *Die Organische Chemie in ihrer Anwendung auf Agrikulturchemie und Physiologie*. Braunschweig: Verlag von Friedrich Vieweg und Sohn, 1840].

LIEUTAUD, J. *Précis de la matière médicale, contenant les connoissances les plus utiles, l'histoire, la nature, les vertus & les doses des médicaments*. Paris: Vincent, 1766.

LIEUTAUD, J. *Précis de la médecine pratique, contenant l'histoire des maladies et la manière de les traiter, avec des observations et remarques critiques sur les points les plus intéressants*. Paris: Vincent, 1761.

LIMA VAZ, H.C. "Alphonse Dupront, historiador e fenomenólogo do sagrado". *Síntese* – Nova Fase. Belo Horizonte, v. 22, n. 68, 1995, p. 405-410. Disponível em: http://www.faje.edu.br/periodicos/index.php/Sintese/article/view/1117/1524

LINDBERGH, C. *Trente-Trois Heures pour Paris*. Paris: Presses de la Cité, 1953.

LINHART, D. "L'activité se retrouve déconnectée de sa finalité sociale". *Libération*, 29 avril 2020.

LIPMAN, M.L. "Improving Employee Relations". *Personnel Journal*, n. 8, 1930.

LISTER, M. *Voyage de Lister à Paris en MDCXCVII traduit pour la première fois publié et annoté par la Société des Bibliophiles François. On y a joint des extraits des ouvrages d'Evelyn relatifs à ses voyages en France de 1648 à 1661*. Paris: Société des Bibliophiles François, 1873 [Orig.: *A journey to Paris in the year 1698 by Dr. Martin Lister*. Londres: Jacob Tonson, 1699].

LITTRÉ, É. *Dictionnaire de la langue française* – Le Littré. 4 tomos. Paris: L. Hachette, 1863-1874.

Livre du Graal – XIIe siècle (Le), 3 vols. Philippe Walter (ed.). Paris: Gallimard, col. "Bibliothèque de la Pléiade", 2001-2009.

LORCIN M.-T.; ALEXANDRE-BIDON, D. *Le Quotidien du temps des fabliaux*. Paris: Picard, 2003.

LORIOL, M. "Numérisation de l'économie et transformation du travail". *Cahiers français*, n. 398, 2017.

LORIOL, M. *Le Temps de la fatigue: la gestion sociale du mal-être au travail*. Paris: Anthropos, col. "Sociologiques", 2000, 293 p.

LOTI, P. *Ramuntcho*. Paris: Chaix pour Calmann-Lévy, 1897, 351 p.

LOUVET DE COUVRAY, J.-B. *La Fin des amours du chevalier de Faublas*. 6 vols. Londres/Paris: Bailly, 1790. Cf. ÉTIEMBLE, 1965.

LOYSEAU, C. *Les Œuvres de Maistre Charles Loyseau, contenans les cinq livres du droict des offices, les traitez des seigneuries, des ordres, et simples dignitez, du deguerpissement et délaissement par hypothèque, de la garantie des rentes, et des abus des justices de village*. Paris: De Luynes, 1666.

LOYSEAU, C. *Traité des ordres et simples dignités*. Paris: Abel L'Angelier, 1610; cf. id., 1666.

LUTTERBACH, P. *Art de respirer, moyen positif pour augmenter agréablement la vie*. Paris: Lacroix-Comond, 1852.

LUTTERBACH, P. *Révolution dans la marche, ou Cinq cents moyens naturels et infaillibles pour trouver le confortable dans les différentes manières de marcher; user sa chaussure selon sa volonté, ne pas la déformer, éviter les cors aux pieds; ne pas se fatiguer en marchant, ainsi qu'en travaillant; marcher avec assurance sur les chemins glissants; ne pas se crotter, ou si l'on se crotte par une marche forcée, se décrotter à sec par un exercice agréable sans faire de poussière et sans détériorer l'étoffe; redresser par la marche la démarche des boiteux, y compris jeux et exercices hygiéniques pour les personnes délicates de tout âge, conserver la vue et lui donner la force de soutenir l'éclat du soleil sans la fatiguer, enfin contribuer puissamment à sa santé, modérément à sa gaîté et quelque peu à sa beauté, rien que par son propre mouvement. Révolution dans la marche, ou Cinq Cents Moyens naturels et utiles pour trouver le confortable dans les différentes manières de marcher*. Paris: Pigoreau & Moreau, 1850.

LUYNES, C.-P. *Mémoires du duc de Luynes sur la Cour de Louis XV (1735-1758)*. 17 vols. Paris: Firmin Didot frères, fils et cie., 1860-1865.

MACCARIO, B. *Jean Bouin*: héros du sport, héros de la Grande Guerre. Paris: Chistera, 2018.

MACFADDEN, B. *Muscular Power and Beauty*. Nova York: Physical Culture Publishing Co., 1906.

MACKAYE, P. *Epoch*: The Life of Steele MacKaye, Genius of the Theatre, In Relation to His Times and Contemporaries. Nova York: Boni and Liveright, 1927.

MAGGIORA, A. "Les lois de la fatigue étudiées dans les muscles de l'homme". *Archives italiennes de biologie*, t. XIII, 1890 [Orig.: "Le leggi della fatica dei muscoli dell'uomo". *Atti della Reale Accademia dei Lincei* (anno 285), Serie 4, Memorie della classe di scienze fisiche, matematiche e naturali, 5, 1888, p. 410-426.

MAIGRON, L. *Le Romantisme et la mode*. Paris: Honoré Champion, 1911.

MAILLY, L. *Les Entretiens des Cafés de Paris et les différends qui y surviennent*. Trévoux: Étienne Ganeau, 1702.

MAINTENON. "Lettre à Mme. la comtesse de Caylus", 15 mai 1705. In: LAVALLÉE, 1867.

MAITTE, C.; TERRIER, D. (dirs.). *Le Temps du travail: normes, pratiques, évolutions (XIVe-XIXe) siècle*. Rennes: Presses Universitaires de Rennes, col. "Pour une Histoire du Travail", 2014.

MAITTE, C.; TERRIER, D."Conflits et résistances autour du temps de travail avant l'industrialisation". *Temporalités* – Revue de Sciences Sociales et Humaines, n. 16, 2012. Disponível em: http://temporalites.revues.org/2203

MAITTE, C.; MINARD, P.; OLIVEIRA, M. (dirs.). *La Gloire de l'industrie, XVIIe-XIXe siècle* – Faire de l'histoire avec Gérard Gayot. Rennes: Presses Universitaires de Rennes, 2012.

MALLAVAL, C.; MOUILLARD, S. "Familles confinées". *Libération*, 22 avril 2020.

MALRAUX, C. *Nossos vinte anos*. Trad. de Eunice Gruman. São Paulo: Ed. Marco Zero, 1988 [Orig.: *Nos vingt ans*. Paris: Grasset, 1966].

MALVA, C. *Ma nuit au jour le jour* [1937]. Paris: Maspero, 1978.

MANACÉÏNE, M. *Le Surmenage mental dans la civilisation moderne: effets, causes, remèdes*. Trad. du russe par E. Jaubert, avec une préface par Charles Richet. Paris: G. Masson, 1890.

MANCINI, H.; MANCINI, M. *Mémoires d'Hortense et de Marie Mancini* [1676]. Gérard Doscot (ed.). Paris: Mercure de France, 1965.

MANE, P. *Travail à la campagne au Moyen Âge*. Paris: Picard, 2006.

MANTELLIER, P. *Mémoire sur la valeur des principales denrées et marchandises qui se vendaient et se consommaient en la ville d'Orléans*, Mémoires de la société archéologique de l'Orléanais, t. V, 1862.

MANTOUX, P. *La Révolution industrielle au XVIIIe siècle*: essai sur les commencements de la grande industrie en Angleterre. Paris: Georges Bellais, 1906.

MARAL, A. *Louis XIV tel qu'ils l'ont vu*. Paris: Omnibus, 2015.

MARANA, G.-P. *L'Espion dans les cours des princes chrétiens, ou Lettres et mémoires d'un envoyé secret de la Porte dans les cours de l'Europe*. 6 vols. Cologne: E. Kinkius, 1710 [1^a ed.: *L'Espion du Grand-Seigneur et ses relations secrètes, envoyées au divan de Constantinople. Découvertes à Paris pendant le règne de Louys Le Grand*. Traduites de l'arabe en italien par le sieur Jean-Paul Marana, et de l'italien en françois [en grande partie, sinon en totalité, par Pidou de Saint-Olon]. Tome premier; contiene le prime trenta lettere. A Paris: C. Barbin, 1684. Título italiano: *L'Esploratore Turco e le di lui pratiche segrete con la Porta Ottomana scoperte in Parigi nel Regno di Luiggi il Grande l'anno 1683*. Tomo primo. Versailles. Dedica a Luigi XIV, datata a penna dal Marana: 15 aprile 1683].

MARCEVAUX, F. *Du char antique à l'automobile, les siècles de la locomotion et du transport par voie de terre*. Paris: Firmin-Didot, 1897, 285 p.

MARCHAND, P.-R. *Du paupérisme*. Paris: Guillaumin, 1845, 535 p.

MAREY, É.-J. *La Méthode graphique dans les sciences expérimentales et principalement en physiologie et en médecine*. Paris: G. Masson, 1878, 673 p.

MARI, J.-P. "À l'hôpital, vague de fatigue et vague à l'âme". *Libération*, 20 avril 2020.

MARIE DE SAINT-URSIN, P.J. *L'ami des femmes, ou Lettres d'un médecin*: concernant l'influence de l'habillement des femmes sur leurs mœurs et leur santé, et la nécessité de l'usage habituel des bains en conservant leur costume actuel, suivies d'un appendix contenant des recettes cosmétiques et curatives. Paris: Barba, 1804, 378 p.

MARION, F. "On ne peut faire l'économie d'évaluer tant l'usure physique que la fatigue psychologique". *Le Monde*, 17 février 2020.

MARMONTEL, J.-F. *Mémoires* [1786]. In: id. *Œuvres complètes*. 7 vols. Genebra: Slatkine, 1968.

MARTEILHE, J. *Mémoires d'un galérien du Roi-Soleil* [1757a]. Paris: Mercure de France, col. "Le Temps retrouvé" (n. 33), 1982.

MARTEILHE, J. *Mémoires d'un protestant condamné aux galères de France pour cause de religion*. Roterdã: J.D. Beman & Fils, 1757b.

MARTIN, G. *La Grande Industrie sous le règne de Louis XIV*. Paris: Arthur Rousseau, 1899.

MARTONI, N.; D'ANGLURE, O. *Vers Jérusalem*: itinéraires croisés au XIVe siècle. Préface de Jean Meyers. Paris: Les Belles Lettres, 2008.

MARX, K. *O Capital – Crítica da economia política:* vol. I – Livro primeiro: O processo de produção do Capital. Apresentação de Jacob Gorender. Coordenação e revisão de Paul Singer. Trad. de Regis Barbosa e Flávio R. Kothe. Círculo do Livro. São Paulo: Nova Cultural, col. "Os Economistas", 1996. Tomo 1 – Prefácios e cap. I a XII; Tomo 2 – cap. XIII a XXV.

MARX, K. *Œuvres*. Maximilien Rubel (ed.). Vol. I: Économie I, 1963; vol. II: Économie II, 1968; vol. III: Philosophie, 1982; vol. IV: Politique I, 1994. Paris: Gallimard, col. "Bibliothèque de la Pléiade".

MARX, K. *Selected Works*. Vols. 1 e 2. Londres: Lawrence and Wishart, 1942.

MARX, K. *Morceaux choisis,* suivi de *Marx philosophe* par P.-Y. Nizan et de *Marx économiste* par J. Duret. Paris: Gallimard, col. "Blanche", 1934.

MASSON, P. *Les Galères de France (1481-1781)*: Marseille port de guerre. Paris: Hachette, 1938.

MATARD-BONUCCI, M.-A.; MILZA, P. (dirs.). *L'Homme nouveau dans l'Europe fasciste (1922-1945)*: entre dictature et totalitarisme. Paris: Fayard, col. "Nouvelles études contemporaines", 2004, 374 p.

MATEUS, S. "*Imitatio* e *Æmulatio* – a Querela dos Antigos e dos Modernos sob o cânone estético". *Cultura* – Revista de História e Teoria das Ideias, 37, 2018, p. 239-251. Disponível em: https://doi.org/10.4000/cultura.4948

MATHIEU, A. *Neurasthénie (épuisement nerveux)*. Paris: Rueff, 1892.

MAUDSLEY, H. *Physiologie de l'esprit*. Traduit de l'anglais par Alexandre Herzen. Paris: C. Reinwald et Cie, 1879 [Orig.: *The Physiology of Mind*. Londres: Macmillan & Co., 1870].

MAUDUYT, P.-J.-C. "Sur l'électricité considérée relativement à l'économie animale et à l'utilité dont elle peut être en médecine". In: *Histoire de la société royale de médecine*, 1776.

MAUREL, É. "L'alimentation dans les sports". In: Congrès International d'Éducation Physique, t. III: *Compte rendu*, 1913.

MAZEL, F. *L'Évêque et le territoire*: l'invention médiévale de l'espace (Ve-XIIIe siècle). Paris: Du Seuil, 2016.

MAYAUD, S.P. *Le Servage dans la Marche*: Études sur l'Ancien régime. Guéret: Mme. Vve Betoulle, 1878.

MAYEUR, F. "De la Révolution à l'école républicaine, 1789-1930", 683 p. In: PARIAS, 1981, t. III.

MAYO, E. *The Social Problems of an Industrial Civilization*. Boston: Harvard University, 1945.

MAYO, E. "Revery and Industrial Fatigue". *Journal of Personnel Research*, vol. 3, n. 8, 1924.

McFARLAND, R.A. "Operational Fatigue in Aviation". Session on Civil Aviation Medicine – 2:00 P.M., March 24, 1958. Scientific Program and Highlights of 1958 *Aero Medical Association Meeting*. Washington, March 24-26.

MÉDA, D. "Le grand fossé". *Le Un*, 29 avril 2020.

MÉDA, D. *Travail: la révolution nécessaire*. La Tour-d'Aigues: De l'Aube, 2013.

MEIGE, H. *Étude sur certains névropathes voyageurs*: le juif errant à la Salpêtrière. Paris: L. Bataille, 1893.

MÉNAGE, G. *Menagiana, ou bons mots, rencontres agréables, pensées judicieuses, et observations curieuses de M. Menage*. 4 vols. Amsterdã: P. de Coup, 1713-1716.

MERCIER, L.-S. *Le Tableau de Paris*. T. 1. Introduction – vol. I a VI, 1.908 p.; T. 2. – vol. VII a XII, 2.063 p. Jean-Claude Bonnet (ed.). Paris: Mercure de France, 1994.

MERCIER, L.-S. *Songe d'un hermite*. Paris: A l'hermitage de St-Amour, 1770.

Mercure galant (Le). Paris, 1672-1965. Revista fundada com o objetivo de fornecer informações sobre os mais variados temas, além da publicar poemas e anedotas.

MÉRILLON, D. (dir.). *Concours internationaux d'exercices physiques et de sports*: Exposition universelle internationale de 1900 à Paris; rapports. 2 vols. Paris: Imprimerie Nationale, 1901-1902.

MERRHEIM, A. "Le système Taylor". *La Vie Ouvrière*, 20 février 1913.

MICHAUD, J.-F.; POUJOULAT, J.-J.-F. (dirs.). *Nouvelle Collection des mémoires pour servir à l'histoire de France depuis le XIII^esiècle jusqu'à la fin du XVIII^esiècle*. 32 vols. Paris, 1ère série (1836-1838), 2ème série (1837-1838), 3ème série (1837-1839).

MICHEL DE BOISLISLE, A. (ed.). *Correspondance des contrôleurs généraux des finances avec les intendants des provinces*: tome I – De 1683 à 1699, 1874; tome II – De 1699 à 1708, 1883; tome III – De *1708 à 1715*, 1897. Paris: Impr. Nationale, col. "Documents inédits sur l'histoire de France – série in 4°".

MICHEL DE BOISLISLE, A. *Mémoires des intendants sur l'état des généralités dressés pour l'instruction du duc de Bourgogne*: t. I – Mémoire de la généralité de Paris. col. "Documents inédits sur l'histoire de France – série in 4°". Paris, 1881.

MICHELET, J. *Le Peuple*. Paris: Hachette & Paulin, 1846 [Ed. bras.: *O Povo*. Trad. de Gilson Cesar Cardoso de Souza. São Paulo: Martins Fontes, 1988].

MICULESCU, C. "L'équivalent mécanique de la calorie". *Annales de chimie et de physique*, 1892.

MIGNET, H. *Le Sport de l'air*. Paris: Taffin-Lefort, 1934.

MILES, E. *Cassell's Physical Educator*. Londres/Paris/Nova York: Cassell and Company, 1904.

MILZA, P. *Mussolini*. Paris: Fayard, 1999.

MINARD, P. *La Fortune du colbertisme*: État et industrie dans la France des Lumières. Paris: Fayard, 1998.

MINARD, P.; GAYOT, G. (dirs.). *Les Ouvriers qualifiés de l'industrie (XVIe-XXe siècle)* – Formation, emploi, migrations. Actes du colloque de Roubaix, 1997. Villeneuve-d'Ascq, *Revue du Nord*, Hors-série Histoire n. 15, 2001, 334 p.

MIRBEAU, O. *Contes cruels* [coletânea de 150 contos]. 2 vols. Paris: Séguier, 1990.

MME. D'ÉPINAY. *Les Contre-Confessions* – Histoire de Madame de Montbrillant [1818]. Préface d'Élisabeth Badinter. Paris: Mercure de France, 1989.

MME. DE GENLIS, S.-F. "Journal des princes" [fim do século XVIII]. Chantilly, Musée Condé. Cf. id. *Adèle et Théodore ou Lettres sur l'éducation contenant tous les principes relatifs aux trois différents plans d'éducation des princes, des jeunes personnes & des hommes*. 3 vols. Paris: M. Lambert/F.J. Baudouin, 1782.

MOHEAU, J.-B. *Recherches et considérations sur la population de la France*. Paris: Moutard, 1778.

MONARDES, N. *Histoire des simples médicaments apportés de l'Amérique, desquels on se sert en médecine*. Lyon: aux despens de Jean Pillehotte, 1619 [Orig.: *Historia medicinal de las cosas que se traen de nuestras Indias Occidentales, que sirven en medicina; Tratado de la piedra bezaar, y dela yerva escuerçonera; Dialogo de las grandezas del hierro, y de sus virtudes medicinales; Tratado de la nieve, y del beuer frío*. Sevilla: Hernando Díaz, 1588].

MONDENARD, J.-P. *Dictionnaire du dopage*: substances, procédés, conduites, dangers. Paris: Masson, 2004.

MONGLOND, B. (ed.). *Contes et Nouvelles. Romans* de Guy de Maupassant. Paris, Robert Laffont, col. "Bouquins", 1988. Vol. I, 1.156 p. – *Contes et Nouvelles* (1875-1884). *Une vie*, roman. Contient: un *Quid* de Guy de Maupassant, imaginé et dirigé par Dominique Frémy avec la collaboration de Brigitte Monglond et Bernard Benech, avertissement de B. Monglond, Contes divers (1875-1880), La Maison Tellier, Contes divers (1881), Mademoiselle Fifi, Contes divers (1882), Contes de la Bécasse, Clair de lune, Contes divers (1883), Une vie (roman), Miss Harriet, Les Soeurs Rondoli; Vol II, 1.379 p. – Contes et Nouvelles (1884-1890). Bel-Ami, roman. Contient: Yvette, Contes divers (1884), Contes du jour et de la nuit, Bel-Ami (roman), Contes divers (1885), Toine, Monsieur Parent, La Petite Roque, Contes divers (1886), Le Horla, Contes divers (1887), Le Rosier de Madame Husson, La Main gauche, Contes divers (1889), L'Inutile Beauté.

MONGRÉDIEN, G. *La Vie quotidienne sous Louis XIV*. Paris: Hachette, 1948.

MONIEZ, L. "L'annonce de la fusion entre Bombardier et Alstom inquiète leurs salariés des Hauts-de-France". *Le Monde*, 21 février 2020.

MONOD, O. "La France fait-elle partie des plus gros consommateurs de médicaments dans le monde?" *Libération*, CheckNews.fr, 29 juillet 2019.

MONTAIGLON, A.; RAYNAUD, G. (eds.). *Recueil général et complet des fabliaux des XIIIe et XVe siècles imprimés ou inédits*: publiés avec notes et variantes d'après les manuscrits. 6 vols. Paris: Bibliophiles, 1872-1890.

MONTAIGNE, M. *Journal de voyage en Italie* [século XVI]. Paris: Le Livre de Poche, 1974.

MONTMOLLIN, M. (dir.). *Vocabulaire de l'ergonomie*. Toulouse: Octarès, col. "Travail et activité humaine", 1995, 255 p. [2017, 289 p.].

MOORE, H.F.; KROUSE, G.N. "Repeated-Stress (Fatigue) Testing Machines Used in the Materials Testing Laboratory of the University of Illinois". *University of Illinois Bulletin*, vol. 31, n. 30, 1934.

MORICEAU, J.-M. *La Mémoire des croquants*: chroniques de la France des campagnes, 1435-1652. Paris: Tallandier, 2018.

MORICEAU, J.-M. *La Population du sud de Paris aux XVIe et XVIIe siècles*. Mémoire de maîtrise, Université Paris-I, 1978.

MORICHEAU-BEAUPRÉ, P.J. *Mémoire sur le choix des hommes propres au service militaire de l'armée de terre, et sur leur visite devant les conseils de révision*, présenté à Mgr le Marquis de Latour-Maubourg. Paris: Anselin et Pochard, 1820, 100 p.

MORNET, É. (dir.). *Campagnes médiévales*: l'homme et son espace. Mélanges offerts à Robert Fossier. Paris: Publications de la Sorbonne, 1995, 736 p.

MOSCOVICI, S. *Essai sur l'histoire humaine de la nature*. Paris: Flammarion, 1968.

MOSSO, A. *La Fatigue intellectuelle et physique*. Paris: Félix Alcan, 1894.

MOUILLARD, S.; OTTAVI, M. "Rebelles au confinement: 'Je n'ai qu'à dire aux gendarmes que je suis tombé amoureux'". *Libération*, 28 avril 2020.

MÜLLER, N. (dir.). *Pierre de Coubertin*: textes choisis. Zurique: Weidmann, 1986.

MUSSET, A. *Les Nuits* ("La nuit de mai", "La nuit de décembre", "La nuit d'août", "La nuit d'octobre"). Paris: J. Meynial, 1911 "A noite de maio". In: FERNANDES, 2012 [Orig.: "La nuit de mai", 1835. In: id.,].

MYERS, C.S. *Industrial Psychology in Great Britain* [1926]. Londres: Jonathan Cape, 1933.

NAPOLÉON Ier. *Lettres inédites de Napoléon Ier à Marie-Louise*, écrites de 1810 à 1814. Notes de Louis Madelin. Paris: Bibliothèques nationales de France, 1935.

NAU, J.-Y. "Les 'troubles musculo-squelettiques': des pathologies liées au productivisme". *Le Monde*, 19 décembre 2005.

NAVEL, G. *Travaux* [1945]. Paris: Gallimard, col. "Folio", 1979.

NÈGRE, C. *La Fatigue en régions polaires*. Paris: Expéditions Polaires Françaises, 1961.

NERY, L.M. "'On regarde, on a compris': Daumier e a caricatura. Arte, Modernidade e imprensa". Revista *Maracanan*, v. 10, n. 10, jan.-dez./ 2014, p. 64-77. Disponível em: http://dx.doi.org/10.12957/revmar.2014.13750

NEWTON, W.R. *Derrière la façade*: vivre au château de Versailles au XVIIIe siècle. Paris: Perrin, 2008.

NICOLAS, J. *La Rébellion française*: mouvements populaires et conscience sociale, 1661-1789. Paris: Du Seuil, 2002.

NIETZSCHE, F. *Vontade de potência*. Trad. pref. e notas de Mário Ferreira dos Santos. Petrópolis: Vozes (Coleção Textos Filosóficos), 2011; 3ª reimp., 2017 [Orig.: *Der Wille zur Macht*, 1903].

Nouvelle Encyclopédie de la jeunesse, ou Abrégé de toutes les sciences. 1 vol. Paris, 1822.

OBERKIRCH, H.-L. *Mémoires de la baronne d'Oberkirch sur la cour de Louis XVI et la société française avant 1789* [1782-1786]. Paris: Mercure de France, 1982.

OHLER, N. *High Hitler*: como o uso de drogas pelo Führer e pelos nazistas ditou o ritmo do Terceiro Reich. Trad. de Silvia Bittencourt; Posfácio por Hans Mommsen. São Paulo: Planeta do Brasil, selo "Crítica", 2017 [Orig.: *Der totale Rausch*: Drogen im Dritten Reich. Köln: Kiepenheuer und Witsch Verlag, 2015; ed. fr.: *L'Extase totale: le IIIe Reich, les Allemands et la drogue*. Trad. para o fr. por Vincent Platini. Paris: La Découverte, 2015].

OLIÉ, J.-P.; LÉGERON, P. "Rapport sur le burn out". *Bulletin de l'Académie nationale de médecine*, 2016, Séance du 23 février 2016.

Olimpismo – Pierre de Coubertin (1863-1937). Seleção de textos. Norbert Müller & Nelson Schneider Todt (eds.). Trad. de Luiz Carlos Bombassaro. Porto Alegre: ediPUCRS, 2015, 892 p. Contém: Primeira Parte – Revelação: 1. Por uma nova pedagogia, p. 41-93; 2. Batalha educativa permanente, p. 95-159; 3. Na onda dos acontecimentos, p. 161-235. Segunda Parte – Dimensões olímpicas: 4. Perspectivas históricas do olimpismo, p. 237-517; 5. A dimensão filosófica e educativa do olimpismo, p. 519-649; 6. O movimento olímpico, p. 651-759. Apêndice: A sinfonia inacabada, p. 761-763. Posfácio: Histórias inusitadas dos primórdios do movimento olímpico no Brasil por Christian Wacker & Marcia De Franceschi Neto-Wacker, p. 765-782. Bibliografia dos escritos de Pierre de Coubertin por Norbert Müller y Otto Schantz, p. 783-849. Disponível em: https://editora.pucrs.br/edipucrs/acessolivre/Ebooks//Pdf/978-85-397-0736-2.pdf

OLIVEIRA, T.M. *O judeu errante nas obras de Eugène Sue e Jean d'Ormesson*: Da literatura de folhetim às errâncias da literatura contemporânea. Tese de Doutorado apresentada ao Programa de PósGraduação em Estudos Literários da Faculdade de Ciências e Letras – Unesp/Araraquara, 2020. Disponível em: https://agendapos.fclar.unesp.br/agenda-pos/estudos_literarios/5405.pdf

ORBIGNY, C.H.D. (dir.). *Dictionnaire universel d'histoire naturelle*. 16 vols. Paris: Renard, Martinet et c[ie], 1841-1849.

"Ordonnance d'octobre 1945" [Portaria de outubro de 1954]. Disponível em https://gallica.bnf.fr/ark:/12148/bpt6k9682606n/f4.item

"Ordonnance du prévôt des marchands" [1395]. Cf. HAUSER, 1927.

OZOUF, M. (ed.). *La Classe ininterrompue*: cahiers de la famille Sandre, enseignants, 1780-1960 – Bertrand, Baptiste, Joseph, Marie Sandre. Paris: Hachette, 1979, 440 p.

PARANT, J.-V. *Le Problème du tourisme populaire*: emploi des congés payés et institutions de vacances ouvrières en France et à l'étranger. Paris, 1939.

PARÉ, A. *Œuvres complètes* de Ambroise Paré [1585]. 3 tomes. Joseph-François Malgaigne (ed.). Paris: J.-B. Baillière, 1840.

PARÉ, C.; LAHCCEN, O. "Les conseils d'un psychiatre pour bien vivre le confinement". RFI [Radio France Internationale], 24 mars 2020. Disponível em: https://www.rfi.fr/fr/science/20200324-coronavirus-conseils-psychiatre-bien-vivre-confinement

PARIAS, L.-H. (dir.). *Histoire générale de l'enseignement et de l'éducation en France*. Préf. de René Rémond. 4 tomes. Paris: Nouvelle Librairie de France/G.V. Labat. Tome 1 – Des origines à la Renaissance (Ve siècle av. J.-C.-XVe siècle), par Paul Rouche, 1981, 677 p.; tome II – De Gutemberg aux Lumières, 1480-1789, 1981, 669 p.; tome III – De la Révolution à l'École républicaine, 1789-1930, par Françoise Mayeur, 1981, 683 p.; tome IV – L'École et la Famille dans une société en mutation, depuis 1930, par Antoine Prost, 1996, 729 p.

Paris et les parisiens au XIXe siècle: moeurs, arts et monuments. Textos de Alexandre Dumas, Théophile Gautier, Arsène Houssaye, Paul de Musset, Louis Énault e Du Fayl. Paris: Morizot, 1856.

Paris ou Le Livre des cent-et-un. T. 1 a 15. Paris: C. Ladvocat, 1831-1834.

PASQUESOONE, V. "'Je ne pense pas tenir jusqu'à soixante-cinq ans': l'inquiétude des salariés concernés par la réforme du compte pénibilité". Estação de rádio *France Info*, 12 juillet 2017.

PAUPHILET, A. (ed.) com a colaboração de Edmond Pognon. *Historiens et chroniqueurs du Moyen Âge.* Paris: Gallimard, col. "Bibliothèque de la Pléiade", n. 48, 1952 [Robert de Clari: "La Conquête de Constantinople", p. 3-81; Villehardouin: "La Conquête de Constantinople"; Joinville: "Histoire de Saint-Louis"; Froissart: "Chroniques"; Commynes: "Mémoires"].

PEARSON, N. *Dictionnaire du sport français* – Courses, Chevaux, Entraînement, Langue du Turf, Célébrités du Turf, Paris et parieurs, Règlements, Hippodromes. Paris: O. Lorenz, 1872, 676 p.

PECH, T.; RICHER, M. La révolution du travail à distance: l'enquête "#Montravailàdistance, Jenparle", 29/04/2020. Disponível em: https://tnova.fr/notes/la-revolution-du-travail-a-distance-l-enquete-montravailadistance-jenparle

PERDONCIN, A. "Travailleuses et travailleurs immigrés en France". In: BUREAU, CORSANI, GIRAUD; REY, 2019.

PEREC, G. Les Choses: une histoire des années soixante, 1965. In: REGGIANI, 2017, t. I. [Ed. bras.: *As coisas: uma história dos anos sessenta.* Trad. de Rosa Freire d'Aguiar. São Paulo: Companhia das Letras, 2012].

PEREIRA DA CUNHA, G. "A obra de Bouillaud – uma contribuição fundamental ao conhecimento da doença reumática". Caminhos da Cardiologia, *Publicações SBC* [s. d.]. Disponível em: http://publicacoes.cardiol.br/caminhos/07/default.asp

PERRAULT, C. *La Querelle des anciens et des modernes en ce qui regarde les arts et les sciences.* 4 vols. Paris: Coignard, 1688-1697.

PERRONET, J.-R. verbete "Épinglier" [Alfineteiro]. In: D'ALEMBERT, J.; DIDEROT, D. *Encyclopédie – Recueil de planches sur les sciences, les arts libéraux, et les arts méchaniques, avec leur explication.* Troisième livraison. Paris: Briasson/David/Le Breton, 1765, p. 1 a 8, mais 3 pranchas. École Nationale des Ponts et Chaussées E.N.P.C. Ms 2385.

PERROT, M. *Les Ouvriers en grève*: France, 1871-1890. 2 vols. Paris: Mouton, 1973.

PERROT, M. *Enquêtes sur la condition ouvrière en France au XIXe siècle*. Paris: Hachette, 1972.

PETERS, S.; MESTERS, P. *Vaincre l'épuisement professionnel*: toutes les clés pour comprendre le burn out. Paris: Robert Laffont, 2007.

PETITDEMANGE, A. "Management, guide complet". *Les Échos Start*, 18 décembre 2018.

Petite Encyclopédie des Enfants. 1 vol. Paris, 1825.

PÉZARD, A. *Nous autres à Vauquois, 1915-1916* [1918]. Paris: La Table ronde, 2016.

PEZÉ, M. *Ils ne mouraient pas tous mais tous étaient frappés*: journal de consultation "Souffrance au travail", 1997-2008. Paris: Pearson, 2008.

PEZÉ, T.M. *Mémoires de Louis de Rouvroy, Duc de Saint-Simon*: estudo e tradução comentada de alguns retratos de Saint-Simon. Dissertação ao programa de pós-graduação em Letras – Literaturas Francófonas – da UFF, 2016, 137 f.

PHILIP, T.; LEGLISE, J. "C'est l'ensemble du système hospitalier qui nécessite une réforme". *Le Monde*, 17 juin 2020.

PICARD, A. *Le Bilan d'un siècle, 1801-1900*. 6 vols. Paris: H. Le Soudier, 1906-1907.

PICH, S. "Adolphe Quetelet e a biopolítica como teologia secularizada". *História, Ciências, Saúde – Manguinhos*, Rio de Janeiro, v. 20, n. 3, jul.-set. 2013, p. 849-864. Disponível em: https://www.scielo.br/j/hcsm/a/Zdc7kyrp6zt74H8KXgRBG5D/?lang=pt&format=pdf

PIESSE, G.W.S. *Des odeurs des parfums et des cosmétiques*: histoire naturelle, composition chimique, préparation, recettes, industrie, effets physiologiques et hygiène des poudres, vinaigres, dentifrices, pommades, fards, savons, eaux aromatiques, essences, infusions, teintures, alooolats, sachets etc. [1865]. Paris: J.-B. Baillière et fils, 1877, 580 p. [Orig.: The ar*t of perfumery and the methods of obtaining the odours of plants; the growth and general flower farm system of raising fragrant herbs; with instructions for the manufacture of... dentifrices, cosmetics, perfumed soap etc*. Filadélfia: Lindsay and Blakiston, 1857].

PIGI, C. *La Fatigue de Marie Tavernier*. Paris: Les Livres Nouveaux, 1938.

PIGNET, M.-C.-J. "Valeur numérique de l'homme". *Archives médicales d'Angers*, 1900.

PILLON, T. *Le Corps à l'ouvrage*. Paris: Stock, 2012.

PILLON, T. *Lire Georges Friedmann – Problèmes humains du machinisme industriel: les débuts de la sociologie du travail*. Paris: Ellipses Marketing, col. "Lire", 2009. 158 p.

PILLON, T.; VATIN, F. *Traité de sociologie du travail*. Toulouse: Octares, 2003.

PINEAU, É. "Le burn out, un mal tabou chez les sportifs de haut niveau". *Le Monde*, 29 janvier 2020.

PIQUARD, A. "La controverse politique rattrape à nouveau Amazon aux États--Unis". *Le Monde*, 6 mai 2020.

PISAN, C. *Le Livre des Trois Vertus*. Traduit en français moderne par L. Dulac. In: RÉGNIER-BOHLER, 2006, p. 543-698.

PLAN DE CARPIN, J. "Voyage en Tartarie" [século XIII]. In: CHARTON, 1861, t. II.

PLATINE, B. *De l'honnête volupté* [século XV]: Le Platine en français. Paris, 1871 [Orig.: *De honesta voluptate & valetudine*].

POCIELLO, C. *La Science en mouvement*: Étienne Marey et Georges Demenÿ (1870-1920). Paris: PUF, 1999.

POINCARÉ, L. *Traité d'hygiène industrielle, à l'usage des médecins et des membres des conseils d'hygiène*. Paris: G. Masson, 1886, 640 p.

POMME, P. *Traité des affections vaporeuses des deux sexes; où l'on a tâché de joindre à une théorie solide une pratique sûre, fondée sur des observations*. Lyon: B. Duplain, 1763.

POMET, P. (1658-1699). *Histoire générale des drogues traitant des plantes, des animaux, & des mineraux, ouvrage enrichy de plus de quatre cent figures em taille--douce d'après nature*. Paris/Palais: Jean-Baptiste Loyson/Augustin Pillon/Estienne Ducastin, 1694; ed. póstuma de 1735, 2 vols., completada por Pomet filho.

PONCELET, J.-V. *Introduction à la mécanique industrielle, physique ou expérimentale* [1828]. 2ᵉ éd. contenant un grand nombre de considérations nouvelles. Paris/Metz: L. Mathias/Mme. Thiel, 1841.

PONTAS, J. *Dictionnaire de cas de conscience: ou, Décisions des plus considérables difficultés touchant la morale et la discipline ecclesiastique. Tirées de l'Ecriture, des Conciles, des Décrétales des papes, des peres, et des plus célebres théologiens et canonistes* [1715]. 3 vols.: vol. 1. A-D; vol. 2. E-O; vol. 3. P-Z. Paris: Jean-Th. Herissant, 1743, ed. revista e corrigida.

PONTES, M.M.; PEREIRA DE SOUZA, E.M.; ASSIS, G.L.; ROSA, J.C.; PENNA, J.X.; SANTA ROSA, S.D. "27/07/1214, O domingo de Bouvines em Georges Duby". *Revista Sapiência*: sociedade, saberes e práticas educacionais, UEG/Campus de Iporá, v. 4, n. 1, p. 95-110, jan/jun-2015.

Portraits et histoire des hommes utiles, Hommes et femmes de tous les pays et de toutes les conditions, qui ont aquis des droits à la reconnaissance publique, par des traits de dévouement, de charité; par des fondations philanthropiques, par des travaux, des tentatives, des perfectionnements, des découvertes utiles à l'Humanité. Collection de 50 portraits. 2 vols. A Paris: Au Bureau de la société Montyon et Franklin, et du livre d'honneur, 1837-1838.

PRADE, J. *Histoire du tabac*: où il est traité particulièrement du tabac en poudre. Paris: M. Le Prest, 1677.

PRADES, J.T. "Un petit capitaine au Grand Siècle". *Revue Historique des Armées*, n. 2, 1980, p. 5-31.

PRÉDAL, R. *L'Étrange Destin du docteur Voronoff*: en quête d'une jeunesse éternelle? Paris: L'Harmattan, 2017.

PRESSAVIN, J.-B. *L'Art de prolonger la vie et de conserver la santé, ou Traité d'hygiène*. Lyon: J.-S. Grabit; Paris: Cuchet, 1786.

PRICHARD, J.C. Histoire naturelle de l'homme: comprenant des recherches sur l'influence des agents physiques et moraux considérés comme causes des variétés qui distinguent entre elles les différentes races humaines. 2 Tomes. Trad. de l'anglais par le Dr. F. Roulin. Paris: J.-B. Baillière, 1845 [Orig.: *The natural history of man: comprising inquiries into the modifying influence of physical and moral agencies on the different tribes of the human family*. Londres: H. Baillière, 1843].

PRIESTLEY, J. *Expériences et observations sur différentes espèces d'air*. 5 vols. Trad. de l'anglois par M. Gibelin. Paris: Nyon l'Aîné, 1777-1780 [Orig.: *Experiments and Observations on Different Kinds of Air*. 3 vols. Londres: W. Bowyer/J. Nichols, 1774-1777].

PRIESTLEY, J. *Histoire de l'electricité*. Trad. de l'anglois pour le fr. par Mathurin-
-Jacques Brisson, avec des notes critiques. 3 tomes. Paris: Hérissant le Fils, 1771
[Orig.: *The History and Present State of Electricity, with original experiments*.
Londres: J. Dodsley/J. Johnson/T. Cadell, 1767].

PRINGLE, J. *Observations sur les maladies des armées, dans les camps et dans les garnisons, avec des mémoires sur les substances septiques et antiseptiques, et la réponse à de Haen et à Gaber*. 2 vols. Trad. de l'anglois par P.-H. Larcher. Paris: Ganeau, 1771 [Orig.: *Observations on the diseases of the army in camp and garrison*. Londres: Millar, 1753].

PROCACCI, G. *Gouverner la misère: la question sociale en France (1789-1848)*. Préface de Michelle Perrot. Paris: Du Seuil, 1993, 362 p.

PROUST, A.; BALLET, G. *Hygiène du neurasthénique*. Paris: Masson & Cie, 1900.

PROUST, J. *Le Recueil des planches sur les sciences, les arts libéraux et les arts mécaniques avec leur explication. L'Encyclopédie Diderot et d'Alembert*: planches et commentaires présentés par Jacques Proust. Paris: EDDL, 2001.

PROUTEAU, G. *Anthologie des textes sportifs de la littérature française*. Paris: Défense de la France, 1948, 379 p.

QUEIROZ, M.J. "Clara Malraux: A vida à sombra do mito". *O Estado de S. Paulo*, cad. "Cultura", n. 439, ano VII, p. 3, 17/12/1988. Disponível em: https://www.literaturabrasileira.ufsc.br/documentos/?action=download&id=45073

QUENEAU, R. *Aux confins des ténèbres*: les fous littéraires français du XIXe siècle. Paris: Gallimard, col. "Les Cahiers de la NRF", 2002.

Quête du Graal (La) [século XIII]. Albert Béguin et Yves Bonnefoy (eds.). Paris: Du Seuil, col. "Points Sagesse", 1982.

QUETELET, A. *Sur l'homme et le développement de ses facultés, ou Essai de physique sociale*. 2 vols. Paris: Bachelier, 1835.

QUEVAL, I. *S'accomplir ou se dépasser*: essai sur le sport contemporain. Paris: Gallimard, 2004.

QUINCY, J.S. *Mémoires du chevalier de Quincy (fin XVIIe-début XVIIIe siècle)*. 3 vols.: Tome premier, 1690-1703; Tome deuxième, 1703-1709; Tome troisième, 1710-1713. Paris: J. Renouard/Société de l'Histoire de France, 1898-1901.

RABELAIS, F. *Gargantua*, 1540 [Ed. bras.: *Gargântua e Pantagruel*. Trad. de David Jardim Júnior. Vol. I-II. Belo Horizonte: Villa Rica, 1991].

RABINBACH, A. *Le Moteur humain*: l'énergie, la fatigue et les origines de la modernité. Trad. fr. de Michel Luxembourg. Paris: La Fabrique, 2004 [Orig.: *The Human Motor* – Energy, Fatigue, and the Origins of Modernity. Berkeley: University of California Press, 1992].

RABUTIN, F. *Commentaires des dernières guerres en la Gaule Belgique entre Henry second du nom, tres-chrestien roy de France, & Charles cinquième empereur, & Philippes son fils, roy d'Espaigne* [1551-1559]. Paris, Nicolas Chesneau, 1574.

RAMAZZINI, B. *As doenças dos trabalhadores* [1999]. Trad. de Raimundo Estrêla. 4. ed. São Paulo: Ministério do Trabalho, Fundacentro, 2016. 321 p. Disponível em: https://www.unicesumar.edu.br/biblioteca/wp-content/uploads/sites/50/2019/06/Doencas-Trabalhadores-portal.pdf [*Editio princeps*: *De Morbis artificum diatriba*. Modena: tipografia Capponi, 1700; ed. fr.: *Traité des maladies des artisans*. Trad. para o fr. de A. de Fourcroy. Paris: Moutard, 1840].

RAMSAY, J.; RAWSON, R.E. et al. *Rest-Pauses and Refreshments in Industry*. Londres: The National Institute of Industrial Psychology, 1939.

RANC, A. "J'étais un mauvais chef". *L'Obs*, 13-19 février 2020.

RANCHIN, F. *Traicté des maladies et accidents qui arrivent à ceux qui courent la peste*. Lyon: Pierre Ravaud, 1640.

RANCIÈRE, J. *Gabriel Gauny, le philosophe plébéien* [1983]. Paris: La Fabrique, 2017.

Rapport Annuel 2018 de l'Assurance Maladie: risques professionnels (Le). Paris: CNAM [Caisse nationale de l'Assurance Maladie], 2018.

Rapport fait et présenté au président du Conseil des Ministres, sur les causes générales qui ont amené les évènements de Lyon, par deux chefs d'ateliers, Bernard et Charnier. Lyon: Imprimerie de Charvin, 1832.

Rapports. Congrès international d'éducation physique, t. III. Paris: Baillière, 1913.

RAUCH, A. *Vacances en France, de 1830 à nos jours*. Paris: Hachette, 1996.

RAUCH, A. "La notion de *training* à la fin du siècle des Lumières". *Travaux et Recherches en EPS de l'Insep*, n. 6, 1980, p. 61-67.

RAUH, F.; REVAULT D'ALLONNES, G. *Psychologie appliquée à la morale et à l'éducation*. Paris: Hachette, 1900, 320 p.

RAULIN, N. "Hôpital: Agnès Hartemann, en unité de résistance". *Libération*, 14 février 2020.

RAVENEZ, E.-F. *La Vie du soldat au point de vue de l'hygiène*. Paris: Baillière, 1889.

RAYMOND, F. "Mémoire sur la topographie médicale de Marseille et de son territoire, et sur celle des lieux voisins de cette ville". *Histoire et Mémoires de la Société Royale de Médecine*, Tome 2, 1777-1778, p. 66-140.

RAYMOND, F.; JANET, P. *Les Obsessions et la psychasthénie*. 2 vols. Paris: Félix Alcan, Travaux du laboratoire de Psychologie de la Clinique à la Salpêtrière – Troisième série, 1903.

RAYNAL, G.-T. *Histoire philosophique et politique des établissements des entreprises et du commerce des Européens dans les deux Indes*. 6 vols. Amsterdã, 1770; 2. ed. 5 vols. Genebra: J.-L. Pellet, 1780.

REAL, J. *Voronoff*. Paris: Stock, 2001, 286 p.

Recueil des pièces qui ont remporté le prix de l'Académie Royale des Sciences depuis leur fondation jusqu'à présent. 9 vols. Paris: Claude Jombert, 1732-1777.

Recueil des règlements généraux et particuliers concernant les manufactures du royaume [sous le règne de Louis XV]. Paris: Imprimerie Royale, 1730.

Réforme sociale (La) [revista publicada por um grupo de economistas com o apoio da Société d'économie sociale, de la Société bibliographique, des Unions de la paix sociale, e sob o patrocínio de M. F. Le Play]. Paris: Secrétariat de la Société d'économie sociale, 1881-1930.

REFUGE, E. *Traicté de la cour, ou Instruction des courtisans*. Leide: Les Elseviers, 1649.

REGGIANI, C. (ed.). *Œuvres* I e II, de Georges Perec. Paris: Gallimard, col. "Bibliothèque de la Pléiade", 2017, 1.128 p. e 1.258 p.

Règlement concernant l'exercice et les manœuvres de l'infanterie, du Ier. aout 1791. Paris: Bureau du Journal Militaire: l'imprimerie De Laillet, 1792.

Règlements des religieuses des Ursulines de la Congrégation de Paris. A Paris: Louis Josse, 1705.

RÉGNAULT, F. "Les types humains d'après les principales proportions du corps". *Revue scientifique*, 1910.

REGNAULT, H.-V.; REISET, J. "Recherches chimiques sur la respiration des animaux de diverses classes". *Annales de chimie et physique*, t. 26, 1849.

REGNIER, E. "Description et usage du dynamomètre". *Journal de l'École polytechnique*, cahier 5e, du mois de Prairial an VI (1796), p. 160-172.

RÉGNIER-BOHLER, D. (ed.). *Croisades et pèlerinages*: récits, chroniques et voyages en Terre sainte, XIIe-XVIe siècle. Paris: Robert Laffont, col. "Bouquins", 2009, 1.483 p. [I. *Littérature et croisade*: "Chansons de croisade" (D. Régnier--Bohler); "La Chanson d'Antioche" (M. Combarieu Du Grès); "La Conquête de Jérusalem" (J. Subrenat); "Le Bâtard de Bouillon" (J. Subrenat); "Saladin" (M. Combarieu Du Grès). II. *Chronique et politique*: "Chronique de Guillaume de Tyr" (M. Zerner); "La Conquête de Constantinople" (J. Dufournet); "La Fleur des histoires de la terre d'Orient" (C. Deluz). III: *Pèlerinages en Orient*: "Récits" de saint Willibald, Bernard le Moine, Thietmar, Symon Semeonis, Guillaume de Boldensele, Ludolph de Sudheim, Nompar de Caumont, Louis de Rochechouart, l'Anonyme de Rennes (C. Deluz et B. Dansette); "Traité sur le passage en Terre sainte" (D. Régnier-Bohler). IV. *Récits de voyages hébraïques au Moyen Age*: "Récits" de Benjamin de Tudèle, Pétahia de Ratisbonne, Jacob ben Natanel ha-Cohen, Samuel ben Simson, David Reübeni, Obadiah de Bertinoro, Elie de Pesaro (J. Shatzmiller). En annexe: "Le Livre de Messire Jean de Mandeville" (C. Deluz)].

RÉGNIER-BOHLER, D. (ed.). *Voix de femmes au Moyen Âge*: savoir, mystique, poésie, amour, sorcellerie, XIIe-XVe siècle. Paris: Robert Laffont, col. "Bouquins", 2006, XXXIX-1.010 p. *Trobairitz*: les femmes troubadours – "Chants et lettres" (choix); "Le livre des œuvres divines" (extraits) / Hildegarda de Bingen. "Cette lumière de ma divinité" (extraits) / Mechtild de Magdebourg. "Vie de sainte Douceline". "Le miroir des âmes simples et anéanties" (extraits) / Marguerite Porete. "La vision de Christine"; "Le livre des trois vertus"; "Le ditié de Jehanne d'Arc" / Christine de Pizan. "Les Évangiles des quenouilles". "Les quinze joies de mariages". – "Voix d'hommes": le point de vue des censeurs. Tous les textes sont donnés en français moderne et accompagnés d'introduction, notes et bibliographie soigneusement établies. En annexe on trouve les notices biographiques des femmes mystiques.

RÉGNIER-BOHLER, D. (ed.). *Récits d'amour et de chevalerie, XIIe-XVe siècle*. Paris: Robert Laffont, col. "Bouquins", 2000, XL-1.270 p. Douze récits inédits – un ensemble unique de narrations médiévales: "Pirame et Tisbé"; "Narcisse"; "Ipomédon"; "Protheselaüs"; "Floris et Lyriopé"; "Joufroi de Poitiers"; "Le roman de silence"; "Durmart Le Gallois"; "Le roman du comte d'Anjou"; "Ponthus et Sidoine"; "Histoire d'Olivier de Castille et Artus d'Algarbe"; "Histoire de Jason".

RÉGNIER-BOHLER, D. (ed.). *Splendeurs de la cour de Bourgogne*: récits et chroniques. Paris: Robert Laffont, col. "Bouquins", 1995, XLIV-1.505 p. Conteúdo: "Le livre de Baudouin, comte de Flandre"; "La Belle Hélène de Constantinople"; "Le Roman de Gillion de Trazegnies"; "Le Cycle de la fille du comte de Ponthieu Alexandre: recherche d'une identité. Extrait de l'"Histoire du bon roi Alexandre' et des 'Faits du Grand Alexandre'; "Les Actions et paroles mémorables d'Alphonse, roi d'Aragon et de Naples"; "George Chastelain, premier indiciaire des ducs de Bourgogne"; "La mort du Téméraire"; "Banquets, entremets et cuisine à la cour de Bourgogne"; "Vœux et Pas"; "Vœux du Faisan"; "Pas du Perron Fée"; "Le livre des faits du bon chevalier, messire Jacques de Lalaing".

RÉGNIER-BOHLER, D. (ed.). *La Légende arthurienne* – Le Graal et la Table ronde. Paris: Robert Laffont, col. "Bouquins", 1989, LIX-1.206 p. Quinze romans du cycle arthurien, la plupart inédits: *Perceval le Gallois ou Le conte du Graal* / Chrétien de Troyes; *Perlesvaus, le haut livre du Graal*; *Merlin et Arthur: le Graal et le royaume* / attribué à Robert de Boron; *Le livre de Caradoc*; *Le chevalier à l'épée*; *Hunbaut*; *La demoiselle à la mule* / attribué à Païen de Maisières; *L'Âtre périlleux*; *Gliglois*; *Méraugis de Portlesguez* / Raoul de Houdenc; *Le roman de Jaufré*; *Blandin de Cornouaille*; *Les merveilles de Rigomer*; *Meliador*: extraits / Jean Froissart; *Le chevalier au papegau*.

Relation de Marchiennes (La) [século XIII], trad. de G. DUBY, 1985, p. 245-247. Cf. Éd. *Monumenta Germaniæ Historica, Scriptores*, XXVI, p. 390-391. Disponível em: http://sourcesmedievales.unblog.fr/2008/04/05/la-bataille-de-bouvines-dapres-la-relation-de-marchiennes-1214/

REMARQUE, E.M. *Nada de novo no front*. Trad. de Helen Rumjanek. Porto Alegre/RS: L&PM, col. "Pocket", 2004 [Orig.: *Im Westen nichts Neues*. Berlim: Propyläen Verlag, 1929; ed. fr.: *À l'ouest rien de nouveau*. In: *1914-1918, Français et Allemands dans les tranchées*, 2013].

RENGADE, J. *Les Besoins de la vie et les éléments du bien-être*: traité pratique de la vie matérielle et morale de l'homme dans la famille et dans la société. Paris: Illustrée, 1887.

RENIER, L. (dir.). *Encyclopédie moderne ou Dictionnaire des sciences, des lettres et des arts*. 44 vols., 2. ed. ["entièrement refondue et augmentée de près du double";

cf. 1. ed., *Encyclopédie moderne*, 1823-1833]. Paris: Firmin-Didot frères, 1846-1862.

REQUEMORA-GROS, S. *Voguer vers la modernité*: le voyage à travers les genres au XVIIe siècle. Paris: Presses de l'Université Paris-Sorbonne, 2012.

RÉROLLE, R. "Les jours sans répit d'un urgentiste parisien". *Le Monde*, 4 avril 2020.

RÉTIF DE LA BRETONNE, N.-E. *Tableaux de la bonne compagnie de Versailles et de Paris ou Traits caractéristiques, anecdotes secretes, politiques, morales & littéraries, recueillies dans les sociétés du bon ton, pendant les années 1786 & 1787*. 2 vols. Paris: Marchands de Nouveautés, 1787.

RÉVEILLÉ-PARISE, J.-H. *Une saison aux eaux minérales d'Enghien. Considérations hygiéniques et médicales sur cet établissement*. Paris: Dentu/G. Baillière, 1842.

REY, A. *Dictionnaire Historique de la Langue Française*. Paris: Robert, 1994.

REYBAUD, L. *Jérôme Paturot à la recherche d'une position sociale* [1842]. 2 vols. Paris: Paulin, 1846.

RIANT, A. *Le Surmenage intellectuel et les exercices physiques*. Paris: J.-B. Baillière et fils, 1889, 312 p.

RIANT, A. *Hygiène du cabinet de travail*. Paris: J.-B. Baillière & fils, 1883, 190 p.

RIBOT, T. *Psychologie de l'attention*. Paris: Félix Alcan, 1889.

RIBOT, T. *Les Maladies de la personnalité*. Paris: Félix Alcan, 1885 [Ed. bras.: *As doenças da personalidade*. Trad. de Wilson A. Frezzatti Jr. São Paulo: Unifesp – GEN (Grupo de pesquisa Nietzsche), 2020, 208 p.].

RICHARD LE PÈLERIN; GRAINDOR DE DOUAI. *La Chanson d'Antioche*. In: RÉGNIER-BOHLER, 2009.

RICHARD LE PÈLERIN; GRAINDOR DE DOUAI. *La Conquête de Jérusalem*. In: RÉGNIER-BOHLER, 2009.

RICHARDSON, S. *Lettres anglaises, ou Histoire de Miss Clarisse Harlove*. 2 vols. (883, 787 p.). Trad. do inglês por *Abbé* Prévost. Paris: Desjonquères, 1999 [Orig.: *Clarissa; or, The History of a Young Lady*: Comprehending the Most Important Concerns of Private Life – And Particularly Shewing, the Distresses that May Attend the Misconduct Both of Parents and Children, In: Relation to Marriage, 7 vols., 1748].

RICHELET, P. *Dictionnaire français contenant les mots et les choses, plusieurs nouvelles remarques sur la langue française... avec les termes les plus connus des arts et des sciences...* 2 partes em 1 vol. Genebra: J.-H. Widerhold, 1680.

RICHELIEU. *Lettres du cardinal duc de Richelieu*: Où l'on a joint des Memoires & Instructions secrettes de ce Ministre, pour les Ambassadeurs de France en diverses Cours; Avec quelques Relations curieuses, servant d'éclaircissement ausdites Lettres & Mémoires. 2 vols. Paris: Mabre Cramoisi, 1696.

RICHERT, H.-J. "Diário médico de guerra do comando das formações de pequenos combates, 01/09/1944-30/11/1944". Registro de 16-20/11/1944, Barch--Freiburg RM 103-10/6. In: OHLER, 2017.

RICHEZ, J.-C.; STRAUSS, L. "Un temps nouveau pour les ouvriers: les congés payés (1930-1960)". In: CORBIN, 1995.

RIFFAUDEAU, H. "Les nouveaux esclaves du numérique". *Téléobs*, 21-27 septembre 2019.

RILOV, F. (com Alexia Eychenne). *Qui a tué vos emplois?* Paris: Don Quichotte/Du Seuil, 2019.

RIPA, C. *Iconologie, ou la Science des emblèmes, devises etc., qui apprend à les appliquer, dessiner et inventer... augmentée d'un grand nombre de figures avec des moralités, tirées la plupart de César Ripa. Par J.-B.* [Jean Baudoin]; fig. gr. d'après celles de J. de Bie. 2 tomes en 1 vol. Amsterdã: A. Braakman, 1698, 365 p. [*ICONOLOGIE, OV EXPLICATION NOVVELLE DE PLVSIEVRS IMAGES, EMBLEMES, ET AVTRES FIGVRES Hyéroglyphiques des Vertus, des Vices, des Arts, des Sciences, des Caufes naturelles, des Humeurs différentes, & des Passions humaines. OEVVRE NECESSAIRE A TOVTE SORTE D'ESPRITS, ET PARTICVLIEREMENT A CEVX QVI ASPIRENT A ESTRE, OV QVI SONT ORATEVRS, POETES, Sculpteurs, Peintres, Ingénieurs, Autheurs des Medailles, de Deuifes, de Ballets, & de Poèmes Drammatiques. Tirée des recherches et des figures de César Ripa, desseignées et gravées par Jacques de Bie et moralisées par J. Baudoin* Paris: l'autheur, 1636, 257 p.; Orig.: *Iconologia overo Descrittione Dell'imagini Universali cavate dall'Antichità et da altri luoghi*. Roma: Heredi di Giovanni Gigliotti, 1593].

RIVIÈRE, L. *Observationes medicæ et curationes insignes quibus accesserunt observationes ab aliis communicotæ*. Paris: S. Piquet, 1646; trad. François Deboze. Lyon, 1688.

ROBERT, P. *Dictionnaire Alphabétique et Analogique de la Langue Française*. Paris: Société du Nouveau Littré, 1962.

ROCH, J.-L. *Les Métiers au Moyen Âge*. Paris: Jean-Paul Gisserot, 2014.

ROCH, J.-L. *Un autre monde du travail*: la draperie en Normandie au Moyen Âge. Rouen: Presses universitaires de Rouen et du Havre, 2013, 336 p.

ROCHEFORT, L.D. *Cours élémentaire de matière médicale suivi d'un Précis de l'art de formuler*. 2 vols., posth. Paris: Méquignon L'Ainé, 1789.

ROETHLISBERGER, F.J.; DICKSON, W.J. *Management and the Worker*: An Account of a Research Program Conducted by the Western Electric Company. Cambridge: Harvard University Press, 1939.

ROGER, A. *Court Traité de paysage* [1997]. Paris: Gallimard, col. "Folio Essais", 2017.

Rôles d'Oléron. Coutumier maritime du Moyen Âge [1160]. Niort: A. Chiron, 1900.

ROODENBEKE, A. "La réglementation du travail et la conférence internationale de Berlin". Réunion annuelle de la Société d'économie sociale, séance du 24 mai 1890. *La Réforme Sociale*, 1890, t. 20.

ROOSEVELT, T. *La Vie intense: idéal d'Amérique* [1902]. Traduit par Mme. la princesse Ferdinand de Faucigny-Lucinge, M. Jean Izoulet. Préface: Deux paroles sur la France [par M. Jean Izoulet]. Paris: Ernest Flammarion, 1903, 275 p. [Orig.: *The Strenuous Life. Essays and Addresses*. Nova York: The Century, 1900].

ROSANVALLON, P. *Le Sacre du citoyen, histoire du suffrage universel en France*. Paris: Gallimard, 1992.

ROSANVALLON, P. *L'État en France, de 1789 à nos jours*. Paris: Du Seuil, 1990.

ROSE, A. "Prenez soin de vous". *In the moment*, mai 2018.

ROUDÈS, S. *Pour faire son chemin dans la vie*: moyens et qualités qui permettent d'arriver au succès et à la fortune. Paris: Bibliothèque des ouvrages pratiques, 1902.

ROUDINESCO, É. "Les prédateurs sexuels sont aujourd'hui considérés comme des malades". *Le Monde*, 28 février 2020.

ROUSIERS, P. *La Vie américaine*. Paris: Firmin Didot, 1892, 698 p.

ROUSSEAU, J.-J. *Emílio ou da Educação*. Trad. de Sérgio Milliet. 3. ed. Rio Janeiro: Bertrand Brasil, 1995 [Orig.: *Émile, ou De l'éducation* [1761]. Paris: Garnier, 1951].

ROUSSEAU, J.-J. *Discours sur l'origine de l'inégalité* [1755]. Paris: Flammarion, 1931 [Ed. bras.: *Discurso sobre a origem e os fundamentos da desigualdade entre os homens*. Trad. de Lourdes Santos Machado; introdução e notas de Paul Arbousse e Lourival Gomes Machado. 3 ed. São Paulo: Abril, Coleção Os Pensadores, 1983].

ROUSSET, C. *Histoire de Louvois et de son administration politique et militaire*. 4 vols. Paris: Didier et Cie, 1863.

RUDE, F. *C'est nous les canuts*... Paris: Maspero, 1977.

RYAN, A.H.; WARNER, M. "The Effect of Automobile Driving on the Reactions of the Driver". *The American Journal of Psychology*, vol. 48, n. 3, 1936.

SADE, D.A.F. *Histoire de Juliette ou Les Prosperités du vice*, 1797. In: id., 1973, t. 7-8.

SADE. *Oeuvres Complètes*. 8 vols, 16 tomes. Paris: Tête de Feuilles, 1973.

SAILLET, A. *Les Enfants peints par eux-mêmes* – Sujets de composition donnés à ses élèves. Paris: Editions Desesserts, 1841.

SAINT-ÉVREMOND, C. *Œuvres de Monsieur de Saint-Évremond*. 7 vols. Londres: J. Tonson, 1725.

SAINT-HILAIRE, É.G. *L'Anatomie du corps humain avec les maladies et les remèdes pour les guérir*. Paris: Jean Couterot/Louis Guérin, 1680.

SAINT-SIMON, L. *Mémoires complètes et authentiques du duc de Saint-Simon sur le siècle de Louis XIV et la Régence*. 21 vols. Paris: Sautelet A. Mesnier, 1829-1830.

SAMUEL, N. "Étapes de la conquête du temps libre en France, 1780-1980". Paris, Adrac, n. 42-43, septembre 1981.

SAND, G. *La Petite Fadette*. 2 vols. Paris: Michel Lévy Frères, 1849 [Ed. Bras.: *Fadinha*. Adaptação por Heloisa Prieto e ilustrações de Laura Beatriz. São Paulo: Bamboo, 2016].

SANDOW, E. *Strength and How to Obtain it*. Londres: Gale & Polden, 1897.

SARACENO, M. *De la mesure du corps à la politique des corps*: une histoire des sciences du travail (1880-1920). Tese de doutorado, Universidade de Pisa, 2013.

SARCEY, F. "Les illettrés au régiment". *Le Petit Journal*, 4 avril 1895.

SAUSSURE, H.-B. *Voyage dans les Alpes*, précédé d'un "Essai sur l'histoire naturelle des environs de Genebra". 4 Tomes. Neuchâtel: Samuel Fauche, 1779-1796.

SAUVAGES, F.B. *Nosologie méthodique, dans laquelle les maladies sont rangées par classes, suivant le système de Sydenham, & l'ordre des botanistes*. Trad. fr. pelo cirurgião Nicolas. 10 vols. Paris: Hérissant le Fils, 1771 [Orig.: *Nosologia methodica sistens morborum classes, genera et species, juxta Sydenhami mentem et Botanicorum ordinem*. Amsterdã: Frères de Tournes, 1763].

SAVENAY, E. "De l'équivalence de la chaleur et du travail mécanique". *Revue des deux mondes*, t. 45, 1863.

SAY, L. (dir.). *Nouveau Dictionnaire d'économie politique*. 2 vols. Paris: Guillaumin et Cie, 1891-1892.

SCHAER, R. (dir.). *Tous les savoirs du monde* – Encyclopédies et bibliothèques, de Sumer au XXIe siècle. Catalogue de l'exposition présentée à la Bibliothèque nationale de France à l'occasion de l'ouverture du site François-Mitterrand, du 17 décembre 1996 au 6 avril 1997. Paris: Bibliothèque Nationale de France/ Flammarion, 1996, 496 p.

SCHIVELBUSCH, W. *Histoire des stimulants*. Trad. fr. de Éric Blondel, Ole Hanse-Love, Théo Leydenbach e Pierre Pénisson. Paris: Gallimard, col. "Le Promeneur", 1991 [Orig.: *Das Paradies, der Geschmack und die Vernunft*: Eine Geschichte der Genussmittel. Munique/Viena: Hanser, 1980].

SCHMIDT, E. *Charcot e a Escola da Salpêtrière: a afirmação de uma histeria neurológica*. Tese apresentada ao Programa de Pós-graduação em Psicologia do Instituto de Ciências Humanas da Universidade Federal de Juiz de Fora como requisito parcial para a obtenção do grau de Doutor em Psicologia. Área de concentração: História e Filosofia da Psicologia. Juiz de Fora, 2017. Disponível em: https://repositorio.ufjf.br/jspui/bitstream/ufjf/6075/1/ederschmidt.pdf

SCHNEIDER D'AUTUN, E. *Rapport présenté au nom de la Commission chargée d'examiner la loi du 22 mars 1841 sur le travail des enfants dans les manufactures*. Conseil général du commerce, Session de 1845-1846. Séance du 6 janvier 1846. Paris: Paul Dupont, 1846.

SCHUELLER, E. *La Révolution de l'économie*. Paris: Denoël, 1941.

SÉDALLIAN, P.; SOHIER, R. *Précis d'hygiène et d'épidémiologie*. Paris: Masson, 1949.

SÉGUR, L.-P. *Mémoires; ou Souvenirs et Anecdotes*. 3 vols. Paris: Eymery, 1824; 3ème éd., 1926-1927.

SEHN, J. et al. *German Crimes in Poland*. vol. 1. Londres: Central Comm. for Investigation of German Crimes in Poland, 1946, 271 p.

SEIGNEUR, M. *Paris, voici Paris*. Paris: Bourloton, 1889, 354 p.

SELYE, H. *Le Stress de la vie: le problème de l'adaptation*. Trad. para o fr. por Pauline Verdun. Paris: Gallimard, col. "L'avenir de la science", 1962 [Ed. bras. *Stress: a tensão da vida*. Trad. de Frederico Branco. São Paulo: IBRASA – Instituição Brasileira de Difusão Cultural, 1959; 2. ed., 1965, 351 p. Orig.: *The Stress of Life*. Nova York: McGraw Hill, 1956].

SELYE, H. *L'Histoire du syndrome général d'adaptation*. Trad. para o fr. por Dr. Tchekoff e Pierre-Jean Caplier. Paris: Gallimard, col. "L'avenir de la science", 1954 [Orig.: *The story of the adaptation syndrome*: Told in the Form of Informal, Illustrated Lectures. Montréal: Acta Inc., 1952].

SELYE, H. "A Syndrome Produced by Diverse Nocuous Agents". *Nature*, vol. 138, July 4, 1936, p. 32.

Seminário comemorativo – Liebig 200 anos. A.R. Dechen; Q.A. de C. Carmello; F.A. Monteiro; G. Ribeiro Nachtigall (eds.). Piracicaba: Departamento de Solos e Nutrição de Plantas, ESALQ/USP, 2003. Disponível em: https://saulcarvalho.com.br/wp-content/uploads/2016/11/Cartas-Liebig.pdf

SÉRIS, J.-P. *Qu'est-ce que la division du travail?* Paris: Vrin, 1994.

SERRES, O. *Le Théâtre d'agriculture et mésnage des champs*. Paris: Jamet-Métayer, 1600.

SÈZE, P.-V. *Recherches physiologiques et philosophiques sur la sensibilité ou la vie animale*. Paris: Prault, 1786.

SHAKESPEARE, W. *Otelo*. Trad. de Carlos Alberto Nunes. "Obras completas de Shakespeare". São Paulo: Melhoramentos; Livro Digital n. 901. São Paulo, 2017. [Orig. *Othello, the Moor of Venice*, 1604].

SHAKESPEARE, W. *O Mercador de Veneza*, 2000 [Orig.: *The Merchant of Venice*, 1596-1597]. Trad. disponível em: http://www.ebooksbrasil.org/adobeebook/mercador.pdf

SIGAUD, C. *La Forme humaine – T. I: Sa signification*. Paris: A. Maloine, 1914, 61 p.

SILVA, J.C.P.; PASCHOARELLI, L.C. (orgs.). *A evolução histórica da ergonomia no mundo e seus pioneiros*. São Paulo: Unesp/Cultura Acadêmica, 2010. 103 p.

SILVA, C. "Philippe Richet, adepte des raids extrêmes". *France Bleu*, 15 janvier 2020. Disponível em https://www.francebleu.fr/emissions/le-temoin-du-jour/gascogne/phlippe-richet-adepte-des-raids-extremes

SIMONIN, C. (dir.). *Médecine du travail* [1950]. Paris: Maloine, col. "Les précis pratiques", 1956.

SIMONIN, L.-L. *Le Monde américain* – Souvenirs de mes voyages aux États-Unis. New-York – Chicago et Saint-Louis – Les Grands Lacs – Les richesses souterraines – Les chemins de fer. Paris: L. Hachette, 1876, 395 p.

SINCLAIR, J. *L'Agriculture pratique et raisonnée*. Traduit de l'anglais par G.J.A. Mathieu de Dombasle. Paris: Mme. Huzard, 1825 [Orig.: *Code of Agriculture*, 1819].

SINCLAIR, J. *The Code of Health and Longevity; or, A concise view, of the principles calculated for the preservation of health, and the attainment of long life*. 4 vols. Edimburgo: A. Constable, 1807.

SINGARAVÉLOU, P.; VENAYRE, S. (dirs.). *Histoire du monde au XIXe siècle*. Paris: Fayard, 2017, 718 p.

SISMONDI, J.-C.-L.S. *Nouveaux principes d'économie politique, ou De la richesse dans ses rapports avec la population*. 2 vols. Paris: Delaunay, 1819.

SIVERY, G. *Structures agraires et vie rurale dans le Hainaut à la fin du Moyen Âge*: t. I, 1977; t. II, 1980. Lille: Presses universitaires de Lille.

SMILES, S. *Josiah Wedgwood, F.R.S.: His Personal History*. Londres: John Murray, 1894.

SMILES, S. *Lives of Boulton and Watt: Principally from the original Soho mss. comprising also a history of the invention and introduction of the steam engine*. Londres: John Murray, 1865.

SMITH, A. *A riqueza das nações* – Investigação sobre sua natureza e suas causas. Trad. de Luiz João Baraúna. Vol. 1, Livros 1-4. São Paulo: Nova Cultural, col. "Os economistas", 1996 [Orig.: *An Inquiry into the Nature and Causes of the Wealth of Nations*. Vol. 1: Livros I-III; vol. 2: Livros IV-V. Londres: W. Strahan and T. Cadell, 1776].

SMITH, E.D. *Psychology for Executives*: A Study of Human Nature in Industry. Nova York/Londres: Harper, 1928.

SOARES, R. "O percurso das drogas no império da anfetamina". *História, Ciências, Saúde-Manguinhos*. Publicação de: Casa de Oswaldo Cruz, vol. 26 n. 2 abr./jun. 2019. Disponível em: https://www.scielo.br/j/hcsm/a/FM6XvGcSThVn7KPQKKFS7zp/?lang=pt

SOFSKY, W. *L'Organisation de la terreur: les camps de concentration*. Trad. do alemão por Olivier Mannoni. Paris: Calmann-Lévy, 1995 [Orig.: *Die Ordnung sozialer Situationen* – Theoretische Studien über die Methoden und Strukturen sozialer Erfahrung und Interaktion. Opladen: Westdeutscher Verlag, 1993].

SOHN, A.-M. *La Fabrique des garçons*: l'éducation des garçons de 1820 à aujourd'hui. Paris: Textuel, 2015.

"Soignants: 'Je pense Covid, je mange Covid, je dors Covid'". *Libération*, 5 avril 2020.

SOLJENITSYNE, A. *Arquipélago Gulag*. Trad. de A. Ferreira, Maria M. Llisto e José A. Seabra. São Paulo: Círculo do Livro, 1976 [Orig.: *Архипелаг ГУЛАГ*. Paris: Du Seuil, 1973; ed. fr.: *L'Archipel du Goulag*. Trad. de Geneviève Johannet. Paris: Seuil, 1974].

SOLLEYSEL, J. *Le Parfait Mareschal*. Paris: Gervais Clousier, 1675.

SOLLEYSEL, J. *Le parfait maréchal qui enseigne à connoistre la beauté, la bonté et les deffauts des chevaux, les signes & les causes des maladies; les moyens de les prévenir; leur guérison, le bon ou mauvais usage de la purgation & de la saignée – La manière de les conserver dans les voyages, de les nourrir, & de les panser selon l'ordre*. Paris: Gervais Clousier, 1654.

SOLNON, J.-F. *La Cour de France* [1987]. Paris: Perrin, col. "Tempus", 2014.

SOULILLOU, A. *Les Temps promis*: Élie ou Le Ford-France 580. Paris: Gallimard, 1933.

SOUVIGNY, J. DE G. *Mémoires, 1613-1638*. Paris: H. Laurens, 1906-1909.

SPANHEIM, É. [enviado extraordinário de Brandemburgo]. *Relation de la cour de France en 1690* [século XVII]. Paris: Société de l'Histoire de France, 1882.

SPARRMAN, A. *Voyage au cap de Bonne-Espérance et autour du monde avec le capitaine Cook et principalement dans le pays des Hottentots et des Caffres*. 3 vols.

Traduit par M. Le Tourneur. Paris: Buisson, 1787 [Orig. em sueco: *Resa till Goda Hopps-Udden, södra Polkretsen och omkring Jordklotet, samt Till Hottentott-och Caffer-Landen Åren 1772-1776*. 3 vols. Estocolmo: Anders J. Nordström, 1783].

SPINK, J.S. "Les avatars du 'sentiment de l'existence' de Locke à Rousseau". *Dix--Huitième Siècle*, n. 10, 1978, p. 269-298.

STAAL DE LAUNAY, M.J.C. *Mémoires de Mme. de Staal-Delaunay, de M. le marquis d'Argenson et de Madame, mère du Régent*: suivis d'éclaircissements extraits des Mémoires du duc de Saint-Simon. Paris: Firmin Didot Frères, 1853.

STAROBINSKI, J. *L'Invention de la liberté, 1700-1789*. Genebra: Skira, 1964 [Ed. bras.: *A invenção da liberdade, 1700-1789*. Trad. de Fulvia M.L. Moretto. São Paulo: Unesp, 1994].

STEIN, H. *Archers d'autrefois, archers d'aujourd'hui*. Paris: Longuet, 1925, 305 p.

STENDHAL. *Voyages en Italie* [1817-1826]. Victor Del Litto (ed.). Paris: Gallimard, col. "Bibliothèque de la Pléiade", 1973.

STERNE, L. *Voyage sentimental à travers la France et l'Italie*. Trad. fr. por A. Digeon. Paris: Aubier, 1934 [Orig.: *A Sentimental Journey Through France and Italy*. 2 vols. Londres: T. Becket/P.A. De Hondt, 1768].

STRASSER, S. *Never Done*: A History of American Housework. Nova York: Pantheon Books, 1982.

SUE, E. *Le Juif errant* [1844]. Bruxelas, 1845, p. 118.

SUE, R. *La Richesse des hommes*: vers l'économie quaternaire. Paris: Odile Jacob, 1997.

SULLY, M.B. *Mémoires de Maximilien de Béthune, duc de Sully, principal ministre de Henri-le-Grand* [1591]. 8 vols. Londres, 1778.

SUPIOT, A. "A crise sanitária e o futuro do trabalho". Entrevista de Stéphane Béchaux e François Desriaux, publicada por *Alternatives Économiques*, 22-01-2021. Trad. de André Langer. Disponível em: http://www.ihu.unisinos.br/78-noticias/606382-o-conteudo-e-o-sentido-do-trabalho-sao-exigencias-de-justica-social-entrevista-com-alain-supiot

SUQUET, A. *L'Éveil des modernités*: une histoire culturelle de la danse, 1870-1945. Pantin: CND, 2012.

TAF – *Travailler au futur*, n. 1, janvier 2020.

TALLEMANT DES RÉAUX, G. *Historiettes*. Tomo I e II. Antoine Adam (ed.). Paris: Gallimard, col. "Bibliothèque de la Pléiade", 1960.

TARDIEU, A. *Dictionnaire d'hygiène publique et de salubrité, ou Répertoire de toutes les questions relatives à la santé publique considérées dans leurs rapports avec les subsistances, les épidémies, les professions, les établissements et institutions d'hygiène et de salubrité, complété par le texte des lois, décrets, arrêtés, ordonnances et instructions qui s'y rattachent*. 3 Tomes. Paris: J.-B. Baillière et Fils, 1852-1854.

TATON, R. (dir.). *Histoire générale des sciences*. Paris: Presses Universitaires de France, 1957, 1958, 1961, 1964. 4 volumes – tome I: La science antique et médiévale; tome II: La science moderne (de 1450 à 1800); tome III: La science contemporaine – volume 1: Le XIXe siècle; volume 2: Le XXe siècle.

TAURAN, T. (dir.). Les Régimes spéciaux de sécurité sociale – t. VII, 2015, 539 p. In: *La Sécurité sociale, son histoire à travers les textes*. Tome I-IX. Paris: Association pour l'étude de la Sécurité sociale, 1988-2021.

TAUVRY, D. *Nouvelle anatomie raisonnée, ou l'on explique les usages de la structure du corps de l'homme, et de quelques autres animaux, suivant les loix des méchaniques*. Paris: J. Couterot, 1680; 3e ed. Paris: Barthelemy Girin, 1698.

TAYLOR, F.W. *Principes d'organisation scientifique des usines*. Trad. para o fr. por Jean Royer (ingénieur). Paris: Dunod, 1927, 116 p.; ed. bras.: *Princípios de Administração Científica*. Trad. de Arlindo Vieira Ramos. São Paulo: Atlas, 8. ed., 1990; 6ª tiragem, 1995 [Orig.: *The Principles of Scientific Management*. Nova York/Londres: Harper & Brothers, 1911].

TELLIER, M. "À l'origine, le régime spécial des cheminots a été une volonté patronale", Estação de rádio *France Culture*, 5 décembre 2019, https://www.franceculture.fr/histoire/a-lorigine-le-regime-special-des-cheminots-a-ete-une-volonte-patronale.

THAËR, A. *Principes raisonnés d'agriculture* [1811-1814]. Trad. de l'allemand par le baron É.-V.-B. Crud. Paris/Genebra: T. Ballimore/Mme. Huzard/A. Cherbuliez. Seconde édition, revue, corrigée et augmentée de nouvelles notes, 1830: Tome I – Principes fondamentaux. Économie; Tome II – La fin de l'économie. L'agronomie. La 1re partie de l'Agriculture [Orig.: Grundsätze der rationellen Landwirthschaft. 4 vols., 1809-1812].

THÉVENOT, J. *Voyages de tant en Europe qu'en Asie et en Afrique*. Divisez en trois parties, qui comprennent cinq volumes. Paris: Ch. Angot, 1689; 3e éd. 3 parties en 5 vol. Amsterdã: M.C. Le Cène, 1727.

THIERS, J.-B. *Traité des jeux et des divertissements, Qui peuvent être permis, ou qui doivent être défendus aux Chrétiens selon les règles de l'Eglise et le sentiment des pères*. Paris: Antoine Dezallier, 1686.

THIESSE, A.-M. *La Création des identités nationales*: Europe, XVIIIe-XXe siècle. Paris: Le Grand Livre du mois, 1999.

THIESSE, A.-M. "Organisation des loisirs des travailleurs et temps dérobés (1880-1930)". In: CORBIN, 1995.

THOMAS, B. *Migration and Economic Growth*: A Study of Great Britain and the Atlantic Economy. Cambridge: Cambridge University Press, 1954.

THOMPSON, E.P. *La Formation de la classe ouvrière anglaise* [1988]. Trad. para o fr. de Gilles Dauvé, Mireille Golaszewski e Marie-Noëlle Thibault. Paris: Du Seuil, col. "Points", 2012, 1.164 p. [Orig.: *The Making of the English Working Class*. Londres: Victor Gollancz, 1963; 2nd edition with new postscript, Harmondsworth: Penguin, 1968; third edition with new preface, 1980. Ed. bras.: *A formação da classe operária inglesa*. V. I – A árvore da liberdade; v. II – A maldição de Adão; v. III – A força dos trabalhadores. Rio de Janeiro: Paz e Terra, 1987].

THOU, J.-A. *Mémoires de la vie de Jacques-Auguste de Thou, Conseiller d'État... ouvrage meslé de prose et de vers, avec la traduction de la Préface qui est au-devant de sa grande Histoire*. Rotterdam: R. Leers, 1711.

TIGERSTEDT, R. *Physiologische Übungen und Demonstrationen für Studierende*. Leipzig: S. Hirzel, 1913, 402 p.

TISSIÉ, P. (dir.). *L'Éducation physique au point de vue historique, scientifique, technique, critique, pratique et esthétique*. Paris: Larousse, 1901.

TISSIÉ, P. *La Fatigue et l'entraînement physique*. Paris: Félix Alcan, 1897, 343 p.

TISSOT, S.-A. *Traité des nerfs et de leurs maladies*. 2 vols. Paris: P.F. Didot, 1770-1779; 1861.

TISSOT, S.-A. *L'Onanisme. Dissertation sur les maladies produites par la masturbation* [1760; sessenta e três edições até 1905]. Título em latim: *Tentamen de morbis ex manustupratione*. Paris: Différence, 1991.

TMS: troubles musculo-squelettiques (Les). Bordeaux: Préventique, col. "Les Cahiers de préventique", n. 7, 2006, 104 p. Coletânea de textos extraídos da revista *Performances*.

TOUREN, S. *La Loi de 1841 sur le travail des enfants dans les manufactures*. Tese, Faculdade de direito. Paris, 1931.

TOURNIER, G. *Les Galères de France et les galériens protestants des XVIIe et XVIIIe siècles*. T. I e II. Montpellier: Les Presses du Languedoc, 1984.

TOURTELLE, É. *Éléments de médecine théorique et pratique*. 3 vols. Strasbourg, an VII [1798].

Traité inédit d'économie rurale composé en Angleterre au XIIIe siècle, publicado com um glossário por Louis Lacour. Paris: Mme. Vve Bouchard-Huzard, 1856.

TREMPÉ, R.; BOSCUS, A. "Les premiers congés payés à Decazeville et Mazamet". *Le Mouvement social*, n. 150, 1990.

TRISTAN, F. *Promenades dans Londres*. Paris/Londres: H.-L. Delloye/W. Jeffs, 1840, 412 p.

Tristan et Iseult [século XII]. Paris: Le Livre de Poche, 1988 [Ed. bras: *Tristão & Isolda* – Lenda medieval celta de Amor. Trad. de Maria do Anjo B. Figueiredo. Rio de Janeiro: Francisco Alves, 1987].

TROTTMANN, C. (dir.). *Vie active et vie contemplative au Moyen Âge et au seuil de la Renaissance*. Actes des Rencontres internationales tenues à Rome, les 17 et 18 juin 2005, et à Tours, les 26-28 octobre 2006. Roma: École française de Rome, 2009.

TRUQUIN, N. *Mémoires et aventures d'un prolétaire à travers la Révolution*: l'Algérie, la République argentine et le Paraguay. Paris: F. Maspéro, col. "Actes et mémoires", 1977 (1re. éd.), 273 p.

TURGAN, J. *Les grandes usines de France*: Tableau de l'industrie française au XIXe siècle (t.1). Les grandes usines: Études industrielles en France et à l'étranger (t. 2-15; 18-19). Les grandes usines: revue périodique des arts industriels. Description des usines françaises et étrangères (t.16; 17). Paris: Nouvelle/A. Bourdilliat/Michel Lévy Frères/Calmann-Lévy/Des dictionnaires, 1860-1865.

TURREL, D. *Bourg-en-Bresse au XIVe siècle* – Les hommes et la ville. Paris: Société de démographie historique, 1986, 290 p. (3e cahier des *Annales de Démographie historique*).

TYL, Y. *Les Enfants au travail dans les usines au XIXe siècle*. Paris: Institut coopératif de l'école moderne, 1984. Cf. https://www.icem-pedagogie-freinet.org/sites/default/files/172_Travail_Enfants.pdf

UELTSCHI, K. *Le Pied qui cloche ou le lignage des boiteux*. Paris: Honoré Champion, 2011.

URBAIN, B. *Le Système de retraite à l'épreuve de son financement*. Issyles-Moulineaux: LGDJ, 2019.

VACANT, C. *Du cantonnier à l'ingénieur: les métiers de la route au fil des siècles*. Paris: Presses de l'École nationale des ponts et chaussées, 2001.

VAIRO, L. *Trois livres des Charmes, Sorcelages, ou Enchantements. Esquels toutes les especes, & causes des Charmes sont methodiquement descrites, & doctement expliquees selon l'opinion tant des Philosophes que des Theologiens, avec les vrais contrepoisons pour rabbattre les impostures & illusions des Dæmons...* Faicts en Latin [*De Fascino libri tres*] par Leonard Vair, O.S.B, & mis en François par Iulian Baudon, Angevin. A Paris: Nicolas Chesneau, 1583.

VALENTE, J.C.C. "Integração Política dos Lazeres Operários e Populares sob o Estado Novo (a Fundação Nacional para a Alegria no Trabalho: 1935-1958)". Dissertação de mestrado em História dos séculos XIX e XX (secção do séc. XX), apresentada à Faculdade de Ciências Sociais e Humanas, Universidade Nova de Lisboa, Lisboa, 1998. Disponível em: http://www.fmsoares.pt/aeb/biblioteca/livro.php?registo=008288

VAN GEHUCHTEN, A. *Les Maladies nerveuses*. Louvaina: A. Uystpruyst, 1920.

VANDERMONDE, C.-A. *Dictionnaire Portatif de Santé, dans lequel tout le monde peut pendre une connoissance suffisante de toutes les maladies, des différens signes qui les caractérisent chacune en particulier, des moyens les plus sûrs pour s'en préserver, ou des remedes les plus efficaces pour se guérir, [et] enfin de toutes les Instructions nécessaires pour être soi-même son propre médecin*. 2 vols. Paris: Vincent, 1760.

VANDERMONDE, C.-A. *Essai sur la manière de perfectionner l'espèce humaine*. 2 vols. Paris: Vincent, 1756.

VANEL, A. *Tout quitter*. Paris: Flammarion, 2019.

VATIN, F. "Le 'travail physique' comme valeur mécanique (XVIIIe-XIXe siècles). Deux siècles de croisements épistémologiques entre la physique et la science econômica". *Cahiers d'histoire* – Revue d'histoire critique, n. 110 – "Penser le travail à l'époque moderne (XVIIe-XIXe siècles)", octobre-décembre, 2009, p. 1-35. Disponível em: https://journals.openedition.org/chrhc/1994

VAUBLANC, V.-M.V. *Mémoires*. Paris: Firmin-Didot et cie., 1857.

VEIL, C. *Vulnérabilités au travail*: naissance et actualité de la psychopathologie du travail. Recueil de textes présentés par Dominique Lhuilier. Toulouse: Érès, col. "Clinique du travail", 2012, 352 p.

VELUT, S. *L'Hôpital, une nouvelle industrie*: le langage comme symptôme. Paris: Gallimard, 2020.

VERCHÈRE, R. *Philosophie du triathlon*: ou les joies et les souffrances de l'Hercule moderne. Le Crest: Du Volcan, 2020.

VERCRUYSSE, J. (ed.). *Écrits sur la société de Charles-Joseph Ligne*. Paris: Honoré Champion, 2010, 958 p.

VERDIER, A. *Diverses Leçons, suivant celles de Pierre Messie*. Lyon: Barth/Honorat, 1592.

VERDIER, J. *Cours d'éducation à l'usage des élèves destinés aux premières professions et aux grands emplois de l'Etat, contenant les Plans d'Education littéraire, physique, morale & chrétienne de l'Enfance, de l'Adolescence & de la première Jeunesse; le Plan encyclopédique des Etudes et des Règlemens généraux d'Education*. Paris: Chez l'Auteur, 1772.

VERDON, J. *Voyager au Moyen Âge* [1998]. Paris: Perrin, col. "Tempus", 2003.

VERGÉ-FRANCESCHI, M. *Colbert, la politique du bon sens*. Paris: Payot, col. "Petite Bibliothèque", 2003.

VERHAEREN, É. *Cidades tentaculares*. Edição bilíngue Francês-Português. Trad. e apresentação de José Jerônimo Rivera. Brasília: Thesaurus, 1999, 159 p. [Orig.: *Les Villes tentaculaires*. Bruxelas: Edm. Deman, 1895, 101 p.].

VÉRIN, H. *La Gloire des ingénieurs*: l'intelligence technique du XVIe au XVIIIe siècle. Paris: Albin Michel, 1993.

VEYRIER, Y. *La Croix*, 25 mars 2020.

"Vie de sainte Douceline" [relato em prosa, anônimo, final do século XIIIe]. In: RÉGNIER-BOHLER, 2006.

VIGARELLO, G. *O sentimento de si*: história da percepção do corpo, séculos XVI-XX. Trad. de Francisco Morás. Petrópolis: Vozes, 2016 [Orig.: *Le Sentiment de soi*: histoire de la perception du corps – XVIe-XXe siècles. Paris: Du Seuil, 2014].

VIGARELLO, G. *As metamorfoses do gordo*. História da obesidade. Trad. de Marcus Penchel. Petrópolis: Vozes, 2012 [Orig.: *Les Métamorphoses du gras – Histoire de l'obésité: du Moyen âge au XXe siècle*. Paris: Du Seuil, 2010; col. "Points Histoire", 2013].

VIGARELLO, G. "A invenção da ginástica no século XIX: movimentos novos, corpos novos". Trad. de Marie-Sophie T.R. Camarão. Rev. técnica de Carmen Lúcia Soares. *Revista Brasileira de Ciências do Esporte*, Campinas, v. 25, n. 1, p. 9-20, set. 2003. Disponível em: http://revista.cbce.org.br/index.php/RBCE/article/view/170/179

VIGARELLO, G. *Du jeu ancien au show sportif*: la naissance d'un mythe. Paris: Du Seuil, 2002.

VIGARELLO, G. *O limpo e o sujo, uma história da higiene corporal*. Trad. de Mônica Stahel. São Paulo: Martins Fontes, 1996 [Orig.: *Le Propre et le sale*: l'hygiène du corps depuis le Moyen Âge. Paris: Du Seuil, col "Points Histoire", 1987].

VIGNE, É. "Stakhanov, ce héros normatif", *Vingtième Siècle, revue d'histoire* – "Histoires de l'avenir. 1984 au rendez-vous d'Orwell", n. 1, 1984, p. 23-30.

VILLANI, C. "Je mets mon cerveau en roue libre". *Clés*, décembre 2014.

VILLENEUVE-BARGEMONT, A. *Économie politique chrétienne, ou Recherches sur la nature et les causes du paupérisme en France et en Europe, et sur les moyens de le soulager et de le prévenir*. 3 vols. Paris: Paulin, 1834.

VILLERMÉ, L.-R. *Enquête sur le travail et la condition des enfants et des adolescents dans les mines de la Grande-Bretagne*. Paris: Journal des Économistes, Cahier de février 1843, 35 p.

VILLERMÉ, L.-R. *Tableau de l'état physique et moral des ouvriers employés dans les manufactures de coton, de laine et de soie*. 2 vols. Paris: Jules Renouard, 1840.

VILLERMÉ, L.-R. "Sur la durée trop longue du travail des enfants dans beaucoup de manufactures". *Annales d'hygiène et de médecine légale*, 1837, t. XVIII. Discurso proferido no decorrer da sessão pública das Cinq Académies [Académie française, Académie des inscriptions et belles-lettres, Académie des sciences, Académie des beaux-arts e Académie des sciences morales et politiques] do Institut de France, em 02/05/1837.

VILLERS, P. *Journal de voyage de deux jeunes Hollandais à Paris en 1656-1658*; texto publicado por Armand-Prospère Faugère. Paris: Honoré Champion, 1899.

VIREY, J.-J. *De la Puissance vitale considérée dans ses fonctions physiologiques chez l'homme et tous les êtres organisés*. Paris: Crochard, 1823, 507 p.

VIRMAÎTRE, C. *Paris-boursicotier*. Paris: A. Savine, 1888, 313 p.

VIROL, M. (dir.). *Les Oisivetés de Monsieur de Vauban*. Seyssel: Champ Vallon, 2007, 1.722 p.

VITELES, M.S. *Industrial Psychology*. Nova York: Norton and Company, 1932.

VOGEL, C. "Le pèlerinage pénitentiel". *Revue des Sciences Religieuses*, vol. 38, n. 2, 1964.

VOLTAIRE, F.-M.A. *Lettres philosophiques*. Amsterdã: E. Lucas, 1734.

VORONOFF, S. *Les Sources de la vie*. Paris: Fasquelle, 1933.

Voyager au Moyen Âge, Catálogo de exposição, Musée de Cluny. Paris: Réunion des musées nationaux, 2014.

Voyages et voyageurs au Moyen Âge, Actes des Congrès de la SHMESP. Paris: Publications de la Sorbonne, 1996.

Voyages imaginaires, songes, visions, et romans cabalistiques. 36 vols. Amsterdã/Paris: Gaspard/Joseph Cuchet, 1787-1789.

VUATTOUX, J.-C. "Les suicides cachent la forêt qu'est la souffrance au travail, laquelle n'est pas encore imputée aux organisations". *Slate*, 28 décembre 2019.

WAHL, A. *Les Archives du football*: sport et société en France, 1880-1980. Paris: Gallimard, col. "Archives", 1989.

WEBER, E. *La Fin des terroirs*: la modernisation de la France rurale, 1870-1914. Paris: Fayard, 1983.

WEBER, H. (ed.), *Agrippa d'Aubigné, Œuvres*. Paris: Gallimard, col. "Bibliothèque de la Pléiade", 1969.

WEIL, S. *La Condition ouvrière*. Paris: Gallimard, 1951 [Ed. bras.: *A condição operária e outros escritos sobre a opressão*. Trad. de Therezinha Langlada. Org. Ecléa Bosi. Rio de Janeiro: Paz e Terra, 1979].

WEINBERG, M. "Retraite et pénibilité au travail: les quatre critères de la discorde". *L'Opinion*, 26 décembre 2019.

WENZEL, S. *The Sin of Sloth*: Acedia in Medieval Though and Literature. Chapel Hill: University of North Carolina Press, 1967.

WHITEHEAD, T.N. *The Industrial Worker*: A Statistical Study of Human Relations in a Group of Manual Workers. Cambridge: Harvard University Press, 1938.

WICHMANN, R. *Die Neurasthenie und ihre Behandlung*: ein Ratgeber für Nervenkranke. Berlim: Otto Salle, 1899.

WIENER, N. *I Am a Mathematician*: The Later Life of a Prodigy. Nova York: Doubleday, 1956.

WILSON, H. (capitão). *Relation des îles Pelew*: situées dans la partie occidentale de l'Océan Pacifique. 2 Tomes. Trad. de l'anglois de George Keate. Paris: Maradan, 1793 [Orig.: *Account of the Pelew Islands, situated in the western part of the Pacific Ocean*. Londres: Nicol, 1788].

WOILLEZ, E.-J. *Recherches pratiques sur l'inspection et la mensuration de la poitrine* considérées comme moyens diagnostiques complémentaires de la percussion et de l'auscultation. Paris: Béchet jeune, 1838.

WOODSON, W.; TILLMAN, E.P.; TILLMAN, B. *Human Factors Design Handbook*: Information and Guidelines for the Design of Systems, Facilities, Equipment, and Products for Human Use. Nova York: McGraw-Hill Inc., 1966.

ZATERKA, L.; BAIONI, J.E.M. "A questão da vida e da morte na filosofia de Francis Bacon". *Filosofia e História da Biologia*, v. 8, n. 3, p. 587-602, 2013. Disponível em: http://www.abfhib.org/FHB/FHB-08-3/FHB-8-3-12-Luciana-Zaterka_Eduardo-Baioni.pdf

ZAWIEJA, P. (dir.). *Dictionnaire de la fatigue*. Genebra: Droz, 2016.

ZAWIEJA, P. *Le Burn out*. Paris: PUF, col. "Que sais-je?", 2015.

ZAWIEJA, P. *Germinal* [1884]. Trad. de Francisco Bittencourt. São Paulo: Martin Claret, col. "A obra-prima de cada autor", Série Ouro # 41, 2006, 456 p. [Orig.: cf. LANOUX; MITTERAND, t. III, 1964]. Notas 7 e 8 – 5ª parte / final II

ZAWIEJA, P. *Au Bonheur des Dames* [1883]. Paris: Garnier-Flammarion, 1971.

ZAWIEJA, P. *Mes haines* [1866]. Paris: Charpentier, 1879.

ZEP [Zone d'expression prioritaire], "Moi Jeune". *Libération*, 22 avril 2020. Disponível em: https://www.liberation.fr/france/2020/04/22/la-zep-et-liberation_1786087/

Índice onomástico

Achard, Marcel 367

Aducco, Vittorio 267

Aga, Suleiman 127

Agricola, Georgius 117

Agrippa d'Aubigné, Théodore 119, 133

Aldebrandin de Sienne [Aldobrandino de Siena] 24-25, 60, 67

Alline, Maurice 360

Amar, Jules 278-282

Amoros, Francisco 220

Andral, Gabriel 225, 228

Arnaud de Villeneuve 24, 26

Atwater, Wilbur Olin 275, 281

Auden, Wystan Hugh 369

Bacon, Francis 79, 84

Baculard d'Arnaud (de), François-Thomas-Marie 149

Baglivi, Giorgio 116

Bakunin, Mikhail 251

Balduíno II 47

Ballet, Gilbert 296

Ballet, Virginie 457

Balzac (de), Honoré 200, 208, 212, 231, 238, 255, 277

Barbier, Edmond-Jean-François 186

Barnes, Ralph Mosser 349-350

Barone, Juliana 106

Barthélémy l'Anglais [Bartolomeu da Inglaterra] 24

Beard, George M. 304, 360

Beaumarchais (de), Pierre-Augustin Caron 148

Beauvisage, Antoine-Jean 206

Beccaria, Cesare 175

Bécu, Jeanne, condessa du Barry 193

Bégin, Émile-Auguste 246

Bérard, Pierre-Honoré 232

Beresford, James 144

Bergery, Claude-Lucien 222

543

Bernard, Claude 366

Bernardo de Clairvaux 46

Bernier, François 118

Bernoulli, Daniel 166-168, 170

Berry (duque de), Charles de France 116

Berthelot, Claude-François 174

Bertholon, Pierre 151

Bertran de Born 49

Bied-Charreton, Marie-France 402

Binet, Alfred 283

Blanc, Louis 260

Blanqui, Auguste 251

Blégny (de), Nicolas 127

Blondel, Jacques-François 145

Boigey, Maurice 344

Boileau, Nicolas 87, 127

Böll, Heinrich 370

Bontekoe, Corneille 127

Borda, Jean-Charles 168, 170

Borel, Virgile 302

Borelli, Giovanni Alfonso 107

Boswell, James 192

Boucicaut (de), Jean le Meingre 32, 196

Boufflers (de), Louis-François 85

Bougainville (de), Louis-Antoine 187

Bouin, Jean 322

Bourbon (de), Louis Auguste, duque du Maine 85

Bourgogne, Adrien 204

Bourrit, Marc-Théodore 189

Boxus, Dominique M.P.G. 71

Bräker, Ulrich 153

Brandão (São) [St. Brendan] 35-36

Brienne, Henri-Auguste de Loménie 127

Broglie (de), Charles-François 176

Brown-Séquard, Charles-Édouard 366

Bruant, Gérard 440

Buchan, William 146, 195

Buffon, Georges-Louis Leclerc 148, 152, 156, 159, 177, 218

Bugard, Pierre 395

Bugeaud, Thomas Robert 251

Buret, Eugène 249

Burtt, Harold Ernest 351

Bussy-Rabutin (de), Roger (Roger de Rabutin, comte de Bussy) 95

Calonne, Charles-Alexandre 176

Candolle (de), Alphonse 300

Cannon, Walter B. 373

Cardan, Jérôme 106

Carlos IX 80

Carnot, Sadi 226

Casanova de Seingalt, Giacomo 192

Casilli, Antonio A. 417

Catani, Afrânio Mendes 28

Catarina de Sena (santa) 308

Catharina, Pedro Paulo Garcia Ferreira 303

Caumont de Castelnau (de), Nompar 36

Cazes, Bernard 403

Cellini, Benvenuto 124

Cendrars, Blaise 367

Chaillou, Auguste 324

Challe, Robert 118, 122, 125

Chamillart, Michel 88

Champré (Mme. de) 120

Charcot, Jean-Martin 309

Charlier, Gilles 44

Chartres (duque de), Louis Philippe d'Orléans 197

Châteauneuf (de), Louis-François Benoîston 244

Chavagnac (conde de), Gaspard 101

Chavigny (de), Léon Bouthillier 71

Chevallier, Gabriel 342

Cheverny (de), Jean-Nicolas Dufort 185

Cheyne, George 150

Chittenden, Russell Henry 277

Choisy, François-Timoléon (*Abbé*) 100

Christian, Gérard-Joseph 221, 224

Clair, Jean 435

Clari (de), Robert 62

Clias, Peter 220

Clot, Yves 413

Coislin (cardeal de) 91

Colbert, Jean-Baptiste 131

Colbert Seignelay, Jean-Baptiste Antoine 77

Colette, Sidonie-Gabrielle 321, 367

Collongues, Nicolas 328

Constantino o Africano 26

Conti, Leonardo 370

Cook, James 187-188

Corvisart, Jean-Nicolas 192

Cottin, Paul 204

Coubertin (de), Pierre 320-321

Coulomb, Charles 164, 168-170, 223-225, 271

Courtine, Jean-Jacques 458

Craponne, Marcel 329

Crescenzi (de'), Pietro 50

Croy-Solre (de), Emmanuel 186, 192

Daffos-Diogo, Hélène 108

Dakhli, Leyla 316

Dallier, Anaïs 418

Dally, Eugène 299

Dampierre (de), Guy 40

Darwin, Charles 294

Daumier, Honoré 213

David, Christian 398

Da Vinci, Leonardo 106

Deffand (Mme. du) 140, 183

Dejerine, Jules 305

Dejours, Christophe 423

Delaroche, Daniel 150

Delisle, Michael 434

Derode, Victor 44

Désaguliers, Jean-Théophile 161, 166

Descartes, René 93

Deschamps, Eustache 38

Deschamps, Frédéric 260

Diacette, Louis 121

Diderot, Denis 150, 177, 183

Doriot, Jacques 377

Doublot, Pierre 406-407

Douceline (santa) 45-47

Du Chesne, Joseph 78

Dubost, Nicolas 403

Ducpétiaux, Édouard 247

Duhamel Du Monceau, Henri-Louis 164, 178

Dujardin-Beaumetz, Georges 299

Dupin, Charles 221

Dupleix, Scipion 106, 120

Duplessi-Bertaux, Jean 222

Dupront, Alphonse 40

Duruy, Victor 298

Eden, Sir Frederick Morton 250

Ehrenberg, Alain 405

Elbeuf (d'), Henri 185

Emma 434

Engels, Friedrich 243, 251

Épinay (Mme. d') 141, 193

Estienne, Charles 102

Étampes (Mme. d') 124

Fabens, Raoul 322

Fauvel, Pierre 277

Félibien, André 106

Féré, Charles 269, 302

Ferrien, Jean-Louis 241

Fessard, Jacques 398

Fiat, Éric 441

Ficino, Marcílio 93

Finkelnburg, Rudolf 299

Fitou, Jean-François 92

Fléchier, Esprit 73

Fleury, Claude 78

Fleury (de), Maurice 300

Fonssagrives, Jean-Baptiste 299

Ford, Henry 273-274, 348, 401

Fourcroy (de), Jean-Louis 194

Fraysse-Guiglini, Monique 430

Freud, Sigmund 310

Freudenberger, Herbert J. 425

Friedmann, Georges 357, 402

Froissart, Jean 62

Furetière, Antoine 71, 73, 78, 94

Galiani, Ferdinando 156

Galileu (Galileo) Galilei (conhecido como) 107

Gauchet, Marcel 375

Gauckler, Ernest 305

Gauny, Gabriel 242

Gauthier-Villars, Henri – conhecido como "Willy"

Gautier, Henri 99

Gavarret, Jules 225

Gebhardt, Willibald 332

Geley, Gustave 326

Genlis (Mme. de), Stéphanie-Félicité Du Crest 197, 220, 321

Genneté (de), Léopold 158

Godefroy, Léon 78

Goldstein, Kurt 344

Gomes, Ana Paula 42

Gonçalves, Rafael Afonso 35

Goubert, Pierre 105

Grandville, Jean-Jacques 236

Grenaille (de), François 79

Grenier-Pezé, Marie 412

Grétry, André-Ernest-Modeste 142

Grignan (Mme. de) 119

Grignon (empregado de alfaiataria) 241

Guderian, Heinz 370

Guérard, Nicolas 87

Guesde, Jules 314

Guez de Balzac, Jean-Louis 73-74

Guibert (comte de), Jacques-Antoine-Hippolyte 141, 165

Guillaume, Paul 317

Guillaume de Tyr [Guilherme de Tiro ou, em latim, Willelmus Tyrensis] 47

Guillon, Alfred 329

Guyau, Jean-Marie 298

Hamelet, Michel-P. 357

Harlequin 124

Haroche, Claudine 458

Hauser, Henri 55

Hegedusic, Krsto 385

Henrique II 28

Henrique III 90, 116

Henrique IV 78, 88

Henrique VIII 120

Hérault de Gourville, Jean 100

Hertel, Niels Theodor Axel 299

Hildegarda de Bingen 63

Hirn, Gustave 225-226, 230, 274-275, 278

Hirt, Ludwig 304

Hoffman, Frédéric 153-154

Honoré, Christophe 456

Horn, Mike 441

Houellebecq, Michel 435

Hugo, Victor 287

Hulot (torneiro-chefe) 164

Hutchinson, John 229

Huysmans, Joris-Karl 302, 331

Imbert, Armand 282

Isabel de Hungria 42

Ioteyko, Josefa 277

Jacques de Vérone [Jacopo da Verona] 35

Jaime II da Inglaterra 108

James, Letitia 452

Janet, Pierre 306

Janin, Jules 215

Jarnac (Mlle. de) 90

Jars, Gabriel 175-176, 178

Jean de Bueil 32

Jean le Bon [João o Bom] 53

Jerônimo (São) 45

Jones, Edward David 351

Joubert, Laurent 124

Joule, James Prescott 226-227

Juliano (São) 45

Jullien, Marc-Antoine 211

Kalsbeek, Johan Wilhelm Hendrik 420-421

Kerguelen de Tremarec (de), Yves--Joseph 188

Kipiani, Varia 277

Kneipp, Sébastian 330

Kollar, François 357-358

Koyré, Alexandre 25

Kulkamp, Camila 93

La Bédollière (de), Émile 219

La Bourdonnaye (de), Yves-Marie 98

La Bruyère (de), Jean 15, 78, 89, 132

Lafargue, Paul 316

La Fontaine (de), Jean 15, 78, 441

La Garenne (de), Humbert de Guillot de Goulat 127

Lagrange, Fernand 307, 322

La Hire (de), Philippe 107-108

Lahy, Jean-Maurice 282, 348, 352-353

Laird, Donald 348

Lalaing (de), Jacques 30-31

Langbein, Hermann 381

La Pérouse (de), Jean-François 187

Laprade (de), Victor 298

Larousse, Pierre 298

Larrey, Dominique-Jean 193-194

Larrue, Janine 384

Lasfargues, Gérard 415

Lauvergne, Hubert 247

Lavoisier, Antoine-Laurent 170-172, 225-226, 275

Le Bailly, David 429, 455

Lebelle, Aurélie 450

Le Breton, David 455

Lefèvre, Jules 277

Léger, Fernand 385

Lespinasse (de), Julie 141, 152

Lesseps (de), Ferdinand 264

Lévi, Léopold 365

Lévinas, Emmanuel 436

Lévy, Michel 229

Lévy, Paul-Émile 332

Liébault, Jean 102

Liebig (von), Justus 230, 232, 276

Lieutaud, Joseph 147, 192

Li Muisis, Gilles 38

Lindbergh, Charles 354, 398

Linhart, Danièle 453

Lister, Martin 125

Littré, Émile 289

Lorenzetti, Ambrogio 37

Loti, Pierre 286

Louvois (de), François Michel Le Tellier 76, 83, 109, 131

Loyseau, Charles 77

Luís VI 38

Luís IX, conhecido como "São Luís" 41

Luís XI 98

Luís XII 80, 120

Luís XIV 76, 84, 86, 89, 94

Luís XVI 176

Luís XVIII 222

Lutterbach (dit F.), P. 229

Luynes (duque de), Charles-Philippe d'Albert 192

Mac-Auliffe, Léon 324

MacKaye, Steele 331

Mailly (de), Louis 128

Maintenon (Mme. de) 73, 85, 90, 99, 108, 110, 128

Maitte, Corine 458

Malva, Constant 359

Manacéïne (de), Marie [Maria Mikhailovna Manaseina] 292

Mancini, Marie 99

Maraise, Marie-Christine 195

Marechal, Guilherme 28

Marey, Étienne-Jules 279

Marguerite de Navarre [Margarida de Navarra] 115

Maria da Inglaterra 120

Maria Luísa (imperatriz) 144

Marker, Chris 406

Marne (de), Thomas 62

Marteilhe, Jean 77, 81

Marx, Karl 15, 251, 253-254, 259

Mathieu, Albert 291

Maudsley, Henry 330

Maupassant (de), Guy 14, 303

Mayeur, Françoise 217, 256

Mayo, Elton 355-357

Mazarin (cardeal), Jules 69, 71

Meige, Henry 302

Ménage, Gilles 89

Mercier, Louis-Sébastien 152-153, 174, 185, 194

Metz, Bernard 395

Michelet, Jules 129, 181, 255

Miculescu, Constantin 276

Mignet, Henri 353

Miles, Eustace 331

Mimerel, Pierre-Auguste-Rémi 251

Mirbeau, Octave 303, 329

Moheau, Jean-Baptiste 156

Montaigne (de), Michel 99

550

Montchevreuil (Mme. de) 90

Montespan (Mme. de) 91

Mora, Félix 400

Morin, Edgar 403

Mosso, Angelo 266-270, 274, 278-279, 284, 296, 307-309, 321

Mun (de), Albert 318

Musset (de), Alfred 212

Mussolini, Benito 377

Myers, Charles S. 343, 346-347, 351, 402

Nadeau, Martin 313

Navel, Georges 360

Nicolas, Jean 102, 104

Nietzsche, Friedrich 306

Oberkampf, Christophe-Philippe 195

Oberkirch (baronesa de), Henriette-Louise de Waldner de Freundstein 141, 163

Oliveira (de), Taciana Martiniano 243

Ollivier, Émile 260

Orbigny (d'), Charles Dessalines 290

Orléans (de), Luís-Filipe 142, 197

Owen, Robert 313

Ozouf, Mona 288

Pardaillan de Gondrin (de), Louis--Antoine, marquês de Antin 91

Patrício de Salisbúria 28

Paul, Constantin 327

Perec, Georges 405

Pereira da Cunha, Gastão 247

Perrault, Charles 123

Perrot, Philippe 405

Pézard, André 342

Picard, Alfred 313

Pico della Mirandola, Giovanni 299

Pigi, Claude 361

Pignet, Maurice-Charles-Joseph 325

Pillon, Thierry 420, 458

Pizan (de), Christine [Cristina di Pisano] 93

Plan de Carpin, Jean [Giovanni dal Piano dei Carpini] 35

Platine, Baptiste 67

Poincaré, Léon 263

Polo, Marco 34

Pomet, Pierre 126

Pomme, Pierre 194

Pontas, Jean 196

Pontes, Matheus Mesquita 30

Poscool, milord 185

Prade (de), Jean Le Royer 126

Prades (*sieur* de), Joseph Torrilhon 76

Pressavin, Jean-Baptiste 184

Prévost, Antoine-François (*abbé*) 121

Prichard, James Cowles 235

Priestley, Joseph 150, 172

Princesa Palatina [princesse Palatine] 96, 123

Proudhon, Pierre-Joseph 251

Proust, Adrien 296

Quesneville, Gustave-Augustin 206

Quetelet, Adolphe 220

Quincy (de), Joseph Sevin 83, 95, 100

Rabinbach, Anson 266

Rabutin (de), François 95, 115

Ramazzini, Bernardino 81, 117, 163, 246, 388, 415

Ranchin, François 117

Raoul de Bourges 39

Rauch, André 458

Raynal, Guillaume-Thomas 175

Régnault, Félix 324

Regnault, Henri-Victor 225

Regnier, Edme 219-220

Reiset, Jules 225

Reybaud, Louis 213

Ribot, Théodule 308, 330

Richardson, Samuel 151

Richelieu (cardeal de) 89, 109

Richepin, Jean 367

Richerand (de), Guy Creuzet 111

Ripa, Cesare 69

Rivière, Lazare (Lazarus Riverius) 116

Rochefort (de), Louis Desbois 191, 192

Roosevelt, Théodore 293

Rosa, Edward B. 275

Rousseau, Jean-Jacques 153, 160, 175, 194

Saillet (de), Alexandre 203

Saint-Cricq (de), Pierre Laurent Barthélemy 256

Saint-Simon (de), Louis de Rouvroy 85, 88, 91, 110, 125, 128

Sandre, Baptiste 288

Saraceno, Marco 269, 458

Sarcey, Francisque 297

Saussure (de), Horace-Bénédict 189

Sauvages (de), François Boissier 147

Scépeaux Vieilleville (de), François 72, 84

Schomberg (de), Gaspard 125

Ségur (de), Louis-Philippe 176

Seigneur (du), Maurice [Henri Gerbault] 291

Selye, Hans 372

Sévigné (Mme. de) 92, 119, 122-123

Sèze (de), Victor 140

Shaftesbury, Anthony Ashley-Cooper 300

Shakespeare, William 84

Sigaud, Claude 324

Simonin, Camille 350, 402

Simonin, Louis-Laurent 293

Sinclair, John 231

Singaravélou, Pierre 331

Sismondi (de), Jean-Charles-Léonard Simonde 255

Smith, Adam 179

Smith, Elliot Dunlap 345

Sodoma (conhecido como Il), Giovanni Antonio Bazzi 308

Solleysel (de), Jacques 101

Solnon, Jean-François 91-92

Soulillou, Albert 360

Souvigny, Jean de Gangnières 83

Spanheim, Ézéchiel 89

Sparrman, Anders 188

Staal de Launay, Margarida 141

Staël (de), Germaine 162

Stakhanov, Aleksei 378-379

Stendhal (conhecido como), Henri Beyle 215

Sterne, Laurence 157

Sue, Eugène 243

Sully (duque de), Maximilien de Béthune 88, 97

Supiot, Alain 429

Tauvry, Daniel 107

Taylor, Frederick Winslow 271-274, 278

Terrier, Didier 458

Thaër, Albrecht 230

Thévenot, Jean 127

Thiers, Adolphe 251, 298

Thiers, Jean-Baptiste 94

Thou (de), Jacques-Auguste 121

Tigerstedt, Robert A.A. 281

Tissié, Philippe 296, 310, 322-323

Tissot, Samuel-Auguste 149, 153, 155

Tronchin, Théodore 142

Turgan, Julien 262

Ueltschi, Karin 41

Vandermonde, Charles-Auguste 157

Vanel, Anaïs 438

Vatin, François 420, 458

Vauban (de), Sébastien Le Prestre 76, 109-111, 113, 134-135, 160-161, 163, 167

Veil, Claude 398

Vercelli (de), Guilherme 41

Verhaeren, Émile 292

Vigny (de), Alfred 213

Villani, Cédric 438

Villermé, Louis-René 15, 244, 248-249, 358

Villeroy (marechal de) 95

Virey, Julien-Joseph 211

Viteles, Morris S. 345

Voltaire (de), François-Marie Arouet 142, 162

Voronoff, Serge 365, 366, 367, 368

Walker, Kenneth 367

Walkley, Mary Anne 253

Watrin, Jules 265

Wedgwood, Josiah 180

Weil, Simone 360, 385

Wiener, Norbert 369

Windham, William 189

Woillez, Eugène-Joseph 229

Woolf, Virginia 455

Yeats, William Butler 367

Zévaès, Alexandre 318

Zola, Émile 263-265, 286-287, 292, 294-295, 297

Leia também!

Conecte-se conosco:

 facebook.com/editoravozes

@editoravozes

@editora_vozes

youtube.com/editoravozes

+55 24 99267-9864

www.vozes.com.br

Conheça nossas lojas:
www.livrariavozes.com.br

Belo Horizonte – Brasília – Campinas – Cuiabá – Curitiba
Fortaleza – Juiz de Fora – Petrópolis – Recife – São Paulo

EDITORA VOZES LTDA.
Rua Frei Luís, 100 – Centro – Cep 25689-900 – Petrópolis, RJ
Tel.: (24) 2233-9000 – E-mail: vendas@vozes.com.br